U0615273

imaginist

想象另一种可能

理
想
国

imaginist

打开

下

周濂 著

民主与建设出版社
·北京·

目　录

第二部

近现代哲学

《笛卡尔为瑞典女王克里斯蒂娜讲解几何》（局部），布面油画，瑞典画家尼尔斯·福斯贝里（Nils Forsberg，1842—1934）临摹于1884年。

为了"有所不疑"必先"有所怀疑"：
笛卡尔《谈谈方法》

从这一讲开始，我们将进入近代哲学。如果说古代哲学追问的核心问题是本体论问题，那么近代哲学追问的则是认识论问题。什么是本体论问题？简单说，就是外部世界存在着什么。什么是认识论问题？简单说，就是我们如何知道，以及我们能够知道什么。从本体论发展到认识论，背后的逻辑其实一目了然：在知道外部世界到底存在着什么之前，我们首先要考察能够知道什么。

赖床的哲学家

在接下来的两讲里，我们将来探讨笛卡尔的哲学。笛卡尔（René Descartes）通常被认为是近代哲学之父，他1596年出生于法国的一个小村庄里，因为从小身体羸弱，在上学的时候获得免早操的优待，也因此养成了在床上思考问题的习惯。以后如果有人再说你赖床，你不妨搬出笛卡尔作为挡箭牌：别打扰我，我正在像笛卡尔一样思考哲学问题。

跟许多著名的哲学家一样，笛卡尔也是一个老光棍，但这并不意味着他没有爱情生活，事实上他的感情世界远比多数人精彩：年轻的时候曾经卷入一桩爱情的决斗，有过一个非婚生女儿，可惜只活到五岁就不幸夭折。除此之外，笛卡尔还有两个著名的红颜知己：一位是波西米亚的伊丽莎白公主，另一位是瑞典女王克里斯蒂娜。后者给他带来的不只是欣赏、认可和友谊，还有死亡。1649 年，克里斯蒂娜女王邀请笛卡尔去瑞典讲学，甚至不惜动用战舰把他从荷兰专程接到瑞典的王宫。然而，这个看似无比荣耀的旅程却成为死亡之旅。因为女王每天起得很早，习惯赖床的笛卡尔不得不在凌晨 5 点起床与她讨论哲学问题，在冰天雪地的瑞典，他不幸患上了肺病，于 1650 年 2 月 11 日去世。

今天人们说起笛卡尔，总是想当然地把他视为一名哲学家，我想告诉大家的是，他首先是一位数学家和自然哲学家——他是解析几何的奠基人，他研究物理学、气象学、天文学，甚至打算出版一本著作，提出地球是围绕太阳运转的一颗行星，但是在得知伽利略被教会审判的消息之后，他立即把这本书撤了回来。笛卡尔自称从来不读经院哲学的教科书，相比起理论知识，他更热爱做实验，有意思的是，他却被后人视为唯理论的代表人物，而不是经验论的代表人物。这个事实告诉我们，所谓唯理论和经验论的区分只是方便之举，我们切不可因此而陷入教条僵化的思维，认为二者之间存在着无法跨越的鸿沟。要知道，在哲学领域里，很多类似的鸿沟其实都是后来人以讹传讹的结果，当时的人们可不是这样非此即彼的。

在哲学领域，笛卡尔先后出版过《谈谈方法》《第一哲学沉思集》《哲学原理》等著作，这在当时给他带来了毁誉参半的名声，反对者指控他是一个无神论者和异教徒，而支持者则对他推崇备至。地球人都知道，笛卡尔有一句名言叫作"我思故我在"，所有的哲学系在印制 T 恤的时候，最先想起的就是这句话。

形而上学：人类知识之树的基础

在正式讲解"我思故我在"之前，我想先来介绍一下笛卡尔的哲学动机。作为近代哲学之父，笛卡尔写作《第一哲学沉思集》的目的是摧毁亚里士多德的原则，与中世纪的经院哲学一刀两断，"促成全新的、普遍的自然科学"。

笛卡尔对旧哲学最大的不满在于，虽然千百年来无数最聪明的大脑在钻研那些问题，但依旧是众说纷纭、没有定论。他说："我眼见它虽然经过千百年来最杰出的才智之士的研讨，其中还是找不出一件事不在争辩之中，因而没有一件事不是可疑的。"这与数学、几何学的现状形成了鲜明的对比。正是出于这样的考虑，笛卡尔打算以数学和几何学作为哲学体系的原型，结合探究的方法与怀疑的方法，为人类的知识之树建立"稳固可靠、经久不衰的"基础。

这里需要解释两个问题。首先，笛卡尔把人类的知识比喻成一棵大树，最上面的树叶和枝丫是自然科学，树干是物理学，而深扎在泥土中的树根则是形而上学，他所谓的"稳固可靠、经久不衰的"基础指的就是形而上学。笛卡尔批评伽利略，认为他固然是一名出色的科学家，可惜缺乏哲学的眼光，地基还没夯实就开始盖楼了。

其次，笛卡尔认为，要想建立这棵知识之树，首先要解决方法论的问题。世人常说，人生就是一个不断校正方向的过程，否则跑得越快，错得越多。其实，笛卡尔早就有过类似的说法："那些只是极慢前进的人，如果总是遵循着正确的道路，可以比那些奔跑着然而离开正确道路的人走在前面很多。"

谈谈方法

在接下来的时间里，我们将介绍他的方法论。推荐各位去读他写的《谈谈方法》，中译本是商务印书馆出版的，非常薄的一本小册子，一个下午就可以翻完。笛卡尔曾经很得意地说过：我的哲学书读起来就像小说。这话不算特别夸张，特别是比起康德的著作，笛卡尔的书的确流畅得像是网络小说。

笛卡尔主张"良知是人间分配得最均匀的东西"。这话什么意思？要知道，从古希腊的柏拉图一直到中世纪，主流的观点认为人分三六九等，只有极少数人，比方说哲学家和僧侣教士才有资格掌握知识。所以当笛卡尔说"良知是人间分配得最均匀的东西"的时候，就意味着人同此心、心同此理，每一个人，无论是王公贵族还是贩夫走卒，都可以通过教育，通过寻找到正确的方法来获得真知。这当然是继承了文艺复兴和人文主义的传统，是对普遍人性的一种肯定。

笛卡尔认为，良知或者理性是"那种正确判断、辨别真假的能力"，既然良知是平均分配的东西，那就意味着，"我们的意见之所以分歧，并不是由于有些人的理性多些，有些人的理性少些，而只是由于我们运用思想的途径不同，所考察的对象不是一回事。因为单有聪明才智是不够的，主要在于正确地运用才智"。

也正因如此，方法论就显得格外重要。具体来说，笛卡尔提出了四条方法论的原则。这些原则初看起来卑之无甚高论，但是细细琢磨，就会发现它们非常实用，只不过要想在日常生活中一一落到实处并不容易。

第一条方法论原则是："在我尚未清楚认识时，绝不接受任何事实为真。"在"后真相时代"，面对来路不明、鱼龙混杂的海量信息时，人们会出现消化不良的状态，要么轻信、盲信那些捕风捉影的消息，要么因为真伪难辨不知如何取舍，这个时候，笛卡尔的第一条方法论原则就有了用武之地。后真相时代对每个人都提出了更高的要求：你必须要有反思和批判的能力，必须要有辨析、区分和解读信息的能力。与此同时，后真相时代还凸显出共同学习的重要性。如果我们秉承着共同追寻事实真相、探求道理的初衷，这会是一个很好的共同学习的过程。但是如果我们不在乎真假、只在乎输赢，不在乎对错、只在乎立场，不在乎理解、只在乎面子，那么公共生活的生态就会变得异常糟糕。

回到笛卡尔的方法论原则。第二条是："将我检查的每一项难题尽可能分成许多小部分，以便可以尽可能用最好的方法加以检验。"这是再简单不过的分解法，非常实用。几年前我家的空气净化器坏了，我就是这样解决问题的，有个学理科的朋友得知此事后非常惊讶："你们文科生也能修理家用电器？"我告诉他，因为我学过笛卡尔的方法啊。

第三条："按照次序引导我的思想，以便从最简单、最容易认识的对象开始，一点一点逐步上升到对复杂对象的认识。"把这一条与第二条结合起来，就构成了先分解再综合的闭环过程。

第四条："最后，把所有情形都尽可能一一列举出来，逐项检查，确保没有任何疏忽遗漏。"高考前，老师总是会反复叮嘱学生："一定要认真检查！""考完至少检查三遍！"虽然不会的题目仍旧不会，但全局扫描、逐项检查至少不会让考生留下遗憾。

我们现在要问的是，当笛卡尔把这套方法运用到哲学反思上的时候，会有什么样的结果呢？简单说，就是通过怀疑一切可以怀疑的东西、分解一切可以分解的东西，最终找到那个不可怀疑的确定之点，为人类的知识之树建立起"稳固可靠、经久不衰的"基础，然后再反身重建知识之树。

笛卡尔式的怀疑

要特别强调的是，笛卡尔式的怀疑是方法论上的怀疑，这意味着他不是为了怀疑而怀疑，恰恰相反，他的怀疑只是为了寻找那个确定无疑的东西。在中世纪晚期，古希腊的很多哲学流派重新开始流行，其中最受欢迎的就是怀疑主义，因为怀疑主义可以作为一个利器去拆解经院哲学的权威性。可是过犹不及，如果演变成为普遍的怀疑主义，就会产生极大的破坏后果。很多哲学的初学者都会陷入这种"我怀疑、我怀疑、我怀疑"的状态中，最后就成了"我破坏、我破坏、我破坏"的思想红卫兵。而真正伟大的哲学家，他们虽然也怀疑，但是绝不是为了怀疑而怀疑，而是把怀疑作为通向确定性的一条道路。笛卡尔就是这样，所以才会把他的怀疑称为方法论上的怀疑。

笛卡尔说："我仅仅是在考虑最极端的一种怀疑形式，正如我反复强调的，这种怀疑是形而上层面的，是夸张的，绝不可以应用于现实生活。当我说任何事物只要引发丝毫怀疑，就有充分理由予以怀疑时，我指的正是这种怀疑。"

这段话再明确不过地点明了，笛卡尔式的怀疑是一种最极端的怀疑形式，它是"形而上层面的、是夸张的，绝不可以应用于现实生活"。在现实生活中，我们通常不会胡乱怀疑。"火车在两点钟出发。为了不出错再去查问一下。"我们怀疑火车是否在两点出发，但我们不怀疑客运服务员的可靠性。退一步说，我们也可以怀疑客运服务员记错时间，但不会怀疑他是一个外星人或者是脑海里的一个幻象。当那些本来无须怀疑的东西变得可疑，我们的生活将由此变得寸步难行，因为过度考察的人生是没法过的人生。

笛卡尔的怀疑是躺在被窝里的怀疑，在被窝里，他可以尽情地怀疑一切可以引发怀疑的事物。笛卡尔到底是怎样展开他的怀疑的？通过怀疑，他能否找到不可怀疑的基础，由此重建知识之树？关于这些问题，我们下一讲接着说。

053

我思故我在：笛卡尔《第一哲学沉思集》

"钵中之脑"与《第一哲学沉思集》

请设想这样一种可能：想象你没有四肢和躯干，只是一块脑组织，被浸泡在科学实验室的一个容器里，你的神经末梢与一台计算机相连接。有一个邪恶的科学家通过输入各种信号来刺激这块大脑，由此产生种种体验，比如门前的老树、儿时的玩伴、池塘里的蛙鸣，还有爱情的甜蜜、信仰的虔诚、各种复杂的思维，以及你现在正在阅读这本书，所有这一切，全都是在科学家不断刺激下产生的幻象。请问，你如何证明这个设想是错的？

这个思想实验的名字叫作"钵中之脑"，发明者是当代著名哲学家希拉里·普特南（Hilary Putnam），它的目的很明确，就是为了重申"外部世界是否存在"这个经典的怀疑论问题。

如果追本溯源，我们可以在笛卡尔的《第一哲学沉思集》中找到"钵中之脑"的原型。这本书是以日记的方式写成的，主人公是一位沉思者，他一共进行了六天的沉思，然后逐一记录下来，写成了六个沉思。需要特别强调的是，这是一个漫长的思想实验，里面虽然有不少逻辑推论，但更多的却是类似于宗教静修般的冥思，所以这本书对于读者提出了不同寻常的要求，它要求你不是作为旁观者，而是作为沉思者，与主人公一起去进行这场思想的冒险之旅。

第一个沉思：感官的可错性

我在这里将重点介绍前三个沉思。第一个沉思的题目是"论可以引起怀疑的事物"。我要再次强调的是，笛卡尔不是为了怀疑而怀疑，而是通过怀疑去寻找确定无疑之物，这就好比是在盖新楼房之前，摧毁原有的老楼房，彻底地清理地基，从根本上重新开始。

沉思者告诉我们，当我们进行形而上的怀疑时，不需要找到确凿的证据，相反，只要我们发现哪怕有一丁点儿的可疑之处，就可以把这些对象统统抛弃掉，因为既然它们是可疑的，哪怕只有一丁点儿可疑，就不足以成为"坚实可靠、经久不变的东西"了。

也许会有人说，谁会在日常生活中这么胡乱怀疑呢，那不是成了疑心病患者了吗？对于这个质疑，我们要再次重温笛卡尔的警告："这种怀疑是形而上层面的，是夸张的，绝不可以应用于现实生活。"

也许还会有人说，天底下有那么多的事情，我们哪有时间去一一加以怀疑呢？对此，笛卡尔告诉我们，我们的确没有必要逐一去怀疑每一件事情，因为那会是一件没完没了的工作。所以，我们需要做的就是"从我的全部旧见解所根据的那些基本原则下手"。

比方说："直至现在，凡是我当作最真实而接受过来的东西，都是从感官或通过感官得来的。"拿这条原则开刀，意味着笛卡尔要破除感官的神话，证明感官的可错性。为了做到这一点，他提出了著名的"梦的论证"。记得几年前在微博上曾经流传过一个帖子，据说是某高校的哲学考题："如果有人跟你说，你现在不是在教室里参加考试，而是在睡梦中梦见自己正在考试，你可以从哪些方面证明他是错的？试论证。"如果让笛卡尔的沉思者来回答，他会说："没有任何可靠的迹象，使人能够将清醒与睡梦加以区别。"

接下来的怀疑就更刺激了，不仅感官是可错的，连数学、几何学这些"最简单、最普遍的东西"也可能是错的，比方说 2+3=5，正方形有四条边。笛卡尔的沉思者认为，它们也完全可能是骗人的上帝偷偷塞到我们观念里的东西。说到这里，你是不是觉得这个"骗人的上帝"特别像"钵中之脑"中的邪恶科学家？

进行到这一步，这个近似疯狂的怀疑之旅已经有点山穷水尽的意思了。当我们把一切可以怀疑的东西全都拆除之后，到底是两手空空、一无所获，还是能像溺水的人抓住最后一根稻草呢？

第二个沉思：我思故我在

在第二个沉思的一开篇处，沉思者提出了阿基米德点的设想。他说，阿基米德只要找到一个靠得住的固定支点，就可以撬动整个地球，我们目前正在做的事情同样如此，如果我们可以找到哪怕是一件确定无疑的事，那我们就可以怀抱远大的希望了。什么希望？当然是重建知识之树的希望。

这个阿基米德点不是别的，正是"我在思想"。当我怀疑外部世界是否存在的时候，我在怀疑；当我怀疑有一个邪恶的上帝给我灌输数学观念的时候，我在怀疑；甚至，我怀疑我正在怀疑这件事情的时候，我也仍旧在怀疑……如此不断地倒推下去，我怀疑我怀疑我正在怀疑，我也仍旧是在怀疑，所以最终你会发现，我在怀疑这件事情是不可怀疑的。

笛卡尔的原话是这样说的：

> 如果他（妖怪）骗我，那么毫无疑问我是存在的；而且他想怎么骗我就怎么骗我，只要我想到我是一个什么东西，他就总不会使我成为什么都不是。……即有我，我存在这个命题，每次当我说出它来，或者在

我心里想到它的时候，这个命题必然是真的。

要注意的是，虽然笛卡尔在《第一哲学沉思集》中展现了"我思故我在"最完整的思路，但是"我思故我在"这个精确的表述其实出现在《谈谈方法》中，并且在更早之前的奥古斯丁那里就已经有了比较完整的陈述。当然，让"我思故我在"成为哲学史上最著名的命题，仍旧要归功于笛卡尔。

现在的问题是，"我思故我在"是一个逻辑论证吗？初看起来，它符合三段论的推理形式：

大前提：凡思想的东西必存在；

小前提：我是一个在思想的东西；

结论：所以，我存在。

可是如果仔细思考一下，就会发现，我们并不知道大前提，也即"凡思想的东西必存在"这个判断是否成立。所以笛卡尔认为，我们就是直接从"我在思想"推论出"我存在"，这是一个"心灵的单纯直观"，我们把它作为"自明的事情"，我们知道它，是因为我们体验到这个真相：我不存在便不可能思维。

我相信，对于很多读者来说，这里存在着理解的障碍。就像我在前面所说的那样，我们万万不可作为旁观者，而是要成为书中那个正在沉思的主人公，用心灵去感受这些语句，进入笛卡尔给我们设定的那个场域，唯当如此，才能借助心灵的直观得出"我思故我在"这个结论。

你一定会问：这个"我"到底是什么呢？用笛卡尔的原话回答就是："……我只是一个在思维的东西，也就是说，一个精神，一个理智，或者一个理性……"总而言之，"思维是属于我的一个属性，只有它不能跟我分开。……假如我停止思维，也许很可能我就同时停止了存在"。

在准备这一讲的时候，很不幸地传来了英国物理学家霍金的死讯。我在朋友圈里向霍金致敬的时候，评论他为"'我思故我在'的完美案例"。自从霍金21岁患上肌肉萎缩性侧索硬化症，他的肉身就已失去意义，霍金是以一种纯粹的"我思"状态存在着的，或者用笛卡尔的话说，只要他还在思想，他就存在着。

约翰尼·德普在2014年出演过一部名叫《超验骇客》的科幻片：科学家威尔遭到一群反科学恐怖分子的暗杀，在肉身死亡之前，妻子把他的意识储存到了电脑里，请问威尔还存在吗？如果笛卡尔来回答这个问题，肯定会说，当然存在，因为人本质上是一个在思维的东西。

在确立起"我思故我在"这个阿基米德点之后，按照笛卡尔的方法，接下来就要返身重构整个知识体系和外部世界了。否则的话，"我思"就仍旧被孤独地幽闭在一个黑暗的空间里。可是这一步是怎么迈出去的呢？这就带领我们来到了第三个沉思。

第三个沉思：论证上帝的存在

现在，笛卡尔的沉思者终于找到了他的阿基米德点——"我思"，这是他实现"远大前程"的唯一"本钱"。沉思者决定好好利用它，利用的方式就是对"我思"进行反思。

请各位读者暂时闭上眼睛，搜索一下脑海里都会出现哪些观念（ideas）。是不是会冒出各种稀奇古怪的观念，比如说，红花绿树、蓝天白云、蜘蛛侠、钢铁侠、闪电侠、哈尔的移动城堡，隔壁班的女生或者讨厌的舍友，苏格拉底、柏拉图的哲学、上帝和天使……

请问：在纷至沓来的以上观念中，哪一些是真实可靠的？按照真理的符合论传统，一个观念是真还是假，要看它是否符合外部事物（事实），比如"外面正在下雨"这个观念，唯当外面的确在下雨，它才是真的。可是笛卡尔的沉思者面临一个根本性的困难：他被困在自己的观念世界里啦！这意味着他无从得知观念与外部世界的关系。怎么办？其实早在《谈谈方法》中，笛卡尔就给出过一条方法论的总则："凡是我们领会得十分清楚、十分分明（clear and distinct）的东西都是真实的。"当代哲学家西蒙·布莱克本（Simon Blackburn）评论说："人们普遍同意，在笛卡尔这位数学家的心目中，有一个关于清晰性的数学模型。"几何学图形（完满的圆）、算术等式（2+3=5）、逻辑法则（A=A），都属于十分清楚、十分分明的观念。对于这些观念，人们可以借助"独立的纯粹理性的力量"认识它们。理性主义者认为，理性可以把握"先天的"（a priori）知识："它无须借助于对世界如何存在的任何经验，可以被直接看作是真的。"

接下来的问题是，在沉思者的各种观念里，哪一些是十分清楚、十分分明因而是真实的？要想回答这个问题，沉思者首先要对观念进行分类。沉思者指出，根据不同的来源，可以把观念区分为三类：一类是"天赋的"（innate idea），也就是与生俱来的；一类是非天赋的，也就是外来的；还有一类是自身虚构的。这三类观念又可以合并为两类：思想自己制造的（虚构的）和由外部原因造成的（天赋的与外来的）。

有人可能会问，天赋的不就是与生俱来的吗，那它怎么可能又是外来的？这的确是一个令人费思量的问题。"外来的"和"与生俱来的"似乎是一对矛盾。然而笛卡尔说，有一个特殊的观念就符合这两个条件，那就是上帝的观念。

笛卡尔的理由是这样的：因为"我是一个有限的东西"，有限的东西自身无法创造出"一个无限的实体观念"，除非那个"真正无限的实体"把这个观念放在我的心里。上帝就是那个"真正无限的实体"，而且他是如此的清楚和分明，所以上帝的观念必定是真实的观念。读到这里，你也许已经察觉到了，笛卡尔论证上帝存在的基本手法与安瑟尔谟高度一致，都是从上帝是一个完满的观念推论出上帝必然存在这个结论。

你一定好奇，沉思者做这些区分到底是为了什么？归根结底，他想借助上帝这个独特的观念来完成对"我思"边界的突破，论证科学知识和外部世界的实在性。现在沉思者做了一个非常重要的改变，他不再认为上帝是个骗子。理由是，从无限的、完满的上帝观念出发，可以得出上帝"没有任何缺陷"，所以"他不可能是骗子，因为自然之光清楚地告诉我们，欺骗在于有某种缺陷"。

必须承认，笛卡尔的很多思路不容易被现代人理解，而且他的上帝论证也充满了各种槽点，即使在 17 世纪的欧洲也引发了很多争议。但是我不打算过多介绍这方面的情况。我想重点强调的是两个问题。

首先，表面上看，笛卡尔是在附会正统的神学，论证上帝的存在。但其实笛卡尔的上帝完全不同于《圣经》中的上帝，因为上帝在这里的功能非常单一——他是为了保证物质世界的存在而被引入的。借用英国学者索雷尔（Tom Sorell）的观点："这是一位物理学家的上帝，或者准确地说，是一种反怀疑主义的物理哲学所要求的上帝，他将竭力保护物理学的基本定律不受怀疑的侵扰。"正是因为有了上帝作为中介和保证，笛卡尔才有可能突破我思，确保物质的存在，也就是外部世界的真实性。

其次，笛卡尔特别强调了感官的可错性。这么做的目的是反对亚里士多德的体系，因为后者的哲学思考就是从感觉经验出发的，而笛卡尔通过强调感官的可错性，提出了认识外界事物不可依靠感官，而必须凭借理性和精神，这显然是理性主义的思路，与亚里士多德的经验主义思路是大相径庭的。

重新创建崭新的哲学体系

最后我想做一个小结。笛卡尔的《第一哲学沉思集》完美地体现出他的方法论原则，先从怀疑出发，得出"我思想（怀疑）"这个不可怀疑之物，然后从"我思"中的上帝观念推论出上帝存在，再由上帝作为担保，确保了物质的存在。这是一个先分解再综合的过程，一个先破再立的过程，其中的关键之处就是寻找到了"我思"这个阿基米德点。

笛卡尔的哲学有着深远的历史意义，在他的墓志铭上写着这样的字句："笛卡尔，欧洲文艺复兴以来，第一个为人类争取并保证理性权利的人。"我们还可以补充这样一句话：笛卡尔是在此之前一千年来第一个像古希腊哲人那样创建自己哲学体系的人。中世纪的哲人匍匐在《圣经》和信仰之下，文艺复兴的哲人满足于重新发现和解释古代智慧，只有笛卡尔在跨越了千年的沉寂之后，重新开始凭借自己的理性去创建崭新的哲学体系。在笛卡尔的激励下，洛克、休谟、康德纷纷提出了各自的体系，从此之后，"读我的著作、抛弃我的前辈"成为17、18世纪思想家的主旋律。

具体说来，笛卡尔哲学的影响体现在以下几点：

第一，笛卡尔虽然号称研究的是"第一哲学"，也即"形而上学"，但其实却让知识论成为核心论题，导致了哲学史上所谓的"知识论的转向"。

第二，笛卡尔的"我思"也就是"主体"被认为是封闭的，此后的哲学家往往以此作为无可争议的出发点。

第三，虽然有上帝作为中介和保障，心灵和物质之间仍然存在着无法跨越的鸿沟，由此，心物二元论被凸显出来。罗素评价说，笛卡尔哲学完成了由柏拉图开端的、经基督教哲学发展起来的精神、物质二元论，"精神界和物质界是两个平行而彼此独立的世界，研究其中之一能够不牵涉另一个。精神不推动肉体，这是个新颖想法"。

第四，笛卡尔主张知识起源于天赋的观念，从此开启唯理论也就是理性主义的先河，他与以洛克、休谟为代表的经验论者，也就是主张知识起源于经验的哲学家，一起构成了近代哲学的主流。

最后，为了纪念霍金，请允许我用霍金的一句话来结束这一讲，虽然它跟本讲似乎没有直接的关联："若不是因为你所爱之人居住其中，这个宇宙没什么大不了的。"

054

上帝给了我眼睛看世界，我却用它来看自己：洛克《人类理解论》（上）

近代哲学的窘境

2018年3月，霍金去世。在所有的纪念文章中，我最喜欢的是"好奇心日报"翻译的一篇海外报道，题目是《霍金去世，他的思想在宇宙中回荡》，文章的结尾处是这样写的：

> 将自己最好的时光花在探寻黑洞和宇宙毁灭，霍金并不惧怕黑暗。"它们被称为黑洞是因为人类对于毁灭和被吞噬的恐惧，"霍金对一位采访者说，"我不怕被吸进去。我理解它们。某种程度上说，我觉得我是它们的主人。"

这段话有一种动人心魄的力量，它不仅让我想起古希腊哲人阿那克萨戈拉的那句名言——"在万物混沌中，思想产生并创造了秩序"，也让我想起生活在 17 世纪的法国哲人帕斯卡尔的那句名言："人是会思想的芦苇"。在面对浩瀚无垠的宇宙时，人类时时感受到自己的渺小，但是因为有了思想和理性，我们可以去理解和把握宇宙的奥秘，由此建立起挺立于宇宙之间的勇气和信心，就像霍金所说的那样："我理解它们。某种程度上说，我觉得我是它们的主人。"这应该是对人类理性最高的礼赞吧。

霍金不仅是科学家，也是哲学家，在 2010 年出版的《大设计》这本书中，霍金提出了一系列的哲学问题："我们怎么能理解我们处于其中的世界呢？宇宙如何运行？什么是实在的本性？所有这一切从何而来？宇宙需要一个造物主吗？"

但是，霍金话锋一转，认为"哲学已死"，他的理由是："按照传统，这些是哲学要回答的问题，但哲学已死。哲学跟不上科学，特别是物理学现代发展的步伐。在我们探索知识的旅程中，科学家已成为高擎火炬者"。

哲学真的已经死了吗？在一个意义上，哲学的确死了，因为现在一流的哲学家都不是一流的科学家；但是反过来说，宇宙的起源、实在的本质、宇宙是否需要一个造物主等所有这些问题，真的只能通过科学才可以给出完美的回答吗？我不认为是这样。在我看来，这些问题恰恰是科学与哲学交叉的问题，除了借助科学，还要借助概念分析、心灵直观，才有可能得到真正的回答。事实上，当我们阅读《大设计》的时候，就会意识到，霍金的哲学素养并不如他自以为的那么高，比如他津津乐道的"依赖模型的实在论"，在哲学领域就是一个老生常谈的话题。我的意思是，霍金虽然是哲学家，但却不是一流的哲学家。

我们这个时代最大的问题恰恰在于，一流的哲学家不是一流的科学家，反之亦然，一流的科学家也不是一流的哲学家。这种状况在近代早期并不存在，笛卡尔是解析几何的奠基人，莱布尼茨创立了微积分，康德提出了太阳系起源的星云假说，他们都是一流的哲学家，同时也是一流的科学家。但是自从 19 世纪末 20 世纪初开始，随着专业分工越来越细，自然科学和社会科学纷纷离开哲学的母体，一去不返，这才导致了今天的窘境。因为哲学家缺乏足够的科学素养，科学家缺乏足够的哲学训练，所以无法对哲学和科学的交叉问题提供令人满意的回答。

谈了这么多霍金的话题，是想从霍金这里引出近代哲学家的问题意识，以及他们的工作特点。近代哲学有两个核心问题：知识的确定性问题，以及与此相关的，知识的来源问题。这些问题既是哲学问题，也是科学问题。

我们的知识是从哪里来的？普通人的第一反应就是知识当然是从书本上来的，这是典型的没有经过哲学训练的人才会给出的回答。对于近代哲学家来说，他们的争论点在于，知识到底是源于经验并且基于经验的，还是源于理性并且基于理性的，前者是经验论的主张，后者是唯理论的主张。

培根有一个非常好的比喻，他说："经验主义者就像蚂蚁，他们收集食物并使用它们；但理性主义者像是蜘蛛，他们由自身吐丝结网。"如果追本溯源，我们可以将这个争论上溯到古希腊的柏拉图主义和亚里士多德主义之争，以及中世纪的实在论和唯名论之争。

唯理论的代表人物包括笛卡尔、斯宾诺莎和莱布尼茨，经验论的代表人物包括洛克、贝克莱和休谟。这一讲和下一讲的主角是英国哲学家约翰·洛克（John Locke，1632—1704）。

洛克与《人类理解论》

洛克是我非常喜欢的一个哲学家，他有着英国经验论者常见的温和与理性的品格。洛克的出身比较低微，但是他的父亲还是给他留下了一些家产，让他可以依靠租金度日，这意味着他可以不事生产，有充分的闲暇去思考哲学问题。

然而，洛克并非书斋里的哲学家，他曾经深深卷入英国的政治生活中，甚至参与了一场谋害英国国王查理二世的"黑麦屋事件"，东窗事发之后，洛克选择流亡荷兰，一直待到光荣革命成功才重返英国。在六年的流亡生涯里，他写出了《人类理解论》和《政府论》。其中，《政府论》是英国光荣革命的辩护之作，并且在一百年后成为美国独立战争最重要的思想资源之一。而《人类理解论》则被视为经验论的奠基之作。我时常感慨，那个时代的哲人都充满了传奇色彩，他们一方面可以卷入风起云涌的政治运动，一方面又能心如止水地思考哲学问题，写出藏之名山的著作，真是令人高山仰止。

根据洛克的自述，《人类理解论》的创作初衷源自20年前的一次私人聚会，有五六个朋友来他家里闲聊，谈起一个与人类理解相距很远的话题，结果很快就陷入僵局之中，于是大家停下来反思，问题到底出在哪里？在迷惑了许久之后，洛克提议，也许在讨论这些问题之前，应该首先考察人的理解能力，看看哪些对象是人类的理解力能够解决的，哪些对象是人类的理解力所不能解决的。洛克的提议得到了大家的响应。于是，他开始着手研究这个问题，最终，在20年后写出了这本《人类理解论》。

在一次私人聚会的闲谈中，从一个毫不相干的问题出发，因为百思不得其解，所以决定刨根问底，转而探讨人类理解这样的根本问题，并且一探讨就是20年。每当我读到这个段落时，都无比叹服于西方哲人的求知欲和好奇心。洛克的英国老乡罗素曾经说过一句名言："我的一生被三种简单却又无比强烈的激情所控制：对爱的渴望，对知识的探索和对人类苦难的难以抑制的怜悯。"除了对爱的渴望，这句话同样可以用来形容洛克。

理解是最大的馈赠

那么《人类理解论》的研究主题到底是什么呢？简而

言之，就是"探讨人类知识的起源、确定性和范围，以及信仰、意见和同意的各种根据与程度"。后人在评价康德的时候，经常用"为理性划界"这个说法来形容他的成就，在我看来，洛克的《人类理解论》同样是在为理性划界。

对于自己的工作性质，洛克打过一个很漂亮的比方，他说：

> 理解如同眼睛，我们用它来观察并知觉别的一切事物，但是它却不注意自己。因此，它如果想得抽身旁观，把它做成它自己的研究对象，那是需要一些艺术和辛苦的。

这个说法非常形象地解释了从本体论到认识论转变的核心理由：在研究外部世界存在着什么之前，首先应该研究我们能够知道什么。不妨化用一句流行语来形容洛克的工作："上帝给了我眼睛看世界，我却用它来看自己。"

你或许会问，了解了自己的眼睛，知道它的功能与缺陷，会带来什么后果呢？洛克说："如果我们能够发现，理解的视线能达到多远，它的能力在什么范围内可以达到确实性，并且在什么情形下它只能臆度，只能猜想——我们或者会安心于我们在现在境地内所能达到的事理。"

其实，我们可以把这个道理推而广之。对于任何一个人来说，了解自己的能力的限度，知道自己能做什么、不能做什么，擅长什么、不擅长什么，都是至关重要的自我认识。年轻的时候，我们总觉得自己无所不能，但是慢慢地发现并不是这样，起初我们心有不甘，但在无数次的碰壁之后，我们意识到这或许就是自己能力的边界。当你认识并且接受这一点的时候，就能安心地待在能力的边界之内，这样，就不会再假装无所不知地提出各种问题，不会自寻烦恼，或者烦扰他人，去争辩那些理性能力之外的事物，由此，你就找到了心灵的宁静。

需要特别注意的是，洛克并不是在主张老庄式的绝圣弃智，他更像是在主张儒家的一个观点：知之为知之，不知为不知，是知也。洛克说：

> 倘或我们只能得到概然性，而且概然性已经可以来支配我们的利益，则我们便不应当专横无度地来要求解证，来追寻确实性了。如果我们因为不能遍知一切事物，就不相信一切事物，则我们的做法，正同一个人无翼可飞，就不肯用足来走，只是坐以待毙一样，那真太聪明了。

强调概然性是英国经验论者最突出的特征之一。所谓概然性，是指有可能但又不是必然的性质。这与唯理论者形成了鲜明的对比。唯理论者更像是完美主义者，追求百分之百的确定性、百分之百的完美性，也正因如此，他们特别推崇数学和逻辑，因为只有在数学和逻辑这里，才能找到百分之百的确定性和完美性。经验论者不一样，他们的想法是，够用就好，哪怕它不是那么的好，但它已经足够好了。所以英国有句谚语说：东西没坏的时候就不要修它。与之相对，唯理论者一旦发现东西有些瑕疵，或者不合心意，就会弃之如敝屣，哪怕它功能齐全，只要觉得这个东西不够好，就会找一个更好的来取而代之。或许这就是英国盛产保守主义者，法国盛产激进主义者的哲学根源吧。

最后我想强调一下源自理解的快乐。洛克说：

> 人的理解可以说是心灵中最崇高的一种官能，因此，我们在运用它时，比在运用别的官能时，所得的快乐要较为大些，较为久些……理解之追寻真理，正如弋禽打猎一样，在这些动作中，只是"追求"这种动作，就能发生了大部分的快乐。

在本书序言中我曾经说过：理解本身就是最大的馈赠。这是哲学所能带给我们的最大快乐，也是人生在世最大的烦恼。布谷小时候最焦躁的事情莫过于："爸爸，我听不懂你在说什么，你给我解释一下，好不好？"每当我听到她说这句话的时候就特别开心，因为我在她身上看到了对于理解本身的追求，这是我们人生在世最重要也最持久的快乐。希望你们都能得到这种快乐。

055

人心是一张可以任意涂抹的白纸吗？
洛克《人类理解论》（下）

天赋观念

在笛卡尔那一讲里，我们根据观念的来源，区分出了天赋的观念、外来的观念，以及虚构的观念。所谓天赋的观念，就是与生俱来的观念，现在我想问你们的是，如果存在天赋观念，那么它们都是哪些观念呢？

按照西方哲学史的传统，这个清单上一般会包括：

1. 自然法（natural law）。从斯多亚学派一直到中世纪哲学，通常认为自然法是上帝写在人心中的基本准则。

2. 逻辑和数学的真理。比方说同一律、矛盾律、排中律，这些都是与生俱来的天赋观念或者原则。还包括2+3=5，或者毕达哥拉斯定理。

说到这里，我给大家讲一个小故事。在《美诺篇》

中，苏格拉底与一个目不识丁的小奴隶对话，通过著名的反诘法，让小奴隶自己说出了毕达哥拉斯定理，柏拉图用这个案例说明了"知识即回忆"。如果这个故事是真的，那也证明了人是有先天知识也即天赋观念的。

天赋观念的清单上还可以包括上帝、灵魂这样的形而上学观念，以及"不准杀人""必须遵守诺言"这样的道德原则。

洛克的"白板说"

唯理论者主张人拥有天赋观念，它们是我们人类知识的来源和基础。现在洛克要反对这个看法。读《人类理解论》会发现，洛克从一开始就在反对笛卡尔的"天赋观念"，他列举出属于天赋观念的两个典型例子：一个是"存在者存在"，还有一个是"一件事物不能同时存在又不存在"。

当时的人们普遍认为，这两个命题是必然为真的命题，而且也是天赋的观念。洛克反对这个看法，认为它们不是天赋观念。那么洛克的反驳理由到底是什么呢？

在陈述他的理由之前，我想请大家先来思考以下两个例句：

例1：这个命题是真的，所以我们对它表示同意。

例2：因为我们一致同意这个命题，所以它是真的。

这两个命题的差异显而易见，我们可以粗略地断定，前者隐藏的哲学态度是真理的客观主义，后者是真理的主观主义。

在《政府论》中，洛克指出，只有建立在被统治者同意基础之上的政府才具有政治合法性，这是民主政治的基本原则。有意思的是，洛克把政治哲学中的同意原则也运用到了认识论当中，他在反驳笛卡尔的"天赋观念"时，就是借助于"同意"这个概念。

洛克认为，"一件事物不能同时存在又不存在"这个命题之所以不是天赋观念，理由正在于它不是人类所普遍同意的。这里存在着一个有趣的对比，上述命题显然是为真的，但它却不一定是人们普遍同意的。比方说，小孩和白痴都不会同意这个命题，因为他们听不懂。

我曾经拿布谷做过实验，我问她：你是不是同意"一件事物不能同时存在又不存在"？她当时的反应是："爸爸，你在说什么，我听不懂！"布谷之所以不理解这个命题，是因为她还没有发展出这种高度抽象的思考能力，所以她的脑海当中并不存在这个命题。可是如果我换一个说法，比如，我举着梨子跟她说："你看我手里的这个梨子，它在你的眼前，同时又不在你眼前，你能看见它，同时又看不见它。"那么，她一定听懂了我这句话，同时她肯定还会说："爸爸，你在说什么呀？"此时，她不是在抱怨听不懂这句话的字面意思，而是在抱怨这句话存在着逻辑问题——因为她明明看见了梨子，这个梨子怎么又不存在呢？通过这个例子，我的意思是说，很多概念和原则比较抽象，小孩暂时无法领会其含义，但他们有能力去理解，只要通过不断地学习，他们迟早会掌握这些观念和原则。

现在的问题在于，这个想法对洛克构成了反驳吗？洛克说，只要是通过教育才拥有的观念，那就不是天赋的观念。洛克的意思是，哪怕布谷拥有理解排中律的能力，哪怕小奴隶拥有推导出毕达哥拉斯定理的能力，只要它还不是清楚明白地印在脑子里的观念，只要它还需要通过后天的教育才能获得，那就不是天赋观念。

对于这一点，洛克说得很清楚，他指出："说有一个概念印在心灵上面，同时又说心灵并不知道它，并且从未注意到它，这就等于取消了这种印在心上的说法。凡是心灵从未知道过、从未意识到的命题，都不能说是存在于心灵中的。"

分析到这里，我想问大家两个问题：第一，只要是天赋观念都必须得到普遍的同意吗？第二，天赋观念和天赋能力的区别到底在哪里？第一个问题留给大家闲暇时去思考，第二个问题我们在本讲的最后会做出回复。

也许有读者会问，洛克为什么要反对天赋观念？这件事情听起来如此的哲学，如此的抽象，如此的不知所谓，他到底为什么要做这件事情？

首先，按照当时的流行观点，天赋观念主要是上帝放在人类心灵中的东西。因为是上帝的礼物，所以是不可置疑的、免于批评的，这样一来，也就为权威主义独断论提供了基础。

其次，洛克想要为牛顿、波义耳这些人的自然科学研究充当哲学的"清道夫"。也许有人会说，笛卡尔不也是想要为自然科学寻找确实可靠的基础吗？没错，洛克和笛卡尔都试图为自然科学奠定基础，但两个人的进路却非常不同，洛克认为笛卡尔的工作是没有前途的，因为笛卡尔试图为自然科学奠定一个先天的形而上学基础，而洛克认为这个工作只能从经验着手。

最后，洛克认为，天赋观念在实践上是有害的，因为它很容易被某些独裁者利用，让人们放弃自己的理性和判断，对思想自由、学术自由造成威胁和伤害。

在反驳完天赋观念之后，洛克提出了他自己的理论设想，也即著名的"白板说"。洛克说：

> 一切观念都是由感觉（sensation）或反省（reflection）来的——我们可以假定人心如白纸似的，没有一切标记，没有一切观念，那么它如何会又有了那些观念呢？……我可以一句话答复说，它们都是从"经验"来的，我们的一切知识都是建立在经验上的，而且最后是导源于经验的。

在准备这一讲的时候，北京下起了春雪，我特意在人大校园里冒雪走了一圈，去迎接 2018 年这场迟到的大雪。当我仰起脸的时候，雪花飘落在我的脸上，我通过"感觉"感受了凉意，此时我的心里就留下了一个印象——"雪是凉的"，然后再通过"反省"得出结论——"雪＝凉"，最后形成了一个"观念"："如果我伸手去接雪，它是凉的"。

根据洛克的观点，任何观念的形成，都要经过两个步骤：第一步借助于感觉，第二步借助于反省。这就是著名的"双重经验论"。感官是观念的"外在来源"，通过外物的刺激产生包括颜色、冷热、软硬、苦甜以及一切可感物的观念，这是完全被动的过程。反省是观念的"内在来源"，它是"内部感官"。洛克认为，心灵不但被动地接受外物的刺激，而且具有主动地对刺激进行加工的能力，由此形成知觉、思想、怀疑、信仰、推论、认识、意欲，等等。

莱布尼茨的反驳

说到这里，也许会有读者感到困惑：洛克不是说一切知识都源自经验吗？怎么又出来一个内在来源和内部感官？这难道不是承认了，知识的来源之一是心灵自身固有的某种能力吗？进而言之，这难道不是意味着心灵并非一张白纸，心灵本身带有某种与生俱来的东西，即使它不是笛卡尔所说的天赋观念，但它的确是某种东西，而且与生俱来？

洛克哲学的这种不彻底性，给了德国哲学家莱布尼茨反驳的机会。关于莱布尼茨的生平以及其他哲学观点，我们下一讲会接着介绍，这里我们只探讨他对洛克"白板说"

的反驳。莱布尼茨敏锐地指出，既然洛克也承认知识除了"感觉"这个外部来源，还有"反省"这个心灵固有的来源，可见洛克并不否认心灵中存在某种天赋的东西，所以，他与洛克的分歧就不是有没有天赋的东西，而是这个天赋的东西到底是什么。具体来说，它到底是观念，还是能力？

莱布尼茨指出："观念与真理是作为倾向、禀赋、习性或自然的潜在能力而天赋地存在于我们心中，并不是作为现实作用而天赋地存在于我们心中，但这种潜在的能力永远伴随着与之相适应的、常常感觉不到的现实作用。"

按照这个想法，莱布尼茨提出，心灵不是一块白板或者白纸，而是"有纹理的大理石"，每个人都有属于自己的纹理，就像每个人都有属于自己的倾向、禀赋和习性，这些东西不是作为现成的观念存在于我们的心灵之中，而是作为一种潜在的能力存在于我们的心中。

你或许还记得米开朗基罗与大卫像的故事。当米开朗基罗来到采石场，看到那块大理石的时候，说："我在它身上看到了大卫。"这句话的意思是说，这块大理石的纹理提示米开朗基罗，它具备成为大卫像的潜能。很显然，米开朗基罗并不是在每一块大理石身上都看出了大卫像。这就好比并不是所有人都有潜能成为霍金，哪怕给我们提供一模一样的教育，我们也不可能成为霍金。

这样看来，莱布尼茨的说法似乎更有道理一些。当代的自然科学告诉我们，一个人的天性（nature）和后天培养（nurture），对于他的成长起到的作用大约是一半对一半。大理石上的纹理很重要，我养过一条泰迪狗，据说泰迪的智力水平相当于人类小孩两岁的智力，但是无论我怎么教育它，它都不可能说出"你好"或者"爸爸，我听不懂"这样的语句。反之，后天的经验与教育环境也很重要。20世纪20年代，在印度发现过一个狼孩名叫卡玛拉，在回归人类社会后，她用了25个月才说出第一个词"ma"，四年里一共只学会了6个单词，七年后增加到45个单词，卡玛拉17岁左右去世的时候，智力只有三到四岁孩子的水平。泰迪的例子告诉我们天性的决定性作用，而狼孩的例子告诉我们，后天教育和环境的作用同样不容忽视。结合泰迪与狼孩的例子，我们就不得不接受莱布尼茨的结论：感觉虽然对于知识具有基础作用，但感觉不是知识的唯一基础。

现在还剩下最后一个问题：我们应该如何评价感觉的作用呢？感觉究竟是知识的根源，还是知识的机缘？"机缘"这个说法不太容易理解，仍旧以大卫像为例，如果米开朗基罗不是机缘巧合来到采石场，如果他不是机缘巧合发现了那块大理石，那块大理石就与千千万万的普通石头一样，被搁置在荒山野岭里无人问津，正是因为米开朗基罗看到了它，才让这块大理石具有了成为大卫像的机缘。显然，按照莱布尼茨的观点，感觉更像是知识的机缘，它是使知识得以可能的外部条件，但并不是知识的根源。

现在让我们来做一个小结。洛克反对笛卡尔的天赋观念，认为一切知识都起源于经验，提出人的心灵是一块白板。可是由于洛克主张双重经验说，这就为莱布尼茨的反驳留下了破绽。莱布尼茨主张人的心灵是"有纹理的大理石"，这个说法比"白板说"更符合人之常情以及现代科学的研究成果。但是我们不能因此夸大洛克和莱布尼茨之间的分歧，因为洛克并不反对人有自然的认知能力，他反对的是人与生俱来就拥有"清楚而明白"的天赋观念。如果把天赋观念解释成天赋的认识能力，我认为洛克并不会反对这个想法。

洛克的哲学思考常常不够彻底，因此常常被人批评为自相矛盾或者思路不清。不过，关于这个现象，我倒是更认可洛克的英国同乡罗素的评论，他说："洛克追求可信，以牺牲首尾一贯而达到了可信。大部分的伟大哲学家一向做得和洛克正相反。不能自圆其说的哲学绝不会完全正确，但是自圆其说的哲学满可以全盘错误。"

我认为罗素的这句话是对英国经验论非常恰当的一个评价。

056

这个世界是所有可能世界里最好的吗？
莱布尼茨哲学（上）

　　1918 年 11 月 7 日，梁济问儿子梁漱溟："这个世界会好吗？"当时已是北大哲学系教授的梁漱溟回答说："我相信世界是一天一天往好里去的。"梁济显然不满意这个答案，敷衍地说道："能好就好啊！"三天后，梁济投水自尽。假如德国哲学家莱布尼茨听说了这个问题，他一定会告诉梁济："这世界不会好了，因为这个世界已经是所有可能世界里最好的。"

　　我不晓得梁济听到这个回答会作何反应，反正伏尔泰对此非常不感冒，他甚至专门写了一本哲理讽刺小说《老实人》，毫不留情地讥讽莱布尼茨的乐观主义。的确，莱布尼茨的这个说法似乎很傻很天真，作为人类有史以来最博学同时也最聪明的人物之一，他为什么会如此自信地断言这个灾难深重的世界是所有可能世界里最好的世界？除了迎合上意，安抚人心，还有什么深刻的哲学道理？在回答这些问题之前，让我们先来了解一下莱布尼茨其人其学。

调和论者莱布尼茨

莱布尼茨（Gottfried Wilhelm Leibniz）1646 年 7 月出生于德国的莱比锡市，1716 年 11 月死于汉诺威，享年 70 岁。莱布尼茨是柏林科学院的第一任院长，同时还是英国皇家学会、法国科学院、罗马科学与数学科学院的院士，他的研究领域几乎遍及所有学科，从哲学、数学到神学、法学、政治学以及历史学，可以说是无所不通，无所不晓。莱布尼茨发明了二进位制，制作出能计算乘除法和开平方运算的新型计算机，为 20 世纪的电子计算机奠定了基础；他是当时最顶尖的数学家，曾与牛顿争夺微积分的发明权，虽然在当时以失败告终，但三百年后人们使用的却是莱布尼茨的体系；莱布尼茨还是一位卓越的历史学家，受邀为当时德国最显赫的布伦瑞克家族撰写家族史；当然，他还是一名伟大的哲学家，是大陆理性主义最重要的代表人物之一。莱布尼茨的天赋异禀可以说是举世闻名，普鲁士的腓特烈大帝称赞莱布尼茨一个人就是一所科学院，启蒙哲人狄德罗说每当想起要与莱布尼茨的天赋一较短长，就恨不能立刻把书丢掉，跑到一个谁都找不到的角落里安静地死掉算了。

有学者认为，莱布尼茨的精神气质与苏格拉底非常类似，因为他总是热衷于跟别人谈话，尽可能地同情不同的观点，但又随时准备变成一只牛虻，去刺蜇那些自以为在任何问题上都握有全部真理的专家学者。可是问题在于，虽然莱布尼茨天赋超群，但他终究只是一个人，时间和精力总是有限的。所以，莱布尼茨给后人留下了 15,000 份信件，以及无数的未刊稿，但却始终没有写出一部震古烁今的皇皇巨著。在哲学领域中，无论是在他生前出版的《神正论》，还是死后出版的《人类理解新论》，都无法与斯宾诺莎的《伦理学》或者康德的《纯粹理性批判》相媲美，这不能不说是一件令人遗憾的事情。

莱布尼茨生前曾经预言："那些只是通过我发表的作品来了解我的人其实并不真正了解我。"这句话的隐含之义是，如果人们了解了他的未刊之作，一定会对他肃然起敬，高山仰止。事实也是如此，比方说罗素就认为莱布尼茨其实创建了两个哲学体系："他公开宣扬的一个体系讲乐观、守正统、玄虚离奇而又浅薄；另一个体系……内容深奥，条理一贯，富于斯宾诺莎风格，并且有惊人的逻辑性。"这个评价非常尖刻，用今天流行的说法，莱布尼茨就是一个典型的"两面人"。

在我看来，"两面人"的指控显然是过于严厉了，更加公允的说法是，莱布尼茨和伊拉斯谟一样，本质上都不是革命家而是调和者，因为试图走中间道路，所以总是落得两面不是人的尴尬局面。

说到这里，就不得不提英国学者尼古拉斯·乔里

（Nicholas Jolley）的观点，在他看来，如果想要了解莱布尼茨的一生，最重要的事件莫过于打垮他的祖国的三十年战争。这场战争开始于1618年，结束于1648年，它在政治上让德国四分五裂，在宗教上让天主教与新教的矛盾达到了顶点，死于这场战争的总人数达到了700万之众，给整个欧洲留下了巨大的创伤和亟待解决的问题。虽然战争结束的时候莱布尼茨年仅两岁，但却对他产生了至为深远的影响，让他终身致力于全方位的"和平研究"：在政治上弥合纷争，在宗教上调解冲突，在哲学上实现综合。

我们曾经介绍过，以笛卡尔为代表的近代哲学重点攻击的一个目标，就是统治了中世纪哲学数百年之久的亚里士多德主义。但是莱布尼茨不同于笛卡尔、霍布斯这些人，他一向主张，即使是在糟粕之中也能扒拉出菁华。所以，他做哲学的初衷不是为了摧毁亚里士多德主义，而是为了调和近代哲学的机械论宇宙观和亚里士多德式的目的论宇宙观，甚至在中世纪的经院哲学当中，他也能找到"为我所用"的菁华。

莱布尼茨哲学的基本思维原则

莱布尼茨的哲学有很多脑洞大开的主张，比如下一讲将会重点介绍的"单子论"与"前定和谐说"，初看起来非常古怪，但是如果我们深入地了解它们的前因后果，就会发现，它们的界面虽然不够友善，但仍旧是可以理解的。

这一讲只是想带领各位读者做一些前期的热身活动，我将给大家介绍莱布尼茨哲学的三条基本思维原则。这些原则就像是建构莱布尼茨哲学大厦的脚手架，又像是帮助我们走出人类思维迷宫的阿里阿德涅线团。具体说来，这三大基本思维原则分别是：矛盾原则、充足理由原则和圆满性原则。是不是看到这三个术语，就已经心生畏惧了？不要着急，我来给你们一一解释。

所谓矛盾原则，意思是"A 不能既是 A 又是非 A"。打个比方，李连杰不可能既是李连杰又不是李连杰。可是，你或许听说过，李连杰在 2001 年拍过一部片子 The One，中文译成《宇宙追缉令》，这个电影恰恰是对矛盾原则的一个挑战。它讲的是在 124 个平行宇宙中，存在着 124 个李连杰扮演的主角基比。在地球上，基比就是基比，他不可能既是基比又不是基比，但是在平行宇宙里，这个矛盾原则就被打破了，就此而言，矛盾原则是关于本质和可能性的原则。说到这里，你也许能够体味出英文片名的妙处，"The One"的意思是唯一的那一个，显然它更加符合剧情，也更有哲学意味，而《宇宙追缉令》看起来就像是一个普通的科幻打斗片。

矛盾原则是关于本质和可能性的原则，它可以解释在这个世界里，李连杰就是李连杰，而不可能既是李连杰又不是李连杰。或者换个说法，以你自己为例，矛盾原则可以解释在这个世界里，你就是你，而不可能既是你又不是你。可是矛盾原则却不能解释你为什么会存在这个问题。

看上去是不是像在说绕口令？其实，我的意思是说，虽然普通人在日常生活中随波逐流，过得浑浑噩噩，不知有汉，无论魏晋，但是我相信，每个人都曾经遭遇到这样一个时刻，开始思考这样一个问题：我为什么会存在？我来到这个世界，到底有什么原因或者目的？类似的问题还包括，山谷里那朵寂寞开放的野百合为什么会存在？太平洋上的那个转瞬即逝的泡沫，它的存在到底有何意义？面对这些问题，莱布尼茨的回答是：每一个平凡的个人，乃至每一朵山谷里的野百合，都是有存在的理由的。借用海德格尔的话说，就是"没有什么东西无理由而存在"。此时，我们就已经引进了莱布尼茨的第二条基本原则——"充足理由原则"，它的意思是"没有什么东西是没有理由的"。所以，充足理由原则是用来解释个体事物存在的偶然性的。换句话说，它是用来解释为什么会存在如此之多的个体事物，它们看起来是如此的偶然、如此的微不足道，就像山谷里的野百合、海上的泡沫，充足理由原则告诉我们：这些东西的存在都是有理由的。

一定有读者会紧接着想：可是，话说到这里，依旧没有解决我们的根本疑惑呀——请问，这个理由到底是什么？

这个时候，就需要引入第三条原则——"圆满性原则"了，这是一条关于上帝自由选择的原则。莱布尼茨认为，上帝之所以会在无数可能的世界里选择并创造出这个世界，根本原因在于，这个现实的世界具有最大的完满性。

也就是说，我们所身处的这个世界，是所有可能世界里最好的那个世界。很显然，这是一个上帝的视角，而不是凡人的视角。作为个体，我们的确会经常追问：我为什么存在？我为什么不是一个摇滚歌手，而是一个哲学工作者？根据莱布尼茨的圆满性原则，答案非常明确——因为上帝在各种可能世界中做出了自由的选择，并且因为这个选择是上帝做出来的，所以它就是最完满的。所以，不要为自己不是一个摇滚歌手而遗憾，一切都是最好的安排。

讲到这里，我突然脑洞大开地想到了《大话西游》里的一段台词。紫霞试探着问至尊宝："如果这段姻缘是上天安排的，该怎么办呢？"至尊宝答说："那——你就告诉他这是上天安排了这么一段姻缘呀。"紫霞接着问："他不喜欢我怎么办？他有老婆怎么办？"至尊宝说："你管他那么多，上天安排的最大嘛！"紫霞问："真的？"至尊宝回答："上天安排的，还不够你臭屁的啊？！"

"上天安排的最大"，这句话虽然粗俗，但是话糙理不糙，正好可以用来解读莱布尼茨的"圆满性原则"。

好了，让我们做一个小结。这一讲介绍了莱布尼茨的生平和著述，重点解释了莱布尼茨哲学的三条基本思维原则，其中矛盾原则是关于本质和可能性的原则，充足理由原则是关于存在的原则，圆满性原则是关于上帝自由选择的原则。这三条原则是帮助我们走出人类思维迷宫的阿里阿德涅线团。

　　在下一讲中，我们就要开始这场走出迷宫的旅行。只有走出了迷宫，我们才能真正理解莱布尼茨为什么会说"这个世界是可能世界里最好的那一个"。

057

这个世界是所有可能世界里最好的吗?
莱布尼茨哲学（下）

不可分的点：永恒存在的真实

在上一讲中，我塞给你们手中三个走出迷宫的线团，它们分别是矛盾原则、充足理由原则和圆满性原则。心急的读者一定会问：线团有了，可是迷宫在哪里呢？

在《神正论》这本书中，莱布尼茨告诉我们说，人类思维有两个著名的迷宫，常常让我们的理性误入歧途：第一个迷宫是关于自由与必然的关系，这导致我们去思考恶的产生和起源问题；第二个迷宫是关于连续性和不可分的点的争论，这个问题牵涉到对于无限性的思考。莱布尼茨说，第一个问题几乎困惑着整个人类，第二个问题只是让哲学家百思不得其解。

让我们从难到易，先来走第二个迷宫。首先我们要问，什么叫作"不可分的点"？如果我们环顾四周，就会看见各种物体，比如桌子、椅子、手机、电脑，这些东西在哲学家的眼里，都是可分的复合物，比如桌子可以分解成桌面和桌腿，再进一步，桌腿还可以继续被分解成分子和原子。现在我要问你们的是，原子是不可分的点吗？还是说，原子仍然可以被继续分解下去？

今天我们当然都知道，原子可以继续分成中子、质子和夸克，但在当时有一个主张原子论的哲学家名叫伽桑狄（Pierre Gassendi），他认为物体是由不可再分的原子组成的。桌子可以被大卸八块，扔在垃圾场里，风吹日晒，天长日久，最终彻底腐烂，消失不见，但是原子却始终存在，不生不灭，所以原子是这个世界上最真实的东西，也就是我们经常说的实体。

可是笛卡尔主义者不同意这个观点，他们认为原子是物质，而物质的本质是广延，凡是有广延的东西就可以无限再分下去，所以不存在不可分的原子。广延到底是什么意思？简单说，广延是指物质所占据的空间，比如你手中的这本书，它具有长、宽、高的属性，因此一定占据了某种空间。笛卡尔主义者认为，即使是微小如原子，人类的肉眼看不见也摸不着，但只要它是物质，那就一定有广延，只要有广延，在理论上就是可以继续再分的。

分析到这里，原子论者伽桑狄和笛卡尔主义者的分歧已经很清楚了：原子论者主张存在"不可分的点"，那就是原子；笛卡尔主义者认为不存在"不可分的点"，因为原子也是可以继续分下去的。

莱布尼茨最初信奉过伽桑狄的原子理论，但是他后来接受了笛卡尔主义者的想法，认为原子仍旧是物质，而只要是物质，那就有广延，只要有广延，就一定还可以被分解。可问题在于，他又想保留那个"不可分的点"，所以他只能引入一个没有广延的、纯精神性的东西来取代原子，莱布尼茨把它称为"单子"。为什么单子必须是没有广延的？因为有广延就是可以再分的，所以莱布尼茨在逻辑的逼迫下，就必须要取消原子的物质性，于是就创造出了单子这个纯精神性的东西。

单子的英文是 monad，它的古希腊文"monas"是"一"和"单纯"的意思。所谓单纯，"就是没有部分"，所以单子就是组成复合物的最基本的实体，也是构建整个宇宙的最基本单位。莱布尼茨相信，单子正是哲学家苦苦寻找的那个"不可再分的点"。单子和原子的区别在于，原子是"物理上的点"，所以是可以再分的，而单子是"形而上学的点"，它是不可再分的。

也许有人还要继续追问：哲学家为什么要找那个不可分的点？原因很简单，从古至今，哲学家的主要任务就是要找到那个不生不灭、永恒存在的最真实的东西呀！就是要找到那个"在变化中持续存在"的实体呀！

连续性：有机联系的"整体"

接下来我们探讨什么是"连续性"。当你看到"连续性"这个词的时候，最先映入脑海的是什么意象？我猜想多数人首先想到的可能是"河水"或者"时间"。所谓"抽刀断水水更流"，河水的一大特色就是连绵不绝，这是一个有机联系着的"整体"或者"全体"。与此相反，所谓的非连续性就是机械堆积而成的"整体"或者"全体"，比如说把土豆装在麻袋里，虽然看起来也是一个整体，但是土豆和土豆之间其实充满了缝隙，而且彼此是毫无关系的。

伽桑狄主张原子论，把原子看成不可再分的点，但是原子和原子之间，就像同一个麻袋里的土豆一样，是存在着虚空的，也就是说，它们之间没有连续性，虽然是一个整体，但却是机械堆积起来的整体。与此相对，笛卡尔虽然保证了连续性，但因为他主张物质是可以无限再分下去的，所以也就取消了"不可分的点"。

现在我们可以把"连续性"和"不可分的点"这两个概念放在一起，请问哲学家到底想问什么问题？答案很简单，他们追问的就是整体与单元、一般与个体的关系问题。

那么莱布尼茨的态度是怎么样的呢？莱布尼茨左右开弓，同时反对笛卡尔和伽桑狄，莱布尼茨既想保留"不可分的点"，同时又想保留连续性，从而实现整体与单元、一般与个体的辩证统一。

你或许会感到困惑，为什么一定要强调有机的整体？这涉及近代科学对于整个人类生存的冲击。前文说过，近代科学提供的是一个机械论的宇宙观，它"把一个我们生活、相爱并且消亡在其中的质的可感世界，替换成了一个量的、几何实体化了的世界"，这样的宇宙观不能给人带来安慰，莱布尼茨的目的是要结合近代的机械论宇宙观和古代的目的论宇宙观，最终给生活在这个悲惨世界的人类以安慰。

不过，要想完成这个理论上的重任，就必须引入"单子论"与"前定和谐说"。

每一个单子都是宇宙的表象

坦白说，每当我想起单子都会惊叹，当一个形而上学家脑洞大开的时候会产生多么稀奇古怪的想法。那么单子到底都有哪些属性呢？为了不增加大家的思考负担，我主要介绍单子的三个属性。

首先，每一个单子都是独一无二的，不存在两个完全一样的单子。为了说明这个道理，莱布尼茨曾经要求他的朋友到花园里找出两片一模一样的叶子，结果是根本找不到完全一样的两片叶子。

其次，单子之间是相互独立的，彼此之间无法发生任何关系。莱布尼茨有个非常形象的比喻：单子是没有窗户的。这是什么意思？我们每天早晨起来打开窗户，是为了换空气，既然单子没有窗户，那就意味着单子是一个完全封闭的个体，无法与其他单子进行互动，它自己的内部属性无法逃逸出去。

为什么单子具有这么奇怪的属性？这个时候，就用得上在上一讲中介绍过的矛盾原则了。所谓矛盾原则，就是A不可能同时是A又是非A。单子的独一无二性以及彼此不发生任何关系，其实就是对矛盾原则的极致运用，它突出地强调了个体主义的特征。

现在我们来看单子的第三个属性——单子是精神性的实体，它具有实现完满的欲望和欲求。要注意的是，这种欲望不是来自外物，不是别人要求我怎么样，而是自身的内在动力，它自己欲求实现完满，用哲学的语言，就是单子是自身追求完满的"自因"。所谓"自因"，顾名思义，就是自己是自己的原因。

介绍完单子的属性之后，现在我们要来问这样一个问题：既然单子是没有窗户的，单子和单子之间没有任何的关系，那岂不是跟一个麻袋里的土豆也没有什么分别吗？这样一来，怎么保证"连续性"的问题呢？凭什么说单子组成的宇宙是一个有机的整体呢？

关于这个问题，莱布尼茨至少提供了两个答案。

第一，单子和单子之间虽然没有任何关系，但是每个单子都可以凭借自己的"知觉"去反映整个宇宙，在这个意义上，整个宇宙也就在每一个单子之中。这个观点特别像佛学中的"一花一世界，一叶一如来"。事实上，黑格尔在解读这个思想的时候，也用了类似的意象，他说："每一个单子都是能表象的，同时也是宇宙的表象。每一个单子本身就是一个总体，本身就是一个完整的世界。……如果我们完全认识了一粒沙，就可以从这粒沙里理解到全宇宙的发展。"

第二个答案就是著名的"前定和谐说"。打个比方，整个宇宙就像是一个无比庞大的交响乐团，每个单子就像是乐手，彼此不知道对方的存在，听不见对方的演奏，它们之所以能够共同演奏出一曲完美和谐的曲子，都是因为上帝预先写好了谱子，并且事先给每个乐手安排好了演奏的节奏。

莱布尼茨用前定和谐说不仅解释了身心何以一致的问题，反驳了笛卡尔的"身心二元论"，同时还解释了宇宙万物的和谐关系。如果莱布尼茨的"前定和谐说"是对的，那就意味着全体单子都在做同样的梦，唯一的问题是，莱布尼茨是怎么发现这件事情的？难道他是上帝本人吗？

必然之恶：上帝的自由选择

接下来我们要讨论的问题是，如果世界是前定和谐的，那是不是意味着人是不自由的？进而言之，如何去理解恶的问题？思考到这里，就把我们带回到了第一个迷宫：从自由与必然的关系所导致的对恶的产生和起源问题的思考。

恶的问题一直都是困扰基督教神学的大问题。休谟曾经指出：如果上帝愿意制止罪恶而不能制止，那他就不是全能的；如果他能够制止而不愿意制止，那他就是怀有恶意的；如果他既能够制止又愿意制止，那么请问，世界上怎么会有这么多的罪恶呢？

的确如此，对于天生的残疾者、奥斯维辛集中营的幸存者、"9·11"恐怖袭击和印尼海啸的遇难者家属来说，这个世界不但不和谐，而且简直坏透了。"我为什么会来到这个世界？""为什么偏偏会是我？"这样的形而上学追问对于他们来说，不是偶一为之的哲学遐想，而是格外真实和沉重的人生拷问。

那么，莱布尼茨会怎么解答这些问题呢？这个时候，我们就用得上充足理由原则和圆满性原则这两个线团了。充足理由原则告诉我们，任何人来到这个世界，无论悲惨还是幸运，都是有理由的，只是我们自身很难洞悉这个理由，因为归根结底，世界之所以是这样的而不是那样的，乃是上帝自由选择的结果，而不是个体自由选择的结果。

莱布尼茨会承认，这个世界是不完善的，比如，在鼠疫、战争及各种罪行中，会有无辜的人死去，这是"道德的恶"。再比如，上帝创世的时候要兼顾手段的简洁性和目的的丰富性，所以不可避免地会出现"物理的恶"。另外，相比起造物主，被造物肯定是不够完美的，这是所谓"形而上学的恶"。莱布尼茨一方面承认这个世界的确是不完美的，另一方面却一直在强调"这个世界是不完美的"与"这个世界是可能世界里最好的那一个"二者之间并不矛盾。换言之，既然是被造物，那就注定是不完美的，这没什么好抱怨的，但这不等于说作为被造物，你有资格批评这个世界不是可能世界里最好的那一个。

莱布尼茨认为，不能仅从个体的角度去评价世界的善恶，这是因为，有时候恶是善的必要条件。就好比如果只吃甜的东西，很快就会觉得齁死了，必须结合酸的、辣的甚至苦的东西，这样才会有滋有味。

莱布尼茨还有一个比喻。他说，如果你去看一幅很美的图画，但是有人用一块布把它全部覆盖起来了，只留出一小部分让你观看，那么无论你怎么看，都会觉得这只是一堆混乱的色彩而已，毫无美感和技巧可言。只有当你揭开这块布，从正确的视角去看这幅画，才会意识到这其实是一幅杰作，而那块看起来混乱的色彩乃是构成这幅杰作的一部分。

仔细思考这个比喻，会发现它非常有道理，唯一让人困惑的地方在于：谁有能力挪开那块布？谁又能站在正确的视角去看这幅画？很显然不是凡人，而是上帝。

我们是凡人，我们只要求凡人的幸福，我们只在意凡人的痛苦。也许在人生的某一刹那，我们可以像莱布尼茨那样，从无数的烦恼中超脱出来，试着从上帝的视角去沉思和赞美这个世界的美妙，但是这样的瞬间并不能医治具体的人生创痛。不妨设想一下，如果梁济在决定自杀前的三天，读到了莱布尼茨的哲学，掌握了他的理论的来龙去脉、前因后果，请问这会让他感到有所安慰吗？请问他会从此打消轻生的念头，和莱布尼茨一起来礼赞上帝的这个杰作吗？

现在，让我们来做一个总结。

首先，莱布尼茨是一个调和论者，为了寻找到"不可分的点"，他在逻辑力量的逼迫下发明了单子，与此同时，为了确保"连续性"，他引入了"前定和谐说"。他这么做的目的是结合近代的机械论宇宙观和古代的目的论宇宙观。

其次，莱布尼茨的哲学虽然给上帝保留了位置，其实却把上帝的功能极大地缩小了。莱布尼茨的上帝好比电脑程序员，一旦设定了初始程序，电脑就开始自动运行，然后上帝就开始无所事事地四处溜达，喝咖啡，闲聊，发呆，再也不插手剩下的事务。这个想法与当时流行的"自然神论"非常接近，后者将上帝看成世界的"最初原因"或者"第一推动力"，自打上帝对世界做了第一次推动之后，就撒手不管了，上帝成了"不在家的主人"。

最后，莱布尼茨的前定和谐说会很自然地得出如下结论：这个世界是可能世界里最好的那一个。这是一个无比精妙的形而上学理论，但我怀疑它真的能给现实世界里的受苦人带去安慰。

058

过度考察的人生是没法过的人生：
休谟哲学（上）

在开始这一讲之前，我想问大家一个很私人的问题：请问你们大概经过多久的时间才能走出失恋的阴影？为什么曾经椎心刺痛的情感创伤，在某年某月的某一日回想起来，会如此的云淡风轻？如果从知识论的角度出发，应该如何解释这个现象？

关于这个问题，我觉得这一讲的主角，英国哲学家大卫·休谟（David Hume）能够提供很好的解释。不过在探讨这个问题之前，先让我们了解一下休谟的生平。

业余的天才，快乐的胖子

1711 年，休谟出生于英国北部的爱丁堡，他天资聪慧，12 岁就入读了爱丁堡大学，但并没有拿到学位，据说这在当时是很常见的现象。休谟一辈子都没有在大学里任过教职，他做过军官、外交官，当过家庭教师、图书管理员，这些工作都是他赖以谋生的职业，只有哲学思考和写作才是他毕生追求的事业。休谟曾经说过，除了研究哲学和一般学问，他对于任何其他学科都会产生一种厌恶感。或许正因为这样，休谟才不把哲学作为职业，因为职业会伤害热爱。

休谟是一个早慧的天才，他在 18 岁的时候就开始构思自己的哲学体系，这个异常艰巨的任务给他带来了沉重的精神负担，甚至他因此患上了抑郁症，被迫暂时放弃研究，去过一种更接地气的生活。这段经历让休谟充分意识到，在哲学与生活之间保持恰当的平衡是多么重要。他曾经说过："做一个哲学家，但在你所有的哲学中，你仍然是一个人。"

休谟不仅是这么说的，也是这么做的。他年轻的时候是个"骨瘦如柴的高个子"，但是随着社交生活的拓展，特别是刻意补充营养和加强锻炼，休谟成了一个胖子，而且是一个快乐的胖子。他亲切和蔼，与人为善，在晚年的自述中，他这样评价自己的性格："和平而能自制，坦白而又和蔼，愉快而善与人亲昵，最不易发生仇恨，而且一切感情都是十分中和的。"这样的人格特征最擅长自我治愈，而且很快就见到了效果。

1739 年到 1740 年，休谟陆续出版了三卷本的《人性论》：第一卷"论理解"，第二卷"论情感"，第三卷"论道德"。在今天看来，这本书无疑是休谟最重要的哲学著作，可在当时却波澜不惊，几乎没有任何影响，休谟后来悲伤地说："它从机器中一生出来就死了，它无声无臭的，甚至在热狂者中也不曾刺激起一次怨言来。"这让休谟备受打击，不过他的自愈型人格此时发挥了作用，他很快就走出了阴影。休谟意识到《人性论》之所以卖得如此惨淡，是因为界面不够友善，于是他用更加流畅浅白的语言改写了这本书的第一卷和第三卷，分别以《人类理解研究》和《道德原理研究》出版，果然获得了成功。在接下来的几年里，休谟又陆续出版了《英国史》等一系列著作。1763年，当休谟以英国驻法国大使秘书的身份再次来到巴黎的时候，他已经是名满天下的哲学家了。有人这样形容说："王公贵族们奉承他，风雅的女士们崇拜他，哲学家们把他奉若神明。"这句话一点都不夸张，当时法国著名的哲学家，如狄德罗、达朗贝尔、霍尔巴赫和卢梭都跟他过从甚密。尤其是卢梭，他们两人曾经一度亲密无间，在休谟返回英国的时候，还把卢梭也带到了伦敦，只是后来卢梭的疑心病发作，导致二人最后翻脸。

休谟身上有很多凡人的特性，说他庸俗也不为过。比如休谟热爱名声，经常在心里盘算哪本著作会给自己带来什么样的声誉。由于从小丧父，经济状况不佳，休谟年轻的时候不得不四处求职，甚至还被雇主恶意拖欠薪水，直到15年后才付清。1747年，也就是他36岁的时候，休谟终于获得了经济上的独立，他在晚年的自传里这样写道："虽然我这样说的时候，我的大多数朋友们多爱笑我。总而言之，我在此时差不多拥有了 1000 镑。"仔细揣摩休谟的语气，就能体会出他发自内心的得意和微笑。但是奇怪的是，这些凡人的爱好并不会让休谟显得猥琐，反而让人会心一笑，产生出"他跟我们是一样的人"的亲切感。休谟跟我们当然不是一样的人，休谟之成为休谟，不是因为他好名或者好利，而是因为他在哲学上拥有的天纵奇才。

休谟被学界公认为英国有史以来最伟大的哲学家，他不仅是经验论的集大成者，也启发了康德的批判哲学。与此同时，休谟还是一个极具独创性的哲学家：他质疑因果关系的必然性，强调事实和价值的两分，主张理性是情感的奴隶，反对社会契约论，对宗教信仰展开温和但致命的攻击……几乎每一个主张都对后世的哲学产生了深远影响。这个在日常生活中"人畜无害"的胖子，其实是哲学领域里勇猛精进的斗士。

跟笛卡尔和洛克一样，休谟对于哲学问题无休无止的争论感到厌烦，于是把求助的眼光投向自然科学，希望能够借助自然科学的方法来确立"人的科学"，像牛顿那样一统江湖。更有意思的是，跟笛卡尔和洛克一样，休谟也怀抱着没落贵族的骄傲，认为一旦确立起"人的科学"，就能反过来为自然科学奠定"唯一牢固的基础"。哲学家的这种理想和抱负真的非常可爱，打个不恰当的比方，这就好像是一个穷亲戚来找富亲戚借钱，而且大言不惭地拍着胸脯说：我向你借钱可不只是为了我自己，同样也是为了你，归根结底，我是为了让你基业长青、千秋万代。

可惜，休谟是个在智识上过于诚实的人，经过一番研究，他发现人类理性的有限性远超出他的想象，结果，他不仅没能为自然科学奠基，反而做出了釜底抽薪的动作——他彻底地质疑了因果关系的必然性。

把经验论原则贯彻到底

这个出乎意料的故事要从休谟的知识理论说起。休谟把心灵感知到的一切对象都叫作知觉（perceptions），而知觉呢，又可以分为两个部分：印象（impressions）和观念（ideas）。有时候休谟也把观念称为思想（thoughts）。

那么究竟什么是印象呢？休谟认为，印象是最原始的知觉素材，包括"听见、看见、触到、爱好、厌恶或欲求时的知觉"，印象的基本特点是生动活泼。跟印象相比，观念的生动活泼性就要大打折扣，它是我们在思考和回忆印象时所产生的东西，你可以把观念看成印象的翻版或者摹本。

我现在正坐在办公室里，当我回想起蛋挞的滋味时，仍然有香甜软糯、芳香四溢的感觉。在这一刹那，我口中的每一个味蕾似乎都被激活了。然而我毕竟只是在回忆吃蛋挞的印象，哪怕我已经垂涎欲滴，但是比起真的把蛋挞包裹在嘴里的感觉，我现在的这种观念依旧是暗淡无光的。

回到这一讲最开始的那个问题：为什么曾经椎心刺痛的情感创伤，在某年某月的某一日回想起来，会如此的云淡风轻？其实，休谟早就给出了答案，因为"最生动的思想仍然比不上最迟钝的感觉"。

说到这里，你可能已经注意到了，休谟和洛克使用的哲学术语并不一样。洛克把心灵中的所有对象都称为观念，而休谟呢，则把心灵的一切对象称为知觉。所谓观念，只是一种知觉。这个差别还不是最重要的，重要的是，休谟主张一切知觉都来源于印象，观念归根结底也是来源于印象，这个思路跟洛克的"双重经验论"非常不同。洛克把感觉（sensation）看成观念的外在来源，把反省（reflection）作为观念的内在来源，这就意味着知识的来源除了感觉，还包括心灵自身拥有的"内部感官"，也就是反省，这么一来，洛克就违背了经验论的基本原则，对唯理论做出了让步。而休谟则是彻底地贯彻了经验论的基本原则，主张一切知识都是源于并且基于经验。所以说，休谟是把经验论原则推到极致的那个人。

按照休谟的观点，所有的观念都可以还原为最初的印象。这就意味着像飞马、金山这些稀奇古怪的观念，都可以还原成为"翅膀和马""金子和山"这样的印象；上帝的观念也一样，所谓的全善和全知，不过就是把人类经验到的"善良"和"智慧"无限放大的结果。休谟的这个思路，其实已经蕴含了 20 世纪"逻辑实证论"的观点。休谟说，当我们怀疑某个哲学术语到底有没有意义的时候，只需要去考察它到底来自什么印象，如果找不到任何印象的来源，那就可以说明它是毫无意义的胡说八道。

有人也许会接着问，就算我们承认一切知识来源于印象，那么请问，印象又是来自哪里呢？人类的理性能不能搞清楚印象的来源到底是什么呢？

如果让洛克来回答这个问题，他会说，感觉经验的来源当然就是外部的事物；如果让另一个经验论者贝克莱来回答这个问题，他会说，感觉经验的来源就是上帝。可是，从经验论的角度来看，这两个回答都没有将经验论的原则贯彻到底，如果贯彻到底，就只能像休谟这样回答：对不起，我不知道感觉印象的来源到底是什么，因为这已经超出了人类理性理解的范围，我们永远都不能断定，印象是由外部事物刺激产生的，还是被心灵创造出来的，或者是从上帝那里得来的。

这是一种典型的不可知论的态度，我们能够闻到扑鼻而来的怀疑主义气息。但是，休谟并不是一个彻底的怀疑主义者，相反，他自称是温和的怀疑主义者。什么叫作温和的怀疑主义者？简单说，他的温和性体现在对常识的捍卫上，也就是坚持外部事物是客观存在的这种"自然信念"。休谟相信这种自然信念是高于我们的理性推理的。

说到这里，我们可以对这一讲的内容做一个小结。休谟是哲学领域中的一个大杀器，通过彻底地贯彻经验论的原则，他对一切形而上学和神学的呓语展开了最凶猛的攻击。他曾经这样说道："当我们巡视图书馆时，我们可以拿起一本书，例如神学或经院哲学的书，我们就可以问：

其中包含着量或数方面的任何抽象论证吗？其中包含着有关事实与存在的任何经验论证吗？没有。那我们就可以将它投到烈火中去，因为它所包含的，没有别的东西，只有诡辩和幻想。"

但是另一方面，休谟又是一个常识论者和温和的怀疑主义者，这一点突出地体现在，休谟始终是日常生活中那个人畜无害的胖子，懂得"过度考察的人生是没法过的人生"这个道理，所以休谟才会说出这样的话来："我就餐，我玩双六，我谈话，并和我的朋友们谈笑；在经过三四个钟头的娱乐以后，我再返回来看这一类思辨时，就觉得这些思辨那样冷酷、牵强、可笑，因而发现自己无心再继续进行这类思辨了。"

说到这里，我们还没有触及休谟最重要的一个哲学贡献——对因果关系的质疑。关于这个问题，我们下一讲接着谈。

059

太阳照常升起？休谟哲学（中）

姜文有部电影叫《太阳照常升起》，看懂的人不多。据说有记者问姜文："《太阳照常升起》的主题是什么？"姜文回答说："《太阳照常升起》的主题就是'太阳照常升起'。"这个回答霸气四溢，姜文的潜台词大概是说：你自己看电影去，看不懂拉倒。

我们这里不是电影教室，而是哲学课堂，所以我不打算讨论《太阳照常升起》这部片子都说了什么，而要追问的是，"太阳照常升起"这句话到底是什么意思？具体说来，"太阳照常升起"到底是一个包含着必然性的知识呢，还是仅仅传达出了一种生活的信念？关于这个问题，休谟给出过非常有趣而深刻的回答。

两种知识：观念与事实

在正式探讨休谟的回答之前，让我们先来了解一下休谟的知识理论。休谟认为，人类理性的研究对象可以分为两种：第一种是以"观念之间的关系"（relations of ideas）为研究对象，第二种是以"事实"（matters of fact）作为研究对象。与此相应，就可以区分为关于观念的知识以及关于事实的知识。

关于观念的知识包括几何、代数、三角以及逻辑这些学科。例如，"3 乘以 5 等于 30 除以 2""圆形不是方形"。这些命题具有以下几个特点：首先，它们是必然为真的，即使有一天宇宙毁灭了，圆形也仍旧不是方形；其次，我们不需要通过观察经验事物，直接借助理性的力量就可以获得这些知识；最后，我们无法想象这些命题的对立面，比方说，你可以想象"圆形是方形"吗？

那么什么是关于事实的知识呢？比如人大东门外有人卖假证，珠穆朗玛峰海拔 8848 米，太阳明天照常升起。这些命题的特点是：首先，它们不是必然为真的，而是偶然为真的；其次，我们只有通过观察经验事物，才可以判断这些命题的真假；最后，我们可以毫无困难地理解这些命题的反命题，比如人大东门外没有人卖假证，珠穆朗玛峰海拔 8840 米，太阳明天不会升起，当我们这么想的时候，根本不会觉得自相矛盾，这与设想"圆形是方形"完全不是一回事。

做完这个区分之后，休谟说了一句非常关键的话，他指出："一切关于事实的推理，似乎都建立在因果关系上面。"这个表述中有两个关键的说法：一个是"关于事实的推理"，另一个是"因果关系"。

因果关系：人类心灵的习惯性联想

我们总是说"眼见为实"，但在日常生活中，我们也常常对那些不在眼前的事实进行推理，这个时候就会运用到因果关系。休谟举例说，如果你去问一个人，他为什么相信自己的朋友生活在法国，那么他会告诉你说，这是因为他收到过朋友的来信，上面的邮戳是法国的，或者他曾经听这位朋友说过要到法国居住。总之，他之所以相信自己的朋友居住在法国，是因为他对事实做出了一个因果关系的推理。

休谟的另一个例子是，如果你在一个荒岛上发现了一块表，那么你就会很自然地推论，一定有人曾经到过这里。这也是关于事实所做的因果推理。

说到这里，我相信你一定觉得这些例子都太稀松平常了，任何有常识的人都会做出这样的推论。一点都没有错，到目前为止，普通人和哲学家的确没有分别，可是接下来就不一样了。普通人会心安理得地停留在这里，毫无反省意识地继续使用因果关系进行事实推理，而像休谟这样的哲学家却会后退一步，于无疑处生疑，开始追问：什么是因果关系？因果关系的基础是什么？我们到底是通过理性还是通过经验发现的因果关系？

休谟认为，观念和观念之间至少有三种联系方式，它们分别是相似关系、接近关系和因果关系。比如说，当我们看到圆形的时候，会很自然地联想起太阳或者月亮，这种联想就是基于观念之间的"相似关系"。再比如说，我们一看到华表就会想起天安门，一走近人大东门就会想起天桥边上卖假证的大妈，这就是时空上的"接近关系"。前两天我送布谷上学，一出门看到地上是湿的，布谷立刻说"这是因为昨天晚上下雨了"，这是"因果关系"的一个例证。在观念的各种联系方式中，因果关系毫无疑问是最重要也最特殊的那一种。

在《人性论》这本书中，休谟总结过因果关系的八条规则，我们在这里只列举其中的三条：

1. 原因和结果必须是在空间上和时间上互相接近的；

2. 原因必须先于结果；

3. 原因与结果之间必须有一种恒常的结合，构成因果关系的主要是这种性质。

其中，第三条原则最为重要，当前后相继出现的两个对象，总是以恒常的方式反复出现时，我们就会很自然地把前面那个称为因，把后面那个称为果。比如每回下雨，地上都会湿，这就是一个反复出现的恒常现象。布谷虽然只有五岁，但是已经形成了一种心理习惯：每当看到地上湿的时候就会联想起下过雨。

如果你看到这里，没有对以上说法提出任何质疑，那么你已经被休谟悄悄地带到沟里去了。因为，我们已经对因果关系的本性做出了判断：它不是对象之间存在的必然关系，而是人类心灵的一种习惯性联想。

休谟的原话是这么说的："如果有人问：我们对于一切事实所做的推论的本性是什么？适当的答复似乎是，这些推论建立在因果关系之上。如果再问：我们关于因果关系的一切理论和结论的基础是什么？这可以用一句话来回答：经验。但是，如果我们再追根到底地问：由经验得来的一切结论的基础是什么？这就包含了一个新问题，这个问题最难以解决和解释。"

这个基础到底是什么？休谟告诉我们，无非就是习惯。"一切从经验而来的推论都是习惯的结果而不是理性的结果……习惯是人生的伟大指南。"

无法治愈的怀疑主义的惶惑

现在我们可以来回答一开始提出的那个问题了。按照休谟的观点，"太阳照常升起"只是一个从经验而来的归纳推理，在过去的每一天里，太阳都照常升起，但是这并不能保证太阳明天必然会照常升起，因为归纳推理只能保证可能性，无法保证必然性，它是对过往经验的总结，但却不能确保未来必定如此。我们完全可以想象这么一种可能性：太阳明天毁灭了，所以太阳再也不能升起来了。

要注意的是，休谟并不是要全盘否定因果关系，他只是在提醒我们，从经验论的原则出发，人类的理性无法揭示出因果关系的必然性，它只是人类主观的习惯性联想。

也许有人会说：既然太阳明天不会必然升起，那我们是不是应该开始末世狂欢、及时行乐了？当然不是这样的。休谟说，怀疑主义的惶惑，就像是一种永远都无法治愈的病，它会经常性地复发，那么怎么办呢？唯一有效的解药，就是不去关心和不去留意这些问题。休谟保证，只要我们不再思考这些问题，一个小时以后就会恢复常态，既相信存在着外部世界，也相信存在着内心世界。

所以，休谟告诉我们要回到常识，以抵御哲学思考所带来的侵害。尽管太阳明天不必然会升起，我们还是可以按部就班地在今天晚上打游戏、看电视，洗漱刷牙，上床就寝，安心入睡。因为归根结底，我们是按照习惯来指导自己的人生，我们"相信"太阳明天会照常升起。

休谟的这些劝慰对常人来说非常有效，但是对哲学家来说却没有什么帮助。这是因为，一旦因果关系不具备必然的联系，那就意味着科学的基础被抽空了。在上一讲中我曾经指出，休谟跟笛卡尔和洛克一样，试图为自然科学奠定"唯一牢固的基础"，可是当他得出结论认为因果关系不具备客观的必然性，而只是习惯性联想的结果时，休谟恰恰证明了，建立在经验基础之上的知识都是或然性的知识。不仅如此，他还把康德从独断论的迷梦中惊醒，虽然康德不赞成休谟的观点，但是不得不承认："自有形而上学以来，对于这一科学的命运来说，它所遭受的没有什么能比休谟所给予的打击更为致命。"罗素也有类似的评价，他说："通过对这种'或然性'知识的分析，休谟得出了一些怀疑主义的结论，这些结论既难反驳，同样也难以接受。结果成了给哲学家们下的一道战表，依我看来，到现在一直还没有够上对手的应战。"

我们来给本讲做一个小结。休谟通过区分关于观念的知识和关于事实的知识这两种知识类型，指出一切关于事实的推理都是基于因果关系的，可是因果关系的基础是经验而非理性，这意味着因果关系没有必然性，只有或然性，它只是人类主观的习惯性联想。这样一来，休谟非但没有给自然科学奠定一个牢靠的基础，反而动摇了自然科学的基础，这给后世的哲学家留下了一个急需解决的难题。康德的先验哲学在很大程度上就是为了回应休谟的这一挑战。

060

理性是激情的奴隶：休谟哲学（下）

在开始这一讲之前，我先讲一个小故事。我七岁那年，有一天正在家门口跟小伙伴玩，突然厂里的喇叭暂停了红色歌曲的播放，开始用悲痛沉重的声音播发悼文。我妈一把把我抓进屋里，告诫我说，从今天开始，三天之内不准在公共场合大声说笑，因为我们慈祥的宋庆龄奶奶去世了。当时的我并不知道孙中山是何许人也，更不知道宋庆龄是孙中山的夫人，只是在一些宣传画面上，见过宋奶奶的形象，知道她是一个大人物，一个特别喜欢孩子的慈祥和蔼的老奶奶。这样的老人走了，当然不应该嬉皮笑脸，这是一种无须任何理性推理的直觉判断。就像我们看见"鲜花"会感到愉悦，听到"癌症"心里会发慌，从小到大，我们就接受了一整套黑白分明、爱憎分明的情感教育，跟不同的对象建立起一一对应的情感反应。比如说，宋庆龄是"慈祥"的，周恩来是"敬爱"的，旧社会是"万恶"

的，国民党是"腐败"的，看到朝鲜就想起"兄弟"二字，想起民主会接上"乱象"二字，而美国呢？不仅是美帝国主义，还必须是"邪恶"的。

关于这种不假思索、脱口而出的直觉反应，当代道德心理学有一个很好的解释：我们的大脑有一种类似于照相机的曝光反应，它会把你熟悉的词汇和事物自动标识为好的、坏的，喜欢的或者厌恶的。这种曝光反应的速度非常迅捷，整个过程只有200毫秒左右。这是什么概念？一秒有1000毫秒，可想而知，200毫秒是多么短暂的一个过程。比如，当看到五星红旗迎风飘扬的时候，我们会立刻产生一种自豪感，由衷地在心里道一声："厉害了，我的国！"然后，我们才会通过理性去寻找自豪的理由，追问我的国到底厉害在哪里。在这个意义上，我们可以说，理性是激情的慢动作，理性是激情的马后炮，或者，借用休谟的经典名言——"理性是而且也只能是激情的奴隶"。

道德判断的基础：理性与情感

在西方哲学史中，理性主义的传统源远流长，从柏拉图到康德，一直认为激情是而且也只能是理性的奴隶。比如柏拉图就曾经指出，那些能够用理性来控制激情和欲望的人可以获得永生，相反，那些被激情操控的人则会在来世变为女人。当然，如果柏拉图生活在现代，肯定会被女性主义者撕成碎片。

休谟认为，在道德领域中，最重要的问题就是要搞清楚道德判断的基础到底是理性还是情感。很显然，休谟不认同柏拉图的观点，他非常不看好理性在道德判断中所起到的作用。

我们可以将休谟的观点概括为以下几点。

首先，休谟认为道德理论属于实践科学而不是思辨科学，思辨科学推崇理性，讲究真伪，而实践科学则注重行动。休谟认为，促使我们去行动的动机（motive）不是理性而是激情。这个并不难理解，读大学的时候，很多男生都有这样的经历：拿起一束鲜花冲到女生楼下，不顾看门大妈的阻拦，三步并作两步冲上女生宿舍。促使你这么做的动机显然不是理性而是激情。如果此时理性横插一杠子，你很可能就不会行动了，因为你会计算后果：万一被大妈痛斥一顿，很没面子；万一上报学校，会不会被通报批评？这样一想，你就会偃旗息鼓，放弃行动了。

其次，休谟认为理性活动只是对事实做出判断，而道德判断则是对既定事实做出或赞成或反对的情感反应。说到这里，就涉及休谟关于事实和价值的两分。他曾经举过一个极端的例子，当我们面对一起谋杀事件的时候，如果仔细分析这个过程，就会发现在这个杀人的事实中，其实找不到任何恶的事实。休谟的意思是说，我们可以把杀人这个行为彻底还原成一个无关于道德的行动，就好像我把粉笔头扔到天上，那个人把刀子捅进了别人的肚子，在这两个行为中，我们都观察不到道德的元素。你对我扔粉笔头这件事情无感，但对杀人这件事情充满了愤慨，只是因为你把情感附加到了杀人的行为上。休谟认为，对和错、罪恶和德性这样的属性，就像是声音、颜色、冷和热一样，它们都不是对象的性质，而是心中的知觉。理性判断是关于"是"或者"不是"的事实判断，而道德判断是关于"应该"或者"不应该"的价值判断，二者之间存在着难以逾越的鸿沟。休谟关于事实和价值的区分，给道德哲学提出了一个巨大的难题，因为这意味着不存在所谓的道德知识，我们的道德判断只是情感和趣味的体现。当我们说这件事情是错误的时候，其实只是在表达"我不喜欢这件事"。这么一来，就很可能会进一步导致道德相对主义和虚无主义的恶果。

休谟的第三个观点认为，道德行为是有目的性的，而理性无法说明人类行为的最终目的，它只具备工具理性的作用。休谟的这个观点也得到了当代道德心理学的支持，乔纳森·海特（Jonathan Haidt）在《正义之心》这本书中介绍了一个案例：有一种脑部受损的病人，会产生特殊的症状，他们的智商没有问题，能够非常清楚明白地做出对和错的判断，但问题在于，因为腹内侧前额叶皮层受损，他们失去了情感的能力，看到任何快乐或者恐怖的图片都无动于衷。这样的病人在现实生活中会遇到什么困难呢？打个比方，如果他们去超市购物，虽然可以对同一类型的商品进行性价比的计算，但是因为他们失去了感情偏好，所以对应该买哪一件商品很难做出决定。海特在介绍完这个例子之后，说了一句非常形象的话：当主人（激情）死了之后，仆人（理性）既没有能力也不想再去维持家业，因为它失去了动力，一切都完了。

海特把激情比作主人，但是把理性比作"仆人"，而不是像休谟那样比作"奴隶"。这是因为海特认为，"仆人"比"奴隶"能更加准确地描述出理性的作用和地位。其实休谟自己后来也认为"奴隶"这个表述有些夸大其词了，所以在《道德原理研究》中，他调整了自己的说法，认为理性对道德并非毫无作为，而是可以辅助情感，"间接地"同道德发生关系。具体说来，就是通过澄清事实细节，来帮助情感做出更加合适的反应。英国作家萧伯纳曾说："有教养的英国人"除了掌握"对"与"错"的差别，对这个世界一无所知。后来，有一个英国哲学家自嘲说，这个批评用在道德哲学家身上其实更合适——那些在大学讲台上侃侃而谈的家伙常把自己对于世界的无知当成美德。休谟对于理性作用的正面肯定提醒我们，道德哲学家不仅要有鲜明的价值立场和道义担当，还必须深入具体的事理分析当中，掌握更多的实证材料，了解这个世界到底发生了什么，在事实发生改变的时候，同时也要改变自己的价值判断和立场。

无论理性是激情的奴隶还是仆人，都说明了一个显而易见的道理——"人们的道德判断是凭直觉快速做出来的"，在多数时候，道德推理总是姗姗来迟，它是马后炮，是事后诸葛亮，是为了证明人们业已做出的道德判断的合理性。

晓之以理，动之以情

如果以上说法成立，那么它到底给我们带来哪些启发呢？

也许有人会说，那我们干脆就放弃道德论证和道德说理算了。当然不是这样。虽然道德论证的有效性比我们预期的要低很多，虽然我们正处在一个几乎没有什么道理可讲，讲了道理也没有太多人会听的时代，但是我始终认为，对于知识人来说，尽可能清楚明白地讲道理仍旧是使命和职责所在。

但是，另一方面，知识人除了诉诸道德说理，还要学会重视情感教育。用中国人的老话说就是要晓之以理，更要动之以情。乔纳森·海特写过另外一本著作，叫作《象与骑象人》。他把理性推理比作骑象人，把情感直觉比作大象；之所以把情感比喻成大象而不是马，海特说，这是因为大象比马更庞大，也更聪明，所以操纵大象要更加困难。海特提醒我们，在面对道德分歧和政治冲突的时候，如果我们想要改变一个人的观点，就要学会跟大象交流，因为如果你想让对方相信违背他直觉的东西，他会立刻找到理由来为自己的直觉做辩护，而且这种辩护几乎总能成功，所以除了要跟理性交流，还要学会直接诉诸情感，跟那头大象进行有效的沟通。

　　在结束这一讲之前，我想给大家再介绍一个休谟的观点。在论及一个人应该有的品德时，休谟举了一个例子。设想某人要把女儿许配给一个男孩，这个时候，张三说：这个男孩好啊，他为人正直仁慈，每一个同他交往的人都会得到公正良好的对待。李四说：这个男孩好啊，前程远大，一定会获得巨大的荣誉和进步。王五说：这个男孩好啊，他是一个社交达人，言谈举止机智高雅，豪爽而不做作，为人彬彬有礼，让人如沐春风。赵六说：这个男孩好啊，他面容安详，心灵宁静，宠辱不惊，能感受到他是一个发自内心特别愉悦的人。

　　请问如果遇上这样的乘龙快婿，你会不会把自己的女儿许配给他？答案是显而易见的。在休谟看来，以上四个描述分别代表了四种品质：对他人有用，对自己有用，令他人愉悦，令自己愉悦。休谟认为这就是对"品德完美之人"的完整描述。坦白说，我认为这也是休谟的自画像，他的一生，就是在努力实现这四种品德的过程。

　　1776 年 8 月 25 日，休谟因病死于爱丁堡，著名经济学家亚当·斯密在讣告中这样评价休谟："总之，无论在休谟生前还是死后，我始终认为，他在人的天性弱点所允许的范围内已经近乎一个全智全德之人。"

061

我们的责任不是创作书本，而是制作人格：
康德的哲学与人生

在很多人的心目中，康德（Immanuel Kant，1724—1804）就是哲学，哲学就是康德。有人认为，"康德的生平就是他的著作"；还有人评价说，"康德哲学无与伦比的个人特质"就在于其中"完全看不到个人特质"。这些说法一方面反映出康德哲学无与伦比的重要地位，另一方面也折射出康德的个人形象实在有些枯燥无趣。

在这种"刻板印象"的形成过程中，德国诗人海涅可以说是功不可没，他曾经这样刻画康德：

> 描述伊曼纽尔·康德生平的历史是一个极端困难的差事，因为他既没有生活也没有历史。他住在德国东北边境的一个老城柯尼斯堡城外的一条小巷里，过着跟机械一样规律的、几乎抽象的单身生活。我想，当地大教堂的巨钟也不比居民伊曼纽尔·康德更兴味

索然地重复日复一日的工作。起床、喝咖啡、写作、授课、吃饭、散步，一切都有固定的时刻，而邻居也都知道，穿着灰袍的伊曼纽尔·康德手上拿着西班牙的拐杖走出家门时，时间准是下午三点半整……在这条菩提树道上他总是来回走八遍，不管季节如何，不管天气是否多云或多云预示了即将下雨，可以看到他的仆人，老兰珀腋下挟着雨伞忧心忡忡地跟在他的后面，一个命中注定的画面。

这当然不是一个命中注定的画面。事实上，康德绝对不是"一堆和生活没有什么关系的抽象概念"。

在 40 岁之前，康德的生活丰富多彩，传记作者曼弗雷德·库恩（Manfred Kuehn）甚至用"纵情声色"来形容他的生活，只是到了 40 岁以后，康德才慢慢把自己活成了世人心目中的那个机械、抽象、兴味索然的形象。即使如此，也绝不意味着晚年的康德是一个冷血动物和思想机器，他的朋友哈曼（Johann Georg Hamann）曾经说过，无论在生活中还是在哲学里，康德都是一个天性热情冲动的人。

德国哲学家费希特有句名言："一个人之所以选择某种哲学，正因为他是这种人，因为一种哲学体系绝非人们可以恣意取舍的无生命的家什，它因掌握它的人的精神而充满灵性。"因此，在了解康德的哲学之前，我们需要先来了解康德其人其事。

虚伪、奴性和傲慢

1724 年 4 月 22 日，康德出生于东普鲁士的首都柯尼斯堡。他的父母亲都是马具师出身，家境虽然不算富裕，但是温饱有余，因为有一技之长，再加上行会组织在当时的特殊地位，他们在社会上占有一席之地，受人尊重，而且保有很高的荣誉感和自尊心。

按照《旧普鲁士年鉴》，康德出生的那一天被称为"埃马努埃尔"（Emanuel），他的名字正是由此而来，后来康德自己改名为伊曼纽尔（Immanuel），但意思不变，仍旧是"与上帝同在"的含义。这真是一个绝妙的讽刺，因为康德成年之后成为一个无神论者，从不去教堂祈祷。康德最突出的哲学贡献之一就是"为信仰留下地盘"，他这么做，纯粹是为了满足普通人的心理需要，他自己没有这种需求。所以，这个名为"与上帝同在"的哲学家其实并不真的与上帝同在。

康德 13 岁丧母，22 岁丧父，在回忆起父母给他留下的遗产时，他曾经动容地写道："我（出身技匠阶层）的父母非常诚实、道德高尚，而且举止有礼。他们没有为我留下财产（但也没有留下债务）。然而他们给了我一个以道德的角度而言最佳的教育背景。每当我念及于此，内心总是充满至高的感激之情。"

仔细琢磨其中的遣词造句，就会发现，康德只是强调了父母的个人品性，却只字未提他们的宗教背景。康德的父母都是敬虔派的信徒，这是新教的一个分支，也是当时柯尼斯堡占据主导地位的一个宗教流派。所谓敬虔派，顾名思义，就是强调基督徒生活的关键在于"敬虔"和"顺服"。然而这种敬虔和顺服只是相对于上帝和统治者而言，在面对异教徒和无神论者的时候，敬虔派的信徒往往会因为自认是"上帝的选民"，反而产生一种特权阶级的优越感。库恩在《康德传》中指出，成年后的康德既厌恶敬虔派教徒的"奴性"表现，又反对他们那种"不可理喻的傲慢"。这样的情感反应很可能在中学时期就埋下了伏笔。

1732 年，康德入读腓特烈中学，这是一段不那么美好的回忆。他在日后写道："许多人认为少年时期是黄金岁月，但这或许是个错觉，那是最难受的时期，有令人喘不过气的纪律，朋友寥寥无几，自由则更加稀少。"曾经有学者总结说，康德在评价他的中学教育时，最常提到的是以下三个词：虚伪、奴性和傲慢。

虚伪的反义词是诚实，英文里有一个词叫作integrity，意思是诚实、正直，我认为这个词更重要的含义是人格的一致性和完整性，如果一个人表里不一，被迫用自己并不认同的方式来表达自我，那就是对 integrity 最大的伤害。敬虔派号称是"灵魂的宗教"，特别看重"灵魂告白"与"自我批评"，用我们熟悉的话说，就是灵魂深处闹革命，狠斗私字一闪念。康德就读的腓特烈中学要求所有的学生在领圣体之前，必须事先撰文报告自己的灵魂状况，然后由一个训导人员来一一审核，确定谁有资格领圣体。在回忆这段往事的时候，康德认为这种"自我审查"的做法，既是在控制人的身体，也是在控制人的心灵，它不仅无助于培养学生的"批判性和独立性思考能力"，而且会导致"狂热思想以及精神异常"。由于在内心深处不认同这种灵魂深处闹革命的做法，但又不得不屈从于学校的规章制度，这让康德深感自己的人格受到了扭曲，让他认定这种教育必然会制造出虚伪的人格。

其实，这种教育不仅会制造出虚伪的人格，而且会制造出"奴性的人格"。所谓奴性，就是缺乏个人的独立意志，唯主人的意志马首是瞻。晚年的康德在回忆自己的青春岁月时，曾经不无激愤地认为，自己在当时遭受到了奴隶一般的对待。

最后让我们来看"傲慢"。正像一个学者所指出的那样，这个词不仅适用于腓特烈中学的教员们，也适用于那些掌握权力的敬虔派信徒，这些人不但自以为掌握了真理，而且要把"真理"强加给其他人。

毫无疑问，少年时的这些经历对于康德思想的形成具有非常深远的影响。只有了解了这些背景，我们才会明白成年后的康德为什么如此强调"人的自由"，为什么如此看重人之为人的独立价值和尊严，为什么在《什么是启蒙》这篇文章中大声疾呼"敢于运用你的理性"。在另外一个意义上，康德的经历也恰恰验证了这样一个道理：启蒙的敌人是最大的启蒙者，正如自由的敌人最好地确证了自由的重要性。

1755 年，31 岁的康德终于写完他的硕士毕业论文，题目是《简述几个关于火的思考》。当他获得了硕士学位和讲师资格后，就可以在大学开课了。可是康德并没有稳定的薪水，必须靠学生支付的钟点费过活。为了赚取足够的生活费，康德要上很多课，吸引足够多的学生。好在他的课程很受欢迎，总是座无虚席。著名诗人、德国狂飙运动的代表人物赫尔德曾经是康德的学生，他形容康德的讲课风格"戏谑、机智与灵动"，"他的讲演课像娱乐的对谈。他谈论原作者，也会掺杂自己的思考，经常比他们更加深远"。赫尔德认为康德唯一关心的是真理本身，他毫不在意派系和门户之见，也不喜欢那些亦步亦趋、唯唯诺诺的门生。康德的哲学意在唤醒每一个人独立的思考。

康德在这个时期是一个"高度社会化的人"，他喜欢打牌，看戏剧表演，听音乐会，从事各种各样的消遣活动，可以说是柯尼斯堡的社交达人。记得胡适在《留学日记》中对自己终日沉迷于打牌痛心不已，曾经这样自责："胡适之啊胡适之！你怎么能如此堕落！先前订下的学习计划你都忘了吗？子曰：'吾日三省吾身。'……不能再这样下去了！"然后，这个胡适之同学继续打牌不止。有趣的是，康德对于打牌却有着非常正面的看法，他认为打牌"可以修身养性，让人情绪稳定，习于容忍克制，因此对道德修养有所影响"。

生活准则的转变

1764 年，康德 40 岁，库恩认为，这是康德获得重生的关键一年。最直接的原因是，康德在这一年失去了至交好友丰克（Johann Daniel Funk）。丰克的猝逝让他深刻反省了生与死的意义，以及人生在世的真正价值。另外，康德的身体一直算不上健康，他身高只有 1.57 米，在欧洲人里绝对称得上矮小瘦弱。康德在那个时期一度怀疑自己得了抑郁症，他相信，如果想要献身于伟大的事业，就必须有规律地生活，进行严格的自我管理。当然，最重要的原因还在于，康德认为一个人的品格是在 40 岁定型的，良好的品格不能建立在感觉之上，而必须永远以理性的准则作为基础。康德说："作为一个人，我们必须根据理性去生活，因此应该以准则来约束兽性的本能，不可以让任何冲动过于强势。"

总之，从 40 岁开始，康德的生活准则已经从"美学"转向了"道德"，他不再过一种审美的生活、感性的生活，而开始过一种道德的生活、理性的生活。

也正是从这个阶段开始，他逐渐成为世人所熟知的那个康德，他的人生与哲学开始合流。1781 年，康德 57 岁，在当时的欧洲，他已经远远活过了人均的寿命，但是康德却厚积薄发出版了他最著名的《纯粹理性批判》，在随后的十年里，他又陆续出版了《实践理性批判》和《判断力批判》，一举奠定了他在哲学史上的崇高地位。

康德的哲学是出了名的晦涩难懂，我在读本科的时候，老师就曾经警告我们，康德的长句特别多，如果你用一根手指摁住一个分句，十根手指肯定是不够用的，即使脱下鞋子用上脚指头，仍然不够用。

不仅中国人读不懂康德，德国人也读不懂。据说当时有一个学生由于读不懂康德的著作而发了疯，耶拿大学有两个学生为此决斗，因为其中一个学生羞辱另一个人根本没读懂《纯粹理性批判》，认为后者必须花30年的时间才可能有所了解，然后再花30年的时间才有资格评论。有些傲慢的康德门徒把解释康德视为一种特权，但凡有人表示不同意见，就会用"你不懂康德"来打击对方。我相信这是对康德哲学基本宗旨的违背，就像我们前面所说的那样，康德最反感的就是因为真理在握而产生的傲慢情绪，他最鼓励的就是"敢于运用你的理性"的自主和勇气。

康德一度相信人之为人的尊严在于有知识，是卢梭告诉他，人的尊严与知识的多少无关，与道德关系很大。康德说：

> 我曾经相信这（知识）就构成了人类的尊荣，而看不起无知的民众。卢梭在这个问题上纠正了我。这盲目的偏见消失了。我学会了尊重人，并且感到：除非我相信自己的这种探索者的态度能在建立人类权力方面给予所有人以价值，我就不比普通的劳动者更有用。

　　我相信这是康德从事哲学事业最根本的动机所在，也是他的最高目的所在。从这个角度出发，虽然存在着两个截然不同的康德形象，但是我认为，40岁之前的康德与40岁之后的康德，二者之间并不存在真正的割裂。因为从年轻时代开始，他就在反抗虚伪、奴性和傲慢，不断尝试成为自主的、独立的人。

　　最后，请允许我借用蒙田的一段话来结束这一讲："我们的责任不是创作书本，而是制作人格；我们要赢得的，不是战役和疆土，而是行为的秩序与安宁。我们伟大而荣耀的杰作是一种合宜的生活方式。"我相信这是对康德毕生事业的最佳总结。

062

我能知道什么？康德为理性划界

康德的理论使命：既反对独断论又反对怀疑论

上一讲我们结束在蒙田的那段名言上，我相信它是对康德毕生事业的最佳总结，因为康德明确地指出，他做哲学的全部旨趣都可以归结为以下三个问题：

1. 我能知道什么？

2. 我应该做什么？

3. 我可以希望什么？

后来康德又补充说道，这三个问题还可以进一步归结为"人是什么"这个最为根本的大问题。

单单看着这几个问题，就足以让我们心驰神往，可是，如果仅仅停留在这里，那就只是充满了浪漫情怀的口号，它引人遐思，却没有任何的可操作性，更谈不上有任何的学术性。过去这些年，我常常会收到一些民间哲学家的鸿篇巨制，他们对哲学事业充满了激情，但是往往思而不学，热衷于另起炉灶，就好像此前两千多年的哲学史根本不存在，民哲的体系虽然不乏奇思妙想，但归根结底却是无本之木、无源之水。如果想要避免天马行空、神游九霄的民哲风格，就必须把哲学思考放置在具体的历史脉络和学术传统之中。

康德当然不是民哲，当他追问"我能知道什么"的时候，是非常自觉地立足于近代哲学的传统中，接着经验论和唯理论的争论往下说。我希望大家都还记得，唯理论的基本观点是知识源于并且基于理性，经验论的基本观点是知识源于并且基于经验。从笛卡尔开始，一直到休谟，两派人马厮杀争斗了一百多年，不但没有解决问题，反而制造出更多的问题。

当唯理论发展到极致，就会导致独断论的问题。所谓独断，日常的含义是未经商量，独自做出决定。在近代哲学的语境里，独断论指的是在没有考察理性的能力和边界之前，就对于那些我们不理解的事物或者根本不存在的事物随意联想，信口胡言，做出一些似是而非却又斩钉截铁的武断结论。莱布尼茨的"前定和谐说"就是独断论的典型例子，某种意义上，莱布尼茨就是在僭越人类理性的边界，站在上帝的视角，对这个世界的本质做出论断。

而当经验论发展到极致，就会导致怀疑论的问题。比如说休谟指出因果关系并没有必然性，只是我们心灵的习惯性联想，这不仅让自然科学的基础变得不再可靠，也把康德从独断论的迷梦中惊醒过来。康德承认，某种程度上，《纯粹理性批判》的写作目的就是要回应休谟的挑战，把休谟问题尽可能地铺展开来，也正因为这样，康德一度被朋友戏称为"德国的休谟"。但是我认为这个绰号并不合适，因为康德虽然正视休谟的问题，但并不接受休谟的立场。

康德的理论使命是左右开弓，既反对独断论又反对怀疑论。为了完成这个任务，康德需要一方面为理性划界，对于理性力所不能及的领域保持沉默，避免掉进独断论的陷阱；另一方面正面回应休谟问题的挑战，论证科学知识的确定性和普遍必然性，避免陷入怀疑论的泥沼。

不纯粹的《纯粹理性批判》

现在，我们可以正式来探讨《纯粹理性批判》这部大书了。如果要在西方哲学史中评选出三部最具影响力的著作，我敢打赌这部书一定会入选。康德自称只花了四到五个月就完成了这部震古烁今的巨著，但是我们千万不要以为这是一部灵光乍现的著作，事实上，为了写作它，康德整整酝酿了12年。这部书的界面非常没有亲和力，康德曾经感慨说，如果要把它写得更通俗易懂，那就还需要再花几年的时间，可是因为年事已高，康德担心来不及完成这个工作，所以只用了短短四五个月的时间就整理出来了。

让我们先来破个题，《纯粹理性批判》共有三个关键词：纯粹，理性，以及批判。

"纯粹"的意思很明了，就是"不掺杂质"。叶秀山先生指出，在近代哲学传统里，当说到"纯粹"二字时，特指的是"不杂经验""与经验无关"，或者"不由经验总结、概括出来"的意思。为什么要特别强调与经验无关呢？这是因为从古希腊以降的西方哲学一直认为感觉经验是变动不居的，最经典的说法莫过于赫拉克利特的那句名言："一切皆流，无物常驻"。既然感觉经验是不可靠的，那么建立在经验基础之上的科学知识也是不可靠的。

这个时候，"理性"的重要性就凸显出来了。为了重建科学知识的可靠基础，就必须向理性求助。可是在这里，我要特别强调的是，康德并不打算完全抛弃感觉经验，这是因为，如果只有理性，没有感觉经验，那么我们就只能拥有纯形式的知识。比方说同一律、矛盾律、排中律这样的逻辑命题，或者"所有的单身汉都是未结婚的男子"这样的分析命题，它们的优点是具有普遍必然性，缺点则是无法给我们增加新的知识，这样一来，科学知识的增长就成了问题。为了解决这个问题，康德找到了一个折中的办法，他指出，所有的知识都"开始于"（begins with）感觉经验，但并非所有的知识都"起源于"（arises out of）感觉经验。"开始于"的意思是说，从事实上说，我们的一切知识都是从接受感官的刺激开始的；并非"起源于"的意思是说，如果要想形成普遍必然的知识，就不能仅仅诉诸感官经验，必须要引入理性来保证普遍必然性。

说到这里，你或许已经意识到了，康德哲学其实并不那么"纯粹"，因为他并不认为存在着与经验无关的知识，而恰恰是在强调感性直观与知性范畴的相互依赖性。康德有句名言是这样说的："如果没有感性，则对象不能被给予我们，如果没有知性，则对象无法被思维。没有内容的思想是空洞的，没有概念的直观是盲目的。"所以说，康德的基本宗旨是综合经验论和唯理论，认为只有知性就无法直观到任何东西，只有感性则不能思维任何东西，唯有结合知性和感性才能产生出知识。以上表述中出现了很多复杂的概念，比如说感性直观、知性范畴，我们会在下一讲细细解释它们。

为理性划界

现在来解释"批判"二字。正如我们反复强调的那样，理性不是无所不能的，如果不对理性划界，就会产生独断论的问题。所以康德还需要对"纯粹理性"进行"批判"性考察。需要注意的是，这里的"批判"不是批评、批斗的意思，而是研究、考察、区分、辨别的意思。因为极其看重批判的意义和价值，康德甚至把他的哲学称为"批判哲学"。

　　读康德的著作会发现，他特别喜欢使用"王国"这个词，比如目的王国、人的王国，等等。任何王国要想长治久安，在最低的层面上，需要对外确保边境安全和领土完整，对内确保法律和秩序。按照这个思路往下想，理性王国不仅需要对外明确自己的疆域，防止出现越界执法的问题，而且对内要给理性王国的内部成员分配适当的"权限"，让它们各得其所，防止各个"职能部门"之间的"越权"或者"僭越"。（叶秀山语）

　　说到僭越，我们在讲古希腊哲学的时候，反复探讨过这个概念，比如德尔菲神庙上的箴言"凡事勿过度"、俄狄浦斯王的悲剧、柏拉图的《理想国》，都在强调人类要克服本性上的僭越冲动，要各司其职，各归其位，始终恪守在永恒固定的界限之内。如果说古希腊哲学重在为人的欲望划界，那么在康德这里，就是在为理性划界。

　　在《纯粹理性批判》的序言中，康德指出，这本书的写作目的就是为了警告人们："永远不要冒险凭借思辨理性去超越经验的界限"。

　　"为理性划界"的重要性我们已经说了很多，现在要问的是，康德为什么特别强调"经验"是理性的边界？为什么一旦超越经验的界限，理性就会跌入"黑暗与矛盾"之中？

　　冤有头，债有主，归根结底，这个问题要追溯到笛卡尔的"心物二元论"。简单说，心物二元论的意思就是，在心灵和外物之间存在着难以逾越的鸿沟。笛卡尔的这个坑挖得太大，以至于他之后、康德之前的所有哲学家，包括莱布尼茨、洛克、贝克莱，都只能求助上帝来解决心物关系。这个时期的上帝对于哲学家来说，主要扮演救火队员的角色，但凡哲学思考陷入绝境，这个"救急神"就会随时亮相，解救哲学于危难之中。

康德认为，这些哲学家犯了两个根本性的错误：第一，他们原本想要追问"人能知道什么"的问题，结果却给出了"神能知道什么"的答案，建立起"以神为中心"的知识模型；第二，他们看似接受了心物二元论，但在实际思考的过程中，又不自觉地把"现象"和"物自身"混为一谈。

因此，只有纠正了这两个错误，才能真正回答康德的这个问题——"我能知道什么？"那么康德到底是怎么纠正这两个错误的？不以神为中心的知识模型会是什么样子？什么是现象，什么是物自身？康德的工作又会造成哪些进一步的难题？关于这些问题，我们下一讲接着说。

063

人为自然立法：康德的"哥白尼式革命"

我们比金鱼看到的世界更真实吗？

上一讲我们结束在现象与物自身的区分上，这跟本讲的主题即康德的"哥白尼式革命"有着直接的联系。不过，在进入主题之前，先讲一个小故事。

几年前，意大利某个城市的议员煞有介事地提出一个议案，要求取消所有弧形的金鱼缸，理由是当金鱼向外凝视时，会看到扭曲的实在图像，这对金鱼来说是件残酷的事情。是不是觉得非常滑稽？普通人肯定会把它当成奇谈怪论一笑置之，但是好学深思的人却会抓住它做起文章来。比如霍金就在《大设计》里讨论了这个问题，霍金质疑说：人类完全有可能也身处在一个大鱼缸中，被一个巨大的弧形透镜扭曲了眼前的一切景象，那么请问，人类凭什么认为自己看到的实在图像没有被扭曲？进而言之，人类凭什么认为自己看到的实在图景比金鱼更真实呢？

在上面的表述中出现了一个词——"实在"，英文是reality，在哲学领域中的意思是"事物本来所是的样子"。如果觉得"实在"这个词不好理解，请你想想这句日常说法——"你这个人很实在"，这里的"实在"就是不玩虚的、真实可靠的意思。其实哲学中的实在也是真实的意思，有时候，我们把一个词挪个地方，换个搭配组合，似乎就会变得很哲学，让人产生畏难情绪。"你这个人很实在"，明明就是一个日常说法，但是一旦我们说"人类凭什么认为自己看到的实在图景比金鱼更真实"，我们似乎就会对"实在"这个词望而生畏，甚至感到不知所云了。

按照霍金的观点，所有观看世界的方式其实都依赖于某种特定的模型，既然如此，争论外部世界是实在的或者非实在的，就是没有意义的。所谓"依赖模型的实在论"，打个比方，就好像人类和金鱼都戴着有色眼镜在看世界，人类戴的是红色的眼镜，金鱼戴的是绿色的眼镜，所以人类和金鱼看到的世界是不一样的，而且因为那副有色眼镜是长在金鱼和人类的认知结构里的，不是想摘就能摘的，所以谁都无法断言自己看到的世界更实在，甚至谁都无法断言外部世界是否真的实在，因为我们看到的世界只是那副有色眼镜带给我们的表象世界。

现象与物自身

霍金的这个想法一点都不新鲜，在两百多年前发动的那场"哥白尼式革命"中，康德提出了与霍金非常类似的观点。

天文学中的哥白尼革命是把"地心说"改成了"日心说"，以往的天文学家认为太阳是绕着地球转的，哥白尼反其道而行之，认为地球是绕着太阳转的。哲学领域里的"哥白尼式革命"同样如此，以往的哲学家主张人类的"认识符合对象"，康德反其道而行之，认为应该是"对象符合认识"。

你一定很好奇，康德的哥白尼式革命到底有什么哲学意义？

试想一下，如果人类的认识符合对象，那会导致什么样的后果？这会意味着认识必须要超出经验的界限，去处理外部世界的对象，对康德来说，这不仅是对理性的越界使用，而且必然要引入"救急神"来帮助人类确立外部世界的实在性。反过来说，如果颠倒认识和对象之间的关系，主张对象符合认识，就可以避免上面这两个问题，从而给哲学领域打开一个崭新的视野。

康德的哥白尼式革命导致的一个直接结果，就是在"现象"和"物自身"之间划下了一道永远无法逾越的鸿沟。所谓"现象"（appearance），就是事物看起来的那个样子，在哲学上，和"现象"对应的就是"实在"这个概念，也就是"事物本来所是的样子"，康德把它称为"物自身"（things in themselves），有人也翻译成"自在之物"。

举个例子，清晨起床打开窗户，我们听见鸟儿在歌唱，看到柳树在抽条，万物复苏，春意盎然，在哲学家看来，这些被感官经验到的东西都是现象或者表象，是事物向我们呈现出来的那个样子，而不是实在本身，用康德的话说，它们不是"物自身"。

再比如，人的耳朵只能听到频率在 20 ~ 20,000 赫兹的声音，更高或者更低的声音我们就听不到了，这意味着，人类听觉所能捕捉到的声音，不是世界上所有的声音。进一步，即使是频率在 20 ~ 20,000 赫兹之间的声音，在人类的耳朵里和在狗的耳朵里，也是完全不同的。这个例子告诉我们，跟其他生物相比，人类的认知能力有其特殊性，就像狗听到的声音跟我们听到的声音是不一样的，金鱼所看到的世界与我们所看到的世界也是不一样的。所以霍金才会说，我们无法判断人看到的实在图像比金鱼更真实。

康德批评以前的哲学家，认为他们犯下的共同错误就是，误把现象等同于物自身，赋予现象"绝对的"或者"先验的"实在性，他把这类观点统称为"先验实在论"（transcendental realism），把自己的观点称为"先验观念论"（transcendental idealism）。

先验、超验与先天

说到这里，我们需要澄清几个重要的康德术语。

首先，是"先验"与"超验"的区分。所谓"超验"（transcendent），顾名思义，就是超出经验以外。你想啊，谁可以去思考超出经验以外的对象？是不是只能是上帝，而不是人？康德为人的理性划界，就是要提醒人们不要试图去思考超出经验以外的对象。这也正是先验实在论者的错误根源，人的理性一旦超出经验的界限，思考只有上帝才能思考的对象，就会产生"先验的幻象"。先验观念论，也即康德哲学，就是在提醒我们不要被这种幻象欺骗。但是，康德承认他的工作无法真正消除先验幻象，因为人类理性始终存在着越界的冲动，所以消除先验幻象是一个不可能完成的任务。在这个意义上，康德就像是在观念世界里维持交通规则的协管员，他会吹响哨声提醒那些闯红灯的人，但是并不能真正杜绝闯红灯的现象。

其次，是"先验"（transcendental）与"先天"（a priori）这对概念。先验的字面意思一目了然，就是"先于经验的"，在康德这里特别指的是"使经验得以可能的条件"。先天与先验的关系非常接近，先天的意思也是先于经验，所以有人也把它翻译成"验前的"甚至"先验的"。不过因为康德本人使用了不同的词，所以通常还是把 a priori 译成"先天"，以此跟"先验"有所区分。无论如何，我们要牢记于心的是，这两个词的基本含义是一致的，都是在表达"与经验无关""先于经验"。事实上，康德的"纯粹理性"大致也是这个意思。

上一讲我们提到康德的一个核心想法：我们的一切知识都"开始于"经验，但并非一切知识都"起源于"经验。这里的"开始于"指的是"时间上在先"，"起源于"指的是"逻辑上在先"，"先验"和"先天"这两个概念都是在逻辑上先于经验的意思。你一定好奇，在逻辑上先于经验的到底是什么东西？简单说，就是人类认知结构中所具有的"先天的认识形式"，比如感性直观中的时间和空间形式，以及知性的范畴，康德认为这些"先天的认识形式"与经验无关，人类知识不全都是"起源于"经验，理由正在于此。

需要特别强调的是，"先天知识"和"先天的认识形式"不同，唯理论者主张存在先天知识（回想一下笛卡尔的天赋观念），康德不同意这个观点，因为先天知识是有具体内容的，这意味着先天知识并不先天，而是包含了经验的内容。康德反对存在"先天知识"，但认为存在"先天的认识形式"，但"先天的认识形式"只是一些纯形式，如果没有经验材料，这些先天的认识形式就是空的，所以康德才会说："没有内容的思想是空洞的，没有概念的直观是盲目的。"

让知识的归知识，信仰的归信仰

我们现在来给康德的哥白尼式革命做一个小结。康德颠倒了认识与对象的关系，由此严格区分了现象与物自身，导致了不可知论的结果，从此以后，任何人想要在认识论的意义上对超验的领地也就是"物自身"有所言说，都会听到交通协管员康德吹响的哨声。有人认为这个结果是消极的，因为归根结底，它是对"理论理性"也就是"理性的认识能力"的一种限制，但是从另一个角度出发，这种限制不仅是必要的，而且也是积极的。它是必要的，因为这样可以提醒我们避免出现先验幻象及独断论的问题；它是积极的，因为康德在为知识划界的同时也给信仰和道德留下了地盘，这个地盘不属于理论理性，是实践理性的活动领域。某种意义上，我们可以把康德的工作总结为：让知识的归知识，信仰的归信仰。比方说，康德认为，上帝存在、灵魂不朽和自由意志，这些问题既然是知识领域所无法回答的，那就统统归入信仰的领地，作为人类实践的道德公设而保留下来。

与理论理性和实践理性的区分相对应的，是人之为人的两个面向。作为自然的存在物，人类不得不服从普遍必然的自然法则。比方说，我们不可能像鸟儿那样飞翔，只能像石头一样自由落体，我们也不可能无限制地扩展理性的认识能力，像神那样对超验领域发言，在这个意义上，人类是不自由的。但是另一方面，作为道德实践者，人类的实践理性是以自由为基础的，它不可避免地要与物自身发生联系。结合人的这两个面向，我们可以把"人是什么"这个问题转述成下面这个问题："在一个严格遵守自然法则的世界上，人究竟有没有自由，有没有独立的价值和尊严？"

回到《纯粹理性批判》这本书，我们现在已经非常明了康德的工作意图，通过哥白尼式革命，康德倒转了认识和对象的关系，确立起了主体在认识活动中的主导地位和能动作用。但是为了真正实现"人为自然立法"这一伟大目标，康德还需要回答"先天综合判断如何可能"这个关键问题。关于这个问题，我们下一讲接着说。

064

先天综合判断如何可能？
康德对休谟问题的回应

分析判断和综合判断

"先天综合判断如何可能"是《纯粹理性批判》最核心的问题之一，某种意义上，可以说整本书都是在回答这个问题。

首先要解释的是先天综合判断这个概念。先从判断说起。康德认为，所有的知识都具有判断的形式，单独一个概念并不构成知识，只有把两个概念连接起来才构成知识。比方说，天是蓝的，花是红的，爱情是甜蜜的，男人是不靠谱的，中美贸易战的结果是双输，以上陈述都具备"S is P"的判断形式。如果我们仅仅说天、花、爱情、男人这样单独的概念，则构不成判断也构不成知识。

现在我想请你们分析比较这两个判断的异同：

例 1：所有的单身汉都是未结婚的男子。

例 2：康德是个单身汉。

你会发现，在例 1 中，只要分析主词"单身汉"的含义，就可以得出"未结婚的男子"这个谓词，也就是说谓词在概念上是包含在主词之中的，这样的判断被称为"分析判断"。康德喜欢举的例子是：一切物体都是有广延的。这个句子之所以是分析判断，就是因为物体的概念本身就包含着广延，也就是长、宽、高，如果没有广延，那就不是物体。我们不需要通过经验观察，而是直接分析物体这个概念，就可以得出有广延这个结论。

按照以上标准，例 2"康德是个单身汉"肯定不是分析判断，因为无论你怎么分析康德这个主词，都得不出单身汉这个谓词，我们必须要诉诸经验，才能知道答案。说到这里，不妨八卦一下，据说康德原本可以不做单身汉，他错过了两次可能的婚姻，主要原因是经济条件不允许。康德后来自嘲说，在他需要女人的时候，他养不起，在他养得起的时候，又已经不需要了。

分析判断的优点是具有必然性，它可以帮助我们澄清概念，把业已知道的东西说得更加清楚明白。这个功能当然非常重要，但是分析判断也存在着明显的缺陷，它无法给我们增加新的知识。相比之下，综合判断就可以帮助我们拓展对这个世界的新知。比如说休谟生于 1711 年，康德生于 1724 年，两人相差了 13 岁，可是康德 1781 年出版《纯粹理性批判》的时候，休谟已经去世整整 5 年，所以两个人在哲学上其实是两代人。这些知识都属于综合判断，它们无疑可以给我们增加很多新鲜知识。

大家有没有注意到，几乎所有的知识竞赛节目，比如说江苏台的《一站到底》，PK 的都是综合判断意义上的知识。不仅如此，有一些题目还超级变态，比如，下面哪一项是泰勒·斯威夫特的坐姿：A. 右腿在左腿上；B. 左腿在右腿上。我特别纳闷的是，这算是哪门子的知识？泰勒·斯威夫特难道永远保持一种坐姿，不换腿的吗？如果算作知识，这个知识点的意义到底在哪里？当然，我很佩服一些选手，他们真的有过目不忘的记忆力，可是如果不能把这些知识进行有机的联系，那就只是在一个麻袋里面装了无数的土豆，每一个土豆都很硕大结实，但是每一个土豆之间都毫无联系，你可以不断地往麻袋里装土豆，就好像不断往大脑里塞进知识，但是它们并不能帮助我们增进对这个世界的理解。

先天知识与后天知识

介绍完分析判断和综合判断，现在让我们来看另外两个例子：

例 3：A 是 A。

例 4：曼联是英超最成功的球队。

很显然，例 3 是必然为真的，因为它是逻辑上的同一律，康德认为这是先天的知识。事实上，"先天"的本义就是"逻辑的"，是绝对不依赖于一切经验而发生的意思。先天知识有两个突出的特点：一是普遍性（universality），也就是说，它是放之四海而皆准的；二是必然性（necessity），也就是说，你无法想象它的反面，比如 A 不是 A 就是无法想象的。

例 4 属于后天的知识，因为它是建立在经验基础之上的。后天知识只具有或然性和偶然性，虽然曼联迄今为止拿到了 13 个英超冠军，但是从 2013 年起，已经有 11 年未曾染指冠军，如果曼联像利物浦那样一衰到底，那么"曼联是英超最成功的球队"这个后天判断就极有可能是错的。

先天综合判断如何可能？

现在我们有了两两相对的四个概念，先天 / 后天，分析 / 综合，它们存在着四种排列组合的可能性：先天分析判断，先天综合判断，后天分析判断，后天综合判断。

	分析	综合
先天	是	？
后天	否	是

其中，先天分析判断和后天综合判断无须多说，它们显然是存在的。前者的典型例子是"A=A"，后者的典型

例子是"康德是个单身汉"。现在的问题是，存在后天分析判断吗？没错，这是一个空集，因为后天与分析是一对矛盾的概念。

对康德来说，他最关心的是先天综合判断如何可能的问题。这一类判断的特殊性在于，因为它是先天的，所以具有普遍必然性，因为它是综合的，所以可以增加新的知识。当"先天"与"综合"强强联手，就可以一举解决休谟问题造成的困难，确保科学知识的普遍必然性和可增长性。

在康德这里，先天综合判断如何可能的问题，又可以细分为以下四个问题，它们分别是：

1. 纯粹数学知识是如何可能的？

2. 纯粹自然科学知识是如何可能的？

3. 一般形而上学是如何可能的？

4. 作为科学的未来形而上学是如何可能的？

毫不夸张地说，整部《纯粹理性批判》就是在回答以上这四个问题。

我要提醒你们注意的是，在回答先天综合判断如何可能之前，首先要回答先天综合判断是否存在这个问题。"如何可能"与"是否存在"的区别到底在哪里？举个例子，当我们问"人是如何可能学会说话"的时候，其实已经假定了人肯定是会说话的，只有先肯定了这一点，才能追问使说话得以可能的前提条件。我们从来不会问狗是如何学会说话的，因为狗压根就不会说话。

那么到底是否存在先天综合判断呢？康德的回答是肯定的，他认为我们可以在数学和自然科学中找到明确无疑的例子。比如说数学中的"7+5=12"，几何学中的"两点之间直线最短"，物理学中的"一切发生的事情都是有原因的"，这些命题都属于先天综合判断。

以"7+5=12"为例，它为什么是先天综合判断？康德的理由是：我们无法通过分析 7、5 以及"加"这三个概念来推导出 12，我们必须通过计算 7，然后加到 5 的行为，最后得出结论 12。读到这里，你可能会反驳说：不对啊，我不用计算和推导立刻就得出了 12 这个结论。没错，那是因为你是成人，你会心算，而且在漫长的学习过程中，你对 100 以内的加减法已经达到了不假思索就能给出结论的程度。像三岁的布谷，她就得老老实实地举着小手，一个手指一个手指地掰着才能算出 7+5=12。这是一个诉诸直观的过程，而不是一个逻辑推导的过程。对康德来说，"7+5=12"不仅是综合知识，而且是先天的知识，因为它具有普遍必然性，所以它就是先天综合判断的典型例子。

既然在数学和自然科学中存在着先天综合判断，那么我们就可以去探讨"纯粹数学知识是如何可能的"和"纯粹自然科学知识是如何可能的"这两个问题了。

我想再强调一遍，康德哲学的独到之处在于，他通过哥白尼式革命倒转了对象和认识的关系，而且认为，人类的认识中毫无疑问地存在着普遍必然的东西，这一点是毋庸置疑的，因为数学和自然科学已经给我们提供了铁证，所以他追问的不是"是否如此"的问题，而是"如何可能"的问题。

现在让我们来做一个小结。我们首先分析了先天综合判断的含义，然后指出，按照康德的观点，在数学和自然科学领域毫无疑问存在着先天综合判断，由此进一步追问先天综合判断何以可能的问题。具体来说，康德通过分析感性直观（intuition），回答了"纯粹数学知识是如何可能的"，通过分析知性范畴（category），回答了"纯粹自然科学知识是如何可能的"，至于具体的分析过程，我们会在下一讲继续探讨。

认真的读者一定注意到了，到目前为止，我们还没有探讨形而上学中是否存在先天综合判断，更没有触及"一般形而上学是如何可能的"及"作为科学的未来形而上学是如何可能的"问题。某种意义上，这才是康德《纯粹理性批判》最关注的问题，因为康德不仅想要在认识论的意义上为自然科学奠定普遍必然的基础，他还想要挽救形而上学的命运。康德感叹说，形而上学曾经被称为一切科学的女王，受人尊敬，如今却江河日下，遭到人们的鄙视和嫌弃，原因就在于哲学家们各执一词，按照各自的理性标准研究形而上学，结果却是各行其是，纷争不断。康德认为，有必要参考数学和自然科学，以它们为模板，建立一种作为科学的未来形而上学。康德究竟能否成功地做到这一点，请看下一讲。

065

为信仰留下地盘

感性、知性和理性

在开始之前，我还是先讲一段个人的经历。小时候，我特别喜欢帮着大人做蜂窝煤，现在的年轻人应该都没有这个经验了。星期天的上午，父亲在门前的空地上，把水、煤以及泥土按比例混合好之后，我就开始用一个模子制作蜂窝煤，这样吭哧吭哧干一个上午，原本杂乱无章的煤堆，就变成了上百个有模有样、摆放有序的蜂窝煤。看着它们井然有序的样子，感觉就像在南海检阅部队一样，特别有成就感。

这段经历给我的印象如此深刻，以至于每当我读到《纯粹理性批判》中先天的认识形式对经验材料进行加工整理时，就会情不自禁地想起做蜂窝煤的场景。这个联想初看起来十三不靠，但有一点是成立的，那就是先天认识形式的基本功能跟蜂窝煤模子是一样的，都是在为经验材料提供统一的形式。

说到这里，我要给你们区分几个概念。

首先，我们要了解的是，在康德的《纯粹理性批判》里，人的认识能力被区分为感性（sensibility）、知性（understanding）和理性（reason）三个层次。这跟我们通常的区分方式不太一样，我们一般都是一分为二，把感性和理性相对立，可是康德却一分为三，感性是最低的层次，知性和理性属于较高的层次。要注意的是，这里的理性是狭义意义的理性。因为康德还在广义的意义上使用理性，广义的"理性"泛指包括感性、知性和狭义的理性在内的所有东西。《纯粹理性批判》这个书名就是在广义的意义上使用理性。由于康德常常混用广义的理性和狭义的理性，我们在阅读原著时要格外小心，一定要根据上下文判断它的确切意思。

其次，要说明的是，近代哲学家是在认识论的意义上使用感性、经验这些概念，这跟现代人的日常理解非常不同。日常生活中，我们经常会说："你这个人很感性啊！"这个时候的"感性"是多愁善感的意思。我们还会说："你在爱情方面的经验很丰富嘛！"这里的"经验"是经历多的意思。可是在康德这里，感性、经验指的就是纯认识的东西，它与情绪无关，与经历也无关。

康德认为，我们的经验知识是"感性直观"和"知性范畴"合作的产物。感性直观是对经验材料的一级加工，知性范畴是二级加工。感性直观包括时间和空间这两种形式，知性范畴共有 12 个，它们都是主体的先天认识形式。

时间和空间是先天的认识形式

我猜想有不少读者会表示困惑：时间和空间怎么会是先天的认识形式呢？因为按照普通人的日常理解，时间和空间是"客观"的存在，换句话说，它们是外在于主体认识的，要么是事物自身的存在方式，要么是事物之间的某种相对关系，总之，它们与认识主体无关。我们要牢记于心的是，康德的哥白尼式革命恰恰就是要颠倒我们的这种观念，把时间、空间以及包括因果性在内的 12 个知性范畴，统统纳入主体的先天认识结构之中，这是理解康德哲学的要点所在，也是难点所在，值得我们反复强调。

为了便于理解康德的这个观点，我给你们介绍一下挪威哲学家希尔贝克（Gunnar Skirbekk）构思的思想实验。他说，让我们想象一个交通巡警正在向警长报告一起撞车事故，但是这个巡警非常奇怪，他告诉警长说：这起事故不发生于任何特定的时间，也不发生在任何特定的地点，反正它就是发生了。注意，他并没有说记不清发生的时间和地点，而是说这起事故不发生在任何特定的时空之内。警长问他事故发生的原因是什么，这个巡警回答说：没有任何事情造成了撞车，既不是因为司机在看手机，也不是因为车速太快，车子本身也没出现任何机械故障，反正车祸就是这么发生了，压根就没有任何原因。说到这里，如果你是警长，你会做出什么样的判断？你不仅会认为这个巡警在报假案，而且可能会建议他去精神病院咨询一下大夫。因为他犯的不是"经验性的错误"，比如报错了时间、地点或者是事故的原因，他犯下的是一个根本性的错误，他在报告一起完全无法被理解的事故。

这个思想实验告诉我们，如果没有时间、空间和因果性，我们将无法获得经验知识，完全无法理解这个世界。用康德的话说，时间、空间和因果性之类的知性范畴是使经验得以可能的条件。这些条件是在逻辑上先于经验的，也就是康德所说的"先天条件"。

关于时间和空间的先天性，康德做过很多证明，无法详细进行讨论，这里只给你们介绍其中的一个证明。康德指出，我们可以想象没有任何事物、空空如也的空间，但是我们无法想象没有空间的事物。读到这里，你可以停下来仔细想一想，是不是这样的？康德认为，这个事实告诉我们，空间是在逻辑上先于经验的，它是使经验得以可能的先天条件。

普遍必然的先天认识形式确保知识的普遍必然性

感性的直观形式只有两个：时间和空间。知性范畴却有 12 个。知性是比感性更高一层的认知能力，感性的作用是"被动"地接受经验材料，而知性的作用则是"主动"

地对经验材料进行综合统一，最终形成知识。我们一直在说，康德的"哥白尼式革命"倒转了认识和对象的关系，由此解决了休谟难题，从此因果性不再是心灵的习惯性联想，而是一种知性范畴，它与时间和空间一样，都是主体具有的先天认识形式。经验知识的普遍必然性正是由于这些人类共有的先天认识形式才得到保障的。

如果你仍旧不理解"哥白尼式革命"的哲学意义，我想请你回想一下制作蜂窝煤的例子，在这个制作过程中，试问到底是模子符合煤，还是煤符合模子呢？当然是后者，是煤符合模子。如果普天下的模子都是一样的，那么做出来的蜂窝煤形状是不是也都是一样的？同理，康德认为，先天的认识形式是人同此心、心同此理的，正是普遍必然的先天认识形式确保了知识的普遍必然性。

理性的作用：将知识体系化、完满化

说到这里，我们已经解释了感性直观和知性范畴的各自作用，接下来要探讨理性，确切地说是"狭义的理性"到底有什么作用。如果你拥有的只是《一站到底》选手的那类知识，就像麻袋里的土豆一样，彼此之间没有形成有机的联系，那显然是不足够的。为了使知识形成体系，就需要借助于理性的"调整"功能，把知识进一步体系化和完满化。

康德认为，在这个体系化和完满化的过程中，有三个终极的理念发挥了关键作用，它们分别是灵魂、世界和上帝，其中灵魂代表着主观世界的统一性，世界代表着客观世界的统一性，上帝代表着世界之为全体的统一性。这个想法乍一看很难理解，让我来举一个小例子。前段时间，布谷特别喜欢说"世界"这个词，比如有一天，她吃东西吃得很开心，突然两手一摊，坐在小椅子上，幸福地感叹说："这个世界真美好啊！"我第一次听她这么说的时候，非常震惊。因为她以前只会说这个冰激凌很好吃，那件衣服很漂亮，这首歌很好听，当她这么说的时候，只是在对一个个具体的事物做特殊的判断。可是当她突然开始说"这个世界真美好"的时候，其实就是在对自己的所见所闻所感做一个整体的表述，她试图对自己的认识做一个体系化和完满化的表述，用康德的话说，她是在试图把握客观世界的统一性，所以她必须要用到"世界"这个词。

　　总结一下本讲的内容。人类认识共分三个阶段：感性、知性和理性。感性的作用是被动地接受经验材料，知性的作用是主动地综合统一经验材料，感性直观和知性范畴作为主体的先天认识形式，确保经验知识的客观必然性。所谓"概念无直观则空，直观无概念则盲"，这句话强调的就是知识的形成需要有感性直观和知性范畴的通力合作。但是单单形成知识还不足够，我们还需要形成有体系的知识，这个时候理性就出场了，理性具有"调整性"和"范导性"的功能，它的作用在于使知识成为统一完整的体系，康德把灵魂、世界和上帝称为"理性的理念"，需要特别强调指出的是，它们只是调整知识的工具，不能作为知识的对象加以研究。一旦作为知识的对象，就会出现"理性的幻象"。康德认为，这正是传统的形而上学家犯错的根源所在。

我们曾经介绍过各种类型的上帝存在的证明，无论是阿奎那的宇宙论证明，还是安瑟尔谟的本体论证明，在康德看来，都是对理性的僭越使用，因为上帝不属于现象领域，而是属于物自身也就是本体世界。一旦我们把它们作为知识的对象加以考察，就会产生"二律背反"的问题，例如：

正题：世界在时间和空间上是有限的。

反题：世界在时间和空间上是无限的。

请问哪个命题是成立的？很显然这两个命题一正一反，互相对立，按照矛盾律，A和非A必有一个命题为假。可是我们偏偏无法对这两个命题做出真假判断，因为我们缺乏经验的证据，所以看起来这两个命题都有道理，都能成立。但是两个互相对立的命题怎么会都成立呢？这就是先验的幻象，康德称之为"二律背反"，它会给我们的理性带来麻烦和困扰。传统形而上学家们之所以争论不休，症结就在于此。康德为知识划界，时刻警告哲人不要越界发言，康德的功能就像是交通协管员，站在十字路口随时准备冲着那些闯红灯的人吹响哨声，但是交通协管员并不能真正杜绝闯红灯的现象，因为人性天然就有越界的倾向，就像人类理性总是忍不住地要去思考物自身，要把灵魂、世界和上帝作为知识的对象加以研究，这是人性使然。

康德批判传统的形而上学，他认为传统形而上学的症结就在于没有为知识划界。但是康德并不是要取消和摧毁形而上学本身，他在给知识划界的同时，也为信仰和道德留下了地盘。对康德来说，未来需要建立的形而上学包括两个部分：第一个部分是自然的形而上学，第二个部分是道德的形而上学。对康德来说，后一个主题尤为重要，某种意义上，我们可以说，形而上学的出路不在科学知识而在道德自由之中。

关于康德的《纯粹理性批判》，我们就讲到这里，下一讲我们将进入康德的道德哲学。

《康德与论友围坐桌边》，布面油画，德国画家埃米尔·德斯特林（Emil Doerstling，1859—1940）绘于 1892—1893 年。

066

自律给我自由：康德道德哲学（上）

这一讲我们将进入康德的道德哲学。在开始之前，我想先问一个问题：假如你有一个熊孩子，整天在幼儿园里调皮捣蛋、欺负同学，请问你会对他进行怎样的道德教育？你也许会对他循循善诱："不可以欺负比你弱小的人，因为那样他会难过，如果换成是你，是不是也不希望这样被人欺负呢？"当然也不排除有个别读者会说："不可以打人，因为万一你打不过别人，那你可就悲剧了。"

动机论与后果论

在上述两个说法中，前者诉诸同情和共情，后者诉诸利益和计算，也许最终的效果都不错，熊孩子果然慢慢开始学会约束自己的行为了。但是，如果康德听见这些说法，肯定一个都不同意。因为在他看来，这些都不是道德的理由，根本无助于培养一个独立自主、有尊严的个体。康德会很直接地告诉孩子："欺负同学是不对的，不对的事情就不应该做。"

按照道德哲学的分类，康德属于典型的动机论。所谓动机论，顾名思义，就是强调一个行为的道德价值在于它的动机和意图，而不在于它的效果或后果。可是动机有很多种，康德指的是哪类动机呢？简单说，你应该做本身就是对的事情，无须考虑它能否带来好处。

举一个最经典的例子：一家小杂货店的老板，特别诚实守信，哪怕是五岁的孩子来打酱油，他也不会多收对方一毛钱。按照普通人的标准，这个老板的道德水准是不是相当不错？可是康德却会说不一定。他会追问对方的动机，如果这个老板诚实守信的动机就是因为这样做是对的，那么他的确是一个有道德的人。但是如果他是因为担心多收了一毛钱后，孩子回到家里告诉父母，父母到网上发帖揭露整个事实，他的生意从此一落千丈，那么康德会说，这个人的行为虽然看似符合道德规范，但动机不纯，所以依旧不是一个有道德的人。

上述两种动机的区别可以用两个表述来概括：前者是"出于责任"，后者是"符合责任"。这是一个非常重要的区分，对康德来说，只有"出于责任"的行为才是真正的道德行为。你也许会质疑康德的道德哲学要求太高了，谁没有一点私心呢？哪怕动机不纯，只要结果是"符合责任"的，那就是道德的。如果你这么想，那么你大致可以被归入后果论的行列。

但是对康德来说，"符合责任"与"出于责任"的区分却是至关重要的。因为康德坚持认为："善良意志（good will）并不是因为它产生了什么作用或完成了什么事情"，善良意志之所以是善的，"只是因为它的意愿而是善的"，即使这个意志缺乏实现其意图的能力，即使这个意志用尽全力最终也一无所获，它也仍然会像一颗珠宝一样因其自身的缘故而熠熠发光。

康德是第一个把"责任"（duty）概念作为道德哲学核心概念的哲学家。我们通常说到"责任"，都是跟特定的身份或者职务有关，比如父亲的责任、警察的责任、教师的责任。有时候责任也跟能力有关，比如好莱坞电影常说"能力越大，责任越大"。但是康德所说的"责任"跟这些元素都没有关系，它特指的是人之为人的普遍道德责任，也就是说，责任不会因人因地因事而异，它跟特定的身份、职务以及能力的大小都没有关系。

假言命令与绝对命令

那么这种道德责任到底从何而来，它是通过什么方式确立起来的呢？在回答这个问题之前，我们先来区分"假言命令"与"绝对命令"这对概念。

什么是假言命令？举个例子：如果你想生意兴隆，你就应该童叟无欺。这个判断是典型的"if...then..."的条件句，这一类命题都属于假言命令。你之所以应该这么做，是因为要满足某些特定的个人欲望、偏好或者利益。假言命令具有高度的偶然性和随机性，因为只要条件改变了，你的行为也会相应做出改变。比方说，如果老板确信顾客无法戳穿自己的谎言，那么他就很可能会向对方收取高价。所以奉行假言命令的人，不会严格遵守道德法则，而是只要条件允许，就投机取巧、偷奸耍滑。与此相对的是绝对命令，这是无条件的道德要求，与个人的欲望、偏好、利益都没有关系。它就是直接下达命令："不准撒谎！""必须恪守诺言！"耐克那个著名的 slogan——"Just do it！"就是一种绝对命令的表达。

康德为什么要区分假言命令和绝对命令？这涉及道德法则的基础到底是什么的问题。从时代大背景来说，当时占据主流地位的道德哲学是效益主义的伦理学，效益主义者是典型的后果论者，他们认为人的本性就是趋乐避苦、趋利避害，既然人类行为的目的就是尽可能多地增进幸福，那么幸福总量最大的行为也就是道德价值最高的行为。对康德来说，效益主义是不可接受的，因为它把道德基础建立在人的欲望、兴趣和偏好之上，问题在于，这些东西都是因人而异、复杂多变的，一旦把它们作为道德的基础，道德法则就会失去普遍有效性。更糟糕的是，这样一来，人就成了欲望的奴隶。康德主张通过理性来为道德法则奠基，让理性为自身立法，只有这样，我们才能确立起人之为人的尊严感。

道德法则与自然法则

说到这里，有必要对比一下道德法则和自然法则。

首先，自然法则属于理论理性的认知领域，是知性为自然立法；而道德法则属于实践理性的实践领域，是理性为自身确立的法则。这两条原则都充分体现出了康德哲学高扬人类主体性价值的特点。

其次，自然法则是人"不得不"服从的法则，它具体表现为以"是"（is）为系词的判断句，比如说"地球是圆的""人民大学是中国最好的大学之一"；道德法则是人"应该"服从但却不一定服从的法则，它是由"应该"（ought）联结起来的命令式。在做事实判断时，我们说"地球是圆的"，不会说"地球应该是圆的"；但在做道德判断时，我们却一定会用上"应该"这个词——"你应该恪守承诺！""你不应该说谎！"地球是圆的就是圆的，个人意志无法更改这个事实，人类在自然法则面前是没有任何自由可言的。当我们从高处跳下的时候，我们将严格地遵循重力法则，像石头一样自由落体，绝对无法凭借自己的意志像鸟儿一样自由飞翔，这是铁一般的事实，所以在自然法则面前，只有必然性，没有自由可言。可是道德法则却不存在这样的必然性，虽然绝对命令要求"你应该恪守承诺"，但是你却不一定遵守承诺，正是因为有了自由意志，所以才有道德上的对错可言。

最后，自然法则是"他律性"的，道德法则是"自律性"的。不久前，我看到一个健身 App 的广告词——"自律给我自由"，顿时眼前一亮，因为这正是康德道德哲学的核心要义所在。"他律性"意味着强迫性，哪怕外在的要求最终促进了你的利益，依旧是对个人自主性的一种压制，它与自由无关。最近布谷的自主意识就像春草一样疯狂生长，常常会挑战我和妈妈的权威，比如说："为什么总是要听你们的？为什么不可以我想怎么样就怎么样？"每当遇到这样的挑战，我就意识到，这个时候不能再诉诸开明专制的那些道理了，比如"爸爸妈妈这么做都是为了你好！"等等，可是跟她探讨"自律给我自由"显然还为时过早，所以我只能告诉她：你可以跟爸爸妈妈有商有量地做出选择，如果我们对，你就听我们的，如果你对，就听你的，但是绝不可以"我想怎么样就怎么样"。我没有告诉她的是，当你想怎么样就怎么样的时候，你并没有因此获得自由，相反你成了欲望的奴隶。这个道理有些严肃，以后再和她说。

理性如何为自身立法

回到康德，你一定很好奇，理性究竟是如何为自身立法的呢？康德提出了三条高度形式化的原则，分别是普遍化原则、目的原则和自律原则。要特别提醒大家注意的是，康德确立的这三条原则跟我们通常理解的道德原则不同，它不像五讲四美三热爱、八荣八耻或者摩西十诫那样有具体的内容。相反，康德给我们提供了一个思想实验的机会，他邀请每一个有理性的人加入这个思想实验，也就是说，康德是在帮助每一个有理性的人都成为道德法则的立法者。有人也许会说，难道这样不会出现一千个人就有一千条不同的道德法则吗？康德的回答是，不会！因为此时，我们不是作为特殊的个体在立法，而是作为理性的存在者在立法，当我们运用纯粹实践理性立法的时候，就会将自己的特殊利益、欲望和偏好统统抛弃。这个时候就会出现一个有趣的现象：你不是在为自己立法，而是在为所有人立法。

说到这里，我想介绍一下当代哲学家罗尔斯的一个观点，他指出：康德道德哲学中真正吸引人的元素不在于他强调道德原则的一般性和普适性，因为这对康德来说并不新鲜。康德道德哲学真正的魅力在于，他认为道德法则是纯粹实践理性选择的对象。这意味着道德法则不再是上帝赠予人类的礼物，也不再是客观的、自然的价值，道德法则不是被人们发现的，而是人们发明的。

所谓"发现"，隐含之意就是道德法则是给定的现成物，它隐藏在某个地方，等待人们去找到它，而且往往需要借助上帝的帮助才能找到它。康德反对这个观点，认为道德法则是被人类理性建构出来的，在建构的过程中，需要满足两个标准：第一，这些法则是被所有人所接受的（be acceptable to all）；第二，这些法则具有公共性和公开性（public）。罗尔斯认为这两条标准正是"社会契约论"

的典型特征。

　　我认为罗尔斯的这个评价非常到位，他不仅点明了康德道德哲学与社会契约论之间的关系，更重要的是，他强调指出了康德道德哲学的价值在于高扬人的主体性精神。正因为人既是立法者也是服从者，所以在服从道德法则的同时，不仅实现了自律也实现了自由，这也正是"自律给我自由"的真谛所在。

　　这一讲就说到这里，关于普遍化原则、目的原则和自律原则的具体内容，我们下一讲接着说。

067

经过裁剪的真话还是真话吗？
康德道德哲学（中）

最近有家科技企业遭到了美国政府的重罚，朋友圈里议论纷纷，其中我最赞赏的发言来自一个科技新贵，他是这样说的："大家都在谈民族自强、自主研发、抵御制裁，为什么没人说说遵守规则、契约精神、少钻空子？或者，最基本的不违法违规？"

遵守规则、契约精神，这些都是老生常谈，之所以给这位朋友点赞，是因为作为一个科技新贵，他摆脱了个人欲望和利益的纠缠，尝试从理性的角度出发去思考"我应该做什么"这个问题。当然，如果换成康德，他一定会继续刨根究底地追问这位朋友：契约精神对你来说，到底是一条绝对命令还是假言命令？如果你只是为了规避惩罚、提高利润才恪守契约精神，那么你的行为仍旧不是一个道德行为，因为你依然把行为的后果放到了责任的前面。

在康德看来，只有绝对命令才配得上成为道德法则。

他总共提出了绝对命令的三种形式，分别称之为普遍化原则、目的原则和自律原则。接下来我们一一加以介绍。

绝对命令形式之一：普遍化原则

普遍化原则的具体表述是："只依据那些你可以同时愿意它成为普遍法则的准则行动。"这句话稍微有些绕，我给你们举一个例子就明白了。如果有人决定把"欠债不还"作为行为的准则，康德会这样告诉他，作为一个有理性的人，你必须反问自己是不是愿意让"欠债不还"成为所有人的行为准则？如果通过了这个思想实验，那么"欠债不还"就可以成为普遍的道德法则。当然，康德自己的答案是否定的，他的理由是，如果人人都欠债不还，那么谁都不会愿意再把钱借给别人，这样一来欠债不还这个现象也就不存在了。关于这个例子，我猜想读者至少会提出两个评论意见。

第一，也许有人会说，最好的结果是我可以"有借不还"，但是别人却必须"有借有还"。这是典型的"自我例外论"的想法，说得通俗一点，就是严于律人、宽以待己。我承认，这种想法或许是大多数人的心声，但是对不起，它不仅通不过康德的普遍化法则的检验，而且它显然是不道德的。

第二，康德的这种普遍化法则，看起来跟我们日常生活中经常出现的论调非常类似。比如说，当孩子随地乱扔垃圾的时候，你会这样对他循循善诱："如果所有人都乱扔垃圾，这个世界不就成了大垃圾场了吗？"再比如说，在我小的时候，小伙伴们都会非常郑重其事地在自己的连环画上写上这几句话："有借有还，再借不难，有借不还，再借万难！"如果所有的连环画都是有借不还，最后的结果就是，没有一个小朋友愿意再出借任何一本连环画。好学深思的读者也许会指出，"如果所有人都这么做的话……"这个推论确实很有说服力，但是，它跟康德道德哲学的初衷其实是不符合的，因为它是在诉诸某种后果论。说得更明白一些，它不是在原则上反对乱扔垃圾，而是因为乱扔垃圾可能出现的恶果而反对之。

针对这个质疑，哈佛大学教授迈克尔·桑德尔（Michael Sandel）在《公正：该如何做是好？》中指出，康德的普遍化法则，并不是在考察道德原则一旦普遍化之后可能造成的结果，而是在考察我的准则是否与绝对命令相一致，这种普遍化的考察其实是在表明一种强有力的道德主张，它力求弄明白："我即将做出的行为是否将我的利益和特殊情况置于他人之上。"我想问的是，桑德尔的这个解释是否说服了你？

绝对命令形式之二：目的原则

康德绝对命令的第二个表达形式是这样的：不论对待自己或他人的人性，都要当成目的，绝对不能只是当成手段。这句话也稍微有些绕，我们可以把它简化成八个字：
"人是目的，不是手段。"隐藏在这条原则背后的，是对每一个人的尊重，这种尊重不是基于对方的身份、地位和学识，也不是出于同情和关爱，而就是尊重那种"内在于我们所有人当中的、毫无差别的理性能力"（桑德尔语）。

有人也许会反驳说，当快递小哥送货上门的时候，我就是在某种意义上把他工具化了呀？的确如此，当快递小哥给我们寄送快递的时候，我们好像把他当成了某种工具，但是在一个意义上，我们并没有把快递小哥"只是"当成工具，我们对他的期待和要求，不仅符合我们的意志，同时也符合他的意志，因为他知道帮我们寄送快递是他的职责所在。在这个意义上，我们其实是在高度尊重他的自主性，高度尊重他的自我选择。当然，如果出现下面这种情况，我们就是把他仅仅当成工具了，比方说，面对快递小哥的时候，正眼也不抬一下，粗声粗气地说："把信拿去！"这时候我们就是把他只当成工具，而没有尊重他也是一个人。当年刘少奇握住时传祥的双手说："你掏大粪是人民勤务员，我当主席也是人民勤务员，这只是革命分工不同。"这句话在一个意义上与康德是一致的，那就是人人平等。只不过刘少奇强调的是为人民服务，不分高低贵贱，人人平等，康德强调的是，作为有理性的道德实践者，不分高低贵贱，人人平等。

绝对命令形式之三：自律原则

你一定注意到了，康德对人之为有理性的道德实践者格外推崇，某种意义上，我们甚至可以说，"人是目的"其实就是在说"理性是目的"。绝对命令的第三个表达形式——自律原则就是接着这句话往下说。自律原则的基本观点是，每一个理性存在者的意志就是制定普遍法则的意志，换言之，每一个理性存在者都可以成为立法者。当一个人是在服从自我订立的道德法则时，他就实现了立法者与服从者的合二为一，也只有在这个时候，人不仅是自律的，同时也是自由的。

现在我们可以给康德的绝对命令做一个小结。普遍化原则是绝对命令最重要的公式，因为它突出反映了绝对命令的本质特征，也就是普遍性和无条件性。目的原则为绝对命令提供了具体的内容，虽然它依旧是高度抽象的，但至少告诉我们，要把每一个人当成有理性的道德实践者来加以尊重。最后，自律原则进一步明确了"理性为自身立法"，以及"自律给我自由"。需要特别说明的是，这三条原则不是三条绝对命令，而是绝对命令所必须满足的三个条件，换言之，它们从不同的角度刻画出了绝对命令的特征。

在任何情况下都不能说谎吗？

毋庸讳言，康德道德哲学是非常严苛的，甚至于有些不近人情。就以"不准说谎"为例，按照康德的道德哲学，肯定能够通过普遍化原则成为一条绝对命令，因为一旦说谎变得普遍，人们就不再彼此信任，谎言就变得没有意义。但是对于普通人来说，不准说谎，更像是一条假言命令而不是绝对命令。打个比方，你去医院探望一位得了绝症的好友，假定他还不知道真实的病情，请问此时你会怎么跟他交流呢？我猜想一般人都会说："好好养病，没啥大问题，肯定会好起来的！"这是所谓的"善意的谎言"。但是康德绝对不会允许让同情成为道德法则的基础，而且康德会说，在这个时候说谎，也许会让对方的心里好受一些，但这么做，只是把他作为满足他自己的一个手段，而没有把他作为一个有理性的道德实践者加以尊重，所以这其实是不道德的。你一定会好奇，如果康德面对这个朋友，他会怎么说？我猜想他应该不至于这样说："我刚才看了医生的报告，你就该吃吃、该喝喝吧，剩下的时间也不多了。"这么说听起来不仅不近人情，更重要的是，它因为鼓励及时行乐，从而偏离了康德道德哲学的主旨。按照康德的理论，他更可能这样说："我刚才看了医生的报告，你已经时日无多，你要鼓起勇气，保持理性，有尊严地离开这个世界。"这句话的确非常振奋人心，但是不是仍旧有点不近人情呢？

　　说到不近人情，让我们再来设想一种可能性：当说谎可以拯救一个人的生命时，康德会允许说谎吗？比方说，纳粹分子正在追捕一个犹太人，走投无路之下，这个犹太人敲开了你家的门，你把他安排在地下室里。过了不久，纳粹分子前来敲门，请问你该如何回答他呢？一般人肯定会说：我当然要说谎啊！可是康德的道德哲学分明是不准说谎，所以你看，康德道德哲学再一次显示出了它的缺乏弹性和不近人情。康德写过一篇题为《论出于利他动机说谎的所谓权利》的文章，大意是说，说谎是一个已知的恶，一旦说谎，我们就必须承担由此造成的恶果，而说真话却不一定带来恶果。比方说，就在你跟纳粹分子交谈的过程中，那个机智、勇敢、敏捷的犹太人已经逃之夭夭了；退一万步说，即便因为说了真话，导致犹太人被捕，康德会认为，追本溯源，也不应该由你来承担这个恶果，因为真正的行凶者是纳粹分子，不是你。

我相信任何稍有常识和理性的人都不会接受康德的这个解释。现在问题来了，如果绝对命令如此不近人情，那它一定是有问题的。桑德尔试图为康德做辩护，他告诉我们，在面对纳粹分子的询问时，你可以做出一个"真实的但带有误导性的陈述"，比如你可以这么说："一个小时前，我在路那头的杂货店里见过他。"桑德尔认为，从康德的角度来说，这个策略在道德上是被允许的，并且它可以保护犹太人的生命。有趣的是，康德本人就曾经用过这个策略。当时的普鲁士国王弗里德里希·威廉二世认为康德的著作对基督教有伤害，于是命令他不准在这类话题上发表任何意见，君命难违，于是康德承诺说："作为陛下忠实的臣民，我将彻底停止所有与宗教有关的公共演讲和论文写作。"你有没有读出这句话里的机关？康德在这里留了一个心眼，因为他知道威廉二世将不久于人世，所以特别强调了这个承诺的前提条件——"作为陛下忠实的臣民"，几年以后，国王果然驾崩，既然陛下已经驾鹤西去，承诺也就自然失效了。据说康德对此非常自得，桑德尔也认为此举非常聪明，理由是，相比于直白的谎言，那种在措辞上"具有误导性但在技术上却是真实的陈述"仍旧是可取的，因为无论后者如何闪烁其词，"都是尊重道德法则的"。

我不是特别认同这样的辩护。首先，哪怕在面对纳粹分子的追杀时，经过剪裁的真话可以救人一命，也不意味着"经过剪裁的真话就是真话"。换言之，说了一半的真话不是真话，而是谎言。事实上，在各种公共事件的官方报告中，我们读过太多断章取义、避重就轻的所谓真话，它在混淆视听、颠倒黑白方面起到的坏作用甚至远高于赤裸裸的谎言。因为它变相地鼓励了投机取巧和阳奉阴违的恶习。在这个意义上，与其僵化地固守"不准说谎"的绝对命令，不如接受"当说谎可以拯救一个人的生命时，说谎是被允许的"这个假言命令。

其次，当一个人尝试用部分真实的表述刻意误导纳粹分子时，很显然已经对不同行为的后果做出了评估。我的意思是说，他显然认为相比说出全部的真相，有误导性的、部分真实的表述效果更佳，因为这样做会让犹太人幸免于难。可是这么一来，桑德尔对康德所做的辩护，就已经背离了康德义务论的原则，因为此时他已经在考虑后果的问题了。

任何义务论的道德哲学都必须要兼顾后果，完全不考虑后果的道德哲学不仅没有吸引力，甚至可能出现大谬不然的结果。事实上，当康德在考虑德福不一致的问题时，也不得不引进后果的维度。所谓德福不一致，用最通俗的话说就是，为什么好人没有好报？那么康德究竟是如何回应这个问题的，我们下一讲接着说。

068

好人一生平安？康德道德哲学（下）

为什么好人没有好报？

　　1990年，一部名为《渴望》的大型室内情景剧红遍了大江南北。据说公安部甚至专门表彰了整个剧组，因为在播出期间，全国的犯罪率出现了明显下降。当然，到底是因为犯罪分子也在追看《渴望》，所以缺少作案时间，还是因为犯罪分子被剧情感动，决定金盆洗手重新做人，那就不得而知了。时隔多年，我早已忘了《渴望》的具体情节，唯一的印象就是做好人太悲催了，悲剧一个接着一个，几乎把所有该倒的霉全都经历了一遍。也正因为这样，片尾曲《好人一生平安》就显得尤为重要，这是一个无比善良美好的希望，它给每一个好人带去安慰。只不过这个善良的希望恰恰从一个侧面说明，在现世生活中往往是好人没好报，用康德的专业术语来说就是德福不一致。

如果我做到了"我应该做的",我就拥有了"德性",这个时候,"我可以希望什么"呢?从凡人的角度出发,当然是希望拥有"幸福"。但是,在《实践理性批判》中,康德却承认,在德性和幸福之间并不存在所谓因果关系。也就是说,有德之人并不会因此得到幸福,反过来,幸福的人也不因此就一定有德。

这真是一件让人烦恼的事情。虽然康德主张义务论,把德性放在幸福之上,但是如果一个道德理论竟然无法调和德性与幸福,这不仅在理论上是不完备的,对于现实中的普罗大众也缺乏吸引力。

德性与幸福

说到这里,有必要调用一下之前学过的知识,在讲到晚期希腊哲学时,我们介绍了伊壁鸠鲁学派和斯多亚学派。伊壁鸠鲁学派跟着感觉走,试图在快乐中寻找幸福,并且认为幸福的生活就是有德性的生活;而斯多亚学派跟着理性走,试图通过智慧去寻找幸福,并且认为有德性的生活就是幸福的生活。这是两种截然相反的思路,伊壁鸠鲁学派用幸福去统摄德性,斯多亚学派用德性去吸纳幸福,但不管怎么样,它们都实现了德福一致。

我现在想来考考你们,如果从康德的角度出发,伊壁鸠鲁学派到底犯了什么错误?答案是他们把幸福原则当成了至上的原则。不过需要注意的是,康德也不是完全不考虑幸福问题的。我曾经介绍过康德的生平，他在 40 岁之前是柯尼斯堡的社交达人，吃喝玩乐无所不精，为了多挣薪水，康德开设过很多的课程。有一回，他的一个学生答应某日上午来缴纳课酬，可是迟迟未到，康德一边说自己不急着要这笔钱，一边又每隔 15 分钟就唠叨说这个年轻人怎么还没有来。过了几天，这个年轻人终于来了，康德非常生气和失望。后来，这个年轻人请求康德担任口试中的考官，康德断然拒绝了，理由是："你可能不守信用，在答辩时缺席，会把一切搞砸的。"所以康德并非不食人间烟火的苦行僧，他跟普通人一样重视世俗的健康和财富，这些都是"幸福"所包含的具体内容。在《实践理性批判》中，康德甚至认为，关照自己的幸福也可以是一种义务，因为从积极的角度说，"幸福包含着实现自己义务的手段"，从消极的角度说，"因为幸福的缺乏（如贫穷）包含着践踏义务的诱惑"。康德的这些观点就是一些常识，甚至与管子的"仓廪实而知礼节，衣食足而知荣辱"有不谋而合之处。但是作为一个义务论者，康德的底线是绝不可把单单促进自己的幸福作为义务本身，更不可将幸福原则作为一切义务的基础，伊壁鸠鲁学派的错误正在于此。

那么斯多亚学派又犯了什么错误呢？康德认为，斯多亚学派把德性作为至善的条件，这一点是完全正确的，可是他们竟然认为凡人可以在今生今世实现德性本身，臻于至善，这就高估了人类的有限性。这是一个非常有趣的思路，康德的意思是说，人们在道德上的进步是永无止境的，特别是考虑到我们不仅是理性的动物，同时还是感官的动物，所以只要还生活在感官世界里，有理性的存在者就永远不可能真正实现至善。这有点像是在说，吾生也有涯，而追求德性的道路也无涯。既然如此，那该怎么办呢？康德回答说，我们需要把"灵魂不朽"作为一个"公设"。所谓公设的意思是，它在理论上是未经证明的，但在实践上又必须把它假定为前提。为什么要把灵魂不朽假定为前提？因为人只有在无限发展的进步中，才有可能达到与德性法则相一致的境界，也就是臻于至善。

康德对斯多亚学派和伊壁鸠鲁学派还有一个更加重要的批评。你一定还记得分析判断和综合判断的区分，康德认为，他们的错误在于，把德性和幸福的关系看成分析的关系。斯多亚学派认为德性生活蕴含了幸福生活，伊壁鸠鲁学派认为幸福生活蕴含了德性生活，虽然角度不同，但是思路却是一致的，都认为德性与幸福是分析的关系，只要拥有其中一项，就必然拥有另一项。康德认为德性与幸福是综合的关系，也就是说，努力变得有德性的行为，与努力去谋求幸福的行为，是两种完全不同的行为，二者之间没有必然关系。康德的说法显然更符合我们的生活常识，现在的问题在于，我们是不是必须要接受德福不一致这个结论呢？

上帝的回归：人类作为有限理性存在者的宿命

这时，康德又祭出了"先天综合判断"这个大杀器，他认为，虽然德性和幸福的关系是综合的，但也是先天的。也就是说，"德福一致"是一个先天综合判断。

这个先天综合判断之所以可能，首先要由"灵魂不朽"这个道德公设加以保证。但是光有灵魂不朽还不够，因为万一到了来世，你还是没有好报，那该怎么办呢？所以还得再多加一个"上帝存在"的道德公设。叶秀山先生指出：只有在宗教的思路中，"德性"和"幸福"才真正有了"因果关系"，只有这样才能保证人能够按照他的"德性"，分配到他应享有的"幸福"，同时也能从他享有的"幸福"，推想出他的"德性"来。而且，此种"分配"和"推想"，都可以精确到不差分毫。在这里，宗教——"神"，不仅是个评判者、判断者，而且是个"分配者"。所以叶秀山先生说："宗教并非完全盲目产生，而是有一种理性的根据。"

说到这里，你一定已经发现了，在《纯粹理性批判》中，康德把上帝逐出了人类理性的认知领域，但是在《实践理性批判》中，这个从前门被赶出去的上帝，又从后门偷偷溜了进来。德国诗人海涅对此有过一个非常精彩的论述：

> 康德在自己的《纯粹理性批判》里面，扮演了一个无所畏惧的大力士，一下子把上帝给杀死了。从

此，在自然界里面再也没有上帝不死，灵魂不朽了。你们以为我们现在可以回家了吗？绝对不是。在一场悲剧之后是需要一场喜剧的。康德在这样做的时候，转过身他突然发现，老兰珀满脸不安的泪水。

老兰珀就是那个不管阴天还是下雨，只要康德出门散步，就忠心耿耿跟随左右的老仆人。海涅说，康德一看到老兰珀的泪水，就忍不住想："善良的老兰珀是需要一个上帝的。"于是他又在《实践理性批判》里面让上帝复活了。

对于沉浸在宗教传统中的西方人来说，上帝存在就像是整个道德世界乃至于人类世界的压舱石和定心丸，陀思妥耶夫斯基说："既没有上帝，也没有来生，人将会变成什么样呢？那么说，现在不是什么都可以容许，什么都可以做了吗？"作为现代人，听到"一切皆有可能"总觉得是个好事儿，这是因为我们天真地认为"可能性"就是"好东西"，但是，一切皆有可能，不仅包含了所有好的东西，也包含了所有不好的东西，比如道德的崩溃、秩序的瓦解和人心的溃败。

有人曾经不无嘲讽地指出："每一次哲学上的反叛都试图成为'无预设'的，但没有一次成功。"我认为康德就是一个很好的例证。康德虽然赋予人类理性以前所未有的尊严和荣耀，但是当他的哲学推到极致处，当他发现人类理性束手无策时，仍然要紧急召唤上帝来救急。也许这是人类作为有限的理性存在者的宿命，我们永远都无法仅仅凭借自身的力量挺立在宇宙之间。

海涅甚至认为，康德让上帝复活，也不仅仅是为了老兰珀的缘故。海涅做过一个比喻，他说："我的朋友打碎了格兰登堡一条大街上所有的路灯，然后在黑暗中发表了一通关于路灯的必要性的讲演。他说：他之所以在理论上砸碎这些路灯，只是为了向我们证明在实践中，如果没有这些路灯，我们将会是多么的不方便。"海涅的言外之意是，康德在《纯粹理性批判》中杀死上帝，恰恰是为了向我们证明，在道德实践和生活世界中，如果没有上帝，人类的生活将会举步维艰。

到目前为止，我们已经介绍了实践理性的两个公设——灵魂不朽和上帝存在，除此之外还有一个"意志自由"的公设。有一本畅销书叫《未来简史》，作者是以色列历史学家尤瓦尔·赫拉利（Yuval Harari）。在分析介绍完当代脑神经科学的一系列研究成果后，赫拉利非常沮丧地指出："我们越理解大脑，心灵反而越显得多余。"因为"科学家并不知道，大脑中电子信号的集合究竟是怎么创造出主观体验的"。赫拉利说："虽然灵魂是个很有趣且让人轻松的说法，我也很乐意相信，但我就是无法直接证明它的真实性。"赫拉利不无疑惑地反问："或许，'心灵'的概念也会像灵魂、神和以太一样，被丢进科学的垃圾堆？毕竟，没有人曾经用显微镜看到过所谓痛苦和爱情的体验……"

如果康德读到这些话，他一定会说：没错，灵魂、上帝、自由意志，这些东西就是发现不了啊，我早就告诉过你们，它们是超验领域中的存在，无法成为知识的对象，人类理性的认识功能无法把它们作为研究的对象。但是在道德实践领域，我们却必须要假设它们是存在的。因为如果没有意志自由，善恶将不复存在；如果没有灵魂不朽，人类无论如何也不可能达到至善；如果没有上帝存在，德性与幸福将无法确保一致。

也许有人会对这样的答案表示不满，认为这是对宗教和神学的让步，但是我要再次强调刚才的那个观点——这或许正是人类作为有限的理性存在者的必然宿命！既然人类的理性是有限的，那就意味着存在理性够不着的地方，否则，人类就成了无所不知、无所不能的上帝。

康德哲学最典型的特征就是二元论：现象与物自身，自然法则与道德法则，自由与必然，理论理性与实践理性。这种二元论的思维模式最早源自笛卡尔，但是康德与笛卡尔的区别在于，笛卡尔是因为无可奈何才接受二元论，而康德则是自觉主动地接受了二元论。他是自己主动跳进这个大坑的，而不是一不小心跌进去的，并且在这个绝境中，康德通过哥白尼式革命，实现了"知性为自然立法"，以及"理性为自身立法"的壮举，令人惊异地确立起了人的尊严，这是非常了不起的哲学成就。

讲到这里，我们终于可以结束康德哲学了。最后，我想用康德的两句话来做总结：

我们的时代是一个批判的时代，一切事物都必须接受审判。

有两种东西，我们越是经常、持续地对它们反复思考，它们就总是以时时翻新、有增无减的赞叹和敬畏充满我们的心灵：这就是在我头顶之上的星空和在我心中的道德法则。

我认为，这里的"敬畏"是在告诫我们时时意识到人之为人的"有限性"，而这里的"赞叹"则不仅是对宇宙之浩瀚无垠和道德法则之神圣庄严的咏叹，同时也是对虽然有限但依旧能够运用理性并且善用理性的人的致敬。

答问 4

康德哲学为什么这么难懂?

　　有不少学友反映很难理解康德哲学,老实说,这完全在我的意料之中。

　　邓晓芒老师有一个很经典的说法:读哲学史读到康德的时候,你会发现突然上了一个台阶,因为读到他的时候,我们会忽然发现读不懂了。在他之前的笛卡尔、培根、洛克都比较好懂,莱布尼茨稍微费解一些,但是他的单子论、前定和谐说其实也很有意思,而且能够与日常所思所想连在一起。但是自康德以后,哲学就不再是业余哲学家所能染指的了,因为哲学成了大学教授的学问,成了一门专业,需要你掌握专业术语、特定概念和分析的技巧,而这些都不是仅凭你聪明、领悟力强就能马上接受的,只有按部就班地接受一定的训练,才能够做哲学。我非常认同邓晓芒老师的这些观点。可是我们又没法绕过康德,怎么办呢?我只能尽我所能把康德哲学的硬壳软化,提纲挈领地帮助大家了解他的基本思路和精神。

最多的问题集中在"先天综合判断"上面，有不少学友认为"5+7=12"不是综合判断，而是分析判断。必须承认，这是一个很有争议的话题。我在本科读《纯粹理性批判》的时候，也对康德的这个说法非常不理解。如果我们把数学看成一个逻辑体系，那么依靠逻辑法则和定义，就能从 5+7 推论得出 12，这样一来它就是分析命题而不是综合命题。说得再清楚一些，按照这个观点，"5+7"这个主词其实是"隐蔽地包含"了谓词"12"，但是由于它过于隐蔽，如果缺乏足够的逻辑训练，你是很难看出它是分析判断的。

关于第 65 讲，我相信也会有不少人继续追问各种问题，比如：那 12 个知性范畴到底是通过什么方式总结出来的？为什么知性范畴是 12 个，而不是 13 个或者 14 个？知性范畴又是通过什么方式被运用到感性经验上的？因为我们只是一个导论课程，不可能一一深入地探讨这些复杂问题，我建议有理论兴趣的朋友去读康德的原著，如果啃不动的话，可以去读邓晓芒老师的《〈纯粹理性批判〉讲演录》，里面有很详细的分析。

接下来，我想跟大家聊一聊如何阅读哲学原著。罗素说过一段特别棒的话：

> 研究一个哲学家的时候，正确的态度既不是尊崇也不是蔑视，而是应该首先要有一种假设的同情

（hypothetical sympathy），直到知道在他的理论中有哪些东西大概是可以相信的为止；唯当此时才可以重新采取批判的态度，这个态度应该尽可能地类似于一个人放弃了他长期坚持的意见之后的那种精神状态。蔑视会妨碍这一过程的前一部分，尊崇会妨害这一过程的后一部分。有两件事必须牢记于心：一个人的见解与理论只要是值得研究的，那么就可以假定这个人具有某些智慧；但是同时，大概也没有人在任何一个主题上达到过完全和最后的真理。当一个有智慧的人表达了一种在我们看来显然是荒谬的观点时，我们不应该努力去证明这种观点多少是真的，而是应该努力去理解它何以竟会曾经看起来似乎是真的。通过运用历史的与心理的想象力，可以立刻扩展我们的思想领域；并且帮助我们认识到，我们自己所珍爱的许多偏见，对于有着不同心灵气质的另一个时代来说，会显得何等愚蠢。

我个人特别喜欢罗素的这段表述，我认为它能帮助我们确立正确的学习态度，避免获得一些廉价的成就感。比如说，在康德那个时代，由于欧几里得几何学和牛顿物理学取得了难以置信的成就，康德会认为它们毫无疑问具有普遍必然性，并且把它们作为先天综合判断的确存在的铁证。康德没有预见到非欧几何学和爱因斯坦相对论的出现，这是他的时代局限性使然，严格说来并不是他的错。

当我们评价一个具有里程碑意义的哲学家时，最常见的评语是：自某某人以后，哲学家要么就在他的框架下继续工作，要么就必须解释为什么不这么工作。换言之，你要么支持他，要么反对他，总之不可以无视他。千万不要小看这样的评语，我认为这是对一个哲学家最高的评语，纵观西方哲学两千年，够得上这个评价的哲学家屈指可数，康德无疑是其中的一个。康德哲学的具体内容当然可以被质疑，比方说刚才提到的"5+7=12"到底是不是先天综合判断，当代英美分析哲学家就提出了许多反对意见，认为压根就没有先天综合判断，数学命题不是综合判断而是分析判断。有一个叫蒯因（Quine）的哲学家甚至认为，分析判断和综合判断的区分也是不成立的。康德哲学的具体内容也许会过时，但是这并不意味着康德哲学的基本精神和方法论原则也会过时。比如说，当代认知科学的主流仍然是在康德主义的框架下展开工作的；再比如说，康德区分现象和物自身，为知识划界，为信仰和道德预留地盘，这些原则性的思考对于我们仍有很大的启发意义。

康德本人曾经说过，哲学是不可教的，唯一可教的就是如何进行哲学思考。在具体的哲学思考过程中，只有在很有限的范围内是可以确定无疑的，所以方法论上的启发性，才是一个哲学家、一个哲学体系带给我们最大的馈赠。我们在阅读康德的时候，也要时刻牢记这一点。

069

一切人反对一切人的战争？
霍布斯《利维坦》（上）

作为人造之物的国家之于我们

网络上曾经流传过这样一句话："离开了国家，你什么都不是！"你觉得这句话说得有道理吗？我个人认为这个说法不仅有道理，简直可以说是很有道理。现代国家对于个体生活的确有着举足轻重的影响，成为一个没有国家的人，意味着你失去了国家的保护，没有了公民的身份，你将不再拥有基本权利，缺乏安全保障，几乎无法找到有意义的职业。你也不会拥有身份证、户口本和护照，你的生活将会因此变得举步维艰，我说的还不是比喻意义上的举步维艰，而就是字面意义上的。比方说，因为没有身份证，你将无法购买火车票和飞机票，别说去三亚旅行，你连廊坊可能都去不了。有人会说，这岂不是太糟糕了，我要用脚投票。对不起，因为你没有护照，所以你连用脚投票的权利都没有。

正因为此，史学家斯特雷耶（Joseph R. Strayer）才会在《现代国家的起源》中说："今天，我们视国家的存在为理所当然。虽然我们不满于它的要求，抱怨它越来越多地侵蚀了私人空间，但也很难想象没有国家存在的生活状态。在现代世界，最可怕的命运莫过于失去国家。"

话虽如此，我想提醒大家注意的是：首先，现代意义的国家并不是从来就存在的，在历史上很长一段时间内，"国家确实不存在，那时也没有人在意它存不存在"。其次，即便现代国家的存在已经成为难以摆脱的事实，这也并不意味着我们要成为国家的奴隶，从此对那个可以对我们予取予求的"有朽的上帝""利维坦式的怪物"俯首称臣，而恰恰意味着我们要去质疑、追问国家的正当性，尽我们所能地去约束国家的权力，不让它对我们为所欲为。

近代政治哲学的一个核心主题就是"证成国家"（justify the state）。为什么要证成国家？很显然，当一个东西的存在是不言自明的时候，并不需要通过证明来彰显它的合理性或者合法性。你或许会问，什么叫"不言自明"？我承认，"不言自明"是一个初看起来非常清楚，仔细想想却茫然不知所云的说法。让我暂且给它一个解释，不算定义。所谓"不言自明"，就是"自然而然的"，自然的事物是不言自明的，自然的关系也是不言自明的。比如我和布谷之间的关系就是一种自然的关系，它是不言自明的，如果有一天我说咱们去做亲子鉴定吧，那就意味着我们之间的关系出现了大问题，需要通过证明来确证它。

国家同样如此。对于柏拉图、亚里士多德这样的古典政治哲学家来说，国家是自然之物，它的存在就像阳光雨露之于万事万物，是自然而然的。但是对于近代政治哲学家来说，国家却不是自然之物，而是人造之物，这是一个根本上的观念的变革。而这个变革就始自我们接下来要讲的这个人物——英国政治哲学家霍布斯。

霍布斯与《利维坦》

霍布斯（Thomas Hobbes）出生于 1588 年。也正是在这一年，西班牙无敌舰队大举进犯英国，战报传来，他身怀六甲的母亲在恐慌之中早产，霍布斯后来曾经自我嘲讽地说："我与恐惧是双胞胎"。这句话一点都不夸张，事实上，在霍布斯的个人气质和政治思考中，恐惧始终占据了最为核心的位置。

1641 年，霍布斯敏锐地觉察到英国正面临内战的威胁，他忧心忡忡、坐立难安，为求自保，自我流亡巴黎 10 年。在这期间，他的政治思考几乎与英国政局的演变保持同步的节奏：1642 年霍布斯完成《论公民》，同年英国爆发内战；1648 年霍布斯动笔撰写《利维坦》，次年查理一世被处死，又过了两年也即 1651 年《利维坦》完稿。对霍布斯来说，英国内战及查理一世被处死折射出来的是政治哲学的永恒问题：如何实现秩序和稳定？如何解释统治权力与服从义务之间的关系?

《利维坦》在政治哲学史上占据着举足轻重的历史地位。罗尔斯认为,这是英语世界政治思想领域最伟大的单部头著作。这个评价很有意思,它有两个限定词:一个是英语世界,一个是单部头著作。罗尔斯认为,约翰·密尔的政治哲学要比霍布斯更伟大,但是没有哪一本密尔的单部头著作胜过《利维坦》;洛克的《政府论》同样如此,它"也许更为理性,更合乎道理……但是,它缺少霍布斯政治概念的广度和力量"。其他一些作者,比如康德和马克思,他们的政治思想同样很伟大,但不是用英语写作的。所以,罗尔斯认为,当把所有东西都综合考虑在内——"包括风格和语言,规模和精确度以及观察的生动有趣,它复杂的分析结构和原则,它的表述方式",霍布斯的《利维坦》无疑是英语世界政治思想领域最伟大的单部头著作,阅读这本书,会给读者带来"相当压倒性的和戏剧性的效果"。

"一切人反对一切人"的自然状态

那么《利维坦》到底都说了些什么呢?很显然,我们无法用两讲的篇幅面面俱到地介绍这本书的思想,我只能提纲挈领地点明霍布斯的中心思想。理解《利维坦》的最佳入口就是霍布斯对"自然状态"的描述。

霍布斯是一个社会契约论者。所谓社会契约论,简单说就是认为政治社会的起源是基于人与人之间签订的契约，因此政治社会不是自然之物，而是人造之物。可问题在于，人们为什么要选择签订契约来加入政治社会呢？答案是因为契约之前的状态不令人满意，甚至非常糟糕。这个道理不难理解。结婚证就是一纸契约，领证的那一刻标志着一个人从单身状态进入了婚姻生活状态。为什么越来越多的人声称是不婚主义者？因为他们认为单身状态没那么糟糕。反过来说，为什么仍旧有那么多的人前赴后继地进入围城，很大的原因在于，他们不想一个人吃饭、一个人旅行、一个人睡觉，即使有男女朋友，他们也觉得缺乏保障，必须要通过婚姻这个契约来彻底改变生活状态。所以契约的作用就在于，将人从一种前契约的状态改变成后契约的状态。

现在的问题是，自然状态到底有什么问题，会让人们义无反顾地选择离开它？霍布斯对此有过非常经典的论述，他认为自然状态是"一切人反对一切人"的战争状态，在这样的情况下，产业是不存在的，因为成果不稳定。为什么成果不稳定？因为到处都是土匪和流寇，掠夺和抢劫。这样一来，所有的文明产物，包括农业、商业、贸易、艺术、文学、社会等都将不存在。更糟糕的是，"人们不断处于暴力死亡的恐惧和危险中，人的生活孤独、贫困、卑污、残忍而短寿"。因为不晓得谁是敌人，任何人都有可能是敌人，所以自然状态中的人们处于普遍化的全面恐惧之中。

　　自然状态真的有这么邪乎吗？为了解释这个问题，我们必须要了解霍布斯对自然状态的具体刻画。

　　霍布斯认为，在自然状态中，人与人之间"在身心两方面的能力都十分相等"，因为在能力上大致平等，导致人们产生了目标和希望的平等。这个说法初看起来没什么了不起的，但仔细一想却非常具有颠覆性，因为它在根本上颠覆了人分贤愚拙巧、三六九等的传统观念。

　　你或许会反驳说：不对啊，我跟霍金在智力上就是不相等的，我跟"大鲨鱼"奥尼尔在体力上也是不相等的。没错，你和霍金在智力上的确有很大的差距，你跟奥尼尔在体力方面的对比也极为悬殊，在一个高度成熟和发达的文明社会里，这种差距会让你跟他们之间产生完全不对等的目标和希望。比如说，霍金想要成为有史以来最伟大的物理学家，奥尼尔可以憧憬每年拿到数以千万计的年薪，这些目标和希望都是我们望尘莫及的。但是要注意的是，我刚才说的是，在一个高度成熟和发达的文明社会里，如果我们跟霍金和奥尼尔一起重返自然状态，情况就会大不相同了。霍金就不用说了，他可能连一天都活不下去。那么奥尼尔呢？在自然状态中，因为没有裁判的吹罚，更没有警察和法官的庇护，奥尼尔的身体优势将不会那么明显，因为哪怕是最孱弱的人，也有可能趁其不备对他下黑脚，拍板砖，如果诸位联合起来，众志成城，甚至可以把奥尼尔大卸八块，让他暴尸街头。

　　既然在自然状态中人与人在身心两方面的能力是十

分平等的，人们就会很自然地产生"目的和希望的平等"，霍布斯说，再加上资源稀缺这个条件，就必然会导致人与人之间的竞争。有人也许会继续反驳说，人们会采取相互谦让和合作的态度，而不是互相竞争与争斗。霍布斯认为，在自然状态中没有道德，所谓谦让和互爱都是不存在的；并且，在一个没有共同权力来确保正义的地方，无所谓正义可言。进一步地，霍布斯认为，人性具有三个根本的特征：第一，为了求利益，所以互相竞争；第二，为了求安全，所以互相猜疑；第三，为了求荣誉，所以互相侵犯。这三个人性的基本特征，再加上自然状态的基本特征，就必然会让"自然状态倾向于导致而且事实上就是战争状态"。我们可以把霍布斯的论证步骤总结如下：

首先，自然天赋和精神能力的平等导致我们实现各自目的之希望的平等，希望的平等进一步导致相互竞争，使彼此成为潜在敌人。

其次，竞争导致相互不信任的普遍状态。

再次，缺乏信任导致人们认为辛勤劳动不如掠夺，进而导致人们相信，先发制人是获取安全的最好保障。

所以最终的结果必然就是，为了保全生命，每一个人都会采取先发制人的策略。

也许你会疑惑，霍布斯的自然状态好像有点道理，但是对于文明社会应该已经完全不适用了吧？霍布斯的回答是，不是这样的！自然状态如影随形，哪怕人类进入了政治社会和文明世界中，自然状态的阴影依然伴随着我们。

他说：当你外出旅行的时候，你会随身带上武器，并且设法结伴而行；当你睡觉的时候，你会把门闩上；即使在屋子里面，也要把金银细软放在箱子里面并且加上锁。你明明知道有法律和警察的保护，为什么还要这么做？霍布斯继续反问道：当你带上武器出行的时候，对自己的国人是什么看法？当你把门闩起来的时候，对同胞们是什么看法？当你把箱子锁起来的时候，对自己的子女、仆人是什么看法？所以说，这些看似无意实则有心的行为，暴露出你在骨子里对于他人充满了猜忌和不信任，你在内心深处其实相信，这个看似文明法治的世界随时都可能堕入"一切人反对一切人"的自然状态。

　　既然自然状态是如此的不堪，那么唯一的选择，就是尽快通过签订契约摆脱自然状态。关于这个问题，我们下一讲接着说。

070

在全面恐惧和特定恐惧之间：
霍布斯《利维坦》（下）

上一讲我们介绍了霍布斯的自然状态，这是一个"一切人反对一切人"的战争状态，因为没有一个共同的权力来惩罚暴力，所以在互相猜忌、人人自危的情况下，最合理的自保之道就是先发制人，也就是俗话中的"先下手为强，后下手遭殃"。有人会说：难道就没有法律和公正可言了吗？霍布斯的态度很明确：没有法律！因为没有共同权力的地方就没有法律，而没有法律的地方就无所谓公正或者不公正。

有的读者也许会表示不同意：没有王法，难道也没有天理吗？熟悉西方法律思想史的读者甚至会说：即使没有人定法，也应该有自然法呀！话说到这里，就变得比较有意思了，因为它涉及霍布斯对传统政治哲学的一个重大改造——他主张从自然权利（natural rights）推出自然法（natural law），而不是从自然法推出自然权利。

天理（自然法）与王法（人定法）

在介绍自然法与自然权利的关系之前，让我们先来区分一下自然法与人定法。

所谓人定法，顾名思义，就是人制定的法律。它在本质上与我们常说的"王法"很一致，只不过王法特指的是由皇帝或者官府制定的法律，而人定法也有可能是以人民的名义制定的法律。中国人习惯把王法和天理放在一起说，比如"王法何在？""天理难容！"，相比之下，天理的等级要高于王法，它是规范万事万物的最高法则，北京大学的张维迎教授就曾经建议将西方法律传统中的自然法翻译为"天理"。

现在我要问各位一个问题：如果只有王法而没有天理，只有人定法而没有更高位的自然法，会出现什么样的情形？很显然，在这种情况下，统治者很可能借助一定的程序将自己的意志和利益写入法律，由此获得形式上的"合法性"。这会导致非常糟糕的后果，比方说，在"二战"结束之后的纽伦堡审判中，人们将无法对纳粹战犯做出裁决，因为这些战犯可以自我辩称：我是在按照第三帝国的法律行事，我的所作所为是具有合法性的。所以，为了匡扶正义，将纳粹战犯绳之以法，欧洲人在纽伦堡审判中复兴了自然法的观念。

说到自然法，最经典的表述来自罗马时期的政治家、著名的斯多亚学者西塞罗，他是这样说的：

事实上有一种真正的法律——即正确的理性——与自然相适应，它适用于所有的人并且是不变而永恒的。……它不会在罗马立一种规则，而在雅典另立一种规则。有的将是一种法律，永恒不变的法律，任何时候任何民族都必须遵守的法律，而且看来人类也只有一个共同的主人和统治者，这就是上帝，他是这一法律的起草人、解释者和监护人。

从这段话不难得知，自然法具有普世性和永恒性特征，因为它的书写者不是人类而是上帝。现在的问题在于，人类的理性是否可以把握和洞悉由上帝书写的自然法？答案是可以的。麦克里兰在《西方政治思想史》中指出："传统的自然法观念认为上帝的律法可见于三事：《圣经》经文的启示、人的理性及一般的社会经验。上帝的手以这三种不同方式写下自然法：直接写在经文里、间接透过哲学，以及间接透过社会经验写在人心上。"

自我保全的方法说明：从自然权利到自然法

传统上认为，从自然法出发，可以进一步推论得出人所拥有的自然权利。但是霍布斯的与众不同之处在于，他完全颠倒了自然法与自然权利的先后关系，主张在自然状态中，人首先拥有的是自然权利而不是自然法，也就是说，自然法是从自然权利中推论得出的，而不是自然权利从自然法中推论得出。

那么在"一切人反对一切人"的自然状态中，人究竟拥有什么样的自然权利呢？简单说，就是运用一切手段来保全生命的自然权利。霍布斯指出："由于人们这样互相疑惧，于是自保之道最合理的就是先发制人，也就是用武力或机诈来控制一切他所能控制的人，直到他看到没有其他力量足以危害他为止。"

从这个前提出发，霍布斯推论得出了 19 条自然法。要注意的是，根据霍布斯的观点，所谓的自然法，其实就是关于如何自我保全的方法说明，也即人的理性为了有效地"自我保全"而发出的指令。

第一条指令，也就是第一条自然法是："每一个人只要有获得和平的希望时，就应当力求和平。"这被认为是根本的自然法，借用新闻发言人最喜欢的说法，就是"只要有百分之一的和平希望，就要付出百分之百的努力"。

第二条自然法是对第一条自然法的引申："既然人们应当力求和平，所以在别人愿意放弃对一切事物的权利的前提下，我们也应当放弃对于一切事物的权利。"这句话是个条件句，它的有趣之处在于，只有在别人愿意放弃自然权利的前提下，我们才放弃自然权利，可是问题在于，谁会是第一个敢于放弃自然权利的人呢？好莱坞大片里经常会出现双方举枪对峙的局面，为了避免两败俱伤，人们往往会说"我们一起数一二三，然后同时放下枪"，而不是说"你先放下枪，然后我再放下枪"，因为万一后放下枪的那个人不守承诺，那么先放下枪的岂不就遭殃了？

所以，为了避免出现上述情况，霍布斯又推出了第三条自然法："所订信约必须履行。"你一定会感到困惑，这种契约的有效性根据到底在哪里？难道真的是因为君子一言驷马难追吗？霍布斯的回答很简单也很明确：这种契约之所以有约束力，不是因为一诺千金，而是因为害怕毁约之后产生的有害后果——几乎没有人愿意重返自然状态。再一次地，我们看到"恐惧"二字在霍布斯理论中的重要地位，施特劳斯评论说："霍布斯的自然法因此就是根植于恐惧和欲望，或者根植于激情之中"。

以全面恐惧换取特定恐惧

总结一下，按照霍布斯的观点，自然状态的最大问题在于暴力横行，人们随时处于暴死街头的恐惧之中。造成这一局面的根源在于缺乏一个共同的权力来惩罚暴力，要想真正彻底地解决这个问题，只能是所有人都放弃自然权利，把自然权利让渡给第三方，也就是所谓的"主权者"，由他来执掌生杀予夺的大权。要注意的是，在霍布斯的社会契约理论中，签约者不包括主权者，它是契约之外的存在，本身不受契约的束缚，可以为所欲为，而作为立约各方的臣民则必须服从契约，不可违抗主权者的任何命令。

问题是，既然主权者可以予取予求，臣民的处境岂不是和自然状态差不太多？人们为什么会如此不理性地选择签约，建立国家呢？关于这个问题，我认为麦克里兰的解释最为精彩，他是这么说的："在自然状态，人恐惧横死于他人之手，这是一种非常普遍化的全面恐惧，到了公民社会，人放弃这种全面恐惧，换取一种非常特定化的恐惧，也就是害怕横死于主权者的司法之剑底下。……一种针对一切人的恐惧，非常概括的恐惧，换成盖过一切的、对主权者的恐惧。"

霍布斯给世人提供的是一个两难选择：一边是无所不在、目标不明的普遍恐惧，一边是确有所指、非常具体化的特定恐惧，也就是横死于主权者的司法之剑底下的恐惧。两害相权取其轻，霍布斯倾向于认为后者要好那么一点点，哪怕国家此时已经变身为《旧约·圣经》中那个令人恐惧的巨兽——利维坦。

看恐怖片的时候，最恐惧的时候是不知道恐惧的对象到底是谁，这个时候，你会觉得每一个角色都是潜在的恶魔，这种感觉非常类似于自然状态中的全面恐惧。而一旦我们得知恐怖片里的恶魔到底是谁，虽然还是会恐惧，但心里总归会稍微踏实那么一点点。

也许有人会大声地表示反对：这不合理！为什么必须要做非此即彼的选择？难道在"一切人反对一切人"的战争状态和主权者手握生杀予夺大权的"利维坦"之间，就没有中间地带了吗？霍布斯和他的追随者们会斩钉截铁地告诉这些人：对不起，这个真没有！没有了国家你什么都不是，所以，为了不重返全面恐惧的自然状态，人民只有默默忍受现有的任何政府。

击溃利维坦恐惧逻辑的秘诀

现在的问题在于，我们有可能击溃上述的恐惧逻辑吗？1679 年，91 岁高龄的霍布斯去世，他没有等得及看到九年之后的光荣革命，也没等到看见他的理论被证伪的那一刻。1688 年 12 月 11 日，众叛亲离的詹姆斯二世将国玺投进泰晤士河，逃往法国避难，从那一刻开始，直到次年 2 月 12 日，也就是议会选举詹姆斯的女儿玛丽为女王为止，在此期间英格兰有三个月的时间处于主权者缺位的状态，但是除了发生零星的骚乱，霍布斯预言的"一切人反对一切人"的战争状态并未出现。强大的议会传统和贵族传统，以及井然有序的市民社会让英格兰安然度过了危机。击溃利维坦恐惧逻辑的秘诀非常简单也非常困难，就是在无所不能的国家和彻底原子化的个体之间打入一个楔子：自由的结社和结社的自由。

近代政治哲学的核心问题是：应该由谁说了算？对此，霍布斯的回答是：必须由人说了算！而且必须是由主权者说了算！有意思的是，霍布斯的结论虽然是专制主义的，但是他的方法论和思考原则却是个人主义的，从自然状态到利维坦，隐藏其中的是理性利己主义的基本逻辑。施特劳斯曾经把霍布斯称作"近代政治哲学之父"，理由之一就在于，"霍布斯以一种前无古人、后无来者的清澈和明确，使得'自然权利'，即（个人的）正当诉求，成为政治哲学的基础"。在我看来，霍布斯把政治最铁血也最丑陋的一面展示得淋漓尽致，对于他来说，"政治与其说是一种关于好坏的审慎抉择，不如说是一种事关生死的生存决断"（史蒂芬·B.斯密什语）。

这一讲就到这里，我想给各位留两个思考题：第一，你认为在无政府和利维坦之间还存在第三条道路吗？第二，建立在恐惧基础之上的秩序和稳定是可靠的吗？

答问 5

当我们在谈论政治的时候我们在谈些什么：
关于霍布斯人性观的回答

在讲授霍布斯的《利维坦》时，我给大家留了几个问题，不少朋友做出了非常精彩的回答，比如"林戈""小松""王立早""伟哥之声""木皮牛阿洛""lililili11""王小米戴着项圈去流浪""柠檬树不会飞""狗不理包子儿"，等等。网络真是一个很奇妙的地方，虽然素未谋面，但是每回看到这些名字的时候，我都会产生非常熟悉亲切的感觉。我想选择其中的两个回答，做进一步的生发。学友"林戈"说："还是觉得重点在于霍布斯对人性的预设上。"另一位朋友说："当我一想到人性之恶时，我总是觉得霍布斯讲的全面战争很有道理！但当我和家人、朋友们在一起时，我又觉得洛克讲得有道理。"

这两个回答不约而同地把焦点指向了霍布斯的人性论。这是一个非常重要的观察。所谓人性（human nature）当然就是指人身上所具有的给定的、永恒不变的性质。人性到底是什么？这是千百年来争论不休的一个话题，古今中西莫不如此，比方说中国古代的孟子主张性善论，荀子主张性恶论。当代的生物学在这方面做出了很多的研究，考察到底是自然本性（nature）还是后天环境（nurture）对人的行为影响更大。我不想把话题扯得太远，还是把目光聚焦在西方政治哲学特别是霍布斯的身上。

首先，西方政治哲学的主流论证模式，尤其是关于霍布斯的两讲中提到的"方法论的个人主义"，有两个非常重要的特征：第一，在解释顺序上，坚持把个体作为解释社会和国家的原初起点及最终根据；第二，在哲学人类学上，对人性有一个基本的假设或判断，比如说古典经济学中"经济人"的假设，霍布斯在《利维坦》中关于"人性是自私的"或者"自我中心"的论述。从这种人性论出发，再提出一套人类幸福和政治制度的主张，也就是阐述，在何种条件下有助于具有如此这般特点的人满足他们的需求，实现他们的愿望。

但是，一个非常有趣同时也是非常让人困惑的问题在于，霍布斯其实从来没有在本体论的意义上宣布人性就是自私自利的，人天生只追求和只关心自己的善。在《利维坦》第六章，霍布斯认为人们具有仁爱的能力，具有希望他人安好的欲望或善意的能力，他说我们能够热爱人民。在第三十章，霍布斯认为，夫妻情感在重要性上仅次于自我的保存，并优先于财货和生活手段。霍布斯还说，某些人是有美德的，或者说，我们能够变成有美德的人。在第十五章，霍布斯谈到了正义的美德，以及根据正义而行动的美德。

这样看来，霍布斯似乎没有对人性到底是什么给出明确的回答。罗尔斯在《政治哲学史讲义》中认为，如果我们非常严格地阅读霍布斯的著作，"那么，我们会发现，他的观点是前后矛盾的"。

列奥·施特劳斯在《霍布斯的政治哲学》这本书中也承认，虽然"一切人反对一切人的战争状态"必然地要源自人类的本性，但是霍布斯在不同著作（《法律原理》《论公民》和《利维坦》）中关于"人类本性"的断言，"存在着令人震惊的不一致和脱节，并存在着更为惊人的含混不清之处"，每一部著作甚至还有逻辑上的缺陷。所有这些迹象都表明，霍布斯从来也没有完成对他的根本论断所做的论证，而且我们会发现，霍布斯之所以没有完成这些论证，是因为，"是否直截了当地把人的自然欲望归结成为虚荣自负，并明确地以此作为他的出发点，连他自己都拿不定主意"。

如何解释霍布斯人性观的含混不清和自相矛盾？最简单的回答就是，霍布斯本人就没有想清楚。但是我认为，在解释经典作家的经典著作的时候，要尽可能地抱有同情的理解的态度，在看似不连贯、不一致的地方，要尽可能帮他做出连贯一致的合理解释。就此而言，我比较认同罗尔斯的回答，他认为："我们最好是说，霍布斯是在以某种方式来强调人性的某些方面，以便对人性的这种理解能够更好地符合他的政治学说的目的。他想说明并解释，是什么因素维持着公民社会，对和平与和谐来说为什么强有力的主权者是必要的。换言之，他关注的主要是政治学、政治问题，以及政府的基本制度结构。"

罗尔斯的意思是说，霍布斯并没有在人性论的层面上断言人类是自我中心的，他强调人类的自我中心，并不意味着他同时反对人有仁爱、正义、忠诚的一面，更不意味着他试图给出一个形而上学意义上的人性观。霍布斯真正想说的是：在解释公民社会和社会团结的基础这些问题时，我们不能依赖于人们的仁爱、正义和忠诚这些能力，除了这些根本利益之外，还存在其他的根本利益，例如保存我们的生命。我们要把公民社会和社会团结的问题建立在这些根本利益之上。

村上春树有本书名叫《当我谈跑步时我谈些什么》，借用这句话，也许我们可以这样来理解霍布斯，他之所以特别强调人性自私，是为了提醒我们注意，当我们在谈论政治的时候我们在谈些什么？霍布斯的回答是：我们首先在谈的是保存我们的生命；其次谈的是确保我们身边之人的善；最后谈的是获取舒适生活之手段。当我们谈论政治的时候，我们优先关注的是这些问题，而不是别的问题。

在这个意义上，我们也许可以这样说：霍布斯在《利维坦》中并没有给出一个形而上学的人性观，他强调的是人性的政治面向，或者说他强调的是人的政治本性，而且是在极端状态下所显示出来的人的政治本性；相比之下，洛克的《政府论》更关注人性的社会面向，或者说是人的社会本性，而且是在正常情况下显示出来的人的社会本性。

所以问题兜兜转转，来到了人的政治本性将会盖过人的社会本性，还是人的社会本性将会胜过人的政治本性这两个判断上。

071

国家为什么宁缺毋滥？洛克《政府论》（上）

在开始这一讲之前，先给大家讲一个小故事。2002年，一位名叫舍恩（Jan Hendrik Schön）的德国科学家被曝造假，在此之前，他已经在《自然》和《科学》这样的顶级期刊上发表了一百多篇论文，这是一个匪夷所思的成就，很多人把这个年仅 32 岁的学术新星视为 21 世纪的爱因斯坦、未来的诺贝尔奖得主。舍恩造假的方式其实很简单，他总是先炮制出一个结果，然后通过计算机伪造图表来证实这个所谓的结果。看到这里，有些心急的读者肯定会问：周老师，你说这些十三不靠的事情到底是为了什么？

我的意思是说，社会契约论者的工作方法其实很像自然科学家。所谓的"自然状态"，就像是实验室里的初始条件，它是一种理论"设置"，目的是帮助有理性的人进行"思想实验"，思考为什么需要有国家，国家的存在到底有什么合理性，等等问题。社会契约论者的潜台词是，作为一个有理性的人，只要你严格按照我设定的步骤去思考，就一定会接受我的最终结论。这非常类似于自然科学家通过模拟别的科学家的实验条件，最终得出同样的结果。但是问题在于，既然"自然状态"并非真实的历史状态，而是假想出来的东西，那么为了得到预先给定的结果，不同的社会契约论者就可以设置出不同的自然状态。如此说来，岂不是与舍恩的造假手段如出一辙？

事实似乎就是这样，洛克的自然状态跟霍布斯的自然状态非常不同，结果霍布斯得出了支持专制主义的结论，赋予主权者不受任何约束的权力，而洛克呢，得出了自由民主和宪政民主的结论，主张政府只拥有有限权力，一旦政府侵犯公民的自然权利，公民就可以推翻政府，甚至不惜重返自然状态。

那么，洛克与霍布斯的自然状态到底有什么不同？究竟是谁造假了，谁没造假？哪个人的自然状态更加真实可信？

洛克与霍布斯

在回答这些问题之前，我们先来介绍一下洛克的政治哲学。我们知道洛克是英国经验论的代表人物，与此同时还是自由主义的开山鼻祖，比较来说，洛克对后世影响最大的不是《人类理解论》，而是《政府论》。《政府论》共分上篇和下篇：上篇是驳论，下篇是立论；上篇驳的是罗伯特·菲尔默的君主专制，下篇立的是混合宪政（mixed constitution）。

相比之下，上篇的影响力远小于下篇，真正让《政府论》成为传世名著的是它的下篇。毫不夸张地说，它的核心思想构成了现代国家的经典表述。大约整整一百年后，美国建国之父托马斯·杰斐逊在起草《独立宣言》时，几乎照单全收了《政府论》下篇的思想，例如下面这段不朽名句就是对洛克原文的改写：

> 我们认为下面这些真理是不言而喻的：人人生而平等，造物者赋予他们若干不可剥夺的权利，其中包括生命权、自由权和追求幸福的权利。为了保障这些权利，人类才在他们之间建立政府，而政府之正当权力，是经被治理者的认可而产生的。

虽然洛克没有直接点名批评过霍布斯，但是他对霍布斯理论的抨击却是随处可见的。

比如说，霍布斯认为自然状态毫无道德可言，必然导致"一切人反对一切人"的战争状态；洛克认为，因为存在着自然法，所以自然状态是有道德的，它是一个"和平、友善、互助互保的状态"。

再比如说，霍布斯主张先有自然权利，然后从自然权利推导出自然法；洛克认为先有自然法，然后从自然法推导出自然权利。

霍布斯认为，为了避免暴死街头，确保和平，自然状态中的人不得不全部放弃自然权利；洛克主张，即使在签订社会契约、进入公民社会之后，人们也没有完全放弃自然权利，而是保留着生命、自由和财产权，成立政府的目的恰恰就是为了保护这些自然权利。

最后，霍布斯认为主权者不参与签订社会契约，因此也不受社会契约的约束，国家是可以为所欲为的利维坦式的怪兽；洛克认为政府的权力是有限的，人们只是将部分的自然权利以"信托"的方式交给政府，一旦政府不能履行保护自然权利的职责，公民有权推翻政府，为此不惜重返自然状态。

为什么要建立国家？

通过以上简要的对比可以看出，洛克与霍布斯之间最大的不同在于，他们对自然状态有着非常不同的描述。可是，既然自然状态像洛克说的那么好，为什么人们还是要选择离开自然状态，建立国家呢？

我身边颇有一些不婚主义者，虽然他们也承认不结婚会有一些不方便，比如生病的时候无人照料，父母经常逼婚，但是这些不方便显然还不足以让他们下定决心，就此步入婚姻的围城。那么对洛克来说，自然状态到底有哪些不方便，会让人们决定要成立国家呢？我们可以把这些不便概括为三点：

第一，自然状态中虽然存在自然法，但自然法的特点是写在人类的理性里，而不是写在字面上，也就是说，它不是白纸黑字的成文法。所以自然状态还是缺少确定无疑和众所周知的法律，这种法律可以为所有人都认可和接受，并且作为辨别是非的标准和裁判一切纠纷的共同尺度。

第二，在自然状态中，人们一旦发生纠纷，找不到一个具有公信力的和公正无私的裁判者，其结果就是人人都是裁判者。

第三，在自然状态中，即使人们对纠纷做出了正确的裁决，也缺少强有力的组织手段来执行这个裁决。

很显然，如果任何人都没有权力来执行法律，法律将成为一纸空文，反过来说，如果人人都有权力来执行法律，也会生出无数的是非和纠纷。这个时候，自然状态就有可能从和平、互相信任的境况堕落为战争状态。

事实上，洛克在《政府论》下篇第三章专门讨论了战争状态。洛克说："战争状态是一种敌对的和毁灭的状态。"在这种情况下，基于"根本的自然法"，每个人都"应该尽量地保卫自己"，"可以毁灭向他宣战或对他生命怀有敌意的人"。洛克认为，人类选择脱离自然状态，组成社会和国家的主要原因之一，就是为了避免这种战争状态。

没国家不一定比有国家更糟糕

说到这里，相信有些读者会感到非常困惑：这样一来，洛克和霍布斯的基本逻辑不就是一样的吗？难道洛克只是一个伪装的霍布斯主义者？他的自然状态表面上看起来温情脉脉，实质上仍然是霍布斯意义上的"一切人反对一切人"的战争状态？关于这个问题，政治哲学界有很多的争论，我的基本观点是这样的：霍布斯的哲学重逻辑，洛克的思考偏常理，当我们把逻辑推到极致处，就会发现霍布斯的理论无比强大。这就好比是一个持刀歹徒把你逼到墙角，让你不得不做出非此即彼的选择。而洛克则始终保持常理的暧昧性，他既不愿做过度反思，也相信事在人为，他想告诉我们，除了利维坦和战争状态，你还有别的选择。

正是因为这种摇摆性和暧昧性，让洛克一方面呈现出霍布斯主义的底色，承认自然状态有可能堕入战争状态，但是另一方面他始终认为，在自然法支配下的自然状态只是"有可能"而不是"必然"堕入战争状态，所以我们无须忍受现有的任何政府，一旦政府化身为利维坦，对人们的自然权利构成巨大的伤害，那就可以行使革命权，甚至不惜重返自然状态。尽管存在诸多不便，但事在人为，没有国家不一定比有国家更糟糕。

麦克里兰指出："洛克明显认为社会出于自然，国家则属人为。……社会在逻辑与历史两方面都先于国家而生，故应该由社会决定要什么样的国家，而非由国家来决定社会应该是何模样。社会分立于国家，以及社会优先于国家这两项坚持，后来成为自由主义的骨干。"麦克里兰用"社会"取代"自然状态",这个做法颇具深意。英国人从来都更青睐与国家对应的社会,与国王对应的乡绅,认为这才是秩序和法律的基础所在。牛津大学教授塞缪尔·芬纳(Samuel E. Finer)在《统治史》中这样描写那个时期的英国:

> 乡绅所执行并理解的法律,还有英国的地方行政,已经让这个国家的日常生活时时处处都依赖于他们,而几乎一点也不依赖于国王,这是一个简单的事实。如果没有国王,法庭、教区、济贫法、城市和乡村等整个国家机器都可以正常运转,但是没有乡绅,它就根本无法运行。换句话说,对于国王的权力来说,乡绅是不可或缺的,但是对于乡绅来说,国王却是可有可无的。

这段话让我想起少年时期接受的教育,那个时候,人们一谈起"社会"就避之唯恐不及。比方说,"某某人是混社会的""千万不要与社会青年来往""现在社会上很乱",总之,"社会"这个词总是与黑、乱、混联系在一起。直到很久以后,我才慢慢明白过来一个道理,贬低社会就抬高了国家,因为社会强大了,国家就弱小了,社会变好了,国家就可有可无了。

作为思想实验的社会契约论

现在我们来回答这个问题：到底是霍布斯的自然状态更真实，还是洛克的自然状态更真实？

首先，可以很明确地说，这两种自然状态都不真实，因为社会契约论是关于国家起源的一种"哲学解释"，不是对真实历史的客观描述。某种意义上，霍布斯和洛克都存在着循环论证的嫌疑，也即为了获得论证的结果，而事先调整了论证的前提。但问题在于，我们是不是可以因此指责他们学术造假，就像科学家们指责舍恩一样？我认为不可以，因为社会契约论是一种思想实验，思想实验跟科学实验最大的不同在于，思想实验是启发性的、引导式的，它的功能在于帮助我们去澄清一些原本就接受，但出于某些原因隐而未现的观念。比方说，霍布斯的"自然状态"虽然初看起来难以置信，但是就像我们在上两讲所说的那样，只要考虑一下我们在日常生活中的所作所为，比如睡觉时锁上门，出行的时候带上防狼喷雾剂，我们就会意识到霍布斯的自然状态并非完全是在危言耸听。他用这个思想实验告诉我们，这个世界的确潜伏着很多危险，必须考虑秩序和安全的重要性。而洛克则通过常理和常识安慰我们，虽然人心难测，但情况也许没有那么糟糕，哪怕没有国家，我们还是可以听凭理性的声音，在自然法的引导下建立起一定的秩序。在这个意义上，当两个政治哲学理论互相竞争的时候，往往不是因为谁更符合经验事实而获胜，而是因为谁更能改造人们的观念、更能调动起人们的激情而获胜。

进一步地，我甚至认为，你愿意相信谁是真的，谁就会是真的。这个说法初看起来非常的不靠谱，请允许我稍微做些解释。社会心理学中有个概念叫作"自我实现的预言"："开始时的一个虚假的情境定义，由于它引发了新的行动，因而使原有虚假的东西变成了真实的"。换个说法，任何一个先入为主的判断，无论其是否正确，都有可能影响行动者之后的行为，让它朝着实现这个判断的方向去发展。既然自然状态从未在历史上出现过，而现代国家已经是既成的事实，那么对于我们来说，自然状态就不是过去时而是将来时。我的意思是说，对于活在当下的每个人来说，自然状态恰恰是在国家崩溃之后所呈现出来的未来样态。所以，从这个视角出发，如果你相信它是"一切人反对一切人"的战争状态，那么你就会为此做各种准备工作；如果你相信它是一个虽然有些不方便，但仍然拥有"和平、友善、互助互保的状态"，你就会为此做另外一些准备工作。在很大程度上，这会是一个自我实现的预言。

最后，让我们重新回到近代政治哲学的核心主题——证成国家。这个主题又可以细分为两个问题：为什么需要国家，以及什么样的国家才是合法的？前者问的是国家的必要性，后者问的是国家的合法性。霍布斯只回答第一个问题，不关心第二个问题，对他来说，答案非常明确：必须要有国家，而且必须是由绝对的主权者主导的专制主义国家。洛克同时关心这两个问题，他的回答是：国家宁缺毋滥，如果必须建立国家，只有建立在同意基础之上的混合宪政才是合法的。在洛克看来，菲尔默与霍布斯主张的君主专制永远都不可能是合法的，甚至比自然状态还糟糕。他的理由是："只要有人被认为独揽一切，握有全部立法和执行的权力，那就不存在裁判者……这样一个人，不论使用什么称号——沙皇、大君或叫什么都可以——与其统治下的一切人，如同其余的人类一样，都是处在自然状态中。"

072

人类的第一桶金是如何赚到的？
洛克《政府论》（中）

谁该获得笛子？

在开始这一讲之前，照例先讲一个小故事。有三个小朋友正在争一支笛子，每个人都说自己最有资格获得它。安妮的理由是：我是三个人中唯一会演奏笛子的人，我可以最大程度地实现笛子的功能。鲍勃来自一个贫穷的家庭，从小就没有玩过什么玩具，他的理由是：我最需要这支笛子，而你们都有那么多的玩具了，所以我最有资格获得它。最后一个孩子名叫卡拉，在听完前两个孩子的说法后，她大声反驳说：都别闹了，当然是我最有资格得到这支笛子，因为是我花费了几个月的时间和心血才制作完成这支笛子，难道我没有权利拥有它？

我想请问各位，你会支持谁得到那支笛子，理由是什么？需要说明的是，这个例子的发明权不属于我，属于著名的诺贝尔经济学奖得主阿马蒂亚·森（Amartya Sen）。

阿马蒂亚·森认为：如果你是一个效益主义者或者德性伦理学家，那么你很有可能会支持安妮得到这支笛子，因为安妮能够真正地实现笛子的潜能，并且通过美妙的笛声，让另外两个孩子感到快乐，从而实现幸福总量的最大化；但是如果你是一个平等主义者，你就会支持鲍勃的主张，因为这将缩小人与人之间明显的不平等；最有趣的是，不管你是马克思主义者还是自由市场资本主义的支持者，在这个问题上会暂时地站在同一个立场上，因为你们都认为是卡拉的劳动创造了这支笛子，所以卡拉最有资格得到这支笛子。

森的本意是想通过这个例子告诉我们，在回答哪种分配原则最正义的时候，各种理论意见相左，争论不休，注定无法就何为完美的正义社会达成一致意见。但是根据我的个人经验，人们的分歧似乎没有森想象的那么大。我在人大的课堂上曾经多次问过学生，每次的结果都大同小异，只有很少一部分人支持安妮或者鲍勃，90%以上的人毫不犹豫地认为卡拉最有资格得到笛子。在我看来，这又一次证明了洛克《政府论》的巨大影响力，它不仅是混合宪政国家的经典论述，还为私有产权的论证和资本主义的发展奠定了理论基础。

绝大多数人认为卡拉最有资格得到笛子，是因为卡拉为此付出了劳动，劳动创造价值这个观念最早可以追溯到洛克。有意思的是，马克思主义也认同劳动价值论，但是我们都听说过马克思的这句名言："资本来到世间，从头到脚，每个毛孔都滴着血和肮脏的东西。"那么洛克到底是如何看待资本的？在他的眼中，资本在诞生的第一天，看起来会是一个什么形象？洛克会支持私人财富无限累积和存在着巨大贫富差距的社会吗？

财产与财产权

在介绍洛克的劳动产权论之前，先让我们做一些准备性的工作。

第一，我们要对"财产"（property）这个概念做一个解释。洛克有时候在狭义的意义上使用"财产权"，这时候指的就是大地上的果实、土地、不动产等对象；有时候会在广义的意义上使用"财产权"，这时候就把人的生命权和自由权都包括在内。为什么洛克要在广义的意义上使用财产权？这跟洛克一个根深蒂固的观念直接相关。所谓财产权，最核心的含义就是"未经本人同意不能被夺走"，有位学者甚至干脆把财产权定义为 say no 的权利，显然生命权和自由权也是如此，未经本人同意不能被夺走。

第二，虽然狭义的财产权和生命权、自由权一道被称为自然权利，但是在洛克这里，财产权是一种非常特殊的权利，它不是人们与生俱来就拥有的。打个比方，一个呱呱坠地的小婴儿，只要脱离母体，就拥有了生命权和自由权，但是洛克认为，这个小婴儿不拥有财产权，因为财产权必须通过"与人的本性（nature）相关的行为才能获得。私有产权是个体通过他自己的自然的、道德的和理性的行为获得的"（Sukhninder Panesar 语）。洛克的意思是说，如果一个人什么事情都没有做，只是单纯地想要拥有某物，那么对不起，他并不因此拥有受保护的财产权。任何人都必须通过做某些与他的本性相关的事情，才有可能拥有财产权，具体地说，这些事情就是"劳动"。

第三，财产权有时候也被称为所有权。在此有必要区分一对概念——占有（possession）和所有（property），占有是一种"事实状态"，所有是一种"法律状态"。我在美国访学时，有好几次因为粗心大意丢了东西，但每次都找回了失物。后来我发现，在波士顿的马路上，经常会有一些人们遗失的财物，小到一顶帽子、一双手套，大到一件衣服甚至一个手机，有的被放在路边，有的被挂在树枝或者篱笆上，有时候一个星期过去了，那些财物还是原封不动地留在原地。这说明几乎所有的路人都没有把它们据为己有，因为在他们的观念世界里，这是有主物而不是无主物，也就是说在法律上它们是别人的财产。你一定会说，这是因为我们生活在一个法治社会，所以单纯的占有才不会等于法律意义上的所有。

财产权如何产生

现在问题来了：在自然状态中，人们最初是如何从事实上"占有"某物变成法律上"所有"某物的？这个转变到底是如何发生的？换个说法，人类的第一桶金是如何获得的？

洛克告诉我们，最初世界是为人类所共有的，上帝赋予所有人类以理性，让他们为了生活和便利的最大好处而利用这个世界。注意，既然世界最初是为所有人"共有"的，那就意味着没有人对土地、果实和一切自然资源具有排他性的私人所有权。

但是洛克指出，人们虽然没有对于外物的所有权，但却拥有对自我的所有权，每个人都排他性地拥有自己的人身。当他通过双手和劳动，使任何东西脱离自然的状态，那个东西就正当地属于他本人，因为此时他已经把他的劳动"混入"了外部世界。摘果实或者打猎的过程，就是把劳动"混入"外部事物的一种方式，由于增加了劳动者自己所有的某些东西，果实和猎物就成为他的财产。这就是从自我所有权转变成外物所有权的过程。

我们可以把洛克的基本逻辑概括如下：

第一，每个人都有权拥有他自己的人身；

第二，每个人都有权拥有他自己的劳动；

第三，每个人都有权拥有把自己身体的劳动"混入"的东西。

这个论证非常简洁明快，但是你会不会觉得哪里有些不对头？没错，问题首先出在把劳动"混入"外部事物这个表述上。如何理解"混入"这个说法？什么样的行为可以被称为劳动？当代美国哲学家罗伯特·诺齐克（Robert Nozick）举过一个极端的例子：如果我把自己制作的番茄酱倒入大海之中，那我到底应该拥有大海的多大一部分呢？我们还可以设想一些别的例子，比如说某人随身带了100面小旗，每走一公里就插一个小旗，插了100公里，请问，这100公里的土地都属于他了吗？

当然了，洛克的想法没有这么天真：首先，洛克只承认那种改善了资源的行为才是劳动；其次，如果一个人的劳动非但没有改善资源，甚至还减少了资源的价值，那简直就是非理性和无知。在这个意义上，把番茄酱倒入大海根本不是劳动，它不仅没有改善资源，反而污染了资源。

与定义劳动相关的另一个问题是，如何衡量和界定由劳动产生的价值。初看起来，一块无人耕种的荒地是没有价值的，一株山谷里寂寞生长的果树也是没有价值的。那么，这是不是就意味着，所有的价值都必须计算在劳动的账上？说得再明确一点，当某人在土地上耕作之后，是不是意味着，他就不仅拥有了从土地上生长出来的庄稼，还拥有了对这片土地的所有权？有学者指出，按照正常的逻辑，我们能够接受通过劳动增加的价值，比如说从地里面长出来的庄稼，但是土地本身并不是增加值，土地在人们开始耕种之前就已经存在，因此，劳动产权论充其量只能证明保留劳动果实的合理性，并不能成为拥有所开垦土地的权利的根据。

　　说到这里，让我们再次明确一下本讲的问题意识：资本是不是从降生的那一天起，全身上下就滴着血和肮脏的东西？可是按照洛克的观点，人类的第一桶金是干净的，因为从劳动产权论的角度出发，私有产权是通过劳动创造出来的。我们都知道，劳动是最光荣的事。

　　当然问题并没有就此得到解决，因为我们尚不清楚，洛克会不会支持不受约束的个人财产累积。根据有关机构的研究，目前世界最富有的 1% 人口拥有的财富多于其余99% 人口拥有的财富总和。不仅世界贫富悬殊的鸿沟越来越大，而且富人变得更富的速度也更快了。按照洛克的理论，这是被允许的吗？关于这个问题，我们下一讲接着说。

　　最后我想给大家留一道思考题。我们在前面介绍了，洛克的财产权与生命权和自由权不同，它不是与生俱来的自然权利，而是一种特殊权利（special rights），必须通过"与人的本性相关的行为才能获得"。我想请各位思考一下，如果财产权是人与生俱来的一般权利（general rights），那将意味着什么？

073

马云和比尔·盖茨有权拥有他们的巨大财富吗？
洛克《政府论》（下）

洛克的补充条款

让我们来设想这样一个场景：在人类还处于自然状态的时候，某天，张三和李四相约去采摘果实，两人在山谷里搜寻了整整一天，结果一无所获，直到黄昏即将来临的时候，才不约而同地看到远方有一棵苹果树。两人相互对视了一眼之后，突然开始发足狂奔，张三以迅雷不及掩耳之势跑到苹果树下，又以迅雷不及掩耳之势将苹果一扫而空，等李四气喘吁吁地来到树下时，已经一无所有了。

按照上一讲介绍的洛克理论，张三把自己的劳动"混入"果实中，那么他就应该拥有对所有果实的合法所有权。但是我相信多数人都会觉得这里存在着不妥。事实上，如果洛克在现场，也会反对张三独占所有的苹果。

洛克指出，除了劳动产权论之外，还要补充两个条款，才可以构成完整的私有产权理论。第一个条款叫作"损坏条款"（Spoilage Proviso），意思是说，上帝把世界赐给人类的目的，不是让人们浪费资源，而是享用资源。假设张三一口气摘了100个苹果，最后只能吃掉50个，剩下的50个全都烂掉了，那就违反了洛克所说的损坏条款。

第二个条款叫作"充足条款"（Sufficiency Proviso），意思是说，当张三通过劳动占有外物的时候，应该还留有"足够多和同样好"的东西给其他人。显然在上面那个例子中，张三没有满足这个条款。

洛克指出，只有满足了上述两个条款，自然状态中的人才能通过劳动正当地拥有私有财产。由此，我们似乎可以认为洛克并不支持无限累积的私有财产。可是问题到此并没有得到真正解决，因为这两个条款都太容易被规避了。

首先来看损坏条款。如果张三足够机灵的话，他可以把吃不下的那50个苹果卖给其他人，由此获得叮当作响的铜钱，这样一来，张三就可以完美地规避损坏条款的约束，因为货币不像苹果，是不会腐烂的。换句话说，货币和贸易活动的出现，会让人们在不违背损坏条款的情况下积累和贮藏财产，这样一来，就有可能出现财富的无限累积和贫富差距的迅速拉大。有位学者这样评论洛克的财产理论："稍作思考就可以明白，洛克对有限的和有条件的占有权的说明，本意上只适用于人类历史较早的阶段——人对土地及其果实的原始占有。……事实上，正如洛克表明的那样，它只适用于无货币、从而也无市场的阶段。"

有人会说，虽然货币的出现让"损坏条款"失效了，可是还有"充足条款"可以补救啊。没错，初看起来是这样的，但事实上，充足条款导致的问题也许会更多。除非世界上的资源极大丰富，否则怎么可能留下足够多和同样好的东西给别人呢？"理想很丰满，现实很骨感"，如果真的把充足条款付诸实施，最终很有可能得出任何人都不能合法地私人占有资源的荒谬结论。

究竟应该怎样解决这些难题呢？对此洛克没有做更多的说明。有一点是毫无疑问的，那就是货币和市场的出现是一个不可逆的历史过程，这样一来损坏条款就不可避免地被损坏了。所以，如果想对洛克条款做些补救工作，就只能在充足条款上下功夫。

自我所有权与公地悲剧

下面我想介绍一下罗伯特·诺齐克的观点。诺齐克是洛克的当代传人，在《无政府、国家与乌托邦》一书中，他试图修正洛克的充足条款，他是这么说的："如果使不再能够自由使用那些被占用事物的人们的境况因为占用而恶化，通过正常步骤占用先前的无主事物，并进而持有永久的可继续的财产权利就不被允许。"这句话非常拗口，我相信各位读者对于哲学家的叙述风格已经非常熟悉了，他们为了确保逻辑的严密性，不惜牺牲表述的简洁性和可理解性。但诺齐克的意思其实很简单：如果张三占有了最初的无主物之后，并没有让李四在内的其他人的生活因此变得更差，那么张三的占有就是合法的。

仔细考察诺齐克的上述逻辑，就会发现有一个说法最关键——"不使别人的状况恶化"，敏感的读者一定已经意识到了，这正是对洛克"充足条款"的改写，诺齐克用"不使别人的状况恶化"取代了洛克的"留有足够多和同样好的资源给别人"。诺齐克认为，只要满足了这个条件，即使 1% 的人拥有了超过 99% 的人的财富总和，这种巨大的贫富差距也是合理的。

可是，诺齐克的补充条款真的成立吗？为了回答这个问题，我们还需要刨根究底地追问，不使别人的状况恶化的"标准"到底是什么？对于这个问题，诺齐克有两个回答：第一，以"物质福利"作为衡量标准；第二，以私人占用前的公共使用作为标准。

我们先来探讨第一个标准。假设有一块土地，原本是张三和李四共同拥有，张三的年收益是 500 元，李四的年收益也是 500 元。结果有一天，张三通过某种方式独占了这块土地，然后他和李四的关系就发生了变化，原本是合作者，现在张三成了地主，李四成了长工。假设张三是一个非常精明的管理者，他使土地的整体收益变成了 2000元，其中张三作为地主分到了 1400 元，李四得到了 600元。很显然，李四的生活境况变得更好了，他的年收入从

500 元变成了 600 元。按照诺齐克的补充条款，这意味着张三对于这块土地的所有权得到了有效的证明，因为他没有让李四的状况因此恶化。

请问你觉得这个论证能够说服你吗？有一个名叫柯亨（G.A. Cohen）的学者表示不同意，他认为，在这个例子中，虽然张三对土地的占用并没有恶化李四的物质福利，但却剥夺了李四的两个权利：第一，对土地的发言权；第二，对自己的劳动力该如何使用的发言权。柯亨的意思是说，李四和张三一样有权拥有这片土地，而且李四原本对自己的人生规划不是做长工，而是当地主，但是自从张三占有这块土地之后，李四的人生理想就破灭了，虽然做长工的收入还多了 100 元钱，但是远远不能弥补人生理想破灭带来的伤害，对于有志青年李四来说，他的生活状况明显是恶化了而不是改善了。

我们需要重新考察"自我所有权"这个概念，这是洛克主义最核心的概念之一，它的基本含义是：每个人都排他性地拥有自己的人身。按照洛克和诺齐克的思路，从自我所有权可以推论得出对外物的所有权，但是通过柯亨的分析，我们发现，自我所有权还包含比经济活动更加丰富的内涵。它意味着每个人都是相互独立的个体，每个人都有各自的生活目标，沿着这条思路去思考自我所有权，就会得出这样的结论：自我所有权的价值在于"我们有追求自己生活目标和'自己人生观'的能力，因为自我所有权可使我们抵制他人的下述企图：仅仅把我们当作工具以实现他们的目的"。诺齐克的问题在于，当他在为财产的初始占用提供辩护的过程中，仅仅考虑了张三的自我所有权，却根本没有把李四的自我所有权和自主性（autonomy）考虑在内。

现在让我们来探讨诺齐克的第二个标准，也即以私人占用前的公共使用作为标准来衡量"不使别人的状况恶化"。你或许听说过"公地悲剧"这个说法，所谓公地悲剧，指的就是土地在被私人占用之前的公共使用状态。什么状态？当然是悲剧状态。由于产权不明晰，每个人都拥有使用权，但又没有权力阻止其他人使用，于是每个人都倾向于过度使用，最终造成资源的浪费和枯竭，这就是公地悲剧。我在香港中文大学读博士的时候听说过一件事情：起初，学校里的传真机是摆放在公共场所供人们免费使用的，但是自从某位博士向内地传真了整整一本书之后，学校就把传真机给收走了。每当说到公地悲剧，我就会想起这个故事，如果用一个成语来形容它，就是竭泽而渔。

诺齐克认为，只要没有人的处境比公地状况的处境更糟糕，那么无限制的私有财产权和持续发展的资本主义制度就是正义的。这似乎很有道理，可问题在于，避免发生公地悲剧是一个门槛太低的标准，除了诺齐克支持的无限制的私有财产权和资本主义制度，还有很多类型的产权制度可以满足这个标准。所以说，诺齐克的这个标准也不能支持他的论点。

总结一下本讲的内容。我们的问题意识是，洛克的产权理论毫无疑问是在为商业世界和资本主义制度鸣锣开道，但是洛克会因此支持无限累积的绝对的财产权吗？初看起来，洛克的损坏条款和充足条款非常明确地表示出了否定的倾向。可是这两个条款各自存在着难以克服的问题，诺齐克试图对洛克条款做出修正，为私有财产的无限累积做辩护，但是诺齐克的补充条款同样存在着理论上的困难。所以，如何解释洛克的产权理论仍然是一个开放性的问题。

政治哲学学者詹姆斯·塔利（James Tully）在《论财产权：约翰·洛克和他的对手》中指出：

> 从 19 世纪初期开始，洛克的财产权理论在西方政治思想中扮演了一个颇受热议的关键角色。英国和法国的早期社会主义者将以下两点作为现代社会主义的主要哲学基础：劳动者对他们的劳动产品享有的权利和按需占有。在 20 世纪，局势有所转变，洛克变成了有限私有财产权的代言人。最近，他又成了无限私有财产权的代言人。

这或许是所有伟大文本的必然命运，随着时代的变迁，它会不断地展现出各种解释的可能性。在 1703 年写给朋友的一封信中，洛克对自己的财产权理论做出了极高的评价，他是这样说的："我没有在其他任何地方找到一个对财产权问题的分析胜过一部名为《政府论》的书。"虽然洛克的财产权理论给后人留下了很多疑难，但我仍然认为，洛克并没有夸大其词。

答问 6

每个人都必须拥有财产？

在探讨洛克的《政府论》时，我们一直在追问私有产权的问题，这个问题的重要性毋庸置疑。早在 1215 年，英国的贵族们逼迫英国国王约翰签订的《大宪章》中就包含了保护私有产权的条款，由此确立了"税收法定"原则，并在此后的岁月里慢慢形成了"无代表不纳税"的观念。英国历史上漫长的议会与王权之争，归根结底在于国王想绕过议会和法律直接征税，可是议会不答应。要注意的是，这不完全是利益之争，更是价值之争。汉娜·阿伦特说："在 18 世纪，尤其是在英语国家，财产与自由仍然是一致的，说财产就是说自由，恢复或捍卫一个人的财产权利，就等于是为自由而战。"在以上观念形成的过程中，1689 年出版的《政府论》无疑起到了非常重要的作用。

在第 72 讲中，我介绍了洛克的一个基本想法，财产权虽然和生命权、自由权一样都是自然权利，但却是一种特殊的自然权利。财产权的特殊性在于，它不是与生俱来的，而是要通过人们碰巧做过的事情或者在他们身上发生过的事情才能得到，比如制作了笛子、采摘了果实、播种了麦子。总之，如果一个人没有做任何事情，是不可能获得受保护的财产权的。在介绍完这个观点之后，我给大家留了一道思考题：如果财产权不是特殊权利，而是与生俱来的一般权利，那将意味着什么？

有不少朋友给我留下了非常棒的回答。"纺织杂工""小松"等人认为，如果财产权是与生俱来的一般权利，那就只能推论得出土地国有制甚至是共产主义的结论。还有人认为，如果财产权成为与生俱来的一般权利，那就意味着必须进行按需分配。

的确如此，如果财产权成为人与生俱来的一般权利，就会导向某种平等主义的结论。至于是不是共产主义，是不是土地国有制，需要做更进一步的分析。有一位名叫杰里米·沃尔德伦（Jeremy Waldron）的学者在 *The Right to Private Property* 这本书中分析了这个问题，他认为存在着两种私有产权的论证思路，它们都是以权利为基础的：一种是洛克和诺齐克的思路，把财产权当成特殊权利；另一种是黑格尔的思路，把财产权当成一般权利。

黑格尔认为，拥有财产对于个体的"伦理发展"至关重要。试想，我们为什么要给贫困家庭提供基本的生活补助，为什么要尽可能地建立和完善社会保障体系，为什么要建立希望小学，归根结底都是因为，一个人如果想要自我发展，就必须拥有一定数量的财产。正是因为拥有财产对于个体的伦理发展至关重要，所以黑格尔才会主张"每个人都必须拥有财产"（everyone must have property），沃尔德伦认为这个判断包含了社会再分配的观念，因为"我们不能一方面论证说拥有财产对于伦理发展是必需的，然后另一方面又对那些无产者的道德和物质困境毫不关心"。

有意思的是，仔细考察洛克的思路，包括苏格兰启蒙运动时期的亚当·斯密等人，就会发现，虽然他们主张作为特殊权利的财产权，但是多多少少还是承认或者接受了一定程度的一般权利的观念，也就是说，他们承认必须要保障每个人都能维持生计的一般权利。相比之下，诺齐克在这个问题上就显得非常极端，他认为任何税收都是对自我所有权的侵犯，所以诺齐克在政治光谱上属于libertarian，我们把它翻译成自由至上主义者或者自由意志主义者，而洛克则属于classical liberal，也就是古典自由主义者。

当然，进一步的问题就是，每个人都必须拥有多少财产？私有财产和人的伦理发展之间的关系到底是怎样的？作为一般权利的财产权是不是最终会导致共产主义、按需分配这样的结论？我认为，这中间还有很多值得探讨的问题。就以"按需分配"为例，我们都知道，只有在物质极大丰富的共产主义社会，才有可能真正实现按需分配。如果有人说"我现在需要一辆宝马车"，国家肯定不可能满足他，但是如果有人说"我现在需要一笔钱供孩子上公立小学"，这种需要就是合情合理的。所以我们可以在概念上区分基本需求和奢侈需求，用罗尔斯的术语说，就是有些 goods（好东西）是所谓的 primary goods，中文翻译成"基本善"。所谓基本善的定义就是，任何一个人，无论他的理性生活计划是什么都必须要拥有的东西。每个人都有权拥有这些东西，它们是任何人与生俱来就该拥有的一般权利。

我在第 72 讲中还提了一个问题：如果世界最初是无主的而不是共有的，那会推论得出什么样的结论？如果世界是无主的，或许就可以直接按照"先到先得"的原则来获得最初的财产权。在张三和李四的例子里，张三因为跑得快，他先得到了苹果就应该合法地拥有苹果，因为那棵苹果树是无主的。但恰恰因为洛克强调世界是上帝交给所有人"共有"的，所以先到先得原则就失效了。

学友"韩菁"有一句评论说："我们被私有财产神圣不可侵犯的概念洗脑很久。"这句话值得认真回应。我认为更合理的表述是，私有财产是不可任意侵犯的，与此同时，私有财产并不是可以不受法律的约束和调整的，也不是可以不受限制地累积的。自由至上主义者强调财产权是道德上的绝对之物（Moral Absolutes），所有的自由权最终都可以还原为财产权，这个观念在哲学上是缺乏充足有力的论证的。但是这绝对不意味着私有财产是可以被任意侵犯的。对于当代中国人来说，我们更需要提醒的是这一点。

　　必须承认，鉴定人类的初始产权是如何获得的，在某种意义上是一个无法完成的工作。比方说，你爸爸的爸爸的爸爸的爸爸到底是通过何种方式获得这块土地的？在这个过程中有没有违背正义的原则？因为历史太过久远，线索过于杂乱，文献残缺不全，逻辑晦暗不明，也许我们永远都搞不清楚。那么怎么办？是不是应该彻底地抹杀历史，推倒重来，重新建立起新的产权大厦？还是说在尊重历史的前提下通过一些恰当的手段来调整不公正的后果。在基本立场上，我认同哲学学者戴维·施密茨（David Schmidtz）的这个主张：无论是好是坏，我们都不可避免地背负着历史的包袱，历史的意义重大。问题不在于无论历史多么不公我们都必须要尊重历史，问题在于以某种方式尊重历史会使得人们拥有一个相互尊重、相互有益的未来。

074

分裂的卢梭，统一的卢梭：
卢梭的思想与人生

我的哲学入门

在进入卢梭（Jean-Jacques Rousseau, 1712—1778）的精神世界之前，先来说一说我的个人经历吧。1991年，我从浙西南的一个小镇考上北大哲学系。在此之前，我只去过两个大城市，一个是上海，一个是杭州；只读过两本哲学书，一本是马尔库塞的《爱欲与文明》，还有一本是弗洛伊德的《精神分析引论》。1991年的夏天，我踏上北上的列车，因为一些难以明说的理由，我必须先去石家庄陆军学院军训一年。一走出石家庄火车站，我就被带上了迎新的中巴车。一路上，来自天南海北的北大新生们欢声笑语，其中，一位来自北京的女生和一位来自上海的男生显得格外欢脱，北京女生站在中巴车的中间，用眼睛扫视了一下周围的同学，大声说了一句：

"同在一片蓝天下！"听到这么文艺腔的表达，我心中不禁有些纳闷："莫非大城市的人都是这么说话的？"上海男生凑到我身边问我："同学，你是哪个系的？"我说我是哲学系的。他接着问："那你知道冯友兰吗？"我在心里嘀咕："冯友兰？是个女哲学家吗？"然后说我不知道。然后他就不搭理我了，扔下我继续跟北京女生说着"同在一片蓝天下"的话。

那天晚上，发生了更加恐怖的事情，同寝室的北大同学都是这样开始彼此寒暄和问候的："请问你考了多少分？""我在福建省是第8名。""他是内蒙古的文科状元！"当时是全国统考，所以各个省之间是具有可比性的。作为浙江考生，我的考分马马虎虎，还算过得去，但是在这种赤裸裸的比较中，依旧感受到了巨大的心理压力。同寝室一位来自边远省份的男生，因为考分相对较低，那天晚上，我看见他一个人默默地坐在蚊帐里面，两眼放空，发呆到天明，我知道他的内心受到了多么严重的冲击。

结束了一年的军训生活，我回到北大，开始接触大量的经典著作，存在、本质、真理、实体，各种超级概念就像陨石一样劈头盖脸地向我砸过来。面对这座巍峨雄伟的哲学大厦，我始终有不得其门而入的感觉，直到有一天我读到卢梭的著作，那扇怎么推也推不开的哲学大门忽然就打开了。他的文字和思想就像是闪电，虽然夜幕低垂、暴雨如注，但在闪电划破天际的那一瞬间，整个世界都被照亮了，那些隐藏在黑暗中的各种事物，在那一刹那纤毫毕现。比如下面这段话：

> 是怎样一长串的罪恶在伴随着这种人心莫测啊！再也没有诚恳的友情，再也没有真诚的尊敬，再也没有深厚的信心了！怀疑、猜忌、恐惧、冷酷、戒备、仇恨与背叛永远会隐藏在礼仪那种虚伪一致的面孔下边，隐藏在被我们夸耀为我们时代文明之依据的那种文雅的背后。

这些文字，不仅道出了一个年轻人的格格不入和愤世嫉俗，更重要的是，它让我恍然大悟：原来我在一年前体会到的那种虚伪、竞争、矫饰、攀比，以及由攀比带来的妒忌和蔑视、羞耻和虚荣，都是可以上升到哲学的理论，对接到对整个文明和时代的批判上的。

卢梭的这段话出自1749年写就的《论科学与艺术》，这是一篇命题作文，当时的第戎学院向全社会公开征文，题目是："科学与艺术的进步有助于改善人们的风俗吗？"

显然，卢梭的答案是否定的。今天看来，他的这个回答并没有什么了不起的。但是如果回到18世纪中叶，放在当时的时代语境下面，你就会意识到卢梭的回答是多么的惊世骇俗，多么的逆潮流而动。启蒙运动的主流观点尊崇理性的力量，认定可以借助理性扫除宗教迷信和政治独断；肯定科学的作用，相信科学发展可以改善人类生活；总之，在理性与科学的引导之下，人类将不断进步，最终步入一个"大光明"的时代。但是卢梭却对这种进步主义的乐观精神予以迎头痛击,给出了彻底否定的回答。

卢梭是反人类的吗?

伏尔泰读完卢梭《论人类不平等的起源和基础》后,曾给卢梭写信说:"我收到了你的反人类的新书,谢谢你。在使我们都变得愚蠢的计划上面运用这般聪明灵巧,还是从未有过的事。读尊著,人一心想望四脚走路。但是,由于我已经把那种习惯丢了六十多年,我很不幸,感到不可能再把它捡回来。"

伏尔泰的这段话非常尖酸刻薄,我想对它做一个简单的分析。

首先,我们能够非常鲜明地体会到伏尔泰的写作风格,用一个词来形容,就是讽刺,这是伏尔泰的武器,而卢梭的武器则是雄辩。正如一位学者指出的,从讽刺到雄辩,这种写作风格上的变化"标志着革命准备中的一个新阶段",在1750年以前,"讽刺是哲学家们所采用的主要文体。讽刺有一种破坏作用;同时对进步事业也有很大的贡献。讽刺善于以智慧的光芒来暴露封建社会和天主教的种种荒谬可笑之处。但是讽刺的作用有它一定的限度。讽刺是宫廷或沙龙里的人物所做的事情。他们即便了解到那些荒谬可笑之处,至多不过哄然一笑而已,因为决定性斗争的时机尚未到来,而且他们本身就是些贵族或大资产者，还有等待的时间。……相反地，卢梭的雄辩却能抓着人心，它是向不能再忍受压迫的、愤恨不平的人们而发的。它不只是启发了智慧，而且还把人身上的一切潜力都发动起来"。

我特别认同这段文体学的分析。我一直认为在面对极权体制时，隐喻和反讽有它的价值，人们可以在心照不宣的哄堂大笑中消解权威的道貌岸然，就像海涅所说的那样，笑声拉开了专制崩溃的序幕。但是隐喻和反讽还不足以促成专制的最终崩溃，甚至还会出现一个始料未及的后果，因为反讽不仅可以带来智识上的优越感，同时还在形式上完成了反抗的姿态，由此反而可能消解反讽者的革命性，让他们失去行动的能力和勇气，从而延迟"决定性时机"的到来。在这个时候，也许需要卢梭式的雄辩才能鼓荡人心，激发斗志，最终叫醒所有的人。法国大革命的领袖罗伯斯庇尔就把卢梭奉为精神领袖，他说："卢梭是唯一一个以其灵魂的高尚和人品的伟大表现出自己是人类当之无愧的师表的人。"

其次，伏尔泰嘲讽卢梭反人类，一心想把人拉回到"四脚走路"的原始时期，这是对卢梭思想的根本误解。卢梭的确对人类文明展开了猛烈的批判，他说："出自造物主之手的东西，都是好的，而一到了人的手里，就全变坏了。"但是这并不意味着卢梭主张要返回到自然状态和原始社会，恰恰相反，在对人类社会和文明世界做出批判的同时，卢梭清醒地认识到："人性是无法逆转的。人一旦离开了纯真和平等的时代，就永远不会再回到那个时代。"既然回不到过去的黄金时代，那就只能在此时此地，建立一个全新的社会和文明。所以说，卢梭的"一个根本原则"同时也是"贯彻始终的原则"是，"人是好的，社会使他变坏，但只有社会，这个毁灭一切的动因，才是得到最后救赎的动力"。只有把握住了这一点，我们才可以真正把握和理解卢梭的整体思想。

卢梭的撕裂与统一

在卢梭的身上，我们能够深刻地体会到他的撕裂性。美国历史学者弗兰克·M. 特纳（Frank M. Turner）把卢梭称为"真诚之父"，认为他是有史以来以真诚的态度打动读者的第一人。他在《忏悔录》中毫无顾忌地交代自己的一生，将人性中最不堪也最阴暗的部分放在光天化日之下，供所有人审视和批判，从他的童年、性生活经历、情人、恐惧、不安，一直到他的背叛。但是这个所谓的"真诚之父"同时又是一个充满了冲突、矛盾和撕裂的人。有人这样总结他的一生："卢梭是个剧作家却又猛烈攻击戏剧，是个道德家却又抛弃子女，是个宗教哲学家却又出于可疑的理由两度改变信仰，是个自由意志论者却又念念不忘强制，是个自然神论者却又指责其他自然神论者不信教，是个友谊的颂扬者却又与每一个人都反目成仇。"

在这张反目成仇的名单上，不仅有伏尔泰、狄德罗，还有休谟这个人畜无害的大胖子。1766年，休谟邀请卢梭一道去英国居住，为此休谟还替卢梭向英国政府申请了一笔不菲的薪水，但是由于卢梭的被迫害妄想症发作，这对挚友最后还是以互相攻击结束了友谊。休谟这样评价卢梭：

> 他在整个一生中只是有所感觉，在这方面他的敏感性达到我从未见过任何先例的高度；然而这种敏感性给予他的，还是一种痛苦甚于快乐的尖锐的感觉。他好像这样一个人，这人不仅被剥掉了衣服，而且被剥掉了皮肤，在这情况下被赶出去和猛烈的狂风暴雨进行搏斗。

虽然在日常生活中，卢梭就像是一个精神分裂症患者，他不仅剥掉了衣服而且剥掉了皮肤，在狂风暴雨中与天斗、与地斗、与己斗、与人斗，但是在哲学思考上，卢梭却不是一个精神分裂症患者，他的思考深谋远虑、一以贯之，在《忏悔录》中，卢梭这样写道："《社会契约论》里的所有放胆之言此前已写在《论不平等》之中；《爱弥尔》里的所有放胆之言此前已写在《新爱洛伊斯》之中。"

在接下来的两讲中，我们将分别介绍《论人类不平等的起源和基础》和《社会契约论》这两本书，看看卢梭是怎样回答下面这个问题的："文明人怎样才能不返回自然状态，也不抛弃社会状态中的便利，就重新获得那如此天真幸福的自然人才有的好处？"我想请你们仔细揣摩这个问题的深意，正像法国文学史家朗松（Gustave Lanson）所说，只有在这一问题的观照下，卢梭的所有著作才可以得到真正的理解。

075

虚荣心与私有制：卢梭论人类不平等的起源

卢梭的写作动机

1749年，卢梭37岁，这是他来到巴黎的第七个年头，这个来自日内瓦小城的青年虽然才华横溢，但却过得并不如意。他做过秘书、乐师、侍从等无聊的工作，尽管与狄德罗这样的启蒙运动干将成为挚友，但始终没有真正跻身巴黎文坛。卢梭渴望成名，赢得承认和尊重，同时又深深地体会到与文明世界的格格不入。这一年的夏天，他准备去探视狱中的狄德罗，结果在半路上偶然看到第戎学院的一则征文告示。卢梭抓住了这次机会，写出了《论科学与艺术》。这篇论文让他脱颖而出，成为启蒙思想界的焦点人物。五年之后，卢梭再次参加第戎学院的论文竞赛，写出了《论人类不平等的起源和基础》，这一次他没有获奖，但此时的卢梭已经无须用奖项证明自己的价值。卢梭的思想如此的与众不同，叫人心神不宁，没有人可以忽视他的存在。有位当代学者讥讽卢梭标新立异，把他的成名过程描述为"一个无名小卒找到了如何成名享誉之路"，就好像卢梭是一个精致的利己主义者。我不这么看待卢梭的写作动机，你可以质疑他的人品，反对他的观点，但不可以怀疑他在思考时的真诚性。

在《忏悔录》中，卢梭这样交代这本书的写作动机：

> 我无情地驳斥了人间的无聊的谎言，我大胆地把人们因时间和事物的进展而变了样的天性赤裸裸地揭露出来；并把"人所形成的人"和自然人加以比较，从所谓"人的完善化"中，指出人类苦难的真正根源。……我于是用一种他们所不能听见的微弱声音，向他们喊道："你们都是毫无道理的人，你们不断地埋怨自然，要知道你们的一切痛苦，都来自你们自己。"我这一篇"论不平等"就是这样的默想的结果。

这段话的关键词是"变了样的天性"。卢梭认为，人性是可以被改造的，而改造人性的最大动力来自社会和制度。话说到这里，都不会引发争议，卢梭的与众不同在于，他认为人类从自然状态进入公民社会，人性就不可避免地扭曲了，理性、艺术、科学看似在引领人类上升，其实让人类堕落。在《论科学与艺术》中，卢梭已经非常明确地表达出了这个立场，现在他需要在《论人类不平等的起源和基础》中，用系统性的方式把这个过程完完整整地表述出来。

人类社会的四个阶段

这本书给我们展示了人类社会发展的四个阶段。

第一阶段，也即自然状态。这个时候人与人之间没有交往，孤独的野蛮人游荡在森林中，他甚至还称不上是一个人，而只是一个有局限性、和平而善良的动物。卢梭强调，此时人的生活还谈不上幸福或者不幸福，因为这些孤独的野蛮人甚至还没有形成"幸福的观念"。

第二阶段，卢梭把它称为"最初的人类社会"。这也是人类最幸福的时代，它比自然状态前进了一步，但是与此同时，人类没落的最初征象也开始逐渐显露出来。

到了第三阶段，出现了私有制，自然人发展成为"人所形成的人"，富人们为了保护财产，通过契约创造出国家。但卢梭把这种契约称作"骗人的契约"，因为它的目的是维护富人的私有产权和不平等的社会地位，它最终会发展到专制统治的顶点。

第四阶段，由于这种骗人的契约"给弱者以新的桎梏，给富者以新的力量；它们永远消灭了天赋的自由，使自由再也不能恢复；它们把保障私有财产和承认不平等的法律永远确定下来，把巧取豪夺变成不可取消的权利，导致难以接受的结果"，所以必须要用真正的契约来取代骗人的契约，只有这样，每一个人才可能重获自由。

通过以上简短的介绍，我们可以得出两点结论：

首先，卢梭笔下的自然状态与以前的社会契约论者特别是霍布斯完全不同。卢梭认为，霍布斯只是"把从社会里得来的一些观念，搬到自然状态上去了"，也就是说，卢梭承认人与人的关系像狼一样险恶，但这是社会中的人，而不是自然状态中的人。在这个意义上，卢梭认为霍布斯颠倒了文明与野蛮，颠倒了自然状态与社会，霍布斯"论述的是野蛮人，而描绘的却是文明人"。

其次，当人类社会脱离自然状态，进入社会之后，不仅人性遭到了败坏，而且通过签订骗人的契约，最终将导向专制统治，彻底丧失自由，所以卢梭认为，我们必须要用真正的契约来取代这个骗人的契约。那么真正的契约是什么呢？真正的契约就是卢梭在八年之后写的《社会契约论》。所以说，《论人类不平等的起源和基础》只是提出了问题但没有解决问题，答案要到《社会契约论》才真正见分晓。

人类不平等的根源

在接下来的时间里，我想重点来分析产生人类不平等的两个关键因素：虚荣心和私有制。

卢梭指出，随着语言和社会组织简单形式的发展，人性也随之开始发展，起初人具有两种特性：自爱心和自尊心。自爱心关注的是"我们自身的福祉和维持生命的手段",自尊心"关注的是别人是如何看待我们的"。在丛林里孤独游荡的野蛮人不会有自尊心,因为他还没有跟人发生接触,没有接触就没有比较,没有比较就没有落差,没有落差也就不会出现自尊心的满足或者受损。

我们需要对"狭义的自尊观"与"广义的自尊观"做一个区分。狭义的自尊观指的是人和人之间在交往过程中,基于互惠原则给予彼此平等的尊重,这是一种良性的、积极的自尊观。但是广义的自尊观,或者说我们在日常生活中最常遇到的自尊观却是消极的、负面的,甚至是具有破坏性的,它其实就是我们常说的"虚荣心",以及与此相关的妒忌、怨恨等一系列非道德的情感。

卢梭在《论人类不平等的起源和基础》中对这个现象做出了非常精彩的分析,他说:

> 随着观念和感情的相互推动,精神和心灵的相互作用,人类便日益文明化。……最善于歌舞的人、最美的人、最有力的人、最灵巧的人或最有口才的人,变成了最受尊重的人。这就是走向不平等的第一步;同时也是走向邪恶的第一步。从这些最初的爱好中,一方面产生了虚荣和轻蔑,另一方面也产生了羞惭和羡慕。这些新因素所引起的紊乱,终于产生了对幸福和天真生活的不幸的后果。

当人们发现，"只有与其他人相比较，（我）才能断定自己是幸福的还是不幸的"，就会发展出各种"魔鬼般的恶习"，比如嫉妒成性、忘恩负义、幸灾乐祸，等等。我在读书的时候，有一首歌特别流行，它是这么唱的："只要你过得比我好，什么事都难不倒，一直到老。"可是对于那些嫉妒成性的人来说，事情恰恰相反：只要你过得比我好，我就什么事都不好了。所以康德说："妒忌就是忍着痛苦去看到别人幸福的一种倾向。"

当妒忌心爆发的时候，你会不由自主地密切关注着被妒忌者的一言一行、一举一动，以至于在某种程度上，你简直是为了被妒忌者而活着，那个人的言行举止无时无刻不在提醒你，让你意识到自己的悲惨境地。有时候这种情绪是如此的病态，以至于妒忌者会把他人不经意的言行，解读成对自己人格的轻视和羞辱。这种想象中的蓄意羞辱，恰恰证明了妒忌者一直在担心自己有理由被羞辱。

如果说虚荣心还只是人与人之间的相互攀比，那么卢梭认为，随着私有制的产生，人与人的不平等就逐渐被制度给固化下来，进而发展成为支配和服从的不平等关系。卢梭激烈地批评私有制的产生，他说：

> 谁第一个把一块土地圈起来并想到说：这是我的，而且找到一些头脑十分简单的人居然相信了他的话，谁就是文明社会的真正奠基者。假如有人拔掉木桩或者填平沟壑，并向他的同类大声疾呼："不要听

信这个骗子的话，如果你们忘记土地的果实是大家所有的，土地是不属于任何人的，那你们就要遭殃了！"这个人该会使人类免去多少罪行、战争和杀害，免去多少苦难和恐怖啊！

中国有句古话叫作"定分止争"，意思是说只有确定哪些东西是你的、哪些东西是我的，人们才有可能真正避免争执。西方人的传统观念也是如此，比方说 17 世纪德国法学家普芬道夫（Samuel Pufendorf）认为，只有区分出你的和我的才可以避免战争。可是卢梭的观点恰好相反，他认为正是因为出现了私有制，才会产生出许多的争执和战斗。卢梭的这个想法与洛克也形成了鲜明的对比，洛克肯定私有产权，认为它会把人类带入商业文明。这样的社会虽然没有什么特别激动人心的伟大壮举，但是它的好处是不再需要我们"抛洒热血或拿生命冒险"，商业文明是一种安全的、稳固的和可以信赖的人类生活方式。可是卢梭看到的却是截然不同的景象，他认为私有制将会导致战争状态，"平等一被破坏，继之而来的就是最可怕的混乱。……新产生的社会让位于最可怕的战争状态：堕落而悲惨的人类，再也不能从已踏上的道路折回，再也不能抛弃已经获得的那些不幸的获得物，同时他们努力以赴的只不过是滥用使自己获得荣誉的种种能力，从而为自己招致恶果，并终于使自己走到了毁灭的边缘"。

卢梭指出，为了避免战争，保障自己的私有财产，富人们尝试建立起新的意识形态，通过灌输新的格言，创建新的法律和制度，"利用那些攻击自己的人们的力量来为自己服务，把自己原来的敌人变成自己的保卫者"。其结果就是——"不平等终于变得根深蒂固而成为合法的了"。最终，这种不平等会达到它的顶峰，也就是专制统治。在专制统治下，除了专制者，其余一切人都是平等的，因为他们都是零，都是 nothing，这样一来，"一切又都回到最强者的唯一权力上来，因而也就是回到一个新的自然状态"。

当人类不平等的历史发展到这一步的时候，在卢梭看来，唯一的出路就是推翻眼前的这个旧世界，"扫清地面并抛弃一切陈旧的材料，以便重新建造一座美好的大厦"。

让我们来读一读卢梭在《论人类不平等的起源和基础》的"续篇"《社会契约论》里的这句名言吧："人是生而自由的，但却无往不在枷锁之中。"虽然只是寥寥几个字，但却道尽了人类的整个历史。正像麦克里兰所说，这是意识形态的基本特征，用简单的意象去思考问题，进一步化约成为一句口号或者一个标语，让最低的人类理解力能够一看就懂。"现代意识形态空想家以为了解世界很容易，世界要完美，则实行一套意识形态即可。卢梭是这些'可怕的简化者'中的第一个，是他们的原型与先驱。"

076

我们有做坏事的自由吗？卢梭《社会契约论》

权力关系与自由

上一讲我们讲到，卢梭认为虚荣心和私有制是人类不平等的两个根源。虚荣心的产生，是因为人与人之间不可避免的相互攀比，由攀比带来的心理落差，以及由心理落差带来的妒忌与羞耻、虚荣与矫饰；私有制的出现则进一步固化了人与人的不平等，并且在此基础上又衍生出一整套法律、制度和意识形态。

文明人就此深陷枷锁之中，而且还对自由的丧失熟视无睹，卢梭说："文明人毫无怨声地戴着他的枷锁，野蛮人则绝不肯向枷锁低头，而且，他宁愿在风暴中享自由，不愿在安宁中受奴役。"

你一定会好奇，野蛮人在什么意义上是自由的？按照卢梭的观点，野蛮人不是群居动物，而是独自一人游荡在森林里，所以他无须跟别人发生任何关系，既不用服从别人的意志，也无须使别人服从自己的意志，在这个意义上他是自由的。然而这只是"自然的自由"，而且注定不能长久，出于种种原因，野蛮人终归要进入社会。什么是社会？社会在本质上就是人与人的一种联合方式，任何联合都免不了出现权力关系。所谓权力关系，也就是支配和服从的不平等关系。

打个比方，昨晚我跟布谷说："你去把 iPad 拿过来。"布谷直愣愣地盯着我说："你不会自己拿吗？"这句简单的对话，展示出的就是支配与服从的关系及其断裂。这个时候，作为支配方的我应该作何反应呢？如果此时我正告布谷说："我是你爸爸，你必须服从我的命令。"那么我就是在借助父亲的权威宣告权力关系的正当性。如果我跟布谷说："信不信我会揍你！"那么我就是在借助暴力的威胁来维系权力关系。无论是哪一种方式，卢梭都会毫不犹豫地指出，这只会加深二者的不平等，作为服从方，布谷都将失去她的自由。因为按照卢梭的观点，"自由是使自己的意志不屈服于他人的意志，也不使他人的意志屈服于自己的意志"。所以对卢梭来说，理解自由的关键首先在于"不屈从"于他人的意志。卢梭痛恨一切意志的屈从，在他看来，"在人与人的关系上，一个人所能遭到的最大不幸，就是看到自己受另一个人的任意支配"。沿着这条思路往下想，就会很自然地得出卢梭在《社会契约论》中的核心观点：必须要建立起这样的一种社会，在其中每一个人都不屈从于别人的意志，只有这样，每一个人才真正获得了自由。可是问题在于，既然社会是人与人的联合体，联合体的意志似乎就注定与个人的意志有冲突，那么自由到底从何而来呢？

社会与道德的自由才是真正的自由

还是让我先讲完布谷的故事。在我的权威受到挑战之后，我是这样回复布谷的："你要搞清楚，是你提出要用iPad学习恐龙的素描画，所以不是爸爸要用iPad，而是你自己要用iPad，这是你的事情，自己的事情自己做！"如果此时布谷真正听懂了我的意思，明白拿iPad这个行为不是在服从我的命令，而是在服从她自己的命令，那么她就不会因此感到被压迫，而是认识到这个行为本身恰恰是自由的体现。可惜，布谷还没有成熟到听懂这句话的深意，于是她开始大喊大叫，于是我只有屈从于她的意志，老老实实到卧室取回了iPad。

回到卢梭，在《社会契约论》中，他指出："人是生而自由的，但却无往不在枷锁之中。自以为是其他一切的主人的人，反而比其他一切更是奴隶。这种变化是怎样形成的？我不清楚。是什么才使得这种变化成为合法的？我自信能够解答这个问题。"

经过前面的解释，如何解答这个问题，答案其实已经呼之欲出了，就是"要寻找出一种结合的形式，使它能以全部共同的力量来卫护和保障每个结合者的人身和财富，并且由于这一结合而使得每一个与全体相联合的个人又只不过是在服从其本人，并且仍然像以往一样地自由"。

为什么这一结合会让每一个人"像以往一样地自由"？因为这种结合方式不是让个体服从他人的意志，而是让个体在服从联合体的意志的同时就像是在服从他自己，所以个体就没有失去自由，而是仍然像以往一样自由。现在，你是不是回想起了康德那一讲的标题——自律给我自由！只不过康德是在个体道德的意义上说这句话，而卢梭则是在社会全体的意义上说这句话。

这个时候，人们获得的自由就不再是野蛮人获得的"自然的自由"，而是被"公意"（general will）所约束着的"社会的自由"，或者说是一种"道德的自由"。卢梭指出："唯有道德的自由才使人类真正成为自己的主人……唯有服从人们为自己所规定的法律，才是自由。"

所以，卢梭说的"像以往一样地自由"，这句话并不确切，更加准确的说法是：这个时候，人们将比以前的自由更自由，因为社会的自由和道德的自由才是真正的自由，此时人类真正成为自己的主人。

公意：真正的共同体追求的目标

我们现在已经触及《社会契约论》中最核心的一个概念——公意。每一个人都有自己的个人意志，个体意志总是难以协调、充满冲突，小到生活，大到政治，莫不如此。比方说，跟朋友出门吃饭时，你想吃火锅，他想喝稀粥；跟家人相处时，我想让布谷拿 iPad，布谷偏不想拿 iPad；在政治问题上，我认为特朗普不靠谱，你认为特朗普特靠谱。有的分歧可以通过相互迁就来解决，有的分歧只能通过投票表决来解决。上个周末，我们教研室硕士论文答辩，在评选优秀毕业论文时出现了不同意见，通过匿名投票，3∶2 决定了最终人选。但是这个结果在卢梭看来，只是体现出了众意（will of all）而不是公意。所谓众意，就是通过简单的加减来合并个别意志，最终得出一个结果。卢梭认为，这不应该是真正的共同体追求的目标，因为众意着眼的仍旧是私人的利益。3∶2 的投票结果恰恰说明大家没有同心同德，对于结果各执己见，与其说那 40% 的人认同这个结果，不如说他们是无奈地接受了这个结果，他们只是尊重表决程序的合法性，而不一定认同表决结果的正当性。卢梭认为，真正的共同体应该追求公意而不是众意，因为只有公意才着眼于公众的利益和共同的善。

卢梭的公意是一个非常玄妙的东西，简单说，公意有如下三个特点：第一，全体参与，不得代表；第二，一体适用，人人平等；第三，无关票数，旨在符合公共利益。从这三个特点，我们可以引申出以下几个结论：首先，卢梭不认同英国的代议制民主。在他看来，代议制民主是虚伪的自由，英国人误认为自己是自由的，其实他们"仅仅在选举议会代表时才是自由的，代表一经选出，平民就被奴役，一文不值"。其次，以公意为基础结合起来的共同体，将会彻底消除不平等，实现人人平等。最后，因为公意代表了共同利益（common goods），所以公意做出的决定是永远正确的，这让公意占据了道德制高点。

强迫自由观与积极自由、消极自由

2008 年北京奥运会有一个口号叫作"同一个世界，同一个梦想"，借用这个表述，我们可以说公意的意思就是"同一个国家，同一个意志"。中文里有大量类似的表述，比如万众一心、同心同德、协力同心、齐心协力、同舟共济、心往一处想、劲往一处使，都充分表达了这种令人心向往之的崇高境界。可是问题在于，如此伟大正确的公意到底是通过什么方式得出来的呢？很遗憾，在这个关键问题上，卢梭始终语焉不详，他给后人画了一张无比美妙的蓝图，但没有告诉我们如何才能实现这张蓝图。卢梭只是斩钉截铁地告诉我们：因为公意永远正确，从不出错，所以只要有人拒绝服从公意，全体公民就要强迫他服从公意。而且，此时的强迫不同于支配－服从关系中的屈从，此时的强迫是正当的、合理的，因为人们是在迫使那个拒绝服从公意的人获得自由。

这就是卢梭著名的"强迫自由观"。关于这个论点，后世有不少哲学家提出了反对意见，最著名的莫过于英国哲学家以赛亚·伯林在 1958 年发表的《两种自由概念》。在这篇也许是 20 世纪最著名的政治哲学论文中，伯林区分了"消极自由"和"积极自由"。所谓消极自由，就是免于干涉的自由（free from），如果用大白话来说，就是 leave me alone，别来打扰我的自由；而积极自由则是去做某事的自由（free to）。需要特别强调的是，伯林认为消极自由与积极自由在一开始的时候没有太大的不同，因为无论是免于干涉的自由，还是积极去做某事的自由，归根结底都是主体的自由，都离不开那个"我"。但是当我们进一步追问的时候，消极自由和积极自由的距离就开始拉大了。我想请你们仔细思考以下三个例句：

1. 这是我想要的东西！
2. 这是我真正想要的东西！
3. 这是"真正的我"想要的东西！

你有没有觉察出这三个例句之间的不同？打个比方，你正在节食减肥，可是每到半夜 12 点，你就躺在床上饥肠辘辘、百爪挠心、天人交战，一个声音告诉你说：吃吧吃吧不是罪！另一个声音告诉你说：不可以！再这么吃下去你就是一个彻头彻尾的 loser。很显然，第一个声音来自欲望的自我，也就是低级的自我；第二个声音来自理性的自我，也就是高级的自我。所谓积极自由，就是"高级""真实""理想"的自我去统治"低级""经验"或"心理学"的自我，这种统治的根据在于："唯当人们在做正确的事情时他才是真正自由的"。

如果这种天人交战仅仅局限于个体自身，通常来说都是利大于弊。比如，因为自律，你从学渣变成了学霸，在这个意义上，积极自由是有正面价值的，因为那个高级的自我提醒你认识到"什么东西对人的生活是重要的"。

可是伯林指出，纵观人类的历史，这种"高级的"自我往往会突破个体的边界，在政治层面上外化成为制度、教会、民族、种族、国家、阶级、文化、政党，并且和更加含糊不清的实体，比如公意、共同利益、社会的启蒙力量、最先进阶级的先锋队、神意的显露等相同一。这个时候，起初还是自由学说的东西就成了权威的学说和压迫的学说，最终成为专制主义的有力武器。

1778年卢梭去世，11年后法国大革命爆发，作为卢梭精神后裔的雅各宾派奉行积极自由的原则，认为"没有人有做坏事的自由。防止他做坏事就是给他自由"。在这种强迫自由观的指引下，应运而生的不是自由、平等与博爱的人间天堂，而是臭名昭著的雅各宾派恐怖统治。根据史学家的统计，在1793—1794年雅各宾派专政时期，在押的犯罪嫌疑人约30万人，被判处死刑者16,594人，未经判决瘐死狱中者约4万人。

有人说：一切没有解决方案的头脑风暴都是要流氓。我们不能说卢梭没有提供解决方案，可是他的解决方案太过抽象，而且极易产生误读和扭曲。如果思想的龙种总是会收获现实的跳蚤，那么我们就需要追问：在这个所谓的龙种里是不是原本就隐藏着跳蚤的基因？

与此相关的另一个问题是，在政治领域中，那些看起来不激动人心甚至是难登大雅之堂的庸俗观点，是不是反而会带来不那么糟糕的现实后果？比卢梭年轻一代的英国效益主义者边沁就曾经这样反问卢梭："做坏事的自由难道不是自由？如果不是，那它又是什么？……我们不会说因为他们会滥用它，就应该取消愚人、坏人的自由吧？"边沁所说的"做坏事的自由"就是消极自由的另一种说法，人们到底应不应该拥有"做坏事的自由"或者"犯错的自由"？如果答案是肯定的，为什么？这个问题我想留给各位自己去思考。

如何评价卢梭？

评价卢梭是一件异常困难的事情，我不想斩钉截铁地把卢梭判定为专制主义的支持者。在我看来，卢梭首先是一个民主主义者，他的问题在于，希望通过民主的方式去实现至善和大同，而不是多元和谐，各美其美。这种手段和目标的错位，让卢梭心向往之的"完美的民主"不可避免地滑落成为独裁和专制。

卢梭无疑是热爱自由的，"对他来说，爱自由比爱什么都深切"。可是问题在于，卢梭爱的不是以个体为单位的自由，而是以共同体为单位的、不掺任何杂质的集体自由。卢梭无疑也是爱人类的，可是他爱的是抽象的人类，而不是具体的个人。他爱的是没有面目的底层人民，而不是近在咫尺的朋友和亲人，相反，越是关系亲密的人他越不爱，因为爱他们就意味着要承担起一地鸡毛的现实责任。相比之下，还是爱人类更能自我感动，也更轻巧方便。

卢梭开启了文人知识分子的批判传统，与霍布斯、洛克相比，卢梭的问题意识更加深刻也更能蛊惑人心。霍布斯写《利维坦》的最直接动机就是为了解决英国内战导致的秩序问题，洛克写《政府论》是为了反对君主专制，论证混合宪政的合法性，而卢梭则是将批判的矛头直指人类文明及其对人性的异化。

在法国启蒙运动的三个代表人物中，伏尔泰歌颂"自由"，卢梭鼓吹"民主"，孟德斯鸠推崇"法的精神"。有人说，如果给法兰西的"启蒙三剑客"各自树一块墓碑，他的建议是：伏尔泰和孟德斯鸠应用纯白色的大理石，因为他们曾全力引导人类要走向"自由、公正和法治"；而卢梭的墓碑，则要像苏联总书记赫鲁晓夫的墓碑一样，一半用白色，一半用黑色，以此来揭示他的学说之中既有光明的一面，也有阴暗模糊的一面。就像美国史学家彼得·盖伊（Peter Gay）所说："雅各宾派以他的名义建立起恐怖统治；德国浪漫主义者把他作为解放者歌颂；席勒将他描绘为殉身于智慧的烈士。"

卢梭的一生给我们留下了大量脍炙人口的名篇，当伏尔泰的思想已经成为现代世界的背景知识时，卢梭却始终像幽灵一般盘桓在舞台的中央，他的个性和思想就像是午夜时分喝下的浓咖啡，让我们肠胃不适、精神亢奋、辗转反侧。

在 21 世纪的今天，这个来自日内瓦小城的天才青年的奇幻之旅仍在继续。

卢梭是一个真诚的人吗？

我在卢梭一讲中留了一道思考题：人有"做坏事的自由"或者"犯错的自由"吗？不少朋友都给出了很棒的回答，比如"尽简茶业李强""圆圆""小松""王立强""林戈"等，在此，我愿意推荐"林戈"的回答。她认为，让每个人时时刻刻都做十分正确的事是很高的要求，既不可能也不必要。此外，对于"做坏事"和"犯错"需要做更细致的分析：如果是因为管不住嘴巴吃成了胖子，那就是个人自由，尽管对本人有害，但是对社会整体没什么大问题。如果对社会有极大的不良影响，或者威胁到共同体的存亡，那可能就需要采取强制手段了。但是这种手段的底线到底在哪里，以及怎样才算是有威胁，还需要更具体化的、因地制宜的分析。而且，"强迫自由"不见得一定要诉诸恐怖暴力，也可以是教育和教化。

我认为以上分析都非常到位。原则上，我们都希望做正确的事情，成为更好的人，但是保不定我们有时候想偷个懒，或者有些无伤大雅的小癖好，只要不触犯法律的边界，不侵害他人的权利，那么我们就有权保留这块不受他人约束和社会控制的自留地。在《两种自由概念》中，以赛亚·伯林认为，哪怕这块领地非常小，它也是弥足珍贵的，因为归根结底，这是我的生活，"我想自己做决定，而不想被别人指引；我的言行有着不可替代的价值，这源自一个事实：它是我的，而不是别人强加于我的"。

接下来，我想简单讨论一下这个问题：卢梭是不是一个真诚的人？我相信对于很多年轻的朋友来说，真诚是一个特别能触动灵魂的字眼，我在二十多岁时甚至专门为此写了一篇长文，题目就是《学术、真诚、人生》。我认为，真诚是理解卢梭思想和人生的关键词。

美国文学评论家莱昂内尔·特里林在《诚与真》中指出，在 16、17 世纪之交，欧洲的道德生活出现了一个新的要素，即自我的真诚状态或品质。他认为，真诚主要是指"公开表示的感情和实际的感情之间的一致性"。需要特别注意的是，特里林不是从个人意识出发去研究真诚的，而是特别强调真诚与文化环境之间的相关性。他指出，真诚之所以成为问题，与"社会"的出现、个人的社会流动性增强、个体"内空间意识"的生成及"自我"的形成息息相关。

特里林的这个分析与卢梭是一致的。在《论人类不平等的起源和基础》中，卢梭做过一个很精彩的分析，他说，当私有制出现后，"一切天赋的性质都发挥了作用，每个人的等级和命运不仅是建立在财产的多寡以及每个人有利于人或有害于人的能力上，而且还建立在聪明、美丽、体力、技巧、功绩或才能等种种性质上。只有这些性质才能引起人的重视，所以，每个人都必须很快地具有这些性质或常常利用这些性质。自己实际上是一种样子，但为了本身的利益，不得不显出另一种样子。于是，'实际是'和'看来是'变成迥然不同的两回事"。

当"实际是"和"看来是"变成迥然不同的两回事时，真诚就成了问题。卢梭的分析当然还是延续他的基本思路，在他看来，这涉及人与人之间的支配—服从关系："从前本是自由、自主的人，如今由于无数新的需要，可以说已不得不受整个自然界的支配，特别是不得不受他的同类的支配。"

卢梭的结论是："总而言之，一方面是竞争和倾轧，另一方面是利害冲突，人们都时时隐藏着损人利己之心。这一切灾祸，都是私有财产的第一个后果，同时也是新产生的不平等的必然产物。"

我们在这里不去探讨私有制与真诚之间的关系。我想指出的是，卢梭终其一生就是想要做一个完完全全的、彻彻底底的"实际是"的人，拒绝成为"看来是"的人。卢梭相信内在的自我比外部的世界更可靠，也正因如此，他宁愿忠实于内在的自我，而不愿迁就外部的世界。当他与朋友相处的时候，或者记录自己对于这个世界的种种反应时，卢梭承认自己也许会弄错事实，"但是，我的感觉不会出错的"。

　　这是一个非常值得我们回味的表述。一般来说，当一个人弄错了事实的时候，他对于事实的反应和感觉也就出错了。经济学家凯恩斯说："当事实改变之后，我的想法也随之改变。"卢梭不是这样的，相比于忠于事实，他更忠于内心和情感。那么这会造成什么样的后果呢？

　　在卢梭的传记里，经常会读到这样的场景：他一面流着眼泪，一面投入对方的怀抱，对方可能是休谟，也可能是沃德琳夫人。卢梭坦承："没有什么比两个人在一起抱头痛哭的快乐，更能将两颗心紧紧地联系在一起了！"紧紧地与朋友或者爱人相拥并且哭泣，不仅不会让卢梭感到痛苦，反而会感到快乐，因为这样做会把两颗心紧紧地联系在一起，这个令普通人略显不适的场景告诉我们，卢梭是多么渴望亲密关系，多么想要与他人毫无挂碍地、水乳交融地结合成一个整体。但是问题在于，这是一个太高的要求。首先，人与人之间一般很难达到这种心心相印的状态；其次，存在着社交礼仪和社会习俗的要求或者压迫，再加上卢梭与生俱来的善感、偏激和带有病态的猜忌，其结果就是卢梭虽然在文字世界里建立起了一个相濡以沫、亲密无间的小共同体，但是在现实生活中，他却不断地与爱人、朋友产生隔阂、分歧、争吵，最后以割袍断交而告终。

　　卢梭曾经的挚友狄德罗这样评价他："卢梭是一个魔

鬼……他说过他憎恨所有他理当心怀感激之人，而他已证明了这一点。"卢梭自己也承认："我生来就不是为了社会的，在那里一切都是强人所难，都是沉重不堪的义务。……一旦我能自由行事，我便是善良的，而且只会去行善；但只要感到了别人的束缚，我便立刻长起反骨，随心所欲——于是我便什么也不是了。"

由此看来，卢梭的问题不在于他是不是一个真诚的人，而在于他是一个过于自我以至于自私的人，他只遵循内心的呼唤、自我的情感，想要成为"实际是"的那个人，而绝不肯对他人和社会迁就和让步，哪怕只是在某一时刻、某一场景下成为"看来是"的那个人。

不久前，我跟一个朋友聊天，他说有很多人特别喜欢卢梭，正是因为他在《忏悔录》中充分体现出了真诚。我认为，这个现象恰恰说明真诚在今天是多么稀缺的一种品质。我们总是迫于社会习俗的压力，不得不去扮演"看来是"的那个人，而不是"实际是"的那个人。因为无法免俗，我给布谷报了一些课外班，但是我坚决反对布谷参加一个名叫"小小主持人"的课外班，因为我去观摩了一堂课后发现，所有的孩子一上舞台拿起话筒，就变成了另外一个人，嗓子情不自禁地高了八度，脸上堆起塑料花一样的假笑。这就是典型的"实际是"和"看来是"变成了迥然不同的两回事。后来我给布谷报了一个英语话剧班，那就是一个解放天性的过程，外教老师反复强调的就是你可以释放个性，完全地、彻底地表达自我。相比之下，但凡在主席台上做过报告或者当过主持的人，都有类似的经验——那个我好像不是我！

特里林说："真诚就是'对你自己忠实'，就是让社会中的'我'与内在的'自我'相一致。因此，唯有出现了社会需要我们扮演的'角色'之后，个体真诚与否才会成为一个值得追问的问题。"

特里林还说："英雄就是看上去像英雄的人，英雄是一个演员，他表演他自身的高贵感。"我们这个时代的悲剧不仅在于，英雄只是"看上去"像英雄，劳模只是"看上去"像劳模，校长只是"看上去"像校长；我们这个时代的悲剧还在于，他们的表演也非常不成功、不敬业，英雄表演不出高贵感，劳模表演不出淳朴感，校长表演不出渊博感，连"鸿鹄之志"都能念成"鸿浩之志"。

回到卢梭，我愿意相信他是一个真诚的人，当他生下五个孩子，又相继把他们寄养在孤儿院，当他一个接着一个地与狄德罗、与伏尔泰、与休谟割袍断交，卢梭都是发乎本心地认为，这就是他此时此刻的真实所感、所想和所为。我们可以批评卢梭做错了很多事情，但不能批评卢梭是虚伪的，他足够真诚，他的问题在于太真诚、太自我了，以至于丧失了外在的秩序或者法度。这是专属于卢梭的难题。对于我们来说，问题也许恰恰相反。我认为，我们需要反躬自问的是：为什么我们出生的时候乃是原创，而到了死的时候却成了拷贝？

077

启蒙运动的黑与白

在上一讲中，我们提到，如果给卢梭立一块墓碑，应该用一半白、一半黑的大理石。其实在很多人看来，如果给启蒙运动立一块墓碑，也应该一半用白色，一半用黑色，因为启蒙运动带给后世的既有光明的一面，也有阴暗模糊的一面。

这好像是一件相当悖谬的事情，因为我们知道"启蒙"（Enlightenment）的意思就是光明、照亮，五四运动时期甚至有人把它翻译成"大光明时代"。这个翻译虽然没有流传下来，但却非常准确地点明了启蒙哲人的理想：只要我们肯定理性、肯定自由、肯定平等、肯定科学，就可以给人类社会带来光明、温暖和进步。然而，事情往往比我们想象的要复杂，早在启蒙运动时期，就有卢梭站出来反对这种进步主义的乐观精神，与此同时，也有人站出来反对卢梭，认为他是启蒙运动大合唱的杂音，而且正是这个杂音造成了难以预料的破坏性后果。随着启蒙运动的影响逐渐展开，越来越多的人开始认识到启蒙在给人类带来光明和温暖的同时，也带来了一定程度的黑暗甚至严寒。

启蒙运动与平等

启蒙运动肯定自由，可是在法国大革命期间，当吉伦特党人的"女神"罗兰夫人被送上断头台的时候，却给世人留下了这样一句名言："自由，自由，多少罪恶假汝之名以行！"这句话提醒我们，"自由"这个词虽然自带光环，但并非天然正确的好东西。恰恰相反，自由是一个本身充满歧义的超级概念，围绕自由产生的纷争远比共识更多，而以自由的名义导致的压迫和专制也并不少见。我们必须要更深入地探讨自由概念的内部区分，仔细梳理和澄清古代人的自由与现代人的自由、积极自由与消极自由、形式自由与实质自由的异同，才有可能摆脱以自由的名义带来的罪恶。

启蒙运动肯定平等，可是汉娜·阿伦特认为，法国大革命之所以会失败，原因正在于最初的"自由引导人民"变成了"平等引导人民"。德国作家毕希纳（Georg Büchner）曾经写过一幕反思法国大革命的历史剧，题目叫作《丹东之死》。丹东是罗伯斯庇尔的亲密战友，法国大革命的领导人之一，因为主张宽容，反对雅各宾派的恐怖统治，最终被革命法庭送上了断头台。在剧中，毕希纳这样写道：

> 市民们纷纷高呼："谁衣服上没有洞，就打死谁。""谁能念书认字，就打死谁！""谁想溜走，就打死谁！""他有擤鼻涕的手帕！一个贵族！吊到灯柱上！吊到灯柱上！""什么？他不用手指头擤鼻涕！把他吊到灯柱上！"
>
> 这时候，罗伯斯庇尔站了出来，试图制止民众的骚动和暴乱，他告诉市民们："你们要遵守法律。"市民们反问："法律是什么？"罗伯斯庇尔回答说："法律就是人民的意志。"然后，市民们这样正告罗伯斯庇尔："我们就是人民，我们不要什么法律，我们的意志就是法律，尊重法律就是不再有任何法律，我们就是要把他打死。"

毕希纳的这段文字虽然只是文学创作，但却非常传神，它让我们身临其境地体会到，当人民开始不受约束地追求平等价值时，事情会变得有多糟糕，以及当人民开始以人民的名义执行法律时，法律会变得有多任意。

当外敌入侵、法国大革命面临生死存亡的时候，丹东曾经号召所有革命者说："要想战胜敌人，我们必须勇敢、勇敢、再勇敢！这样，法国才能得救。"可是在丹东身上，除了有革命者的激情，还有普通人所具有的一切毛病。当革命的激情退去之后，丹东开始感到厌倦，他厌倦革命，厌倦以道德的名义杀人，厌倦像士兵一样每天早晨按时起床，厌倦可怜巴巴的乐器弹出来的永远只是一个调子。丹东说："我想把自己弄舒服些。"把自己弄得舒服一些，这个要求一点都不神圣、不革命，这是日常的伦理而不是圣人的道德，这是消极自由而不是积极自由。你可以说丹东很任性，同时也可以说丹东很人性，这与罗伯斯庇尔以及整个法国大革命的气质形成了鲜明的对比。

作为革命的"背叛者"，丹东被送上了断头台。三个月后，罗伯斯庇尔也站在了断头台前，在生命的最后时刻，罗伯斯庇尔终于明白过来，他说："我们将会逝去，不留下一抹烟痕，因为，在人类的历史长河中，我们错过了以自由立国的时刻。"阿伦特总结说，在错过了这个"历史性时刻"之后，"革命掉转了方向，它不再以自由为目的，革命的目标变成了人民的幸福"。

千万不要以为我在反对平等价值，恰恰相反，我一直坚持认为，如果把新文化运动和五四运动视为中国的启蒙运动，那么最大限度地激发中国人的政治想象力，同时也是最深刻地改变了中国政治现实的启蒙价值，不是德先生，不是赛先生，也不是自由、人权或者理性，而是平等。平等这个价值最深刻地塑造了我们今天的政治现实，也最深刻地影响了中国人近百年来的精神结构。与此同时，也恰恰因为我们对平等的价值理解不够到位，没有很好地澄清平等与自由、权利、公正等价值的关系，没有在制度层面恰当合理地落实平等价值，所以才造成了一系列的现实困难和问题。

启蒙运动与理性

除了肯定自由、肯定平等，启蒙运动还肯定理性。说到理性，就不得不提康德的那句名言："敢于知道！要有勇气运用你的理性！这就是启蒙的座右铭。"康德的这句话，关键词除了"理性"，还有"勇气"。有时候我问布谷问题，当她吃不准答案的时候，就会开始变得犹豫，然后小声地跟我说："爸爸，我不知道。"布谷的犹豫是可以被接受的，因为她的理性尚不完备，她还需要成年人的引导，才能慢慢学会运用自己的理性。但是，当康德说"敢于运用你的理性"时，指的不是布谷这样的孩子，而是每一个理性能力已经得到充分发展，但却仍然不敢使用理性的成年人。康德说：

> 启蒙运动就是人类脱离自己所加之于自己的不成熟状态。不成熟状态就是不经别人的引导，就对运用自己的理智无能为力。当其原因不在于缺乏理智，而在于不经别人的引导就缺乏勇气与决心去加以运用时，那么这种不成熟状态就是自己所加之于自己的了。

借用彼得·盖伊在《启蒙时代》中的说法，18世纪是一个人类"重振勇气"的世纪："这是一个神秘主义没落的世纪，一个对生活越来越怀有希望、对人力越来越充满信心的世纪，一个执着于探索和批判的世纪，一个关注社会改革的世纪，一个世俗主义日益抬头、冒险之风日益盛行的世纪。"

这对于人类来说是一种全新的体验，因为在此之前的一千多年里，整个欧洲都笼罩在宗教和神秘主义的氛围中。在我小的时候，常常会把宗教、神话和迷信这几个词放在一块说，比如"宗教迷信"。如果给"迷信"下一个定义，就是"错误地相信某物是高贵的、超俗的，或者崇高的"。这种错误的相信可以体现在宗教、艺术、政治和历史等各个方面。启蒙运动归根结底就是一场颠覆一切迷信的运动，正如康德所说："摆脱迷信就是启蒙。"

怎样才能摆脱迷信？简单说，就是把"看似高等的东西（当作）仅仅是低等事物的一个特例"。换言之，摆脱迷信的方式就是"在崇高中发现了寻常，把神圣还原到平凡，或者证明高贵者并不值得尊敬"。《圣经》中记载过很多耶稣的神迹，比如，把水变成酒，在海面上行走，不一而足，可是如果我们用魔术来解释把水变成酒，或者在看到"在海面上行走"的时候想起《射雕英雄传》里的裘千丈，这些神迹就变成了骗人的把戏。

这是一种剥落"金身"、暴露泥胎的暴力解释法，它几乎必然地导致拒绝崇高、解构神圣的结果。恩格斯曾经高度评价启蒙运动，他说，启蒙运动"不承认任何外界的权威，不管这种权威是什么样的。宗教、自然观、社会、国家制度，一切都受到了最无情的批判；一切都必须在理性的法庭面前为自己的存在做辩护或者放弃存的权利。思维的悟性成了衡量一切的唯一尺度"。

可是在反对者看来，启蒙运动在反对一切权威和一切成见的同时，自身却立足于一个"根本的成见"，那就是一个"反对成见本身的成见"。事实上，从恩格斯的那段话中可以看出，启蒙运动者在反对迷信的过程中存在着三个阶段：起初人们反对一切"错误地相信"，接着人们有意无意地删去了"错误"二字，开始反对一切"相信"，最后人们重新建立起新的迷信。启蒙在破除迷信的过程中自身成了迷信，在消解神话的过程中自身成了神话，在很多反对者看来，这恰恰体现出人类理性的独断专横和自以为是。

启蒙运动与多元

启蒙运动除了肯定自由、肯定平等、肯定理性，同时也肯定多元。正如麦克里兰指出的，对多元主义的追求本身就隐含着节制和宽容。换句话说，没有哪种价值应该占据支配性的地位，哪怕自由也不行，所以我们必须要在具体的语境中小心谨慎地平衡各种价值的关系，努力保持一种互相制衡、多元共生的生态环境。就像我们在古希腊那几讲中反复强调过的那样，真正的问题在于，人天生是一个僭越性的动物，对于我们来说，"凡事勿过度"这句古希腊德尔菲神庙上的箴言也许是一个可望而不可即的理想目标。事实上也是如此，当生而自由变成强迫自由，当人人平等变成彻底的平均主义，当理性取代迷信成为新的迷信，当多元主义蜕变成为相对主义甚至虚无主义，启蒙运动就走向了自己的反面，启蒙运动的白就变成了启蒙运动的黑。

也许你会疑惑，为什么不可以用一两句话来介绍启蒙运动，简洁明快，一目了然，这样多好？对不起，我就是想要打破你们的刻板印象，告诉你们启蒙运动绝对不是一片光明，而是存在着阴暗、模糊甚至黑暗的一面。

说了启蒙运动这么多的坏话，我想要做一个特别的澄清：我不是一个反启蒙主义者，恰恰相反，我是一个坚定的启蒙主义者。尽管从思想史的角度出发，启蒙运动终结在19世纪的前三十年，可是我并不认为启蒙已经死了，恰恰相反，我完全认同康德在《什么是启蒙》一文中说的这句话："如果有人问：'我们现在生活在一个启蒙了的时代吗？'那么答案是：'非也，但我们确实生活在一个启蒙的时代。'"

即使是在21世纪的今天，我们仍然生活在一个启蒙的时代，而不是一个已经启蒙了的时代。因为归根结底，跟18世纪的欧洲人一样，我们每一个人都要担负起"摆脱自我招致的不成熟状态"的责任，在这个意义上，启蒙是自我启蒙，而不是被启蒙。

078

自由的黑格尔，保守的黑格尔：
黑格尔的思想与人生

崇尚自由的黑格尔

1791 年，法国大革命爆发的第三年，德国图宾根大学的一群年轻人在校园里种下了一棵树，他们把它命名为"自由之树"。年轻的黑格尔（Georg Wilhelm Friedrich Hegel，1770—1831）和比他更年轻的谢林一起参与了这项活动。这个举动既是在致敬法国大革命，更是在憧憬和期许德国的未来。

有句话是这么说的：一个人在 25 岁之前不是自由主义者，那他就是没有良心的；一个人过了 25 岁之后不是保守主义者，那他就是没有大脑的。我对后半句话持保留意见，但是完全同意前半句话。1791 年，黑格尔年仅 21岁，在大时代的浪潮前，他很难不感到内心的激情澎湃。在黑格尔当年的纪念册里，可以读到这样的字句：

> 反对暴君！
>
> 打倒妄想绝对统治心灵的暴君！
>
> 自由万岁！
>
> 卢梭万岁！
>
> 如果天使有个政府，那么这个政府也会实行民主管理的。

最后这句话不是黑格尔的独创，而是摘抄自卢梭的《社会契约论》。青年黑格尔对卢梭推崇备至，认为法国大革命就是在实践卢梭的思想。当时的他对哲学没有太多兴趣，对康德也不太感冒，为了读卢梭，他甚至拒绝参加康德的读书班。这是一个引人遐想的细节。德国古典哲学最伟大的两个人物——康德和黑格尔都曾经对卢梭如痴如醉。当年康德为了读卢梭，甚至错过了每天下午三点半的散步时间，在他的书房里，只挂着卢梭一个人的画像。

大学期间的黑格尔是一个政治青年，而不是一个哲学青年，在跟谢林最初交往的时候，他们的主要话题不是哲学，而是政治。他们激动地讨论法国大革命，也激动地讨论德国的未来。当时的德国还没有实现统一，相比法国这个近邻，德国是一个封建的、落后的、保守的并且分裂的国家。一如 1919 年五四运动时期的那些有志青年，青年黑格尔同样着迷于救国这个问题——自由、平等、民主、科学，到底哪一种价值才能富国强兵，改造德国，使其走上一条通往现代化的康庄大道。

1793 年，黑格尔从图宾根大学神学院毕业，此时他对哲学的兴趣日渐浓厚起来。谢林曾经给黑格尔写信说："朝霞伴随着康德升起""自由贯彻全部哲学而始终"。而黑格尔的回复是："我期待康德体系及其圆满成就在德国引起一场革命。"

这个对话非常的有意思。首先要请大家注意，康德在哲学史中是以革命者的姿态出现的，他不仅发动了一场哲学上的哥白尼式革命，更重要的是，他彻底否定了此前的形而上学体系，在为理性划界的同时，也把信仰逐出了理性和知识的地盘。所以德国诗人海涅评价康德是"德国的罗伯斯庇尔"，这当然是在赞颂和肯定康德的革命性。

但是法国的罗伯斯庇尔是在现实的政治领域发动的一场真实的革命，而德国的罗伯斯庇尔——康德，却是在思想领域和观念领域发动的革命。这是德国启蒙运动跟法国启蒙运动最大的不同。马克思后来批评说，从来的哲学都是在解释世界，但重要的是改造世界。这可以看成是对德国观念论的不满，但是康德与黑格尔也许会说，改变观念就是在改变世界，而且改变观念可能才是真正彻底地改变世界。

黑格尔的忘年之交，也是德国文坛的泰山北斗歌德曾经说过一句话：

> 我所以得天独厚，是因为我出生在世界大事纷至沓来、方兴未艾的年代，我一生躬逢其盛，有幸经

历了七年战争，接着是美国脱离英国，后来是法国革命，最后又是整个拿破仑时代，直到这位英雄一败涂地，等等。

黑格尔比歌德年轻21岁，除了七年战争，他和歌德一起经历了这个"世界大事纷至沓来、方兴未艾的年代"。1806年10月，法国皇帝拿破仑的铁骑横扫德国，迅速占领了黑格尔居住的耶拿，黑格尔在耶拿的大街上亲眼目睹拿破仑率领大军，骑着白马从面前走过。黑格尔激动地写信告诉朋友："我看见拿破仑皇帝——这个世界精神——在巡视全城。这位伟大人物……骑着马，驰骋全世界，主宰全世界……见他一面实在令人心旷神怡。"

《精神现象学》的中文译者贺麟先生在导言里评价道，黑格尔"幽默地和具有深意地称拿破仑为'马背上的世界精神'，这话包含有认为拿破仑这样的叱咤风云征服世界的英雄人物，也只不过是'世界精神的代理人'，他们的活动不只是完成他们的特殊意图，而是完成世界精神的目的。'当他们的目的达到以后，他们便凋谢零落，就像脱却果实的空壳一样。'另一方面也含有讽刺拿破仑的武力征服的意思，认为他只不过是'马背上的世界精神'。他暗示还有从别的方面体现世界精神的英雄人物"。

关于贺麟的这个评价我想多说两句。我们经常会问一个问题，历史是谁造就的？人民，还是少数几个英雄人物、伟大人物？对此每个人都有自己的不同解释。黑格尔的解释尤其特殊，他说：历史既不是人民造就的，也不是少数几个英雄人物造就的，历史是世界精神自身目的的实现。这个说法赋予了世界精神以超乎寻常的能动性，它不是一个死物，而是一个有着能动性的活物。而且当它展开自己的历史时，并不是随机的和偶然的，而是有逻辑必然性的，这就是所谓的"历史决定论"。拿破仑不仅是世界精神的代理人，而且是世界精神在马背上的代理人。换言之，世界精神还需要别的领域的代理人，比如与马背和武力相对应的思想和观念。就此而言，黑格尔其实对自己有一个期许，那就是：他要做观念世界里的拿破仑，到他这里整个哲学史就彻底地终结了。

我想请你们思考一个问题：拿破仑是法国人的皇帝，当拿破仑征服德国、攻陷耶拿的时候，按照常理，作为德国人的黑格尔应该作何反应？似乎奋起反击才是正确的态度，可是黑格尔的反应却恰恰相反，他希望法军获胜。初看起来黑格尔就是一个典型的"德奸"，但是问题并没有这么简单。黑格尔之所以会有这样的态度，一方面是因为当时的德国四分五裂，民族国家的观念还没有形成，黑格尔虽然希望统一，但是他的民族情绪并不是那么强烈；另一方面，也是更重要的，黑格尔认为拿破仑是法国革命的继承者，作为革命家的拿破仑代表着历史的方向，他将摧毁旧的秩序，为德国开辟新的道路。恩格斯后来有句评论说："对德国来说，拿破仑并不像他的敌人所说的那样是一个专横跋扈的暴君，他在德国是革命的代表，是革命原理的传播者，是旧的封建社会的摧毁人。"

1814 年 4 月拿破仑退位，黑格尔在信中写道："看到一位巨大的天才自己毁灭自己，真叫人触目惊心——这是天下最悲惨的事件。"毫无疑问，一直到这个时候，黑格尔还是衷心热爱着拿破仑和拿破仑所代表的自由、平等和民主的伟大事业。

但是变化也正在发生，事实上，自 1793 年开始，当法国大革命掉转方向，背弃自由，堕入雅各宾派的恐怖统治时，黑格尔就明确表达了反对意见。在 1794 年 12 月写给谢林的一封信中，黑格尔写道："你知道卡里耶尔被处死这回事吗？……它揭示出罗伯斯庇尔的全部厚颜无耻。"13 年后，黑格尔在《精神现象学》中把雅各宾派的革命恐怖称为"否定性行动"，是"制造毁灭的狂暴"。

转向保守的黑格尔

到 1814 年拿破仑退位的时候，黑格尔已经 44 岁，他很快就要经历从自由的黑格尔到保守的黑格尔的转变。1816 年，黑格尔任海德堡大学哲学系教授，1818 年开始转任柏林大学哲学系教授。随着时局的变化及个人身份的改变，黑格尔变得越来越爱国，也越来越保守。其实，动议邀请黑格尔去柏林大学任职的政府大臣正是认为，在这个人心思变的时代，哲学是安定人心的最好方法，而黑格尔哲学恰恰能够在这方面起到很好的作用。黑格尔对此心领神会，投桃报李，在柏林大学的就职演说中强调，精神生活是这个国家的基本特征之一，在这个国家里，"人民同君主一起争取独立，争取消灭异族的残酷压迫，争取精神自由的伟大斗争，取得了良好的开端"。

应该如何解释黑格尔的这个转变？黑格尔在一封信中写道："我已年过半百，在这充满恐惧和希望的动荡岁月中度过了30年，唯愿这种恐惧和希望有朝一日了却掉。可（现在）我必须明白，这个局面还要拖下去，情况将越来越糟——的确，人们在这乱世不得不这样想。"

黑格尔所处的乱世，不仅有严酷的书报审查制度，而且官方还对大学进行严密的监控，禁止一切秘密结社，黑格尔的不少学生为了争取自由而入狱。

在另一封信中，黑格尔写道："我一方面是一个容易兴奋的人，另一方面却又喜欢安静。成年累月面临暴风骤雨，毕竟不是件愉快的事情，尽管我相信，落在我身上的至多不过是几滴雨珠。"

这个时候的黑格尔在个人学术声誉上已经达到顶峰，1820年，在给普鲁士王国总理大臣的一封信中，黑格尔这样写道：我所有的科学著作的宗旨就在于"证明哲学是同一般国家性质所要求的基本原则相和谐的，直截了当地说，是同普鲁士国家有幸在（国王陛下的）英明政府与阁下的贤能领导之下，已经取得的和将继续取得的一切成就相和谐的，而我本人作为这个国家的一员，为此感到无上光荣"。

　　从这段话可以非常明确地做出判断，黑格尔已经成为普鲁士王国的御用哲学家，他在同年出版的《法哲学原理》导言中的一句话更是坐实了这一指控——"存在的就是合理的"。这个断言在当时的德国引起了轩然大波，保守派对此大加赞赏，而激进派则坚决反对，他们认为这"显然是把现存的一切神圣化，是在哲学上替专制制度，替警察国家，替王室司法，替书报检查制度祝福"（恩格斯语）。

　　按照这个解释，那个自由的黑格尔似乎彻头彻尾地变成了保守的黑格尔，事实真的有这么简单吗？"存在的就是合理的"这个论断究竟应该如何理解？关于这个问题，我们下一讲接着说。

079

凡是存在的都是合理的？ 黑格尔的历史哲学

现实的与存在的

上一讲我们提到广为流传的那句黑格尔名言——"存在的就是合理的"。按照这个说法的字面含义，所有已经发生和存在的事情，从君主专制到书报审查制度，从连环杀人凶手到奥斯维辛集中营，就都是合理的了。很显然，这不仅让人反感，而且让人愤怒。可是问题在于，黑格尔真的有这么反动和糊涂吗？

所谓差之毫厘，谬以千里。如果我们仔细翻阅这句话的原始出处，就会发现黑格尔的准确说法是这样的："凡是合理的都是现实的，凡是现实的都是合理的。"注意！黑格尔说的是凡是"现实的"都是合理的，不是凡是"存在的"都是合理的。那么"现实"和"存在"这两个词有什么分别？在日常生活中，普通人是混用这两个词的，但是对于一个真正的哲学家来说，在选择词汇的时候一定是大有讲究的，他绝不会随心所欲地乱用概念。事实上，黑格尔在《小逻辑》中就对"现实的"和"存在的"做出了区分，他说：

> 在日常生活中，任何幻想、错误、罪恶以及一切坏东西，一切腐败幻灭的存在，虽常有人随便叫作现实，但是，即使在平常的感觉里，也会觉得一个偶然的存在，不配享受现实的美名。

这句话的意思再明白不过：这个世界上存在着很多坏东西，它们只是偶然的存在，不配拥有现实的美名。换言之，在黑格尔看来，凡是配得上称作现实的东西都是必然的存在，把这个逻辑推到极致，放眼整个宇宙，谁最具有必然性？当然是上帝，所以黑格尔认为只有上帝才是真正现实的东西。总之，黑格尔认为，所有现实的东西都是存在的，但并不是所有存在的东西都是现实的。

恩格斯对黑格尔的用意体会得非常到位，他说："在黑格尔看来，凡是存在的决非无条件的也是现实的。在他看来，现实的属性仅仅属于那同时是必然的东西，'现实性在其展开过程中表明为必然性'，所以他绝不承认政府的任何一个措施都已经无条件的是现实的。但是必然的东西归根到底会表明自己也是合理的。"

再强调一遍，对黑格尔来说，很多存在的东西只是偶然的存在，只有必然的东西才能被称为现实。所以当黑格尔说"凡是现实的都是合理的"，他的真正意思是说，凡是"必然的都是合理的"。这么去理解黑格尔，我们就能明白，他并不是在为一切存在做辩护。

放任的误读

可是敏感的读者肯定会反驳：凡是必然的都是合理的，这话看起来是没错，可好像也没有提供什么真正的内容，它就是一个同义反复，就如同在说 A 就是 A，单身汉就是没有结婚的男子，说了等于没说。我们真正关心的是，哪些东西是现实的或者必然的，为什么它们是现实的或者必然的。

这个反驳显然是有道理的，黑格尔的确存在着同义反复的嫌疑。但是另一方面，我认为黑格尔这么说是有他的理由的。

先来说外在的理由，也可以说是外部的压力。我们知道黑格尔当时已经成为官方哲学家，但这并不意味着他没有承受巨大的政治压力。举个例子，黑格尔早在 1819 年就写完了《法哲学原理》，但是这本书在检察官的手里搁置了一年之久才最终面世，这件事让黑格尔心有余悸。因为对于写作者来说，一旦被剥夺了写作和发表的权利，就意味着丧失了生命中最重要的那个部分。怎么办？有的人采取"宁鸣而死，不默而生"的抗争姿态，有的人选择

"小舟从此逝，江海寄余生"的退隐姿态，更多的人则是委曲求全，为了出版发行自己的思想而采取某种程度的自我审查。

康德在一封信中说："实际上，我相信许多我永远也不会有勇气去说的事情，我对它们确信无疑，不过，我永远也不会去说任何我不相信的事情。"这句话稍微有些绕，但康德的意思很明确：面对严酷的政治环境和审查制度，有些话我不会说也不敢说，但这不代表我不相信这些没有说出口的话；与此同时，作为一个有良知的哲学家，我一辈子也不会说我不相信的话。

康德此语并不完全适用于黑格尔，因为黑格尔的情况更加复杂一些。首先，他肯定对书报审查制度不满，但是他也一定会根据书报审查制度进行严格的自我审查，这意味着他一定不会说出所有确信无疑的话。其次，黑格尔的个人气质相对庸俗，比较在意功名利禄，作为官方哲学家，不排除黑格尔会说出一些自己不相信的话。我倾向于认为，当黑格尔说"凡是合理的都是现实的，凡是现实的都是合理的"时，他应该明白这句话的解释空间非常之大，极有可能就被解读成"凡是存在的都是合理的"。就像罗素所说，无论初衷如何，只要把现实的与合理的相等同，就不可避免地导致"凡是存在的都是正当的"（what is, is right）这一结论。如果有人认为黑格尔没有预见到这个结果，那一定是低估了黑格尔的智力和心机。那么黑格尔为什么还是要说这句话呢？一个更加合理的解释就是，他有意无意地放任出现这样的误读。

但是，另一方面，我认为当黑格尔说"凡是现实的都是合理的"，甚至进一步公开地宣称哲学"主要是或者仅仅是为国家服务的"，他并不是完全在说违心的话，而是有他的内在理由。

黑格尔的历史哲学

按照黑格尔的历史哲学，"世界历史不过是自由观念的发展罢了"。从波斯帝国到古希腊城邦，再到罗马时期的基督教，经由日耳曼世界的宗教改革，直至法国大革命，对黑格尔来说，漫长的人类历史不过就是自由的观念发展和展开的过程。就以法国大革命为例，1789 年，当法国大革命刚刚爆发的时候，青年黑格尔对它表示衷心地拥护，喊出了"自由万岁！""卢梭万岁！"的口号，即使到晚年写作《历史哲学》时，黑格尔依然满怀激情地把法国大革命比作"一次壮丽的日出"。可是当时间来到 1793 年，当法国大革命背离了自由的初衷，出现雅各宾派的恐怖统治时，黑格尔开始激烈地反对和批评法国大革命。上一讲提到，1794 年 12 月，黑格尔在信中告诉谢林："你知道卡里耶尔被处死这回事吗？……它揭示出罗伯斯庇尔的全部厚颜无耻。"厚颜无耻显然不是一个哲学上的判断，它表达的是一个衷心热爱法国大革命的年轻人的失望和痛心。到了 1807 年黑格尔出版《精神现象学》的时候，他把这种失望情绪上升到了哲学的高度，而且把它嵌入历史哲学和辩证思维中。《精神现象学》中有一节叫作"绝对自由与恐怖"，黑格尔指出："法国革命令人惊讶的结果，是它经历了一个向自身对立面的转变，让人获得自由的决心，演变为破坏自由的恐怖。"

如果你的中学政治学得足够好，在读到"向自身对立面的转变"时，就应该立刻反应过来，这意味着正题正在变成反题。可是这个说法还是过于抽象了，一定会有读者觉得不满足，忍不住会问：绝对自由到底是因为什么才会转变成它的对立面也即绝对恐怖的？简单说，黑格尔认为，绝对自由是高度抽象的自由，它具有否定一切的狂热性，不仅会破坏一切宗教秩序和政治秩序，而且要铲除一切涉嫌支持某种秩序的个人，消灭一切企图重整旗鼓的组织。因为试图消灭一切差异性和规定性，所以绝对自由就是一种否定的自由。

俗话说"不破不立"，但是在黑格尔看来，法国大革命属于"只破不立"。它只能消灭旧的制度，却无法建立起新的制度，而且在旧的制度被消灭之后，这股"毁灭的狂热"继续吞噬自己的孩子。黑格尔认为，这种绝对自由显然是对自由和理性的误用。那么怎样才称得上正确地使用自由和理性呢？一言以蔽之，就是要与一定的法律、秩序特别是国家相结合。只有这样，才有可能从正题、反题走向合题。

所以说，当黑格尔主张哲学"主要是或者仅仅是为国家服务的"，他并不是在说违心的话，这就是他所信的道理。进而言之，当他主张"凡是现实的都是合理的"时，他也的确是在替当时的普鲁士王国以及国王弗雷德里希·威廉三世的统治做辩护，因为黑格尔认为，到了威廉三世的时代，整个人类历史就到达了自由的顶峰。这个判断显然非常主观，让人不由得怀疑他的动机，黑格尔的保守性也恰恰体现在这里。但是我要反复强调的是，从黑格尔历史哲学的内在逻辑来说，这个结论还是有它内在的理由的，不完全是迫于外部的政治压力。

黑格尔：自由与保守的合题

说到这里，我想请各位回想一下上一讲的问题：黑格尔到底是自由的还是保守的？如果按照黑格尔本人的标准，仅仅说他是自由的，或者仅仅说他是保守的，这样的论断都是片面的，是缺乏辩证思维的表现，因为对黑格尔来说，他想实现的是自由与保守的合题。

借用挪威哲学家希尔贝克的观点，如果把自由主义的观点当成正题，把保守主义的观点当成反题，那么黑格尔就是想实现合题，具体说来是这样的：

正题：自由主义主张理性高于传统，个人高于社会；

反题：保守主义主张传统高于理性，社会高于个人；

合题：黑格尔认为传统是合理的，个人是社会的。

总结一下，在我看来，黑格尔无疑是有保守的一面，特别是当他把当时的普鲁士王国视为自由发展的顶峰时，黑格尔就不仅是在说"凡是现实的就是合理的"，同时也是在说"凡是存在的就是合理的"。但是如果我们撇开现实的政治判断，从理论角度去看"凡是现实的就是合理的"，我们就会意识到，黑格尔这么说其实有他的内在道理。

在探讨自由和保守的关系时，按照辩证法的思维方式，必然要包含保守的一面，但有保守的一面并不等于就是保守主义者，只有把保守的一面原则化、绝对化，才会是真正意义上的保守主义者。而黑格尔之为黑格尔，就在于他一定不会将保守的一面绝对化，因为这是反辩证法的。或者用黑格尔本人的话说，这么做就是在抽象地思维，而黑格尔是反对抽象地思维的。你一定会感到好奇，黑格尔这么抽象的哲学家居然反对抽象地思维，他到底在什么意义上反对抽象地思维，他这么说到底有什么道理？关于这个问题，我们下一讲接着说。

最后我想给各位留一道思考题，黑格尔曾经说，雅各宾派的暴政"是纯粹的恐怖统治，但这种恐怖统治却是必然的和正义的……"，请问黑格尔为什么会这么说？

答问 8

黑格尔为什么说雅各宾派暴政是必然的和正义的？

在第 79 讲的结尾处，我向大家提了一个问题：为什么黑格尔说雅各宾派的暴政"是纯粹的恐怖统治，但这种恐怖统治却是必然的和正义的……"？

学友"小松"给出了非常棒的回答，他说："首先，法国大革命之所以走到自身的反面，内因是根本原因。革命的本性都是对秩序的仇恨以及对破坏的痴迷，希望与野心并存，贪婪和恐惧齐飞。雅各宾派的恐怖，正是革命与生俱来的本性自我发展的结果。其次，道路是曲折的，前途是光明的。法国大革命的结果是失败的、血腥的，但是它的影响却是不容置疑的，那就是激发了更多的人去追求自由的心，这个激励、影响的作用，正是推动历史前进的世界精神的需要。综上所述，法国大革命是自由观念发展到一定阶段的必然结果，而革命本身走到其反面，是革命这种追求自由的方式的必然结果。"

这个分析非常精彩，抓住了黑格尔历史哲学和辩证法的精髓，而且表述准确，文采斐然。我想在学理上稍微做些补充说明。

让我们先来复习一下第79讲的内容。黑格尔区分了"现实的"与"存在的"这对概念：凡是现实的都是存在的，但并不是所有存在的都是现实的，因为"现实"这个词是与合理性和必然性相联系的，而有些"恶的存在"并不是必然的。但是，说到这里，我要再问一句：是不是所有"恶的存在"都不是必然的？

请允许我再强调一次，对于黑格尔来说，有些"恶的存在"不是必然的，但不是所有"恶的存在"都不是必然的，因为还有些"恶的存在"是现实的，是必然的。雅各宾派暴政毫无疑问是恶的存在，因为它"是纯粹的恐怖统治"，恐怖统治当然是恶的存在。但是为什么说它又是"必然的"和"正义的"呢？这是因为只要这个"恶的存在"属于历史发展过程中的某一环节，比方说，它是正题、反题与合题中的反题，那么它就具有必然性。

黑格尔有个著名的观点认为"恶是历史发展的动力的表现形式"。请千万不要忽视"表现形式"这四个字，黑格尔并不是在说"恶是历史发展的动力"。历史发展的动力不是恶，而是自由的观念的自我展开，但是在这个展开的过程中，正题必然会在某个阶段倒向反题，在这个意义上，黑格尔说，恶是历史发展动力的"表现形式"。

那么另一方面，正像"小松"所说，道路是曲折的，前途是光明的，虽然存在着光明与黑暗、自由和强制的反复争夺，但按照黑格尔历史决定论的思路，最后获胜的还是光明和自由。

说到这里，我想再举一个例子。有一位哲学家叫费希特，他比黑格尔年长八岁，和谢林、黑格尔一道都是后康德时代德国古典哲学的代表人物。费希特曾经批评他的时代是一个"罪恶实现其自身的时代"。我想请大家仔细体会这句话。如果费希特说这是一个"罪恶"的时代，那么他就只是在做一个简单的道德控诉，当他说这是"罪恶实现其自身的时代"，他就是一个哲学家，而且还是一个有着辩证思维的哲学家。因为这里多出了"实现"二字，多了这两个字，费希特就不仅是在谴责"罪恶"的现象，而且还把"罪恶"当成了历史发展过程中的必要环节，并且赋予了世界历史以某种能动性，进而他把"罪恶"当成了历史发展动力的表现形式。换句话说，费希特把整个历史当成正题、反题与合题的辩证发展过程，当它处于反题也就是罪恶的时代时，它也仍在发展，而且必须要充分地实现和完成这个反题（罪恶），只有这样才能够物极必反，否极泰来，迎来转向合题的时机，这就好像果子只有熟透了才能从枝头落下。所以，在这个意义上，雅各宾派的恐怖统治虽然是恶的存在，但根据黑格尔的观点，它是必然的。

现在我们来讨论黑格尔为什么把雅各宾派的恐怖统治称为"正义的"。如果说"必然的"还是一个比较客观的描述，那么在普通人的语感里，"正义的"无疑是一个正面的、积极的道德评价，但是黑格尔显然不是在歌颂雅各宾暴政，所以唯一的解释就是，至少在这个命题当中，黑格尔对"正义"一词做了非道德化的处理，也就是把它当成一个客观的描述。在这个语境下面，"正义的"与"合理的"应该是相近的意思。

接下来，我要说一些没有经过严谨论证的个人推断。我认为马克思对正义概念的使用直接受到了黑格尔的影响，因为马克思曾经说过资本主义生产方式是"正义的"。这个说法初看起来非常不可思议，因为马克思曾经异常严厉地批判过资本主义制度，那么他到底在什么意义上主张资本主义生产方式是正义的呢？

首先，马克思认为资本主义生产方式是"正义的"，与马克思认为资本主义生产方式是"道德的"，这是两个不同的判断。马克思从未说过资本主义生产方式是道德的，但他的确说过资本主义生产方式是正义的。他和黑格尔一样，都对正义这个概念做了去道德化的处理。

其次，马克思不认为存在抽象的、普遍的"自然正义"，只存在具体的、特殊的正义。也就是说，正义与否是跟特定制度、特定历史阶段相关的判断。这个区分非常类似于自然法与实证法的区分，如果只有实证法而无自然法，那么就只有合法性（legality）而无正当性（legitimacy）。同样的道理，在马克思看来，只要是符合资本主义生产方式和经济秩序的分配方式，那么按照资本主义的内部标准，它就是正义的。这是一个初看起来非常荒谬的结论，按照资本主义的标准资本主义是正义的，这就好比在说按照我的标准我是最棒的。很显然，这会进一步导致价值相对主义的难题。马克思不会没有意识到这个难题，所以当他仍然坚持说资本主义是正义的时候，唯一合理的解释就是，此时正义这个概念已经失去了道德评价的功能，它更接近于"合理的""合法的"这些表述。我们可以说正义这个概念对马克思来说是描述性的，而非规范性的。

再次，从马克思主义的内在逻辑出发，任何历史阶段都有一定的合理性，资本主义的生产方式同样有其合理性，特别是在资本主义往成熟期发展的过程中更是如此。所以从实证法的角度而非自然法的角度把资本主义描述为正义的，是符合马克思的内在逻辑的。就好像把雅各宾派暴政描绘为正义的，也是符合黑格尔哲学的内在逻辑的。

最后，我认为，马克思肯定也意识到了这么使用正义概念会造成理解上的混乱，所以他很少使用正义这个概念。有意思的是，黑格尔也很少使用正义概念，有人检索过 20 卷本的《黑格尔著作集》，结果发现，黑格尔只提到过 133 次"正义"（Gerechtigkeit）概念，这是一个非常小的比例。我认为这个现象表明，对黑格尔和马克思来说，"正义"不是一个称手的概念工具。关于这个问题的内在理由我在前面已经说了，还有一个可能的外在理由是，当时有很多学者和作家在不同意义上使用"正义"这个概念，黑格尔和马克思都不想再使用这张沾满了口水、灰尘和细菌的旧钞票，这与我不愿使用"初心"这个词的道理是一样的。马克思更愿意直接用"剩余价值""剥削"这样的独创概念来批判资本主义的生产方式，或者用"盗窃""抢劫"这样的日常词汇来谴责资本家对工人的剥削。但凡当他偶然地使用"正义"一词时，就会出现"资本主义是正义的"这种在今天看来很奇怪的表述。

总结一下，黑格尔之所以主张雅各宾暴政是必然的和正义的，与他的历史哲学和辩证逻辑有着密不可分的关系，他在使用"正义"的时候，采用的是非道德化的意义，我们完全可以把它等同于"合理的""现实的"这样的表述。

这次的答疑内容比较抽象和哲学，但我认为这是一个非常有趣的问题，希望各位能有所收获。

080

谁在抽象地思维？黑格尔观念论入门

黑格尔的"网红"文章

在上一讲的结尾处，我们提到黑格尔反对抽象地思维。初看起来，有点贼喊捉贼的意思。因为黑格尔的抽象和晦涩可以说是举世无双，独孤求败。据说黑格尔临终前曾经不无懊恼地说"只有一个人真正理解我"，过了一会儿又说，"不，一个也没有"。

黑格尔不仅文章写得难懂，课也讲得糟糕，当年在耶拿大学求职的时候，他的首场演讲简直就是一场灾难。黑格尔在一封信中承认："我在耶拿的初次讲演给人们留下一个偏见，认为我讲课既不流利，也不清楚。"但是黑格尔认为自从到纽伦堡中学担任校长之后，自己的讲课技巧有了长足进步，他在信中接着说："在中学教书八年，至少使我能够讲课讲得流利些了。要达到这一点，任何别的办法都不及在中学教书来得可靠；同时，这也是使讲课讲得清楚些的一种适当办法。"

有趣的是，就是这样一个热衷于抽象思维的黑格尔，居然在 1807 年写了一篇题为《谁在抽象地思维》的文章，不仅举例生动，而且文字活泼。海德格尔曾经力荐此文，认为这是德国观念论最好的入门读物，也是他能想到的向普通人说明如何才能进行哲学思考的最佳范本。

做了这么多的铺垫工作，你一定非常好奇黑格尔到底都说了些什么。我先把黑格尔的基本论点告诉你们，他认为，在现实生活中，往往不是有教养的人（the educated）喜欢进行抽象地思维，反倒是没有教养的人（the uneducated）最喜欢抽象地思维。"没教养"这个词在今天看来有些歧视的味道，我们不用管这些言外之意，关键是，黑格尔的这个文章立意就显得非常与众不同，可以说是在挑战人们的常识。

黑格尔说的到底有没有道理呢？还是让我们来看一下他举的例子吧。黑格尔说，当一个凶手被押往刑场的时候，在普通人眼里，他不过就是一个凶手。而有些太太小姐们也许会说，他还是个强壮的、俏皮的、逗趣的男子。普通人听了这个说法后，会觉得耸人听闻：什么？凶手俏皮？怎么能想入非非，说凶手俏皮呢？你们大概比凶手也好不了多少吧。深谙世道人心的牧师听了这个说法，会补上一句评论：看看，看看，这是上流社会道德败坏的表现！

请问，在前面提到的三种人里，到底谁在抽象地思维？普通人、牧师，还是那些太太小姐们？黑格尔认为，普通人和牧师都是在进行抽象地思维，因为他们仅仅用"凶手"这个标签去理解这个人。黑格尔接着说：

> 研究人的专家则不然，他要考察一下这个人是怎样变成罪犯的，他会从他的生活经历和教养过程中，发现他的父母反目已久，发现他曾经为了轻微的过失而受到某种严厉的惩罚，于是他对社会愤愤不平，接着还发现他刚一有所反抗，便被社会所摒弃，以致如今只靠犯罪才能谋生。——大概有不少人听了这番话会说：他想替凶手辩护呀！我不禁想起年轻时候听人说过，一位市长发牢骚，说作家们搞得未免过分，竟然想挖基督教和淳厚风俗的墙脚；有位作家甚至写小说为自杀行为作辩护；可怕呀，真可怕！——经过进一步了解，原来他指的是《少年维特之烦恼》。

黑格尔这段话写得非常幽默俏皮，他的意思是说，发掘凶手的成长历程及其他品质，并不等于在为凶手辩护，而是在尝试理解凶手，用历史的眼光、发展的眼光和整体的眼光去理解他何以至此。反之，黑格尔指出，如果"在凶手身上，除了他是凶手这个抽象概念之外，再也看不到任何别的东西，并且拿这个简单的品质抹杀了他身上所有其他的人的本质……这就叫作抽象思维"。

为了支持他的论点，黑格尔还举了一个特别有趣的例子。一个女顾客对女商贩说："呀，老太婆，你卖的是臭蛋呀！"结果那个女商贩恼火了，说："什么，我的蛋是臭的？我看你才臭呢！你敢这样来说我的蛋？你？要是你爸爸没有在大路上给虱子吞掉，你妈妈没有跟法国人跑掉，你奶奶没有在医院里死掉——你就该为你花里胡哨的围脖买件称身的衬衫呀。谁不知道，这条围脖和你的帽子是打哪儿搞来的；要是没有军官，你们这些人现在才不会这样打扮呢；要是太太们多管管家务，你们这些人都该蹲班房了——还是补补你袜子上的窟窿去吧。"总而言之，她把那个女顾客骂得一钱不值。

黑格尔说，这个女商贩就是在抽象地思维，仅仅因为女顾客说了一句她的蛋是臭的，得罪了她，于是就把女顾客全身上下编排了一番——从围脖、帽子到衬衫，从头到脚，还有她爸爸和所有其他亲属，一切都沾上了那些臭蛋的气味。

看完这段对话，是不是觉得特别眼熟？没错，在微博、微信以及一切公共平台上，我们经常见到这种以偏概全的抽象思维。比方说，鹿晗是曼联的粉丝？他一定在炒作！什么，你居然喜欢日本文化，你这个精日分子！钟南山持续针对疫情发声，嗯，他是正义的化身。凡此种种判断，都是抽象思维的表现形式。可悲的是，多数人不仅没有意识到问题所在，反而自鸣得意地认为自己目光如炬，一针见血，能够透过现象看本质。可是按照黑格尔的观点，仅仅用一个词或者一句话去静态地、片面地总结概括一个人或者一件事，恰恰是没有教养的体现，是黑格尔所反对的抽象思维。

哲学史家阿尔森·古留加在《黑格尔小传》中说："抽象地思维就是幼稚地思维。"什么是幼稚地思维？比方说，小时候看电影，我最喜欢问：爸爸，这是好人还是坏人？就像布谷现在最喜欢问：爸爸，他这样做到底对还是不对？对错好坏，这些评价当然都很重要，但是如果我们的字典里只有对错好坏这几个字，如果我们看待世界、理解他人的尺度只有这几个标准，那么我们就是在抽象地思维，就是在幼稚地思维。

有些读者可能会疑惑，这篇小杂文虽然很精彩，但凭什么说它是进入德国观念论的最佳入门读物呢？我的理解是这样的：首先，从写作时间上看，这篇小文章成稿于1807年前后，与《精神现象学》的出版时间恰好同年；其次，当黑格尔反对"抽象地思维"时，我认为他一定想到了《精神现象学》中提到的意识发展的第一阶段，也就是所谓的"感性的确定性"，因为"感性的确定性"就是典型的"抽象地思维"或者"幼稚地思维"；最后，所谓"抽象地思维"，换个说法就是在追求"抽象的普遍性"，而这正是《精神现象学》着力批判的一种思维方式。

《精神现象学》：个体意识与人类精神的成长史

接下来，我将给大家简单介绍一下怎么阅读《精神现象学》。这是黑格尔早期的著作，非常有名，它与后期的《逻辑学》并列，都是黑格尔的代表著作。马克思把《精神现象学》看作"黑格尔哲学的真正诞生地和秘密"，意思是说，在这本书中，我们可以找到黑格尔哲学成熟期所有思想的胚胎和萌芽。

先来破题。《精神现象学》这个书名包含两个核心的概念——"精神"与"现象学"。"精神"译自德文 Geist，学术界通常把它译成精神（spirit），而不是心灵（mind），原因主要有两个：第一，心灵这个词更多地意味着某种内在的、个人的东西，而精神则包括了比个人心灵更广阔的内容，比如一个群体或一个民族的精神；第二，精神还包含了意志和欲望，而心灵更多的只是指思想与理智。

至于"现象学"这个词，按照贺麟先生的解释，就是指从现象去寻求本质，由普通意识达到绝对意识的过程和阶梯，所以，现象学是导入逻辑学或本体论的导言或阶梯。

这本书虽然深奥难懂，主题却与我们每个人都息息相关，我们不妨把它作为一本"成长小说"来阅读，小说的主人公不是别人，就是我们自己，也就是说，我们可以把它作为个体意识的成长史来看，另一方面，也可以把它作为人类整体的精神成长史来读。不过这毕竟是一本哲学著作，不是小说，所以肯定要舍弃掉偶然的、经验的事实，提纯出更为抽象的、本质的东西。比如，有的人在童年时期因为父母双亡而迅速地成熟起来，有的幸福快乐地度过了童年，但这并不妨碍他可以借助别的因缘成熟起来，每个人经历的事情不同，但是成长过程的逻辑结构是一致的。

在每个人的成长过程中，总是会遇到各种挫折和磨难。有学者认为，《精神现象学》好比是歌德的成长小说《威廉·迈斯特的学习时代》的哲学版本。这本小说里有一句流传甚广的金句——"未曾哭过长夜的人，不足以语人生"。为什么会在深夜里痛哭？借用挪威哲学家希尔贝克的说法，是因为在精神的成长过程中，我们时常会在特定时刻发现"基础动摇了"，"发现在意识中出现了这样一个内部张力：一方面是我们认为自己所是的，另一方面是我们实际所是的。天真状态被打破了，'否定性的力量'发挥了它的功效"。

坦白说，当我读到希尔贝克的这个解读时，立刻联想到了卢梭对于"实际是"和"看来是"的区分，以及他对人类天真状态不可避免地丧失的惋惜之情。黑格尔无疑深受卢梭的影响，但是不同于卢梭的是，黑格尔对于天真状态的被打破并不感到惋惜，在他看来，精神若要取得发展，恰恰就需要这种"决定性的否定"。正是通过不断地自我否定和克服，精神才能够得以成长，也就是所谓"未曾哭过长夜的人，不足以语人生"。

这是一个非常漫长的、一个阶段接着另一个阶段的精神之旅，当它来到终点的时候，也就是黑格尔所谓的"真正的知识"或者说"绝对知识"。

薄概念与厚概念

现在，还是让我们先来到这个精神之旅的起点处，黑格尔把它称作"感性的确定性"，这是意识发展的最初阶段。在这个阶段，人们经由感官感受到外部事物，但因为缺乏具体的概念对它们进行区分，于是只能用"这一个"或者"那一个"这样的表述。小孩子在牙牙学语的时候，总是会非常着急，因为他无法用概念区分苹果和梨子、桌子和凳子，所以他只能焦急而无助地嚷嚷："我要这个，就是这一个，这一个！"仔细想一想，就会发现，他是在不同的语境中用"这一个"指称所有对象，比如苹果、梨子、桌子、凳子。在不同的场景中，"这一个"的具体内容一直在变化，时而指苹果，时而指梨子，时而指桌子，时而指凳子，唯一不变的是"这一个"本身，用哲学的术语来说，此时"这一个"就不是个别性的东西，而是一个共相。

但是，这个共相显然过于抽象了，它不能帮助我们分辨具体事物之间的差异，所以说这是一种"抽象的普遍性"。读到这里，你有没有意识到一个很有趣的问题——对黑格尔来说，有时候感性恰恰是抽象的和普遍的，概念反而可能是具体的、特殊的，这与我们日常的认知恰好形成鲜明的对比。

　　请允许我再举个例子，假设我们现在已经能够区分椅子和桌子，但还是无法很好地区分不同的椅子，比如交椅、官帽椅、太师椅、玫瑰椅、圈椅、靠背椅、宝座，等等。那么，当我们在给别人讲述椅子的时候，我们还是只能这么说："就是那一种椅子，那一种，你知道的！"此时，我们就仍然停留在抽象的普遍性中，还没有进入具体的普遍性。为什么会出现这样的情况？因为我们缺乏通过具体的概念去把握对象的能力，所以我们无法有效地在同一性中区分差异性。这就好比我们说某人是好人，但是他到底好在哪里？是为人慷慨大方、忠厚老实、正义勇敢，还是优秀杰出？显然仅仅一个"好"字是无法帮助我们更深地理解的。在这个意义上，我们可以说好坏对错都是一些"薄概念"，而慷慨、勇敢、吝啬、懦弱则是一些"厚概念"。薄概念只能提供抽象的普遍性，而厚概念才能帮助我们把握具体的普遍性。

　　黑格尔有一句名言："黑夜中所有牛都是黑色的。"意思是说，原本有的牛是黑色的，有的牛是黄色的，有的牛是花色的，它们虽然都是牛，却存在着差异性，但是黑夜抹去了所有的差异性，只剩下虚假的同一性——它们看上去都是黑色的。而真正的哲学需要在差异性中把握同一性，同时在同一性中区分差异性。

　　我希望各位通过这一讲，能够了解黑格尔哲学的一个基本立场：他反对绝对的、片面的、静止的看问题的方式，主张辩证的、整体的、发展的看问题的方式，也就是说，要从"抽象的普遍性"发展到"具体的普遍性"，而这个辩证的历程正是从批判"抽象的普遍性"也即批判"抽象地思维"开始的。

081

为承认而斗争：黑格尔论主奴关系

上一讲我们介绍了黑格尔的短文《谁在抽象地思维》，在这篇文章中还有一个例子，也非常耐人寻味，这一次的主角是仆人。黑格尔说，当普通人遇到仆人的时候，通常会摆架子，把对方只当作仆人来看待，因为普通人只会抽象地思维。相比之下，法国的主人和仆人的关系要好很多，他们的关系非常亲密，就像知己一样，单独相处的时候，主要是仆人在说话，主人不过是抽抽烟、看看表，其他的事情都让他的仆人做主。为什么会出现这么奇特的情况？黑格尔的解释是，法国的主人深知仆人不仅仅是仆人，除了侍奉主人，仆人还熟悉城里的消息，认识本地的姑娘，会深谋远虑，因此在法国的主人面前，仆人不仅有权回答问题，还有权提出话题，发表自己的观点，并为之辩护；而当主人想要什么东西的时候，他不是勒令仆人，而必须提出观点并用理由说服仆人，最后还得对仆人说几句好话，好让自己的观点被接受。

上述例子告诉我们，不要抽象地思维，先入为主地认为仆人只是仆人。这个例子还隐含着人人平等的意思。当然，更重要的是，这个例子与《精神现象学》中最著名也最有趣的一个主题息息相关，那就是"主奴关系"。

为什么我们渴望被人需要？

因为主奴关系的讨论出现在"自我意识"的阶段，所以我们先来探讨什么叫作自我意识。看电影的时候经常会遇到这样的桥段：某人因为车祸晕了过去，当他醒过来的时候，医生通常会问他两个问题："你叫什么名字？"然后再伸出两根手指比画着问："这是数字几？"如果回答都正确，那就意味着他恢复了意识，因为此时他不仅明确地意识到了自我，还能对自我和对象做出有效的区分。科学研究表明，人类婴儿大概在18个月后才产生自我意识，证据之一就是，当他照镜子的时候会意识到里面的那个人就是他自己。

对于黑格尔来说，自我意识同样需要通过照镜子来进行确证，只不过这面"镜子"不仅指物理意义上的镜子，还包括别的自我意识。黑格尔认为，自我意识只有在另一个自我意识中才能得到满足。这句话的意思是说，只有通过与别的自我意识对峙，人们才能形成自我意识，也只有通过与别的自我意识对峙，人们才能发展自我意识。

2018 年的高考作文题，有些地区的题目出得惨不忍睹，但是上海卷却非常棒，它是这样出的："生活中，人们不仅关注自身的需要，也时常渴望被别人需要，以体现自己的价值。这种'被需要'的心态普遍存在，对此你有怎样的认识？"如果有考生读过黑格尔的《精神现象学》，知道黑格尔关于"主奴关系"和"为承认而斗争"的学说，那么他极有可能会拿高分，除非批卷的老师看不懂。

为什么人们时常渴望被别人需要？为什么这种"被需要"可以体现自己的价值？关于这些问题，澳大利亚哲学家彼得·辛格（Peter Singer）举过一个特别棒的例子。他说，从中国这些国家为了获得外交承认所做的努力，以及另外一些国家为了阻碍其获得外交承认所做的努力可以看出，外交承认对于一个国家来说有多重要。外交承认有什么特点？首先，它是在承认某种已经存在的东西；其次，它能使某种不是一个国家的东西变成一个完全的国家。这些特征与自我意识需要得到别的自我意识的承认，在道理上是完全一致的。

从自我意识的对峙到主奴关系的确立

可是问题在于，按照黑格尔的观点，当两个自我意识相互对峙的时候，最初的冲动却是要打倒对方、消灭对方和摧毁对方，因为只有这样才能真正确立起自身的独立性。面对这种生死存亡的斗争，逻辑上只可能出现三个结果：

1. 两败俱伤，共同毁灭；

2. 你死我活，或者你活我死；

3. 一荣一损，但共同存活。

　　如果是你，你会倾向于选择哪个结果？显然，"两败俱伤，共同毁灭"是最糟糕的结局。第二个结果也不是太好，被摧毁的那个自我意识就不必说了，即使是存活下来的那个自我意识，应该也不会对这个结果感到满意，因为缺少了另一个自我意识，也就失去了被承认的机会。这样看来，第三个结果就成了最佳的结果。所谓狭路相逢勇者胜，有的自我意识因为勇敢而取得了胜利，另一些自我意识因为恐惧而败下阵来，选择俯首称臣。

　　我从小生长在浙西南的一家国防工厂，北边有一座村庄，南边也有一座村庄，两个村庄的孩子都到我们的子弟小学来读书。工人子弟和农民子弟之间有着很深的隔阂，前者自觉高人一等，后者则为了承认而斗争。所以，每当下课铃声一响，我们就会不约而同跑到操场上打架。我的制胜之道是，每当别人打我一拳的时候，我不仅不向后退，反而会向前再进一步。慢慢地，我就在学校里赢得了一个打架不怕疼的美誉，从此以后，我就无往而不利了。

　　回到为承认而斗争的过程，那些不畏惧死亡、勇往直前的人就成了主人，而那些害怕死亡、胆小怯懦的人就成了奴隶。如此，主奴关系就算是形成了，但是这个故事并没有讲完。

　　我想请你们思考一个问题：对于主人来说，来自奴隶的承认会让他真正感到满足吗？换个说法，如果你是主人，你最希望得到谁的承认？

　　《中国新闻周刊》有个宣传口号，叫作"影响有影响力的人"。仔细琢磨一下这句话，虽然有浓厚的精英主义味道，但却道出了小至个人、大到国家的心声。尽管我们希望获得尽可能多的承认，但归根结底，我们希望得到我们真正在乎的人的承认，这样的人一定是与你地位平等的人，甚至是比你更优秀的人。

　　回到主奴之间的关系，很显然，来自奴隶的承认，并不能真的让主人感到满足。另一方面，对于奴隶来说，他们也得不到来自主人的完整承认。所以主奴关系是一种不对等的承认关系：主人拥有承认，但并不满意，奴隶缺乏承认，所以总是为了承认而斗争。这种不对等构成了基本的"社会矛盾"，而"矛盾"则必然会推动主奴关系乃至于整个社会制度的演变。

　　说到这里，我想稍微岔开去说一说美国内战之前关于奴隶制的一些争论。大家一定都知道，南方各州的奴隶主们反对废奴，但是大家也许不知道，他们反对废奴的理由到底是什么。根据程映虹教授的介绍，当时反对废奴运动的主要观点之一是，奴隶制要比自由劳工雇佣制度更人道也更文明。比如说，奴隶制"对奴隶提供了从摇篮到坟墓的就业和生活保障，这种保障还惠及奴隶的家庭成员，让弱者免受自由市场经济竞争法则的无情支配"。再比如说，

"正因为奴隶没有独立的人格，是奴隶主的财产，所以奴隶主会保障他们的生活条件，安排好他们的一切……这种包办被称为父权主义或父爱主义，根本不同于基于自由和权利的冷冰冰的契约关系。在契约关系下，资本家根本不会关心工人在自己工厂以外的生活。所以，实际上黑人奴隶的处境远比白人自由劳工强"。

有的读者也许会非常惊讶：周老师竟然在为奴隶制做辩护？如果你真这么认为，那你就是在进行"抽象地思维"。我当然不是在为奴隶制做辩护，我想说的是，奴隶制无疑是邪恶的，但是奴隶制自有其产生和发展的脉络，我们需要去深入地了解奴隶制的前因后果，而且按照黑格尔的逻辑，奴隶制也是具有某种历史的合理性和必然性的。我给大家介绍反对废奴的各种理由，绝不是在为奴隶制做辩护，而是告诉你们还有另一种理解奴隶制的思路。这也是这门课反复传达的一个思想态度，要学会用一种更复杂的眼光去理解这个世界。当然，与此同时，我们还要持守住最基本的价值立场，不堕落成相对主义者。这自然是一个很高的要求，希望我们能够共同努力。

再回到主奴关系，黑格尔最富洞见的观点在于，奴隶虽然不获承认，而且被主人当成财产和物品，每天当牛做马，辛苦劳动，但是奴隶却意外地获得了自我意识的成长机会：奴隶通过劳动可以节制自身的欲望，制作、发明各种产品，赋予外物以形式，在这个过程中，劳动塑造了奴隶的自为存在。反倒是主人因为不事生产，成了不劳而获的寄生虫。所以说，在主奴的辩证关系中，主人只是看似主动，实则被动，而奴隶看似被动，实则主动。通过劳动，奴隶不仅获得了自我意识，而且进一步确立起人格独立和人人平等的意识。

超越主奴关系的自由意志

当主奴关系发展到这一阶段的时候，必然要走出超越主奴关系的那一步。有意思的是，黑格尔并没有说奴隶们从此决定要"翻身做主人"，他的观点是，在主奴的辩证关系中，无论主人还是奴隶，都意识到自由与否跟外在地位并无关系，于是他们选择退回到内心的城堡，去寻找内心的宁静，由此获得真正的意志自由。当我说到"内心的宁静"时，希望各位还能记得这是哪个学派的核心目标。没错，就是古罗马时期的斯多亚学派。

黑格尔认为，斯多亚学派真正弥合了主人和奴隶之间的鸿沟。马可·奥勒留是皇帝，但是他信奉斯多亚学派，爱比克泰德是奴隶，他同样信奉斯多亚学派，因为在古罗马，无论是主人（皇帝）还是奴隶，都认识到这样一个道理："不论在宝座上还是在枷锁中，这个意识本质上都是自由的"。

黑格尔的主奴关系辩证法对后世哲学家产生了巨大影响，萨特、科耶夫（Alexandre Kojève）、福山、霍耐特（Axel Honneth）都从不同的角度去解释过这个问题，其中最著名的还是福山的"历史终结论"。很多人误以为福山主张历史将终结于自由民主制，其实福山的真正意思是说，历史将终结于自由民主理念，真正获胜的不是自由民主制，而是自由民主理念。福山认为，等级制下的"承认"不能令人满足：首先，它不是相互的承认，奴隶主对奴隶、君主对臣民、贵族对农奴的承认远远不及反方向的承认，这种不对等、不均衡将构成"社会矛盾"，而"矛盾"将推动制度演变；其次，建立在强制和依赖基础上的承认，也是不能令人满足的。所以在人类为承认而斗争的过程中，只有自由民主理念才能够为所有人提供一种平等的、真正的相互承认。福山的"历史终结论"引发了很多争议，有人认为他的观点过于天真，请问你们怎么理解和评价福山的观点？

回到黑格尔的《精神现象学》，让我们删繁就简，直接来到人类精神发展的终点处。在经过了意识、自我意识、理性的漫长历程之后，黑格尔认为，人类精神的终点是"绝对知识"。所谓绝对知识，就是精神对绝对实在（absolute reality）的把握。《精神现象学》从"现象"入手，最终实现了对"物自身"的把握，从而克服了康德的二元论与不可知论，也正是在这个意义上，黑格尔自称是"绝对的观念论"。关于这个问题，我们下一讲还会继续探讨。

082

"是什么"与"是起来"：
黑格尔的"实体即主体"

这一讲的主题是"实体即主体"。先给大家打一针预防针，本讲内容会比较抽象，我会尽我所能把它讲得浅显易懂一些。

什么是实体？

第一个问题，什么是实体（substance）？我们已经多次探讨过这个概念，为了帮助理解，我想请各位回忆一下在第9讲中提到的那个观点：在所有的主谓判断句"S is P"中，无论主词和谓词怎么变化，总有一个词是不变的，比方说天是蓝的，花是红的，水是纯净的，女孩是可爱的，或者女孩是老虎，你会发现，在这些判断句中，都有一个永恒不变的"是"。

这个"是"字在德文中叫作"Sein"，在英文中是

"Being"，中文有时候把它翻译成"存在"，有时候翻译成"是"或者"有"。不管怎么翻译，哲学家们发现，所有的"存在者"必须首先要"存在"，才可能是特殊的"存在者"。换句话说，一切"是者"首先要"是"，然后才"是什么"。

从古希腊发展起来的"本体论"（ontology）就是在研究古希腊文中的"on"，也就是存在、是或者有。这当然是一个高度抽象的学问。亚里士多德说，其他的学科都是截取存在中的某一段，研究特殊的存在者，只有形而上学或者本体论是在研究"作为存在的存在"。

关于如何理解亚里士多德的形而上学，赵敦华老师说过一句非常漂亮的话："亚里士多德形而上学的全部秘密在于他的逻辑学"。亚里士多德的逻辑学探讨的正是"S is P"这个主谓判断形式。

在第 34 讲中，我们曾经以姚明为例，造了很多句子：姚明是上海人，姚明的妻子是叶莉，等等。你会发现，在所有这些判断中，除了那个永恒不变的"是"，还有一个非常特殊的范畴，就是主词（subject）——"姚明"，亚里士多德又把它称作"实体"（substance），而其他的九大范畴都是用来述说主词的，换句话说，它们是属性，属性是用来描述实体的。

做完以上的复习功课之后，现在我要问你们一个问题：英文中的"Being"或者"is"到底是系词还是动词？请迅速地调动一下你们在中学英语课上学到的知识。没错，它是系动词，也就是说它既是系词，也是动词。我们可以这样去理解：当它是系词的时候，表示的是主词和谓词之间静止的关联性；当它是动词的时候，表示的是主词和谓词之间动态的关联性。说得再明确一些，"is"这个词不仅表示"是什么"，还在表示"是起来"的过程。一个东西只有"是起来"的时候，它才会从"不是什么"成为"是什么"。邓晓芒老师在解释黑格尔的《逻辑学》时，特别强调要从"是起来"的角度出发才能把握黑格尔的精髓，我认为这个说法非常准确和巧妙。

如果你觉得还是太抽象了，那我就再举一个例子。据说当年歌德在阅读《精神现象学》的时候，翻开导言读到下面这段话，一怒之下就放弃阅读了。这段话是这么说的：

> 花朵开放的时候花蕾消逝，人们会说花蕾是被花朵否定了的；同样地，当结果的时候花朵又被解释为植物的一种虚假的存在形式，而果实是作为植物的真实形式出而代替花朵的。这些形式不但彼此不同，并且互相排斥互不相容。

这段话的意思是，花蕾、花朵和果实是三种不同的存在形式，它们彼此不同，互相排斥。如果只读到这里，我们会认为黑格尔只是在片面地、静止地、割裂地探讨"是什么"——这也正是中学政治课本上常说的"形而上学家"

干的事情。歌德读到这里非常生气，决定不看了。但是歌德不知道，如果他再多翻一页，就会发现黑格尔接下来还说了这么一段话：

> 但是，它们的流动性却使它们同时成为有机统一体的环节，它们在有机统一体中不但不互相抵触，而且彼此都同样是必要的；而正是这种同样的必要性才构成整体的生命。

在前一页里，黑格尔只讲了正题和反题，但是翻过这一页之后，他讲了合题，如此一来，就是辩证法的完整论述。歌德误以为黑格尔在讲彼此割裂的"是什么"，但其实黑格尔讲的是"是起来"的完整过程。

从 1812 年到 1816 年，黑格尔投入《逻辑学》的写作之中，他的整个逻辑学的起点就是"Sein"，翻译成英文是"Being"，翻译成中文是"是""存在"或者"有"。黑格尔说：

> 照我看来——我的这种看法的正确性只能由体系的陈述本身来予以证明——一切问题的关键在于：不仅把真实的东西或真理理解和表述为实体，而且同样理解和表述为主体。

我来稍微做些解释。首先，在这段话里，黑格尔把真实的东西理解为实体，我在第 3 讲中曾经提过一个问题：假定外部世界是存在的，那么什么东西是最真实的存在？然后我列举了各种事物，请你们打分，最真实的东西打 10 分，最不真实的东西打 0 分。所谓最真实的东西，就是那种其余事物都要依赖于它而它本身不依赖于其余任何事物的东西。这个最真实的存在，在哲学上就被称作"实体"。黑格尔也是这么理解的。

其次，黑格尔特别强调要把实体理解为主体。道理我们在前面已经反复说过了，因为黑格尔不仅要解释"是什么"，还要解释"是起来"的整个过程。主体的特点是什么？主体的特点就是具有能动性。我们从小学习政治课常常会读到"主观能动性"这个说法，黑格尔认为实体即主体，这就意味着实体本身也具有能动性，它是运动的、发展的"活的实体"。《逻辑学》整本著作就是要展示"是"这个最初的起点如何展开成为"绝对理念"的完整过程。

实体的运动发展：有—无—变

那么实体到底是如何运动发展的呢？按照黑格尔的辩证法，实体不是无差别的同一性，而是自身内部就蕴含着否定性和矛盾性，通过否定之否定，不断地展开和发展自己。

还是让我举一个例子。在看美剧的时候，当主人公遭遇人生重大挫折的时候，常常会说这样一句话：I am

nothing。翻译成中文就是"我什么都不是"。我猜想，在人生的某一特殊时刻，每个人都会经历这样痛彻心扉的时刻，感到"我什么都不是"。这个时候就是你的"基础发生动摇"的时刻，就是你在长夜里痛哭的时刻。

为什么会觉得自己什么都不是？因为你想要成为一个"什么样"的人，但你没有成为那样的人。所以，这是对"现在之所是"的一个否定。在痛哭了整整一个长夜之后，你开始慢慢地积攒力量，暗暗地下定决心，我要"是起来"——这就是对"未来之所是"的一种意向和肯定。

分析到这里，我们可以做一个小结。当你说"我什么都不是"的时候，既是在表达无（nothing），也是在表达否定。但是你必须先是什么，然后才会说自己什么都不是，所以这是一个从"有"到"无"的过程。然后当你决心去"是起来"的时候，这就是在寻求变化，所以，这是一个从"有"到"无"再到"变"的辩证过程。

我们无法深入地探讨黑格尔的《逻辑学》，总而言之，通过有—无—变、质—量—度这样的正反合的辩证逻辑，黑格尔建立起一个无所不包的哲学体系。最终，黑格尔认为，概念的自我发展会通向对"绝对精神"的把握。

黑格尔哲学的基本特征

现在我们可以来总结一下黑格尔哲学的几个基本特征。

第一，黑格尔把历史主义的维度引入了哲学。我们曾经说过亚里士多德哲学的原型是生物学，柏拉图哲学的原型是数学，二者的区别在于，生物学强调运动和变化、潜能和实现，研究事物何以至此的过程，而数学的对象则是静止不变的。黑格尔与康德的关系有点像亚里士多德与柏拉图，康德哲学反对辩证法，不讲矛盾的对立统一，在黑格尔看来这是一种静止的哲学，而黑格尔特别强调发展、运动和变化，只不过他的哲学原型不是生物学，而是历史学。正如恩格斯所言，"伟大的历史感"是"黑格尔思想方法……的基础"。

黑格尔哲学的第二个特征是对逻辑必然性的强调。虽然引入了历史的维度，但是黑格尔所说的历史不是经验的、偶然的历史，而是有着逻辑必然性的历史。如果单看经验的历史，我们常常会认为其中充满了各种偶然性和阴差阳错。比如，人们经常会想，如果当年奥地利皇储斐迪南大公没有被刺杀，那么第一次世界大战也许就不会爆发；或者，如果希特勒与维特根斯坦在中学做同学的时候，因为一个偶然的事件，发生了争吵斗殴，然后两败俱伤、一命呜呼，那么整个20世纪的历史就彻底改写了。但是在黑格尔看来，经验的历史看似纯属偶然，实则隐藏着逻辑的必然性，即便伟大如拿破仑，也不过是世界精神在马背上的一个代言人。

古希腊历史学家希罗多德记载说，伟大的波斯王薛西斯在看到自己统率的浩浩荡荡的大军向希腊进攻时，不禁潸然泪下，感慨道："当我想到人生的短暂，想到再过一百年后，这支浩荡的大军中没有一个人还能活在世间，便感到一阵突然的悲哀。"这当然是对历史无意义、人生无价值的一种突如其来的喟叹。但是黑格尔眼中看到的却是另外一幅景象——无论是这支大军中的小卒，还是薛西斯本人，其实都是在不知不觉地服从"理性的狡计"，他们是理性实现自身目的的工具和手段，理性必将实现其目的，因为历史具有必然性。

黑格尔哲学的第三个特征是真理就是整体。他打过一个比方："真理不是一块铸成了的硬币，可以现成拿过来就用。"这句话的意思是说，若想真正把握真理，就必须把握它的整体发展过程，真理不是一个现成之物，而是不断发展变化的过程。自笛卡尔以降，近代哲学的核心特征就是对主体性的强调，从笛卡尔的"我思故我在"到康德的"知性为自然立法""人为道德立法"，莫不如此。他们一方面高扬了人的主体性原则，另一方面则进一步加深了二元论的格局，比如现象与本体、主体与客体、自然与精神、感性与知性、知性与理性、理论理性与实践理性、有限与无限、知识与信仰，等等。与此相对，黑格尔强调思维与存在的同一，他把逻辑学、认识论和本体论这三门学科合而为一，强调概念的自身运动将最终把握绝对精神，凡此种种，都是在力图克服主体性哲学带来的分裂，追求整体性和统一性。

黑格尔：概念王国里的世界精神

黑格尔把哲学史形象地比喻为一个"厮杀的战场"，上面"堆满着死人的骨骼"。可是，在这片尸骨遍地的战场上，却挺立着一个伟岸的身影，这个最后的武士就是黑格尔本人。黑格尔自认为终结了整个哲学史，因为他把握到了绝对真理。不仅如此，黑格尔甚至认为，"整个自然界、人类精神和社会的发展，包括人类的全部艺术、宗教和哲学这些精神活动，都是为了产生出他的哲学所做的准备"（邓晓芒语）。如果说拿破仑是马背上的世界精神，那么他就是概念王国里的世界精神。

1831 年，黑格尔因病去世，这位生前一统江山的老王，死后并没有赢得该有的尊敬。马克思这样评论道："今天在德国知识界发号施令的、愤懑的、自负的、平庸的模仿者们，已经高兴地……把他当作一条'死狗'了。"其实反对的声音一直存在，同时代的叔本华批评黑格尔哲学是"赤裸裸的胡说、拼凑的空话、无意义的疯狂的词组"，是"只有在疯人院里听到过的最大的狂妄"。罗素在《西方哲学史》中直言不讳地指出，"黑格尔的学说几乎全部是错误的"。卡尔·波普尔痛批黑格尔含糊和艰涩的文风，认为他败坏和污染了德国的语言和思想。相比之下，维特根斯坦的口气稍微缓和一些，他承认自己读不了黑格尔，因为两人的哲学气质相差太远。维特根斯坦说："黑格尔似乎一直想说，那些看上去不同的事物其实是相同的。而我的兴趣在于指出那些看上去相同的东西其实是不同的。"

我曾经一度也认为黑格尔是一条死狗。但是最近这些年来，我渐渐认识到黑格尔哲学死而不僵，甚至于大有借尸还魂、死而复生的趋势。比方说，20 世纪 80 年代以来，在政治哲学中兴起了"社群主义"（communitarianism）的思潮，它的核心主张是重视共同体（community）的价值，反对自由主义对个体自由和平等的过度强调。正如加拿大哲学家威尔·金里卡（Will Kymlicka）所说，社群主义对现代自由主义的批判与黑格尔当年对古典自由主义的批判，有着许多相似之处。而更加有趣的是，社群主义和共产主义（communism）一样都重视共同体，区别在于：共产主义者——也就是"老的"社群主义者——立足于马克思及其改造世界的愿望，想要砸烂旧世界，建立一个崭新的共同体；而 20 世纪的社群主义者，也就是"新的"社群主义者，却立足于黑格尔的愿望——"使人安心接纳自己的世界"。但即便是共产主义者，也即"老的"社群主义者，其实也从黑格尔那里汲取了大量的养分。

黑格尔被公认为最后一个严格意义上的形而上学家，在《逻辑学》第一版的序言里，黑格尔指出："那种被叫作形而上学的东西，可以说已经连根拔掉，从科学的行列里消失了"，"科学和常识这样携手协作，导致了形而上学的崩溃，于是便出现了一个很奇特的景象，即：一个有文化的民族竟没有形而上学——就像一座庙，其他各方面都装饰得富丽堂皇，却没有至圣的神那样"。

为了拯救形而上学的命运，同时也是为了拯救人类的命运，黑格尔亲手盖起了一座神庙，一厢情愿地认为后来人将会络绎不绝地前来朝圣，把他的思想万世不易地供奉在神坛上。然而事与愿违，这座神庙得到的赞美远少于遭到的诋毁，有人不仅想要拆掉黑格尔的神牌，甚至试图烧毁整座神庙。随着时间的推移，这座被废弃多年的神庙再次回到人们的视野，尽管进入神庙朝圣的人依旧不多，定居下来的人更少，但不断有人开始临摹和学习它的风格，甚至偷拆梁木和砖瓦，到别处去修建新的庙宇和房屋。或许这才是每一个哲人的命运，他们更像是散落在大地上的建筑，而不是倒毙在战场上的尸骸。这些建筑风格各异，大多年久失修，但却是人类思想旅途中不可或缺的风景，并且总会在不经意的时刻重新激发起现代人的灵感。

答问 9

历史真的终结了吗？

在第 81 讲中，我们提到了福山的历史终结论，福山认为，与其说是自由民主实践获得了胜利，不如说是自由民主理念获得了胜利，因为相比起以往的等级制，自由民主理念能更好地实现平等人之间的相互承认。然后我给大家留了一道思考题：如何去看待和评价福山的这个论断？一位朋友问道："如果自由民主也发展出它们的对立面，并被对立面否定了呢？这是否表示历史并未终结？"还有朋友提到了新技术给人带来的异化问题。我想沿着这些追问再给你们介绍一下福山的观点。

首先，福山认为，虽然自由民主理念获得了胜利，但不意味着在具体实践中，自由民主的政治体制不会遇到阻碍、挑战或者反复。

其次，虽然自由民主理念获得了胜利，但不意味着人们的欲望结构发生了改变。福山认为，人类具有两种被承认的欲望：一种是优越意识，也就是"获得自己比别人优越这种承认的欲望"；另一种是平等意识，也就是"获得与其他人平等的承认的欲望"。即使是在自由民主社会里，也存在着这两种相互冲突的被承认的欲望。

第三，事实证明，在自由民主制内部，左派和右派各有各的不满。福山指出，左派批评自由民主制的理由是，普遍的相互承认这一承诺基本上仍没有实现，理由之一就是，资本主义事实上造成了巨大的经济不平等，这个现象本身就意味着不平等的承认。右派同样不满意自由民主制，他们批评说，自由社会的问题不在于承认不够普遍化，而在于"平等承认"这个目标本身就是成问题的，因为人天生就是不平等的，所以右派认为平等地对待每一个人恰恰不是在肯定人性，而是在否定人性。

福山的上述论断写于30多年前，但非常有前瞻性。举例来说，特朗普当选美国总统的原因之一，就是右派对于自由民主制过于平等化的趋势非常不满，甚至到了忍无可忍的地步；同样，从风起云涌的各种平权运动中，我们也能清晰地看到左派人士在坚定不移地继续深化平等的相互承认这个理想。

福山认为："长期来看，自由民主制之所以被从内部颠覆，要么由于过度的优越意识，要么由于过度的平等意识。"而福山在当时的直觉是，"最终来说，对民主构成最大威胁的是前者"，也就是过度的优越意识。请注意，福山说的是自由民主制的内患，也就是前面所说的，自由民主制有可能发展出它的对立面。

从外部的角度看，福山曾经预言说，历史是否终结，要取决于以下几个条件能否实现：

1. 伊斯兰教会否成为民主的障碍；

2. 全球民主是否可能；

3. 如何在贫穷国家建立强有力的民主政治。

今天看来，这些条件不仅没有实现，反而变得更加问题深重。但是我不打算深入讨论它们，而是想从现代科技的角度出发，谈一谈过度的优越意识到底会以什么方式颠覆自由民主制。

在2002年出版的《我们的后人类未来》的序言中，福山提出："除非科学终结，否则历史不会终结。"福山这样警告世人："生物技术会让人类失去人性……但我们却丝毫没有意识到我们失去了多么有价值的东西。也许，我们站在了人类与后人类历史这一巨大分水岭的另一边，但我们却没意识到分水岭业已形成，因为我们再也看不见人性中最为根本的部分。"福山的这个忧虑跟前面提到的问题非常类似，也就是新技术有可能对人性造成异化。

2016年4月，《人类简史》的作者尤瓦尔·赫拉利在清华大学做了一个演讲，题目是《新的不平等：21世纪会是史上最不平等的时期吗？》。赫拉利的核心论点是："在21世纪，新技术将赋予人们前所未有的能力，使得富人和穷人之间有可能产生生物学意义上的鸿沟：富有的精英将能够设计他们自身或者他们的后代，使其成为生理和心理能力都更为高等的'超人'，人类将因此分裂为不同的生物阶层，先前的社会经济阶层系统可能会转化为生物阶层系统。"

在这个问题上，赫拉利和福山可谓英雄所见略同，只不过福山比赫拉利至少早说了14年。现代科技的发展——无论是生物工程、仿生工程还是无机生命工程——为少数人提供这种优越意识创造了技术上的可能性，这将在根本上动摇福山《历史的终结》的论点。这也正是福山写作《我们的后人类未来》的动机所在，因为"除非科学终结，否则历史不会终结"。

在福山的笔下，后人类的未来一点都不令人向往："后人类的世界也许更为等级森严，比现在的世界更富有竞争性，结果社会矛盾丛生。它也许是一个任何'共享的人性'已经消失的世界，因为我们将人类基因与如此多其他的物种相结合，以至于我们已经不再清楚什么是人类。"

也正因如此，福山才会把尼采在《权力意志》中的一句话作为《我们的后人类未来》的题词，这句话是这么说的："够了：政治将被赋予不同意义的时代正在到来。"

现代科技到底会更好地服务于多数人的平等意识，还是会更好地为少数人的优越意识提供支持，这是值得我们每一个人都深入思考的问题。

尼采肖像，布面油画，挪威画家爱德华·蒙克（Edvard Munch，1863—1944）绘于 1906 年。

083

瞧，这个人！
"名叫尼采的人"和"名叫尼采的角色"

尼采的死亡和出生

从这一讲开始，我们将进入尼采的专题。

让我们从尼采（Friedrich Nietzsche，1844—1900）的"死亡"开始说起。1889 年 1 月 3 日，在意大利都灵的卡尔洛·阿尔弗贝尔托广场上，刚刚离开住所的尼采，看见一个马车夫正在虐待自己的马。他冲上前去，热泪盈眶地紧紧抱住马脖子，高呼道："我的兄弟！"尼采疯了。医生的诊断说明书上赫然写着：精神错乱症和渐进性麻痹。

作为肉身的尼采此后继续苟活了 11 年，直到 1900 年 8 月 25 日才真正离世，但是作为思想者的尼采在 1889 年 1 月 3 日那一天就已经死了。在他精神失常前的一年中，尼采一口气写下了五本小册子，分别是《偶像的黄昏》《瓦格纳事件》《尼采反瓦格纳》《敌基督者》和《瞧，这个人》——就好像是超新星在归入沉寂之前的最后爆发。

《瞧，这个人》是一本个人自传。仅看书中小标题——"我为什么如此智慧？""我为什么如此聪明？""我为什么能写出如此好书？""我为什么是命运？"——你就知道，此时的尼采已经一脚踩在了疯狂的边缘。令人大惑不解的是，这本书的书名出自罗马总督彼拉多指认耶稣基督时说的名言："瞧，这个人！"把这句话作为个人自传的标题，尼采绝不是无意为之。要知道在同一年，尼采还写出了《敌基督者》，作为有史以来最著名的基督教的反对者，尼采竟然像指认耶稣基督一样来指认自己，其中的反讽和紧张非常耐人寻味。

1844 年，尼采出生在德国东部的一个小村庄。五岁的时候，父亲因病去世，同年，两岁的弟弟也因病去世。这两件事情给他造成了巨大的心理阴影。可以说，命运女神从一开始就给尼采的人生涂抹上了浓厚的悲剧色彩。

六岁的时候，尼采与母亲和妹妹一道去瑙姆堡投奔祖母和两个姑姑。尼采从小在女性的环境中成长，但他却是历史上非常著名的厌女症患者。关于女性，他说过最著名的一句话是："到女人那里去吗，不要忘了带上鞭子。"但是有趣的是，在他与红颜知己莎乐美摆拍的一张合影中，手拿鞭子的恰恰不是尼采，而是莎乐美。也许世人都误解了尼采，"到女人那里去要带上鞭子"的本义是把鞭子递给女人，而不是让男人教训女人。

虽然成年之后的尼采反复强调甚至炫耀自己的破坏

摄于 1882 年，左一持鞭者为莎乐美，右一为尼采。

性，比如："让个体感到不快，这就是我的使命。"再比如："我不是人，我是炸药！"可是年少的尼采却是一个特别安静羞涩的人，因为父亲和祖父都是牧师，所以尼采儿时的绰号是"小牧师"。事实上，即使成年之后，生活中的尼采依然是一个安静羞涩的人。然而在他的内心深处，却好像隐藏了一座休眠火山，当它爆发的时候，不仅可以摧毁基督教的千年传统，同时也可以摧毁整个理性主义的千年传统。阅读尼采的时候，一定要把他的哲学跟人生结合在一起读，他的哲学就是他的人生，他的人生就是他的哲学。如果你不能体验他的体验，不能设想他的狂想，那就很难真正进入他的哲学。

病态的人生和健康的哲学

尼采无疑是一个病人。他的病态首先体现在生理上，他有很严重的头痛症，他的胃肠功能不好，眼睛也有问题。24岁的时候，尼采就成为巴塞尔大学的古典学教授，但是到35岁的时候，他却不得不离职，原因之一就是他的眼睛几乎失明，读不了任何著作。尼采不仅有很严重的生理疾病，同时也有很严重的心理疾病和社交障碍症。第一次见到莎乐美的时候，尼采用蹩脚的幽默感说道："尊敬的莎乐美小姐，我们是从哪个星球上降落到一起的呢？"想象一下，如果你是莎乐美，听到这句话该作何反应呢？很显然，这样的尬聊是无法进行下去的。

但是如果不去近距离地接触尼采，而是远远地阅读他的哲学和人生，就会被他深深地感动。因为这个病态的人一直在渴望一种健康的哲学。"健康"这个词几乎是尼采评判人生和哲学的终极标准。他之所以批评苏格拉底的哲学，理由正在于它不健康；他之所以批评基督教的道德，理由也在于它不健康。

什么是健康？我在课堂上跟人大同学说：你们是早晨八九点钟的太阳，充满希望；你们的两腿结实，身体充满力量；而且，用尼采的说法，你们的消化系统非常好，可以吃各种东西，睡很香甜的觉；你们可以大笑，开怀地大笑，充满了对生命的肯定、憧憬和渴望。这些对于健康的人来说都是理所当然的事情，对于体弱多病的人来说却是可望而不可即的。更重要的是，尼采在28岁的时候，不知出于何种原因染上了梅毒，这在当时的欧洲是不治之症，即使可以延缓病情的发展，但却终生难愈，而且最终病毒会侵袭大脑，导致精神失常。我们没有尼采的人生体验，但是我们可以想象这种万蚁噬骨的病痛感，它挥之不去，如影随形，让你时时刻刻都在反观自己的身体和灵魂。

写出《追忆逝水年华》的法国作家普鲁斯特，就是这样通过病痛来接近自己的灵魂的。他说："病人，更多地觉得接近自己的灵魂。"普鲁斯特还说："生活是一样贴得太近的东西，它不断地使我们的灵魂受到伤害。一旦感到它的镣铐有片刻的放松，人们便可以体验到隽永的乐趣。"

我在 20 多年前读到这段话的时候，写下过这样的读后感：

> 生活贴得太近会伤害灵魂，灵魂贴得太近会疏远生活。反正没法过！！！但是时间不会戛然而止，时间在灵魂低眉举目之间轻轻跃过，把状态拉长成生活，历史就是这样完成的，生活就是这样展开的，然而灵魂还在丛林的月光下沉思，想着没有出路的出路。怎么办？于是我们决定不用理性去规划生活。我们用意志力，用极大的轻蔑力去贬低生活，贬低一切来自生活幻想和幻象帷幕之下的幸福、快乐、温馨、亲近等一切美好的词汇，在这种大轻蔑中体会另一种力量，一种源自生命底层的力量，它狂飙突进，荡涤一切。于是我们终于把握住生活的本质，我们手指前方，说道："喏，这就是生活的本来面目，你们这些可怜的被蒙蔽的蝼蚁。"——尼采就是这么生活的，但是尼采首先摧毁的就是他自己的生活。

可是尼采并不因此感到沮丧，相反，他在这样的病痛中找到了自我救赎的道路。在《瞧，这个人》中，尼采写道：

> 36 岁时，我的生命力降到了最低点——我还活着，但却看不到离我三步远的东西。……在我身上，精神的完全明亮和喜悦，乃至于精神的繁茂兴旺，不

仅与最深刻的生理虚弱相一致，而且甚至与一种极端的痛苦感相一致。……从病人的透镜出发去看比较健康的概念和价值，又反过来根据丰富生命的充盈和自信来探视颓废本能的隐秘工作——这乃是我最长久的训练，是我最本真的经验，如果说是某个方面的训练和经验，那我在这方面就是大师了。

这段话非常好地传达出病态的人生和健康的哲学之间的关系。用心体会尼采的遣词，他用"明亮""喜悦""繁茂兴旺"去刻画精神的健康，这些词汇最初是用来刻画身体的健康的，这对于尼采来说是可望而不可即的状态。尼采告诉我们，恰恰是从病人的视角出发，才能真正体会和理解什么叫作"健康的概念和价值"，恰恰是通过虚弱和颓废，才能真正地体会和理解什么叫作"生命的充盈和自信"。这是一种自我克服的过程。

热爱命运就是尼采最终的自我嘲讽

除了健康，"颓废"是理解尼采哲学的又一个关键词。颓废是健康的反义词，它不仅是生理性的，更是精神性的。什么是精神性的颓废？就是体会到生命的无意义、人生的虚幻感，以及自我的无能为力感。我们可以对那个"名叫尼采的人"和那个"名叫尼采的角色"做出区分。那个名叫尼采的人分明体会到了虚弱和颓废、生命的无意义和人生的虚幻感，但是那个名叫尼采的角色却要肯定生命，热爱命运，去赢得一种完全明亮、喜悦，乃至于繁茂兴旺的精神生活。

美国学者罗伯特·C. 所罗门（Robert C. Solomon）在《与尼采一起生活》中告诉我们："尼采主要关切的是理解他自己的那个遭受疾病折磨的、孤独而又不幸福的人生，并由此肯定这个人生。"这里的重点在于，在理解如此这般的悲惨人生之后，仍要"肯定"这个人生。所罗门对尼采的总结，特别像一句流传甚广的人生鸡汤："看破这个世界，然后爱它。"这句话之所以像是人生鸡汤，是因为你，现实生活中的每一个平凡而普通的你，不能够用自己的意志力、生命力去丰富和填充这个句式，于是这句话就成为一个徒有其表的表述，一个稀汤寡水、没有实质内容的空洞形式。就好像我们衷心地热爱 C 罗和梅西，因为衷心地热爱，就误以为我们也共同参与了他们的卓越和不凡，但其实我们只是英雄的影子，英雄们过真正的人生，我们喝影子里的鸡汤。

尼采说："我怎么能不感谢我的整个人生？"这句话真是让人动容。它让我想起另外一位我无比钟爱的哲学家维特根斯坦，他在临终前的遗言是："告诉他们，我度过了极好的一生。"从凡人的角度看，维特根斯坦的人生经历说不上好，但是他就像尼采一样，在经历了"遭受疾病折磨的、孤独而又不幸福的人生"之后，肯定了自己的人生。为什么可以这么做？因为他们都坦然接受了命运女神交付在他们身上的必然性，所以尼采说："热爱命运！"

1889 年，尼采陷入疯狂，病历记载："这个病人喜欢拥抱和亲吻街上的任何一个行人。"罗伯特·C. 所罗门说，"热爱命运就是尼采最终的自我嘲讽"，"他的人生就是对'热爱命运'的检验。他没有成功地通过这个检验"。

我不认为尼采没有成功地通过这个检验。我认为我们每一个人都需要反问自己：你有没有打算通过这个检验？你是不是能够成功通过这个检验？

084

在自己的身上克服他的时代：
尼采反对瓦格纳

无时代的人

终其一生，尼采有两个本可以成为毕生挚友乃至爱人的人：理查德·瓦格纳和露·莎乐美。瓦格纳比尼采年长31岁，是当时德国最负盛名也最具争议性的音乐家；莎乐美是一个充满灵气的俄罗斯女孩，尼采对她一见钟情，甚至鼓足勇气向她求婚。但是最终，尼采与这两个人都分道扬镳了。

尼采说："我飞向未来，飞得太远了：恐怖攫取住我，当我张望四周，看！时间是我唯一的伴侣。"也许这就是天才的宿命。在1888年完稿的《瓦格纳事件》中，尼采写道："一个哲学家对自己的起码要求和最高要求是什么？在自己身上克服他的时代，成为'无时代的人'。"

作为一个"无时代的人"，尼采必须跟一切局限于时代的人和事决裂，尤其是瓦格纳。因为，瓦格纳跟他一样，都是"这个时代的产儿，也就是说，是颓废者"。不同的是，尼采承认这一点，并且与之斗争，而瓦格纳则浑然不觉，因此成为现代病患的"难得的案例"。所以尼采说"瓦格纳纯粹是我的病患"，与瓦格纳决裂，正是尼采自我疗治的必经阶段。

细心的读者一定发现了，尼采再一次使用了"颓废"这个关键词，在他看来，"颓废"代表了现代病症的典型特征："蜕化的生命、求毁灭的意志、极度的疲惫"。尼采不仅用"颓废"来形容瓦格纳和他自己，也用"颓废"来形容苏格拉底。也许有人会问：可是苏格拉底是古希腊人啊，他怎么会患上现代人的病症呢？

要想解释这个问题，就必须把时间调回到1872年，这一年，28岁的尼采出版了一本惊世骇俗的著作——《悲剧的诞生》。在这本书中，尼采提出了两个重要的观点：第一，针对日神精神，提出了酒神精神，认为后者才是古希腊艺术的典范和基础；第二，反对苏格拉底开创的理性主义传统，认为这是现代病症的古希腊根源。

日神精神与酒神精神

让我们先来探讨日神精神。什么是日神精神？这么说吧，当我们想起古希腊的时候，首先映入脑海的那些词都属于日神精神，比方光明、理性、逻辑、和谐、秩序这样的字眼儿。德国学者萨弗兰斯基（Rüdiger Safranski）指出，雕塑、建筑艺术、荷马的众神世界、史诗的精神，这些艺术形式体现的都是日神精神。就以雕塑为例，2013年我去巴黎卢浮宫参观，当我看到古希腊展区的时候，尤其是当我看到胜利女神和断臂的维纳斯雕像时，立刻明白了为什么有人会把古希腊的艺术风格总结为"高贵的单纯和静穆的伟大"（温克尔曼语）。

但是尼采挑战的正是这种传统的理解。在《悲剧的诞生》中，尼采直言不讳地指出："我们必须把太阳神阿波罗文化的艺术大厦一块石头一块石头地拆除，直至见到它所凭借的基础。"这个重见天日的基础不是别的，正是酒神精神。与日神精神强调逻辑、理性和秩序不同，酒神精神推崇的是自由、情感和混乱，酒神是一个"解体、迷醉、狂喜和恣意纵欲的狂野之神"。

《诗经》"毛诗序"中写道："情动于中而形于言。言之不足故嗟叹之。嗟叹之不足故咏歌之。咏歌之不足，不知手之舞之，足之蹈之也。"意思是说，当人们发现仅凭语言无法表达内心的情感时，就会诉诸歌咏和舞蹈。人们在什么时候能够最自由地"手之舞之，足之蹈之"？当然是在酒醉之后。事实上，古希腊的戏剧就诞生于庆祝酒神狄奥尼索斯的节日狂欢之中。而酒神精神的艺术表现形式就是音乐、舞蹈和戏剧。

在酒精的刺激和夜幕的掩护之下，古希腊人放下一切理性的束缚，在舞台上尽情地表现"心醉神迷和狂喜无度"。与光明和理性一同消退的还有个体意识，醉过酒的人都有体会，酒能让人与人之间的界线消弭于无形，人们开始勾肩搭背，称兄道弟，掏心掏肺。而当黎明来临，阳光普照大地，恢复理性的人们会再一次"回落到他的个体中"。也正是在这个意义上，萨弗兰斯基总结说：日神阿波罗面向个体，酒神狄奥尼索斯致力于消除边界。

尼采抬高酒神、贬低日神的理由之一也在于此。他说："在酒神的魔力下，不但人与人之间的团结再次得以巩固，甚至那被疏远、被敌视、被屈服的大自然也再次庆贺她与她的浪子人类言归于好。"

这句话的关键词是"团结"，团结的反义词是什么？是"分裂"！尼采虽然讨厌黑格尔，但是他们都热爱古希腊生活的完整性，反对现代生活的分裂性。前面提到，20世纪90年代末，北大校内网的主页上总是会跳出一行字："别把饭粒掉在键盘上。"我一直认为，这句话是对分裂的现代生活的最佳表述，我们不仅时常一心二用、一心三用，而且要不停地切换各种不同的角色与身份。不仅作为个体的人是分裂的，人与人之间也是分裂的，人与自然更是分裂的。但是在古希腊，情况却正好相反，借用美国哲学家威廉·巴雷特（William Barrett）的说法，那个时候，"哲学不是一门特殊的理论学科，而是一种具体的生活方式，是对人和宇宙的总体看法，个体的人据此度过他的一生"。尼采与黑格尔的区别在于，黑格尔用理性和逻辑去追求整体性，而尼采则用情感和意志去实现整体性，这也正是叔本华带给尼采的影响。

悲剧精神与悲观主义

需要特别注意的是，尼采探讨悲剧精神，但并不接受悲观主义。这个区别直接导致尼采跟叔本华的分道扬镳，叔本华有句名言是这样说的：

> 欲求和挣扎是人的全部本质……所以，人从来就是痛苦的……人生是在痛苦和无聊之间像钟摆一样地来回摆动着。

作为一个彻底的悲观主义者，叔本华从希腊悲剧中读出的是对人生意义的彻底否定。而尼采呢？他从希腊悲剧中读到的不是悲观主义，而是悲剧精神，是以更积极的肯定的姿态去拥抱人生，热爱命运。

在《瞧，这个人》中，尼采说："肯定生命本身，哪怕是处于最殊异和最艰难的难题中的生命；求生命的意志在其最高类型的牺牲中欢欣于自己的不可穷尽性——这一点，我称之为狄奥尼索斯的，我把它理解为通向悲剧诗人之心理学的桥梁。"

尼采在苏格拉底身上的人格投射

尼采不仅反对日神精神，而且攻击苏格拉底，因为苏格拉底是一个理性主义者，而"'理性'反对本能……是埋葬生命的暴力"。尼采把苏格拉底视为"希腊解体和消亡的工具，是一个典型的颓废者"。

但是耐人寻味的是，关于苏格拉底，尼采后来还说过这样一段话：

> 作为须眉男子，苏格拉底在众人眼前犹如猛士，活得潇洒、快乐，可谁料到，他竟然是个悲观主义者呢？他直面人生，强颜欢笑，而把自己最深层的情愫、最重要的评价隐藏，隐藏了一生呀！苏格拉底啊，苏格拉底深受生活的磨难！

读到这里，你有没有这样的感觉，尼采似乎不是在描述苏格拉底，而是在描述他自己，他把自己的人格形象投射到了苏格拉底的身上。尼采之所以能够看透苏格拉底，是因为他看透了自己。他与苏格拉底一样，也是一个颓废者。深受生活磨难的人不是苏格拉底，而是尼采自己。唯一的不同在于，尼采不是悲观主义者，他借助悲剧精神克服了悲观主义，最终克服了颓废这个现代性的病症。

其实，尼采集中火力攻击过的人物——苏格拉底、叔本华、瓦格纳——都对他的思想和人生产生过重大影响。尼采在他们身上看到了自己的投影，所以当尼采攻击他们的时候，他其实是在进行自我克服和治疗。

瓦格纳是尼采最纯粹的病症

就像一开始所说的，瓦格纳是尼采最纯粹的病症。尼采曾说："与瓦格纳决裂，对于我乃是一种命运；此后重又喜欢上什么，对于我乃是一种胜利。"但是在决裂之前，尼采与瓦格纳却有过一段非同寻常的蜜月期。《悲剧的诞生》的前言中明明白白地写着"献给理查德·瓦格纳"，瓦格纳收到著作后立即回信说："我从未读过比您的书更精彩的书！真是美妙！现在我是匆匆写信给您，因为这本书使我激动万分，我必须等待自己冷静下来才能正式读它。"

尼采与瓦格纳联手，是为了用艺术代替宗教，在那个贫困的时代拯救岌岌可危的现代精神。尼采与瓦格纳决裂，是因为瓦格纳背叛了他们之间的盟约。尼采不无激愤地说道：自从瓦格纳回到德国，"他就向着我所蔑视的一切堕落了"。

1876 年 8 月 13 日，在巴伐利亚国王路德维希二世的领地拜罗伊特举办了第一届瓦格纳音乐节。在为期数日的音乐庆典中，只上演瓦格纳一个人的歌剧，这是瓦格纳人生的顶峰，但是对于尼采来说，这却是他与瓦格纳决裂的开端。尼采冷眼旁观整个庆典，发现它与艺术毫无关系，不过是一场"不惜一切代价的娱乐"，一次对"生命贫乏者"的精神喂食。人们来到拜罗伊特，不是为了享受艺术，而是为了附庸风雅、广结人脉，比起演出，他们更关心出席活动的君王将相和社会名流的八卦消息。而瓦格纳所做的一切，无非就是投其所好，用华而不实的布景、高亢激越的音乐、目眩神摇的舞台效果，迎合那些时刻准备着被感动的观众。我猜想，在基本的原理上，拜罗伊特音乐节与我们所熟知的迪士尼乐园、拉斯维加斯的表演秀，以及张艺谋导演的"印象系列"是一致的。它们旨在为普通人"造梦"，看似瑰丽实则虚幻，看似雄伟实则浮夸，这是一种"有意识的妄想"，或者说集体性的自欺欺人。尼采知道，其实瓦格纳也知道，它在骨子里与艺术毫无关系，只是一件精打细算、人工装配起来的人造制品。只是尼采选择揭露假象，而瓦格纳选择继续自欺欺人。

尼采与瓦格纳决裂，不仅因为瓦格纳败坏了艺术，更因为瓦格纳选择向基督教投降。《帕西法尔》是瓦格纳创作的最后一部歌剧，其中充斥着基督教的元素。作为史上最著名的"敌基督者"，尼采绝不能容忍自己的盟友倒在基督的十字架前。

在《瞧，这个人》中，尼采用最明快的方式说明了基督教与酒神精神之间的对立："基督教既不是阿波罗的，也不是狄奥尼索斯的；基督教否定一切审美的价值——那是《悲剧的诞生》唯一承认的价值：基督教在最深刻的意义上是虚无主义的，而狄奥尼索斯象征却达到了肯定的极端界限。"

《悲剧的诞生》虽然是尼采的第一部正式著作，但它的作用恰如黑格尔的《精神现象学》，是他的哲学思想的真正诞生地和全部秘密所在。最后，我想借助周国平老师的一段话来结束这一讲：

> 尼采在论希腊悲剧时说，希腊悲剧的唯一主角是酒神狄奥尼索斯。埃斯库罗斯笔下的普罗米修斯、索福克勒斯笔下的俄狄浦斯都只是酒神的化身。我们同样可以说，尼采哲学的唯一主角是酒神精神，权力意志、超人、查拉图斯特拉都只是酒神精神的化身。在他的哲学舞台上，一开始就出场的酒神后来再也没有退场，只是变换了面具而已。

答问 10

为什么悲剧比喜剧更深刻？

这一次的问答，我选择了几个与悲剧有关的问题。

大家应该还记得俄狄浦斯王的故事，学友"2500 风景"问道："俄狄浦斯的错是不是在于他不相信自己就是那个杀父娶母的人？"

关于这个问题，我认为另一位学友"Spring1126"的回答抓住了问题的根本，她说："我觉得俄狄浦斯的错或许是某种自负带来的不谨慎。"我同意这个判断。俄狄浦斯的自负源自他的理性和知识，自从得到神谕，知道自己有可能杀父娶母，他就一直在试图逃避神的旨意，但是恰恰因为他自作聪明离开了科林斯王国，才狭路相逢生父并杀死了他，也恰恰因为他破解了斯芬克斯之谜，成为忒拜城的国王，才会迎娶自己的亲生母亲。而破解斯芬克斯之谜对俄狄浦斯来说，是人生的巅峰，让他从此以为自己是最聪明的人。从这个角度看，在俄狄浦斯的身上突出体现了人类理性和知识的有限性，他每做出一个自以为正确的决定，其实都是在向命运的深渊多迈进一步。

学友"雨虎2000"问道："为什么对古希腊悲剧的评价要比喜剧高很多？是否因为悲剧的悲怆比喜剧的讽喻更加深刻，更接近存在的本质？"

如果泛泛而论，我完全接受这个判断。我们可以这么认为：喜剧调动的是人的感官，悲剧触碰的是人的灵魂；喜剧描绘人生的表象，悲剧揭示人生的真相；喜剧是人生的偶然，悲剧是人生的必然。

但是话说到这里，我们还是没有说清楚什么是悲剧，而且当我们这么来描述悲剧的时候，很容易就把悲剧精神与悲观主义等同了起来。

尼采在《悲剧的诞生》中讲述了古希腊神话中的一个故事。弥达斯国王想要洞悉人生的真相，于是找到酒神的老师西勒诺斯问道：对于人来说，什么是最好最妙的东西？没想到西勒诺斯的回答竟然是这样的："可怜的浮生呵，无常与苦难之子，你为什么逼我说出你最好不要听到的话呢？那最好的东西是你根本得不到的，这就是不要降生，不要存在，成为虚无。不过对于你还有次好的东西——立刻就死。"

这段话是不是特别动人心魄？我记得当年读到这里，忍不住做了一件有悖公德的事情——把这句话誊写在北大二教的书桌上，期待有人能够与我产生共鸣。

然而我当时并没有认识到，这句话传达的是叔本华式的悲观主义情绪，而不是尼采所主张的悲剧精神。

在《作为意志和表象的世界》里，叔本华引用了一句非常类似的话："人的最大罪恶就是：他诞生了。"叔本华解释说，悲剧的真正意义是一种深刻的认识，认识到悲剧主角要赎的不是他个人特有的罪，而是原罪，也就是"生存本身之罪"。叔本华说，一旦人们认识到这一点，就对世界的本质有了完整的认识，由此带来的不只是"清心寡欲"，还有"生命的放弃"，直至"整个生命意志的放弃"。

叔本华是从悲观主义的角度去解释悲剧的，他的观点只是西勒诺斯的一个自然延续。他的基本态度是，既然人最好的事是从未出生，次好的是尽快去死，那就让我们坦坦荡荡从从容容地接受死亡和命运的安排吧！

可是尼采不一样，他不打算接受放弃的人生。他认为真正的悲剧精神恰恰在于，在体悟到了存在的恐怖和荒诞之后，既不是像叔本华那样，选择放弃一切生命的意志，也不是像日神精神那样，借助于理性和光明，用"高贵的单纯和静穆的伟大"去战胜存在的"可怕深渊"和人性的"多愁善感"，而是要更深地投入酒神精神中，在悲剧中去体会一种"形而上的慰藉"。这种形而上的慰藉会让我们深深地体会到"一种极强烈的统一感"——人与自身的统一，人与人之间的统一，以及人与自然的统一。

说到这里，我想说一下我自己的理解。尼采显然是反对日神精神的"个体化"原则。为什么要反对个体化原则？因为它造成了无所不在的分裂。人与自我，人与人，人与自然，到处都是深不可测的鸿沟和界限，这种分裂感是建立在人类理性的基础之上的，外化成日常生活的界限感和规则意识，其结果则是造成了对人的生命力和创造力的压制。

这么说似乎有些抽象，但我们只要对自己的生活状态稍作反思，就会意识到尼采对于现代生活的诊断是无比正确的。不久前我去日本旅行，发现整个社会高度理性化，所有的事情都安排得井井有条，但是人与人之间有着极深的界限感，整个社会缺乏足够的活力，即使是在摩肩接踵的新宿车站，你体会到的也不是人声鼎沸和生气勃勃，而是强烈的疏离感和压抑的情绪。

也许有读者会不解：老师你在讲 19 世纪的尼采，为什么一竿子捅到了 21 世纪的日本？因为尼采的哲学是超前的，他曾经说过："我的时代还没有到来。有的人死后方生。""总有一天我会如愿以偿。这将是很远的一天，我不能亲眼看到了，那时候人们会打开我的书，我会有读者。我应该为他们写作。"尼采不仅预言了未来两百年的人类历史，而且指出了此前两千年的古希腊根源，在《悲剧的诞生》中，尼采说："一旦日常的现实重新进入意识，就会令人生厌；一种弃志禁欲的心情便油然而生。"所以尼采才寄希望于真正的悲剧精神，也即酒神精神，通过它，可以认识到"万物根本上浑然一体，个体化是灾祸的始因，艺术是可喜的希望，由个体化魅惑的破除而预感到统一将得以重建"。

最后，让我们回到"雨虎2000"关于悲剧和喜剧的对比。巧合的是，尼采在《悲剧的诞生》中也谈到了喜剧，他认为当悲剧死亡之后，随之兴起的就是阿提卡的新喜剧。观众在喜剧舞台上看到的和听到的不再是伟大人物或者高尚人物，而就是他们自己的化身，观众"为这化身如此能说会道而沾沾自喜"，尼采把这种喜剧称作"希腊的乐天"，而且是"奴隶的乐天"，因为"奴隶毫无对重大事物的责任心，毫无对伟大事物的憧憬，丝毫不懂得给予过去和未来比现在更高的尊重"。他们最喜欢的就是"得过且过，插科打诨，粗心大意，喜怒无常"。

如果尼采亲眼目睹现在流行的各种娱乐节目和选秀节目，他一定会再一次感慨自己的高瞻远瞩、一语成谶。

085

幸福就是感到权力在增长：尼采反对基督教

say no vs. say yes

上一讲我引用了尼采的一段话，他认为基督教否定一切审美的价值，而狄奥尼索斯却恰恰相反，他象征着肯定的极端界限。"审美"这个词在西文中也有"感性""情感"的意思，所以这句话的意思是说，在面对情感、感性这些价值时，基督教与酒神精神表现出完全不同的态度，一个说不（say no），一个说是（say yes）。

说到这里，不禁想起读过的一篇报道。日本有一个综艺节目，情窦初开的少男少女们站在天台上，对着围观群众和心爱的人，大声地说出喜欢、爱，以及一切人类的美好情感。有一家中国电视台 copy 了这档节目，然后整个画风立刻就变了，如果说"日本节目里的青春是爱的初体验，大家都学会温柔和尊重"，那么国内节目里的青春则是同辈的压力、学习的压力，尤其是亲子关系的压力。最常见的桥段是孩子向妈妈喊话："请不要总拿别人家的孩子来要求我！""请不要因为我学习成绩下滑就不让我跳拉丁舞了！"可是，站在天台下面的妈妈总是会斩钉截铁地说："不可以！"要么，就是加上很多的附加条件，比如："你必须考进全校前 100 名才可以跳拉丁舞。"当女儿说："我做不到，考进 200 名可以吗？"妈妈接着大声砍价："不行，至少 150 名！"

这真是一个再典型不过的中国亲子关系，在这个关系里，家长代表着理性、权威和道德。当家长完全不顾及孩子的情感，傲慢地说出不可以时，不正是对审美的和感性的价值的否定吗？孩子们的生命力和创造力被五花大绑，到处都是禁区和雷区，满耳听到的都是"no, no, no"，这让他们不知道怎么去 say yes，尤其是对自己的人生 say yes。

回到尼采的语境，他认为，酒神精神所提倡的生命力与创造力，先是遭受到以苏格拉底为代表的理性主义的压制，而后又被基督教的道德固化。理性和道德都在对蓬勃生长的生命力 say no。

什么是好？什么是坏？

在这一讲中，我们将重点分析《敌基督者》这本书的第 2 节，在我看来，这段话虽然很短，却浓缩了尼采批判基督教的核心观点。先来看前两句话：

> 什么是好？——一切提高人类的权力感、权力意志、权力本身的东西。
>
> 什么是坏？——一切源于软弱的东西。

需要特别强调的是，这里的"权力"就是"power"，"权力意志"就是"the will to power"，但我们不要把它仅仅理解成政治上的权力，而要更多地理解成动能、动力和能力。陈鼓应先生说，"the will to power"更好的译名是"冲创意志"，因为这种意志是"创造生命的意志"。我也认为"冲创意志"这个译法更好，它与五四时期"冲决一切网罗"的说法非常类似。事实上，清末民初时期，尼采思想对于梁启超、王国维、鲁迅、陈独秀这些思想大家都产生过非常深远的影响，比如陈独秀就借用尼采对主人道德和奴隶道德的区分，来抨击儒家的忠孝节义是奴隶的道德。不过，虽然"冲创意志"这个译法更好，但因为"权力意志"已经是一个通行的译名，所以接下来我们还会使用这个译名。

尼采认为，"好"这个词最初就是对人类所有可贵品质的肯定和赞美，这些品质包括健康、力量、身体的魅力，以及各种天赋、才能，还有恣意汪洋的激情和坚忍不拔的耐力。比方说，在2018年世界杯首场比赛中，葡萄牙队2∶3落后于西班牙，最后时刻葡萄牙获得了任意球的机会，

C罗站了出来，有一个网友这样描述彼时彼刻的C罗："当镜头长时间定格在他的脸上时，他的眼神里既有平静又有杀戮，有节奏的呼吸带出一种必胜的信念，眼波流转之间好像既微及昆虫草木又大至宇宙人生……"当C罗最终用一记世界波破门，3∶3逼平强大的西班牙时，坐在电视机前的你，除了赞叹"真好"还能说些什么呢？这就是尼采所理解的"好"的最原初的含义。尼采说："什么是幸福——感到权力在增长，感到一种阻力被克服。"

其实，作为普通人，我们也能体会到类似的幸福感。比方说，经过一段时间的努力，你终于做出了一道超难的数学难题，或者你终于可以完成5个引体向上，这些事情虽小，但只要它们让你感到能力在增长、阻力被克服，你就会感受到欣喜、骄傲和幸福。与此相反，所谓"坏"，就是缺乏这些优秀的品质，因为缺乏这些品质，所以感受到虚弱和匮乏。

不是德性，而是卓越

很自然，接着上面的话，尼采会继续这么说：

> 不是满足，而是更多的权力；根本不是和平，而是战争；不是德性，而是卓越。（文艺复兴风格的德性，非道德的德性）

"不是德性，而是卓越"——读到这八个字，我们会立刻回想起古希腊人对于德性的理解。他们推崇的不是道德意义上的德性（virtue），而是"生命的力量在生活赋予的广阔空间中的卓异表现"，也就是卓越（excellence）。尼采无疑是接受这个区分的，他憧憬的德性正是最纯正的古希腊意义上的卓越，它与能力有关，与道德无关，与强者有关，与柔弱者和失败者无关。

再来看"不是和平，而是战争"——读到这八个字，会让我们想起古希腊哲人赫拉克利特，他说："战争是万物之父，又是万物之王。"为什么那个毁灭万物的战争竟然会是万物之父？因为矛盾、冲突和战争在毁灭万物的同时又在创造和产生万物，并且正是在这个过程中，才真正体现出无限旺盛的生命力和创造力。

赫拉克利特是尼采非常欣赏的古希腊哲人，在《希腊悲剧时代的哲学》中，尼采以赞美的语气评论赫拉克利特的哲学：

> 生成和消逝，建设和破坏，对之不可作任何道德评定，它们永远同样无罪，在这世界上仅仅属于艺术家和孩子的游戏。……只有审美的人才能这样看世界。

潜伏在河中的鳄鱼捕食涉水的角马，从角马的角度看，是毁灭，从鳄鱼的角度看，是创生，这只是生命生生不息、周而复始的一个过程，就像潮起和潮落，无法用对错好坏去评判它。

孩子在海边筑沙堆，堆起一个沙堆，然后推倒它，然后再堆起一个沙堆，再推倒它，如此循环往复。你站在一边不解地问孩子："这么做到底有什么意义？"尼采说，世界就像这个游戏，毫无意义可言。

也许有人会反驳说：可是鳄鱼捕杀角马的场景真的很残忍啊！对不起，尼采告诉我们，所谓的残忍与血腥，是你把自我的情感投射其上的结果，所谓的意义和价值，也是如此。所以不要入戏太深，一切都是自然之理。

也许有人会认为，尼采的立场与《理想国》里的智者色拉叙马霍斯一样，都在强调"力量即正义"。这是典型的误解。尼采不是反道德主义者，尼采是非道德主义者，在他看来，力量就是力量，它无关乎道德的正义与不正义，他所谓的好不是道德意义上的好。鳄鱼捕杀角马，狮子捕杀羚羊，马基雅维利的君主绞杀敌人，一切都是权力意志的体现，是生命本身求生长、求延续的体现，所以不要入戏太深，一切都是自然之理。

柔弱者和失败者当灭亡

正因如此，尼采才会接着说：

柔弱者和失败者当灭亡：我们的人类之爱的第一原则。为此还当助他们一臂之力。

从这句话中可以看出尼采思想中黑暗的一面，以及被误读的巨大可能。柔弱者和失败者应该灭亡，为此还当助他们一臂之力——人们会因此认为，尼采是德国法西斯主义的精神教父，因为在这里他似乎已经赤裸裸地支持了种族歧视，并且暗示出种族灭绝的后果。关于尼采与法西斯主义的关系，我们会在最后一讲再做讨论，这里我只想指出一点：尼采的确不接受人人平等的原则，但他并不是一个种族主义者和反犹主义者。他在区分人与人之间的高低贵贱时，不是从种族的角度出发，而是从教育和文化的角度出发，在这个意义上，他更像是一个贵族激进主义者。

在做了这么多的铺垫之后，尼采终于在《敌基督者》第2节的结尾处，亮出了他的底牌：

> 比任何一种恶习都更有害的是什么？——行为上对于所有失败者和柔弱者的同情——基督教……

这句话再明白不过地表明了尼采的立场：失败者和柔弱者是不值得同情的，基督教的根本问题就在于站在"所有软弱者、卑贱者和失败者"的一边，向更高类型的人发动了"生死之战"。这场战争的武器就是"道德"，基督教把失败者和柔弱者美化成善人和好人，而那些更高类型的人也即贵族与主人，在基督教的道德词典里却变成了"道德败坏的人"。需要特别指出的是，尼采所谓的奴隶不是指阶级分析意义上的奴隶，而是指没有天赋才能，缺乏精力、体力和活力，因为生活乏味、压力巨大但又无能力反抗的失败者和柔弱者。

按照现代世界尤其是自由主义的伦理观，同情弱者是尊重生命的体现，但是对尼采来说，同情弱者恰恰是在否定生命。同情会使人失去力量，让痛苦变得富有传染性，甚至会带来"生命和生命能量的整体损失"。总之，同情是虚无主义的实践，它是颓废的、病态的和不健康的。而基督教正是一种同情的宗教。

到底应该怎么理解尼采对同情的批评？尼采的主人道德和奴隶道德究竟在说些什么？关于这些问题，我们将在下一讲接着说。

在结束本讲之前，我想简单谈一下尼采的写作风格和思考风格。尼采自称："我在处理较为深奥的问题时，就像洗冷水澡一样：快进快出。"尼采的文字风格和思考风格就是这样，他不喜欢做长篇累牍的逻辑论证，而是惯用短小精悍的格言体，或者风格诡异的寓言体，常常出人意表，一针见血。阅读尼采的体验也像是在洗冷水澡，只有先屏住呼吸，绷紧身体，才可以鼓足勇气进入尼采的世界，阅读的过程亢奋紧张，时而有浑身一激灵的感觉。可是冷水澡的问题在于，它虽然很刺激爽快，但很容易着凉，而我们在享受尼采给我们带来的心灵冲击时，也要时刻提醒自己，不要沉溺太久，要快进快出。

086

"自然力量，天生要强"：
尼采论主人道德与奴隶道德

主人道德与奴隶道德

这一讲，我们继续来讲主人道德和奴隶道德的区分。所谓主人道德，就是强者的道德。在爱与和平成为主旋律的今天，当我们想起强者的时候，最先映入脑海的是体育明星，虽然这与尼采所设想的强者形象并不完全一致，但也可以用来做个分析。

仍旧以 C 罗为例，他在球场上是绝对意义上的强者，他的强不仅反映在技术层面上，更反映在精神层面上。有位网友认为"自然力量，天生要强"这句广告词不是写给梅西的，而是写给 C 罗的剧本。每每在球队陷入困境的时候，C 罗总会在场上不断地挥舞手臂给队友加油打气，并且屡屡上演孤胆英雄的好戏，他是狼群里的头狼，更是个人英雄主义的典范。

强调个体，崇尚力量、权力意志，这就是主人道德的精髓。相比之下，奴隶道德则把个人隐身在群体之中，推崇爱与同情，遇到困境的时候垂头丧气，遭遇失败的时候会自我安慰："可是，我是一个好人啊！"进而，这些人会说："没错，你是一个赢家，但是你傲慢自大，你目中无人，你虚骄浮夸，你把自己的快乐建立在别人的痛苦之上，你不是一个好人，而是一个坏人！"

当弱者开始这样使用好与坏的时候，尼采认为，这就颠倒了原有的价值体系。在上一讲中，我们介绍过，尼采认为好就是"一切提高人类的权力感、权力意志、权力本身的东西"。但是奴隶道德不一样，他们把毒药投入"生命的所有源泉"，把温顺、谦卑、节制、无能、虚弱当成善良、美好、仁慈、爱与同情。在这个过程中，尼采认为，基督教扮演了关键性的角色，是基督教让奴隶道德真正落地生根。

怨恨之人的灵魂是歪的

当弱者面对强者的时候，因为无力抵抗就会产生怨恨的情绪。这种情绪的最基本特征就是，想要反抗但又深深地体会到自己的无能，于是只好将报复的情绪深埋在心底。尼采说：

当高尚的人自信开朗地自己面对自己而生活的

时候，怨恨之人却既不率直，也不天真，自己对自己也不开诚布公。他的灵魂是歪的。

有的人从小就是学霸，有的人从小就生活在学霸的影子里面。我很早就发现一个现象：真正的学霸往往不仅学习好，而且体育好，人缘好，吹拉弹唱无所不精，最重要的是，他们目中无人。我不是说他们傲慢自大，而是说他们不跟别人比较，只跟自己较劲。而剩下的所有其他人则会在每次月考发榜的时候，心里暗暗地盘算自己跟学霸之间的分数差距。正是在这个比较的过程中，尼采说，你的灵魂就变歪了。

尼采指出，怨恨之人的精神"喜爱蛰藏的暗角，潜逃的暗道和后门，一切阴匿之物都让他满心感到，这是他的世界，他的安全，他的乐土所在。他擅长沉默，不忘怀，等待，暂时将自己渺小化，暂时地侮辱自己……"

怨恨之人擅长沉默，可是尼采说："一切沉默者都是消化不良的。"而鲁迅则说："沉默啊沉默，不在沉默中爆发，就在沉默中灭亡。"其实，无论是爆发还是灭亡，都不是一个好的结局。

尼采举过一个名叫"俄罗斯式的宿命论"的例子；因为远征太艰苦，疲惫不堪的俄罗斯士兵就怀着宿命论的想法躺在雪地上，不再动弹，他们把身体的新陈代谢降到最低程度，让自己的意志开始冬眠。这是一种彻底的自我放弃。

黄立行早年写过一首流行歌曲，名字叫《最后只好躺下来》，歌词是这样的：

醒来刷牙 早晨来不及

塞车算什么 扣薪水 老板了不起

又是加班下班搞得好累

根本没时间了只能睡

……

Hey！给我一分钟的快乐吧

给我个办法来发泄吧

给我 自由

让我 生活不再没有意义

……

看不到原来的出口

最后只好躺下来

"最后只好躺下来"——这句歌词非常精准地刻画出现代人的基本生活状况：面对无处不在的生活压力，无能反抗，充满怨恨，最后选择放弃，接受"俄罗斯式的宿命"。

弱者的报复，强者的爆发

爆发又能怎样呢？有一位著名的德国哲学家名叫马克

斯·舍勒（Max Scheler），按照他的观点，怨恨的出发点是"报复冲动"。什么是报复冲动？当别人扇了你一记耳光，你二话不说就扇了回去，这不是报复，而是反击与防卫。报复冲动的本质特征在于时间上的滞后与延宕，别人扇了你一记耳光，你内心汹涌澎湃，但却硬生生地把一触即发的对抗情绪给遏制住，自我安慰说："君子报仇，十年不晚！"在经过如此这般的心理过程后，怨恨就在你的心里扎下了根。为什么会在冲突的当下关头选择隐忍而不是爆发？舍勒说，这是因为担心直接反抗会导致更大的失败，更多的羞辱。显然，这种担心与意识到自己的"无能"和"软弱"有关。多数人会在隐忍和沉默中灭亡，少数人则会选择爆发。我们读社会新闻，常常会看到一些看似没有任何来由的报复社会的暴力案件，在最一般的意义上讲，它们都是尼采所说的"从无能中生长出来的仇恨"，它们既暴烈又可怕，既富有才智又最为阴毒，是"最危险的爆炸材料"。

说到这里，也许有读者会问：难道强者就不会怨恨吗？对此尼采的回答是：强者（高尚的人）也有怨恨，但是强者与弱者的区别在于，当感受到怨恨的时候，强者会立即表现出来，把怨恨的情绪充分地发作出来、消散开去，因此就不会对自己产生任何的毒害。我认为尼采的这个分析特别正确。你看乔丹或者C罗，他们在球场上锱铢必较，每球必争，任何人挑衅他们，都会立刻被打脸，他们绝不会隐忍自己的怨恨，更不会像基督教所宣扬的那样——打我的右脸，把左脸也送过去。作为旁观者，我们也许会觉得 C 罗睚眦必报甚至心胸狭隘，但是从另一个角度看，正像尼采所指出的那样，这是强者才有的气质，他们不会"长久地耿耿于怀，能做到这点——是强健饱满的天性的标志"。

肤浅的同情是一种粗暴的无所顾忌

虽然奴隶道德和怨恨情绪是基督教的底色，但是尼采认为，基督教的狡猾之处在于，它用爱与同情这样的积极情感来掩饰和取代怨恨这样的消极情感，从而发展出"信""望""爱"的基督教德性。尼采说，这正是基督教有别于其他宗教的"最巧妙的诡计"。

你也许会说，同情有什么不好？同情难道不正是这个世界上最稀缺的品质吗？同情心可以让我们成为更好的人，可以让我们去帮助弱者，可以让这个世界充满爱。可是尼采这位伟大的道德心理学家却一针戳破了这个美丽的脓包。

让我们来读一读《快乐的科学》第 338 节。尼采说："别人几乎不了解我们所受的剧痛，即使吃同一锅饭的人，我们也会对他们隐瞒。"每个人都有一些不足为外人道的痛苦，哪怕是面对最亲近的人，也不愿意轻易敞开胸怀。可是同情者对别人的剧痛一无所知也毫不在意，他们并不了解也不想了解别人为何痛苦、因何痛苦，他们只是因为看到别人有痛苦，就同情心泛滥地扑了上去，试图"轻飘飘地祛除别人的痛苦"。尼采认为，这样的同情不仅肤浅，而且是对他人生活的横加干涉，是一种粗暴的无所顾忌。

说到这里，我想起小时候听过的一首歌，其中几句歌词是这样唱的："请让我来帮助你，就像帮助我自己，请让我去关心你，就像关心我们自己。"如果尼采听到这首歌，一定会说：没错，同情者根本不是在帮助别人，而是像歌词所说的那样，就是在帮助自己。同情是在推己及人，而非推人及己。所以同情心不仅肤浅而且自私，它的根本动机是给同情者本人带来巨大的心理满足感和优越感：多么好！我是一个富于同情心的人！

米兰·昆德拉在《生命中不能承受之轻》中写过一段非常著名的话，他指出，当人们看到小孩在草地上奔跑的时候，通常会流出两种眼泪："第一种眼泪说：看到孩子在草地上奔跑，这有多好啊！第二种眼泪说：和所有人类在一起，被草地上奔跑的孩子所感动，这有多好啊！"米兰·昆德拉认为，"正是第二种眼泪让媚俗更加媚俗"。按照罗伯特·C.所罗门的解释，尼采会认为，第一种眼泪让人意识到了自己是一个同情者，这是一种"情感操控"的策略，因此是虚伪的和自欺的；第二种眼泪则是一种"平庸的伪善"。相比之下，第二种眼泪更加值得警惕，因为它不仅让你自我感动，还发展出和虚假的群体产生情感共振的虚假意识，产生出"人生多么美丽，就让我们一起荡漾在爱与同情的波浪里吧"这样的幻觉。这种粉红色的场景会让你丧失真实感，忘了世界本来的面目有多冷酷。

事实上，那首歌在唱完"请让我去关心你，就像关心我们自己"之后，紧接着就是总结陈词——"这世界会变得更美丽"。如果尼采听到这里，一定会用《快乐的科学》里的这句话作为回应："你们这些善良和舒适的人啊，怎么对人的幸福几乎是一窍不通呢！须知幸与不幸原本是一对孪生兄弟，它们共生共长；可是，它们在你们身上总也长不大！"

如何阅读尼采

我相信很多人在读完尼采对同情心的批判之后，一方面会觉得他一针见血，戳中了许多要害之处，另一方面又会觉得尼采未免过于尖酸刻薄、愤世嫉俗。生活需要伪装，人生需要假面，这些伪装和假面并不一定都会带来恶果。我曾经写过一篇小文章，题目叫作《装装文明人》，里面有这样一段话："'人性本恶，其善者伪'。装是文明开始的第一步，装啊装啊就信以为真了，就深入人心了，就大道通行了。"

所以说，在读尼采的时候，一定要小心留意，快进快出。很多人在读的时候，酣畅淋漓，藐视一切，但是读完之后却不知所措，一声叹息。为什么会这样？因为尼采就像炸药，他炸毁一切现成的和虚伪的东西，把生命中最肮脏、最丑陋、最鲜血淋漓的一面展露给你，他的哲学可爱但不可信，一旦你信了，就必须要承受生命中不能承受之重。

最后，请允许我用尼采的一句话来结束这一讲的内容："世间存在不幸对个人来说是完全必要的……你我需要恐惧、匮乏、贫困、黑夜、冒险、鲁莽、失误"，因为"通往个人的天堂之路总需穿越个人的地狱"。

这段话毫无疑问与尼采本人的生活体验息息相关，就像我在第83讲中所说的那样，读尼采，一定要把他的哲学跟他的人生结合在一起读，他的哲学就是他的人生，他的人生就是他的哲学。如果你不能体验他的体验，不能设想他的狂想，那就很难真正进入他的哲学。

087

上帝死了，超人诞生：
尼采《查拉图斯特拉如是说》

《查拉图斯特拉如是说》的诞生

尼采在《查拉图斯特拉如是说》中写道："在我心中，只有生命为我所爱！——尤其是我最恨它的时候，也正是我最爱它的时候。"正如这句话所说的，这本书的诞生，再一次证明了他的观点："一切决定性的东西都从逆境中产生。"

按照尼采的自述，此书构思于1881年8月初，"在海拔六千五百英尺以上并更高地超越一切人类之上的西尔斯－马利亚"。此后他酝酿了整整18个月之久。在经历了身体的病痛、朋友的背叛和失恋的打击之后，尼采反而以更加积极的姿态肯定生命，终于在1883年3月写完此书的第一卷。在接下来的两年时间里，尼采分不同阶段写成剩下的三卷，每一卷的真正写作时间都只有十天左右。尼采就像是一座休眠火山，时而喷发出滚烫的岩浆，时而又归于沉寂。当灵感来袭的时候，尼采说："我感到仿佛受到了闪电的触发，眼前一片光明。"

尽管写作无法代替生活，但是它的确能够给尼采带来"通透明亮"的心情，尼采说："冬天，在尼斯晴朗的天空下，我发现了第三个查拉图斯特拉；我可以在山岗上走七八个小时，我睡得很好，笑得很好……"

成稿之后，尼采迫不及待地付诸印刷，但是仅仅售出四十本，此外赠送了七本，只有一个人回复说收到了赠书。尽管销量惨不忍睹，尼采对这本书所达到的高度却毫不怀疑，他自信满满地说：德语写作"在路德和歌德之后，还有待于跨出第三步……我想，我已经通过查拉图斯特拉让德语达到了尽善尽美的境界"。

上帝死了

那么这本书到底都说了些什么呢？首先，我们要问的是，查拉图斯特拉是何许人也？查拉图斯特拉是生活在公元前 7 世纪到公元前 6 世纪的波斯人，是拜火教的创始人，主张光明与黑暗的对立，善与恶的对立。这个教派后来成为波斯帝国的国教，并于 6 世纪传入中国，金庸小说《倚天屠龙记》里的明教就是脱胎自拜火教。

接下来我们要问的是，尼采为什么要以查拉图斯特拉的名义写作？尼采的理由是，正因为查拉图斯特拉错误地把世界理解成为善与恶斗争的战场，所以才把查拉图斯特拉作为主人公，因为始作俑者必须首先承认错误。为什么把世界理解成善与恶的斗争场所是不正确的？因为作为第一个非道德主义者，尼采主张超越善与恶，用非道德的眼光来看世界。尼采的观点与查拉图斯特拉可以说是正好相反，在这个意义上，这本书与其说是"查拉图斯特拉如是说"，不如说是"尼采如是说"。

那么尼采到底说了些什么？为了便于理解，我把他的核心论点总结为八个字：上帝死了，超人诞生！

"上帝死了！"——对于这个论断，相信你们并不陌生，这也许是尼采最广为人知的一句名言。其实早在《快乐的科学》中，尼采就借一个疯子之口昭告天下——上帝死了！尼采是这么写的：

> 你们是否听说有个疯子，他在大白天手提灯笼，跑到市场上，一个劲儿地呼喊："我找上帝！我找上帝！"那里恰巧聚集着一群不信上帝的人，于是他招来一阵哄笑。……疯子跃入他们之中，瞪着双眼，死死盯着他们看，嚷道："上帝哪儿去了？让我们告诉你们吧！是我们把他杀了！是你们和我杀的！咱们大伙儿全是凶手！"

按照这个说法，杀死上帝的不是疯子，也不是尼采本人，而是我们每一个人。可是问题在于，按照上帝的定义，他不仅全知全能全善，而且应该是永恒不死的。所以，关于"上帝之死"的第一个问题是：上帝的软肋在哪里，他究竟是怎么死的？

在《查拉图斯特拉如是说》中，尼采继续借查拉图斯特拉之口向世人昭告"上帝死了"的讯息，查拉图斯特拉这样说道：

> 从前魔鬼这样对我说过："连上帝也有他的地狱，那就是他对人类的爱。"
>
> 最近我又听到这样的话："上帝死了；上帝死于他对人类的同情。"

我们知道尼采反对基督教的爱和同情，现在他进一步说，上帝对人类的爱成了他的地狱，并最后导致了他的死亡。为什么会这样？因为"一切创造者都是铁石心肠"。铁石心肠的意思就是超越善与恶，所以上帝的软肋就在于他没有超越善与恶，反而深爱着人类，为了拯救人类甚至把自己的儿子送上了十字架。

可是按照常理，人们不是应该为此对上帝感恩戴德吗？人们为什么还要恩将仇报，杀死上帝呢？尼采的回答是："上帝洞察一切，也洞察人类：这个上帝必须死去（dieser Gott musste sterben）！人类是无法忍受这样一个见证人的。"人类为什么无法忍受这样一个见证人？因为人类犯下太多的罪行，而罪恶是不希望有见证人的，所以必须杀死上帝。只有这样，人类才能为所欲为。

有读者会说：上帝死了，那又怎样？的确如此，对于没有信仰的人来说，上帝活着或者死了，都无所谓，生活还是照常继续。可是对于深浸在基督教传统里的西方人来说，"上帝死了"就意味着社会秩序的崩溃，价值体系的坍塌。因为上帝是基督教文明最重要的基石，抽去这座大厦最重要的基石，一切就变得岌岌可危了。所以海德格尔说："'上帝死了'，这句话蕴含着如下的规定：这种虚无（dieses Nichts）展现出来了。在这里，虚无意味着：一个超感性的、约束性的世界已经不在场了。"

上帝死了，就意味着没有彼岸世界，只有此岸世界；没有物自身，只有现象界；没有超越感性、居高临下、说一不二的那个约束者，只有我们这些不知所往、不知所终、朝生暮死、及时行乐的偶然存在者。这就好像是老师离开了教室，孩子们突然陷入莫名的狂欢，但是这种狂欢却蕴含着巨大的危机，因为它意味着怎么都行（anything goes），意味着彻底的失序状态。

尼采说，虚无主义这个所有客人中最阴森可怕的客人，已经站在门口了。可是陷入狂欢的庸众对于即将到来的危机却毫不知情。在《快乐的科学》里，当疯子发表过关于上帝已死的长篇大论之后，人们对他的警告毫无反应，他们用异样的眼神看着疯子，终于，疯子把灯笼摔在地上，灯破火熄，继而又说："我来得太早，来得不是时候，这件惊人的大事还在半途上走着哩，它还没有灌进人的耳朵哩。……即使完成了大事，人们听到和看到大事也需假以时日。这件大事还远着呢！比最远的星球还远，但是，总有一天会大功告成的！"

超人诞生

现在的问题在于，当虚无主义这个最阴森可怕的客人终于按下门铃，我们究竟应该作何反应呢？普通人会从狂欢中惊醒过来，进而因为过度的惊恐而四肢瘫软，陷入彻底的悲观主义和颓废主义之中，这是一种"卑劣"的虚无主义。尼采不一样，他虽然预言了虚无主义的必将到来，但他绝不甘心坐以待毙，而是要成就一种"高贵"的虚无主义，通过权力意志和超人理想去直面虚无，战胜虚无，最终成为人生和世界的主宰。

按照尼采的思路，上帝死了这个事实，恰恰为超人诞生提供了机会。如果说上帝是旧的创造者，那么超人就是新的创造者；如果说上帝曾经建立起善恶的标准，那么超人就在打破各种价值，重估一切价值，然后再创立新的价值。

关于超人，尼采说过很多话：

我教你们何谓超人：人是应被超越的某种东西。你们为了超越自己，干过什么呢？

你们走过了从虫到人的道路，你们内心中有许多还是虫。

人是联结在动物与超人之间的一根绳索——悬在深渊上的绳索。

人之所以伟大，乃在于他是桥梁而不是目的；人之所以可爱，乃在于他是过渡和没落。

应该怎样理解这些段落？借用特纳的观点："能够给生活赋予肯定道德的存在者，就是超人。"美国学者查尔斯·拉莫尔（Charles Larmore）也说过类似的话："超人并不是一个不同的物种或一个更高级的种族，超人就是人自己——一旦他学会了肯认他真正所是的那个人。"

到目前为止，我们所说的都只是理念意义上的超人，可是真正的问题在于，我们可以在现实世界里指认出谁是超人吗？超人到底是谁？他是基因突变意义上的超人，种族优越意义上的超人，还是别的什么东西？他是尼采本人，是拿破仑这个马背上的世界精神，还是希特勒或者墨索里尼？

关于这个问题，我们留到下一讲接着说。

088

一个人如何成其所是？与尼采一起生活

尼采与纳粹

上一讲我们结束在尼采的超人到底是谁这个问题。在探讨这个问题之前，我们需要先来澄清一下尼采与纳粹的关系。

自从1889年陷入疯狂之后，尼采的妹妹伊丽莎白一直在照顾他的生活起居，并且负责尼采书稿的整理出版。1900年8月25日，迎着新世纪的曙光和朝霞，尼采溘然长逝。这个先于时代而生的尼采，这个已经沉默不语、无法自辩的尼采，终于迎来了属于他的世纪，可是他最初的名声却与反犹主义和法西斯主义有着剪不断理还乱的关系。他的遗著《权力意志》被视为第三帝国的圣经，希特勒本人甚至专程参观尼采档案馆，并与尼采塑像合影。但是"二战"之后，越来越多的学者试图为尼采洗清"罪行"，认为他与法西斯主义的关系是被伊丽莎白精心制造出来的假象。一个最突出的证据在于，《权力意志》的成稿是由伊丽莎白精心剪裁和拼贴而成的，里面充斥着反犹主义和法西斯主义的言论，但是如果我们仔细阅读尼采的著作，特别是他的自传《瞧，这个人》，就会发现尼采并不认同这些观点。可是伊丽莎白为了塑造尼采的反犹形象，直到 1908 年才出版《瞧，这个人》，并且故意定了很高的价格，以此来阻止这本书的传播和阅读。

总而言之，虽然尼采的思想存在着危险性，但是越来越多的学者反对把尼采直接等同于反犹主义和法西斯主义。以尼采的"超人"为例，当代学者普遍认为它"与人种学上的进化毫无关联，不是进化成某种'更高级的'形态"（罗宾·斯马尔语）。就此而言，希特勒和墨索里尼显然不是尼采心目中的超人，拿破仑也不是，因为尼采曾经明确说过，拿破仑是"非人和超人的综合体"。

超人与末人

威廉·巴雷特认为，歌德或许最符合尼采的超人形象，因为尼采曾经盛赞歌德"追求的是整体性；他反对理性、感性、情感和意志的分裂，他使自己契合整体性，他创造了他自己"。从以上说法不难看出，尼采心中的超人是文化和教养意义上的，而不是种族进化意义上的。

按照这一解释，尼采的超人看似横空出世，实则其来有自，它的形象深深植根于启蒙运动以来的一个核心问题——"个人如何滋养自己以图生长"。说得再明确一些，就是如何"塑造个人的问题"。

巴雷特指出，歌德的《浮士德》与尼采的《查拉图斯特拉如是说》算得上是"兄弟作品"，因为"这两部作品都力图以象征方式精心阐述超人——完整无缺、体魄健壮——形成的过程"。《浮士德》也是在挑战所有的传统道德，也是在超越善与恶，只不过尼采的非道德主义表述得更为激烈。但究其根本，尼采其实不过是在发挥歌德的论点："人必须把他的恶魔与自己融为一体，或者如他（尼采）所说，人必须变得更善些和更恶些；树要长得更高，它的根就必须向下扎得更深。"

中文里有一个词叫作"天人交战"，今天已经失去了它原本该有的分量，因为我们早已经把心中的恶魔给彻底地驯服了。我们只是在百事可乐和可口可乐之间，在半夜看球应不应该喝啤酒、光棍节该买多少单的时候，才会产生天人交战的感觉。可是在尼采这里，天人交战不仅无时无刻不在进行，而且每一次都是生死存亡的斗争。

在《查拉图斯特拉如是说》中，心中的恶魔以不同的面目出现，它如影随形，无处不在。有些情节如此的诡谲惊悚，只有在最可怕的噩梦里才会出现类似的场景。比如，书中有一个小丑，在别人走钢丝的时候，突然跳过他的头顶，走钢丝的人受到惊吓，直接从绳索上面掉了下来，摔死了。再如，书中还出现过一个侏儒，在查拉图斯特拉向上攀登高峰的时候，一直骑在他的肩膀上，在他耳边不停地嘲笑说："哦，查拉图斯特拉，你这智慧的石头！你把你自己抛得很高，可是每一块被抛上去的石头都得——掉下来！"又如，查拉图斯特拉梦见一个牧童在痛苦地翻滚，从他的嘴里爬进一条又黑又粗的黑蛇，查拉图斯特拉大声喊道：咬断它！牧童于是狠狠咬下蛇头，把它吐得老远。

我们可以将这些场景视为一种隐喻。牧童就是尼采本人，而黑蛇则是一直与他纠缠不清的心中的恶魔。小丑和侏儒同样如此，请允许我说一句不那么政治正确的话，在尼采的语境里，他们都是"非人"的存在，他们形容丑陋，是人心当中的恶魔化身。你想要做一个健康的、饱满的、向上的人，可是小丑和侏儒却一直在把你往下拉，他们在感官上让你产生恶心感和呕吐感，在精神上让你厌世、虚无和褊狭，每当你想振翅高飞，把自己抛得更高，这些"重压之魔"就会让你坠落得更狠。

查拉图斯特拉怒不可遏，对侏儒大声说道："侏儒！有你就没有我！"——这是超人才会有的勇气，只有超人才能认清自己身上最黑暗最沉重的东西，克服它，战胜它，超越它。

可是这样的决斗时刻在普通人的日常生活中并不经常出现，因为我们缺乏勇气决斗，甚至意识不到心中的恶魔，我们安于下降和沉沦，在下降和沉沦的过程中，甚至还体会到某种满足感和幸福感。所以在尼采的笔下，除了超人，还有与之相对的末人（the last man）。末人不关心超人所关心的任何问题，他们眨巴着眼问："什么是爱情？什么是创造？什么是渴望？什么是星辰？"他们问这些问题，是因为他们对这些问题一无所知，也毫不关心，这些问题在他们眼中毫无价值。所以尼采说：

> 大地在他的眼里变小了，最后的人使一切都变小了，他在大地上蹦蹦跳跳。他的族类不会灭绝，犹如跳蚤；最后的人寿命最长。
>
> "我们发明了幸福。"——最后的人说，并眨巴着眼。

巴雷特认为，尼采不肯承认心中的恶魔就是他自己，他选择与侏儒决斗，而不是与之和解，这是查拉图斯特拉的致命失败，也是尼采在生活中的致命失败，进而还是作为思想家的尼采的失败。巴雷特认为，如果尼采不是说"侏儒！有你就没有我！"，而是说"你和我（自我）本是同一个自我"，想必会更加明智，甚至显得更有勇气。

巴雷特的说法的确有其道理，可是，如果真的选择与自我和解，向心中的那个恶魔妥协，尼采就不是尼采了，哪怕这样会换回内心的平静和平衡。事实上，尼采之所以反对末人道德，就是因为他们太容易妥协、太容易和解了。尼采说：

> 对他们来说，美德就是变得谦虚和温顺：因此

他们把狼变成狗，把人本身变成人们的最善良的家畜。

"我们把我们的座椅放在正当中"——他们怡然自得地微笑着对我这样说——"以同样的距离远离殊死的斗剑者和满足的母猪。"

这段话里的"他们"指的就是末人。对于末人的自鸣得意，尼采尖酸刻薄地评论说："这可是——凡庸；尽管被称为适中。"

所以，尼采是不会选择与小丑和侏儒妥协的。相反，他一直在强调说："我必须是斗争、生成、目标、各种目标之间的矛盾。"尽管这样的生活常常让尼采透不过气来，让他被自己的思想灼伤，但只有在这个过程中，尼采才能体会到真正意义上的幸福，因为只有此刻才能体会"力量在生长"！

可问题在于，我们可以像尼采一样生活吗？对于绝大多数人来说，答案显然是否定的。我们既无法像尼采那样生活，又不愿成为"随时可以出卖自己，随时准备感动，绝不想死也不知所终，开始感觉到撑的"（见张楚的歌曲《上苍保佑吃完了饭的人民》）末人，那该如何是好呢？

还是让我们回到拉莫尔的观点。什么是超人？拉莫尔说："超人就是人自己——一旦他学会了肯认他真正所是的那个人。"这个解释给我们带来莫大的安慰，原来，我们每个人都可以成为超人！可是，另一方面，这个解释依旧让人不满，因为这样一来，尼采的超人就被软体化和庸俗化了。按照尼采的观点，超人卓尔不群，是极稀少的一小撮，他们是真正意义上的贵族，而按照拉莫尔的解释，自由民主社会中的每一个独立个体都是超人。

认识你自己，发现你自己，成为你自己，这些曾经动人心魄的话语已经成为商业时代、娱乐时代的陈词滥调。当每个人都可以毫无障碍地说出这些话，并且一经说出就自以为已经做到，这些话也就失去了它们最本真的含义。可是，在这样一个诸神隐退、上帝已死的时代，我们还能怎样呢？我们还能对这个时代要求什么，还能对深陷于这个时代的自己要求什么呢？

尼采说：我是太阳，只是给予，不想取得。可是作为凡人，我们却必须要在给予和取得之间找到平衡。所以在这个意义上，我们只能向巴雷特和拉莫尔的观点投降。昂山素季曾经说过："真正的改变是经历理解、同情、正义、爱心后的内在变化。"我认同这个说法，我认为只有经历了如此这般的内在变化，一个人才会和自己停战，才能够学会"不自负、不迟疑，也不骄慢"地与世界讲和。小至个体，大到国家，概莫能外。

将自己视作耶稣基督

关于尼采，我们就说到这里。虽然可说的还有很多，但是限于篇幅，我打算就把尼采的环节终结在这里。我不认为我展示的就是尼采的真实想法，也许根本就不存在真实的尼采的想法。尼采说过，没有永恒的事实，正如没有绝对的真理。他又说，没有事实，只有解释。因此，这只是从我的视角出发理解的尼采，你完全可以通过阅读原著，读出另一个尼采。

最后，让我们回到尼采系列第 83 讲中遗留的那个问题——《瞧，这个人》的书名出自罗马总督彼拉多指认耶稣基督时说的话，作为史上最著名的敌基督者，用这句话来指认自身，尼采到底意欲何为？要想解释这个问题，我们有必要再引入两个线索。第一个线索是《瞧，这个人》这本书的最后一句话："人们理解我了吗？——狄奥尼索斯反对被钉十字架者……"第二个线索是 1889 年 1 月 4 日，尼采致信丹麦文学家、犹太人格奥尔格·勃兰兑斯时的落款——"被钉在十字架上的人"（the crossed man）。

这两条线索告诉我们，尼采虽然在口头上自认是酒神狄奥尼索斯的传人，但在内心深处却把自己视作耶稣基督。你可以说，这是因为尼采疯了，但是我认为在这表面的疯狂背后，尼采自有其道理。尼采认为自己与耶稣基督一样，都是规则的制定者和价值的创立者，在这个意义上，耶稣基督是一个超人，尼采也是一个超人。

《瞧，这个人》这本书的副标题是"一个人如何成其所是"。这是尼采留给每一个人的终极追问。我们无法像尼采那样生活，但至少可以像尼采那样发问。当我们回首往事的时候，我们可以对着镜中的自己说：瞧，这个人，他在这一生中是如此这般成其所是的！

089

天才之为责任：维特根斯坦的生平与思想

天才的最完美范例

从这一讲开始，我们将进入维特根斯坦的专题。路德维希·维特根斯坦（Ludwig Wittgenstein，1889—1951）或许是 20 世纪最伟大的哲学家，没有之一。罗素说维特根斯坦是他见过的"传统观念里的天才的最完美范例，激情、深刻、强烈和强势"。我不认为罗素在夸大其词，因为只有天才人物才有资格和眼力去品评另一个天才人物的纯度和高度。

1889 年 4 月 26 日，维特根斯坦出生在维也纳的一个犹太人家庭。19 世纪末的维也纳是欧洲文明的中心，而维特根斯坦家族堪称维也纳的文明中心，维特根斯坦的父亲是奥匈帝国的钢铁大王，母亲则有着深厚的艺术素养，家庭音乐会上常常出现著名音乐家勃拉姆斯和马勒的身影，可以说是"谈笑有鸿儒，往来无白丁"。维特根斯坦和他的七个兄弟姐妹从小耳濡目染，在性格和才艺方面都有着极高的天赋。

然而，或许是木秀于林风必摧之，这个家族的成员在精神上高度的不稳定——他的三个哥哥因为各种原因自杀身亡，维特根斯坦本人也一直"生活在精神病态的边缘，终生都害怕被推过这个界线"（马尔康姆语）。

在很长一段时间里，维特根斯坦不知道自己应该做什么，因为他能做的事情太多。他在10岁的时候就制作了一台缝纫机；稍大一些对工程技术产生了兴趣，他在曼彻斯特大学读书期间专攻航空工程，申请到了螺旋桨改进技术的专利。他毕生热爱音乐，成年后自学单簧管。他还盖过房子，这座房子至今仍是保加利亚大使馆文化处的所在地。当然，维特根斯坦最突出的才华体现在哲学上，凭借一己之力，他推动了两次哲学运动的发展：20世纪20年代的逻辑实证主义和20世纪40年代以降的日常语言分析学派。虽然同属于语言哲学的大家庭，但这两个运动在根本取向上非常不同，可以说是维特根斯坦反对维特根斯坦的产物。有人这样评论维特根斯坦，他最突出的天赋就在于总是用全新的眼光在看问题——我认为这正是哲学天才才会有的独特品质。

有意思的是，即使对于自己的哲学天赋，维特根斯坦也始终抱有怀疑。有时候，他会显得非常傲慢，比如在写完《逻辑哲学论》之后，他认为所有的哲学问题已经解决，于是跑到奥地利的一个乡村小学去教书；但是更多的时候，他是在自我怀疑，他在剑桥授课的时候，经常沮丧地对学生哀叹道：你们的老师真是太蠢了。

罗素是第一个确认维特根斯坦哲学天赋的人。1911年秋天，维特根斯坦离开曼彻斯特大学，来到剑桥大学，追随罗素学习数理逻辑。有迹象表明，维特根斯坦来找罗素的主要目的，就是为了求证自己有没有真正的哲学天赋。为此他纠缠了罗素整整一个学期。

在私人信件中，罗素多次谈及维特根斯坦。在一封信中，他说："我的德国朋友有成为负担的危险，他在课后跟着我回去，争论到晚饭时间——顽固，执拗，但我觉得不蠢。"在另外一封信中，罗素又说："我的德国工程师，我觉得，是个笨蛋。他认为经验的东西都不可认识——我要他承认这屋子里没有一头犀牛，但他不肯。"

这一年的 11 月 27 日，维特根斯坦径直找到罗素，开门见山地问："你看我是不是一个十足的白痴？"维特根斯坦继续说："如果我是，我就去当一个飞艇驾驶员，但如果我不是，我将成为一个哲学家。"罗素吃不准他到底是天才还是笨蛋，无奈之下让他来年写一篇论文再来见他。读完论文，罗素笃定无疑地告诉维特根斯坦：你是一个天才。维特根斯坦后来告诉他的朋友，正是罗素的肯定拯救了他，让他结束了长达九年的孤独和痛苦。

在维特根斯坦与罗素的交往过程中，最富戏剧性的一幕是这样的：一天晚上，维特根斯坦再次敲开罗素的房门，然后在罗素的家里像头野兽一样一语不发地来回奔走。三个小时过去了，站在一旁的罗素终于忍不住打断他："你到底是在思考逻辑，还是在思考你的罪？"

"两者皆是！"维特根斯坦回答道，然后继续他的奔走。

"逻辑"是最抽象、最明晰、最不沾人间烟火色的东西，而"罪"则与我们最黑暗、最隐晦、最沉重的灵魂相关，同时思考这两个看似毫无交集的主题，这如何可能？这种思考对于维特根斯坦的哲学和人生到底意味着什么？这是我们接下来要探讨的核心主题。

必须成为天才，否则去死

为了帮助你们进入这个问题，请允许我选取维特根斯坦生命中的几个片段作为理解的枢纽。

在八九岁的时候，维特根斯坦和哥哥一道参加一个俱乐部，当时欧洲的反犹氛围已经非常浓厚，到底应不应该向小伙伴们交代自己的犹太人身份，对此维特根斯坦烦恼不已。他把这个问题上升到更高的哲学问题："如果撒谎对自己有利，为什么要说实话？"我认为这既是维特根斯坦最初的哲学思考，也是他终其一生的焦虑所在——如何做一个对自己彻底真诚的人？

14 岁的时候，维特根斯坦读到魏宁格的《性与性格》。这是一本充满魅惑力的邪恶之书，充斥着各种反犹言论和厌女症的观点，对现代社会的衰败大加鞭笞，反对科学和商业的兴起，哀叹艺术与音乐的没落。其中，最让维特根斯坦心动的莫过于这句话："逻辑与伦理根本上是一回事，它们无非是对自己的责任。"——我认为这是理解维特根斯坦的关键所在。什么叫"对自己的责任"？就是在自己的身上发掘和绽放天才的因子。什么是天才？就是"具备最强、最清澈的明确和清晰"，在物质上尽可能简朴地生活，但在精神生活中则要完全地发展。

这种完全发展的精神生活反映在逻辑上，就是要求彻底的清晰性——"彻底清晰，或者死——没有中间道路。如果不能解决'全部逻辑的根本问题'，他无权——至少没有欲望活着。不妥协"。这种完全发展的精神生活反映在伦理生活中，则是必须不断地彻底清算自己，做一个彻头彻尾诚实的人。维特根斯坦常说的一句话是"就改善你自己好了，那是你为改善世界能做的一切"。

必须成为天才，否则去死——这条康德式的绝对命令纠缠了维特根斯坦整整九年，自杀的念头反复出现，直到罗素向他确认他的天才，才让维特根斯坦稍微平复一些。即便如此，"一战"期间，维特根斯坦仍有多次自杀的企图。说到这里，就必须提到他1914—1916年的《战时笔记》，这是把握"逻辑"和"罪"的同一性的重要线索。

"一战"爆发之后，因为健康原因，维特根斯坦原本无须服役，但他还是以志愿兵的身份参了军。正如他的姐姐所说，这不是出于什么爱国热情，而是因为他热切地希望承担一些艰难的任务，从事一些纯粹智力活动之外的工作。

然而，真实的生活远比想象中要更艰难。维特根斯坦很快发现自己极难与来自底层的士兵相处，他在日记里抱怨自己"几乎总是被恨我的人包围着"，这些人"恶毒"又"无情"，"几乎不可能在他们中找到一丝人性的痕迹"。除了抱怨同伴的愚蠢和邪恶，这本日记还记录了他对托尔斯泰《福音书简释》的理解，对《尼采全集》第8卷的阅读心得，以及每隔一段时间的手淫。当然，更多的内容是关于《逻辑哲学论》的思考，这是维特根斯坦生前唯一出版的著作，绝大部分内容正是在战争期间构思并写作完成的。

可想而知，在那种环境下，工作进展得并不顺利，日记里经常出现这样的字句："工作了相当长时间，但是非常没有希望。"有的时候，他深信自己"已经走在通向伟大发现的路上"，有的时候又哀叹，所有概念对我来说都变得完全"生疏"了——"我看不到任何东西"。维特根斯坦说："我并不害怕被击中，只是害怕不能像样地完成我的责任。"什么责任？当然是在自己的身上发掘和绽放天才的因子的责任。

在即将与敌人正面交锋的前一天，维特根斯坦写下这样的话："愿上帝保佑我！现在我终于有机会做一个正派的人了，因为我直接面对死亡。愿精神照亮我！"

如果不是因为这场战争，如果不是亲身体验到人性的丑陋和褊狭，如果没有通过"直面死亡"去感受"某种宗教经验"，如果没有阅读《福音书简释》和《圣经》，那么《逻辑哲学论》很可能只会包含逻辑的部分，而缺乏关于伦理、美、灵魂和生活意义的思考。

决定性的时刻发生在 1916 年 6 月 11 日这一天，一个问题打断了维特根斯坦对逻辑基础的思索："对上帝和生命的目的我知道些什么？"

在随后的日子里，围绕这个问题，他写了很多笔记，其中包括：

> 我们可以将人生的意义，即世界的意义，称作上帝。

> 实现了生存的目标的人是幸福的。

> 幸福的人不应怀有任何恐惧。甚至在面对死亡时也是这样。

> 伦理学不处理世界。正如逻辑一样，伦理学必定是世界的一个条件。

> 伦理学是超验的。

这些思考意味着《逻辑哲学论》中最关键的部分正在

成形。而且，正像传记作者瑞·蒙克（Ray Monk）指出的那样，对于此时的维特根斯坦来说，"个人的事和哲学的事融合起来了。伦理和逻辑——'对自己的责任'的两个方面——终于走到了一起，不只是同一个人目标的两方面，而是同一哲学工作的两个部分"。

跟自己清算

我们将在下一讲中探讨《逻辑哲学论》的具体内容，现在我们要追问的问题是：逻辑和罪，哪一个对于维特根斯坦更加重要？

瑞·蒙克认为，维特根斯坦对此想得很清楚：伦理生活的重要性要远远高于逻辑，改善自己是为改善世界所能做的一切。越是在逻辑研究上突飞猛进，他就越是痛苦地意识到，相比起在逻辑方面获得的彻底清晰性，在个人生活里他还差得很远。

在信中，维特根斯坦告诉罗素："或许你认为这种对我自己的考虑是浪费时间——但我怎么能在是一个人之前是一个逻辑学家！最最重要的是跟自己清算！"

那么他最终想要清算的罪究竟是什么？我认为除了品性上的缺点，比如愚蠢、褊狭、骄傲，对维特根斯坦而言，最重要的"罪行"来自两个身体性的"原罪"——身为犹太人与疑似同性恋。关于维特根斯坦是否有过同性滥交的经历，不同的传记作者给出了不同的回答。我倾向于接受蒙克的判断：维特根斯坦并没有这种经历，对他来说，最最困扰的问题不是同性恋，而是性欲本身，因为那种不受控制的、狂野的性欲会让他失去正派的人品，这是他所不能接受的事实。

有的人天生纯良，终生保持孩童般的单纯，维特根斯坦的剑桥同事、著名哲学家 G. E. 摩尔据说就是这样的人。但是维特根斯坦认为，这种品质一点儿都不值得夸耀，因为与生俱来的、天然免于诱惑的单纯是毫无价值的，只有通过斗争、通过努力赢得的单纯才值得赞美。我相信这是维特根斯坦基于自我认知得出的结论，对他来说，人生就是一场彻底的自我清算，一场与自己的本性进行的战斗。终其一生，他一直在努力承担起成就其天赋的责任，一直在与自身的褊狭、软弱、伪善及绝望做永恒的斗争。

我们在上一讲中曾经提到，尼采的著作《瞧，这个人》的副标题就是"一个人如何成其所是"。耐人寻味的是，在评价维特根斯坦的一生时，蒙克也用了类似的一句话，他说：维特根斯坦总体人生态度的核心，就是成为"自己之所是"，这意味着"真实于自己是不容违背的责任"。

对维特根斯坦而言，最重要的是成为一个卓越的人，而不是设法表现成一个卓越的人。

090

对于不可说的东西我们必须保持沉默：
维特根斯坦《逻辑哲学论》

《逻辑哲学论》的写作风格

关于维特根斯坦的《逻辑哲学论》，流传最广的一句话莫过于："凡是可说的都可以说清楚，不能说的则必须付诸沉默。"中国人听在耳里，会觉得特别亲切，因为会忍不住想起庄子的名言："筌者所以在鱼，得鱼而忘筌……言者所以在意，得意而忘言。"更有意思的是，维特根斯坦做过一个"登楼撤梯"的比喻，梯子的作用是帮助我们登到高处，一旦爬上去了，就可以把梯子给撤掉了，是不是跟得鱼忘筌、得意忘言的说法非常类似？

但是，我认为这种联想是危险的，因为我们在讲得鱼忘筌和得意忘言时，几乎是一步到位的，我们甚至都不用费力爬楼梯，而是借助直觉和顿悟就可以直接飞升上楼，然后就徜徉在恍兮惚兮、窈兮冥兮的玄妙境界了。但是

《逻辑哲学论》全然不是这样的，在登楼撤梯之前，你必须付出非常艰苦的努力才有可能爬完梯子。

维特根斯坦的梯子到底有多难爬？让我们先来看看《逻辑哲学论》的整体写作风格。全书共分七章，每一章都有一个总标题，用十进位计数法来标记每一段论述，比方说，"1"下面分为"1.1""1.2""1.3"，在"1.1"下面又会继续分为"1.1.1""1.1.2"，诸如此类。我们通过全书开头几句话，就可以直观感受到它的基本面貌：

> 1 世界是一切实际情况。
>
> 　　1.1 世界是事实的总和，不是物的总和。
>
> 　　　　1.1.1 世界由全部事实所确定，由它们即是全部事实所确定。
>
> 　　　　1.1.2 因为事实的总和既确定了实际情况，也确定了所有非实际情况。
>
> 　　　　1.1.3 在逻辑空间中的全部事实是世界。
>
> 　　1.2 世界分解为诸事实。

从以上表述我们能直观地感受到，至少在外观上，这本书极具逻辑性。然而这只是表象而已，事实上，整本书很少进行论证，大多是一些高度浓缩性的论断，这为理解这本书增添了巨大的难度。据说罗素曾经告诫维特根斯坦，不应该只是简单地说出自己的想法，而应该为之提供论证，维特根斯坦回答说：论证将会玷污思想的美丽。他会感觉好像用一只脏手脏了一朵花。

那么维特根斯坦为什么要给这本书取名为《逻辑哲学论》？它的逻辑性到底体现在哪里呢？为了说明以上问题，我会先来介绍罗素的"特称描述语理论"，由此引出语言哲学转向的根本宗旨；然后再来介绍著名的"图像理论"，点明维特根斯坦的核心观点——语言与世界具有逻辑同构性。

特称描述语理论与语言哲学转向

先来看罗素的特称描述语理论。请问各位，"当今的法国国王是个秃子"这句话是真的还是假的？我猜想多数读者的回答都是：假的！因为当今法国就没有国王。可是进一步思考，你会发现，正因为当今法国没有国王，所以当你说"当今的法国国王是个秃子"这句话是假的时，你已经预设了"当今的法国是有国王的"。因此，这个问题本身就是一个陷阱。因为对于一个压根就不存在的人，我们既无法说他是个秃子，也无法说他不是个秃子。

那么，怎么才能避免发生既不能说"是"也不能说"不是"的尴尬呢？罗素告诉我们，最好的办法就是把这个句子进一步分析为三个命题：

命题 1：有或者说存在一个法国国王；

命题 2：只有一个法国国王；

命题 3：不管谁是法国国王，他都是秃子。

需要强调说明的是，在具体分析的时候，罗素并不是像我这样使用日常语言，而是用了看起来非常唬人的逻辑符号。不管怎么样，经过这样的分析，当有人再说"当今的法国国王是个秃子"时，我们就可以回答说：因为这个命题可以被分析为相互合取的三个小命题，又因为命题 1 是错误的——不存在一个法国国王，所以整个命题也是错误的。

这就是罗素特称描述语理论的经典案例。这时，你是否在暗想：这就是一个脑筋急转弯，罗素的想法的确有那么点意思，可是意思也不是那么大，从这个理论出发，到底可以引申出什么样的哲学道理呢？

简单说，特称描述语理论在哲学上的最大贡献在于，它告诉我们，日常语言、日常表达是意义不明、逻辑不清的，通过逻辑分析可以帮助我们澄清日常语言背后的深层逻辑结构。维特根斯坦高度赞扬罗素的工作，他在《逻辑哲学论》中指出："全部哲学都是'语言批判'——正是罗素完成了表明一个命题的表面逻辑形式未必就是它的真正逻辑形式这项任务。"这里的关键词是"表面逻辑"与"真正逻辑"的对立，或者说是"表层语法"与"深层语法"的对立。

说到这里，我们可以暂时做个小结。

第一，西方哲学史可以被划分为三个阶段：古希腊哲人开启的本体论阶段，笛卡尔导致的认识论转向，以及 19 世纪末 20 世纪初的语言哲学转向。维特根斯坦无疑是语言哲学转向的重要代表人物，但是奠基者并不是他，而是德国哲学家戈特洛布·弗雷格（Gottlob Frege）和英国哲学家罗素。特称描述语理论可以说是语言哲学转向的典范之作，它有助于我们"通过分析找出深层语法从而消解表层语法造成的迷惑"（陈嘉映语）。

第二，语言哲学的转向意味着哲学不再关注真理问题，而是关注意义问题。借用逻辑实证主义的领军人物莫里茨·石里克（Moritz Schlick）的观点："哲学阐释命题，科学证实它们。在科学中我们关注命题的真，在哲学中我们关注它们实际上意味着什么。"

你一定意识到了，这里涉及"哲学是什么"这个根本性的问题。

在《逻辑哲学论》"4.11"节中，维特根斯坦说："真命题的总和是全部自然科学（或各门自然科学的总和）。""4.111"补充说明："哲学不是自然科学之一。"从这两句话可以推论得出，哲学的命题不是真命题。什么是真命题？地球是圆的。什么是假命题？地球是方的。真命题的总和就是全部自然科学，假命题虽然不属于自然科学，但假命题依然是有意义的命题，因为可以判断它的真和假。

那么什么是哲学命题呢？请看一段黑格尔的话就都明白了：

可是精神是什么呢？它便是"一"，是自身均一的无限，是纯粹的同一性，这同一性其次把自己同自己分离开，作为自己的另一个东西，作为和共相对立的"向自有"及"内自有"。

是不是有些不知所云？对于绝大多数普通读者来说，这就是哲学命题的典型例子，深奥难懂，让人望而却步。如果维特根斯坦读到这段话，一定会说，这个命题无所谓真也无所谓假，而是毫无意义（nonsense）。维特根斯坦语带嘲讽地说："哲学家们的大多数命题和问题，都植根于我们不理解我们的语言逻辑。无怪乎最深刻的问题实际上根本不是问题。"

在《逻辑哲学论》中，维特根斯坦明确指出："哲学的目的是从逻辑上澄清思想。哲学不是一门学问，而是一项活动。……哲学的成果不是'哲学命题'，而是命题的澄清。"也正是在这个意义上，维特根斯坦喊出了"全部哲学都是语言批判"这句革命性的口号。

图像理论：语言与世界具有相同的逻辑形式

接下来我们介绍一下著名的图像理论，这是理解《逻辑哲学论》的关键所在。"一战"期间，维特根斯坦偶然读到一篇文章，报道了巴黎交通法院的判案过程，在裁决汽车事故时，法官经常用玩具模型来模拟现场发生的一切。读到这里，维特根斯坦灵光一现，意识到模型发挥的作用与命题是一样的，都是在刻画和表现现实世界里的事实。

也就是说，语言和世界存在着对应关系。打个比方，当我们说"一辆轿车在左转时与迎面而来的卡车相撞"，这句话与现场发生的车祸具备逻辑上的同构性，用维特根斯坦的原话说就是："语言与世界具有通过图像映示关系相联系的平行结构"。

在"4.014"节中，维特根斯坦说："唱片、音乐主题、乐谱和音波之间的关系正同语言与世界之间的内在描绘关系一样。它们都是按照一个共同的逻辑图样构造出来的。"

这个比喻非常妙。最近我正好带布谷上乐理课，音乐老师经常让学生一边用手指着乐谱，一边听老师弹的钢琴。按照维特根斯坦的说法，这么做的深层原因正是在于，乐谱和琴声之间存在着逻辑的同构性。

维特根斯坦认为，语言与世界之间同样存在着逻辑同构性——命题对应着事实，基本命题对应着事态，名称对应着对象。其中，从命题、基本命题到名称，这是一个经过充分分析直到最终无法分析的关系。同样的，从事实、事态到对象，也是一个经过充分还原直到最终无法还原的关系。

语言（language）	世界（world）
命题（propositions）	事实（facts）
基本命题（elementary propositions）	事态（state of affairs/atomic facts）
名称（names）	对象（objects）

说到这里，我们可以做一个小结。

首先，乍看上去，维特根斯坦是在主张某种符合论的观点，语言反映事实，一如镜子反映世界。但实际上他的观点要比符合论更神秘，他认为语言和事实具有某种逻辑的同构性，也就是具有相同的"逻辑形式"。

其次，维特根斯坦在这里体现出一种充分分析的态度。任何命题都可以充分分析成最小单位也即名称，同样，任何事态都可以充分还原成最小单位也即对象。

读到这里，一定会有读者表示不解：什么叫作逻辑形式？什么叫作充分分析和充分还原，能不能举个例子说明一下？

让我们先来探讨后面这个问题。关于"充分分析"，后期维特根斯坦在《哲学研究》中举过一个例子——"我的扫帚在墙角那里"——这句话的意思明明白白、清清楚楚，普通人一听就直接理解了。可是如果此时有人进一步分析说，这是一个关于扫帚把和扫帚头的命题，并且说道："给我把扫帚把和插在扫帚把上的扫帚头拿来！"你会作何反应？你一定会说："你是要扫帚吗？你干吗把话说得这么别扭？"这个例子告诉我们，把命题拆解成更小的单元——也即对语言进行充分分析——虽然是分析哲学的基本原则，可是这条原则远不如想象中的那么清晰。

同样地，把事实还原成更小的单元——也即对世界进行充分还原——也不如想象中的那么清晰。事实上，早在1914—1916年的《战时笔记》中，维特根斯坦就意识到了这个问题，他说："我们的困难是，我们总说到简单对象，却举不出一个实例来。"尽管如此，前期维特根斯坦仍旧接受充分分析原则，直到后期他才明确地反对之。

还原到最后我们能得到什么呢？按照现代物理学的观点，我们可以把扫帚最终还原成分子和原子。可是问题在于，原子并不是维特根斯坦想要寻找的简单对象，因为维特根斯坦是哲学家而不是物理学家。按照维特根斯坦的看法，"描述物体的结构和性质是自然科学的任务"，与此相对，哲学领域的任务与此不同，它是一项"纯属概念性的研究，即确定让世界与语言得以联系所必不可少的逻辑条件"（A.C.格雷林语）。这句话实在有些令人费解。我们有必要再次请出罗素，通过对比师徒二人在逻辑原子主义之间的异同，帮助我们把握维特根斯坦的核心主张。

罗素版的逻辑原子主义

1918 年，罗素发表《逻辑原子主义》一文。因为前方战事胶着，通信隔绝，罗素已有四年没有得到维特根斯坦的消息。这篇文章的开头是这样写的：

> 以下文章是 1918 年头几个月在伦敦所做的连续八个讲演的前两个，主要是从事解释我从我的朋友、从前的学生路德维希·维特根斯坦所学来的一些想法。自 1914 年八月以后，我就没有机会知道他的主张了。

我甚至都不晓得他活着还是死了。因此，除了这些讲演中的许多理论当初是他供给的之外，他对于这些讲演中所说的话不负责任。

维特根斯坦的确无须对罗素版的逻辑原子主义负责，因为罗素在根本的哲学取向上背离了维特根斯坦的本意。尽管罗素一直认为"哲学中最根本的是逻辑，反映一个学派特点的应当是它的逻辑，而不应当是它的形而上学哲学"。但是对比维特根斯坦，罗素的逻辑性不是那么的纯粹，毕竟他是一个深深浸润在英国经验论传统中的英国哲学家。

让我们先来看一下罗素逻辑原子主义的结构图：

语言	世界
命题	事实
分子命题	分子事实
原子命题	原子事实
逻辑专名	感觉材料

可以看到，分析到最后，在语言这一边是"逻辑专名"，在世界这一边是"感觉材料"。"逻辑专名"是一个看起来相当古怪、事实上也相当古怪的词汇。让我们先从"专名"说起。专名是具体对象的名称，"苏格拉底""李白""姚明"都是专名。但是罗素认为，"我们通常称之为专名的东西根本不是专名，而只是特称描述语的缩写"。

以李白为例，现代人没有办法"亲知"李白，当我们说起"李白"这个专名时，所能想到的无非是"那个出生在碎叶城的人""那个醉酒诗百篇的唐朝诗人""那个因为下河捞月而死的人"……换言之，我们是通过一系列的特称描述语来了解李白的，而李白则是这些特称描述语的缩写。问题在于，但凡还有描述性，就意味着分析不彻底，也就不能作为充分分析的最终结果。罗素认为，继续分析下去，就只能得出一个结论，在语言这一边的最小单位是"逻辑专名"而不是"日常专名"，逻辑专名的基本特点是没有描述性。那么我们能够举出逻辑专名的例子吗？罗素承认很难做到，如果非要举例，也许就是"这"（this）或者"那"（that）。罗素的原话是这样说的：

　　作为逻辑意义上的专名，人们使用的唯一的一类词是"这"或"那"等。当一个人当下亲知某殊相时，他可以用"这"作为名词来代表该殊相。我们说"这是白的"，如果你同意"这是白的"，此刻你看见"这"，你使用"这"作为一个专名。但是如果你试图理解当我说"这是白的"时我所表达的那个命题，你就不能做到这一点。如果你意指这支粉笔为一个物理的实体，那么你就不是在使用一个专名。仅当你相当严格地使用"这"去代表一个眼前的知觉对象，那才是一个真正的专名。

按照罗素的观点，真正的专名只有"这""那"这样的词，因为它们符合两个标准：第一，它们仍旧可以用来指示（indicate）世界里的某种东西；第二，它们没有任何的描述性。逻辑专名是一个非常古怪的说法，但似乎又是逻辑分析不得不然的结果。罗素一定也感觉到了这一点，所以才会说："它是一个模糊的专名，可它仍然确确实实是一个专名，而且它几乎是我能想到的唯一能恰当地、在我所谈论的那个逻辑意义上可当作专名的词。"

确定了语言这一边的最小单位——逻辑专名之后，接下来让我们简单探讨一下世界这一边的最小单位，也即"逻辑专名"所指示的对象——"感觉材料"。感觉材料是一个源自英国经验论的传统概念，被视为是一些不可再被分析的简单性质。当罗素说逻辑专名指称的是感觉材料时，充分显示出罗素版逻辑原子主义的不彻底性，因为这是一个结合了近代认识论和（分析哲学转向之后的）意义指称论的杂糅理论。对比维特根斯坦的逻辑原子主义就会发现，在探讨世界这一边的最小单位时，二者的根本区别在于，罗素倾向于把它（感觉材料）等同于感觉经验的起点，维特根斯坦倾向于把它（对象）视作逻辑分析的终点。

作为逻辑分析的终点，维特根斯坦的"对象"不是物理意义上的不可还原之点，它既不是分子、原子这样的物理之点，也不是感觉材料这样的简单性质，用他的话说，"简单对象的存在是一种先天的逻辑的必然性"。美国学者汉斯·斯鲁格（Hans Sluga）正确地指出："《逻辑哲学论》

的世界不是过程、力或能量流的世界，更准确地说，它是对象及其结构的世界。……该书以纯粹非时间的结构性语词描述语言。"所谓"纯粹非时间的结构性语词"，就是不带任何经验元素的纯粹彻底的逻辑语词。在《战时笔记》中，维特根斯坦写道："关于事物、性质等的整个理论都是肤浅的。"他要构造的是关于世界的逻辑构造的理论，他的逻辑原子主义就是这样的一种理论。

英国哲学家 A.C. 格雷林（A.C.Grayling）曾经评论说："（罗素的）逻辑原子主义如果脱离开经验论，作为一个纯形式的理论，就会更加成功，正如维特根斯坦在《逻辑哲学论》中所做的那样。"这么说是没有错，可问题在于，这样一来，罗素的逻辑原子主义就与维特根斯坦没有任何分别了，对于罗素这样的原创性哲学家来说，这或许是一种更大的失败。

《逻辑哲学论》中不可说的神秘之物

现在剩下最后一个问题：什么叫作逻辑形式？必须承认，这又是一个非常难以理解的概念。虽然就乐谱和琴声的例子而言，我们可以体会到二者之间存在着某种共同的逻辑形式，但是这种逻辑形式到底是什么，似乎依旧无法给出进一步的说明。事实上，维特根斯坦就是这样认为的，在他看来，逻辑形式只能显现，无法说出。后来他批评罗素犯下的错误就是相信自己能描述和说出逻辑形式。

在《逻辑哲学论》这本书中，存在着很多只能显现但不能说出的神秘之物。借助陈嘉映老师的总结，这些不可说的东西包括：逻辑形式，哲学问题，伦理学、美学等学科，以及包括以上三类在内的所有神秘的东西。

为什么这些东西是不可说的？不可说的东西就是不重要的吗？对此最简单的回答就是，它们之所以不可说，是因为它们不属于实证科学的研究对象，它们谈论的是事实之外的东西。但是这绝不意味着不可说的东西是不重要的，恰恰相反，维特根斯坦曾经说过，那些在《逻辑哲学论》中没有正面处理的内容，比方说美、生活的意义、死亡，等等，恰恰是最重要的。

为什么不可说的是最重要的？在上一讲中，我曾经引用《战时笔记》中的一句话："伦理学不处理世界。正如逻辑一样，伦理学必定是世界的一个条件。"所谓条件的意思是，如果没有它，世界将不成其为世界，你说它重要不重要？

维特根斯坦身在分析哲学阵营，内心却无限向往神圣乃至神秘的东西；他没有明确的宗教信仰，但却禁不住从宗教的角度看待每一个问题。也正因如此，虽然他与20世纪另外一位伟大的哲学家海德格尔从无交道，但是他自认为能够想象海德格尔为什么要用"畏"和"存在"这些概念，自认为知道他在用这些概念说些什么。

在这个意义上，我们甚至可以说，《逻辑哲学论》并非一本关于逻辑的著作，而是一本关于罪及与之相关的伦理、美、生活的意义的著作。虽然维特根斯坦谈论最多的是逻辑，但逻辑只是梯子，真正重要的东西在楼上，一旦登上了楼，就可以撤掉梯子了。

在"6.52"这一节中，维特根斯坦说："我们觉得，即使一切可能的科学问题都已得到解答，人生问题也还完全未被触及。"

全书第七章只有一句话："对于不可说的东西我们必须保持沉默。"

这一讲就到这里。关于《逻辑哲学论》在哲学史中的地位，它与逻辑实证主义的异同，维特根斯坦后来为什么要推翻《逻辑哲学论》的观点，我们留到下一讲再说。

路德维希·维特根斯坦

091

完美但不适合人居住的概念大厦：
维特根斯坦反对维特根斯坦

1924 年，第一次世界大战刚刚结束六年，整个欧洲还沉浸在劫后余生、文明没落的情绪中。或许是为了给自己打气，英国数学家弗兰克·拉姆齐（Frank Ramsey）这样写道："就思考而言，我们确实生活在一个伟大的时代，爱因斯坦、弗洛伊德和维特根斯坦都活着！"

那个时候，爱因斯坦已经发表了狭义相对论和广义相对论，并于 1921 年获得诺贝尔物理学奖；弗洛伊德作为精神分析学派的创始人，正如日中天；相比之下，时年 35 岁的维特根斯坦却是籍籍无名，他正在奥地利一个贫穷的乡村小学教书，这个"古怪的贵族"住在学校的厨房里，他吹单簧管，坐在窗前连着几小时地看星星，带领学生在乡间漫步辨认各种植物，搭起猫的骨架教授解剖学，偶尔体罚学生并与村民发生冲突……除了圈子里的少数人，普通的欧洲公民压根就没有听说过维特根斯坦这个名字，但是这一点儿都不重要，因为熟悉他思想的人都明白，维特根斯坦就等于未来哲学的方向。

逻辑实证主义者与"证实"原则

维也纳学派的创始人莫里茨·石里克就是这样一位熟悉维特根斯坦思想的人。1922年，石里克来到维也纳，读到《逻辑哲学论》后，对维特根斯坦惊为天人，多次去信要求面谈。这个愿望终于在1927年实现，石里克夫人回忆说，"我再一次强烈地感受到了他对维特根斯坦的崇拜"。

石里克才华横溢，为人正派，在他身边集结了一批志同道合的青年哲学家，他们自称"维也纳学派"，学术界也称他们为逻辑实证主义者。我认为后者更清晰易懂，因为直接点出了"证实"原则的重要性。有意思的是，这条原则最初由维特根斯坦提出，意思是"一个命题的意义就是证实它的方法"。然而维特根斯坦很快就放弃了这条原则，逻辑实证主义者却如获至宝，把它作为建立新的"科学世界观"的基本原则。

为了说明可证实性原则，请允许我举两个例子：

例1：苏格拉底要么是天才，要么不是天才。

例2：苏格拉底活到了90岁。

很显然，例1符合形式逻辑中的排中律，它是永恒为真的。例2则是假的，因为历史上的苏格拉底只活到了70

岁。有的读者可能已经意识到了，前者就是我们以前介绍过的分析命题，后者则是综合命题。分析命题无须证实，根据逻辑形式就可以判断它的真假；综合命题则必须要诉诸经验才可以确定正确还是错误。

有的综合命题是"实际上可证实"的，比如"周濂的女儿叫布谷"；有的综合命题是"原则上可证实"的，比如石里克在1932年举的例子："月球的背面有一座3000米高的山"。当时人类还无法证实这个命题，但是随着绕月飞行器的发明，这个命题很快就得到了证实。而且正像陈嘉映老师所指出的，即使人类一直没有发明出飞行器，这个命题也仍旧是有意义的，因为，在原则上我们可以想象它的可证实性。在这个意义上，"宇宙中存在着外星人"也是一个有意义的命题，因为虽然我们目前还无法证实它，但在原则上它是可以被证实或者证伪的。

现在我想问你们一个问题：哪些命题既不是分析命题也不是综合命题，既无法在实际中证实也无法在原则上证实？没错，就是传统形而上学的命题，比如上一讲中提到的黑格尔的那个句子。正是基于这个考虑，逻辑实证主义者喊出了"反对形而上学"的口号，因为形而上学的命题在他们看来都是一些毫无意义的胡言乱语。

逻辑实证主义者与维特根斯坦的分歧

说到这里，我想做一个回顾，你们有没有觉得逻辑实证主义的基本想法并不陌生，好像在哪里看到过？没错，我们在休谟那一讲中曾经指出，通过彻底地贯彻经验论的原则，休谟对一切形而上学和神学的呓语展开了最凶猛的攻击。休谟说："当我们巡视图书馆时，我们可以拿起一本书，例如神学或经院哲学的书，我们就可以问：其中包含着量或数方面的任何抽象论证吗？其中包含着有关事实与存在的任何经验论证吗？没有。那我们就可以将它投到烈火中去，因为它所包含的，没有别的东西，只有诡辩和幻想。"

逻辑实证主义者与维特根斯坦也非常相似。比方说，双方都认同语言分析和逻辑分析的重要性，都强调哲学的功能是澄清命题的意义，都主张传统的哲学命题是毫无意义的胡言乱语，更重要的是，逻辑实证主义者完全接受维特根斯坦提出的"可证实性原则"。

但是，这只是表面上的相似而已，事实上，二者的哲学观非常不同。逻辑实证主义者是典型的科学主义者，他们把科学方法作为模板试图重新改造哲学，而维特根斯坦则认为哲学不同于科学，哲学的位置居于科学之上或者科学之下。到了 20 世纪 30 年代，维特根斯坦更是直言不讳地指出科学方法对于哲学的误导性，他说："哲学家们总是觉得科学的方法就在眼前，禁不住要以科学的方法提出问题，回答问题。这种倾向实际成了形而上学的根源，并引领哲学家们进入完全的黑暗。"这个批评非常严厉，可以说一网打尽了从笛卡尔以降的近代哲学家，直到逻辑实证主义者。

与此相关的另外一个分歧在于，逻辑实证主义者认为宗教是原始的迷信，价值、伦理不过是主观情绪的表达，而维特根斯坦虽然认为宗教、伦理、美、生活的意义等问题是不可说的，但对于这些不可说的东西却抱有最深的敬意。维特根斯坦认为，"即使一切可能的科学问题都已得到解答，人生问题也还完全未被触及"。如果让逻辑实证主义者改写这个句子，他们一定会说，当一切可能的科学问题都已得到解答，那么一切问题也就得到了解决。

毫不夸张地说，逻辑实证主义者与维特根斯坦之间有点"落花有意，流水无情"的意思。他们组织《逻辑哲学论》的读书小组，热情地邀请维特根斯坦加入，但是后者却始终兴趣不大，与他们保持若即若离的接触，只是与石里克和魏斯曼（Frederick Wiseman）走得比较近，因为在维特根斯坦眼中，这两个人为人正派、品味高雅。逻辑实证主义者渐渐发现，维特根斯坦无论在性情还是方法上都与科学相距甚远，而且充满了神秘主义的色彩。据说在研读《逻辑哲学论》时，其中一个成员经常愤怒地大喊："形而上学！形而上学！"不要小瞧这四个字，当它们从逻辑实证主义者嘴里说出的时候，几乎就等于"弱智""脑残"这样的脏字眼了。

维特根斯坦的回归

多年以后，在回忆维特根斯坦时，逻辑实证主义的中坚人物鲁道夫·卡尔纳普（Rudolf Carnap）这样说道：

> 他对人和问题——甚至对理论问题——的观点和态度，更像是一个创造性的艺术家，而不是科学家，几乎可以说，像一个宗教先知或预言家。当他开始阐述对某些哲学问题的看法时，我们常常感觉到那一刻他身上的内在挣扎；他挣扎着，要在强烈和痛苦的紧张之下穿透黑暗到达光亮，甚至在他最富表情的脸上就看得见那种紧张。当他的答案终于出来——有时是在冗长费劲的努力之后——他的陈述摆在我们面前，就像一件新创造出的艺术品，一句神圣的启示。

话虽如此，逻辑实证主义者还是非常认可维特根斯坦的重要意义，1929 年他们发表哲学宣言《科学的世界观：维也纳学派》，把休谟奉为先贤祠的第一人，爱因斯坦、罗素和维特根斯坦等人也赫然在列。然而，维特根斯坦并不领情，他在私人信件中批评维也纳学派浮夸自大，认为他们应该实打实地用著作来说话，而不是满足于提出"反对形而上学"这种口号，更何况这个想法一点儿也不新鲜。

你也许会感到好奇，难道维也纳学派对维特根斯坦就没有一丁点儿影响吗？公允地说，影响还是有的，通过与维也纳学派的交往，维特根斯坦再一次与学术圈建立了联系，并逐渐重燃哲学思考的热情。要知道，在写完《逻辑哲学论》之后的很长一段时间，维特根斯坦自认为哲学问

维特根斯坦参与设计的房子

题已经得到彻底解决，丧失了学术研究的动力和兴趣。

　　1924 年 7 月 4 日，在写给著名经济学家凯恩斯的信中，维特根斯坦说："你在信中问是否有可能帮我回到科学研究上来有所作为。我的回答是，不，在这一方面我已没有什么可做的了，因为，对此我自己不再有任何强烈的内在动力。我真正要说的已经说了，而且我已才思枯竭。这听起来有些奇怪，但是，事情就是如此！"

　　1926 年，维特根斯坦辞去乡村教师的职务，回到维也纳。这期间，他跟建筑师保罗·恩格尔曼（Paul Engelmann）一起设计建造了一座房子，这栋楼现在是保加利亚大使馆文化处的所在地。建造这栋楼的过程充分体现出维特根斯坦的性格特征和思维风格，他对细节一丝不苟，每一扇窗、每一扇门、每一个暖气片，都设计得非常精确，而且在施工过程中同样一丝不苟。维特根斯坦的姐姐回忆说，锁匠曾经不耐烦地问他："告诉我，工程师先生，毫米的误差对你来说真的那么重要吗？"话音刚落，就听见维特根斯坦高声回答道："是的！"

这是一座风格简单、细节严谨、高度形式化的建筑，从哲学家 G. H. 冯·赖特（G.H.von Wright）的角度出发，它有着同《逻辑哲学论》一样的"静态美"，但是从普通人的角度出发，比方说维特根斯坦的姐姐，就认为这所房子的问题在于，"它完美，但不适合人居住"。

我认为维特根斯坦姐姐的评语更加高明，可以说是一语中的。事实上，《逻辑哲学论》的问题也在于此。格雷林指出，它有一种"匀称、简洁和外观上的严格性，正如数学中一个优美的证明那样让理智感到愉悦，然而《逻辑哲学论》是付出了过高的代价才取得这种特征的，因为它的匀称和表面上的严格性导致极大地过分简化了它所探讨的问题"。

1929 年 1 月 18 日，维特根斯坦重返剑桥。此时距离他出版第一部著作《逻辑哲学论》已经过去八年之久，维特根斯坦一度认为自己彻底解决了哲学问题，但他终于认识到自己可能错了，哲学工作尚没有完结。这一天对于整个欧洲知识界来说都是意义重大的，以至于凯恩斯在一封家书中这样宣布维特根斯坦的回归："唔，上帝到了。我在 5 点 15 分的火车上接到了他。"

关于维特根斯坦究竟是怎么反对维特根斯坦的，他的后期思想到底是什么，我们下一讲接着说。

092

我将教会你们差异：
奥古斯丁图画到底错在哪里？

《哲学研究》：为哲学家诊治"哲学病"

1929年，维特根斯坦重返剑桥，起初他的正式身份是攻读博士学位的学生，但很快他就用八年前付印的《逻辑哲学论》来申请博士学位。根据瑞·蒙克的记录，博士论文的答辩现场气氛有些滑稽，主考人是罗素和摩尔，为了强调严肃性，罗素对摩尔说："你要问他点问题——你是教授。"当罗素发表自己的观点时，维特根斯坦表示不认同，结束的时候，维特根斯坦拍拍他的主考人的肩膀，安慰说："别在意，我知道你们永远不会懂的。"

话虽如此，其实维特根斯坦此时已经开始怀疑《逻辑哲学论》中的基本论断，三年后，他写信给石里克，明确表示："在那本书（《逻辑哲学论》）中有很多说法我已不再同意。"

在西方哲学史上，以今日之是否定昨日之非，以今日之我反对昨日之我，维特根斯坦当属第一人。这些反思集中体现在1953年出版的《哲学研究》中，某种意义上，我们可以说这本书是维特根斯坦反对维特根斯坦的产物。

我个人认为《哲学研究》是20世纪最伟大的哲学著作，它在很多方面都极具颠覆性，可以说是反哲学的哲学著作，同时又是最具哲学味道的哲学著作。你也许会感到纳闷，反哲学和最具哲学味道，这分明是相互矛盾的两个判断呀！好吧，我承认，为了调动你的胃口，我在这里要了一点语言上的小诡计。

所谓反哲学，首先是指，在形式上，它和常见的哲学著作非常不同，全书由上千条长短不一的评论组成，既没有章节目录，也没有脚注索引，看起来缺乏基本的体系和章法，更像是一本哲学札记。其次，也是更重要的，这本书的主旨就是反哲学的。维特根斯坦声称哲学是一种病，而他的工作目标就是为哲学家诊治"哲学病"，治疗的方式不是发明一种新的药物，而是通过改变思考方式和生活方式，"给苍蝇指出飞出捕蝇瓶的出路"。

那么在什么意义上它是最具哲学意味的呢？借用陈嘉映老师的说法："维特根斯坦像希腊哲人一样，直接面对问题。他在我们这个议论纷纭不知真理为何物的时代，坚持走在真理的道路上。他并不那样反复申说真理是道路，他以走在真理之路上显示这一点。"

在1945年写就的序言里，维特根斯坦指出："自从我十六年前重新开始从事哲学以来，我不得不认识到我写在第一本书里的思想包含有严重的错误。"他甚至认为，应该把他的旧思想和新思想合在一起发表，因为"只有与我旧时的思想方式相对照并以它作为背景，我的新思想才能得到正当的理解"。

词语与对象："意义的指称论"的以偏概全

那么（后期）维特根斯坦到底是怎么反对（前期）维特根斯坦的？让我们来看一看他在《哲学研究》第一节中的一段话。维特根斯坦引用了奥古斯丁的一段话，然后总结说：

> 在我看来，我们在上面这段话里得到的是人类语言本质的一幅特定的图画，即：语言中的语词是对象的名称——句子是这样一些名称的联系。——在语言的这幅图画里，我们发现了以下观念的根源：每个词都有一个含义；含义与语词一一对应；含义即语词所代表的对象。

对于缺乏语言哲学训练的读者来说，这段话有些难以理解：什么叫作"人类语言的本质"？"语词的含义即语词所代表的对象"是什么意思？请允许我稍作解释。

先问一个问题，根据你们的经验观察，牙牙学语的宝宝最初学会的是什么词？没错，一般而言是妈妈，然后才是爸爸、猫猫、狗狗、桌子、椅子、窗户这些名词，再往后是红色、绿色、开心、不开心这样的形容词或者副词，稍大一点，比如说布谷吧，大约是在三四岁的时候，开始使用幸福、公平、世界这样的超级概念。

爸爸、妈妈、桌子、窗户，都是一些最简单的名词，而且它们都对应着外部世界的某个对象，这让我们很轻易地得出一个结论：学习语言就是学习把名称赋予对象的过程。命名，尤其是给孩子命名，对于很多父母来说是一件大事，我们深信名称能够预示或者影响一个人的命运。名称似乎跟某种隐藏的本质相联系，一旦我们喊出某人或者某物的名称，我们就拥有了把握它的特殊能力。比方说，在宫崎骏的著名动画片《千与千寻》里，当汤婆婆告诉千寻：从今往后，你就叫"千"。千寻的人生就彻底发生了变化，这个叫作"千"的女孩逐渐遗忘了过去的生活，完全进入另一个世界。只有当她再次回忆起"千寻"这个名字时，她才能重返旧日的世界。所以，千与千寻，一字之差，就有了迥然不同的两种命运、两个世界。

话说到这里，都是一些我们习以为常的日常经验。现在我们要把这些日常经验转换成语言哲学的问题意识。首先，用手指着某个东西并且赋予它名字的举动，在语言哲学中叫作"直指定义"。其次，当我们认为语词的意义就是它指称的对象时，我们就是在主张"意义的指称论"，这是最原始也是最经典的一种意义理论，对于初学语言时发生的现象尤其具有很强的解释力。

你也许会感到困惑，说了这么多，跟维特根斯坦反对维特根斯坦到底有什么关系呢？道理很简单，早期维特根斯坦正是"意义的指称论"的信奉者。在《逻辑哲学论》中，他认为，语言若要表象世界，就必须在名称与简单对象之间存在严格的对应关系，与此相应的，复合命题和复合事态、原子命题和原子事实之间也存在严格的对应关系。而奥古斯丁图画正是"意义的指称论"的典型案例。这就是维特根斯坦在《哲学研究》中拿它开刀的原因所在。他针对奥古斯丁图画开刀，其实是在针对《逻辑哲学论》开刀。

那么，奥古斯丁图画到底错在哪里？维特根斯坦的观点稍微有些复杂，他认为，这幅图画本身并没有错，可是一旦我们以偏概全，把这幅图画看成是对人类语言本质的理解，那我们就大错特错了。《逻辑哲学论》犯的就是这个错误。

哲学思考必须与生命体验发生关联

有的读者会问：语词除了指称对象，还能做些什么呢？把奥古斯丁图画当成是人类语言本质的理解，究竟会导致什么样的问题呢？

我们先来回答第一个问题。维特根斯坦指出，我们除了给事物命名，用名称来谈论事物之外，还用语言干很多别的事情。举个例子，当一个人高声大喊"水"的时候，他是在给那个无色无味的液体命名吗？仔细想一想，什么情况下一个人会高声大喊"水"？也许是刚刚苏醒过来的病人，因为口干舌燥，所以大喊"水"，意思是说"我渴了，快给我一杯水"！也有可能是因为不小心把没有熄灭的烟头扔进了垃圾筐，所以大喊"水"，意思是"着火了，赶紧拿水来救火"！总之，这个人不一定是在给水命名。

再比如"走开！""哎哟！""救命！""好极了！""不！"，很显然，这些语词都不是在"为事物命名"，而是在进行某种"语言游戏"或者"语言活动"。命名以及和它相联系的直指定义只是"一种"语言游戏，除此之外，还有各种其他类型的语言游戏，维特根斯坦举了很多例子：下达命令及服从命令，报道一个事件，编故事、读故事，演戏，唱歌，猜谜，解一道应用算术题，请求、感谢、谩骂、问候、祈祷。

通过以上例子，你会发现，在现实生活中，我们用语言做很多的事情，它绝对不像前期维特根斯坦认为的那样，只是像镜子一样在反映（reflect）这个世界。语言和我们的生活交织在一起，我们使用语言，就像使用工具一样对这个世界做出反应（react）。

说到工具，很自然地就带出后期维特根斯坦的一个核心思想——"意义即用法"。千万要注意，当维特根斯坦说"意义即用法"的时候，他绝对不是在给意义下定义，他是在告诉我们：

> 当哲学家使用一个语词——"知""在""对象""我""句子""名称"——并试图抓住事情的本质时，我们必须不断问自己：这个语词在语言里——语言是语词的家——实际上是这么用的吗？我们把语词从形而上学的用法重新带回到日常用法。

我第一次读到上述字句时，还是大一的哲学新生，正被西方哲学史折磨得心力交瘁，读到这些说法，有一种"天亮了"的豁然开朗感。我意识到，"存在""真理""实体""经验"这些看上去张牙舞爪的超级概念，其实都有着最平凡和最日常的用法，我们无须过度地神话它们，正确的做法是，把它们放回到各自的历史语境和问题脉络里，还它们一个最亲切和最本真的面目。只要你还不知道如何使用这些超级概念，你就还不真的了解这些超级概念的意义，而为了能够使用这些超级概念，就必须把它们拉回到属于你的"粗糙地表"上，哲学思考必须要和活生生的生命体验发生关联。

维特根斯坦告诉我们，语词的功能各不相同，就像工具箱里的工具——锤子、钳子、锯子、螺丝刀、尺子、胶水盆、胶、钉子、螺丝——这些东西的功能也是各不相同的。

看不到差异性将步入"完全的黑暗"

然而，总有一些人不满足于"各不相同"，总是想穿过现象看本质，在差异性中把握同一性。在《哲学研究》第 14 节中，维特根斯坦针对这种情况做了进一步的探讨。他说：

> 设想有人说："所有的工具都是用来改变某种东西的，例如，锤子改变钉子的位置，锯子改变板子的形状，等等。"——尺子改变的是什么？胶水盆和钉子改变的是什么？"改变我们对某样东西的了解，改变胶的温度和箱子的稳固程度。"——表达法是弄得一致了，但我们得到了什么呢？

之所以原封不动地照搬这段话，是想让你们体验一下维特根斯坦的思考风格。首先，他经常会自我设问，然后自问自答、自我辩驳，从各个角度尝试不同的理解。其次，在这段话中，他特别点出了传统哲学和理论思维的一个固有毛病：总是企图在差异性中找到同一性。比方说不同的工具有不同的功能，但是那些有着哲学冲动的人就试图用"改变"这个概念来定义工具的本质，可是这只是一种幻觉，它的确把表达法弄得一致了——因为所有的工具好像在"改变"什么，但是维特根斯坦反问，这真的有助于加深我们对工具的理解吗？

维特根斯坦说，我们要放弃一种幻觉，以为我们可以抓住语言的无可与之相比的本质，"其实，只要'语言''经验''世界'这些词有用处，它们的用处一定像'桌子''灯''门'这些词一样卑微"。

说到这里，我们可以来回答第二个问题：把"意义的指称论"当成是人类语言本质的理解，到底会导致什么样的问题？

让我们再次重温"意义的指称论"，它的基本含义是"语词的意义就是它指称的对象"。按照这个思路，"金星"这个词的意义就是它所指称的那颗行星，"北京"这个词的意义就是它所指称的那座城市，"时间"这个词就是它所指称的那个……且慢，我们好像找不到一个像金星、北京一样的时间实体，是不是这样？

奥古斯丁有句名言："那么，什么是时间呢？如果没有谁问我，我倒还知道它是什么；可是，当我被问及它是什么，并试着解释时，我却糊涂了。"对此，维特根斯坦评论说："没有谁问我们的时候我们还知道，可是要给它们一个解释时又不知道的东西，正是我们需要提醒自己注意的东西。"因为这些东西诱使我们以相同的方式提出问题并以相同的方式回答问题，"什么是时间"这个问题与"什么是金星"或者"氢的比重是多少"只具有表面的相似性，如果我们看不到它们的差异性，我们就会被带入"完全的黑暗"之中。

回到日常语言的粗糙地面上

后期维特根斯坦主张"不要想，而要看"。这句话的意思是说，一旦我们开始想，开始琢磨，开始试图穿过表层语法去寻找深层语法，试图透过现象寻找隐藏着的本质，我们就走上了错误的理论化道路。我们真正要做的是看。看什么？看这些语词的日常用法。

理论化的冲动让我们去寻找水晶般纯粹的逻辑形式，维特根斯坦早期的《逻辑哲学论》就是这么做的，为此付出的代价是"我们踏上了光滑的冰面"，因为"没有摩擦"，所以也无法前行。后期维特根斯坦说："我们要前行；所以我们需要摩擦。"所以，我们需要回到日常语言的"粗糙地面上来"。

说到这里，请你们回想一下上一讲的标题："完美但不适合人居住的概念大厦"。《逻辑哲学论》的确是这样一座大厦，而《哲学研究》告诉我们，要放弃这种完美的冲动，放弃对水晶般纯粹的逻辑形式的追求，让我们回到日常语言的粗糙地面上来，让我们寻找一座不那么完美但适合人居住的语言和概念的大厦。

维特根斯坦说："哲学病的一个主要原因——偏食：只用一类例子来滋养思想。"当我们以偏概全，把奥古斯丁图画当作语言本质的理论时，我们就患上了哲学的偏食症。那么究竟怎样才能避免哲学病呢？当然就是做一个杂食动物，学会用各种不同的例子来滋养思想。

在黑格尔的最后一讲中，我曾经介绍过维特根斯坦对黑格尔的批评："黑格尔似乎一直想说，那些看上去不同的事物其实是相同的。而我的兴趣在于指出那些看上去相同的东西其实是不同的。"经过这一讲之后，你是不是对这句话有了更深的体会？

据说在斟酌《哲学研究》题词的时候，维特根斯坦曾经考虑过使用莎士比亚名剧《李尔王》里的一句台词："我将教会你们差异！"我特别钟爱这个句子，在我看来，把思考尽力维持在充满复杂和变动的差异性之中，这才是哲学思考的魅力所在。

在结束这一讲之前，我想给你们留一道思考题：根据目前所学的内容，你们觉得对维特根斯坦来说，怎样才能做到对语言本质的全面理解呢？

093

睁开眼睛看家族相似性：
维特根斯坦与反本质主义

不自觉的哲学病病毒携带者

我猜想读完前面几讲后，不少读者会有"找不着北"的感觉，我要安慰你们的是，这种感觉很正常，因为维特根斯坦说了，哲学问题具有的形式就是"我找不着北"。但是从另一个角度出发，这种感觉又是不正常的，因为维特根斯坦的任务是给哲学家看病，给那些找不着北的苍蝇们指出一条明路，把它们从捕蝇瓶里拯救出来。

既然如此，对于没有受过专业训练因此也没有患上哲学病的读者来说，为什么在读维特根斯坦的时候也有找不着北的感觉呢？一种可能是，正因为你没有哲学病，所以体会不出维特根斯坦思考的妙处所在，这就好比在牙不疼的时候，你不会觉得牙医有多重要。但是，我认为还有一种可能是，你是一位不自觉的哲学病病毒携带者，因为病症没有全面爆发，所以你还没有认识到问题的严重性，这个时候带你去看牙医，你会觉得莫名其妙——我的牙好好的，为什么要来诊所？

所以这一讲的首要目标就是要引爆你的哲学病灶，把潜在病毒激发出来，这样你才能慢慢体会到维特根斯坦的重要性。

让我们回想一下上一讲的例子，当有人问我们"什么是金星"的时候，我们会非常自信地把手指向天际，告诉他们："喏，就是那颗最亮的星星。"可是当有人问"什么是时间"的时候，我们试图去寻找像金星一样的时间实体，却发现自己茫然失措，找不着北。

为什么会出现这样的困惑？因为我们被这两个表达法表面上的一致性给迷惑了，以为"什么是金星"和"什么是时间"问的是同一类型的问题，所以我们也就很自然地像寻找金星那样去寻找作为实体的时间。其实，表面上一致的问题并不一定是同一类型的问题。

类似的诱惑无处不在，不管是哲学家还是普通人都难以幸免。仍旧举上一讲的例子，当说到"工具"二字的时候，我们会情不自禁地想在各种工具之间寻找"共同之处"，与此类似的是，当我们把语言看成是各种不同类型的语言游戏时，又会忍不住去想：什么是游戏之为游戏的"共同之处"？我们似乎总是倾向于要去总结一些什么，仿佛这么做才显得很哲学。

我之所以说你可能是不自觉的哲学病病毒携带者，道理就在于此，因为只要使用语言，我们就会被诱惑着去做某种哲学化的思考，被诱惑着去做某种总结性的陈词，在多中去寻找一。这种诱惑是如此的难以抗拒，以至于维特根斯坦说，我们需要做的是意志上的抵抗，而不是克服理解上的困难，因为弃而不用某种表达法，就像忍住喷嚏或者压抑咳嗽一样困难。

家族相似性

在《哲学研究》第 66 节中，维特根斯坦问道："棋类游戏，牌类游戏，球类游戏，角力游戏，等等。它们的共同之处是什么？"然后，他立刻自我反驳道："——不要说：'它们一定有某种共同之处，否则它们不会都叫作游戏。'"

维特根斯坦给出的建议是"不要想，而要看"，一旦我们睁开眼睛看，而不是像哲学家那样闭着眼睛去解释自然（请你回想毕达哥拉斯那一讲的标题），就能看到它们之间的"相似之处"和"亲缘关系"，而不是想象中的"共同之处"。比方说，当你想说"休闲"是所有游戏的共同之处时，就会发现中日韩三国的围棋擂台赛跟休闲一点关系都没有；当你想说所有游戏总有输家和赢家的时候，你就会看到一个人在搭乐高的游戏场景与输赢一点关系都没有。总之，当你放弃想、专注看的时候，就会看到游戏的复杂多变性，它们之间没有"共同之处"，但有"相似之处"，这些"相似之处"就像是一张"盘根错节的复杂网络"。

那么，究竟该怎么描述这张网络呢？维特根斯坦说："我想不出比'家族相似'更好的说法来表达这些相似性的特征；因为家族成员之间的各式各样的相似性就是这样盘根错节的：身材、面相、眼睛的颜色、步态、脾性，等等，等等。"

讨论到这里，我们可以说，各种"游戏"构成了一个家族，各种"工具"构成了另一个家族，我们之所以把这类活动称为游戏，把那类对象称为工具，不是因为在它们的背后存在着所谓的本质（想想亚里士多德），也不是因为我们可以对它们进行普遍定义（想想苏格拉底），而是因为它们之间存在着"家族相似性"。

"语言游戏"和"家族相似性"是理解维特根斯坦后期哲学的关键概念，突出地反映出后期维特根斯坦的反本质主义特点。维特根斯坦像古希腊哲人那样直面问题本身，但是他的思维方式却迥异于古希腊哲人。巴门尼德关心"一切是一"的那个"一"，维特根斯坦却想要教会我们差异；赫拉克利特说"隐蔽的关联比明显的关联更为牢固"，维特根斯坦则说"我们对隐藏起来的东西不感兴趣"。

"家族相似性"是一个极富启发性的概念，它让我们回到粗糙的地面，让我们紧绷的哲学神经得到舒缓，维特根斯坦说："真正的发现是这一发现——它使我们能够做到只要我愿意我就可以打断哲学研究——这种发现给哲学以安宁，从而它不再为那些使哲学自身的存在成为疑问的问题所折磨。"

边缘模糊与隐蔽关联

可是，我们仍有疑问，关于"家族相似性"，我们至少可以从两个角度提出反驳：

第一，按照家族相似性的思路，游戏和工具就是边缘模糊的概念，这样一来，它们还是有意义的概念吗？

第二，共相理论、本质主义真的彻底错了吗？难道我们不可以借助科学的方法去寻找"共相"和"本质"吗？

针对第一个反驳，维特根斯坦在《哲学研究》第71节中做过很精彩的辨析。让我们先来摘抄两段原文：

> 我们可以说"游戏"概念是一个边缘模糊的概念。——"但模糊的概念竟是个概念吗？"——一张不清晰的照片竟是某人的照片吗？用一张清晰的照片代替一张模糊的照片总会更好些吗？那张不清晰的照片不正经常是我们需要的吗？
>
> 弗雷格把概念比作一个区域，说界线不清楚的区域根本不能称为区域。这大概是说我们拿它没法干啥。——然而，说"你就差不多停在这儿"毫无意义吗？设想一下我和另一个人站在一个广场上说这句话。我这时不会划出任何界线，只是用手做了个指点

的动作——仿佛是指给他某个确定的点。而人们恰恰就是这样来解释什么是游戏的。

这段话的阅读方式是这样的：第一句——"我们可以说'游戏'概念是一个边缘模糊的概念。"——是维特根斯坦本人主张的观点，破折号后面的"但模糊的概念竟是个概念吗？"是维特根斯坦想象中会遇到的反驳意见，照片的例子是反驳者对自身观点的进一步澄清和说明，而弗雷格的观点则是对反驳者观点的进一步引申和支持。

模糊的概念不是概念，就好比不清晰的照片不是照片，界线不清楚的区域不是区域。到目前为止，反方的论证已经足够充分。现在轮到维特根斯坦自己出手了。他想请我们思考这样一个问题："你就差不多停在这儿"这句话到底清楚不清楚？如果采用前期维特根坦"充分分析"的立场，这个表述并不清楚，但是对于自然理解来说，这个表述足够清楚。仍旧以第90讲的"我的扫帚在墙角那里"为例，这句话的意思清清楚楚、明明白白，可是如果有人进一步分析说，这是一个关于扫帚把和扫帚头的命题，并且说道："给我把扫帚把和插在扫帚把上的扫帚头拿来！"你会作何反应？你一定会说："你是要扫帚吗？你干吗把话说得这么别扭？"

这是维特根斯坦反对维特根斯坦的典型案例，隐藏其后的基本道理是自然理解与充分分析之间的对立。语言的功能是交流和理解，充分分析不一定能导致充分理解，模糊概念也不一定会制造交流障碍。

在日常生活中，我们常常使用边缘模糊的概念，这些概念不仅是可用的，有时候甚至是最合适的。我们不妨再多看几个例子。

请问怎样才能让一桶水变成一桶冰？答案显然是在一个正常的大气压下把温度降到零度或更低。在这里，从水到冰的转化过程存在着一个清晰的边界。但是如果我们问，多少粒麦子就变成了一个麦堆，是一千粒还是一万粒？又或者，什么时候我们不再称张三是一个头发稀疏的人，而直接就说张三是一个秃子？是一万根头发还是一千根头发？这个时候你就会开始有些犯难了。

很显然，从麦粒到麦堆，从头发稀疏到秃子，没有一个确定的标准，也找不到一个清晰的分界线，但这并不意味着麦堆和秃子这类模糊的概念就不是概念。在给定的日常语境中，这些看似模糊的概念都能得到有意义的使用，并且能够得到很好的理解。相反，如果我们将秃子严格定义为头发只剩下一万根，或者头发覆盖面积少于原有面积的三分之一，我们反而不会使用"秃子"这个语词了，难道不是这样吗？

回到维特根斯坦的例子，如果有人远远地跟你比画手势，大声说道："你就停在距离马路牙子 90 厘米远的地方，不能多一厘米也不能少一厘米。"这么说的时候，精确是精确了，可是你反而会变得糊涂起来，不晓得他到底为什么这么说话。

因此，并不是概念越清晰，逻辑越严格，句子的意义就越明确。一个有洞的围墙还是围墙，一个有点含混的规则也还是规则。你可以批评说，因为规则的含混，所以这个游戏是不够完善的，可是有的时候，恰恰因为规则的含混性，游戏才变得更好玩，如果把一切都弄得清清楚楚、明明白白，理想是理想了，严格是严格了，但却失去了游戏原本的味道。想一想视频裁判助理系统（VAR）在2018年俄罗斯世界杯上引发的各种争论，也许可以帮助你进一步去思考这个问题。

现在我们来看第二个反驳。我们可以借助科学的方法去寻找事物的共相或者本质吗？毫无疑问，对于一些特定事物来说是可以的。比如说水，在日常语言中，我们说水是无色无味的液体，但是关于水的内在结构或者本质属性，我们已经有了更为精确的科学表述——H_2O。类似的，原子序数 79 是金子的本质属性，C_6H_6 是苯的本质属性。在这些例子里，本质和共相的概念不但依旧成立，而且正如赫拉克利特所说，它们属于隐蔽的关联而不是明显的关联，因为你的眼睛是看不到 H_2O，也看不到原子序数 79 的，只有借助科学研究和科学概念才能揭示这个"隐蔽的关联"。

事实上，就以"家族相似性"这个词为例，隔壁老王的女儿眼睛像姥姥，鼻子像妈妈，脸形像老王，初看起来，这里的确存在着家族相似性，但是老王如果对于这些"明显的关联"仍旧不放心，那他大可以通过 DNA 亲子鉴定来确定那个"隐蔽的关联"。

让一切如其所是

现在的问题是，以上这些反驳对维特根斯坦构成真正的挑战吗？我觉得没有。让我们回想他在《逻辑哲学论》中的那个观点："我们觉得，即使一切可能的科学问题都已得到解答，人生问题也还完全未被触及。"

难道不是这样吗？绝大多数人并不知道金子的原子序数是 79，这对他们的生活有什么影响吗？DNA 亲子鉴定的确可以帮助老王搞清闺女的身份，但是这跟老王真正理解闺女的内心又有什么关系呢？

在 1930 年写下的笔记里，维特根斯坦说："旧观点——大致上是西方（伟大的）哲学家的——认为从科学的意义上存在两类问题：本质的、重大的、普遍的问题和非本质的、偶然的问题。另一方面，按照我们的观点，在科学上是不能讲巨大的、本质的问题的。"

什么问题是巨大的、本质的？在维特根斯坦看来，就是生与死、罪与罚、伦理和美、生活的意义这些问题。这些问题都是无法借助科学方法得到解决的问题，就像存在、真理、正义、勇敢、美德这些概念，是无法通过科学方法发现其本质属性的概念。我们无法给正义下一个普遍定义，也不能为勇敢找到本质特征，它们的边界模糊，在不同的语境中呈现出不同的内涵和特性，但是这不意味着我们因此可以宣布它们是非法的、不合格的概念，进而取消这些概念。

说到这里，你可能已经发现了，虽然后期维特根斯坦严厉批评前期维特根斯坦，但是在哲学与科学的关系上，他可以说是吾道一以贯之的。在《逻辑哲学论》"4.111"节中，维特根斯坦指出，"哲学不是自然科学之一"；在《哲学研究》第 109 节中，他再次强调，哲学的考察不可能是科学的考察。后期维特根斯坦和前期一样反对建构哲学理论，他指出：

> 我们不能提出任何一种理论。在我们的思考中必定不能有任何假设的东西。我们必须要丢开一切解释而只用描述取代之。……这些（哲学）问题当然不是经验问题；解决它们的办法在于洞察我们语言是怎样工作的，而这种认识又是针对某种误解的冲动进行的。这些问题的解决不是靠增添新经验而是靠集合整理我们已经知道的东西。哲学是针对借助我们的语言来蛊惑我们的智性所做的斗争。

在上面这段话里，有很多关键的表述，其中最重要的就是"这些问题的解决不是靠增添新经验而是靠集合整理我们已经知道的东西"。到底应该如何理解这句话，我们会在下一讲中做出解释。

你也许会问，既然"哲学是针对借助我们的语言来蛊惑我们的智性所做的斗争"，那么这个斗争的结果会是什么呢？维特根斯坦告诉我们，斗争的结果就是，哲学"不用任何方式干涉语言的实际用法"，"它让一切如其所是"。

蒙克说："人们常常引用维特根斯坦谈哲学的话——哲学'让一切如其所是'。但人们常常看不到，在力求什么也不改变，只改变我们看事物的方式时，维特根斯坦试图改变一切。"

维特根斯坦究竟有何魔力，能够做到什么也没有改变，可一切又都改变了？关于这个问题，我们下一讲接着说。

094

站在思想的高墙上：
维特根斯坦与面相的转换

> 下午我们在争论中度过——他是个十分讨厌的人，每次你说什么，他都说："不不，那不是要点。"那可能不是他的要点，但那是我们的要点。听他话太累人。

这是一个14岁男孩的日记，里面的那个"他"正是维特根斯坦。

生活中我们总会遇到一些讨厌的人，你跟他讲人道的时候他跟你讲法律，你跟他讲法律的时候他跟你讲政策，你跟他讲政策的时候他跟你讲人性，你跟他讲人性的时候他跟你讲奇迹。总之，每次你说什么话，他都能把要点转到另一处，这样的人我们称之为"诡辩家"。

作为一个对话者，维特根斯坦相当让人讨厌，然而他不是诡辩家，而是哲学家。哲学家与诡辩家的最大差异在于，诡辩家通过转换要点来拒绝理解，而哲学家则试图通过统领要点来达成理解。

面相的转换

在《哲学研究》中，维特根斯坦举过一个"兔鸭图"的例子：

> 设想我给一个孩子看这张图。他说："这是一只鸭子"，然后突然说"哦，它是一只兔子"。于是他认出它是一只兔子——这是一种辨认的经验。

这里的秘诀在于——面相（aspect）的转换，或者说视角的转换。你第一眼看见了兔子，当你转换面相的时候，又看见了鸭子。究竟什么时候把它看成兔子，什么时候把它看成鸭子，依赖于你从哪个面相或者视角去看图画。

兔鸭图

转换面相，则能看到两种不
同的结果：老妪和少女

　　我在网上看到过另一张图，同样需要进行面相的转
换，才能看到少女或者老妪，比起兔鸭图，这张图的细节
更复杂，实现面相转换的难度也更高。当我们把目光投向
语言游戏以及现实生活时，细节的复杂程度和难度只会越
来越高。对维特根斯坦来说，能够改变看特定事物时的面
相，是拥有理解能力并且最终达成理解的关键所在。

　　说到这里，我们可以回过头来解释上一讲中提到的那
句话："这些（哲学）问题的解决不是靠增添新经验而是
靠集合整理我们已经知道的东西。"这句话到底是什么意
思呢？

　　首先我要请你们想一想哪些问题是需要依靠"增添新
经验"才能得到解决的？当然是科学问题，比如黑洞的发
现证实了黑洞理论。反之，哲学问题的解决在维特根斯坦

看来则与增添新经验毫无关系。

那么，什么叫作"集合整理我们已经知道的东西"？还是以兔鸭图为例，无论你把那张图看成兔子还是看成鸭子，图本身并没有发生改变，它如其所是地放在那里，你没有在图上添加一笔一画，你只是通过面相的转换，也就是集合和整理我们已经知道的东西，然后就看见了不同的对象。

解释的尽头——生活形式

也许有人会反驳说：这样一来，岂不是只剩下个人的主观经验和感受了吗？难道维特根斯坦是在主张相对主义吗？初看起来是这样的，但其实不然。仍旧以兔鸭图为例。请问除了兔子和鸭子，你还能把它看成什么？狮子和老虎吗？我们可以对兔鸭图进行不同的解释，但无法对兔鸭图进行无穷的解释，就好像我们可以对语言游戏进行不同的解释，但无法进行无穷的解释，因为解释到最后总有一个尽头。打个比方，就像你一个猛子扎进水里，不断地下潜，最终会遭遇河床，同理，在解释的过程中，我们也会遭遇"思想的河床"，或者用维特根斯坦最常用的概念——生活形式。

河床也好，生活形式也罢，都是"被给定的东西"。"被给定"（the given）的意思就是你不加反思地接受的东西，而且是必须接受的东西。举个例子，布谷前不久去上乐理课，老师让孩子们死记硬背各种音程、音符和音阶，小孩子们背得不亦乐乎，但是作为有反思能力的成年人以及乐盲，布谷妈妈就总是在问："为什么音符要这么画？为什么不能换一个更有逻辑的画法？"这时候我就告诉她：这是给定的生活形式和语法规则，在你最初学习一种游戏的时候，你必须无条件地接受规则，理解了要接受，不理解也要接受。如果你一直在反复追问和质疑游戏规则的合理性，你就无法开始玩这个游戏。维特根斯坦有句名言——"我遵从规则时从不选择，我盲目地遵守规则"，说的就是这个道理。

有的人不仅喜欢破坏规则，而且非常善于为自己的破坏行为提供合理化的解释。很多年前，当陈水扁还是台湾地区领导人的时候，他到海滩捡垃圾作秀，并用"罄竹难书"来赞扬环保团体做出的贡献，闹出了大笑话。当时的台湾"教育部长"杜正胜出来给陈水扁擦屁股，他是这样解释"罄竹难书"的："罄是用尽，竹就是竹片，是在纸张发明前的书写工具，难是难以，书就是书写，翻成今天现在的话，就是用尽所有的纸也写不完，也就是要做的事实在太多。"

操两可之说，设无穷之词，这是政治人物最擅长的本领。其实，我们普通人在做出荒腔走板的越轨行为之后，也会寻找各种理由来为自己解释和开脱。这么做的一个潜在信念是："无论我怎么做，经过某种解说都会和规则一致。"

然而正如前面所指出的，"解释到最后总有一个尽头"，维特根斯坦说："任何解释都像它所解释的东西一样悬在空中，不能为它提供支撑。"那么到底什么才能提供支撑呢？当然就是规则本身，就是生活形式本身。在维特根斯坦看来，"遵守规则是一种实践，以为［自己］在遵守规则并不是遵守规则"。这句话有点绕，我们可以换个说法——人们不可能"私自"地制定并遵守规则，否则的话，"以为自己在遵守规则就同遵守规则成为一回事了"。

杜正胜对"罄竹难书"所做的奇葩解释生动地说明了这个道理。说到这里，我们可以重新来看一下诡辩家和哲学家的区别：诡辩家通过订立私人的标准，来为所有越轨行为提供合理化的解释，而哲学家则是在承认公共标准的前提下，尽可能地在差异性中看到联系。所以诡辩家是通过转换要点来拒绝理解，而哲学家则试图通过统领要点来达成理解。

什么是我们业已知道的东西？

回到"这些（哲学）问题的解决不是靠增添新经验而是靠集合整理我们已经知道的东西"。关于这句话，我还想接着谈谈什么叫作"我们已经知道的东西"。

先来看"我们"。"我们"是谁？我认为，这里的"我们"指的不是科学家也不是哲学家，而就是每一个普普通通的人。那么"我们已经知道的东西"到底是什么东西呢？我认为就是我们熟练掌握、了然于胸的语词用法，就是在特定传统中习得的惯例和规则，以及让对话和理解得以可能的生活形式。这些东西是我们已经知道的东西，是百姓日用而不知的东西。

在《哲学研究》中，维特根斯坦指出，为了达成意见一致就必须首先在生活形式上达成一致："人们所说的内容有真有假；他们达成一致的是所使用的语言。这不是意见的一致而是生活形式的一致。"

写到这里，我想起一个网络笑话：中国有两种球在国际赛场上是没有悬念的，乒乓球——谁都赢不了，足球——谁都赢不了。请问到底是中国乒乓球厉害还是中国足球厉害？我相信你们此刻都会会心一笑，但是如果换成老外，他可能就彻底蒙圈了，这不仅因为他很难理解"谁都赢不了"的确切含义，更在于他跟我们没有共享同样的生活形式。

站在思想的高墙上

真正的哲学家都在以不同的方式教会我们差异，不过仅仅认识到差异仍然不足以实现理解。按照维特根斯坦的想法，"我们对某些事情不理解的一个主要根源是我们不能综观语词用法的全貌"。为什么综观语词用法的全貌如此重要？因为综观可以"居间促成理解，而理解恰恰在于，我们'看到联系'"。因此，在看到"差异"的同时又看到

"联系"，尤其是能够发现或发明中间环节，这样才能真正实现理解。

"综观"的德文是"übersehen"，英语译作"overview"，我认为中文译作"鸟瞰"更形象也更准确。圆明园里有座"黄花阵"，这是一座乾隆年间修建的迷宫，我曾先后去走过三五回，每一次我都比别人更快地走出迷宫，不是因为我更加聪明，而是因为我的个子比较高，所以我可以探出迷宫的围墙，看清楚哪一条是死路、哪一条是活路。你们也许会说我作弊，但我认为，为了让我们走出语言的迷宫和思想的迷宫，就必须进行"思想的作弊"。

我们正身处在一个前所未有的复杂和丰富的时代，面对这个时代，我们需要养成同样复杂和丰富的思考习惯。只有站在思想的高墙上，我们才可能鸟瞰全貌，看清差异和联系，实现面相的转换，明白哪里是沼泽、哪里是沟壑，哪里是死路、哪里是活路。

"告诉他们，我度过了极好的一生"

维特根斯坦曾经这样描述自己的哲学工作："我破坏、我破坏、我破坏。"仿佛一头闯进瓷器店的公牛。但是维特根斯坦砸碎的不是精致美妙的瓷器，而是对智性生活不必要的困扰，是那些力图在寻常事物中"看出古怪问题"的哲学诱惑。

在《哲学研究》的序里，他这样写道："尽管这本书相当简陋，而这个时代又黑暗不祥，但这本书竟有幸为二三子的心智投下一道光亮，也不是不可能的，当然，这种可能性委实不大。"这里所说的"二三子"到底指的是哪些人呢？其实早在1930年，维特根斯坦就有过解释，他说他的书只是为了一小圈子的人而写，这些人不是精英，他们既不比普通人高明，也不比普通人差劲，这些人只是不同而已。这些人的不同之处在于，他们属于维特根斯坦的文化圈子，就好像是他的老家人或者乡里人，他们熟悉他的思考方式和生活方式，而所有其他人都是陌生人。

维特根斯坦曾经坦率地承认："在某种意义上我是在宣传一种思想风格，反对另一种思想风格，对那另一种我真是讨厌得很。"但是，他也深知自己的思考类型并不为这个时代所需要，所以他说："我如此奋勇地游泳以抗击浪头。也许在一百年之后人们将会真的需要我正在写的这些东西。"

我不想花费特别的篇幅去评价维特根斯坦的影响力。有人说，虽然后期维特根斯坦推动了日常语言分析学派的发展，但是总体看来，20世纪后半叶特别是21世纪的哲学发展方向与后期维特根斯坦是背道而驰的，也正因如此，这些人认为维特根斯坦的哲学地位是大可怀疑的。对于这样的评价，我甚至都不愿意多费口舌。维特根斯坦显然不是典型意义上的哲学家，他从事反哲学的工作，既不打算建立自己的学派，也不热衷于获得学术界的承认与理解。当下的哲学发展方向与他背道而驰，这并不足以证明维特根斯坦错了，反而可能恰恰证明这个时代已经病入膏肓了。

对维特根斯坦来说，解决哲学问题意味着改变旧有的思想方式和生活方式。这种改变的发生，是通过把语词从形而上学的用法重新带回到日常用法。回到语词的日常用法，也就是让一切如其所是。所以蒙克说，维特根斯坦的哲学宗旨在于，一方面力求什么也不改变；另一方面，通过改变我们看事物的方式，他试图改变一切。

其实，维特根斯坦的生活态度也是如此，他对生活做彻底的清算，目的不是要把自己从生活之流中连根拔起，而恰恰是要把自己重新放回特定的生活之流中。维特根斯坦说："一种表述只有在具体的生活之流中才有意义。"同样，蒙克认为，如果能把他自己的生活放进某种特定的模式，那对维特根斯坦来说将是一种莫大的安慰。

维特根斯坦怀念 19 世纪末的维也纳文化氛围，向往托尔斯泰式的生活方式，他数次尝试放弃纯智性的生活，从事偏体力的劳作，比如他做过乡村教师、建筑设计师、园丁，以及医院的护工。所有这些努力都是为了让自己嵌入一种生活模式之中，找到一种笃定、踏实和安宁。但是事与愿违，维特根斯坦身上最鲜明的几个身份特征，让他永远无法把自己放回到某种特定的生活模式中，奥匈帝国遗民、犹太人、同性恋者以及哲学家，所有这些身份都让他天然地不属于任何一个共同体。曾经有朋友这样回忆说，维特根斯坦使他想起《卡拉马佐夫兄弟》里的阿廖沙和《白痴》里的梅什金——"第一眼瞥去，那模样是令人心悸的孤独"。

在他生命最后的阶段，维特根斯坦和房东太太贝文夫人成了亲密的朋友，他们每天晚上6点散步到小酒馆。贝文夫人回忆说："我们总是要两杯波特葡萄酒，一杯我喝，另一杯他饶有兴味地泼到蜘蛛抱蛋盆栽里——这是我知道的他的唯一不老实行为。"两人之间的谈话异常轻松，维特根斯坦从不跟贝文夫人讨论她不理解的话题，贝文夫人说："所以在我们的关系中我从未觉得自己次等或无知。"

看起来，维特根斯坦终于和生活达成了和解。1951年4月28日，维特根斯坦去世，留给这个世界的最后一句话是："告诉他们，我度过了极好的一生。"

095

运伟大之思者，行伟大之迷途？
海德格尔与纳粹主义

纳粹分子海德格尔

海德格尔（Martin Heidegger，1889—1976）曾经这样概括亚里士多德的一生："亚里士多德出生，工作，去世。"——我想这应该就是哲人最理想的人生了吧：思想与生命完全同一，绝对精纯，毫无杂质。

如果没有卷入 1933—1934 年的纳粹运动，海德格尔原本也可以这样纤尘不染地度过一生，然后顺理成章地跻身有史以来最伟大的哲学家行列。可是因为有了这段难以洗白的纳粹过往，海德格尔的形象变得暧昧不明、争议不断，时至今日，即使他已经去世 40 多年，依旧处于舆论的风暴眼中。

那么海德格尔到底都做了些什么呢？让我们先来梳理一下事情的来龙去脉。

1933 年 1 月，希特勒被任命为总理。同年 4 月，时年 44 岁的海德格尔接任弗莱堡大学校长一职，发表题为《德国大学的自我主张》的就职演说。次年 4 月，他辞去校长职位。海德格尔的大学校长生涯只维持了短短一年的时间，在这期间，他主要做了以下几件事：

首先，为了担任校长一职，海德格尔加入了纳粹党，并且将纳粹党员的证书一直保留到 1945 年。其次，在任职期间，海德格尔发表了不少吹捧希特勒的言论，并于 1933 年 5 月 20 日给希特勒专门发去电报，大意是请求按照党的意志来改造大学。最后，海德格尔表现出一定的排犹倾向。他与具有犹太血统的恩师胡塞尔中断了关系，在后者重病期间以及葬礼上均未露面，非常不近人情；此外，他通过打小报告暗示一位学者与犹太人有牵连，阻止该学者谋得教职。

平心而论，这些举动虽然算不上光彩，但对于久经政治运动的中国人来说，并不会觉得特别难以接受。海德格尔的所作所为充其量表明他是一个城府颇深的政治投机分子，还算不上大奸大恶之辈。时过境迁，只要他表个态，认个错，就可以洗心革面重新做人。

可是让人大感不解的是，"二战"结束之后，海德格尔对这段往事却始终讳莫如深，从未在公开场合道歉，对纳粹暴行和奥斯维辛集中营也不置一词。1966 年他接受德国《明镜》杂志采访——这是他生前唯一一次公开谈论与纳粹的过往，条件是必须在他死后才能发表。10 年后，海德格尔去世，这篇题为《只有一个上帝才能拯救我们》的采访也公之于众，然而人们没有读到一句真心悔过的话，有的只是各种闪烁其词的辩解和托词。

在采访中，海德格尔这样解释投身纳粹运动的动机："我当时的判断是：就我所能判断的事物的范围来看，只还有一种可能性，就是和确实有生气的、有建设能力的人物一起来掌握未来的发展过程。"这句话的意思是，当时我别无选择，纳粹和希特勒是拯救德国的唯一力量，所以，我虽然看走了眼，但是责任并不在我。

此外，海德格尔还在访谈中再次强调技术对于人类未来的威胁，他说："关键的问题是，如何能够为技术时代安排出一个政治的制度来，我为这个问题提不出一个答案。但我不认为答案就是民主制度。"虽说批评民主制度不等于拥护纳粹政权，但是在这样一个访谈里，选择继续批评民主制度和技术时代，足以看出海德格尔的顽固和傲慢。

《明镜》杂志的访谈不但没有平息风波，反而让这场公案变得更加扑朔迷离。同情者称，海德格尔投身纳粹运动只是哲学家的一时糊涂，白璧微瑕，无损于他作为当代最伟大的哲学家的声誉；反对者则认为，海德格尔是终生的纳粹分子，在他的哲学和纳粹主义之间存在着内在的逻辑一致性。

从最近披露的私人笔记和私人信件来看，我们可以确定，至少在20世纪30年代，海德格尔的确是一个彻头彻尾的纳粹分子和反犹分子。比如，在1931年的圣诞期间，海德格尔把希特勒的《我的奋斗》作为礼物送给弟弟，并在信中盛赞希特勒具有"卓越的政治才能"，"当所有人都一头雾水的时候，他也能辨别清楚"。海德格尔认为国家社会主义运动，也就是纳粹运动会呈现"一种崭新的局面，它不仅仅是政党政治，更事关欧洲和西方文明的赎罪或者衰落"。在信中，海德格尔豪情万丈地预言："看来，德国终于觉醒了，开始理解并掌握自己的命运。"

1933 年 4 月 13 日，也就是希特勒上台三个月后，海德格尔继续在信中赞美希特勒："每一天，我们都在见证着希特勒成为一个政治家。我们的民族和国家将会发生改变，每双眼睛都能看见，每只耳朵都能听见，每一位在鼓舞自己行动的人都会感受到真正而又深刻的兴奋，我们见证了伟大的历史，见证了压力之下将帝国精神和民族使命照进现实的时刻。"

在私人笔记中，海德格尔也对犹太人进行了种族主义意义上的批评，他说："犹太人凭借他们杰出的计算天赋，已经按照种族原则生活了最长的时间，因此他们拼命为自己辩护，反对种族原则不受限制地运用。"

怀着乡愁寻找家园

现在的问题是，我们应该如何评价海德格尔的以上言行？一朝是纳粹分子，终生都是纳粹分子吗？如果海德格尔哲学与纳粹运动之间存在着本质性的关联，那么我们为什么还要阅读海德格尔？难道我们不怕在阅读的过程中，潜移默化地中了毒，成为一个反犹主义者甚至纳粹主义者吗？

为了回答上述问题，让我们先来了解一下海德格尔的个人生活，以及他所处的时代氛围。美国学者朱利安·扬（Julian Young）指出，海德格尔的祖父是鞋匠，父亲是业余的铜匠，母亲是农妇，这对我们理解海德格尔意义重大。终其一生，海德格尔都对乡村生活抱有深厚的情感，对城市生活则充满厌恶之情。乡村生活是典型的共同体（community）生活，在这个藉由血缘、感情和伦理团结为纽带生长起来的生活世界里，人与人亲密无间，人与自然和谐共存。更重要的是，乡村生活使人拥有直接的生活经验，人们对于生活的其来有自了然于胸，他们懂得如何筑造房屋、修建沟渠，了解燕麦何时抽穗、油菜籽何时开花，对于修理农具更是得心应手，这样的生活称得上简单扎实。用海德格尔最喜欢的话说，这是一种"有根的"生活方式。与此形成鲜明对比，城市生活是一种"无根的"生活方式，它立足于契约关系，是机械的和人为的聚合体，人们表面上生活在一起，其实却彼此疏离，漂泊无依。

18 世纪德国诗人诺瓦利斯（Novalis）曾说："哲学就是一种怀着乡愁寻找家园的冲动。"对德国哲人来说，这种冲动不仅指向真实的大地，同时指向遥远的古希腊，黑格尔曾经动情地说道："一提到希腊这个名字，在有教养的欧洲人心中，尤其在我们德国人心中，自然会引起一种家园之感。"德国人在哲学、音乐、诗歌方面所取得的成就，让他们深信自己的民族不仅是特殊的，而且是优异的，这种优异性尤其体现在内在性和精神性的成就上。相比之下，英国人代表了自我中心、唯利是图的商业主义，而法国人只拥有肤浅的感性，他们是西方文明没落的象征，在这个虚无主义的黑暗时代，只有德国人才能担负起作为世界精神领袖的重担。

这当然是一种非常虚妄的感觉，就像一位德国历史学者所说的那样："每一个经历了多年政治虚弱后突然在世界上获得了权力和声望的民族，都免不了这样几种毛病，其中最大的毛病就是民族自大狂，倾向于迷恋本土的一切而贬低外来的一切。……我们开始在学术工作上自吹自擂，炫耀民族自豪感，以党派的门户之见影响学术研究。"

在 20 世纪 30 年代的德国，我们看到了所有这些毛病的总爆发。把技术和民主政治等同于现代性的核心，把德意志的独特性夸大成德意志的优越性，进而认为德国应该承担起复兴西方文明的伟大使命，在这些基本判断上，海德格尔与纳粹一拍即合。也正因如此，他才会在 1935 年发表的演讲《形而上学导论》中盛赞"纳粹的真理与伟大"。

1953 年，在正式出版的《形而上学导论》一书中，海德格尔把"纳粹"二字改成"这个运动"，并且加括号说明这个运动指的是"星球式特定的技术与新时代的人的相遇"。这个改动充分说明，海德格尔与纳粹的遭遇首先是一个"哲学问题",其次是一个现实的政治判断问题。事实上,从 1966 年的《明镜》杂志访谈中也可以看出,直到晚年,海德格尔依然认定,自己只是在具体的判断上犯了识人不明、所托非人的错误,但在根本的判断上并没有错。

危险的迷途

在第 22 讲中,我们曾引述美国学者马克·里拉的观点:"如果哲学家试图当国王,那么其结果是,要么哲学被败坏,要么政治被败坏,还有一种可能是,两者都被败坏。"事实证明,一旦哲学家突破思想的边界,加入权力的游戏,就必定会屈服于权力,最终成为独裁者的工具和附庸。海德格尔与纳粹的纠葛再一次证明了这个道理。

海德格尔不仅在现实判断上出现了难以饶恕的错误,在哲学判断上也存在根本性的问题。在《形而上学导论》中,他把俄国和美国相提并论,认为它们根本就是一丘之貉:"同样都是脱了缰的技术狂热,同样都是放肆的平民政制。"在我看来,这种思维方式就是黑格尔所说的"抽象地思维"的典型表现。当我们用一种高度抽象的标准去衡量一切事物时,或许能产生别开生面的洞见,但也会让我们丧失最基本的常识感。说到这里,我忍不住想复述维特根斯坦的那句忠告:"研究哲学如果给你带来的只不过是使你能够似是而非地谈论一些深奥的逻辑之类的问题,如果它不能改善你关于日常生活中重要问题的思考，如果它不能使你在使用危险的语句时比任何一个记者都更为谨慎，那么它有什么用呢？"

当然，海德格尔毕竟还是说对了不少东西，他对于现代生活方式的批判，对于技术时代人的处境的反思，都足以让我们警醒。海德格尔曾说："无家可归成为一种世界命运。"当看到从月球传回的照片时，海德格尔惊呼道："人现在已被连根拔起。我们只还有纯粹的技术活动和联系。人今天生活在其上的，已不再是土地了。"站在现代人的角度看待海德格尔的这个反应，包括他对乡村生活的沉迷以及对现代技术的排斥，没准会觉得他目光短浅、少见多怪。可是从另一个角度看，现代人的见怪不怪难道不是隐藏着更大的危机吗？当我们在 VR 的世界里体验不同的角色与人生，当我们习惯于随时随地去网上冲浪，有没有严肃认真地反问过自己，这种连根拔起的无根生活真的是我们向往的生活吗？

德国诗人荷尔德林说："哪里有危险，哪里就有拯救者生长。"在海德格尔的有生之年，亲眼目睹过危险，也亲身参与过拯救，但是他发现，人对自身命运的掌握和拯救，无不以惨痛的失败告终。或许也正因如此，他才会把 1966 年的《明镜》访谈命名为"只有一个上帝才能拯救我们"。

我不认为海德格尔一辈子都是纳粹分子，但是海德格尔一辈子都是现代性特别是民主政治和技术时代的反对者，这是他的根本立场。出于思想者的傲慢，以及担心学生和读者放弃阅读自己的著作，他在战后的漫长岁月中对自己的纳粹经历保持沉默，这个选择本身再一次体现出他的顽固和狡黠。

最后我想用海德格尔本人的一句话来结束这一讲的内容："运伟大之思者，行伟大之迷途。"我想接着海德格尔往下说，迷途再伟大，依旧是迷途，迷途越伟大，危险越深重。

096

人生就是一次"被抛"的过程：
海德格尔《存在与时间》（上）

存在与存在者

在本书的开篇处我就说过，哲学始于惊奇，有惊奇就意味着有不解，有不解就要求理解。哲学所惊奇的不是一些具体的问题，比如股市为什么又跌了，离岸人民币的汇率为什么又升了；哲学所惊奇的问题要更加抽象或者说更加根本，比如外部世界是否存在，他人是否具有心灵，语词的意义，对与错的标准，死亡问题，以及生活的意义，等等。但是在所有的哲学惊奇中，有一类惊奇最特殊也最根本，那就是对"是"或者"存在"（Being）本身的惊奇。

莱布尼茨当年曾经感慨道："为什么存在者存在而无却不存在！"维特根斯坦也有类似的惊叹："令人惊讶的不是世界怎样存在，而是世界竟然存在。"我猜想大多数读者看到这两句话后肯定会摸不着头脑，莱布尼茨和维特根斯坦到底在惊讶些什么呢？

对于深陷于日常琐事、一地鸡毛的人们来说，我们所关心和烦恼的都是一个个具体的存在者（beings）——叛逆期的孩子、迅猛上涨的房价、深夜厨房里的那块蛋糕，这些存在者攫取了我们全部的注意力，我们深深沉溺在铺天盖地的生活之流中，无法将自己的眼光从中超拔出来，对存在本身感到惊奇。

如果你仍旧对于存在者和存在的区别不明所以，我愿意冒险举一个例子。当一件大事情（通常是厄运）降临在我们身上的时候，我们常常会产生疑惑："为什么偏偏是我？"类似的体验相信每一个人多少都曾有过，此时，我们虽然把关注的焦点从外部事物移到了我身上，但仍然属于对存在者的惊奇，因为让我们感到不理解的是这件大事究竟为何与我相关。但是某些时候，我们会产生更进一步的困惑："为什么有我？"或者："我为什么存在？"此时，你已经开始接近对存在本身的惊奇了。

这样的时刻可遇不可求，对绝大多数人来说，只有在极其特定的机缘下，才会意识到存在的问题，用海德格尔的话说，存在的问题"是一种极度绝望的时刻赫然耸现的，在这个时刻，全部事物日益丧失了它们的重量，而所有的意义也变得蔽而不明了"。然而，这样的时刻实在是太过稀少，海德格尔因此感叹说，在多数情况下，这个问题将"只会鸣响一次，它宛如一口铜钟，其沉闷的声音警醒了我们的生活，随后便渐渐消失，杳然无迹"。

如何对存在发问

1927 年，海德格尔出版《存在与时间》，这本书的核心主题就是：重提"什么是存在"这个根本性的问题，为世人鸣响这口沉默了太久的铜钟。在导论中，海德格尔指出："希腊哲学因为对存在的惊异而生，柏拉图和亚里士多德曾为存在问题殚精竭虑。从那以后，人们却不曾再为这个问题做过专门的探讨。"在以最快速的方式简述完两千年的西方哲学史后，海德格尔认为，时至今日，不仅"存在问题尚无答案，甚至连怎么提出这个问题也还茫无头绪"。

那么应该怎么对存在发问呢？海德格尔认为，存在总是存在者的存在，所以，要问存在，就必须从存在者入手。但是哪一种存在者才是最好的发问者呢？海德格尔选择人作为突破口，这个道理不难理解，放眼大千世界，花草树木，昆虫鸟兽，所有这些存在者都无法像人这样去追问存在，思考存在，并且用语言去表达存在。

话说到这里，你也许会稍感失望，海德格尔给我们画了一张大饼，说是要追问存在这个早已被遗忘的根本问题，吊足了读者的胃口，结果兜兜转转还是落在了人这里。人的问题当然很重要，可是古往今来又有哪个哲学家不是在探讨人的问题呢？康德的三大批判不就是在追问人是什么的问题吗？那么海德格尔的独到之处又体现在哪里呢？

海德格尔的与众不同在于，他拒绝使用常见的哲学术语，借助自己的独创概念，用一种"陌生化"的方式来发问和思考。比如说，他用德语"Dasein"这个词来指称人，"da"就是"那里"，Dasein就是"在那里的存在者"，中文通译成"此在"。虽说在日常的德语中，此在也用来指称人，而且康德和黑格尔也用过这个概念，但是把它单独拎出来，并且在哲学讨论中赋予其如此重要的地位，这还是有史以来头一遭。与此相关，海德格尔还创造出"在世界之中存在""共在"等一系列既陌生又熟悉的术语。说它们陌生，是因为这就是海德格尔独创的新词；说它们熟悉，是因为它们能够唤醒普通人的日常生活经验。

对比一下海德格尔的"此在"和笛卡尔的"我思"，就会发现这里不仅存在着术语的差别，更重要的是发问方式和思考路径的区别。"我思"是哲学家在一个非常极端的思想实验中逼问得出的结果，它把自己封锁在我思的边界里，最终导致主体与客体之间的二元对立。但是，"此在"这个词却引导我们去思考再熟悉不过的一种日常生活经验——我们从来就是在世界之中的存在者，难道不是这样吗？举个例子，当我们用锤子敲打钉子的时候，从来不会把锤子作为一个客体或者对象加以研究，我们抡起锤子就好像它是我们延长的胳膊，海德格尔把这种状态称为"当下上手状态"。只有在使用锤子的过程中出现了某些岔子，比如锤子头发生了松动，或者使得很不称手的时候，我们才会把注意力放在锤子上面，开始研究锤子这个客体——用海德格尔的术语说，此时我们就从"当下上手状态"脱落成为"现成在手状态"。

海德格尔认为，除了遗忘存在，传统哲学的另外一个错误就在于总是以"现成在手状态"去研究事物，这是以一种理论化的方式在观看和沉思对象——请回想一下笛卡尔的《第一哲学沉思集》这个标题。可是现实的情况却不是这样的，我们以各种各样的方式与这个世界打交道，用"此在"取代主体，意味着海德格尔不再从认识论的角度去"研究"人，而是从存在论的角度去"理解"人。此在不是一个置身事外的沉思者，而是在世界之中的实践者。

理论化的思考方式主宰了西方哲学两千多年的历史。"理论"一词的古希腊词（theōria）词根包含有戏院（thea）和观看（horan）的意思。坐在戏院里的时候，我们不是演员而是观众，同样，做理论的人也是以置身事外的态度在观看存在，围观但不参与，看戏但不演戏。

维特根斯坦在《哲学研究》中曾经非常形象地嘲弄过这种思维方式："'它就是这样的——'我一遍一遍对自己说。我觉得只要能够目不转睛地盯准这个事实，把它集中在焦点上，我就一定会抓住事情的本质。"这个场景让我想起很久以前看过的一部港片：在一辆高速行驶的货车上，司机双手离开方向盘，目不转睛地盯着它说"向左转、向左转"——他认为光靠意念就能改变外物，千钧一发的时刻，副驾驶一把抢过了方向盘。对了，在那部电影里，司机的人设是脑子有点毛病的人。

我们曾经反复提过"外部世界是否存在"这个经典的

怀疑论命题，遗憾的是，无论笛卡尔还是康德，都没有给出令人满意的回答，海德格尔说这个疑难至今没有得到解决，简直就是哲学的丑闻。于是他一把抢过方向盘，告诉沉思者们：不要静观，而要行动，我们不是作为认识论的主体在凝视客体，而是在世界之中的此在。现在我想问你们一个问题：海德格尔解决了这个经典的怀疑论难题吗？我的判断是并没有，他只是转换了追问的方式和思考的路径，然后消解了这个问题。

"被抛"到世界上的此在

当我们静观某物的时候，我们希望抓住事物的本质，但是此在不是现成物，它的存在方式与众不同，海德格尔称之为生存（Existenz）。海德格尔说："它（此在）是些什么向来有待于它自己去是。"这句稍显拗口的话后来被法国哲学家萨特（Jean-Paul Sartre，1905—1980）进一步阐发为"存在先于本质"，意思是此在不具备已经完成的本质，它通过行动去不断地创造和实现自己的本质。

遇到挫折的时候，我们常常会沮丧地说："我就是这样的，啥事都做不好的。"如果萨特听到这句话，一定会告诉你：你是什么，不是什么，是由你自己的选择和行动决定的，不要太早给自己下定义和做总结，因为可能性总是大于现实性。

这样的说法很容易让我们想起哈姆雷特的那句经典台

词：To be, or not to be, that is the question. 但是就像英国学者迈克尔·英伍德（Michae Inwood）所指出的，人并不可能拥有决定是否存在的无限能力，"他可以选择死亡，但不能选择出生，也不能选择在某一情形下出生"。正是在这个意义上，海德格尔说，此在是"被抛"到这个世界上的。我们来到这个世界，就像一块石头被抛入河中，这个事实我们无法掌控也不能改变。好在我们虽然无法决定"存在与否"，但却可以决定"怎样存在"，决定什么是适合做的或值得做的。

要注意的是，对海德格尔来说，此在始终是在世界之中的存在，就像一个人不可能拔着自己的头发离开地面，此在也是这样，它沉浸在一个特定的传统中，这意味着自我创造的可能性不是无限的，而是有着非常严格的规定性。这话说得太抽象了，打个比方，请问你可以在一个没有教堂的世界里成为牧师，在一个没有篮球的世界里成为NBA巨星吗？此在被抛入特定的生活世界里，虽然我们可以决定怎样存在，但依然受到特定的价值传统的塑造和规定。在这个意义上，海德格尔并不像萨特那样主张人有绝对的自由，也不主张人有绝对的责任，海德格尔并不是纯粹意义的存在主义者。

海德格尔有一个著名的学生名叫伽达默尔（Hans-Georg Gadamer，1900—2002），他曾经这样总结哲学的工作方式：哲学思考必须以原始的世界经验作为基础，这种经验是通过概念及我们生活于其中的语言的直觉力量来获取的。20 世纪初的德国人经历了大国崛起的短暂辉煌和旋即而来的迎头痛击，正失魂落魄地被笼罩在"末日与灾难"的氛围之中，当他们突然听到有人以别开生面的方式开始谈论起"此在""在世界之中""被抛"，还有与此相关的"焦虑""烦""畏""本真的生活"以及"向死而生"时，立刻就辨认出自己的生活经验和直觉，产生出心心相印的感觉。

海德格尔个子不高，其貌不扬，甚至有些土气，但是站在大学讲台上的他却有着无与伦比的魅力，汉娜·阿伦特把他称作"思想王国的秘密国王"。虽然《存在与时间》直到 1927 年才正式出版，但是在此之前的十年里，海德格尔已经在知识圈中赢得了极高的口碑。他给人们带来全新的哲学体验，他用独特而新颖的术语讲述人们早有领会的日常经验，在一击而中的同时，又让人觉得还有一些更为重要的东西尚未领会，这种似有所得、若有所思的体验让人欲罢不能。

阿伦特说，海德格尔教会了他们思考，而思考就意味着挖掘，海德格尔用这套方法深入事物的根基，但不是把它们挖出来，而是仍旧留在里面，仅仅在它们周围开辟探索之路——就像海德格尔最爱的那些小径在森林里蜿蜒一样。

097

人生在世，无非一烦：
海德格尔《存在与时间》（中）

烦与操心

很多年前，我写过一篇影评，题目叫作《状态里的人》，评的是香港导演杜琪峰的《暗花》。什么是状态？状态就是你拿捏自己身体和目光的分寸与姿态。梁朝伟扮演的腐败警察，他的状态只有一个字——"烦"。澳门回归前一天，黑帮火拼，"几十年没回澳门"的幕后老大洪先生决定回归清场，梁朝伟的任务是在午夜12点之前找出杀手。午夜12点，这是一个死线，找到杀手就有生路，然而事实证明，找到杀手他也没有生路，因为这个腐败警察根本就是一枚弃子。让我印象最深的镜头是，梁朝伟每抓到一个疑犯，就拿酒瓶砸疑犯的手，一下，两下，三下，但是在观看的时候，分明感到他砸的不是疑犯的手，而是他自己的状态和情绪。情绪并不指向特定的外在对象，而是指向作为整体的世界，并且折射回自身，最终会实质性地影响我们与世界打交道的方式。

回头看这篇影评，我发现自己不自觉地动用了很多海德格尔的元素。在《存在与时间》中，海德格尔对于此在的生存论分析就是从"情绪"展开的。海德格尔用两个德语词来表达"情绪"：一是 Befindlichkeit，大致的意思是"怎样找到自我""怎样被找到"或者"近况怎么样"；另一个词是 Stimmung，有给乐器"调音"或"校音"的意思。

我们在日常生活中经常会说"调整情绪""调整状态"，可是"调音"的过程并不容易。情绪绵延不断，笼罩生活的整体，你可以通过严肃的反省、积极的行动短暂地提振情绪、调整情绪，但却很难一下子就雨过天晴。

海德格尔把此在的一般存在规定为 Sorge，陈嘉映老师把它译成"操心"，与此相关的活动包括"操劳"和"操持"。其实最初的译法不是这样的，操心原本被陈嘉映老师译成"烦"，与此相应的是"烦忙"和"烦神"。我觉得还是最初的译法更传神。当梁朝伟在澳门街头毫无头绪地寻找杀手时，当他用酒瓶一下、两下、三下地砸疑犯的手时，他的基本情绪不是操心，而就是烦。相比之下，"操心"的译法太有对象感也太正能量了。比方说，我妈喜欢操心家里大大小小所有的事情，可是她最常挂在嘴边的一句话却是——"做人就是很烦啊"。我觉得我妈是天生的海德格尔主义者，她说得非常对，烦比操心更面向事实本身。

孙周兴老师在评论这个改译的时候，说过一句非常逗的话，他说："'人生在世，无非一烦'。这个意思就很好。现在如果改说成'人生在世，无非一操（心）'，就没有什么味儿了。"要我说，岂止没什么味儿了，简直就是变了味儿了。我读大学的时候，流行一款 T 恤，上面写着"烦着呢，别理我"，看到这六个字，你会会心一笑，可是如果改成"操心着呢，别理我"，是不是觉得全都变了味儿？

常人、沉沦、闲谈、好奇

我们要牢记于心的是，此在不是笛卡尔式的反思主体，它没有被局限于唯我论的界线之内。此在不去追问外部世界是否存在的问题，因为它已然在世界之中；此在也不去探讨他人心灵是否可知的问题，因为它在日常的烦忙和烦神中，已经消融在与他人的共在里。

元代书画大家赵孟頫想纳小妾，结发妻子管道升得知后写下一曲《我侬词》，其中几句是这样写的："把一块泥，捻一个你，塑一个我。将咱两个，一齐打破，用水调和。再捻一个你，再塑一个我。我泥中有你，你泥中有我。"此在与他人的共在状态虽然没有这么腻乎，但的确也是你中有我，我中有你，打成一片的。

海德格尔用"常人"（das Man）来指称日常生活中的此在，他说："常人怎样享乐，我们就怎样享乐；常人对文学艺术怎样阅读怎样判断，我们就怎样阅读怎样判断；竟至常人怎样从'大众'中抽身，我们也就怎样抽身；常人对什么东西愤怒，我们也就对什么东西愤怒。"

不仅如此，海德格尔还用"沉沦"一词概括常人的生存状态，其基本形态包括闲谈、好奇和两可。海德格尔说，在闲谈中，"人们对所谈及的存在者不甚了了……人们的意思总是同样的，那是因为人们共同地在同样的平均状态中领会所说的事情。……关键的只是：言谈了一番。只要是说过了，只要是名言警句，现在都可以为言谈的真实性和合乎事理担保。……谁都可以振振闲谈。……对这种无差别的理解力来说，再没有任何东西是深深锁闭的"。

再来看海德格尔对"好奇"的描述："好奇不是为了领会所见的东西，就是说，不是为了进入一种向着所见之事的存在，而仅只为了看。它贪新骛奇……好奇同叹为观止地考察存在者不是一回事……好奇到处都在而无一处在。"

常人、沉沦、闲谈，这些词一看就不是什么好词，好奇初看起来是个好词，世人常说要保持对知识的好奇心，可是读过海德格尔的描述，会觉得他笔下的好奇更像是猎奇。有意思的是，虽然这些词看起来都是贬义词，但是海德格尔坚持认为自己只是在做中性的描述，没有做任何的价值判断。这话不可真信。如果有人说你沉沦，然后告诉你，他只是在做客观描述，不是在做道德评价，试问你会作何感想？

启蒙运动之后，面对民主制度不可避免地到来，无论是民主的支持者（比如托克维尔和约翰·密尔）还是反对者都对"多数的暴政"和"庸众的胜利"感到忧心忡忡，海德格尔自然也不例外。他说常人把公众世界保持在"平均状态"中，"平均状态看守着可能冒出头来的异品奇才，不声不响地压住一切特立独行。一切远见卓识都在一夜之间抹平为早已众所周知，一切奋斗赢来的成就都变成唾手可得之事，一切秘密都失去了它的力量"。这样的字句，如果不是告诉你出自海德格尔之手，你一定会以为这是哪个忧伤的年轻人写下的激愤之词。

回头再看"沉沦"，这两个字隐含着从高处坠落的意思。我们很自然要问，高处是何处？此在因何会沉沦？答案是此在的沉沦源于"不立足于自己本身而以众人的身份存在"（陈嘉映语），这话说得隐晦，但道理并不难理解。只要此在混迹于常人之中，人云亦云、亦步亦趋，此在就不是本真的自己，而是非本真的自己。所以理解此在的本真性的关键点在于此在的个体性，我们再一次看到启蒙运动以来的那个核心主题，同时也是尼采的"超人"想要回应的那个问题：一个人应该如何成其所是。

说到这里，我要稍微做一个修正，我们不可被"沉沦"的字面意思迷惑，以为此在一开始站在高处，只是后来才不幸沉沦的。此在不是方仲永，他没有经历过从"木秀于林"到"泯然众人"的过程，作为被抛的存在者，此在从一开始就与常人一起，在"非本真的旋涡"中沉浮，常人就是我们，我们就是常人。因此，对此在而言，成为本真的自我倒是一个特异的状态，它需要极特殊的机缘。

畏与烦

这个机缘就是"畏"（Angst）突如其来之际。畏不是怕，怕针对具体的事物，有人怕狗，有人怕猫，有人怕指甲划过墙的声音，但是畏不同，畏不针对任何具体的存在者，海德格尔说："畏之所畏就是世界本身。"

究竟该如何理解这句话呢？当莱布尼茨惊叹"为什么存在者存在而无却不存在"时，我认为他体会到的就是畏而不是怕。因为，在那个时刻，世间的所有存在者如潮水般退去，此在不再烦神于任何具体的事物，而是与"存在"直接照面，同时也与"无"直接照面。

这么说太玄乎，为了帮助理解，让我举两个大家相对熟悉的例子。贾宝玉梦游太虚幻境，警幻仙子为他演奏十二支曲子，听到最后是那句著名的"好一似食尽鸟投林，落了片白茫茫大地真干净！"。繁华落尽终成空，只剩下眼前空无一物的白茫茫大地，此时凸显出来的既是"存在"也是"空无"。说它空无，是因为人世间所有烦心、烦神的存在者全都消失无踪；说它存在，是因为存在者消失之后世界仍旧存在，存在仍然突兀，所以海德格尔说"无在畏中和存在者整体一道照面"。

那么当畏降临之时，此在又会呈现什么样的状态呢？《红楼梦》里还有一句唱词叫作"赤条条来去无牵挂"，这句话原本用来形容鲁智深，其实无论贾宝玉还是鲁智深，最后都是斩断三千烦恼丝，不再与红尘打交道。所谓"赤条条来去无牵挂"，说的不就是此在不再烦神于任何具体的存在者，从常人的沉沦状态中超拔出来之后的样子吗？海德格尔说畏使此在个别化，而个别化和独立性正是此在赢得本真的存在的根本前提。

当然，所有的例子都是有缺陷的，不可责备求全。贾宝玉和鲁智深因为各自的机缘，最终看破红尘、遁入空门，海德格尔的此在不同，它没有一直停留在对存在和无的惊异中，畏的情绪其来也突兀，其去也杳忽，当畏消散之后，此在重回常人的生存状态。海德格尔说："本真生存并不是任何飘浮在沉沦着的日常生活上空的东西，它在生存论上只是掌握沉沦着的日常生活的某种变式。"这句话的意思是说，虽然我们可以区分常人和本真的存在，但是二者的关系不是割裂的而是连续的。

让我再次冒险举一个例子。宋代禅宗大师青原行思提出参禅的三重境界：参禅之初，看山是山，看水是水；禅有悟时，看山不是山，看水不是水；禅中彻悟，看山仍是山，看水仍是水。按照我的理解，海德格尔如果读到这段禅语，他也许会说，彻悟的境界不是一朝拥有、永久拥有的，相反，它总是处于反复争夺的过程，在看山仍是山、看水仍是水之后，依旧会不断地跌回看山不是山、看水不是水的境界。即使是本真的此在，也仍旧深陷于日常的烦神和烦心之中。

因此，我不认为海德格尔会认同王维的"劈柴担水，无非妙道，行住坐卧，皆在道场"。海德格尔虽然喜读老子和禅宗，但是按照他的基本思路，劈柴担水、行住坐卧，纵有妙道，该烦还是会烦，因为烦是此在在世的基本情绪。

098

向死存在：海德格尔《存在与时间》（下）

未知死，焉知生

有人说，死亡是人生在世唯一确定的事情。这话乍听起来很有道理，仔细想想却不尽然，因为我们只是听说过或看见过别人的死亡，却从未真正亲历过自己的死亡。所以这个命题只是一个综合命题，它的必然性是可疑的。难道不是这样吗？除非死亡真正降临到我们头上，否则我们就总是会心存侥幸："没准我是那个永远不死的人呢？"可是另一方面，很少有人想过，一个永远不死的人生将会多么的恐怖和无聊。

"明日复明日，明日何其多。我生待明日，万事成蹉跎。世人若被明日累，春去秋来老将至。"对于有死之人，老之将至才发现蹉跎了岁月，固然是件悲哀的事情，可是对于不死之人，永远等不到老之将至的那一天，可以无限地单曲循环"明日复明日"，所有的事情都在永恒的尺度面前失去了重量，岂不是一件更加恐怖的事情？

人固有一死，但是除非死亡真正降临到我们头上，否则我们就觉得它与我无关。托尔斯泰在小说《伊凡·伊里奇之死》中写道，当伊凡·伊里奇去世的消息传来，同事们首先想到的是，他的死空出了职位，这样我就可以在车马费外每年多挣八百卢布了。更多的人则在暗自庆幸："还好，死的是他，不是我。"

《存在与时间》中的死亡分析很像是《伊凡·伊里奇之死》的哲学版本。常人在日常生活中以各种方式逃避死亡，但是海德格尔强调指出，唯当常人不再在闲谈中八卦"别人的死"，而是真正觉知到"我会死"，并且把"我会死"的理解带入生活之中，此在的本真存在才有可能。

为什么向死存在会有这么大的"魔力"，可以让此在的本真存在成为可能？海德格尔说："死要求此在作为个别的此在生存，死无所关联，从而使此在个别化它本身。"所以，再一次，我们发现，此在的个别化是本真性的本质特征。

好学深思的读者会继续问，为什么死亡会使此在个别化它本身？理由是没有人可以代替我去"死亡"，即使临终前身边簇拥着亲朋好友，但是在死亡真正来临的那一刻，我只能独自一人去死，没人可以代替我去死。换个说法，死总是我的死。

陈嘉映老师认为，"死总是我的死"并不能证明死的根本性，理由是"喜怒哀乐，没有哪一样别人可以代替"。我认为这个反驳并不成立，虽然没人可以"代替"我去喜去怒去哀去乐，但是我们却可以跟别人一起"分享"喜怒哀乐，但是死不能分享，死就是我的死，我死之后，他人可以在葬礼或者闲谈中一起分享我的死，但是我不能参与分享。总之，"死总是我的死"，正因如此，海德格尔才会说："先行到死使此在绝对地个体化。"

对比孔子的"未知生，焉知死"，我们不妨把海德格尔的立场概括为"未知死，焉知生"，唯有先行到死，才能让此在挣脱常人的日常存在，获得独立性和个别化。

常人用日常的方式准备死亡

与此相反，常人在日常生活的掩护之下逃避死亡，或者换个角度说，常人用日常的方式在准备死亡。前面提到，罗马时期的斯多亚哲人塞涅卡说：

> 我们从不在恶事真正出现之前就已预料……多少葬礼从我们门前经过，但我们从不认真思考死亡。多少夭折发生过，但我们仍为自己的婴儿做长远打算：他们如何穿上托加，如何在军队服役，然后继承父亲的财产。

难道不是这样吗？我们按照惯例和常识承担责任，给自己的孩子打疫苗，报学前班，准备未来的婚房或嫁妆。当然，常人并非完全无视死亡的存在，常人以自己的方式准备死亡。在我童年的记忆里，外婆家是最美好的所在，只是有一件事让我困惑不解：外婆早早就为自己准备了一口实木棺材，而且就摆放在客厅的一角，用一块巨大的黑布盖着，天长日久，上面堆满了杂物，死亡就这样毫不打眼地一直伴随左右，与日常的吃喝拉撒同在。我从一开始的莫名惊诧到后来的熟视无睹，直到二十多年后我替外婆掀起那块黑布。

对于在日常生活中沉沦的常人来说，死亡既不构成一次解放，也没有撕开一道深渊，它被一块黑布伪装，被各种杂物遮蔽，死亡在场又不在场。这是一种"日常的向死存在"，其中包含了某种独特甚至可以说是高明的生活智慧。但是在海德格尔看来，日常的向死存在乃是"非本真的向死存在"，与此相对的，还有本真的向死存在，只有后者才让此在成为个别的存在，真正找到自己。

我们可以用海德格尔的原话来给"本真的向死存在"做个总结：所谓本真的向死存在，就是"先行到死，看清楚了丧失在常人之中的日常存在，不再沉陷于操劳和操持，而是立足于自己的生存筹划种种生存的可能性，面对由畏敞开的威胁而确知它自己，因负重而激起热情，解脱了常人的幻想而更加实际，在向死存在中获得自由"。

确知你自己，选择你自己

什么叫作"此在确知它自己，找到它自己"，这句话究竟是什么意思？比如，我现在的身份是教师，你呢，也许是大学生、职员、士兵、记者、公益人士、艺术家、政治家，我们在各自的岗位上兢兢业业、勤勤恳恳，不同的身份承担着不同的责任，那么在什么意义上我们不算是确知自己和找到自己呢？按照海德格尔的想法，在以本真的方式向死存在之前，在听到良知的召唤之前，在做出真正的决断之前，这些身份和责任都不是你的"天命"所在。良知把此在从常人的沉沦中唤醒，让此在决心承担起完全属于自己的天命。

按照这个线索往下说，似乎很自然的结论就是，当此在承担起自己的天命之后，它就会焕然一新，扮演完全不同的身份和角色。但是正如我之前所说的，海德格尔不是纯粹意义上的存在主义者。"下决心生存的此在不是要从传统脱身，而是下决心回到被抛境况，把流传下来的可能性承担下来。"海德格尔的意思是说，此在可以选择的身份和责任并不是无限多的，而是被给定的传统所限制的。举个例子，如果现在有人打算听从良知的召唤，成为一个中世纪的武士，那么对不起，这个传统已经失去了，你不可能在一个网络时代扮演一个封建时期的武士，你只能在教师、职员、士兵、记者、公益人士、艺术家、政治家这些给定的角色中做选择。但是此时，当你选择这些身份、角色和责任时，就拥有了马丁·路德式的表达方式，你会说："这是我的立场，我不得不如此。"

我们用很快的速度梳理了烦、常人、沉沦、向死存在、良知及决断。在解释的过程中，我用了太多的比喻，做了很多冒险的尝试，其中一定有很多误读和错漏的地方，我只是希望通过我的讲解，能够激发你们去深入阅读原著的兴趣。

《存在与时间》里的伦理学和政治学元素

有人可能会说，海德格尔花费如此多的笔墨去描述此在的生存状态，可是对于究竟什么才是存在，我们依然看得懵懵懂懂，不明所以。我同意这个说法，但是另一方面，我也认同威廉·巴雷特的观点，他说："任何一个把他的原著读了一遍的人都会从中获得一种对存在的具体感受……对存在这一不可言传者的感受，海德格尔的这样一种表述大概在西方思想家中算是最清楚的了。"

海德格尔反复强调自己在做中性的描述而不是价值的判断，言下之意是，本真和非本真、有决心和没有决心都是此在存在的方式，没有高下优劣之分——一句话，《存在与时间》里没有伦理学和政治学的元素。

但是在20世纪20年代的德国，当人们读到向死存在、良知和决断的时候，很难不被其中的伦理暗示和政治隐喻所打动。有学者认为，正是在这些表达中，海德格尔看上去最像一个法西斯。我认为这个说法与事实不远，当海德格尔在 20 世纪 30 年代欢呼"我们见证了伟大的历史"，盛赞纳粹运动具有的"内在真理和伟大"时，他的确对自己的哲学做了伦理学和政治学的引申。从这个角度出发，《存在与时间》这本书不仅有伦理学和政治学的内涵，还有它的时代针对性和时代局限性。

美国学者乔治·斯坦纳（George Steiner）指出，从1918 年到 1927 年，短短九年之间，德语世界出现了六本角度新异、风格极端的著作：恩斯特·布洛赫（Ernst Bloch）的《乌托邦精神》，斯宾格勒（Oswald Spengler）的《西方的没落》，卡尔·巴特（Karl Barth）的《罗马书释义》，罗森茨维格（Franz Rosenzweig）的《救赎之星》，海德格尔的《存在与时间》，以及希特勒的《我的奋斗》。这六本著作都是"充满先知口吻甚至乌托邦气息的文本"，既有"对失落的往日理想的追忆和缅怀"，更体现出某种"末世启示论的色彩"，总之它们的共性是"鸿篇巨制的规模，先知般的口吻，求助于末世想象的文字，这一切聚合成一种特殊的暴力"。

其实，这些作者并不完全认同对方的观点。例如，希特勒就曾经公开批判斯宾格勒的悲观主义，本着"危机的本质就是机遇"的观点，希特勒宣布此时正是"西方复兴"的时机，而这一切全都有赖于德国人能否担负起历史的使命。

今天看来，1933 年希特勒上台，无疑是德国历史乃至人类历史的至暗时刻，但这是事后之明，对于身处其间的人来说，他们只知道历史的巨轮在转向，至于未来到底是光明还是黑暗，仍不可知。

从希特勒的言行举止来看，他毫无疑问是一个无知、混乱和可笑的人，很多知识人根本看不上他，有人曾经轻蔑地评价希特勒："这个人根本就不存在；他只是他制造的噪音。"值得深思的是，海德格尔似乎并不在意希特勒的粗鄙无知，在与著名哲学家雅斯贝尔斯的对话中，海德格尔说："教育完全无关紧要，只要看他那双绝妙的手就够了。"这句话初看起来让人摸不着头脑，但是熟悉海德格尔的人都知道，工具和手艺在他的哲学中占据举足轻重的地位，称赞希特勒有一双绝妙的手，言下之意是他能够把德国打造成一件前所未有的艺术品。

假如希特勒在 1938 年死于一场刺杀，那么海德格尔的判断也许就是对的，因为"从 1930 年至 1941 年间，不管是在内政，还是在外交与军事方面，希特勒的所有行动都是成功的"（塞巴斯蒂安·哈夫纳语）。所以，如果希特勒的生命在 1938 年或者 1941 年戛然而止，那么结果很有可能是，绝大多数人都会"把他称为德国最伟大的国家巨匠，或者德国历史的完成者"。

海德格尔哲学与纳粹主义

我们可以原谅普通人的目光短浅，但是为什么海德格尔这样的哲学大家同样无法看穿历史的重重迷雾呢？我认为，要想真正回答这个问题，必须回到最初的那个问题：海德格尔的哲学与纳粹主义存在着本质性的关联吗？经过之前几讲的分析，我的回答是——它们之间没有本质关联，但是有高度的亲和性。良知、决断和天命都是高度形式化的表述，可以填充进太多的内容，它可以是自由主义、存在主义，也可以是纳粹主义。一个显而易见的事实是，希特勒的决心绝不比耶稣和拿破仑少半分。在特定的历史时刻，海德格尔的哲学完全有可能滑向纳粹主义的深渊。

当然，正因为良知、决断和天命都是高度形式化的表述，所以就像英国作家莎拉·贝克韦尔（Sarah Bakewell）所说，除了纳粹主义，海德格尔的哲学还存在着完全不同的解释，比如，"他的决断和接受必死性的观念，本来也可能形成一种勇敢抵抗纳粹及其恐吓手段的框架。它本来能成为一种反极权式英雄主义的宣言"。

到底是向左走还是向右走，也许在解释和应用海德格尔哲学的同时，还需要再一次倾听良知的召唤并做出决断。

对于海德格尔的评价，从来都呈现出完全对立的两极："一种观点认为，海德格尔是一个善于摇唇鼓舌的江湖骗子，一个人类良知的毒害者；相反的观点认为，海德格尔是一个能够洞见一切、得天眼通的大师，一位哲学导师，他的著作足以更新人类的内在状态。"（乔治·斯坦纳语）相比之下，我认为还是伽达默尔的评价比较中肯："海德格尔是一个伟大的哲人，却有着渺小的人格。"

最后，我想说的是，无论身处哪个时代，无论你是学者还是常人，在面对大国崛起和文明复兴的天命召唤时，都要始终牢记，常识比理论更重要，坚持底线比追求伟大更重要，健全的现实感比缥缈的情怀更重要。

099

没伞的孩子只能拼命跑？
罗尔斯《正义论》（上）

不久前读到一篇报道：从 2009 年开始，有位导演用六年的时间跟踪拍摄三个孩子的人生，他们分别是农村孩子、小镇青年和国际化大都市里的少女。三个孩子曾经共有一个身份——学生。

2009 年，农村孩子马百娟 10 岁，第一次背上书包上学。在作文中她曾这样写自己的人生理想："长大后去北京上大学，然后去打工，每个月挣 1000 块，给家里买面，因为面不够吃，还要挖水窖，因为没水吃。"

与此同时，17 岁的北京少女袁晗寒放弃央美附中的学籍，用父母给的两万元钱在南锣鼓巷开了一间酒吧。

还是那个夏天，第三次参加高考的小镇青年徐佳收到湖北工业大学的录取通知书。

多年后，马百娟没有实现她的北京梦，她在 16 岁的时候结婚生子，选择在表哥工作的陶瓷厂劳作，这个表哥同时也是她的丈夫。袁晗寒在酒吧倒闭之后，去德国杜塞尔多夫读艺术学硕士，然后回国开了一家艺术品投资公司。至于小镇青年徐佳，则靠自己的奋斗在二线大城市武汉买房买车，站稳了脚跟，步入城市中产的行列。三个人中，只有徐佳通过读书改变了命运。

郭德纲讲过一个童年时的故事："我小时候家里穷，那时候在学校，一下雨别的孩子就站在教室里等伞，可我知道我家里没伞啊，所以我就顶着雨往家跑，没伞的孩子你就得拼命奔跑！"

正如作者所说："徐佳和马百娟都是'没伞的孩子'，不过与马百娟相比，徐佳是幸运的，因为他还可以奔跑，而马百娟，连跑的权利都没有。"

对了，这部纪录片的名字叫作《出·路》。

之所以花这么长的篇幅介绍这篇文章和这部纪录片，是因为它与本讲的主题直接相关。其实，徐佳在片中已经一语道破了它，他说："我现在接受这种不公平的存在，但我会努力去改变。"这句话初听起来非常励志，可如果像马百娟那样连跑的权利都没有，是不是还应该"接受这种不公平的存在"呢？如果想要改变它，除了个人的努力奋斗，又能做些什么呢？

幸运但不应得的人生

现在，我们终于可以引入本讲的主角——美国政治哲学家罗尔斯（John Rawls，1921—2002）。他最著名的著作是 1971 年出版的《正义论》，有人把这本书和柏拉图的《理想国》、霍布斯的《利维坦》并列为人类有史以来最伟大的三部政治哲学著作。如果这个评价还有待时间的检验，那么说《正义论》是 20 世纪最伟大的政治哲学著作，应该没有太多的异议。著名政治哲学家布莱恩·巴利（Brian Barry）指出："《正义论》之后，我们是活在'后罗尔斯'（post-Rawlsian）的世界，它成了政治哲学的分水岭。"罗尔斯的主要论敌、哈佛大学同事诺齐克则认为："政治哲学由现时开始，要么在罗尔斯的理论框架内工作，要么便必须解释为何不如此做。"

我在人大课堂介绍罗尔斯时，常常把他的一生形容为"一个幸运但不应得的人生"。1921 年，罗尔斯出生在美国南部的上流社会，父亲是一个自学成才的著名律师，罗尔斯的个人偶像是林肯和康德。1928 年，7 岁的罗尔斯患上了白喉病，被隔离在一个小房间里面，他的弟弟鲍比怕他寂寞，跑到他的房间里跟他玩，结果被传染，不幸病逝。一年之后，罗尔斯再次患病，他的另外一个弟弟——年仅两岁的汤米又被他传染，不久病逝。这两件事让罗尔斯耿耿于怀，成年后的罗尔斯有点口吃，据说跟童年时的心理创伤有关。

第二次世界大战期间，罗尔斯在太平洋岛屿服役，有一次他在河边饮水，一颗子弹掠过他的头部，留下一条永久的疤痕，他有惊无险地活了下来。还有一次，他和军中最要好的朋友面临一个选择，其中一人陪同指挥官到前线去侦察敌情，另一个人到附近的战地医院献血。双方决定谁的血型符合要求，谁就去医院。罗尔斯去了医院，他的朋友陪着指挥官到了前线，结果你们应该都想到了，他的朋友被炮弹击中牺牲了。

退役之后的罗尔斯先后在康奈尔大学、普林斯顿大学求学，最后成为名满天下的哈佛大学教授。我相信对罗尔斯来说，这个幸运但不应得的人生给他留下了非常深刻的影响，对于那些因为各种偶然性而未能展开人生的个体，罗尔斯抱有很强的愧疚感和不安感。

"why me"这个问题，人们常常在痛苦失意的时候想起来，其实人生得意的时候也可以作如是问，如此，这个世界也许会好一些。

社会制度的首要美德：正义

罗尔斯在《正义论》中开门见山地指出："正义是社会制度的首要美德，正如真理是思想体系的首要价值。"之所以将正义之剑指向社会制度，是因为社会制度会对人的一生产生"深刻、广泛以及自始至终"的影响。这个道理不难理解，如果时光倒流三百年，那么有一半的读者将不得不从小裹足，过上三从四德、相夫教子的人生；如果乔丹生活在两百年前的美国，那么他就不会是光芒万丈的NBA巨星，而是南方种植园里的一个黑奴。

罗尔斯指出，在划分社会合作的利益时，如果有些社会结构从起点处就对某些人更为有利，对另一些更为不利，那就需要通过正义二原则去纠正这些不平等。要注意的是，罗尔斯并没有主张"取消"一切不平等，而是主张"减轻"自然偶然性和社会偶然性带来的任意影响。

什么是社会的偶然性？马百娟出生在甘肃省白银市会宁县的农村家庭，父亲是农民，母亲有智障，哥哥14岁就外出打工；袁晗寒出生在北京，父亲从事房地产业，从小钢琴、舞蹈、美术班轮着上——这就是所谓"社会的偶然性"。什么是自然的偶然性？姚明身高2.26米，我身高1.81米；他去NBA打球，我在人大教书，我自觉球商不比他差，但年薪连他的零头都不到。这种自然的偶然性对人生境遇的影响同样非常巨大。

罗尔斯的基本立场是没人有资格从这些偶然性中获益，除非——注意，这个"除非"非常重要——这些利益能够以某种方式回馈给最少受益者。

那么应该如何界定最少受益者呢？对此，罗尔斯有一个非常简单明了的判断标准，他说，在一个良序社会（well-ordered society）中，当所有公民的权利、自由和公正的机会都得到保证之后，那么最不利者就是指那些拥有最低期望（the least expectation）的收入阶层。什么叫作"最低期望的收入阶层"？这个短语的重点不在于"收入阶层"，而是"最低期望"，我认为这一点最能体现出罗尔斯理论的伦理关怀。每个人在展开自己的人生时，都有不同的人生期许。美国孩子会说我长大了要当总统，但是中国孩子却很少说我长大了要当国家主席，因为制度条件不鼓励这样做。对于很多偏远山区的孩子，比如马百娟，她的人生期许就是到北京上大学，然后去打工，每个月挣1000块，给家里买面，因为面不够吃，还要挖水窖，因为没水吃。当你听到这样的人生期许时，你会意识到这是多么的卑微和令人心痛。我们固然可以从收入的硬指标去界定谁是最少受益者，但是从最低期望的收入阶层去做判断，我认为更突出地体现出最少受益者的伦理处境——他们从小无法也不敢拥有一个健康积极的人生愿景，这是对他们作为一个拥有内在价值的道德平等人的最大伤害。

也许有人会说，我能理解减轻社会偶然性的任意影响，可是为什么要减轻自然偶然性的任意影响呢？比方说，爱因斯坦的智商 165，普通人的智商只有 90 或者 100，姚明身高 2.26 米，我的身高 1.81 米，这种自然天赋的差异与正义不正义又有什么关系呢？罗尔斯指出："自然天赋的分配无所谓正义和不正义，人降生在某一特殊的社会地位也无所谓正义和不正义。这些都只是自然事实。关乎正义和不正义的是制度在处理这些事实的方式。"举个例子，贵族制和等级制在我们今天看来为什么是不正义的？就是因为它们把血缘和出身这些偶然事实作为判断封闭和有特权的社会阶层的标准。

借用美国政治哲学家、法学家罗纳德·德沃金（Ronald Dworkin）的说法，自然天赋的差异属于"原生的运气"而不是"选择的运气"。原生的运气指的是完全不受个人选择左右的东西，而选择的运气则与个人选择有关，比如你决定逆流而上投身中国股市，那么你就得愿赌服输，因为这是你的个人选择。但是如果你出生在一个贫困家庭，这个自然事实与你的个人选择毫无关系，这个时候正义不正义就要看制度以何种方式对待这种自然事实。罗尔斯认为，自然天赋是社会的共同资产（common asset），那些先天有利的人只能在改善不利者状况的前提下，才可以从先天有利的原生运气中获利。一个正义的社会不应该让人们听命于这些偶然性的摆布。

我要再次强调指出的是，罗尔斯并没有说应该"消除"由自然天赋的不平等所导致的不平等，他只是主张为这种不平等设定一个限制，让自然天赋导致的不平等来为最少受益者谋利。换言之，罗尔斯虽然看重平等价值，但是他绝不是在主张平均主义，我们甚至可以说，罗尔斯承认不平等，只不过他主张一种"合理的和正当的"不平等。你一定会问，什么叫作合理的和正当的不平等，标准到底是什么？罗尔斯的回答是，标准就在于正义二原则。在满足正义二原则的前提下，从自由结社的自愿行动中产生出来的不平等就都是合理的。

人们通常把罗尔斯称为平等主义的理论家，但是我认为，认识到罗尔斯是在主张一种合理的不平等，可以避免很多不必要的误读。为了强化这个认识，我将对平等（equality）与同一（identity）这对概念做个区分。

平等与同一

所谓同一，是说两个比较物在所有方面和一切特征上都是一样的。举一个大家都很熟悉的例子，晨星和暮星名称不同，但指称的是同一个行星，也就是金星。在这个意义上，晨星和暮星是同一的，因为它们在所有方面和一切特征上都是一样的。

所谓平等，是说两个比较物在某一方面具有相同的性质，但不是在所有方面具有相同的性质。当说到人人平等的时候，经常有人会误以为是在主张人人同一。这是典型的混淆概念。所谓人人平等，前提是人和人之间存在相似性（similarity），而不是人们在所有方面都是同一的。地球和金星并不同一，但是作为太阳的行星，它们的地位（status）是平等的，尽管它们的外形、质量、运行的轨道都不一样。因此，当我们说两个事物是平等的之时，其实恰恰预设了这两个事物是不同的。

新加坡已故总理李光耀先生做过一个演讲，题目叫作《我对这个世界的看法》，其中有两段话是这么说的：

> 人们认为人与人之间是平等的，或者说应该是平等的……但这种想法现实吗？如果不现实，那么追求平等就会导致倒退。
>
> 一个最基本的事实就是没有任何两个事物是完全平等的，没有同样小的事物，也没有同样大的事物。

事物从来都不是平等的。即便对于非常相似的双胞胎而言，出生时也有先后之分，先来者优先于后到者。人类是这样，部落是这样，国家也是如此。

发现了没有，李光耀的错误恰恰就在于把平等误当成了同一。因为没有完全同一的两个事物，所以不应该追求平等这个价值——这个推论显然是错误的。

人和人之间毫无疑问是不同的，甚至在很多方面是不平等的，我显然不如姚明高大强壮，我也不如爱因斯坦聪明智慧，但是在一个最重要的意义上，我跟他们是平等的：我们在道德人格上是平等的。这是当代政治哲学的共识，也是当代社会的基本共识。主张道德人格的平等不等于主张平均主义，不等于抹除一切差别。恰恰相反，主张平等的另一面是要追求一种"合理的、正当的不平等"。

什么样的平等？

不过，在证成这种合理的、正当的不平等之前，平等主义理论家还是要试图平等地分配一些东西，这就涉及"什么样的平等"（equality of what）的问题。罗尔斯的正义理论试图平等分配什么东西呢？让我们来看这句话："所有的社会基本善（social primary goods），自由与机会，收入与财富，自尊的社会基础，都必须平等地被分配。除非对某一种或所有社会基本善的不平等分配，将有利于最少受惠者。"

　　什么是社会基本善？所谓"善"，它的英文是"goods"，为了便于理解，我建议你直接把它理解成"好"。一方面人们想要好的东西，但是另一方面好的东西又是因人而异的，所谓"萝卜青菜，各有所爱"。罗尔斯认为，虽然如此，我们还是可以找到一些所谓的基本善（primary goods），它的基本特征是，无论你拥有什么样的理性人生观，都想拥有的好东西。举个例子，不管你想成为一个道士、世界五百强的 CEO、大学老师还是流浪歌手，总有一些所有人都必须拥有的好东西，因为它们是如此的基本，所以被称为基本善。罗尔斯认为，这些基本善包括自由与机会、收入与财富，以及自尊的社会基础，它们首先应该被平等地分配，如果不被平等地分配，那也要符合某种特定的标准。

　　马百娟没有得到应有的社会基本善，她的人生还没绽放就凋零了，一个正义的社会制度不应该允许这样的事情发生，这是罗尔斯政治哲学的伦理动机所在，它符合大多数人的道德直觉。但是如何从政治哲学的角度去澄清这个道德直觉，并不是一件容易的事。关于这个问题，我们下一讲接着说。

100

无知者最无私？罗尔斯《正义论》（下）

无知之幕

在西方法院的门口，经常可以看到正义女神的雕塑，通常来说，她的形象是这样的：左手执剑，象征惩罚的正义；右手拿着天平，象征分配的正义；此外，正义女神的双眼还被蒙上了一块布。你一定会感到好奇，为什么蒙上了双眼，反而可以做出正义的裁决呢？这是因为只有不受个人偏好的影响，不受个体差异的影响，才有可能避免做出任意的区分（no arbitrary distinctions），并最终保持恰当的平衡（proper balance）。

让我们来设想这样一个场景：全班同学开会商讨奖学金的分配原则。A 同学提议身高一米八以上的人应该获得奖学金，B 同学主张戴眼镜的人应该获得奖学金。你是不是觉得这两条原则过于荒唐？那好，我们再来假定 C 同学提议只有在核心期刊上发表过学术论文才有资格获得奖学金，D 同学认为长期服务于学生会的人才配得奖学金。说到这里，你是不是觉得这两条原则要合理得多？可是且慢，当你得知 C 同学刚刚发表了一篇核心期刊论文，而 D 同学呢，则是学生会的主席，请问你现在还认为他们的提议是公平的吗？

应该通过何种方式来推导出分配正义的原则呢？也许应该用一块布蒙住每个人的双眼，让他们看不见自己与别人的个体差异到底在哪里，这样才能做到大公无私。

为了更好地理解这个观点，让我再举一个例子：曼联队和利物浦队马上就要进行一场比赛，现场只有曼联队的经理具备裁判执法能力，很显然利物浦队会强烈反对让他来执法比赛。双方陷入僵局，怎么办？幸亏英足总早有准备，他们发明了一种药丸，一旦曼联队经理服下它就会部分地丧失记忆，他将不再记得自己的具体身份和地位，也不再记得自己的个人偏好和兴趣，总之他将忘掉关于自己的所有特殊信息。但除此之外，他一切如常，他仍旧掌握基本的足球知识，熟悉球场规则，能吹善跑。

请问，当曼联队的经理服下药后，他该怎么吹罚这场比赛呢？显然最合理的做法就是不偏不倚地吹比赛。尽管他知道自己就是其中一支球队的经理，但由于缺乏更具体的信息，他无法袒护任何一支队伍，唯一理性的选择就是尽可能公正地执法。正是在这个意义上，我们说正义要求无私，而无私源自无知。

罗尔斯正是把这一思路运用到了正义原则的制定上。从政治哲学史的角度看，罗尔斯属于社会契约论的传统，任何社会契约理论都会设立所谓的"自然状态"，罗尔斯版本的自然状态被称为"原初状态"（original position）。我们要牢记于心的是，原初状态不是历史上存在过的任何状态，它只是一个思想实验，目的是对我们业已拥有的正义直觉进行公众澄清和自我澄清。罗尔斯在原初状态中为立约者的双眼蒙上了一块布，以此屏蔽各种偶然因素的任意影响，这也就是著名的"无知之幕"（veil of ignorance）。

不难想象，如果每一个立约者都充分了解自己的个人信息，一定会在签订契约时努力谋求个体利益的最大化。无知之幕的功能恰如蒙住正义女神双眼的那块布，在无知之幕后面，立约者将被屏蔽掉关于自己的所有具体信息，不知道自己的社会地位、阶级出身、天生资质和自然能力，包括智力和体力等情况，也不知道自己到底喜欢哪种生活，具有什么样的心理特征，最后，立约者也不知道社会的经济或政治状况，或者它能达到的文明和文化水平。

无知之幕的妙处在于，虽然立约者彼此之间相互冷漠，互不关心对方的利益，但是因为个体的具体信息被屏蔽，所以当每个人在为自己选择正义原则的时候，在效果上却奇异地达到了为所有人选择的无私结果。

也许有人会质疑说，一个人必须知道自己要什么，才有动机去签订契约，可是现在的问题在于，"无知之幕"

让立约者完全不知道我是谁，怎么会知道自己要什么？签订契约的基本动机到底从何而来？说到这里，就需要重温一下"基本善"的定义，它是"每一个理性人都被推定想要的东西。无论一个人的理性生活计划是什么，这些善通常都是有用的"。所以说，立约者之所以会签订契约，制定正义二原则，就是为了分配包括自由与机会、收入与财富，以及自尊的社会基础在内的社会基本善。

正义二原则

接下来我们将简单介绍一下罗尔斯正义二原则的基本内容。正义第一原则又被称作"平等的基本自由权"原则，意思是每一个人都平等地拥有包括政治自由、言论自由、集会自由、良心自由、思想自由、人身自由等基本自由权。在我看来，这条原则确保了罗尔斯的自由主义底色。

正义第二原则包含两条小原则，分别是"公平的机会平等原则"和"差别原则"。我要再次指出的是，在表述正义第二原则之前，罗尔斯有一个限定性的说法："社会和经济的不平等要满足两个条件……"也就是说，罗尔斯允许存在社会和经济的不平等，但前提是要满足正义第二原则。

也许有人会说，高考面前人人平等，所以马百娟和袁晗寒、徐佳拥有同等的机会考入大学。但是稍有常识的人都会认识到这个说法有失偏颇，因为马百娟只拥有形式意义上的机会平等，相比之下，罗尔斯所主张的"公平的机会平等"试图让每个人——不管他人生的起点在哪里——都拥有同样的机会去发展他的自然天赋，以到达他所能到达的位置，只有这样，当机会降临的时候，他才能真正去竞争职位，不会因为背景的障碍而被剥夺机会。

如果说正义第一原则分配的是"自由"，公平的机会平等原则分配的是"机会"，那么差别原则分配的就是"收入与财富"，它的基本内容是社会和经济的不平等要"最有利于那些最不利的社会成员"。

也许你会有疑问，社会基本善中还有一条"自尊的社会基础"，它到底由哪条原则来分配呢？"自尊的社会基础"作为社会基本善中最重要的内容，由正义二原则共同来分配。也正因如此，我们可以说，罗尔斯所构想的正义社会是一个确保每一个公民都拥有自尊的社会基础的社会。

但是，仅有自尊的社会基础仍不足够，因为这不等于在现实的生活中每个个体都真正赢得了自尊。罗尔斯的正义理论将这部分内容交给个体选择去完成，当一个社会已经真正落实了正义二原则，那么一个人将如何成其所是，就是每个个体必须承担起的个体责任。当代自由主义认为，社会分配的结构应该满足"钝于禀赋、敏于志向"的原则。换言之，每个人都应该为自己的选择承担代价，而不应该为不平等的境况承担代价。

我把罗尔斯视为站在启蒙运动延长线上的政治哲学

家。众所周知，启蒙运动的三大价值分别是自由、平等和博爱，正义二原则正是在进一步落实这三大价值。罗尔斯曾经非常明确地指出："自由对应于第一原则，平等对应于第一原则加上公平的机会平等原则所传达出来的平等观念，而博爱则对应于差别原则。"

正如罗尔斯所说："与自由和平等相比，博爱的观念在民主理论中占据较少的地位。"从这个角度说，差别原则是罗尔斯正义理论最具特色的内容。罗尔斯认为，仅仅依靠伦理学，已经越来越不能处理现代社会存在的重大道德问题，必须诉诸社会正义，而不是仅仅依靠民间或者个人的慈善行为，才能更好地解决这些问题。在理解差别原则时，一定不能把它夸大成为罗尔斯正义理论的第一原则，由此认为罗尔斯是在主张某种平均主义。罗尔斯明确指出，正义二原则之间存在着严格的词典式排序，也就是说，自由优先于平等，只有满足了正义第一原则，才可以谈论"公平的机会平等原则"；同理，平等优先于互爱，只有满足了"公平的机会平等原则"，才可以谈论"差别原则"。因此，罗尔斯首先是一个自由主义者，其次才是一个平等主义者，而且他的目的是为某种"合理的不平等"做辩护。

罗尔斯理论的方法论启示

我一直认为罗尔斯正义理论的最大价值不在于正义二原则的具体内容，而在于他的方法论启示。在无知之幕的背后，人和人之间相互冷淡，彼此之间漠不关心对方的利益，很多评论者因此认为罗尔斯在主张利己主义。但是正如罗尔斯所指出的那样，互相漠不关心与无知之幕结合在一起，可以迫使原初状态中的每一个人去考虑别人的善，最后达到的是仁慈的目的。那些把罗尔斯正义理论错当成利己主义的批评者，仅仅看到了"互相漠不关心"这个条件，却看不到它与其他条件相互结合的作用，所谓攻其一点，不及其余。

罗尔斯的方法论是一种融贯论的思路，他不是从一个不言自明的前提出发，通过逻辑演绎的方式来证明正义原则。在罗尔斯的理论体系中，你找不到一个基础命题，他在证明正义二原则的时候，是把各种命题进行相互支持和印证，最终契合成融贯一致的观念。罗尔斯曾经说过，像社会基本结构、无知之幕、词典式排序、最少受益者的立场和纯粹程序正义这些观念，如果把它们单个挑出来看，都不具备太强的解释力，但是用恰当的方式把它们组合在一起，却能发挥出很好的论证功能。在这个意义上，我们甚至可以说，唯当你具备维特根斯坦所说的"综观"能力，才能真正把握罗尔斯正义理论的论证思路和效力。

让我们回到"无知之幕加相互冷淡"这个组合，罗尔斯认为，它比"仁慈加知识"更具吸引力。什么是"仁慈加知识"？这不正是柏拉图在《理想国》中对于哲学王的构想吗？柏拉图认为哲学王可以把握"什么是正义"，而罗尔斯认为，"仁慈加知识"的假设虽然看起来在道德上更吸引人，但是它预设了太多的东西，要求太高，不可能建立任何确定的理论。相比之下，"无知之幕加相互冷淡"的组合更加简洁和清楚，同时还能产生一样的效果，因此在方法论上是更优的。

罗尔斯给我们的方法论启示在于，在政治哲学的论证过程中，应该尽可能地"从广泛接受但相对薄弱的前提出发，推论得出更加具体的结论"，"无知之幕加相互冷淡"就是这样的起点，它比"仁慈加知识"更广泛地被接受，同时又相对薄弱，但最终得出的结论却与"仁慈加知识"一般无二。

说到罗尔斯的方法论，还需要简单提一下"反思的均衡"这个概念。有心的读者或许早已意识到了，本讲与上一讲的内容存在着非常明显的差别，上一讲我们主要在讲故事，是所谓的"诉诸直觉的论证"，而这一讲主要在说理论，是所谓的"依据契约论的论证"。"反思的均衡"就是要在直觉和理论原则之间进行相互校准，求得平衡。这就好比是在摆天平，有的时候修订一下左边的理论原则，有的时候更正一下右边的道德直觉，虽然可以通过反思达成均衡，但是这种均衡不是绝对的，而是"暂时性的"。或许有的读者会说：好烦啊，难道不能给一个一锤定音、一劳永逸的结论吗？对不起，还真没有。我认为，"反思的均衡"的方法论折射出罗尔斯两个最为根本的道德哲学立场：第一，对道德实在论与道德真理的悬隔；第二，主张一种历史主义、整体主义的融贯论，反对各种假设－演绎的基础主义进路。

我总是认为，真正伟大的哲学家都是在以各自的方式教会我们差异，罗尔斯与维特根斯坦看似风马牛不相及，但是在这一点上，我认为他们具有非常类似的思想方法。引人遐想的是，维特根斯坦的学生兼密友马尔康姆正是罗尔斯本科毕业论文的指导老师，我在哈佛大学访学的时候，也曾经在档案馆里找到罗尔斯阅读维特根斯坦时写下的大量笔记手稿。这也再次证明了两人之间的隐秘关联。

现实主义的乌托邦

最后，我想比较一下罗尔斯的正义观和柏拉图的正义观。在《理想国》中，柏拉图指出："正义就是只做自己的事而不兼做别人的事。"为此柏拉图在护卫者、武士和生意人之间划下"永恒固定的界限"，让每一类人"各归其位，各司其职"，在城邦中只做符合天性的事情。可问题在于，《理想国》的正义观并不确保每个人真正能够实现他的天性，更与个体选择无关，而是受到各种偶然性因素的影响，比如血缘、出身、受教育的程度，并且最终诉诸那个荒诞的"金银铜铁"的传说。罗尔斯的正义观不诉诸高贵的谎言，试图尽可能地减轻道德任意性的影响，确保每个人拥有实现其潜能的社会基础，就此而言，相比柏拉图，罗尔斯的正义理论更能实现正义的理想——因为他为每个人"各归其位，各司其职"提供了真正的可能。

也许有人会说，罗尔斯的理论是一种乌托邦。罗尔斯对此并不否认，但是他认为这是一种"现实主义的乌托邦"，它并不虚无缥缈，而是具有现实性和可行性。罗尔斯说，当我们在构想一种政治哲学的时候，我们需要去建构这么一种现实主义的乌托邦，它可以让身处在现实社会中的人意识到，我们的社会完全可以是另外一副样子，从而让生活在不同时间、不同地点的现实中的人，抱有一种生活的希望。

我想用罗尔斯的一句话来结束这一讲，同时也结束我们这趟哲学之旅的最后一讲："如果一种使权力服从其目的的合乎理性的正义社会不能实现，而人民又往往不遵从道德，如果犬儒主义和自我中心已变得不可救药，我们便会和康德一样发问：人类在这地球上的生存，还有什么价值？"

参考文献

A. C. 格雷林. 维特根斯坦与哲学 [M]. 张金言, 译. 南京：译林出版社，
2013.

A. J. 艾耶尔. 休谟 [M]. 吴宁宁, 张卜天, 译. 南京：译林出版社，2016.

A. J. P. 肯尼. 牛津西方哲学史 [M]. 韩东晖, 译. 北京：中国人民大学出
版社，2006.

A. P. 马蒂尼奇. 霍布斯传 [M]. 陈玉明, 译. 上海：上海人民出版社，
2007.

A. P. 马尔蒂尼. 霍布斯 [M]. 王军伟, 译. 北京：华夏出版社，2015.

阿尔森·古留加. 黑格尔小传 [M]. 卞伊始, 桑植, 译. 北京：商务印书馆，
1978.

阿兰·布鲁姆. 人应该如何生活：柏拉图《王制》释义 [M]. 刘晨光, 译.
北京：华夏出版社，2009.

阿龙·约翰·洛克 [M]. 陈恢钦, 译. 沈阳：辽宁教育出版社，2003.

阿伦斯多夫. 希腊肃剧与政治哲学：索福克勒斯忒拜剧作中的理性主义
与宗教 [M]. 袁莉, 欧阳霞, 等, 译. 北京：华夏出版社，2013.

埃里克·沃格林. 柏拉图与亚里士多德 [M]. 刘曙辉, 译. 南京：译林出
版社，2014.

爱比克泰德. 爱比克泰德论说集 [M]. 王文华, 译. 北京：商务印书馆，
2009.

爱德华·策勒尔. 古希腊哲学史纲 [M]. 翁绍军, 译. 上海：上海人民出

版社，2007.

爱德华·乔纳森·洛·洛克 [M]. 管月飞，译. 北京：华夏出版社，2013.

安斯加尔·艾伦. 犬儒主义 [M]. 倪剑青，译. 北京：商务印书馆，2023.

柏拉图. 柏拉图对话集 [M]. 王太庆，译. 北京：商务印书馆，2008.

柏拉图. 柏拉图对话录 [M]. 水建馥，译. 北京：商务印书馆，2013.

柏拉图. 理想国 [M]. 郭斌和，张竹明，译. 北京：商务印书馆，1995.

伯纳德·威廉斯. 真理与真诚：谱系论 [M]. 徐向东，译. 上海：上海译文出版社，2013.

鲍斯玛. 维特根斯坦谈话录：1949—1951 [M]. 刘云卿，译. 桂林：漓江出版社，2012.

北京大学哲学系外国哲学史教研室，编译. 西方哲学原著选读 [M]. 北京：商务印书馆，1983.

彼得·盖伊. 启蒙时代（上）：现代异教精神的兴起 [M]. 刘北成，译. 上海：上海人民出版社，2015.

彼得·盖伊. 启蒙时代（下）：自由的科学 [M]. 王皖强，译. 上海：上海人民出版社，2016.

彼得·甘西. 反思财产：从古代到革命时代 [M]. 陈高华，译. 北京：北京大学出版社，2011.

彼得·特拉夫尼. 海德格尔导论 [M]. 张振华，杨小刚，译. 上海：同济大学出版社，2012.

彼得·特拉夫尼. 苏格拉底或政治哲学的诞生 [M]. 张振华，译. 上海：华东师范大学出版社，2014.

彼德·辛格. 黑格尔 [M]. 张卜天，译. 南京：译林出版社，2015.

查尔斯·拉莫尔. 现代性的教训 [M]. 刘擎，应奇，译. 北京：东方出版社，2010.

陈鼓应. 尼采新论 [M]. 上海：上海人民出版社，2006.

陈嘉映. 海德格尔哲学概论 [M]. 北京：生活·读书·新知三联书店，1995.

陈嘉映. 语言哲学 [M]. 北京：北京大学出版社，2003.

陈嘉映. 哲学·科学·常识 [M]. 北京：东方出版社，2007.

大卫·休谟. 人类理解研究 [M]. 关文运，译. 北京：商务印书馆，1995.

大卫·休谟. 人性论 [M]. 关文运，译. 北京：商务印书馆，1996.

大卫·休谟. 休谟政治论文选 [M]. 张若衡，译. 北京：商务印书馆，2010.

邓晓芒. 《纯粹理性批判》讲演录 [M]. 北京：商务印书馆，2013.

邓晓芒．邓晓芒讲黑格尔 [M]．北京：北京大学出版社，2006.

邓晓芒．康德《道德形而上学》句读 [M]．北京：人民出版社，2012.

邓晓芒．康德哲学讲演录 [M]．桂林：广西师范大学出版社，2005.

笛卡尔．第一哲学沉思集 [M]．庞景仁，译．北京：商务印书馆，1986.

笛卡尔．谈谈方法 [M]．王太庆，译．北京：商务印书馆，2010.

迪特·亨利希．在康德与黑格尔之间：德国观念论讲座 [M]．乐小军，译．北京：商务印书馆，2013.

第欧根尼·拉尔修．名哲言行录 [M]．徐开来，溥林，译．桂林：广西师范大学出版社，2010.

段德智．莱布尼茨哲学研究 [M]．北京：人民出版社，2011.

恩斯特·卡西勒．卢梭问题 [M]．王春华，译．南京：译林出版社，2009.

菲利普·高夫．伽利略的错误：为一种新的意识科学奠基 [M]．傅星源，译．上海：上海文艺出版社，2024.

费希特．现时代的根本特点 [M]．沈真，梁志学，译．北京：商务印书馆，2017.

弗兰克·M. 特纳．从卢梭到尼采：耶鲁大学公选课 [M]．王玲，译．北京：北京大学出版社，2017.

弗朗西斯·麦克唐纳·康福德．苏格拉底前后 [M]．孙艳萍，石冬梅，译．上海：上海人民出版社，2009.

G. H. R. 帕金森，S. G. 杉克尔．劳特利奇哲学史 [M]．十卷本．冯俊，等，译．北京：中国人民大学出版社，2017.

G. 哈特费尔德．笛卡尔与《第一哲学沉思集》[M]．尚新建，译．桂林：广西师范大学出版社，2007.

格奥尔格·毕希纳．毕希纳全集 [M]．李士勋，傅惟慈，译．北京：人民文学出版社，2008.

H. D. F. 基托．希腊人 [M]．徐卫翔，黄韬，译．上海：上海人民出版社，1998.

汉娜·阿伦特．政治的应许 [M]．张琳，译．上海：上海人民出版社，2016.

汉斯·斯鲁格．维特根斯坦 [M]．张学广，译．北京：北京出版社，2015.

贺伯特·博德．黑格尔《精神现象学》讲座 [M]．戴晖，译．北京：商务印书馆，2016.

赫拉克利特．赫拉克利特著作残篇 [M]．楚荷中，译．桂林：广西师范大学出版社，2007.

赫西俄德．工作与时日 神谱 [M]．张竹明，蒋平，译．北京：商务印书馆，

1996.

黑格尔.精神现象学 [M].贺麟，王玖兴，译.上海：上海人民出版社，2013.

霍布斯.利维坦 [M].黎思复，黎廷弼，译.北京：商务印书馆，1997.

吉尔松.中世纪哲学精神 [M].沈清松，译.上海：上海人民出版社，2008.

加勒特·汤姆森.莱布尼茨 [M].李素霞，杨富斌，译.北京：中华书局，2002.

卡尔·洛维特.海德格尔——贫困时代的思想家 [M].彭超，译.西安：西北大学出版社，2015.

康德.道德形而上学奠基 [M].杨云飞，译.北京：人民出版社，2013.

康德.康德三大批判合集 [M].邓晓芒，译.北京：人民出版社，2009.

克里斯托弗·希尔兹.亚里士多德 [M].余友辉，译.北京：华夏出版社，2014.

奎纳尔·希尔贝克，尼尔斯·吉列尔.西方哲学史：从古希腊到当下 [M].修订版.童世骏，郁振华，刘进，译.上海：上海译文出版社，2016.

莱昂内尔·特里林.诚与真 [M].刘佳林，译.南京：江苏教育出版社，2006.

莱布尼茨.人类理智新论 [M].陈修斋，译.北京：商务印书馆，1996.

李·斯平克斯.导读尼采 [M].丁岩，译.重庆：重庆大学出版社，2014.

理查德·克劳特.不经考察的生活不值得过：柏拉图导读 [M].王小娥，谢昉，译.北京：中信出版社，2015.

列奥·施特劳斯.苏格拉底与阿里斯托芬 [M].李小均，译.北京：华夏出版社，2011.

列奥·施特劳斯，约瑟夫·克罗波西，等.政治哲学史 [M].李洪润，等，译.北京：法律出版社，2009.

刘小枫，陈少明.苏格拉底问题 [M].北京：华夏出版社，2005.

刘小枫，陈少明.索福克勒斯与雅典启蒙 [M].北京：华夏出版社，2007.

卢梭.忏悔录 [M].黎星，范希衡，译.北京：人民文学出版社，2003.

卢梭.论人类不平等的起源 [M].李常山，译.北京：商务印书馆，1997.

卢梭.社会契约论 [M].何兆武，译.北京：商务印书馆，2003.

罗伯特·保罗·沃尔夫.哲学概论 [M].郭实渝，译.桂林：广西师范大学出版社，2005.

罗伯特·C.所罗门，凯思林·希金斯.大问题:简明哲学导论 [M].张卜天，译.桂林：广西师范大学出版社，2011.

罗伯特·C. 所罗门. 与尼采一起生活 [M]. 郝苑，译. 北京：生活·读书·新知三联书店，2018.

罗伯特·C. 所罗门. 哲学导论：综合原典阅读教程 [M]. 陈高华，译. 北京：世界图书出版公司，2012.

罗伯特·皮平. 黑格尔的观念论：自意识的满足 [M]. 陈虎平，译. 北京：华夏出版社，2006.

罗尔斯. 正义论 [M]. 何怀宏，何包钢，廖申白，译. 北京：中国社会科学出版社，2009.

罗尔斯. 作为公平的正义 [M]. 姚大志，译. 北京：中国社会科学出版社，2011.

罗杰·斯克鲁顿. 康德 [M]. 刘华文，译. 南京：译林出版社，2011.

罗念生. 罗念生全集 [M]. 上海：上海人民出版社，2016.

罗素. 罗素文集第 1 卷：对莱布尼茨哲学的批评性解释 [M]. 段德智，张传有，陈家琪，译. 北京：商务印书馆，2012.

罗素. 西方哲学史 [M]. 上卷. 何兆武，李约瑟，译. 北京：商务印书馆，1998.

洛克. 人类理解论 [M]. 关文运，译. 北京：商务印书馆，1997.

洛克. 政府论 [M]. 瞿菊农，叶启芳，译. 北京：商务印书馆，1996.

吕翔. 希腊哲学的悲剧 [M]. 北京：中信出版社，2016.

马丁·海德格尔. 存在与时间 [M]. 修订译本. 陈嘉映，王庆节，译. 北京：生活·读书·新知三联书店，2014.

迈克尔·桑德尔. 公正：该如何做是好？[M]. 朱慧玲，译. 北京：中信出版社，2011.

迈克尔·英伍德. 海德格尔 [M]. 刘华文，译. 南京：译林出版社，2013.

麦克里兰. 西方政治思想史 [M]. 彭怀栋，译. 海口：海南出版社，2003.

曼弗雷德·库恩. 康德传 [M]. 黄添盛，译. 上海：上海人民出版社，2014.

米歇尔·艾伦·吉莱斯皮. 现代性的神学起源 [M]. 张卜天，译. 长沙：湖南科学技术出版社，2012.

N. 帕帕斯. 柏拉图与《理想国》[M]. 朱清华，译. 桂林：广西师范大学出版社，2007.

尼采. 悲剧的诞生 [M]. 周国平，译. 北京：生活·读书·新知三联书店，1986.

尼采. 查拉图斯特拉如是说 [M]. 钱春绮，译. 北京：生活·读书·新知三联书店，2007.

尼采.敌基督者 [M].余明锋,译.北京：商务印书馆,2016.

尼采.道德的谱系 [M].梁锡江,译.上海：华东师范大学出版社,2015.

尼采.快乐的科学 [M].黄明嘉,译.上海：华东师范大学出版社,2007.

尼采.偶像的黄昏 [M].李超杰,译.北京：商务印书馆,2013.

尼采.瞧,这个人——人如何成其所是 [M].孙周兴,译.北京：商务印书馆,2016.

尼采.人性的,太人性的:一本献给自由精灵的书 [M].杨恒达,译.北京：中国人民大学出版社,2005.

尼采.善恶的彼岸 [M].魏育青,等,译.上海：华东师范大学出版社,2016.

尼尔·波兹曼.娱乐至死 [M].章艳,译.北京：中信出版社,2015.

尼古拉斯·乔里.莱布尼茨 [M].杜娟,译.北京：华夏出版社,2013.

聂敏里.西方思想的起源——古希腊哲学史论 [M].北京：中国人民大学出版社,2017.

诺尔曼·马尔康姆.回忆维特根斯坦 [M].李步楼,贺绍甲,译.北京：商务印书馆,2012.

诺曼·马内阿.论小丑:独裁者和艺术家 [M].章艳,译.长春：吉林出版集团有限责任公司,2008.

欧内斯特·C.莫斯纳.大卫·休谟传 [M].周保巍,译.杭州：浙江大学出版社,2017.

乔纳森·巴恩斯.亚里士多德的世界 [M].史正永,韩守利,译.南京：译林出版社,2013.

乔纳森·海特.象与骑象人 [M].李静瑶,译.北京：中国人民大学出版社,2008.

乔纳森·海特.正义之心:为什么人们总是坚持"我对你错" [M].舒明月,胡晓旭,译.杭州：浙江人民出版社,2014.

乔纳森·华夫.政治哲学绪论 [M].龚人,译.香港：香港牛津大学出版社,2002.

乔治·勃兰兑斯.尼采 [M].安延明,译.北京：中国社会科学出版社,1992.

乔治·萨拜因.政治学说史 [M].邓正来,译.上海：上海人民出版社,2008.

乔治·斯坦纳.海德格尔 [M].李河,刘季,译.杭州：浙江大学出版社,2013.

瑞·蒙克.维特根斯坦传:天才之为责任 [M].王宇光,译.杭州：浙江大学出版社，2011.

S. 马尔霍尔. 海德格尔与《存在与时间》[M]. 亓校盛，译. 桂林：广西师范大学出版社，2007.

撒穆尔·伊诺克·斯通普夫，詹姆斯·菲泽. 西方哲学史：从苏格拉底到萨特及其后 [M]. 匡宏，邓晓芒，等，译. 北京：世界图书出版公司，2012.

塞缪尔·芬纳. 统治史 [M]. 王震，马百亮，译. 上海：华东师范大学出版社，2014.

塞涅卡. 道德和政治论文集 [M]. 袁瑜琤，译. 北京：北京大学出版社，2010.

色诺芬. 回忆苏格拉底 [M]. 吴永泉，译. 北京：商务印书馆，2007.

莎拉·贝克韦尔. 存在主义咖啡馆：自由、存在和杏子鸡尾酒 [M]. 沈敏一，译. 北京：北京联合出版公司，2017.

史蒂芬·B. 斯密什. 政治哲学 [M]. 贺晴川，译. 北京：北京联合出版公司，2015.

斯蒂芬·茨威格. 一个古老的梦——伊拉斯谟传 [M]. 姜瑞璋，译. 沈阳：辽宁教育出版社，1998.

斯蒂芬·霍尔盖特. 黑格尔导论：自由、真理与历史 [M]. 丁三东，译. 北京：商务印书馆，2013.

斯东. 苏格拉底的审判 [M]. 董乐山，译. 北京：生活·读书·新知三联书店，1998.

汤姆·索雷尔. 笛卡尔 [M]. 李永毅，译. 南京：译林出版社，2014.

涛慕思·博格. 罗尔斯：生平与正义理论 [M]. 顾肃，刘雪梅，译. 北京：中国人民大学出版社，2010.

梯利. 西方哲学史 [M]. 葛力，译. 北京：商务印书馆，1995.

托马斯·内格尔. 你的第一本哲学书 [M]. 宝树，译. 北京：中信出版社，2005.

W. D. 罗斯. 亚里士多德 [M]. 王路，译. 北京：商务印书馆，1997.

W. D. 罗斯. 亚里士多德的《形而上学》导论 [M]. 徐开来，译. 北京：商务印书馆，2017.

汪子嵩，等. 希腊哲学史 [M]. 北京：人民出版社，2010.

威尔·金里卡. 当代政治哲学 [M]. 刘莘，译. 上海：上海译文出版社，2011.

威廉·巴雷特. 非理性的人 [M]. 段德智，译. 上海：上海译文出版社，2012.

维布莱希特·里斯. 尼采 [M]. 王彤，译. 北京：中国人民大学出版社，2010.

维特根斯坦. 论确实性 [M]. 张金言，译. 桂林：广西师范大学出版社，2002.

维特根斯坦. 逻辑哲学论 [M]. 贺绍甲，译. 北京：商务印书馆，1996.

维特根斯坦. 维特根斯坦读本 [M]. 陈嘉映，编译. 上海：上海人民出版社，2015.

维特根斯坦. 维特根斯坦与维也纳学派 [M]. 徐为民，译. 上海：同济大学出版社，2004.

维特根斯坦. 哲学研究 [M]. 陈嘉映，译. 上海：上海人民出版社，2005.

修昔底德. 伯罗奔尼撒战争史 [M]. 徐松岩，黄贤全，译. 桂林：广西师范大学出版社，2004.

薛定谔. 自然与古希腊 [M]. 严锋，译. 上海：上海科学技术出版社，2002.

雅克·董特. 黑格尔传 [M]. 李成季，邓刚，译. 上海：上海人民出版社，2015.

亚里士多德. 尼各马可伦理学 [M]. 廖申白，译注. 北京：商务印书馆，2006.

亚里士多德. 亚里士多德全集 [M]. 十卷. 苗力田，主编. 北京：中国人民大学出版社，2016.

亚里士多德. 政治学 [M]. 吴寿彭，译. 北京：商务印书馆，2008.

叶秀山. 启蒙与自由 [M]. 南京：江苏人民出版社，2013.

叶秀山. 苏格拉底及其哲学思想 [M]. 北京：人民出版社，1986.

伊迪丝·汉密尔顿. 希腊精神 [M]. 葛海滨，译. 北京：华夏出版社，2008.

伊丽莎白·S. 拉德克利夫. 休谟 [M]. 胡自信，译. 北京：中华书局，2016.

以赛亚·伯林. 启蒙的时代：十八世纪哲学家 [M]. 孙尚扬，杨深，译. 南京：译林出版社，2012.

余纪元. 德性之镜：孔子与亚里士多德的伦理学 [M]. 林航，译. 北京：中国人民大学出版社，2009.

余纪元. 《理想国》讲演录 [M]. 北京：中国人民大学出版社，2009.

以赛亚·伯林. 自由论 [M]. 胡传胜，译. 南京：译林出版社，2003.

约翰·赫伊津哈. 伊拉斯谟传 [M]. 何道宽，译. 桂林：广西师范大学出版社，2008.

约翰·马仁邦.中世纪哲学：历史与哲学导论 [M].吴天岳，译.北京：北京大学出版社，2016.

詹姆斯·施密特.启蒙运动与现代性 [M].徐向东，卢华萍，译.上海：上海人民出版社，2005.

詹姆斯·塔利.论财产权：约翰·洛克和他的对手 [M].王涛，译.北京：商务印书馆，2014.

张志伟.西方哲学十五讲 [M].北京：北京大学出版社，2004.

张志伟.西方哲学史 [M].北京：中国人民大学出版社，2010.

赵敦华.基督教哲学 1500 年 [M].北京：人民出版社，2005.

赵敦华.西方哲学简史 [M].北京：北京大学出版社，2001.

赵林.西方哲学史讲演录 [M].北京：高等教育出版社，2009.

周濂.你永远都无法叫醒一个装睡的人 [M].北京：中国人民大学出版社，2012.

周濂.正义的可能 [M].北京：中国文史出版社，2015.

朱利安·扬.海德格尔、哲学、纳粹主义 [M].陆丁，周濂，译.沈阳：辽宁教育出版社，2002.

跋

从 2006 年春天开始,我给中国人民大学的全校本科生开设通识课程《西方哲学智慧》,经过十年的历练,慢慢摸索出一些个人的教学心得。2017 年夏天,"喜马拉雅 FM"的编辑约我开设音频课程,于是便不自量力地答应下来。音频课在 11 月份正式上线,事实证明,我大大低估了它的难度。我在课堂上习惯与学生互动,在问答之间激发讲课的灵感,也正因此,我并没有完整的讲稿,只是在教学过程中不断地更新和完善 PPT。可是音频课的逻辑完全不同,它没有现场感,缺乏互动性,不允许教师有任何思考的留白处,偶尔的大喘气或者小磕巴都会显得异常突兀。解决这个问题的唯一办法就是逐字逐句地写下每一篇讲稿,喜马拉雅 FM 的更新节奏是一周三期,每期15~20 分钟,这意味着每周要写 12,000 字左右的讲稿,一写就是 10 个月。这个过程远比想象中的要艰难,借用科比·布莱恩特的说法，在这 10 个月里，我见过每天凌晨 4 点的北京。

关于"西方哲学史"的著述可谓汗牛充栋，其中不乏经典之作，尽管如此，我仍然希望能够讲出一些自己的独特体会，不人云亦云，而是有自己的思考与个性。这是一本写给哲学零基础读者的普及读物。我把自己看成思想的导游，尝试告诉读者哪片风景值得驻足观赏，哪座森林暗藏杀机，何处有浅滩，何处是激流。我试图向读者展示思考的痕迹和脉络，但绝不代替读者做出最终的判断，因为归根结底，哲学是一个动词，真正的哲学不是让人免于思考，而是激发人们思考。

需要特别说明的是，为了保证音频播出的流畅性，我无法频繁提及引文的出处，在文稿中也没有添加注脚，我能做到的就是凡直接引文必加双引号或以引文格式标示，并在书后列举所有的参考书目。必须承认，这不符合严格意义上的学术规范，好在本书并非学术研究专著，相信读者朋友对此能有所谅解。如果本书存在任何硬伤或者理解上的不当之处，一切责任在我。

我要感谢所有选修过和旁听过本课程的人大同学，以及喜马拉雅 FM 的听友，感谢喜马拉雅的编辑王丹宁、向星以及"理想国"的编辑陈凌云和王家胜等人，没有你们的支持、鼓励和鞭策，这本书不可能问世。

我还要感谢我的家人，特别是我的女儿布谷。2013 年 5 月，在《南方人物周刊》举办的一场活动中，记者卫毅曾经问我："如果让布谷读第一本哲学书，你会推荐谁的书？"当时我的回答是："我希望能为她专门写一本哲学书。"五年过去了，那本书依然没有写出来。相反，倒是布谷帮助我写出了这本书，她的成长历程给我的哲学思考提供了很多刺激和灵感，在这本书里，布谷的出场频率堪比柏拉图、亚里士多德和康德。我愿意把这本书送给她，希望有一天她会打开这本书，体会到来自理解的快乐，因为我始终认为，这是哲学能够带给我们的最大馈赠。

周濂

2018 年 12 月 25 日

修订后记

自 2019 年 7 月问世以来，《打开》得到了不少读者的认可与厚爱，但是身为作者，我深知这本书仍有很多不足：口语痕迹过于严重，某些表述有失周全和严谨，个别章节安排不够合理。感谢"理想国"给我提供修订的机会，让我可以删除一些碎词、闲笔和不恰当的举例，让文字在不丢失节奏感的同时更接近于书面表达。除此之外，我还对部分内容做了较大的调整。比如，调整了斯多亚学派一讲的结构；增补了维特根斯坦的逻辑原子主义与罗素的逻辑原子主义的比较；改动最大的是犬儒主义一讲，我用发表在《读书》杂志（2024 年 7 月号）上的文章直接替换了原文。

修订版没有增补叔本华、克尔凯郭尔、柏格森、胡塞尔、萨特、加缪、蒯因、戴维森、罗蒂、福柯、哈贝马斯这些现当代哲学家的章节，一来是时间和精力不允许，二来是我希望未来有一天可以针对"现代西方哲学"写一本《打开》的姊妹篇。

2019 年至今，外部世界动荡不安：疫情突如其来又莫名终止，ChatGPT 横空出世，硅基生命取代碳基生命的现实性日益大于可能性，俄乌、巴以战争接踵而至，继续撕裂这个本已高度撕裂的世界。我的个人生活也经历了巨大的变故：2019 年 12 月 18 日父亲突然离世，接下来的两年，母亲在恶劣的疫情环境下连续做了两次大手术。我曾经一度确信凭借理性的力量可以让生活变得简单又扎实，但现实教育了我，让我真切地体会到马克·吐温这句话的深意："让你陷入困境的不是未知，而是你确信的事并非如你所想。"

好消息是，布谷已经从一个懵懂无知的小屁孩儿长成了亭亭玉立的大姑娘，到目前为止，她依旧对世界充满了好奇，对未来充满了期待。《打开》这本书是送给她的，希望在不久的将来，布谷可以打开这本书，看清这个充满了复杂性的世界，并且学会拥抱偶然性、接受偶然性，无论它是令人欣喜的，还是叫人绝望的。

2024 年 8 月 31 日

打开

上

周濂 著

民主与建设出版社

·北京·

© 民主与建设出版社，2024

图书在版编目（CIP）数据

打开 / 周濂著 . -- 北京 ：民主与建设出版社，
2025. 2.（2025.7 重印）-- ISBN 978-7-5139-4850-0

Ⅰ. B1-49

中国国家版本馆 CIP 数据核字第 20255QD875 号

打开
DAKAI

著　　者	周　濂	
责任编辑	王　颂	
封面设计	赤　徉	
内文制作	陈基胜	
出版发行	民主与建设出版社有限责任公司	
电　　话	（010）59417749　59419778	
社　　址	北京市朝阳区宏泰东街远洋万和南区伍号公馆 4 层	
邮　　编	100102	
印　　刷	山东临沂新华印刷物流集团有限责任公司	
版　　次	2025 年 2 月第 1 版	
印　　次	2025 年 7 月第 2 次印刷	
开　　本	787 毫米 × 930 毫米　　1/32	
印　　张	31.25	
字　　数	645 千字	
书　　号	ISBN 978-7-5139-4850-0	
定　　价	148.00 元（上、下）	

注：如有印、装质量问题，请与出版社联系。

献给我的女儿布谷

让我们一起来一场思想的探险

换取和苏格拉底相处的一个下午

读者朋友，欢迎你来上我的哲学课。从今天开始，我将和你一起开始一场思想的探险。

说实话，教授和学习西方哲学史，本身就是一个冒险。作为在滚滚红尘中摸爬滚打的凡夫俗子，我和你一样，有太多现实的困惑和烦恼，柴米油盐酱醋茶，找工作、看医生、养孩子，房价居高不下，股市涨涨跌跌，所有这些困惑和烦恼都是如此的沉甸甸与实打实，因此，一定会有读者说：那么我们为什么还要自寻烦恼，来做这样一场思想的探险呢？哲学，到底跟我的生活有什么关系呢？

其实答案非常简单。作为这个星球上唯一会进行理性反思的生物，我们哪怕拥有了物质上的一切，也还会感觉空虚和不满足，我们总会经历这样的时刻，会忍不住地反思生活的意义，追问死后的世界，会仰望头顶的星空，省察心中的道德律令——这样的时刻也许不多见，但是每当它出现的时候，都是对我们心灵的一次照亮，让我们不由得想起苏格拉底的那句名言：

> 未经考察的人生是不值得过的人生。

或许正是因为这样，乔布斯才会说："我愿意用我所有的科技成果去换取和苏格拉底相处的一个下午。"因为乔布斯深深地认同苏格拉底的这个判断：一个人应该如何生活，这是人生在世的根本大事！

恢复你好奇的本性

我知道对于很多非哲学专业的读者来说，"哲学"二字意味着深刻、复杂、烦琐、乏味甚至不知所云，比方说我随便从书架上抽出一本哲学书，读到的都是类似这样的语句：

> 存在者存在，它不可能不存在。这是确信的途径，因为它通向真理。……存在者不存在，这个不存在必然存在。走这条路，我告诉你，是什么都学不到的。

你会说：这说的都是什么呀？每一个字我都认识，

但连在一起完全不知道在说些什么。这样的哲学让人望而却步。

放心，在这门课里，我会尽可能地用通俗的语言去介绍深刻的思想，借助日常有趣的小例子进入枯燥的理论。在鲜活的生活事例和抽象的概念之间建立联系，帮助你们一步步地拾级而上，了解柏拉图的《理想国》、康德的《纯粹理性批判》、维特根斯坦的《哲学研究》到底都说了些什么。

通过这门课，你会发现：原来，《黑客帝国》的思想火花早在笛卡尔的《第一哲学沉思集》中就已出现，普特南的"钵中之脑"与电影《盗梦空间》有着类似的结构，而刘慈欣在《三体》中描绘的"黑暗森林法则"，霍布斯早在几百年前就已经讨论过了。

通过这门课，你会发现：原来，孙俪和邓超主演的《幸福像花儿一样》这部电视剧的名字，可以在亚里士多德的伦理学中找到源头；原来，哥白尼当年论证日心说的时候，其中一个理由是，太阳比地球高贵，因此，静止不动的应该是太阳而不是地球；原来，知识分子与意见领袖的区分可以追溯到 2500 年前的古希腊；原来，学校（school）的古希腊文原义是"度过闲暇的地方"，但是这里的闲暇绝不意味着空洞、空虚、无所事事，恰恰相反，对古希腊人来说，能够"占用闲暇时间"的一定是某类特定的事情，那就是言谈活动，尤其是学术性的讨论、辩论和演讲，而 school 的本质就是自由——思想自由与言论自由。

这门课可能会为你提供不少新鲜的知识，但我想说的是，这门课的目的绝不是为了给你增添炫耀自身的资本，学习哲学的目的是要恢复你好奇的本性，拓展你的人生广度，增加你的人生深度，学会与人类思想史上最伟大、最聪明的头脑进行直接的对话。

作为这场思想探险的导游，我将带领你们一起去领略西方哲学 2500 年的风景，给你们介绍每一处景观的历史背景和妙处所在，解析各种哲学理论的关键和细微之处。与此同时，我希望所有的读者学会用自己的眼睛去观赏风景，你可以反驳我说哪些风景不好、为什么不好，我们共同探讨、相互辩驳，最后达成一种可深可浅的相互理解。

这门课程针对的不是哲学专业人士，更不适合用作考研参考，它面向零基础的哲学爱好者，适合任何一个对世界和自我仍然保持好奇心的人来学习，只要你有善于发现的眼睛、充满好奇的心灵和勤于思考的大脑。

打开、看清与理解

那么，你们从这门课里可以得到什么呢？我会用三个词来形容，第一个词是"打开"，第二个词是"看清"，第三个词是"理解"。

通过学习这门课，可以打开你的视野，打开你既定的思维模式，打开各种思考的可能性，让你从一种教条的、沉闷的、僵化的意识形态中解放出来，重新用一种充满怀疑的、审视的、好奇的眼光去打量这个世界，对那些"习焉而不察，日用而不知"的事物进行追问与反省。

你可以通过这门课来"看清"。看清什么？看清事物与事物之间的差异，看清概念与概念之间的差异，更重要的是，看清人们什么时候在胡说八道。

说到这里，我给大家讲一个故事。1939年秋天，第二次世界大战激战正酣之时，维特根斯坦和他的学生马尔康姆在伦敦的泰晤士河畔散步，两人聊到一则小道消息：纳粹德国政府正在谴责英国政府煽动谋杀希特勒。维特根斯坦评论说，如果这个消息是真的，我也不会惊讶。马尔康姆反驳说，怎么可能，这种行为跟英国人的"民族性格"是不相容的。在常人看来，这种争论本来是无伤大雅的，但是维特根斯坦却非常生气，居然为此跟马尔康姆割袍断交了。直到五年以后，马尔康姆收到维特根斯坦的来信，才终于明白他为什么会如此生气。维特根斯坦在信中写道："你关于民族性格的议论，它的简单幼稚使我吃惊，我因而想到，研究哲学如果给你带来的只不过是使你能够似是而非地谈论一些深奥的逻辑之类的问题，如果它不能改善你关于日常生活中重要问题的思考，如果它不能使你在使用危险的语句时比任何一个记者都更为谨慎，那么它有什么用呢？"

我对维特根斯坦这句话印象极其深刻。在我们这个时代，因为知识的普及和资讯的发达，越来越多的人能够毫无门槛地接触到各种玄奥的哲学理论和莫测高深的超级概念，毫无顾忌地使用维特根斯坦所说的"危险的语句"。我希望读者们通过这门课程的学习，能够养成审慎的思考习惯，学会看清到底谁在胡说八道，而不是借此获取知识上的优越感，随心所欲地滥用危险的语句。

你可以通过这门课获得"理解"。哲学始于惊奇，有惊奇就意味着有不解，有不解就要求理解。有人会问，理解了又怎么样？我的回答是，理解的确不会怎么样，理解本身就是最大的馈赠！

哈佛大学的心理学家曾经做过一个心理学实验，为使被试者拥有好心情，会让他们读一些句子，包含"我明白了""我理解"或者"我现在明白了"之类的说法；为使另一部分被试者处于坏心情，会让他们读另一些句子，诸如"我不明白""我完全给弄糊涂了"或者"我不能理解"等。

人因理解而欢欣，因不理解而沮丧。道理就是这么简单。有人也许会说，相比理解自然万物，人与人之间的相互理解更加困难。的确如此。如果别人不理解你的观点，那你就要理解你和他的差异到底在哪里，为什么他不同意你的观点，他的不同意到底有没有道理。理性、理由、理解，所有这些与我们人类这个特殊物种相关的本质属性，是为了让我们更好地进入这个丰富的世界。我们在各种路口、渡口和人相遇，我们跟他们打招呼、寒暄、聊天、争执，我们不试图把所有人都纳入自己的道路上，我们追求的不是同道中人，而是通道之人。我们希望能更有效地与他人沟通、交流，分享同和异。那些善于理解的人，那些善于讲道理的人，将会给自己的人生开拓出更多的通道，去往更多美妙的所在。而那些不试图理解他人的人，不善于讲道理的人，则很快就会故步自封在一个狭小的世界里，在井底自 high。

作为一种职业，哲学并不是性价比最高的职业，但是作为一种生活方式和思考方式，我相信哲学是值得我们用一辈子去实践的志业。

欢迎你来上我的哲学课，让我们开始这场思想的探险吧！

《雾海上的旅人》（Der Wanderer über dem Nebelmeer）是19世纪德国浪漫主义画家卡斯帕·大卫·弗里德里希（Caspar David Friedrich，1774—1840）约于1818年所作的布面油画作品。

目　录

导　论

《阿那克萨戈拉和伯里克利》(Anaxagoras and Pericles),布面油画,法国画家奥古斯丁—路易·贝勒(Augustin-Louis Belle,1757—1841)绘于 1796 年。

阿那克萨戈拉(约前 500—约前 428)是前苏格拉底时期的希腊哲学家,他提出了"精神的宇宙世界"的概念,正确解释了日食,还第一个提出"物质可能是由无限多的不朽的基本的元素(即原子)构成的"。

导论一：哲学是什么？

在正式开始讲西方哲学思想之前，我希望花一点时间跟大家探讨哲学的一些基本问题，例如哲学是什么，哲学的起源，以及哲学有什么用。这一课我们主要来谈谈哲学是什么。

每个人都是潜在的哲学家

我于1991年考入北京大学哲学系，算起来已经从事哲学训练30多年了。在这30多年里，我曾经遭遇过不少尴尬的时刻，比如在火车上，来自天南海北的陌生人开始试探着闲聊，每当问到我的职业和身份时，原本热闹的场景往往会瞬间变得尴尬，空气也随之凝固："哦，学哲学的。"厚道的人会说："那可是很深刻的学问。"不厚道的会说："学这个有什么用呢？又不能当饭吃。"当然，也有求知欲旺盛的会问："哲学是什么？"

在我个人的经历里面，当问到哲学是什么的时候，有两个事例给我留下了极为深刻的印象。一个是在 1992 年，我和我的同学去北京的王府井参加公益活动，一位资深人士前来慰问我们，当他得知我们是北大哲学系的同学时，非常兴奋地说："哲学，我知道，就是把白的说成黑的，把黑的说成白的。"现在，我们都知道了，这是诡辩家，不是哲学家；这是政治家，不是哲学家。

另一个例子是在 2006 年，我去小区边上的理发店理发，洗头小妹问我选择湿洗还是干洗，我当时正好有时间，就说干洗吧。在 20 分钟的按摩过程中，我和她有一搭没一搭地开始聊天，话题很自然地就转到了我的职业。"您是做什么的？""我是大学的老师。""具体教什么呢？"我犹豫了一下，决定不把白的说成黑的，所以我说"我是教哲学的"。

我以为对话到此就结束了，没想到她停顿了三秒钟，突然问道："哲学是不是研究因果性的……"大家也许知道，因果性是有史以来最重要的哲学问题之一，当年正是休谟对因果关系的质疑，才把康德从独断论的迷梦中惊醒，我们以后会专门用一讲介绍、讨论这桩哲学史上最重要的事件之一。所以，当听到这位来自云南、高中没毕业的洗头小妹问哲学是不是研究因果性的，我顿时就有了惊为天人的感觉。从此我时不时去那家理发店干洗，试图跟她继续探讨因果性问题，直到半年后这位洗头小妹突然不辞而别。我至今没想明白这与我经常找她聊哲学是否存在因果关系。

上述两个事例告诉我们两个道理：第一，人皆有理性，每个人都是潜在的哲学家，无论你是资深人士还是洗头小妹，都对哲学多少有所思考和感悟。第二，英国哲学家罗素说过："人生而无知但并不愚蠢，是教育使人愚蠢。"正如好的制度造就好的公民，好的教育造就好的哲学观，接受了错误教育的人比没有接受过教育的人的三观更可怕。

哲学就是爱智慧

回到"哲学是什么"这个问题，大家有没有意识到这是一个非常奇特的问题。我们很少会问"什么是生物学""什么是经济学""什么是文学"或者"什么是历史学"，即使有人这么问，也会比较容易得到明确的回答，而不会像哲学家这样，一直被世人纠缠这个问题，而且哲学家自己也不停地回到这个最原初的问题。

现在，我暂时给你们提供一个非常抽象的回答：所谓哲学（philosophy），就是爱智慧的意思。philosophy 在古希腊文中是由"philia"和"sophia"这两个词组成的，sophia 的意思是智慧，philia 在古希腊文里是友爱的意思，相比于宗教意义上的博爱、男欢女爱的情爱，友爱的最大特点就是温和而理性，也就是说，哲学家面对智慧的时候，是一种尊重和欣赏、温和且理性的热爱。这种爱不以占有为目的，而是以相互激励、共同进步为目的。这也意味着哲学作为爱智慧之学，从来不会妄自尊大地认为占有了智慧，哲学家只是一个以温和而理性的方式热爱智慧的人，一旦有人宣称自己占有了智慧，掌握了宇宙真理，这样的人要么是先知，要么是骗子，通常来说，骗子的可能性更大。

哲学问题的三个特点

哲学关心的问题有很多：我是谁？我有自由意志吗？对和错的标准是什么？生活的意义何在？什么是公正？死亡意味着什么？哲学还会促使我们追问，我现在究竟是梦见自己坐在中国人民大学的办公室里写作，还是"真实"地在写作？爱国主义为什么是天然正当的？言论自由和结社自由为什么对于一个人的完整人生有着不可或缺的重要价值？等等。

这些问题有三个特点。

首先，它们是反思性的，是对现实和经验的反思。比方说，按照普通人的认知习惯，我现在就是坐在人大的办公室里写作，这一点毫无疑问，但是哲学家会尝试着跳出来回看这个状态，并且发出疑问：我到底是真的坐在这里写作，还是一个梦境？对于这个区别，我到底能否给出一个有效的理性论证？

其次，它们是针对最一般性的范畴或者说超级概念提问的。打个比方，和恋人在一起的时候，我们常常会对如何打发时间发生争执：女孩子说我想要看电影，男孩子说我更想看球赛；女孩子说我喜欢读唐诗宋词，男孩子说我更愿意打王者荣耀；女孩子说岁月静好是人生最大的幸福，男孩子说我更倾向于过一种冒险刺激的生活……你们就这么不断地争论下去，直到发现归根结底是因为彼此对于幸福的定义和理解不同，这个时候，你们已经从日常拌嘴进入到某种层面的哲学讨论。

与幸福一样，时间、空间、存在、美、爱和死亡都属于超级概念。有一次，我的女儿布谷问我：爸爸现在几点了？我说现在是上午 9 点钟。这是我们在日常生活中最常遇见的对话。然后她接着又问：可是，爸爸，时间是什么呢？这个问题立刻就有了哲学的意味。为什么？因为她现在追问的是最一般性的超级概念的定义。中世纪著名的神学家奥古斯丁说：时间是什么？你不问我的时候我对它非常清楚，你一问我，我反而茫然不知了。

这就引出了此类问题的第三个特征——它们都是没有标准答案的。如果现在把三个马哲的老师、三个中哲的老师和三个西哲的老师聚在一起开设哲学研讨班，让他们争论上述问题，三年以后，你会发现，他们仍然不会达成一致的意见。

没有标准答案的问题才是最迷人的问题

正因为哲学问题有上述三种特征，德国哲学家黑格尔才把哲学史形象地比喻为一个"厮杀的战场","堆满着死人的骨骼"。这个说法稍微显得有些鲜血淋漓，黑格尔真正想说的是，哲学是在自我批判和自我否定中发展的，整部哲学史充满着哲学家们互相批判、互相推翻、互相取代的斗争。莱辛曾经在一次对话中说："要知道，人们还是要谈论斯宾诺莎的，就像谈论一条死狗。"黑格尔听说了这句话，一直念念不忘，因为他毕生的追求就是终结哲学史上没完没了的纷争，避免斯宾诺莎的结局。但是令他万万没有想到的是，在他离世后仅仅几十年的工夫，黑格尔自己也变成了时代的"死狗"——马克思评论道："今天在德国知识界发号施令的、愤懑的、自负的、平庸的模仿者们，已经高兴地像莱辛时代大胆的摩西·门德尔松对待斯宾诺莎那样对待黑格尔，即把他当作一条'死狗'了。"有人也许会问，既然如此，我们今天为什么还需要读柏拉图、读亚里士多德、读康德和黑格尔？我愿意用英国哲学家以赛亚·伯林（Isaiah Berlin）的话来回答这个问题，他说："哲学不是一种累积性的学科，古代那些基本的哲学思想、观点、理论和见解现在仍然是哲学的中心内容。"累积性意味着进步和发展，意味着用一种标准答案来替代一种错误答案，用一种正确解释来替代一种错误解释，现代科学就是以这样的方式取得进步的，而哲学不然。那些曾经一度被认为是"时代的死狗"的哲学家，在特定的时候会死而复生。因为哲学的问题是没有标准答案的问题。

有些人也许会因此感到困惑，没有标准答案的问题多么的不解渴啊！但是在我看来，恰恰是这些没有标准答案的问题才是最有意味和最让人着迷的问题。

当然，在一个实用主义和功利思维甚嚣尘上的时代，每一门传统的学科和古老的技艺都免不了面对这样的质疑："学这个有什么用？"关于这个问题，我们留到下一讲再做讨论。

002

导论二：哲学有什么用？

哲学的无用

一谈起用处，人们的第一反应就是那种可以立竿见影的，最好还能够兑换成金钱的用处。所以一点都不奇怪，在一般人的眼里，哲学压根就没有什么用。

事实上，被称为哲学之父的泰勒斯，就是这类批评的第一个中枪者。泰勒斯是生活在公元前 7 世纪的古希腊哲学家。有一次他夜观天象，因为过于专心致志，一不留神失足掉进了一口井里，正好被一个路过的色雷斯婢女看见，这个婢女于是说了句流传千古的话：他连地上的事情都没有搞清楚，就去关心天上的事情。

后来柏拉图曾经这样评价色雷斯婢女的说法：凡事哲学者，总会被这般取笑。

海德格尔也说：哲学就是人们本质上无所取用，而婢女必予取笑的那样一种思。

泰勒斯应该对婢女的嘲笑非常不服气，他决定要争口气，用实际行动来反驳婢女。据说有一年，泰勒斯预见到来年橄榄会丰收，于是提前以低廉的价格租下了当地所有的榨油机。第二年橄榄果然大丰收，所有人都不得不到他这里来高价租用橄榄榨油机，泰勒斯因此赚了一大笔钱。

说到这里，我想请大家停下来想一想，这个小故事究竟能否说明哲学的用处？我相信很多人会说，泰勒斯在这里使用的不过是一些粗浅的经济学常识，比如供求关系会影响价格，以及一些天文地理和农业的知识——然而这些都不是我们通常认为的哲学。

在一定意义上，我同意这样的判断。但是我想稍作解释的是，在古希腊，哲学是一门无所不包的学问。进一步的，哲学和科学是一体的，哲学就是科学，科学就是哲学。比方说柏拉图、亚里士多德这些古希腊哲学家，他们一方面关心宇宙的本质、天体的运行规律，另一方面也关心国家的正义与个体的幸福，因为他们试图给世界提供一个统一的整体解释。作为对整体世界的统一解释，这个"哲学—科学"的传统可以说是上穷碧落下黄泉，既探讨宇宙的起源和世界的规律，又守护日常生活的直接经验，在这个意义上，古希腊的"哲学—科学"不是一门特殊的理论，而是一种具体的生活方式，个体的人可以依托于它安度一生并且意蕴充沛。用陈嘉映老师的话说："完整的故事才有明确的意义；或不如说，意义赋予完整性。"然而近代之后，特别是以牛顿为代表的近代科学家用纯数学这门语言谱写完自然这本大书之后，哲学和科学之间的纽带彻底被剪断，哲学与科学分道扬镳。有位哲人曾经把这个过程做过一番形象的比喻：哲学好比"处在中心的太阳，原生旺盛、狂野纷乱"，过一阵子它就会甩出自身的一部分，成为这样那样的一门具体科学，这些具体科学像行星一般远离母体，"凉冷、相当规则，向着遥遥的最终完成状态演进"。罗素也说："任何一门科学，只要关于它的知识一旦可能确定，这门科学便不再称为哲学，而变成为一门独立的科学了。"

虽然在今天的大学里院系林立，但是如果遵循古老的"哲学-科学"传统，我们就会发现，并非只有哲学系的学生才是柏拉图和亚里士多德的传人，其实整所大学都是柏拉图和亚里士多德的传人。一个经常被世人忽视的明证是，时至今日仍有很多学科的博士学位——比如经济学、管理学甚至物理学——被称为 PhD，也就是哲学博士。

回到哲学的用处这个问题，我相信泰勒斯的例子一定不能说服很多人。那我们应该如何回应这些人的疑问呢？

哲学无用之大用

每当有人语带嘲讽地问我："你们学哲学有什么用呢？"我就会回答说，我们学哲学的虽然看似无用，其实有大用，所谓"无用之大用"。这可不是在玩弄语词游戏。

德国诗人海涅曾经说过："不要轻视观念的影响力，教授在沉静的研究中所培育出来的哲学概念可能摧毁一个文明。"

海涅的这句话是在颂扬康德哲学的影响力，但我觉得另一个例子也许更为合适。法国大革命时，当民众攻陷巴士底狱的消息传到巴黎南郊的凡尔赛宫，路易十六惊慌失措之下问道："什么？造反了吗？"当时的波尔多公爵回答他说："不，陛下，是革命。"造反与革命，一词之差，不仅是语词的转换，更是观念和理念的革命。

还是这个法国国王路易十六，据说当他身陷囹圄，在夜深人静复盘人生之时，说了这样一句话："是这两个人消灭了法国。"他说的这两个人，一个是卢梭，一个是伏尔泰，都是哲学家。

所以改变观念就是改变世界！

众所周知，马克思死后葬在伦敦北郊的海格特公墓，在他的墓碑上刻有两句话，第一句话大家耳熟能详："全世界无产者联合起来。"第二句话大家同样耳熟能详："哲学家们只是用不同的方式解释世界，而问题在于改变世界。"我不是特别认同第二句话。为什么？因为马克思本人正是通过解释世界来改变世界的，如果不是因为马克思发明了"剥削""剩余价值"这些观念，全世界的无产者怎么可能会联合起来去推翻旧世界，建立新世界？当然，正因为观念具有摧枯拉朽的力量，它可以让我们上天堂也可以使我们下地狱，所以就不应该让某一种特定的观念去占据讲台、电台、电视、报纸或者网络，而是应该充分借助思想的自由市场，让每一种观念在公平、公开和自由的环境下进行竞争。

哲学的慰藉与乐趣

虽然哲学能够通过曲折和间接的方式改变世界，但是对于我们普通人来说，学习哲学的最大用处在于，它能给每一个个体带来慰藉。

前些年有一本书特别畅销，书名叫作《沉思录》，作者是罗马帝国的皇帝马可·奥勒留，温家宝前总理在新加坡访问的时候告诉记者，这本书天天放在他的床头，他可能读了有100遍，"天天都在读"。无独有偶，曾经有记者问美国前总统克林顿，除了《圣经》，哪本书对他影响最大，他的回答也是马可·奥勒留的《沉思录》。那么马可·奥勒留在这本书中到底都说了些什么呢？我给大家摘录一段话，他说：

> 人所执着的是什么呢？啊，除哲学别无他物。唯哲学可以保持我心中的神性，使我们免受伤害与屈辱，使我们超然于苦乐之上，使我们不致装聋卖傻或矫情掩饰，使我们无须仰人鼻息，受人驱使。何止于此，哲学使我们的心灵虽遭逆顺而安之若泰。

人生会遇到各种挫折、痛苦和不幸，有的是我们自找的，比方说为名利所累，为情爱所困，有的是外界强加的，比如天灾人祸或者社会不公。而哲学的功用，就是教会我们在人生遭遇现实的铁壁时，"以最软的方式着陆"。为了说明这个问题，让我来给你造两个句子：

1. 室友离开的时候用力甩上了门，我很恼火。
2. 室友离开的时候用力甩上门是为了要使我恼火。

这两个句子的区别一看便知。后者不一定是过度反应，但是如果你把所有对你不利的事情都看成是"世界在与你为敌"的如山铁证，那你就要好好地读读斯多亚学派哲学家塞涅卡的这句话了，他说，你之所以"总是预料到要受辱，其背后实际上是担心自己有理由受到嘲弄"。怎样才能摆脱这样的困境？塞涅卡的忠告是，要学会成为"我自己的朋友"。只有成为我自己的朋友，才会成为全人类的朋友，只有首先与自己和解，才能与世界和解。

上述例子看起来稍微有些心灵鸡汤，事实上，关于哲学给人生带来的慰藉，还可以举一个更加极端的例子，主角仍然是塞涅卡，他曾经给暴君尼禄当过五年的导师，伴君如伴虎，塞涅卡当然清楚自己的处境，所以他曾经说过这么一段话：

> 我从来没有信任过命运女神。我把她赐给我的一切——金钱，官位，权势——都搁置在一个地方，

可以让她随时拿回去而不干扰我。我同它们之间保持很宽的距离，这样，她只是把它们取走，而不是从我身上强行剥走。

可以说，塞涅卡是用他的生命实践了他的哲学思想。公元 65 年，塞涅卡当时隐退已经三年，尼禄怀疑他卷入一个谋杀他本人的阴谋中，下令塞涅卡自杀谢罪。塞涅卡的亲友听说这个消息后都失声痛哭起来，根据史书记载，塞涅卡的反应却非常镇定自若，他不停地宽慰他的亲友们，问他们学习多年的哲学都到哪里去了，多少年来他们互相激励的那种处变不惊的精神都到哪里去了。塞涅卡试图割腕自杀，但因为年老体迈，血液流动缓慢，于是他要求医生给他一杯毒酒，像他的哲学偶像苏格拉底那样结束生命，但是喝下毒酒后仍然迟迟没有效果。最后，塞涅卡要求人们把他放进蒸汽浴室里，在那里慢慢窒息而亡。在这个一波三折、持久而又缓慢的赴死过程中，塞涅卡始终保持住了哲人的镇定和尊严。正像英国作家阿兰·德波顿（Alain de Botton）所说，通过他的死，塞涅卡与其他斯多亚派的同道共同创造出一种持久的关联：提起"哲学"一词，人们就会联想到对待灾难镇静自若的态度。

哲学除了能够给人生带来慰藉，还能给人生带来乐趣，西方有句谚语说：哲学不能烘面包，但是能使面包增加甜味。意思是说，烘面包的工作就是我们的人生，而增加甜味的蜂蜜则是哲学思考。我觉得还可以这样概括人生与哲学的关系：离开人生，哲学是空洞的；离开哲学，人生是盲目的。

也许有人会反驳说：不学哲学照样可以生活，甚至可以活得更好。每当听到类似的反驳，我就会想起约翰·密尔问过的那个问题：你到底是愿意做一头终日快乐的猪，还是做一个愁眉苦脸的苏格拉底？我相信很多人会不假思索地回答：哪怕做猪，快乐就好！但是我很怀疑人这一辈子真的能够像猪一样生活，很有可能，人生就是一场想要做猪而不能的旅程。

因为迟早有那么一天，你会像苏格拉底那样开始发问：什么是美，什么是善，什么是正义，什么是德性？我应该如何度过我的一生？因为我们是这个星球上唯一会进行理性反思的动物，因为我们是那个忍不住会要追问"为什么"的存在者。

003

导论三：哲学的起源

哲学源于惊奇

关于哲学的起源，柏拉图有一个非常经典的说法："哲学始于惊奇。"后来亚里士多德重复了这一说法，他说：不论现在，还是最初，人们都是由于惊奇才开始哲学思考的。开始是对身边所不懂的事物惊奇，继而逐步前进，对更重大的事情产生疑问。

那么哲学究竟惊奇于哪些问题呢？

哲学会惊奇于外部世界是否存在。记得几年前，在新浪微博上曾经有人转过一道哲学考题："如果有人跟你说，你现在不是在教室里参加考试，而是在睡梦中梦见自己正在考试。你可以从哪些方面证明他是错的？试论证。"虽然有人咬牙切齿地悲呼："这道题真心做不来啊！！能动手甩那人一耳光子吗？！"但是这条微博被狂转 5000 多次的事实足以证明，这道考题深深触动了每个人与生俱来的怀疑主义神经：人生是否是一场大梦？外部世界真的存在吗？

哲学会惊奇于"他人的心灵"的问题。如果现在你的身边坐着朋友，请转过头掐掐他的脸蛋儿，认真地凝视他的双眼，并且问你自己这样一个问题：你是怎么知道他是有意识、有灵魂的人的？他有没有可能是一个机器人——虽然可以与你对答如流，但其实都是电脑程序设计的后果？

哲学还会惊奇于"身心问题"。心灵是一种与大脑完全不同的东西，还是说心灵就是你的大脑本身？苏格拉底经常声称自己的灵魂听到了神谕的召唤，他是真的听到了，还是那是脑部神经病变产生的幻觉？

除此之外，哲学还惊奇于语词的意义问题，自由意志是否存在，对与错的标准，公正问题，死亡问题，以及生活的意义，等等。

尼采说："从不中止对异乎寻常之事去经验，去看，去听，去怀疑，去希望和梦想，这个人就是哲学家。"在这个意义上，每个人都是潜在的哲学家，虽然不会持续不断地追问上述问题，但总会在人生的某一时刻，被这些问题捕获。

接下来我们简单探讨一下其中的两个问题：外部世界是否存在，以及对与错的标准，帮助读者朋友做一下思想的拉伸运动，以便更好地进入今后的课程中。

惊奇之一：外部世界存在吗？

外部世界是否真的存在？坦白说，关于这个问题，古往今来，没有一个哲学家拿过满分。康德就曾经感叹说，人类理性至今无法完备地证明外部世界存在，这是"哲学和人类普遍理性的耻辱"。法国哲学家笛卡尔也曾抱怨说："没有任何可靠的迹象，使人能够将清醒与睡梦加以区别。"

那么究竟应该怎样回答这个问题呢？让我们来看看罗素提交的答案。

罗素指出，虽然在逻辑上"人生就是一场大梦"完全是可能的，但我们没有理由认定它就是唯一正确的回答。事实上，相比我们的常识假设，梦的假设过于复杂。什么是常识假设？常识假设是：外部世界存在着，并且睡梦与清醒是截然不同的，我们在真实的世界里工作、生活、恋爱、结婚、生子。哪怕在睡梦中发生的事情再荒诞不经，比方说上一秒还被海盗追杀，下一秒就与公主成亲，这一刻还在北京，下一刻就飞到了外太空，但是只要一睁开眼睛，我们就可以重新回到完整扎实的现实世界。但是如果我们接受了梦的假设，那就需要给这些十三不靠的情节提供非常多的解释，才可以把它们解释得圆融自洽，相比之下，我们的常识假设要比梦的假设更加简单，也更加系统与和谐。正是因为这个原因，罗素认为，我们应该接受常识假设，也即外部世界是不依赖于我们的感觉而独立存在的。

你也许会说，等等，罗素好像并没有真正回答外部世界是否存在这个问题啊！

你说的一点也没错。事实上，罗素本人也承认，在某种意义上说，"我们永远都不能证明在我们自身之外和我们经验之外的那些事物的存在"，"我们本来就不是凭借论证才相信有一个独立的外在世界的。我们一开始思索时，就发现我们已经具有这种信念了：那就是所谓的本能的信念"。

罗素的思路是这样的，他没有正面回答外部世界是否"实在"这个问题，而是把问题转化成了两种不同解释的比较，也就是比较"梦的假设"和"常识假设"这两种解释的优劣高下，而标准则是看谁更简单、更系统以及更和谐。

这让我想起英国理论物理学家霍金的一个说法，他说：普通人常常会认为哥白尼证明托勒密是错的，但其实并非如此。哥白尼的日心说并不比托勒密的地心说更接近事实。这只是两种不同的解释模型。人类既可以假定地球静止，也可以假定太阳静止，不管是哪种假定，都可以用来解释天体运行。那为什么哥白尼系统最终取代了托勒密系统呢？霍金认为，哥白尼系统的真正优势在于，假定太阳处于静止位置的时候，由此推导出来的运动方程要简单得多。

有没有发现霍金的想法与罗素的想法惊人地相似？其实，罗素和霍金都接受了中世纪哲学家奥卡姆的威廉的基本原则：如无必要，勿增实体。这条原则有一个响当当的名称叫作"奥卡姆剃刀"，它的现代变体可称作"简单性原则"，其核心思想是，在所有其他条件不变的前提下，如果理论 X 和理论 Y 都能够解释同一个现象，那么更加简洁的理论就是更好的解释。

有些人可能会不满于这样的回答，认为这是在逃避真正的问题。但是也有人会认为这样的回答打开了一条全新的思路，一方面它不会落入独断论的陷阱，另一方面又不至于落入相对主义的寡白。

接下来我想进一步问一个问题，让我们姑且假定外部世界是存在的，那么什么东西是最真实的存在？我在中国人民大学上课的时候，经常会给学生提这个问题，我会给他们提供几个备选的答案：

1. 坐在你身边的朋友

2. 你坐的椅子

3. 数字 2

4. 上帝

5. 天使

6. 周杰伦的音乐

7. 你昨晚的头痛

8. 人权

9. 电子

10. 你的梦

请你从 0 到 10 给以上选项打分，最真实的东西打 10 分，最不真实的东西打 0 分。你可以仔细思考一下你打分的标准到底是什么。你一定要特别注意的是，万万不可仅仅因为个人的好恶来打分，比如你恰好不喜欢你身边的这个朋友，于是你就报复性地给他打了0分。

好，如果你现在已经打好分数了，那么请问你给哪个选项打了最高分10分？为什么？

我记得在人大的课堂上，有同学曾经给椅子打了10分，理由是我就坐在这张椅子上，我非常真实地感受到了它的存在。有的同学则给上帝打了0分，理由是上帝看不见也摸不着，我从来就没有感受到他的存在，所以他的真实度是0。这些同学的回答都比较侧重于经验主义，在他们看来，唯有感官感知到的东西才是真实的存在。根据我的教学经验，大多数人都是不假思索的经验主义者。

当然也有人会给上帝打10分，理由是，虽然上帝看不见也摸不着，但是就其定义而言，上帝是全知全能全善的，所以他应该是最真实的存在。

其实，无论你打的是什么分数，关键在于，你要给出打分背后的理由，并且，你还要综合考虑其他的打分，尽量保持理由的一致性。

判断和立场是重要的，但更重要的是讲出判断和立场背后的理由，并且，这些理由应该是公共的而非私人的，应该是尽可能统一的而非支离破碎的。我特别喜欢日本作家内田树的这个观点：

> 对于一个论点，赞成也好，反对也罢，对于为什么会做出这样的判断，一个人应该能够讲述出自己

形成这个判断的经过。只有面对这样的人，我们才可能和他进行谈判、交涉。无法与之交涉的人，并不是因为对自己的意见十分确信而"不愿做出让步"，而是因为不能讲述出自己意见的形成过程而"不愿做出让步"。

最真实的东西的标准是什么？哲学家罗伯特·保罗·沃尔夫提供了两个备选答案：

1. 是那种其余事物都要依赖于它而它本身不依赖于其余任何事物的东西；

2. 是那种本身不会被创造或者被毁灭的东西。

你们仔细想一想，是不是可以接受这两个标准呢？如果没有想明白，没关系，在接下来的课程中，我们会不断回到这个问题。

惊奇之二：对与错的标准

有一个广为流传的思想实验：一列火车从远方驶来，左边是一条正在使用的铁轨，上面有五个小孩在玩耍，右边是一条已经被废弃的铁轨，上面有一个小孩在玩耍，此时你正好路过这里，手边有个扳道装置，请问你会选择让火车改道，驶向那条被废弃的铁轨，从而轧死那一个小孩，还是说你会听任火车继续前行，从而轧死那五个小孩？

　　如果你是效益主义的支持者，你会选择让火车改道，因为效益主义的基本原则是，一个道德上正当的行为乃是能够实现效益最大化的行为。显然拯救五个小孩的性命要远比拯救一个小孩的性命能够产生更大的效益，所以效益主义者的选择是让火车改道。

　　但是也会有反对者指出，那个在废弃铁轨上玩耍的小孩没有做错任何事情，改变火车的轨道，是对他的正当权利的严重伤害。而效益主义最大的问题就在于，为了多数人的利益伤害少数人的权利。

　　以上是最常见的两种回答。在这个案例上，我还见过更多五花八门的回答，比方说，有三种选择不改道的理由：

　　1. 正在使用中的铁轨上玩的小孩一旦听到火车鸣笛，自然会跑开的。

　　2. 火车铁轨之所以被废弃，肯定是因为不安全。如果改道，会把整车的乘客置于危险之中，当你试图牺牲一个小孩的生命来挽救五个小孩的时候，很可能是在用整车的乘客来挽救这几个小孩。

　　3. 如果选择改道，就会轧死那个遵守规则的小孩，这是在惩罚做对事情的人。虽然这个做法在特定案例上满足了效益最大化的原则，但是会给整个社会传达一个错误的信息，人们因此不再遵守各种规则，从长远的角度看，反而会伤害社会整体的效益。

你认为以上三个理由成立吗？为什么？我自己的判断是，前两个理由虽然有趣，但与这个思想实验并不相关，因为它们自行脑补了太多的情节，从而错失了这个思想实验的问题意识。相比之下，第三个理由则很好地推进了这个思想实验的问题意识，对效益主义有了进一步的思考和反省。具体说来，它引入了行为效益主义和规则效益主义的区分，前者考察的是具体的行为"直接"产生的效益，后者考察的是违反或者遵守某条规则后"间接"产生的效益。

哲学是一个动词，而非名词

这一讲的内容有些烧脑，在结束导论课之前，我想跟大家说两个观点。首先，我们这门课程属于通识教育的范畴，这类教育有一个本质性的特征，那就是"当你接受了教育，又把当初学到的内容忘记后，最后还剩下的东西"。这最后剩下的东西是什么？我想应该就是陈寅恪先生所说的"独立之精神，自由之思想"。自由思想的旅途漫长而曲折。你们与我一样，都有权利指着其中任何一片风景说出你的喜恶和判断，但是在表达完你的立场之后，你还有责任说出这个立场背后的道理与理由。

其次，哲学是一个动词而不是一个名词，哲学的本质不在于掌握真理而在于寻找真理。同理，我们这堂课也不是在传授哲学（philosophy）的知识，而是邀请所有的读者一起来进行哲学的思考（philosophizing）：你们不只是被动地接受这堂课，更要积极地参与并且建设这堂课。

第一部

古希腊与中世纪哲学

《现存赫西俄德作品集》插图

004

希腊精神：雅典的自由与斯巴达的纪律

哲学是用希腊文写成的

某种意义上，"言必称希腊"是哲学研究的宿命。我们甚至可以用一种稍显夸张的方式说：哲学是用希腊文写成的。

大家或许听说过"轴心时代"这个说法，这是德国哲学家雅斯贝尔斯提出的命题，他认为，公元前800年至公元前200年之间，是人类文明的"轴心时代"，因为在这600年里，各个文明都出现了伟大的精神导师——古希腊有苏格拉底、柏拉图，以色列有犹太教的先知们，印度有释迦牟尼，中国有孔子、老子……他们提出的思想原则塑造了不同的文化传统，也一直深刻地影响着人类的生活。

毫无疑问，在轴心时代，各种文明形态都或多或少出现了所谓"终极关怀的觉醒"。但是令人困惑的是，虽然所有文明都有伟大的宗教和思想传统，但是唯独古希腊发展出了哲学与科学，上述困惑可以被转换为这样一个问题：

希腊的独特性在哪里？希腊精神到底是什么样的精神？

自由雅典：闲暇时光里的智性生活

2008 年我曾有幸到希腊访问，作为一个从事哲学研究多年的人，来到哲学的故乡，这种经历可以说是毕生难忘。有人说天才总是成群地来，的确如此，在短短的一百年里，伯里克利、索福克勒斯、欧里庇得斯、希罗多德、修昔底德、阿那克萨戈拉、苏格拉底和柏拉图这些天才们奇迹般地会聚到雅典，不仅造就了一个短暂而辉煌的黄金时代，而且为西方文明的整体气质定下了基调。如果要用一个词来给雅典的精神定位，那就是自由。

卫城和集市（agora）是雅典人生活的活动中心，前者是祭神的地方，后者是公共活动的场所。在古希腊的各种城邦里面，或许只有科林斯的古市场最符合现代人对"集市"的想象：整天充斥着熙来攘往的生意人，现场交易，银货两讫。雅典的集市可不是这样的，它更像是今天人们举行公共活动的"广场"，悠闲的雅典公民们来这里谈天、辩论、演说，听荷马史诗的朗诵，进行祭神仪式，看人们打官司。

年轻的柏拉图想必就是这样遇上苏格拉底的。几乎在柏拉图的每部对话录里，我们都能找到类似的场景：那些欢快的、热情的年轻人在雅典的各个角落里拉住苏格拉底的袖子，央求他一起讨论什么是真理，什么是正义，知识的本性是什么，善与恶的标准在哪里。

那时候的哲学还没有被圈在学校里，也没有专业意义上的哲学家，"philosopher"指的是在阳光明媚的公共广场上或者友人的宴饮席上，出于最纯粹的热爱去追求智慧的人们。雅典人精力充沛，对生活中所有的快乐都非常敏感，而且更重要的是，他们永远都准备好讨论不管是多么抽象、多么深奥的问题。

据靳希平教授的描述，在公共广场上，雅典人的标准步姿大概是这样的：双手背在背后，漫不经心地溜达，一会儿向东走两步，凑到人前去侃一阵，一会儿再朝西走两步，和另外几个人再辩论上两句。这种梦游式的走路方式常常酝酿着哲学沉思的胚芽。

现代人很难理解这种悠闲得近乎奢侈的生活，我们所过的是另外一种生活，英国古典学者基托（H.D.F. Kitto）称之为"舒适但没有闲暇"。

我们享受着触觉的、口舌的、视觉的舒适，却终日在堵塞的道路上奔波，在工作职责和家庭责任的轮番轰炸下疲于奔命，即使有一点仅剩的时间也被压榨出来"投资未来"。

雅典人的家里没有什么像样的家具，他们从不为装修烦恼，日常的饮食也非常简单："大麦面，橄榄，一丁点儿葡萄酒，弄点鱼调调味，遇上重大节日才吃肉"，晚餐有时会有两道菜，"第一道麦片粥，第二道仍是麦片粥"。生活上的节制换来的是充分的闲暇，对雅典人来说，利用闲暇的时光去对话、辩论和演说，那才是人生最大的乐趣所在。

"学校"（school）一词源出于古希腊的"闲暇"（skholē），本义是"度过闲暇的地方"。国内有不少城市正在打造所谓的"休闲之都"，人们在周末的时候逛公园、逛超市，吃饭喝茶、打牌沐足搓澡，生活得优哉游哉，但这不是闲暇在古希腊文中的原义。对古希腊人来说，能够"占用闲暇"的是一类特定的事情，这就是言谈，尤其是指学术性的讨论、辩论和演讲。所以，school 的本义就是"度过闲暇之地"，在这里人们充分利用闲暇的时光去追求和享受思想自由与言论自由带来的乐趣，而不是晃晃悠悠、"我喜欢""我爱"意义上的无所事事和放任自流。

铁血斯巴达：纪律造就的战争机器

古希腊最著名的城邦除了雅典，还有斯巴达，这两个城邦有着截然不同的气质和风格。和雅典人热爱自由、热爱思考、热爱美不同，斯巴达人崇尚纪律、力量和体魄。某种意义上，我们甚至可以说，斯巴达公民的唯一职业就是战争，他们从一出生就要接受"优生学"的挑选，病弱的孩子被抛弃，强壮的孩子留下来接受战争的训练而不是文化的教育。斯巴达人从小就被教导，话说得越少越好，想得越少越好，战争是人类最高尚的活动形式，战死疆场是此生最大的荣誉。罗素认为，斯巴达人奉行的是禁欲主义以及原始共产主义：他们的国家理论是，不让一个公民匮乏，也不让一个公民富有。斯巴达还奉行闭关锁国政策，本邦人除非公务不得外出旅行，外邦人同样如此，因为斯巴达的统治者担心外邦的风尚会败坏自己的德行。

有趣的是，斯巴达人虽然在观念的世界里建起了高墙，但是现实中的斯巴达却是没有城墙的，因为斯巴达人相信，躲在城墙背后苟且偷生是懦弱的表现。与此形成鲜明对比的是，自由和开放的雅典却建造了城墙。看起来，对于危险与安全、懦弱和勇敢，斯巴达人和雅典人有着截然不同的理解。

初看起来，斯巴达的统治方式相当的糟糕，但是另一方面，斯巴达政体的优点似乎也是不言而喻的：政治制度异乎寻常的和谐稳定，没有贫富差距，也没有观念分歧，所有人都生活在一个温暖团结的大家庭中，这是闹哄哄的民主政体所"望尘莫及"的，以至雅典人柏拉图在构思"理想国"时就极大地参考了斯巴达的政体。

希腊精神：对于"卓越"的不懈追求

你也许会为此感到困惑，雅典人热爱自由，斯巴达人崇尚纪律，差别这么大，到底谁才是希腊精神的代表呢？

如果一定要在雅典和斯巴达之间找到共同点，我认为就是对于"卓越"的不懈追求。

"卓越"是一个抽象的概念，它的一个核心含义就是把事情做到极致，把潜能发挥到最大。在这个方面，雅典人与斯巴达人具有惊人的相似性。我们可以来看两个小故事。

公元前480年，斯巴达人与波斯人打了一场震古烁今的温泉关战役。温泉关是位于希腊中部东海岸卡利兹罗蒙山和马利亚科斯湾之间的战略要道，希波战争期间，斯巴达三百勇士奉命镇守温泉关，抵抗数以百倍的波斯人的进攻，他们坚持了三天三夜，最终全部战死。唯一幸免于难的那位斯巴达战士因为生病没有上阵，结果回到家中，妻子就说：不行，别人都死了，你为什么不去死？为了洗刷自己的耻辱，这位斯巴达战士一年之后英勇地战死在另一场战役中。是不是很极致也很刺激？

前面说了，雅典人热爱自由，利用闲暇的时光思考一切智性的、高远的问题。其实何止是在闲暇时光，只要可能，雅典人都努力在过一种智性的生活。公元前450年前后，伯里克利率领一支希腊舰队在爱琴海上的一个岛屿附近抛下船锚，准备翌日清晨发起攻击。夜幕降临之时，伯里克利邀请他的副手们一同把酒畅谈，当一个年轻的侍从为他们斟酒的时候，伯里克利目睹少年俊美的面庞，有感而发，引用一个诗人的文字形容他的脸上闪烁着"紫光"。旁边有位年轻的将军不大同意，认为这个词选得不合适，他更喜欢另一个诗人的比喻——在年轻的脸庞上泛起的是玫瑰般的颜色。伯里克利反对他的看法，谈话就这么进行下去，每个人都援引一句适当的话来应答对方，仿佛战争的阴影从不存在。

所以我们说：雅典和斯巴达共同的特点都是成为卓越的人！

古希腊文中有一个重要的概念叫作 aretē，后世把它翻译成"美德"或者"德性"，这个翻译的错误在于"丧失了所有的希腊风味"，因为美德或者德性是一个评价道德的词，但在古希腊文中，aretē"被普遍地运用于所有领域中"，最为合适的翻译应该是"卓越"。当"卓越"一词被运用到人的身上，"它意味着人所能有的所有方面的优点，包括道德、心智、肉体、实践各方面"。

人因"卓越"而获得"荣誉"。当伯里克利率领雅典军士在前线英勇作战，与哲学老师阿那克萨戈拉探讨"心灵"（nous）的意义，大战前夕与副手辩论形容词的精确性，在阵亡将士公葬典礼上发表震古烁今的演说，他的"卓越"令人目眩，因为他全方位地实现了人在道德、心智、肉体和实践上的潜能。相比之下，斯巴达人致力于把自己的孩子培育成战争机器，虽然不乏英雄主义的特性，虽然也试图把事情做到极致和最好，但归根结底依旧是对"卓越"的狭隘理解。也正因如此，在人类的文明史上，雅典人获得的荣誉最终要远高于斯巴达人。

哲学诞生的条件

回到为什么在轴心时代唯独古希腊发展出了哲学与科学这个问题，我们现在可以给出一个初步的答案，哲学的诞生需要满足如下几个条件：

1. 有充足的闲暇去思索宇宙、人生、死亡这样的终极问题。

2. 有思想的自由。

显然雅典满足这两个条件，现在还剩下最后一个条件——

3. 哲学的诞生不仅标志着终极关怀成为人们思考的问题，并且这种思考不是通过宗教信仰或者艺术，而是通过理论的方式。

关于这个问题，我们下一讲接着说。

005

把神都撇开了的自然哲学家：
希腊哲学之父泰勒斯

用自然之力量解释自然之物

这一讲的主角是泰勒斯（Thales of Miletus，约前624—前546），他被誉为西方哲学的第一人，也是著名的米利都学派的创始人。米利都的旧址位于今天的土耳其境内，如今已被大海淹没，但在公元前6世纪的时候，这里是古希腊著名的城邦之一。泰勒斯不仅是西方哲学第一人，也是研究天文学的第一人——他是人类历史上第一个成功地预言日食并确定冬至和夏至的人。这再一次提醒我们注意，在古希腊，哲学与科学是不分的，古希腊的哲学家同时也是自然科学家。

泰勒斯的鼎盛时期是在公元前585年左右，也正是那一年，他成功地预测了日食。据历史学家希罗多德的记载，日食发生的那一天正是吕底亚人和米提亚人决战的时刻，杀得兴起的士兵发现白天突然变成了黑夜，惊恐万状，担心遭到神的惩罚，马上宣布休战，重建和平，从此结束了长达六年的战争。泰勒斯当然不会这么认为，在他眼里，日食不是因为宙斯在发怒，就像地震不是因为海神波塞冬在发飙，一切自然现象都可以通过自然事物得到解释。比方说，泰勒斯认为，大地是由水托着的，地震是水的波动摇晃导致的。

在今天看来，这个解释非常的幼稚，但是考虑到泰勒斯是生活在 2600 年前的人，你就会意识到他的超前性。中国古代儒学有一种天人感应的理论，认为天和人同类相通，相互感应，天能干预人事，人也能感应上天。如果天子违背天意，不仁不义，天象就会出现灾异进行谴责和警告，这个时候天子往往要下"罪己诏"，比方说，康熙十八年（1679），北京发生了建城以来最大的一场 8 级大地震，共约 45,500 人遇难。康熙第二天就下了"罪己诏"。

泰勒斯不相信天人感应，作为自然哲学家，他与古代中国的儒家和古希腊诗人荷马最大的区别在于，儒家和荷马用神来解释自然，而泰勒斯用自然的力量去解释自然之物。

换言之，泰勒斯在解释自然的时候"把神都撇开了"。

万物的本原是水

泰勒斯最著名的一句论断是："万物的本原是水。"这句话初听起来也没什么了不起的。但是当我们把它与"子在川上曰，逝者如斯夫，不舍昼夜！"做对比时，就能看出泰勒斯的独到之处。孔子的千古一叹，一方面感怀时光易逝，一方面又催人奋进，非常打动人心，但是归根结底，它依然是一种人生哲学的感悟。相比之下，泰勒斯的"万物的本原是水"则完全是在追问自然的本原和根据，中西两大哲人，在面对同一自然现象时，追问的思路可以说截然不同。

万物的本原是水，这个命题有三个关键词：水，本原，以及万物。

我们先来探讨水。水、火、土、气都是自然的元素。亚里士多德认为，泰勒斯之所以认为水是本原，也许是由于他"观察到万物都要靠水分来滋润"，"再加上万物的种子本性都是潮湿的，所以，水就成了潮湿东西的自然本原"。就像我们前面说的那样，泰勒斯试图用水这个自然之物去解释自然现象，而不是像当时的流俗见解那样，把神作为自然之物的本原和根据。这是思想上了不起的一跃。

再来看本原。这个词在古希腊文中叫作 arche，意思是开端、起源。考古学的英文"archeology"，词根正是 arche，顾名思义，考古学就是研究开端和起源的学问。arche 除了开端和起源的意思之外，还有主宰、主导的意思，我认为，这个概念隐含了古希腊人一个根深蒂固的观念：开端主宰一切！事实上，这也是人类的一个根深蒂固的观念，出身论、血统论，乃至基因决定论，究其根本，无非都是在强调"开端主宰一切"。甚至于在日常生活中，"开端主宰一切"的影子也随处可见，比方说，我们见到陌生人，问的第一句话是"你叫什么名字？"第二句话是"你是哪里人？"其实这些问话都是在打听对方的来源问题，试图从中解读出一些独特的信息。对于今天的人来说，姓氏不过是一个符号，但是对于古人而言，姓氏蕴含着这个人的家族、血缘等信息，比如姓 Smith 的英国人也许就是铁匠的后代，叫"宫泽"的日本人祖先没准是沼泽地带的农民。

回到"万物的本原是水"的最后一个关键词"万物"。泰勒斯思考万物，但没有被万物所迷惑，恰恰相反，他试图"给万物提供一个解释"（giving an account of all things）。借用基托在《希腊人》这本书中的观点，这正是"希腊思想的一个永恒特点"，也即"万物，不管是物质的还是道德的，必定不仅是合理的，因而也是可知的，而且也是单一的；物质所显现出来的多样性只不过是表面现象"。

现在我们可以对泰勒斯的"万物的本原是水"做一个简单的小结：

1. 它表达了关于事物本原的一些看法；

2. 它没有使用图像和寓言；

3. 它包含了"一切是一"的思想，尽管只是萌芽的形式。

万物的本原是无限

名师出高徒，就像苏格拉底有个著名的学生柏拉图，泰勒斯也有一个著名的学生叫作阿那克西曼德（Anaximander，约前610—约前546），他接着老师的话往下说，提出了"万物的本原是阿派朗"。"阿派朗"又是什么鬼东西？"阿派朗"是一个古希腊词，学术界有的把它翻译成"无限者"，有的翻译成"不定"，我们姑且采用"无限"这个译法。为了帮助理解，请读者回忆一下"导论三：哲学的起源"中的思想实验，我曾经列举了十个选项请你打分，最真实的东西打10分，最不真实的打0分，最后我给你们提供了最真实的东西的两个标准：

1. 是那种其余事物都要依赖于它而它本身不依赖于其余任何事物的东西；

2. 是那种本身不会被创造或者被毁灭的东西。

其实，"万物的本原是无限"说的就是这个意思。俗话说，有生就有死，换言之，凡是被创生出来的事物都会达到一个终点，而有终点就是有限。那么与此相对的，那不生不灭、创生万物却又不被万物创生的就是无限者。既然无限者不被万物创造，那它就是万物的本原。

虽然有些烧脑，其实仔细想想，道理还是一目了然的。

万物理论：泰勒斯、爱因斯坦与霍金

米利都学派所处的时代是"哲学的童年"，童年的一个特征就是总想学着像成年人一样说话，但一不留神就暴露出了小孩子的幼稚和笨拙。比方说，泰勒斯虽然提出了"万物的本原是水"，但是当他发现磁石可以吸铁，就认为磁石是有灵魂的，然后就提出了"万物皆有灵魂"的说法。所以我们万万不可用现代人的眼光和标准去评判他们的成就，罗素在《西方哲学史》中指出，"米利都学派的重要性不在于它的成就，而在于它所尝试的东西"。它所尝试的东西是什么？是把神都撇开了的科学假说，是给万物提供唯一一种解释的理论冲动。

泰勒斯的理论冲动直到今天仍能听到回响。2014 年上映了一部电影，名字就叫《万物理论》。这部片子的主角是英国理论物理学家史蒂芬·霍金。霍金和爱因斯坦一样，都是泰勒斯的现代传人。我们知道，爱因斯坦在 1905 年创立狭义相对论，1915 年创立广义相对论，然后就把余生都投入到了万物理论的研究中。他的理论雄心是把万有引力和电磁力统一到同一个数学框架中，就像泰勒斯那样，爱因斯坦希望能够找到那唯一一个解释宇宙万物的理论。虽然爱因斯坦穷极余生没有收获，虽然历史最终也许会证明万物理论只是人类理性不自量力的一种尝试，但是不可否认，这样的理论冲动是人类最动人的努力之一。

最后，我想把爱因斯坦的一句话送给你："宇宙中最不可理解的事，就是它是可以理解的。"人类理性的这一伟大努力正是发端于我们这一讲的主角泰勒斯。

006

闭着眼睛解释自然的哲学家：
毕达哥拉斯的哲学

最有趣也最难理解的毕达哥拉斯

这一讲的主角是毕达哥拉斯（Pythagoras，约前570—前495）。毕达哥拉斯在古希腊是一个神话般的人物，有人说他是太阳神阿波罗的儿子，他自己则说："既有人，又有神，也还有像毕达哥拉斯这样的生物。"言外之意，自己是非人非神或者半人半神，总之非常不谦虚。

毕达哥拉斯和他的弟子建立了毕达哥拉斯学派，这个学派既从事严格的科学研究，又进行秘密的宗教活动，时不时还参与各种政治活动。

用罗素的话说，毕达哥拉斯是历史上最有趣味同时又最难理解的人物之一。关于他的传说非常多，比方说，毕达哥拉斯相信灵魂转世说，据记载，他能回忆起自己前四次的轮回转世经历。有一回，毕达哥拉斯看见一条被痛打的狗，立刻冲上前去大喊道：住手！不要打它。它身上有我一个朋友的灵魂，我从它的吠声中认出了他！

除了相信灵魂转世，毕达哥拉斯还相信吃豆子是罪恶的事情。为了这个今天看起来不知所谓的信仰，毕达哥拉斯甚至付出了生命的代价。因为得罪了当地的一个权贵，毕达哥拉斯遭到追杀，当他逃到一块豆子地前时，毕达哥拉斯停了下来，理由是宁可被捕也不愿踩踏豆子地，宁可被杀也不能背叛自己的学说，结果被随后赶来的追兵割断了喉咙，一命呜呼。

当然，毕达哥拉斯最为世人所知的还是毕达哥拉斯定理，也就是中国人所说的勾股定理。据记载，为了庆祝这个伟大的发现，他专门办了一个百牛宴。

说了这么多关于毕达哥拉斯的生平逸事，我们现在要问的是，他在哲学上的贡献到底是什么？

万物的本原是数

毕达哥拉斯的核心命题是：万物的本原是数。这让我们很自然地回想起泰勒斯的"万物的本原是水"。

问大家一个小问题，水与数的区别是什么？没错，水是自然世界中的可感物，我们可以通过感官直接地"观察"到水；而数却是更为抽象的存在物，我们只能通过思维去"把握"它。在思考万物的本原的时候，泰勒斯侧重于看，毕达哥拉斯侧重于想。

　　小时候读过一个笑话，讲的是财主家的傻儿子学习"一"这个数字。第一天，老财主用笔在纸上写下"一"，反复教导傻儿子：记住！这是"一"！傻儿子反复默诵，牢牢地把"一"的形状、结构、大小特点记在心上，然后骄傲地说：记住了，爸爸！第二天，老财主在家里转悠，看见傻儿子在边上玩，决定考考他，顺手拿起一支拖把在地上画了一个大大的"一"，问傻儿子这是什么，傻儿子端详了半天，说：不知道，爸爸！老财主大怒：这是昨天教给你的"一"啊！一天过去就忘了！傻儿子委屈地说：怎么一天过去，这个"一"就长这么大了呢！

　　长大以后，我才意识到这不是一个简单的笑话，而是一个富于哲理的笑话。它告诉我们，普遍抽象的东西通常是思维所处理的对象。人的五官具有看、听、闻、尝、触等功能。但是我们通过五官认识的只是一些具体的事物，比如一个具体可感的杯子，而抽象意义上的杯子却是我们五官所无法直接感知的。我们只能通过思维去处理它。

　　如果一个人缺乏抽象思维的能力，不能在这个杯子和那个杯子之间认出抽象的杯子，不能在细小的"一"和巨大的"一"之间认出那个共同的"一"，那就与财主家的傻儿子基本无异。想到这一层，我们就会很自然地得出一个结论：在认识能力上，思维是远远高于感官的。日常语言中的"聪明"似乎更多地与抽象思维能力相关，比如上学的时候，那些在数学课上秒杀我们的学霸，我们一般都会称赞他们很聪明；而那些诗歌写得好、画画很有天赋的人，我们虽然也崇拜，但一般不会称赞他们很聪明，而是称赞他们很有创造力和想象力。

自然是由数学写成的

毕达哥拉斯可不是拍着脑袋就说出"万物的本原是数"的。

据记载，毕达哥拉斯有一次路过铁匠铺，从打铁的声音中得到启发，于是开始研究不同重量的铁锤在打铁时发出的不同谐音之间的关系，进一步测定出不同的音调的数的关系，最终发现了音程和弦的频率之间的关系。这对于他提出"万物的本原是数"是决定性的一步，因为既然乐音可以归结为数，那么其他东西为什么不能归结为数呢？

千万不要小看毕达哥拉斯的这个发现，17世纪著名的科学家伽利略说过一句跟他非常接近的话：自然这部大书是用数学写成的。事实上，现代科学告诉我们，几乎所有的自然现象、生命现象背后都隐藏着数学的规律。比方说，向日葵籽盘上相互交叉的奇特螺线，菠萝表皮的菱形鳞片，雪花漂亮的六角形，鸟儿的群体活动，蜘蛛结网的本领，等等。

诺贝尔物理学奖得主薛定谔在《自然与古希腊》中说："数学模型或公式突然之间就把那些它们从未打算介入的领域……梳理得井井有条，这种经历是十分令人难忘的，而且极易使人相信数学的神奇能力……在科学的童年时代，对上述神奇的自然本性所做的草率结论，并不会使我们感到惊奇。"

自然思维与科学思维

当然，我们也不能过度夸大毕达哥拉斯的成就。他还远称不上是现代意义的数学家，因为毕达哥拉斯对数学感兴趣，更多的是出于宗教的原因。对他来说，研究数学是净化灵魂的最佳方式。而且他所理解的数字也不完全等同于今天的数字。今天的数字是完全洗净了可感因素的纯形式的数字。这话什么意思？我问大家一个问题，当你想到"1、2、3、4、5、6、7、8、9、10"的时候，你会有什么联想吗？是不是脑子里空空如也？这样的感觉非常正常，因为对于现代人来说，数字就是数字，它是纯形式的，没有任何可感的因素。有人可能会说：可是我有幸运数字啊！没错，我也有幸运数字，比如我是24号出生的，所以我看到2和4就觉得特别的亲近。但是这依然与毕达哥拉斯对数字的理解相差甚远。比方说，对于毕达哥拉斯来说：

一不仅是一，它还是源头。

二不仅仅是二，它还意味着不定。二相当于意见，因为二能朝两个方向移动，二减一就是一，二加一就是三，所以二也被称为不定的二，这跟意见很像，意见也从来都是左右摇摆，没有定见的。

三是全体，因为开端、中间和终结就构成了"全体"。这个其实不难理解，对于两件事情或者两个人，我们一般只是说"二者"，不能谈"全体"；只有"三"是第一个可以适合于"全体"的数。

四是仅次于一的重要物，它指的是正义。因为四是二的平方，是第一个平方数，或者更确切地说，是第一个偶数的自乘；而正义意味着"相互性"，所谓来而往非礼也，所谓以血还血、以牙还牙，关于正义的各种表述其实都蕴含着对等性和相互性。

五是第一个奇数三和第一个偶数二相加，结合代表着"婚姻"。

是不是觉得毕达哥拉斯的很多说法也不是完全没有道理？这就对了，这是因为我们的日常思维还残留着很多古代思维的痕迹，因为我们的自然思维还在顽固地抵抗现代科学思维对我们的强势殖民。

说到这里，我想给大家介绍伽利略的一个观点，他曾经这样区分自然思维与科学思维：自然思维乃是站在物我相关（the relations of things to our senses）的立场上所做的陈述，而科学思维则是站在物物相关（the relations of things to one another）的立场上所做的陈述。举两个例子。我们跟别人寒暄，通常都会拿天气作为由头，"今天天气真好""今天天气真冷"之类的。如果遇到一个火气特别旺的人，你说天气很冷，他说："不会啊，我穿短袖 T 恤呢。"你说："真的很冷，你看温度计显示只有 10℃。"然后他说："虽然只有 10℃，可是我一点都不觉得冷。"冷和热是自然语言，它们是站在物我相关的立场上所做的陈述；10℃是科学语言，它是站在物物相关的立场上所做的陈述。科学语言的特点是剥离掉了可感的因素，因此更加精确和客观，也更有助于人们达成共识。反过来说，自然语言也不是完全没有优点，它不精确，但因此也留有更多的想象空间。比如我们形容一个女孩子眼睛很漂亮，通常会说"水汪汪的大眼睛"，如果想要卖弄辞藻，还可以说"明眸善睐"，或者"美目盼兮、巧笑倩兮"。如果此时有人不解风情，说这样的文学描述太不精确，必须要用科学语言，说这个女孩子的眼睛很漂亮，因为直径有 3 厘米，你会怎么想？

第一个自称哲学家的人

我们来做一个小结。

首先，哲学和数学的结合开始于毕达哥拉斯。可以说，在毕达哥拉斯之后，哲学与数学就结成了亲家。众所周知，在柏拉图的学园门口写着：不懂几何者不得入内。而后世的很多大哲，比如笛卡尔、莱布尼茨，包括罗素，都是著名的数学家。

其次，数学和宗教的结合也开始于毕达哥拉斯，就像罗素所指出的："数学是我们信仰永恒的与严格的真理的主要根源，也是信仰有一个超感的可知的世界的主要根源。"基督教的兴起与这种认知方式可以说不无关系，比如耶稣的著名弟子保罗就说过类似的话："可见的都是短暂的，而不可见的都是永恒的。"

最后，我们要再次强调的是，包括毕达哥拉斯在内的古希腊哲人都不是现代意义上的经验科学家，虽然他们也借助于经验的观察，但是往往会"导致对事实的臆断和忽视"。对于这个现象，有人非常形象地把它描述成"哲学家们试图闭着眼睛来解释自然"。尽管闭着眼睛阻碍了（经验）科学的发展，但开放心灵则带来了或许同样重要的东西，那就是形而上学和数学。

毕达哥拉斯是历史上第一个自称哲学家的人，他说，只有神是智慧的，和神相比，人最多只能算是爱好智慧。有一个名叫伯奈特（I. Burnet）的古希腊哲学史家，他在讲述毕达哥拉斯的时候，写过一段非常优美的文字，我认为非常好地概括了毕达哥拉斯研究哲学和数学的动机。伯奈特是这么说的：

> 我们在这个世界上都是异乡人，身体就是灵魂的坟墓，然而我们决不可以自杀以求逃避；因为我们是神的所有物，神是我们的牧人，没有他的命令我们就没权利逃避。在现世生活里有三种人，正像到奥林匹克运动会上来的也有三种人一样。那些来做买卖的

人都属于最低的一等，比他们高一等的是那些来竞赛的人。然而，最高的一种乃是那些只是来观看的人们。因此，一切中最伟大的净化便是无所为而为的科学，唯有献身于这种事业的人，亦即真正的哲学家，才真能使自己摆脱"生之巨轮"。

007

一个人无法两次踏进同一条河流？
忧郁的哲学家赫拉克利特

谜一样的人

你一定听说过"性格即命运"这句话，它的发明权属于这一讲的主角赫拉克利特（Heraclitus，约前535—前475），我一直觉得，这句话是他对自己一生的总结。

赫拉克利特的鼎盛时期是在前504—前501年。据记载，他是以弗所城王位的继承人，但是他把王位让给了他的兄弟。这对于他和臣民来说都是好事，因为赫拉克利特是一个性格非常古怪的人，人们给他起了很多的绰号，比如说"忧郁的哲学家""一个傲慢的人"。

关于他的同胞们，他说过这样的话：

> 以弗所的成年人应该把他们自己都吊死，把他们的城邦让给未成年的少年去管理，因为他们放逐了

赫尔谟多罗，放逐了他们中间那个最优秀的人。

赫尔谟多罗是赫拉克利特的朋友，难怪他会恨屋及乌，鄙夷大众。他还因此得到了另一个绰号："辱骂群众的人"。

其实，赫拉克利特瞧不上任何人。他批评著名诗人荷马，认为应该把荷马从竞技场上赶出去，并且加以鞭笞。他认为毕达哥拉斯是头号骗子，只是自以为有智慧，其实拥有的不过是"博闻强记和恶作剧的艺术"罢了。

根据第欧根尼·拉尔修《名哲言行录》的记载，赫拉克利特离群索居，常年在山林间游荡，靠吃各种植物为生，结果得了浮肿病，不得不重返城邦。可是他在看医生的时候不好好说话，以打谜语的方式问医生，他们是否能够让潮湿的气候变得干燥。医生听不懂他的话，自然也无法给他看病。于是他来到一个牛棚里，把自己埋在牛粪中，希望牛粪的热气可以把身上的湿气蒸干，这一招当然不会灵验，于是他就一命呜呼了。

赫拉克利特的基本思想

尽管赫拉克利特之死让人感觉非常荒谬，但是他的哲学却被后人推崇备至。赫拉克利特是历史上第一个用朴素的语言提出辩证法的人。黑格尔说："没有一个赫拉克利特的命题，我没有纳入我的逻辑学中。"马克思说："我对这位哲学家一向很感兴趣，在古代的哲学家中，我认为他仅次于亚里士多德。"

古希腊有一座著名的德尔菲神庙，但凡遇到大事，希腊人都会去那里求神问卜。德尔菲神庙最著名的两条箴言，一是"认识你自己"，二是"凡事勿过度"，都是意味无穷的格言警句。赫拉克利特曾经这样评论："那位在德尔菲发神谶的大神不说话，也不掩饰，只是暗示。"

实则，这句话用来形容他自己再合适不过。赫拉克利特的文风晦涩，经常用格言警句来表达思想，所以他又被称作"谜样的人"。

但是就像赫拉克利特说的那样："人们不懂得怎样去听……""他们听却不理解，恰如聋子一般……"至于懂得去听的人，比如苏格拉底，就会由衷地赞美赫拉克利特的文字："我所理解的部分是优美的，我敢说，我所不理解的部分无疑也是优美的，但需要像一个潜水探宝者那样去寻根究底。"接下来我们就一起试着潜到海底深处去探宝，领略赫拉克利特思想的迷人风采。

赫拉克利特的基本思想可以被概括为如下四点：

1. 万物处在流变之中，但是

2. 变化是根据一种不变的逻各斯（logos）发生的，并且

3. 这种逻各斯包含了对立面的相互作用，

4. 这种对立面相互作用的方式，作为一个整体创造出了"和谐"。

是不是很玄？不要着急，这一讲会比较深奥，我们一点一点地来澄清。

"一切皆流，无物常驻"

先来看第一点："万物处在流变之中"。赫拉克利特有个非常类似的说法："一切皆流，无物常驻。"我们经常会看到这样的电视画面，将一年甚至更长的时间浓缩在短短不到一分钟的时间里：光阴荏苒，斗转星移，云起云灭，太阳迅速地东升西落，植物在一秒间发芽、开花再凋谢，城市里车水马龙、川流不息，万丈高楼平地起，旧貌换新颜，物是人已非……

"一切皆流，无物常驻"传达的正是这个意思。赫拉克利特的生花妙笔同样具有电视的蒙太奇效果，他说："我们不能两次踏进同一条河，它散而又聚，合而又分。"又说："太阳每天都是新的，永远不断地更新。"

这些格言都非常精彩，让我们非常强烈地体会到"变化"二字的精髓。但是赫拉克利特作为哲人，并不满足于描述"变化"本身，而是要探究那"变中之不变"的东西，他把这个东西称为逻各斯。这样，我们就进展到了第二点："变化是根据一种不变的逻各斯发生的"。

变中之不变——逻各斯

逻各斯很难翻译，它在古希腊文里至少有 11 种含义，其中最为现代人所熟知的就是原则、规律、理性等含义。你也可以用老子《道德经》里的"道"去辅助理解。

先来看赫拉克利特的说法，他说："这逻各斯虽然万古长存，可是人们在听到它之前，以及刚刚听到它的时候，却对它理解不了。"

他又说："因此应当遵从那个共同的东西。可是逻各斯虽然是大家共有的，多数人却自以为是地活着，好像有自己的见解似的。"

柴静出过一本书叫作《看见》，我特别喜欢这个书名。看见看见，看似同语反复，其实，"看"和"见"的地位是不一样的，因为有的人是"看而不见"，就像有的人"听而不闻"。赫拉克利特把这样的人形容成"在场又不在场"，回想一下你在学校上思修课，或者在公司开员工大会的经历，就明白这是什么意思了。

多数人对逻各斯看而不见，听而不闻，但偏偏又夜郎自大，"自以为是地活着"，浑然不觉自己是只井底之蛙。赫拉克利特把这样的人比喻成睡梦中的人，因为清醒的时候，人们拥有一个共同的世界，而睡梦中的人却各有各的世界。所以哲学家的任务就是叫醒这些梦中人，让他们学会认识和理解这唯一的逻各斯。

相反者相成——赫拉克利特的"辩证法"

讨论到这一步，我们终于要来探讨赫拉克利特的"辩证法"了。也就是他的第三个基本论点："这种逻各斯包含了对立面的相互作用"。

赫拉克利特如果活在今天，一定是微博上的金句大王。他说："驴爱草料，不要黄金。"

所以草料和黄金，到底谁更珍贵，完全视乎对谁而言。

他又说："最美的猴子同人类比也是丑的。"

其实反过来也一样，最美的人类在猴子眼里可能也是丑的。

他说："最智慧的人同神相比，无论在智慧、美丽或其他方面，都像是一只猴子。"

又说："在神看来人是幼稚的，正如在成人看来儿童是幼稚的。"

这两句话让人不由得联想起犹太人的那句著名谚语——"人类一思考，上帝就发笑"。

以上说的是"凡事都有两面"这个道理。如果仅仅停留在这里，还不构成辩证法，所以赫拉克利特要接着往下说"相反者相成"的道理。

他说："他们不了解如何相反者相成：对立的统一，如弓和竖琴。"

拉开弓的时候，我们感受到的恰恰是它返回的力量，拉开和返回之间的力量被称为张力。这就是相反者相成，矛盾的对立统一。

赫拉克利特还举过很多精妙的例子，比如："在一个圆（周）那里，开始和结束没有差别。"因为每一个点都是起点，每一个点也都是终点，起点就是终点，终点就是起点。我们都有过生病的经验，牙不疼的时候从来想不起牙齿的存在，一旦牙疼起来就会刻骨铭心地怀念牙不疼的日子，如果有一天它真的不疼了，我们甚至会忍不住想要讴歌美好幸福的生活。所以赫拉克利特才说："疾病使健康显得愉快而美好，一如饥饿之于饱足，疲惫之于休息。"

赫拉克利特的辩证法初看起来是违反逻辑和常识的。"我们踏进又不踏进同一条河，我们存在又不存在。"应该怎么去理解这样的表述呢？排中律告诉我们，A 并且非 A——这不可能为真。的确，一个事物不可能既是黑的又是白的，既是好的又是坏的。我们小时候看电影，不就是这样吗？一直在急切地追问父亲：这个人是好人还是坏人？一旦贴上了标签，我们就把心放进肚子里面，因为从此我们可以非常简单明了地看待这个世界。但是这种二元对立的简单思维方式，在赫拉克利特看来简直就是弱智和愚蠢。

对赫拉克利特来说，在同一中看出差异，看出对立与斗争，看出对立与斗争的巧妙维持与相互转化，这才是真正的智慧；相反，简单地认定一个事物是什么，排斥其内在的纷争、歧异和变化，都是不智的表现。

因为"凡事都有两面"，而且"相反者相成"，最终通过这种对立面的相互作用，创造出了"和谐"。

现在我们终于进展到了赫拉克利特思想的最后一环。

"世界是一团不断转化的活火"

赫拉克利特说："相反的东西结合在一起，不同的音调造成最美的和谐，一切都是通过斗争而产生的。"你会发现，虽然赫拉克利特也试图寻找"一切是一""变中之不变"，但即使是到了最后，他也还是在强调对立和变化，我们可以用一个近似绕口令的方式去总结他的思想：要去寻找那"变中之不变"，但是，这个"不变"就是"变化"本身！

我们来看这句话：

> 神是昼又是夜，是冬又是夏，是战又是和，是饱又是饥；它变化自己，如同火一样，火混合着香料时，就按照各自发出的气味得到不同的名称。

白天与黑夜、冬天与夏天、战争与和平、饥饿与饱足，这些都是对立物，但又是可以相互转化的。世界的变化就发生在这"相反者相成"的过程中，形成一种秩序，而秩序就意味着"和谐"。

注意，赫拉克利特在这里引入了"火"的意象。我们还记得泰勒斯说万物的本原是水，毕达哥拉斯认为万物的本原是数，那么与水和数相比，火的特殊性在哪里呢？

与水相比，火是完全没有形状的，水虽然能够顺势而行，无孔不入，但终究可以被容器框定。而火却不同，它可以被扑灭，但绝不可以被任何事物限定住形状。

与数相比，火的特点是运动和变化，它时时都在燃烧，在变化。赫拉克利特说："世界是一团不断转化的活火。"这当然是一个比喻的说法，因为我们都知道火是可以被熄灭的，哪怕是太阳也终有一天会变成黑矮星，但是赫拉克利特用火作为万物的本原，重点就是在强调火的本质特点，就是不停顿地变化和运动。火作为火，只要还在燃烧，就在不停地运动，一旦熄灭，停止运动，火也就不成其为火了。

最后，火的另一个特点就是极大的破坏性，也即"斗争性"。所以，赫拉克利特一方面讲对立面的统一，也就是和谐，另一方面还强调对立面的斗争，也就是所谓的"不明显的和谐"。他曾经说："战争是万物之父，又是万物之王。"然后又说："这个道理是不明显的，人所看不见的，不认识的。"为什么会这样？因为人们一般会认为战争毁灭万物，而不是战争创造万物。那到底什么叫作"不明显的和谐"呢？我们现在有句话叫作"相爱相杀"，又说"欢喜冤家"，这样的人在一起看似不和谐，其实是一种"不明显的和谐"，难道不是吗？

赫拉克利特甚至认为"不明显的和谐比明显的和谐更好"。因为这种和谐是在斗争中产生出来的，动态的和谐比静止的和谐更好。赫拉克利特关于斗争永恒、和谐短暂的想法深刻地影响了后世的黑格尔和马克思。我们熟悉的斗争哲学可以上溯到赫拉克利特这里。

好了，我们就讲到这里，最后我想把他的两句话送给大家：

> 即使穿越每一条路，人也永远不能发现灵魂的边界——它拥有的范围如此之深广。

> 我研究自己。

008

静止比运动更高贵：爱利亚学派的世界观

在进入主题之前，我想先花一点时间来探讨下逻各斯的意思。这是一个让人望而却步的大词。我常想，哲学之所以会把普通人吓跑，就是因为它的界面太不友善，很难让人进入。

现代人往往把逻各斯等同于理性或者逻辑，但是正如上一讲所说，在古希腊的时候，逻各斯的含义非常丰富，有学者统计至少有 11 种意思；而且逻各斯在古希腊文中也并不是专业的哲学概念，它就是人们日常使用的字眼。

我们今天就来简单讨论一下其中的两个意思：话语和尺度。

话语：照亮深渊，驱策万物

话语的功能都有哪些？第一个功能，当然就是为世上万事万物命名。布谷在两三岁的时候，最常问的一句话就是：爸爸，这是什么，那是什么？在牙牙学语的孩子眼里，世界是混沌一片的，这个事物和那个事物完全是粘连在一起的。通过命名的方式——这是桌子，那是椅子，椅子不是凳子，凳子也不是沙发——我们教会孩子辨认差异，让世界在她眼前逐渐清晰起来。我自己也有过一次刻骨铭心的经历，大一的时候我路过上海，上海医科大学的两位师姐带我去上海植物园玩。你们也一定去过植物园吧，在植物园里你最常说的是什么？"哇，这棵树好大！""哦，那朵花好美！"像我这种四体不勤、五谷不分的人，在植物园会变得格外言语乏味、面目可憎。可是那两位师姐是药物学专业的高才生，她们对植物园里的每一株花花草草的名字、产地和属性，都如数家珍，了如指掌。那真是一次非常神奇的体验，就像一个人在伸手不见五指的黑夜里行走，突然手里被塞进一个手电筒，于是那些隐藏在存在深渊里的事物就被语言给照亮了。

《圣经·创世记》里写道：

起初上帝创造天地。地是空虚混沌，渊面黑暗；上帝的灵运行在水面上。

上帝说："要有光。"就有了光。

……

上帝说："诸水之间要有空气，将水分为上下。"上帝就造出空气……

上帝是用什么创造万物的？没错，是说，是命名！

话语的第二个功能是采集和拢集。荷马在《奥德赛》里写过这么一句话："安菲弥东，出了什么危险，使得你们这些年华方茂的人都来到黄泉？就是从全国再精挑细选也采集（logos）不到这样高贵的人了。"

这句话里"采集"的原文就是逻各斯。那么，怎么来理解话语的功能是采集呢？

你看，我们的肉身不过占据一个非常非常有限的位置，我们只是生活在此时此地的一个偶然的存在者，但是我们却可以通过言说去突破这种有限性，通过言说去采集世间万物，去触碰最隐秘也最抽象的爱情、原子与上帝，把飞鸟走兽、星辰日月、先贤古圣，把上下五千年、纵横八万里的万事万物都采集、拢集、汇聚到此时此刻此地。

除了采集，话语还有分辨的功能。善于使用话语的人不仅可以把万事万物——也就是"多样性"——拢集到一起，而且可以对"多样性"进行分辨。我们经常称赞某位作家，说他道出了我们一直想说但说不出的话，为什么？因为他不仅善于采集词汇，而且善于分辨词汇，所谓"字斟句酌""字字珠玑"，强调的就是这种话语的分辨能力。

采集与分辨，这是话语所具有的相反相成的巨大力量，也是逻各斯所具有的巨大力量。

尺度：世界的复杂与丰富

"僧推月下门"和"僧敲月下门"，这"推"与"敲"之间的字斟句酌，就体现出诗人对文字和事物细微差别的分辨力。这样的能力也可以被称为拥有分寸感的能力。而这与逻各斯的另一个含义"尺度"是直接相关的。

我们用尺子做什么呢？衡量事物的长短高低。换言之，尺度有标准的意思。不同的尺度就有不同的标准，比如说，摄氏与华氏是温度的不同尺度，公斤和市斤是重量的不同尺度，英里和公里是距离的不同尺度。尺度不同，标准不同，得出的结论也不尽相同。站在猴子的角度，即使是林志玲也是丑的，根据上帝的标准，即使是爱因斯坦也是蠢的。

赫拉克利特说："这个世界……过去、现在、未来永远都是一团永恒的活火，在一定的分寸上燃烧，在一定的分寸上熄灭。"有人把这里的"分寸"译成"尺度"，并且主张这里的"分寸"是复数形态，也就是说，它强调的不是单一的尺度，而是多种尺度的同时运用。这个解释很好地突出了世界的复杂性和丰富性。

只有那些心智不够成熟的人，比如说孩子，才会用非黑即白、非真即假、非善即恶这种简单的二分法去看待和理解世界，因为他们只拥有一种尺度、一个标准，只有借助于多种尺度，善于掌握分寸感，世界才会向我们呈现出它的丰富多样性。

所以说，对变化的精微的审察和分辨，这是赫拉克利特逻各斯概念的精髓所在。

万物的中心：变与不变

如果说理解赫拉克利特的关键词是变化，那么理解古希腊另一位大哲巴门尼德（Parmenides of Elea，约前515—？）的关键词则是不变。但无论是强调变还是不变，他们都是在追问世界的本原、中心和秩序。

不久前一位朋友的母亲去世了，虽然他本人已经年过六旬，但是母亲一直是他生活的中心，所以母亲的离世对他来说，就好比是生活意义的支柱被抽离。

其实不只人生需要一个中心，世界和宇宙都需要一个中心。第一次世界大战结束后不久，面对欧洲文明的衰落和崩溃，著名诗人叶芝写下了这样的诗句：万物已然解体，中心再难维系，世间一片混沌。

某种意义上，古希腊的哲学家们都在试图寻找这个维系住万事万物的"中心"，因为，只有确立了中心，世界才会从混乱变成有序。大家都很熟悉的"看齐意识""核心意识"，说的也是这个道理。

但是对于古希腊哲人来说，寻找"中心"不是问题，问题在于，这个"中心"是绝对保持不变还是相对保持不变，甚至是变化无常的。

赫拉克利特显然认为中心是变化的，上一讲已经介绍了，他虽然要寻找变中之不变，但却认为这个不变恰恰就是变化本身。但是爱利亚学派的巴门尼德却认为中心是不变的。我们这里先介绍一下巴门尼德的老师克塞诺芬尼（Xenophanes，约前570—前478）的观点。克塞诺芬尼是一个哲学家，也是一个游吟诗人，他自称在希腊土地上漫游了67年，差不多活了100岁。

克塞诺芬尼：反对神人同形同性

克塞诺芬尼最著名的观点有两个，其一是反对神人同形同性。

他说："埃塞俄比亚人说他们的神皮肤是黑的，鼻子是扁的；色雷斯人说他们的神是蓝眼睛、红头发的。"我们可以接着他的话往下说：英国人说他们的神是白皮肤、蓝眼睛、高鼻子的，中国人说他们的神是黑眼睛、黑头发、黄皮肤的。不同种族的人信仰不同肤色和形象的神。

克塞诺芬尼的反讽还不止于此，他说："假如牛、马和狮子有手，并且能够像人一样用手作画和塑像的话，它们就会各自照着自己的模样，马画出、塑出马形的神像，狮子画出、塑出狮形的神像了。"

克塞诺芬尼的这些想法非常超前。两千多年后，法国哲人孟德斯鸠在《波斯人信札》里记述了一个类似的故事：一个法国人在穿越非洲旅行的时候，惊恐地发现，在非洲的艺术和雕塑里面，上帝不仅是个黑人，而且还是一个肥胖的黑女人！

　　费尔巴哈在 1841 年出版的《基督教的本质》中，用更为抽象的方式重述了克塞诺芬尼的这个观点：人类类似上帝的原因不是上帝以他的形象创造了我们，而是我们以自己的形象创造了他。

克塞诺芬尼：唯一的神是不动的

　　我在哈佛访学的时候，每天送布谷上幼儿园都会路过哈佛神学院，布谷问：爸爸，什么是神？我说神最厉害了，他无所不知无所不能。她想了想接着问：那神是不是只有一个啊？我说：可能只有一个。然后布谷给出了自己的回答：肯定只有一个，不然的话，那么多神，你怎么知道哪个是真的哪个是假的。

　　布谷的这个想法跟克塞诺芬尼的另外一个观点非常接近，他认为，存在着唯一的神，而且他是不动的。

　　克塞诺芬尼是这么说的："神永远保持在同一个地方，根本不动，一会儿在这里一会儿在那里动来动去对他是不相宜的。"

　　老实说，每当读到这句话，我都有些想笑，因为急匆匆地跑来跑去、跳上跳下的神的确看上去不够庄重。从这个角度说，克塞诺芬尼推崇静止，反对运动，其实有很强的审美和伦理学的意味，换言之，静止是高贵的，而运动是卑贱的。这个想法十分合乎常情，你看动物世界里，谁最忙忙叨叨，总是在上蹿下跳，跑来跑去，飞来飞去？都是那些蚂蚁、蜜蜂、蚊子、松鼠之类的小动物，而狮子、老虎这些森林之王的日常状态都是懒洋洋、一动不动的。

再比如说，仔细体会每个人的说话语速，一般来说，领导干部在大会上讲话都是慢条斯理的，有时候甚至一分钟也讲不到 50 个字。你听得再急，他还是不紧不慢的。而向领导汇报工作的下属显然不能这么说话。说话语速最快的人是谁？没错，就是晚间电视购物的节目主持人，他们的语速就像机关枪一样。

陈嘉映老师在《哲学·科学·常识》中这样论述静止的优越地位："物体不受外力干扰，就会处在它该处的位置上，这是它的自然状态，也是一种高贵的状态。"据说当年哥白尼为日心说提供辩护时，其中一个理由是，太阳比地球高贵，因此静止不动的应该是太阳而不是地球。

关于静止和运动的区别还可以这么去理解。在毕达哥拉斯那一讲中，我们说数字二在他那里意味着摇摆不定，二减一等于一，二加一就等于三，因此二也就等于意见，因为意见从来都是摇摆不定的，意见的反义词就是知识或者真理。所以当克塞诺芬尼说"唯一的神是不动的"，如果剥离它的神学色彩，则可以说，真理是唯一的，也是不变的。这正是克塞诺芬尼的学生巴门尼德的观点。

009

阿喀琉斯追得上乌龟吗？芝诺悖论

龟兔赛跑与芝诺悖论

芝诺悖论是西方哲学史中最引人入胜的命题之一。相信很多人都听说过龟兔赛跑这个故事，在儿童版的龟兔赛跑中，因为兔子睡了一大觉，所以乌龟跑赢了兔子，这个故事告诉孩子做事要有恒心，有毅力，不能偷懒，否则天赋再高也终将一事无成。那么，芝诺版的龟兔赛跑，究竟讲的是什么意思呢？

严格说来，芝诺版的主角不是兔子和乌龟，而是特洛伊战争中的英雄阿喀琉斯和乌龟。芝诺说，只要乌龟先跑一步，那么阿喀琉斯就再也追不上它了，因为阿喀琉斯作为追赶者，首先必须要到达被追赶者乌龟的出发点，这个过程需要时间，当他到达这个点的时候，乌龟已经利用这段时间又向前跑了一步，每一次阿喀琉斯追到乌龟的出发点时，乌龟都往前跑了一步，这个过程可以无限地重复下去。总之，阿喀琉斯可以无限地接近乌龟，但是乌龟却总是会领先一点，阿喀琉斯不可能追上乌龟。

相信不少读者的第一反应是，哲学家就是喜欢胡说八道、耸人听闻。因为这也太违反直觉了——我跟博尔特跑100 米，哪怕我先跑 5 米，他也一定会在终点处追上我的。难道芝诺是个疯子，从没见过跑得快的人很快就能追上跑得慢的人吗？他当然见过。那么他为什么要提出这样一个反直觉的悖论呢？

其实，芝诺只是想为他的老师巴门尼德的观点做辩护。所以在分析芝诺悖论之前，我们先来了解一下巴门尼德。

巴门尼德："存在"与"非存在"

巴门尼德和赫拉克利特一样，都是前苏格拉底时期的大神级人物。如果说赫拉克利特强调变化的重要性，那么巴门尼德强调的就是不变的重要性。

克塞诺芬尼想要寻找那个不动的唯一神，巴门尼德不完全同意老师的观点，他也要寻找那唯一的不动者，但却不认为它是"神"，而是"存在"。

我们先来读一下巴门尼德最著名的一段话：

> 存在者存在，它不可能不存在。这是确信的途径，因为它通向真理。……存在者不存在，这个不存在必

然存在。走这条路，我告诉你，是什么都学不到的。因为不存在者你是既不能认识，也不能说出的。

这段像是绕口令的话究竟在说些什么呢？它有两个关键词："存在"与"非存在"。

现代人喜欢刷"存在感"。所谓存在感，从心理学的角度出发，指的是"个体对自身存在的感觉和认知"，尤其体现在个体"对自我价值的认知、重要性的体验以及对他人和环境的影响力的感知"。然而，存在"感"终究只是个体的心理感受，不是形而上学意义上的"真实实在"。关于形而上学（metaphysics），我们会在后文做更详细的解释。这里只给读者提示一点，所谓形而上学，追问的问题非常简单，就是"what is there?"（何物存在）的问题。进一步地，如果外部世界是存在的，那么最真实的存在是什么？是不是看着很眼熟？没错，在"哲学的起源"一讲中，我们曾经探讨过这个问题。

在现实生活中，格外热衷于刷存在感的，往往是那些缺乏自我价值、没有重要性和不具影响力的人。在这个意义上，存在感恰恰与"存在"无关，而与"非存在"有关。

那么什么是"非存在"呢？我拿这个问题问过布谷，我问她：你觉得什么是"非存在"？她想了想，说："就是在这个世界上找不到的东西。"布谷的回答简洁明了。如果一个人研究在这个世界上根本就找不到的东西，那能研究出什么结果呢？所以巴门尼德说：以"非存在"为研究对象，那走的就是"意见之路"；反过来，如果以"存在"为研究对象，尤其是在研究"最真实的东西"的学问，就是在走"真理之路"。

但是，需要注意的是，对巴门尼德来说，"非存在"不仅包括"在这个世界上找不到的东西"，比如《西游记》里的孙悟空和猪八戒，还包括这个纷纭复杂、生灭变化的现象世界，也就是说这个世界上能够找到的绝大多数东西，比如埃及的金字塔、梵高的向日葵、忽上忽下的股票走势、资本主义制度还有社会主义制度，所有这些现象世界中的东西，因为都是有生有灭的，所以都不是最真实的存在，哲学家也不会把它们作为研究对象。

说到这里，你可能意识到了，巴门尼德其实跟毕达哥拉斯、赫拉克利特的初衷是一致的，都是要寻找那"一切是一"的那个"一"，只不过他们每个人给出的回答不一样。

唯一不变的"是"即"存在"

在巴门尼德看来，存在具有以下几个特性：第一，和有生有灭的现象世界不同，存在是不生不灭的；第二，存在是独一无二的，它是唯一的；第三，存在是不变不动的；第四，存在是永恒的，也就是在时间上是无始无终的。说到这里，我想再次提醒你们回想一下关于"最真实的东西是什么"的思想实验。

最后，巴门尼德认为存在是思想的对象。如果读者还记得老财主家的傻儿子的例子，就会明白巴门尼德为什么认为"存在是思想的对象"，因为感官只能把握具体的可感的"存在者"，只有思维和思想才能把握最抽象的"存在"。巴门尼德就此提出了一个非常著名的哲学命题："作为思想和作为存在是同一回事情。"在《〈形而上学〉讲演录》中，古希腊哲学研究者余纪元老师是这样解释这个命题的："你所想到的事物的样子与事物应该的样子其实是一样的。"也就是说，想事物就是想"事物该是什么样的"，如果你想出了"事物该是什么样的"，那你想的就是对的，换言之，你就把握住了真理。余纪元老师的这个解释言简意赅又一目了然，它让我联想起当代哲学家伯纳德·威廉斯（Bernard Williams）在《真理与真诚》中的一个观点，威廉斯说，真诚（truthfulness）是一种德性，它包含了两个要素：第一，准确（accuracy），也就是获得真信念的倾向；第二，诚实（sincerity），也就是如果你打算说话，就要说你相信为真的话。从巴门尼德到威廉斯，对于真理和真诚的热切追求在 2500 年的西方哲学史中可谓一脉相承，绵延不绝。

如果说到这里，你还是觉得非常迷糊，我建议你把"存在"换成系动词"是"。这是真的，那是假的，我是歌手，后海不是海，不想当将军的士兵不是好士兵……你看，我们日常生活中经常使用的就是判断句，而所有的判断句都是在"肯定（承认、确认）或否定（拒绝、否认）某事物"，并且所有的判断句都要用到系动词"是"。

我们在提问的时候，也离不开系动词"是"。小的时候，我们会一直缠着爸爸妈妈问，什么是好，什么是坏，什么是女孩，什么是可爱的，为什么女孩是可爱的。如果由小和尚问老和尚这个问题，老和尚会告诉小和尚，这个判断是错误的，女孩一点都不可爱，女孩是老虎。不过小和尚还是会问，什么是老虎，为什么我会喜欢像老虎一样的女孩。但是，你有没有注意到，这种对于世间具体的万事万物的追问，究其根本不过都是对"是什么"的东西也就是"存在者"的追问，而这些"存在者"都是有生有灭的。

但是，在所有的判断句中——天是蓝的，花是红的，水是纯净的，女孩是可爱的——不管主词和谓词怎么变化，有一个词是不变的，没错，那就是"是"。也就是说，一切东西首先要"是"，然后才"是什么"。

从判断句的形式看，这个"是"是使"什么成为什么"的根据和前提。在各种各样的判断句中，唯一不变的就是这个"是"。

那些不去研究"是什么"而是去研究"是"本身的人，我们称之为形而上学家。他们首先发现，所有判断中都有个"不变"的表达，那就是"是"本身。而且他们像孩子一样发问：这个不变的"是"到底是什么？当然，我相信几乎没有一个孩子会这么问，如果有孩子问"妈妈，什么是'是'？"，他的妈妈一定会发疯，而这个孩子，我们则会称他为天生的形而上学家。

巴门尼德开始问这个问题的时候，已经很大了，但他依旧用最天真的眼光，同时也是最深邃的口吻在问：这个使所有"是什么"的东西成其为"是"的"是"到底是什么意思？那个先于所有"存在者"存在的"存在"到底是什么意思？

注意，这里所说的"先于"不是"时间上"在先，而是"逻辑上"在先。时间上在先就是开端、起源的意思，比方说，我们的祖先在时间上先于我们。逻辑上在先指的是理由、根据和规律，比方说，物理学法则就是使这个世界得以可能的根据和理由。所以，你会发现，米利都学派和巴门尼德之间的区别在于，前者追问的是时间上在先的"本原"，也就是宇宙自然的开端和主宰，所以被称为宇宙生成论，后者追问的是逻辑上在先的根据，所以被称为本体论或者形而上学。

可以说，到巴门尼德这里，前苏格拉底哲学到达了最高峰，因为巴门尼德明确区分了存在与非存在、静止与运动、理性与感觉、真理与意见，这是两个完全对立的世界，前者是真实的存在，后者是虚幻的现象世界。这一区分对于整个西方哲学的发展具有举足轻重的影响。

对芝诺悖论的回答

介绍完巴门尼德的基本观点，现在可以回过头追问芝诺悖论究竟意欲何为？芝诺（Zeno of Elea，约前490—约前430）是巴门尼德最宠爱的学生，据说还被他收为义子，一直随侍左右。所以不难理解，当有人嘲笑巴门尼德的学说，认为他的主张"离开感觉太远"，是"精神不正常的人"才会想出来的东西时，芝诺当然要挺身而出，捍卫老师的理论。而他的反驳恰恰就是：没错！我们的理论就是违反直觉、违反常识的，因为直觉和常识是不可靠的。

那么应该怎么反驳芝诺悖论呢？黑格尔在《哲学史讲演录》中讲了一个故事：犬儒学派的第欧根尼曾经用一个十分简单的方法去反驳芝诺悖论，你不是说运动是不存在的吗？第欧根尼干脆站起来，在学生面前一言不发地走来走去，用实际行动来反驳芝诺的论证。有意思的是，当学生对第欧根尼的反驳表示赞赏的时候，第欧根尼却狠狠地批评了他。第欧根尼的理由是，论证不是能够用行动去反驳的，对方既然用理由来论辩，你也就必须用理由去反驳才有效。

那么该用什么样的理由去反驳芝诺呢？不同的哲学家给出了不同的回答。比方说，从微积分的角度看，芝诺只是朴素地理解"极限"这个概念；法国哲学家柏格森（Henri Bergson）认为，芝诺悖论的要害在于用运动的轨迹代替了运动本身；还有人指出，芝诺的问题在于混淆了数学的点与物理的点；如果是马克思主义者，则会认为矛盾的同时展开和同时解决就是运动，巴门尼德与芝诺的观点只是一种孤立、静止、片面的形而上学，顺便说一句，这三个形容词也正是深受马哲影响的人对于形而上学的"刻板印象"。

不管从哪个角度去反驳芝诺悖论，我认为关键的问题在于理解芝诺悖论的哲学史意义，了解他的哲学背景和动机，否则的话，它就仅仅是一个有趣的智力游戏罢了。

芝诺悖论的意义

芝诺悖论的意义在于：

首先，他试图传达这样一个观念：没有事物是变化的。或者换一个说法：运动是虚幻的，只有静止才是真实的。这当然是在捍卫巴门尼德的基本观点。

其次，他告诉我们，不能满足于感官的结论，而必须诉诸理性。第欧根尼的那个故事很好地说明了这个道理。用陈嘉映老师的话说就是"事实胜于巧辩和雄辩，但事实并不胜于理论"。这个说法值得我们好好琢磨。作为停留在初级反省的普通人，我们往往受困于经验现象，就像两小儿辩日，一个小孩子说早晨的太阳离地更近，因为早晨的太阳更大，另一个小孩子说中午的太阳离地更近，因为中午的太阳更热。现在爱利亚学派告诉我们：不要看，而要想。因为"看"始终受困于感官经验，而"想"可以让我们超越现象世界、把握本体世界。让我们再一次回想"闭着眼睛解释自然的哲学家"这个说法，这种反直觉、反经验的思维方式，基于这样一种前提："可见世界是由不可见的机制控制的，而只有一种非感觉的认识，只有启示、灵感、直觉或理性，才能认识实在的机制"。也就是说，"从理论态度来看，不是事实胜于论证，相反，是论证胜于事实"。而这恰恰是我在第4讲中提到的哲学诞生的第三个条件，也即用理论去回答那些终极问题。

天才共和国的伟大个性

从泰勒斯、阿那克西曼德到毕达哥拉斯、赫拉克利特，以及本讲的主角巴门尼德，所有这些伟大的前苏格拉底哲学家都有一个基本特点：他们是前无古人的提问者，他们面对自然和宇宙发问的时候，"找不到任何现成的模式来助他们一臂之力，以减轻他们的困难"，这些人是"哲学的原型"。他们伫立在希腊贫瘠的山顶，面对着浩瀚的大海和宇宙，孤独地发问，穿越岁月的鸿沟彼此呼应，共同构筑了尼采所说的"天才共和国"。

这些哲学家都有着喷薄欲出的个性，他们的形象与我们所熟知的理论家不同，他们生得伟大，死得精彩，无论是理论还是现实，都不走寻常路。他们将自己的个性深深地镌刻在他们的理论之中，充分地体现出"理论"这个词在古希腊文中的本义，也就是热情的、动人的沉思。尼采说："一切体系都必遭否弃，唯有体系中的伟大个性能够长久地吸引我们。"即使我们没有可能重返那个天才共和国，也可以心向往之地去理解和体会他们的思想风格和生活方式。

最后我想说的是，大自然喜欢隐蔽自己，而这些前苏格拉底时期的哲学家们都试图穿过现象世界去寻找那"一切是一"的"一"。正如赫拉克利特所说，"隐蔽的关联比明显的关联更为牢固"。

俄狄浦斯和斯芬克斯，基里克斯陶杯彩绘，约公元前 470 年。

010

从黄金时代到黑铁时代：
关于人类堕落的神话故事

撇不开的神

我猜想每个人都听说过普罗米修斯盗火和潘多拉盒子的故事，但是也许并不是每个人都知道这两个故事是有联系的。简单说，普罗米修斯盗火在先，潘多拉盒子打开在后，可以说前者为因，后者为果。除了盗火，普罗米修斯还为人类争取过别的利益，在这个过程中，除了不畏强权、一心一意为人类谋福利，普罗米修斯还展现出了不为世人所知的另一面。今天我要给大家讲一个不一样的普罗米修斯。

在进入主题之前，先回答一个在所难免的疑问：为什么要在西方哲学史的课堂上探讨诗歌和神话？

首先，这是因为，古希腊哲人在解释自然的时候，虽然试图把神撇开，但是他们撇得并不干净彻底，比如泰勒斯除了说过"万物的本原是水",还说过"万物都有灵魂",可以说刚把神从前门赶走了,他又从后门溜了回来。

其次,古希腊哲人在解释人事的时候,同样残留着很多神的痕迹。不妨说,古希腊的哲学与神学有着剪不断理还乱的关系。例如,在柏拉图的对话录里随处可见各种古希腊的神话和传说,而当苏格拉底词穷的时候,则会搬出"只有神知道"这个说法来为自己打气。

赫西俄德

这一讲的故事源自赫西俄德(Hesiod,约活动于公元前 8 世纪至前 7 世纪)的两首长诗:《劳作与时日》和《神谱》。赫西俄德是与荷马同时期且齐名的古希腊诗人,他们俩的个人气质、文字风格以及在诗歌界的地位很像中国的杜甫和李白,赫西俄德的作品不如荷马那般回肠荡气,就像杜甫的诗歌没有李白那样骨骼清奇。有人这样形容赫西俄德:"一个阴郁、保守的农夫,习惯于反思,既不爱女人也不爱生活,唯有神的存在,沉重地伴随其左右。"

但是赫西俄德自有其独到之处。传说他和荷马一起参加诗歌比赛,最终赫西俄德获胜,原因是荷马教人战争和残杀,而赫西俄德则教人和平与勤劳。从这个传说中不难得出一个道理,普通人虽然讴歌战争和英雄,但更加渴望和平与庸常,而赫西俄德就代表了人类对日常生活和秩序的向往。

人类劳作的宿命与普罗米修斯分牛的故事

人类日常生活的景象是怎样的？记得李宗盛写过一首《凡人歌》："你我皆凡人，生在人世间，终日奔波苦，一刻不得闲。"挤过北京地铁的朋友一定对此深有感触。布谷刚上幼儿园的时候，每天都哭哭啼啼，会在路上不停地追问我：爸爸，为什么我要上学？为什么你们要上班？为什么我不可以陪你们上班？为什么你们不可以陪我上学？为什么我不可以一个人待在家里？把所有的逻辑可能性都问了一个遍。而每一次我的回答都是这样的：因为爸爸妈妈必须要上班！她对这个答案并不满意：可是，为什么你们必须要上班呢？

赫西俄德在《劳作与时日》中探讨的就是这个问题：我们为什么要上班？为什么劳作是人类的宿命？

赫西俄德告诉我们，劳作原本并非人类的宿命。人类原本只需劳作一天就可以收获一整年的生活所需，过上悠闲幸福的生活，可是"愤怒的宙斯"却执意不让人类掌握"谋生之法"，因为"狡猾的普罗米修斯欺骗了他"。那么，普罗米修斯究竟有多"狡猾"？他又是怎么"欺骗"了宙斯？这个故事是这样的：

早在普罗米修斯盗火之前，有一次神与凡人发生了争执。为了调停纷争，普罗米修斯宰杀了一头大牛，分成两份摆在神和人的面前，其中一份是好牛肉，但是普罗米修斯在上面铺上了"牛的瘤胃"，让它看起来非常糟糕；另一份其实是牛的白骨，但普罗米修斯在上面蒙上了"一层发亮的脂肪"，让它看起来非常诱人。

普罗米修斯请宙斯先来挑选，宙斯没有识破他的诡计，一边笑着说"亲爱的朋友，你分配得多么不公平啊"，一边心安理得地取走了那堆表面上看起来更诱人的白骨。当然，宙斯很快就发现自己上当受骗了，他非常生气地对普罗米修斯说："伊阿帕托斯之子，聪敏超群的朋友！你仍然没有忘记玩弄花招！"

分配与正义

这个故事非常简单，但却值得我们花一些时间来稍加分析。

我们先来做一个思想实验，如果由你来分配这堆牛肉，怎么分配才算得上公平合理？从程序正义的角度出发，如果主持分配的人拥有优先选择权，分配一定不会平均，反之，如果主持分配的人只有最后的选择权，就会尽可能地平均分配。这话说得太学术，简单说，如果让分蛋糕的人最后一个拿蛋糕，他一定会把蛋糕切得非常均匀。在政治哲学中，这种分配思路被称为"完美的程序正义"。它要满足两个形式条件：第一，关于什么是公平的分配有一个独立的标准；第二，有可能设计出一种程序来得到这个结果。各位可以想一想，它还预设了什么样的前提？没错，它预设了参与分配的人是理性自利的，也就是说，每个人都想要得到更多。

回到普罗米修斯这个例子，他是分牛肉的人，同时又是最后一个拿牛肉的人，但是他并没有平均地分配牛肉，而是明显地区分出品相差异极大的两堆。这是为什么？原因很简单，从一开始普罗米修斯就没打算要"公平分配"，恰恰相反，他就是要让凡人得到更好的牛肉，为此普罗米修斯使了一个障眼法，欺骗了宙斯。

更有意思的是，当不明真相的宙斯看到这两堆品相差别极大的牛肉时并未生气，而是很开心地跟普罗米修斯打趣说："亲爱的朋友，你分配得多么不公平啊！"然后就心安理得地拿走了那份表面上看起来更诱人的白骨。

所以，仔细分析这个故事的细节，我们会发现，在分牛的过程中，神与人都没有想要追求公平正义。每个人都想得到更多，即使是"诸神与凡人之父"宙斯也不例外。

每个人都想要得到更多，同时每个人又都觉得自己实际上得到的很少，这是人之常情。每当公司发年终奖，学校评奖学金，我们都免不了会产生很多的心理活动：凭什么他拿那么多？凭什么我拿这么少？家庭生活中，我们同样会有类似的心理活动：凭什么都是我在打扫卫生我带娃，而你却可以拿着保温杯，躺着葛优躺，看着足球赛？归根结底，这样的心理活动就是对"所得"和"应得"的比例有不同的意见。每个人都觉得自己的"所得"低于"应得"，每个人都认为别人的"所得"高于"应得"，所以人世间才有如此多的纷争和冲突。

所以说，关键的问题在于，"谁应该得到什么"，以及到底"由谁说了算"。这可是政治哲学的大问题，前者涉及分配正义，后者涉及政治权威以及政治合法性，我们今后会从不同角度切入这两个问题。

普罗米修斯与宙斯的两回合较量

回到普罗米修斯分牛的故事，有人也许会反驳说：为什么一定要平均分配牛肉？平均分配就等于公平合理吗？没准宙斯认为自己就应该拿到更好的那份牛肉，他可是神啊，神和人原本就是不平等的。没错，这很可能就是宙斯真实的心理活动。站在他的立场，普罗米修斯想要为人类争取更大的利益，这本身就是一种僭越，何况他还使用了阴谋诡计来欺骗宙斯，更是罪加一等。

普罗米修斯与宙斯的较量共有两个回合：分牛是第一回合，可谓巧取；盗火是第二回合，可谓豪夺。前者斗智，后者斗勇。这次分牛事件为后来的普罗米修斯盗火埋下了祸根——宙斯正是因为在分牛问题上吃了暗亏，才"不愿把不灭的火种"送给人类。

无论斗智还是斗勇，普罗米修斯和他代表的人类都获得了最初的胜利。但是最终的结果每个人都知道，普罗米修斯被宙斯"用挣脱不了的绳索和无情的锁链捆绑……用一支长矛剖开他的胸腔，派一只长翅膀的大鹰……不断啄食他那不死的肝脏"。而人类呢，得到的惩罚则是著名的潘多拉魔盒，当盖子打开之后，人类就此生活在罪恶、劳累、疾病这些"悲苦和不幸"之中，唯有希望仍逗留其间，但即使是希望也并不必然带来好处，赫西俄德说："抱着虚无缥缈的希望的懒汉，因缺乏生活来源心里想起做坏事。"

现在我们可以做一个假设，如果普罗米修斯将牛肉平均地分成两堆，而不是投机取巧，想让人类得到更好、更多的牛肉，宙斯哪怕心存不满，也抓不到太多的把柄来惩罚普罗米修斯和人类。但是普罗米修斯过于傲慢和骄狂，不仅用计谋让宙斯得到一堆白骨，还让他当众丢了面子。可以说，在面对强者宙斯的时候，普罗米修斯的做法是以骄狂回敬骄狂，以傲慢回击傲慢，这是一系列悲剧发生的原因之一。

力量即正义：
人类从黄金时代堕落到黑铁时代的根源

讲完普罗米修斯和潘多拉的神话之后，赫西俄德在《神谱》中这样吟唱道："因此，欺骗宙斯和蒙混他的心志是不可能的。即使像伊阿帕托斯之子、善良的普罗米修斯那么足智多谋，也没有逃脱宙斯的盛怒，且受到了他那结实锁链的惩处。"

注意！在这个总结陈词中，赫西俄德强调的不是宙斯的仁爱、美德或者公正，而是他的"心志"。在权力关系中，支配者与臣服者之间最根本的区别就在于，后者将慑服于前者的"心志"，说得学术一点，就是根据支配者的命令做出不考虑自己利益的行动。

普罗米修斯在古希腊文中的意思是"先见之明"，比起宙斯，普罗米修斯的智谋更高，更富仁爱之心，可是最终受到惩罚的却是普罗米修斯而不是宙斯。这似乎在暗示我们，力量才是决定性的因素。

赫西俄德告诉我们，人类原本生活在黄金种族的时代，"他们拥有一切美好的东西"，"除了远离所有的不幸，他们还享受筵宴的快乐"。但是现在人类却已经堕落成为黑铁种族，"白天没完没了地劳累烦恼，夜晚不断地死去"。

在黑铁种族罄竹难书的罪行中，最突出的就是"子女不尊敬瞬即年迈的父母，且常常恶语伤之"以及"这些罪恶遍身的人根本不知道畏惧神灵"，也就是"不敬老"和"不敬神"。不敬老和不敬神到底意味着什么？从政治哲学的角度说，是藐视和颠覆传统秩序。进一步来看，黑铁种族"不爱信守誓言者、主持正义者和行善者，而是赞美和崇拜作恶者"，他们"忌妒、粗鲁和乐于作恶"。按照赫西俄德的观点，人类之所以会从黄金时代堕落到黑铁时代，归根结底，就是因为人类相信"力量就是正义"。

但是，说到这里，就出现了一个非常悖谬的情况。因为不仅黑铁种族信奉"力量即正义"，就连宙斯其实也是"力量即正义"的拥护者。按照赫西俄德《神谱》的记述，宙斯之所以成为宇宙之王，就是通过暴力推翻父亲克洛诺斯的神权秩序，在这个过程中，他不是也同样犯下了"不敬神"（克洛诺斯难道不是神？）与"不敬老"（克洛诺斯难道不是老人？）的罪行吗？进一步地，宙斯与普罗米修斯之争，最后的结果不也证明了宙斯是"力量即正义"的信奉者吗？

应该怎么来解释这个悖论呢？我觉得，或许有两个理由可以勉强为宙斯的行为一辩。

第一，到底是谁先欺骗了谁？没错，是普罗米修斯，不是宙斯。而普罗米修斯是人类利益的代言人，所以在这个意义上，也可以说人类是自食其果，所谓"害人者害己，被设计出的不幸，最终伤害的是设计者本人"。

第二，宙斯虽然信奉"力量即正义"，但是他毕竟建立了秩序。很多普通人都相信这个道理：再坏的秩序也比没有秩序好。中国有句老话叫作"宁做太平犬，不做乱世人"，哪怕做狗，只要太平就好。千万不要小看这个逻辑，这可算得上是为现实政治所做的最佳辩护了。进而言之，乐观的人会相信，虽然所有的政权都建立在暴力的基础上，但是在重建政治秩序之后，会再次确立起各种道德规范和禁忌，人们会重新开始慎终追远，敬神爱人。所以说，哪怕"力量即正义"是政治最初的真相，但这并不意味着人类可以"上行下效"，学习宙斯"好"榜样。

可是问题在于，"在人类的天性里具有'不受限制'（illimitation），也就是'放肆'这个倾向"，所以，这让人类很容易就成为"力量即正义"的信奉者和追随者，从而使得堕落不可避免，人类也因此将一直生活在"黑铁时代"，直到走向毁灭。

"放肆"这个词在古希腊文中是 hybris，也可以译成傲慢和骄狂，它的引申义是过分、越界、僭越。生活中有各种边界，小到不该在应急车道上行驶，大到应该依法纳税，但正因为人性有"不受限制"和"放肆"的倾向，所以我们总是会看到应急车道上车来车往，而且只要有可能，人们就挖空心思地偷税漏税。

最容易产生傲慢情绪的人是强者，这很好理解，但是反过来，弱者也会对强者产生放肆和僭越的冲动，当然这么做的前提是，他认为自己有正当的理由去放纵激情，普罗米修斯对抗宙斯就是如此。关于 hybris，也就是傲慢和僭越的冲动，以及它与正义的关系，在接下来的两讲中还会继续探讨。

强者也应倾听正义

在结束这一讲之前，还有一个细节值得一提。在《劳作与时日》中，赫西俄德讲完普罗米修斯、潘多拉的盒子和人类的起源这三个神话之后，又讲述了"夜莺与老鹰"的寓言。这个版本与《伊索寓言》稍有不同。伊索寓言想说的是"人与禽兽无异"，赫西俄德则不厌其烦地告诫世人："人与禽兽有别。"动物世界里的丛林法则不应主导人类的世界。什么是动物世界里的丛林法则？就是力量即正义！

在赫西俄德的版本中，用利爪生擒夜莺的老鹰轻蔑地说了这样一段话："与强者抗争是傻瓜，因为他不能获胜，凌辱之外还要遭受痛苦。"

然而，紧接着这段话，赫西俄德却评论说：

"可是你，赫尔佩斯，必须要倾听正义，不要诉诸暴力，因为暴力无益于贫穷者，甚至家财万贯的富人也不容易承受暴力，一旦碰上厄运，就永远翻不了身。反之，追求正义是明智之举，因为正义最终要战胜强暴。"

赫西俄德无疑是在提醒强者也要倾听正义，可问题在于，强者为什么要倾听正义？一个很重要的原因是，即便是强者也会遭到"厄运"的打击。这把我们引向"命运"这个更加迷人的古希腊主题。

在古希腊悲剧作家埃斯库罗斯的悲剧《奠酒人》中，被缚的普罗米修斯这样表白自己的心迹："我必须接受命运的支配，不会大惊小怪，知晓与必然的强力抗争，绝无胜利可言。"

就让我们结束在这里。

011

不要说一个凡人是幸福的，在他还没有跨过生命的界限之前：索福克勒斯《俄狄浦斯王》

索福克勒斯与"俄狄浦斯三部曲"

这一讲从索福克勒斯（Sophocles）的"俄狄浦斯三部曲"说起。索福克勒斯被公认为古希腊最伟大的悲剧作家，他生于公元前496年，活了整整90岁，他在少年时目睹过希波战争，中年时恰逢雅典的鼎盛时期，晚年则亲历了雅典和斯巴达之间的伯罗奔尼撒战争。《桃花扇》中那句唱词"眼看他起朱楼，眼看他宴宾客，眼看他楼塌了"，用来形容索福克勒斯的一生再合适不过。也许正因为如此，他才热衷于悲剧创作。索福克勒斯一生共创作了130多部戏剧，得过24次戏剧奖，除此之外，他还担任过税务委员会的主席，当选过雅典十将军之一。据记载，索福克勒斯晚年非常宠爱他的孙子，准备把大部分家产传给孙子，他的儿子听说后非常嫉恨，把他告到法庭，理由是他年老糊涂，做事昏庸，结果年过八旬的索福克勒斯当庭宣读了新鲜出炉的《俄狄浦斯在科罗诺斯》，法官听完五体投地，当庭撤销案子，并面斥其子不孝敬老人。公元前406年，索福克勒斯去世，当时伯罗奔尼撒战争仍未结束，交通不便，为了能让索福克勒斯的遗体顺利安葬，敌对国斯巴达的将领还特别下令停战。可以说，他跟伯里克利一样是"全面的人"，完美地体现了"卓越"这个词的古希腊含义。

从"俄狄浦斯三部曲"的写作顺序看，索福克勒斯最早创作的是《安提戈涅》，然后是《俄狄浦斯王》，最后是《俄狄浦斯在科罗诺斯》。但是从剧情的内容发展看，《俄狄浦斯王》是三部曲的开端，然后才是《安提戈涅》和《俄狄浦斯在科罗诺斯》。

《俄狄浦斯王》

我们今天要探讨的是《俄狄浦斯王》这部名垂千古的悲剧。法国诗人拉辛认为这是一部完美的悲剧。两千多年来，包括伏尔泰在内的许多作家都试图重写这个主题，但是它一直被模仿，从未被超越，至今在西方世界里上演最多的仍旧是索福克勒斯版本的《俄狄浦斯王》。

故事的起因是这样的：忒拜城的老国王无视神的禁令，娶了表妹为妻。阿波罗神盛怒之下，发布预言：这段婚姻所生的儿子命中注定要玷污母亲的床榻，生出一些使人不忍看的儿女，而且会成为杀死生身父亲的凶手。

为了躲避神的诅咒，老国王把新生的婴儿托付给一位牧人，让他秘密处死。可牧人不忍下手，转手把婴儿交给了邻国科林斯的一位牧人。正巧科林斯的国王没有孩子，于是收养了他，取名俄狄浦斯。俄狄浦斯长大之后，偶然听说自己并非国王的亲生儿子，大感不解，跑到德尔菲神庙询问身世，阿波罗神没有正面回答他的问题，但警告他千万不可返回祖国，否则会杀父娶母。

为了躲避神的诅咒，俄狄浦斯离开科林斯，踏上了去忒拜城的道路。结果，在一次狭路相逢的冲突中，他杀死了一位素昧平生的老人。说到这里，你一定猜出了真相，没错，他杀死的正是自己的生身父亲。

此时，忒拜城正处于一场重大危机之中。斯芬克斯，也就是那个人面狮身的怪物，盘踞在忒拜城外的悬崖上，遇到过往的行人就问他们："是什么东西行走时先用四只脚，后来用两只脚，再后来用三只脚？"如果不能猜中谜底，就把他们撕得粉碎。忒拜城的新王克瑞翁，也就是俄狄浦斯的亲舅舅，贴出告示，谁能猜出谜底，除掉斯芬克斯，就可以成为国王，并且娶克瑞翁的妹妹为妻。接下来的事情，你一定也猜出来了，俄狄浦斯破解了谜题，气死了斯芬克斯，成为忒拜国王，并娶了王后为妻，而她正是俄狄浦斯的亲生母亲。

这段乱伦的婚姻共生下两男两女。起初国泰民安，不久，忒拜城暴发瘟疫，神谕告知人们，必须找出杀害老国王的凶手，否则国无宁日。一位盲人先知说，凶手不是别人，正是俄狄浦斯。俄狄浦斯起初不相信，于是传来当年的那两位牧人对质。最后真相大白，他的母亲悬梁自尽，俄狄浦斯则用母亲的别针刺瞎了双眼，自我放逐，在女儿安提戈涅的陪伴下四处流浪。

运气、命运与理性意志

我相信，所有人读完这部悲剧的第一个反应都是：这就是命啊！无论老国王怎么处心积虑，俄狄浦斯怎么费尽心机，终究逃不过命运的左右。在神的意志面前，人所拥有的自由意志根本就是一个笑话！

在这部剧中，盲人先知对俄狄浦斯说过一句话："正是那运气害了你！"从概念分析的角度看，运气和命运并不是一回事。

所谓"运气"，指的是任意性与偶然性。出门在外，我们都会祈祷身体健康、旅途平安，可事到临头仍然会出各种乱子。比方说，我带着家人从拉斯维加斯出发，自驾游到羚羊谷玩，凌晨五点钟动身，结果导航出了问题，错走一段冤枉路，接着是车子抛锚，耽误一小时行程，最后紧赶慢赶，到了羚羊谷，结果被告知因气温过高，景区已经关闭，这就是我们常说的"运气太糟"。

与"运气"相反的词是"命运"，指的是既定的秩序与必然的法则。"运气"和"命运"这两个词看似对立，但是从人类幸福的角度出发，它们的效果却是一样的，因为它们都否定了人类行为的自主性，也就是说，"不论宇宙的发展是预先决定的，还是混乱无序地展开的，发生在我们身上的事情——包括我们的幸福——都是我们无法控制的"。

既然在运气和命运面前，人类无能为力，最明智的做法就是装聋作哑，得过且过。当俄狄浦斯杀父娶母的谣言传遍王宫的时候，王后也就是他的母亲曾经劝说俄狄浦斯不要再追问真相，她说："偶然控制着我们，未来的事又看不清楚，我们为什么惧怕呢？最好尽可能随随便便地生活，别害怕你会玷污你母亲的婚姻；许多人曾在梦中娶过母亲，但是那些不以为意的人却安乐地生活。"

王后的这段话代表了普通人最为熟悉的生活态度：不问未来，活在当下，对道德脱敏，对政治无感，对真相漠不关心，一句话，只有"随随便便地生活"才能"安安乐乐地生活"。当然，这种生活态度也可以用很高明的方式加以包装，比如《庄子·人间世》说："知其不可奈何而安之若命，德之至也。"

可是问题在于，俄狄浦斯不信命也不信神，为了让忒拜城人民彻底摆脱瘟疫，同时也是为了让自己摆脱嫌疑，他不顾先知的警告和王后的劝慰，一意孤行叩问事实真相。

亚里士多德《形而上学》开篇就说："人天生求理解。"百思不得其解，才会忧心忡忡，辗转反侧，寝食难安。俄狄浦斯打破砂锅问到底，不惜代价寻找杀死老国王的真凶，体现的正是理性主义者最根本的求知冲动和求真意志。

世上最聪明的人却是一个无知者

然而诡异的是，无知恰恰是推动《俄狄浦斯王》全剧发展的根本元素：俄狄浦斯自以为有知，实为最大的无知者。让我们回想一下，俄狄浦斯是怎么登上忒拜城的王位的？因为破解了斯芬克斯之谜，俄狄浦斯才赢得了王位，并被誉为"最伟大的人"。这个过程的隐含之义是，理性赋予人荣耀，知识赋予人权力！俄狄浦斯也因此志得意满，自以为是世上最聪明的人。然而，这个世上最聪明的人其实却是一个无知的人。

斯芬克斯问："是什么东西行走时先用四只脚，后来用两只脚，再后来用三只脚？"

俄狄浦斯回答："噢，当然是人。"

这一问一答对于理解"人是什么"究竟提供了何种真知？这一问一答究竟在什么意义上解释了人性的复杂和人生的无常？俄狄浦斯充其量只是在生物学意义上回答了"人是什么"，除此之外，他什么也没回答。

事实上，俄狄浦斯不仅从未参透"人是什么"，更没有实现德尔菲神庙上的箴言——"认识你自己"。

在真相大白之前，他不知道"我是谁"，在真相大白之后，他仍旧不知道"我是谁"。难道不是这样吗？乱伦的结果让俄狄浦斯既是王后的儿子，又是她的丈夫；既是女儿与儿子的父亲，又是他们的兄长。身份认同的彻底混乱颠倒，让俄狄浦斯根本无法回答"我是谁"这个问题，他在家庭中找不到一个合适的位置，在人间秩序中也找不到一个安顿的所在。

人类理性、知识的有限和易朽

分析到这里，不难发现，索福克勒斯是站在宗教信仰的立场创作这部《俄狄浦斯王》的，他有着很强的反启蒙色彩。启蒙运动的核心观念就是"敢于运用你的理性"，但是俄狄浦斯的遭遇告诉我们，"人类的理性和知识是有限的和易朽的"。与俄狄浦斯的人类知识相对立的，是盲人先知的知识，这种知识才是唯一有效的知识。盲人先知看不见现象世界的表面关联，但对本质的关联却洞若观火。相比之下，俄狄浦斯虽有双眼，事实上却与盲人无异。所以"当真相大白于天下之时，他必须刺瞎自己的双眼"。

我想再次提醒大家注意的是，无论是上一讲的赫西俄德还是这一讲的索福克勒斯，都不能从现代人的角度，特别是无神论的角度去理解他们的思想。他们从来都没有把神撇开去解释人事，相反，他们对神的意志充满了敬意，对人的理性充满了怀疑。

作为万物之灵，人类当然值得歌颂，所以在《安提戈涅》中，歌队这样唱道："世上的奇迹有很多，但没有一种奇迹可以和人类相比。"

但是另一方面，索福克勒斯告诫我们，如果不尊重神定的法律，人类这个奇迹往往会以悲剧收场。所以在《俄狄浦斯王》的最后，歌队这样唱道：

"忒拜本邦的居民啊，请看，这就是俄狄浦斯，他道破了那著名的谜语，成为最伟大的人；哪一位公民不曾带着羡慕的眼光注视他的好运？他现在却落到可怕的灾难的波浪中了！

"因此，当我们等着瞧那最末的日子的时候，不要说一个凡人是幸福的，在他还没有跨过生命的界限，还没有得到痛苦的解脱之前。"

在结束这一讲之前，我想特别指出的是，按照亚里士多德的观点，理想的悲剧人物要满足几个条件：首先，他要有高贵的身份；其次，他在道德层面上不是十全十美的，只有这样才能引起观众的同情和怜悯；最后，这个人之所以遭受不幸，不是因为他本身是罪恶的或者邪恶的，而是因为他犯了某种错误。

俄狄浦斯无疑满足第一个条件，接下来的问题是，俄狄浦斯在道德上有什么缺陷，他到底犯了什么错？我们下一讲接着说。

012

每个人都是潜在的僭主：
索福克勒斯《俄狄浦斯在科罗诺斯》

俄狄浦斯的晚年自辩

上一讲的最后，我们问了这样一个问题：俄狄浦斯在道德上有什么缺陷，他到底犯了什么错？有人会说，这还用问吗？俄狄浦斯杀父娶母，罪莫大焉。可是事情真的这么简单吗？

《俄狄浦斯王》写的是盛年的俄狄浦斯，《俄狄浦斯在科罗诺斯》写的是暮年的俄狄浦斯。当瞎了眼的俄狄浦斯一路颠沛流离来到科罗诺斯城外时，他的人生已经走到"最末的日子"，作为即将"跨过生命的界限"的老者，一个"流浪者"和"乞援者"，此时的俄狄浦斯不再凄凄惶惶，相反，他笃定而平静，在与科罗诺斯的公民短暂交谈之后，就督促歌队长去找城邦的王来见他，而且振振有词地说：

"我在这儿是一个受神保护的虔诚的人，我要为这里的人造福。"

《俄狄浦斯王》著于公元前 437—前 436 年，《俄狄浦斯在科罗诺斯》著于公元前 406—前 405 年，是什么原因让索福克勒斯时隔三十年后改弦易辙，决定给俄狄浦斯这个罪人一个幸福的结局，让他从一个被神诅咒的人成为"受神保护的虔诚的人"？

要想回答上述问题，首先需要追问：俄狄浦斯在什么意义上是个罪人？

经过多年的流浪生活，晚年的俄狄浦斯逐渐恢复了常识和理性，他开始为自己的杀父行为辩护："我所杀死的是要我性命的人（指其父拉伊俄斯）；在法律面前，我是清白无辜的；因为我不知他是谁，就把他杀了。"同时他也为自己的娶母行为辩护："我是不知不觉地娶了她的。"换句话说，他的"弑父"行为从法律上讲出于"自卫"，从认知上讲出于"无知"，他的"娶母"行为同样没有任何主观过失。既然所有的行为都出于无知和非自愿，那么他就不是罪人，也不应受到惩罚。所以老年的俄狄浦斯才会愤愤不平地控诉："老乡们，我遭受到最沉重的苦难，完全是由于无心的过失，天知道，事情不是我有意做出来的。"

傲慢与僭越：俄狄浦斯的真正过错

那么俄狄浦斯的过错究竟在哪里呢？

首先，即使俄狄浦斯的所有错误都是无心之失，但是站在政治和宗教的立场上，俄狄浦斯仍旧是一个罪人，通过弑父淫母，他在客观上破坏和僭越了自然秩序的正义性。

更重要的是，俄狄浦斯跟普罗米修斯一样，都犯下了hybris，也就是傲慢和僭越的过错。

事实上，《俄狄浦斯王》(*Oedipus Tyrannus*) 的准确译法是《僭主俄狄浦斯》。没错，是僭主（tyrant）而不是王（king），这才是俄狄浦斯的真实身份。

在古希腊时期，所谓僭主，意思是指"不通过世袭、传统或是合法民主选举程序，而是凭借个人的声望与影响力获得权力，来统治城邦的统治者"。照此标准，俄狄浦斯无疑是僭主，他虽然是忒拜城国王的亲生儿子，但是他获取王位的方式却不是通过世袭（当时无人知晓他的真实身份），也不是通过传统或者合法的民主选举程序，而是因为破解了斯芬克斯之谜，在这个意义上，他不具备真正的统治合法性。

综观《僭主俄狄浦斯》，除了标题，全剧只有一处提到 tyrant，就是"第二合唱歌"里的这句台词："The tyrant is a child of Pride."

罗念生先生把这句话翻译成"傲慢产生暴君"，并在注脚处指出此句是在"讽刺俄狄浦斯对待克瑞翁的傲慢态度"。我认为这个译法和解释过于平实，相比之下"僭主是傲慢的孩子"更符合诗人的原意。这是因为，首先，俄狄浦斯并不是"暴君"，在他执政的十五六年里，忒拜城风调雨顺，政通人和，当瘟疫突然降临，俄狄浦斯忧心忡忡，竭尽所能试图救忒拜城于水火之中。就此而言，俄狄浦斯的统治资格虽然并不名正言顺，但他却是勤政爱民的好君主。其次，俄狄浦斯的"傲慢"不仅针对凡人克瑞翁，更是针对盲人先知和阿波罗神，这突出地表现在宫廷对质中，俄狄浦斯狂怒之下对盲人先知的出言不逊，他是这样说的：

> 喂，告诉我，你几时证明过你是个先知？那只诵诗的狗（指斯芬克斯）在这里的时候，你为什么不说话，不拯救人民？它的谜语并不是任何过路人破得了的，正需要先知的法术，可是你没有借鸟的帮助、神的启示显出这种才干来。直到我无知无识的俄狄浦斯来了，不懂得鸟语，只凭智慧就破了那谜语，征服了它。

这番暴风骤雨般的攻击，淋漓尽致地展现出俄狄浦斯对于盲人先知的傲慢，换句话说，展现出人类理性的代言人对于神意的代言人的傲慢。这样我们也就不难理解，为什么在断言"僭主是骄傲之子"不久，索福克勒斯会写下这段台词：

> 如果有人不畏正义之神，不敬神像，言行上十分傲慢，如果他贪图不正当的利益，做出不敬神的事，

愚蠢地玷污圣物，愿厄运为了这不吉利的傲慢行为把他捉住。

"神之全能"与"人之责任"

古希腊人狄奥多托斯指出，所有的人天性就有僭越的倾向，任何法律或惩罚的威胁都无法禁止它。就此而言，我们可以说，每一个人都是潜在的"僭主"。

站在人类理性的角度，阿波罗神对俄狄浦斯的惩罚过于无情；但是站在神的角度，为了向不信神的人类宣告诸神的力量，阿波罗神一定要摧毁俄狄浦斯的人生，并且，俄狄浦斯的人设越动人，就越有示众效应。在这个过程中，没有任何道理可讲，因为神的预言必须实现！当力量强大到让人战栗，唯有五体投地。否则，骄傲的人类"就不会诚心诚意去朝拜大地中央不可侵犯的神殿，不去朝拜奥林匹亚或阿拜的庙宇"。否则，"阿波罗到处不受人尊敬，对神的崇拜从此衰微"。

所以，俄狄浦斯的悲惨人生，在普通人看来是任意性与偶然性在作祟，在神的视角里，则是向神定的秩序与必然的法则的回归。

面对 hybris 的威胁，"人类唯一可以避免毁灭的方法是尊重法则，也就是正义"。所以，赫西俄德会说："任何人只要知道正义并且讲正义，无所不见的宙斯会给他幸福。"正义者必获幸福，敬神者必获幸福——这是赫西俄德向所有黑铁种族的人类传达的根本讯息。我相信这也是索福克勒斯的核心要义。

我们在上一讲已经指出，索福克勒斯是雅典理性主义时代的反启蒙代表。德国学者约亨·施密特（Jochen Schmidt）认为，公元前429年和公元前427年的两场瘟疫，以及长达27年的伯罗奔尼撒战争给雅典的政治与宗教造成了深远的心理影响："一方面它促成了怀疑和玩世不恭……另一方面，在这多灾多难的几年里，许多人逃到旧宗教里面去。"索福克勒斯代表的就是后一类人。

现在要重提这一讲最初的那个问题：为什么索福克勒斯在三十年后重写俄狄浦斯时，要给这个被神抛弃的人一个 happy ending，俄狄浦斯在什么意义上竟然成了被神护佑的人？

有学者认为，这是因为在这三十年里，索福克勒斯和雅典人对于"神之全能"和"人之责任"的认识发生了深刻的变化，虽然索福克勒斯还试图回到旧宗教，但往日对天神的敬畏逐渐在淡化，被人的独立责任观念所取代。这就是为什么老年的俄狄浦斯一再强调自己无罪的原因所在。

一切都是神的安排

可是，问题的复杂性在于，另一方面，俄狄浦斯其实还是接受了"神的安排"。

当瞎了眼的俄狄浦斯在古希腊的大地上四处流浪的时候，是他的女儿安提戈涅在为他带路，在《安提戈涅》这部剧中，俄狄浦斯有一句非常动人的台词："这女孩儿的眼睛既为她自己又为我看路。"对于一个盲人来说，需要有一双明亮的眼睛，才能帮助他找到正确的路。其实不只是盲人，对于所有看而不见、听而不闻的普通人来说，都需要有人为他领路。安提戈涅曾经是俄狄浦斯的领路人，但是到了《俄狄浦斯在科罗诺斯》，领路人的角色却发生了逆转，俄狄浦斯说："女儿们，跟着我朝这边走：看来也奇怪，我现在反而给你们领路，就像你们先前给父亲领路一样。"

其实，真正的领路人不是俄狄浦斯，而是奥林匹亚山上的诸神，因为俄狄浦斯说："朝这个方向，朝这边，朝这个方向走；因为护送神赫尔墨斯和冥土的女神正朝着这个方向给我引路。"

从这句话可以看出，俄狄浦斯最终接受了"神的安排"。如果说《僭主俄狄浦斯》告诉世人"力图将非理性的因素理性化的努力注定要失败"，那么《俄狄浦斯在科罗诺斯》就在传达这样一个信息：既然理性化的努力注定失败，那就让我们泰然接受这个命定失败的结局，既然神的意志人类无法理解，那就让我们泰然接受神的安排。这正是古希腊悲剧精神的要义所在："它接受生活，是因为它清楚地看到生活必然如此，而不会是其他的样子。"

如此，我们才会理解《俄狄浦斯在科罗诺斯》全剧最后的那句话：“你们停止吧，别再哭了，因为一切都是神的安排。”

俄狄浦斯荣登忒拜王位的过程象征了理性对于神启、血统和传统的胜利，而他的最终垮台则被视为理性主义的失败，意味着对知识与力量过分自信的人所遭到的“存在意义上的失败”。在古希腊的神话和诗歌中，有太多英雄人物遭受到这种“存在意义上的失败”。普罗米修斯、阿伽门农、俄狄浦斯，莫不如此。

人类的幸福究竟取决于我们自己，还是取决于运气、命运或者神的安排？这是一个性命攸关的大问题。

索福克勒斯的“俄狄浦斯三部曲”虽然淋漓尽致地展示了人类理性的有限性和易朽性，但是在公元前5世纪的雅典，以苏格拉底为代表的理性主义的潮流已如破冰春水，无可阻挡，它的基本取向恰恰就是要挑战神对人的主宰，借用伯纳德·威廉斯的说法，就是“寻找理性的生活设计来减少命运的力量，以及尽最大可能得免于运气的影响”。这是接下来的课程要处理的主题。

在结束这一讲之前，我想请你们和我一起重温德尔菲神庙上最著名的三条箴言：“认识你自己”“凡事勿过度”，以及“生存与毁灭就在一瞬间”。其中，第一条箴言宣告了人类终其一生的命题；第二条箴言告诫人类要克服本性上的僭越冲动，始终恪守在永恒固定的界限之内；第三条箴言则再次重申了《僭主俄狄浦斯》中"第四合唱歌"中的警示：

> 凡人的子孙啊，我把你们的生命当作一场空！谁的幸福不是表面现象，一会儿就消失了？不幸的俄狄浦斯，你的命运，你的命运警告我不要说凡人是幸福的。

013

哲学就是把黑的说成白的，把白的说成黑的：智者派的兴起

我在第 1 讲"哲学是什么"中举过一个例子。大一的时候，我和同班同学去北京的王府井参加公益活动，一位资深人士得知我们是北大哲学系的学生后，非常开心地说："哲学，我知道，就是把白的说成黑的，把黑的说成白的。"如果柏拉图地下有知，听到这句话，一定会气得再死一次。因为把白的说成黑的，把黑的说成白的，这是智者派的专利，而非哲学家的使命。

智者派的声名

柏拉图平生最恨智者派，在他看来，苏格拉底被判死刑，就与雅典人搞不清楚哲学家与智者派的区别有关。所以柏拉图一直在不厌其烦地区分哲学家与智者派，并且火力全开地对智者派展开各种批评和攻击，比方说智者派是

"受雇于富豪子弟的教师",是"贩卖德性知识的零售商",是"在论辩中赚钱的人",是"只会模仿,自己没有知识又装作有知识的骗子",是"在大庭广众中发表长篇大论的蛊惑家"。

其实,直到苏格拉底和柏拉图之前,"智者"的名声一直很好。智者的英文是 sophist,直译就是"有智慧的人"。泰勒斯被称为希腊七贤之一,这里的"贤者"对应的就是 sophist。再比如说,著名的政治家梭伦也属于希腊七贤,荷马、索福克勒斯也都被称为 sophist。这个现象告诉我们,早期的 sophist 其实是一个泛称,它包括各行各业"有智慧的人"。

但是,我们今天更为熟悉的智者派却是另外一个形象,其特点包括:首先,通过收取费用,教授学生法庭论辩之道和政治生活的技艺;其次,自以为最有智慧,实际上不以真理为目的,而以输赢为目的;最后,败坏青年,毒化社会风气。

很显然,智者派在哲学史上名声不佳,主要是受到了柏拉图的影响。

可是在收费这个问题上,我倒是比较认同罗素的观点。罗素说,柏拉图反对智者收费授徒,那是因为他自己有着相当可观的私人财产,因此不能体会没有他那种好运气的人的需要。罗素又说,最奇怪的是近代的教授们,他们虽然找不出拒绝薪酬的理由,却也一再地重复柏拉图的这种挑剔。我觉得罗素这话说得很好,卢梭、康德、黑格尔，全都当过家庭教师，海德格尔、维特根斯坦，全都是大学里的教授，他们通通都是领薪水的。这没有什么不好意思，为什么知识不能收费呢？在这个问题上，孔子就比柏拉图开明得多，他曾经说过："自行束脩以上，吾未尝无诲焉。"意思是只要自愿带上十块腊肉作为礼物来见我的人，我没有不教诲他的。当年有位学生去拜见北大的季羡林先生，就真的带了十块腊肉，据说季老很高兴，认为这个青年还算懂古礼，于是欣然接待了他。当然，通过传授知识来收取费用，与"谁给我面包吃，我就为谁歌功颂德"还是有天壤之别的，前者无可厚非，后者斯文扫地。

由此看来，收费授徒无可厚非，智者派真正应该受到批评的是"不以真理为目的，而以输赢为目的"。智者派在这方面可谓劣迹斑斑，留下了很多故事。比方说，叙拉古的一位智者叫作卡拉西，他的辩护策略是这样的：如果给弱者辩护，就会极力渲染他的孱弱无能，给法官造成这样的印象——这个人如此之弱，根本没有做坏事的能力；如果给强者辩护，就会反其道而行，转而强调目标过于明显的不合常理——他大概不会这样做，因为他很清楚人们都会明明白白地想到他有做这事情的能力，言外之意是："被告这么强大，他会傻到公然去伤害一个弱者吗？"

智者派的双重标准

历史上最著名的智者叫作普罗塔戈拉（Protagoras,

约前 490—前 420），他在开班授徒之前，会跟学生事先协定，学生先付一半学费，剩下的一半等学生打赢了第一场官司以后再付，而如果第一场官司打输了，那么证明老师教学效果不佳，剩下的那一半学费就不用交。可问题是，有一个学生毕业之后从未出庭打官司，因此也不交剩下的学费。普罗塔戈拉等了很久，终于耐不住性子，就向法院提起了诉讼，师徒对簿公堂。在法庭上，普罗塔戈拉跟他的学生说："如果你打赢了这场官司，那么按照协定，你应该付我另一半学费；如果你输了，那么按照法庭的裁决，你也应该付我另一半学费。总之，这场官司无论输赢，你都得付我另一半学费。"谁知道他的学生针锋相对地反驳说："如果我打赢了这场官司，那么按照法庭的裁决，我不需要付你另一半学费；而如果我打输了，那么按照协定，我也不必付你另一半学费。所以，无论输赢，我都不必付你另一半学费。"

这个例子非常典型地体现出智者派的基本立场和论辩技巧。大家有没有意识到这个对话中的问题？没错，普罗塔戈拉和他的学生是在使用双重标准。如果普罗塔戈拉打赢了，根据法庭的判决，学生应该付钱给普罗塔戈拉，但是如果根据两人的协定，学生就不应该付钱给普罗塔戈拉。反过来也是这样，所以这两个人都是在使用双重标准来争取个人利益的最大化。

第欧根尼·拉尔修在《明哲言行录》中说，普罗塔戈拉是第一个主张在所有事物中都有互相对立的两种理由的人，而且他也是第一个把这个观念运用到论辩中的人。我一直认为，那些在辩论赛上口若悬河的人就是智者派的现代传人。事实上，普罗塔戈拉也是第一个创办辩论比赛的人。

哲学的目的是寻求真理，因此就必须要找到区分真与假、对与错的标准，智者派却引入了相对主义，他们选择双重标准，不追求真理而追求输赢，这当然会遭到哲学家的激烈反对。

智者派的贡献

我们常说"习惯成自然"，这句话的隐含之义是习惯和自然并不是一回事，但人们常常会把习惯当成是自然。

希罗多德在《历史》中讲过一个故事：波斯国王大流士曾经问希腊人，给他多少钱可以让他吃自己父亲的尸体，希腊人的回答是，多少钱也不可以；然后他又把吃自己双亲尸体的印度人叫来，问给多少钱才能答应火葬他的父亲或者母亲，印度人的回答是，给多少钱我也不会这么做。讲完这个故事，希罗多德引用了诗人品达的一句话作为总结："习惯是万物的主宰。"

可是问题在于，一方面习惯是万物的主宰，另一方面习惯又是可以变迁的，所谓"移风易俗"说的就是这个道理。希波战争之后，特别是公元前5世纪的后半叶，希腊世界的传统观念遭到了猛烈的冲击，从城邦制度、法律制度到风俗习惯、伦理规范莫不如此，那些原本被认为是自然而然的、天然正当的事情，现在都被视为是习惯使然。如果吃掉父母的尸体与火葬父母的尸体，两者之间的区别只是习惯不同，那就意味着无所谓谁对谁错，这当然会让笃信真理的哲学家大为不满。如果智者派一直用这样的方式教导学生，那就会败坏青年，毒化社会风气。苏格拉底被雅典法庭起诉的一个理由就是败坏青年，可是在柏拉图看来，这明明是智者派干的好事，怎么能安到苏格拉底的头上呢？也正因此，柏拉图才会对智者派深恶痛绝。

说了智者派这么多的坏话，现在我想替他们稍微翻翻案。前面已经说过，收费授徒这件事情其实无可厚非，智者派真正的问题在于引入了相对主义，站在习惯的立场上去反对自然。那么这么做是不是一定就是错的？

普罗塔戈拉最著名的命题就是："人是万物的尺度，是存在者存在的尺度，也是不存在者不存在的尺度。"相比于"神是万物的尺度"，"人是万物的尺度"无疑具有进步性，它意味着人文主义的兴起，对传统秩序形成了强有力的冲击，代表了某种进步的力量。德国哲学家卡西尔（Ernst Cassirer）就曾经高度评价智者派，认为他们"以一种新的精神突破了由传统的概念、一般的偏见和社会习俗所形成的障碍"。

然而，如果把"人是万物的尺度"推到极致，主张每一个具体的人是"万物的尺度"，就会出现相对主义的恶果。普罗塔戈拉认为一切都是相对的，同样的风在刮着，有的人觉得冷，有的人觉得不冷，所以一切都是感觉而已，风本身是无所谓冷或者不冷的。就这个例子而言，普罗塔戈拉说的并非没有道理，中文里也有"如人饮水，冷暖自知"的说法。不过风的冷热是一件无足轻重的事情，任何人都可以跟着感觉走，但是有些事情却是不能跟着感觉走的。比方说国家出台了一部法律，有的人觉得好，有的人觉得不好，这时候我们就不能跟着感觉走，觉得好的人就遵守它，觉得不好的人就不遵守它。相反，我们需要通过充分的讨论和协商，借助于一定的程序，去解决彼此的分歧，哪怕最终各自保留意见，那些觉得不好的人也要尊重法律。总之，一旦"移风易俗"演变成了"礼崩乐坏"，那就是"过犹不及"，这个时候，重建道德的客观标准和知识的体系就成为哲学家的新任务。

最后我想强调的是，从智者派开始，希腊人极力地推崇和传播语言（logos）的技艺，这也极大地促进了民主制度的发展。虽然说"巧言令色鲜矣仁"，虽然说"语言是暴君"，它可以蛊惑人心、颠倒黑白、指鹿为马，但是借助于话语而不是借助于暴力，通过点人头而不是砍人头来取得权力，这何尝不是一种进步呢？

所以说，不要被哲学家的一面之词所误导。智者派的兴起，虽然冲击了传统和秩序，带来了相对主义的难题，但是另一方面，智者派的空前活跃也象征着希腊文化鼎盛期之前的"青春的陶醉"与"不羁的活力"。

《苏格拉底之死》，布面油画，法国画家雅克—路易·大卫（Jacques-Louis
David，1748—1825）绘于 1787 年。

014

未经考察的人生是不值得过的人生：
苏格拉底的使命

哲学家的标准形象

我经常想，在普通人的心目中，哲学家的标准形象是什么样的？大概是不事生产，热衷玄谈，日常生活晕晕乎乎，偏偏又绝顶聪明，满脑子都是古怪的想法和念头。还有，他一定要貌不惊人，如果丑一点那就更好了。如果要在哲学史上找出一个最符合以上形象的人，那一定就是苏格拉底了。有人这样形容苏格拉底的外形："身材矮胖粗壮，烂眼，扁鼻子，大嘴，厚嘴唇。不修边幅，笨拙粗陋，他的体形像一个奇形怪状的萨蒂尔（Satyr，森林之神）。"

可是，就是在这样一个"老且丑怪"的皮囊下面，却隐藏着一个高贵而纯粹的灵魂。苏格拉底没有希腊人推崇的伟岸身材和堂堂仪表，但却是雅典城邦——这所希腊人的学校——中最璀璨夺目的人物之一。雅典执政官伯里克利曾经颂扬雅典人是"热爱美的人，但没有失去质朴的品味，是热爱智慧的人，但没有失去男性的魄力"。在我看来，苏格拉底的一生最完美地体现了这两句话。在接下来的八讲中，我会带领大家走入苏格拉底的世界。

苏格拉底（Socrates）生于公元前 469 年，死于公元前 399 年，他是雕刻匠和产婆的孩子，土生土长的雅典本地人。在他壮年的时候，经历了雅典民主制最为辉煌的时刻，他的后半生则亲历了长达 27 年的伯罗奔尼撒战争，目睹了雅典民主制的盛极而衰。

三个苏格拉底

苏格拉底述而不作，这一点与孔子非常像。孔门七十二弟子，苏格拉底有名有姓的弟子没有那么多，但也有个别出类拔萃甚至青出于蓝的，比如柏拉图。我们今天能够了解苏格拉底，首先要感谢柏拉图的对话录，其次是色诺芬的《回忆苏格拉底》，以及喜剧家阿里斯托芬的《云》。

但是，这三位作者笔下的苏格拉底简直就是三个人，所以我们马上就面临着如何甄别历史上真实的苏格拉底的问题。

在阿里斯托芬的喜剧里，苏格拉底是一个十足的小丑形象，他不仅跟智者派一样收费授徒，还跟自然哲学家一样研究物理学和天文学。有一个情节是这样的，苏格拉底张大了嘴抬头看天的时候，一只壁虎恰好在屋檐上拉屎，结果落在了他的脸上。中国的相声里有一个技巧叫"砸挂"，在郭德纲的相声里，于谦的家人就一直在倒霉。其实，古希腊的喜剧也喜欢这么"糟践"名人，而且就像于谦从来不会生郭德纲的气，身体强健、精神自信的希腊人也不会因为阿里斯托芬的粗陋和鄙俗而感到被冒犯。但不管怎样，阿里斯托芬笔下的苏格拉底是一个被高度夸张了的戏剧人物，我们万万不可把他错当成历史中的苏格拉底。

色诺芬是一个著名的将领，他打仗是把好手，写东西则稍显笨拙，对哲学也不甚了了，而且与苏格拉底也没有特别的深交，所以在色诺芬的笔下，苏格拉底的人格魅力减少了很多，既不幽默，也不机智。苏格拉底是以"引进新神"和"败坏青年"的罪名被判处死刑的，但是如果历史上的苏格拉底真如色诺芬描述的那样平庸无奇，我们就很难想象苏格拉底会造成如此大的破坏。所以有学者（伯奈特）指出，色诺芬给苏格拉底做的辩护真是太成功了，假如苏格拉底真是如书中描述的那样，他是绝不会被处死的。因为如此平庸无奇的人怎么会冒犯雅典公民，败坏年轻人呢？但是另一方面，鉴于色诺芬足够老实，太没有创造力，所以他对一些事件的描述反而是可信的。你想，让一个资质平庸但勤奋刻苦的人去写记叙文，记流水账，那应该是很合适的，但是让他理解苏格拉底对话的深意，把握他的哲学思想，并且在此基础上创作出隽永深刻的作品，就有些勉为其难了。

我们最为熟知的苏格拉底形象，应该说全都源于柏拉图的记录与塑造。在认识苏格拉底之前，柏拉图是一个典型的文学青年，热衷于戏剧创作，他的对话录充满了文学性和想象力，加上他无与伦比的哲学思辨能力，所以柏拉图笔下的苏格拉底到底是不是历史中的苏格拉底，人们同样非常怀疑。西方学者一般认为，早期的对话录，比如《申辩篇》《克里同篇》《高尔吉亚篇》，包括中期的某些对话录，应该是比较忠实地记录了苏格拉底的言行，从这几个对话录来看，苏格拉底的幽默和睿智是毋庸置疑的。

最智慧的人——自知其无知

关于苏格拉底，有太多脍炙人口的故事，我们日后会一一道来。这里只讲他最著名的一件事情。曾经有苏格拉底的粉丝因为太过崇拜苏格拉底，以至于产生了一个疑问：苏格拉底究竟是不是最有智慧的那个人？于是他跑去问德尔菲神庙里的阿波罗神：有谁比苏格拉底更有智慧吗？神的回答是：没有。这话传到苏格拉底耳里，让他诚惶诚恐，他说："当我听到这件事情时，我问自己，阿波罗可能是什么意思呢？因为我知道自己毫无智慧，无论大小。"

苏格拉底决定搞清楚神的真实用意，于是挨家挨户地去找雅典的成功人士对话，比如政治家、诗人还有工匠，可是一轮求教下来，苏格拉底惊讶地发现这些人果然没有智慧，他们不仅对自己的无知一无所知，还很傲慢地以为自己很有智慧。苏格拉底比他们高明的地方在于，他是"自知其无知"。我们千万不要把苏格拉底的论断等同于反智主义，"文革"时有个叫作张铁生的"白卷英雄"，这样的人属于"无知者无畏"，而苏格拉底恰恰相反，他对智慧抱有谦卑甚至是敬畏的心态，认定真正的智慧只属于神，人类的智慧没有什么价值，所以他才要特别地强调"自知其无知"。

思来想去，苏格拉底的最终结论是，神想用他来告诫雅典人，"你们当中像苏格拉底那样最聪明的人，他也意识到自己的智慧是微不足道的"。

未经考察的人生是不值得过的人生

你也许会感到有些困惑，难道政治家、诗人和工匠真的是毫无知识吗？当然不是。政治家知道如何治理城邦，诗人擅长组织语言，工匠懂得雕刻的技巧，在各自的领域里，他们都是行家里手。可是在苏格拉底看来，归根结底，以上知识都是无足轻重的。因为人这一生，最重要的也是最高尚的事情就是去探讨"善的问题"，就是去考察和反省自己的生活，进而"关照我们的灵魂"。苏格拉底相信，人生在世，不讨论这些问题就是在虚度时光，不以这些问题来检验生活，生活就没有价值。

也许会有人说，这个说法未免也太虚了吧。我来举几个例子，试着说明苏格拉底的深意。你看，我们的电脑坏了，会去找电脑工程师修理，我们的身体出了问题，会去找医生看病，我们每年都要做例行的体检，验血验尿照 X 光，就是想要防患于未然，有病就吃药。可是为什么当我们的灵魂出了问题的时候，我们却根本不当一回事呢？关照我们的灵魂，这难道不是人生最重要的头等大事吗？

据说有一次苏格拉底去看著名悲剧作家欧里庇得斯的戏，其中有一句台词说，最好还是放美德跑了算了。苏格拉底听后非常生气，立刻起身离开了剧院，他说：多么荒唐，奴隶不见了，人们四处寻找，美德跑了，却撒手不管。这个故事与中国古代哲人孟子的一句话惊人地相似，孟子说："学问之道无他，求其放心而已矣。"这里的"求其放心"是"寻找丢失的心"的意思。孟子感慨说："人有鸡犬放，则知求之；有放心而不知求。"意思是，普通人丢了阿猫阿狗，着急得不得了，把心丢了却往往无动于衷。这难道不是一件很悲哀的事情吗？我们的确常常混淆大事与小事——在菜市场买菜的时候斤斤计较，股市里投钱却一掷千金；在单位里为了职位升迁和奖金多少斤斤计较，对影响收入的各种税收政策和法律却事不关己高高挂起；每天忙着美容健身和养生，对自己灵魂的健康却漠不关心。

第一个把哲学引向日常的人

说到这里，你也许已经发现了，苏格拉底跟此前的泰勒斯、赫拉克利特还有巴门尼德非常不同，他不关心天上的事情，更关心人间的事务。罗马时期的哲学家西塞罗说："苏格拉底是第一位把哲学从神秘中召唤出来的人……虽然在他之前的所有哲学家都在从事哲学，但只是他才把哲学引向日常生活的主题，以便探索德性与恶行，以及普遍的善与恶，并使我们认识到，天上的东西，无论是我们的知识遥不可及的还是别的什么，纵然完全为我们所知，也与善的生活毫无关系。"

在这个意义上，苏格拉底完成了古希腊哲学的一个重大转向，那就是把研究对象从自然转变成人。阿里斯托芬对他的指控是毫无根据的，因为苏格拉底压根就不是一个自然哲学家，他不研究自然的一个重要原因就在于，研究自然对于认识人自己，对于人应该如何度过自己的一生是没有用的。

苏格拉底的这个观点跟佛教也有很多共通之处。在《佛说箭喻经》中记载过一个故事：潜心向佛的尊者鬘童子，心中起了疑问，不吐不快，就跟佛祖有了这样一番对话，他说：

> 有些问题世尊总不解释；或将之搁置一边，或予以摒斥。这些问题是：
>
> （一）宇宙是永恒的，还是
>
> （二）不永恒的？
>
> （三）是有限的，还是

（四）无限的？

（五）身与心是同一物，还是

（六）身是一物，心又是一物？

（七）如来死后尚继续存在，还是

（八）不再继续存在，还是

（九）既存在亦（同时）不存在？还是

（十）既不存在亦（同时）不存在？

　　这些问题世尊从未为我解释。这（态度）我不喜欢，也不能领会。

　　说完这些话，鬘童子就给佛陀下了最后通牒，声称如果不回答上述问题，他就要叛出师门。佛陀的回答是：你问的这十个问题我统统不做解答，因为它们没有用处。佛陀说：

　　它们与修炼身心的梵行根本无关。它们不能令人厌离、去执、入灭，得到宁静、深观、圆觉、涅槃。因此，我没有为你们解答这些问题。那末，我所解释的又是些什么呢？我说明了苦，苦的生起、苦的止息和灭苦之道。鬘童子，为什么我要解释这些呢？因为它们有用。它们与修炼身心的梵行有根本上的关联，可令人厌离、去执、入灭，得宁静、深观、圆觉、涅槃。因此我解释这些法。

看完这个对话，你是不是觉得苏格拉底把哲学从天上拉回到城邦，迫使哲学去思考人生和道德、善与恶的做法跟佛陀非常类似呢？事实上，20世纪最伟大的哲学家维特根斯坦也说过类似的话，他说："我们觉得，即使一切可能的科学问题都已得到解答，人生问题也还完全未被触及。"也许正是出于同样的考虑，苹果公司的创始人乔布斯才会说："我愿意用我所有的科技成果去换取和苏格拉底相处的一个下午。"

雅典城邦的牛虻

现在我们可以为苏格拉底的使命做一个简单的小结。公元前431年，伯罗奔尼撒战争爆发，这场战争持续了整整27年。在这期间，雅典的政治秩序陷入极度混乱之中，传统道德以惊人的速度分崩离析，苏格拉底想从伦理问题入手，重建雅典人的道德原则和政治秩序。他把自己视作神赐给雅典城邦的一只牛虻："这个城邦好比一匹硕大的骏马，由于太大，行动迟缓不灵，需要一只牛虻叮叮它，使它的精神焕发起来。"作为一只牛虻，苏格拉底的使命就是随时随地紧跟着雅典的公民们，鼓励他们，说服他们，责备他们，告诫他们不要过多地考虑实际利益，而要更多地关心心灵的安宁和道德的完善，更多地考虑城邦的利益和其他公众利益。苏格拉底相信："真正重要的不是活着，而是活得好。活得好意味着活得高尚、正直。"

可是我有时候忍不住会想，对于任何一匹骏马来说，牛虻的叮咬总不是一件愉悦的事情，它会忍不住想要拍死这只恼人的牛虻，所以哲人在城邦中始终处于一个危险的境地，苏格拉底之死在很大程度上就是因为雅典人不堪其扰，于是拍死了这只叮了他们几十年的牛虻。

在结束这一讲之前，让我们重温苏格拉底的那句名言："未经考察的人生是不值得过的人生。"但是，我想接着苏格拉底的话往下说："过度考察的人生是没法过的人生。"对于所有普通人来说，如果一方面不想麻木不仁地活着，一方面又想让生活能够继续，就必须要在"未经考察"和"过度考察"之间寻找一个平衡，这或许是我们每一个人的毕生使命。

015

灵魂的助产术：苏格拉底的哲学方法

这一讲，我们来探讨苏格拉底的哲学方法：普遍定义以及著名的"灵魂助产术"。在开始之前，我想请各位先来回答两个问题：

1. What is good? 也就是，什么是善的？

2. What is the good? 也就是，什么是善？

如果你觉得"善"这个翻译有点别扭，也可以用"好"字来代替。

什么是好的？大夏天喝到一碗冰镇绿豆汤是好的，酝酿了半天终于打出喷嚏来是好的，隔壁班的女生给我回微信了是好的，上哲学课或者不上哲学课是好的……总之，我们可以列举出很多好的事情或者好的行为。

可是当我问：什么是好？你是不是就有些困惑和迷惘了？我们明明知道这么多好的东西，可是为什么偏偏不能给出"好"的定义呢？

其实，苏格拉底一直在试图告诉人们，你也许能够举出很多例子来说明什么是正义，什么是勇敢，什么是美，什么是虔诚，什么是德性，可是你偏偏就是不知道如何给它们下一个普遍的定义。

追寻德性的普遍意义

在《美诺篇》中，苏格拉底跟智者派的美诺有过一段对话。美诺问苏格拉底："德性可以教授吗？还是说德性是通过实践获得的？或者，德性既不能教也无法通过实践获得，它就是一种天性？"

读到这里，你是不是又有些开始恍惚了？美诺到底在问什么问题？美诺是智者，智者的特点之一是什么？没错，就是收费授徒，教会学生法庭论辩和参与城邦政治的各种才能。如果德性是可以传授的，那么智者派收费授徒就是名正言顺的。反之，如果德性不可传授，智者派就会丢了饭碗。需要重点强调一下，上文中的"才能"就是我们在第 4 讲中提到过的 aretē。这个词最初的意思是"卓越"，但最流行的译法是"德性"，aretē 这个概念非常重要，但也非常不容易理解，所以我想花一点时间再解释一下。

古希腊人认为不同的事物有不同的 aretē，也就是有不同的才能和功能。打个比方，马的功能是奔跑，鸟的功能呢？当然就是飞翔。眼睛的功能是看，耳朵的功能是听。

不仅自然界里的生物有功能，非生物也有功能，房子的功能是居住，船的功能是在水上行驶。按照这个思路往下想，如果一匹马生下来只有三条腿，那它显然无法实现它的功能，这就是一匹没有用的马。反过来，如果是《射雕英雄传》中郭靖的汗血宝马，日行千里，夜行八百，那这匹马就是最大程度地实现了它的功能，换句话说，它就是一匹好马，一匹堪称"卓越"的马。

我在第 4 讲指出，后来的人把 aretē 翻译成"德性"，少了"才"的意味，多了"德"的意味，但我们一定要从"德才兼备"的角度去理解古希腊人所说的"德性"，而不能仅仅从道德的角度去理解。电影《功夫皇帝方世玉》里面有个非常出彩的配角，名叫雷老虎，他最爱说的一句话是："要以德服人！"因为是福建人，有口音，总是说成"以德糊人"。这里的德就只是道德意义上的"德"，中国式好人的典型特征就是，德行无亏但能力有限，与人为善却吃尽苦头，不是奸人贱人但也绝非能人强人，而就是地地道道的老好人。这与古希腊意义上的好人有着天壤之别，古希腊的好人，比如雅典执政官伯里克利，他不仅在道德上以"德"服人，而且在心智、肉体、实践上全方位地以"德"服人。

现在让我们回到美诺的那个问题：德性可教吗？对于智者来说，德性当然是可教的，这毫无疑问，如果德性是不可教授的，那智者岂不就失业了？

那么，苏格拉底会怎么回答这个问题呢？要知道，苏格拉底身上最大的标签就是"自知其无知",所以,他在对话的时候,总是以退为进,先谦虚地表示自己很无知,然后诱使对方给出自己的观点。所以,苏格拉底告诉美诺:在回答德性是否可教之前,先要搞清楚什么是德性,但是我必须很惭愧地承认,我根本就没有关于德性的知识,你这么厉害,可不可以跟我说一说呢?

如果你是美诺,看到苏格拉底这么虚心求教,一定也会产生好为人师的冲动。果不其然,美诺立刻就打开了话匣子,他说:你的问题很好回答啊,你看啊,男人的德性就是有能力治理城邦的事务,女人的德性就是把家务料理得井井有条,此外,还有小孩子的德性,老年人的德性,自由人、奴隶的德性,总之,德性的种类有很多很多。

听完美诺的回答,苏格拉底并不满意,他说:美诺啊,我真是太幸运了,我想要一个德性,你却给了我一大群德性。可是,不管德性有多少种类型,总有一种共同的"理念"(eidos,idea)使它们成为德性,要回答德性的人必须着眼于这一点,你懂得我的意思吗?

如果你没读懂苏格拉底的意思,请允许我稍加解释。还记得那个老财主家的傻儿子的故事吗?他隔了一天就认不出"一"来了,因为他无法在细小的"一"和巨大的"一"之间辨认出那个共同的"一",这个共同的东西,苏格拉底称之为"理念"——eidos,中文也有翻译成"共相"或者"形式"的。所以,苏格拉底的意思是,我不需要你给我列举那些具体的德性,我要的是那个使所有德性成其为德性的理念，也即是德性的普遍定义。

反诘法：苏格拉底的灵魂助产术

说到这里，我们可以对苏格拉底的哲学方法做一个简单的小结。

首先，苏格拉底不仅把哲学从天上拉回到了人间，专注于伦理学的探讨，而且还是第一个试图在伦理问题中寻找普遍定义的人。

其次，今天的哲学教授总是一个人站在讲台上独白，苏格拉底不喜欢独白，他更喜欢在广场上跟别人聊天，而且常常"扮猪吃老虎"，通过自我贬低的方式，诱使别人提出观点，然后加以反驳，最后让对方意识到自己的无知，所以苏格拉底的这个方法也被称为"反诘法"。

我们先来看"反诘法"。它包括四个步骤，通过反讥、归纳、诱导，最后得出定义，苏格拉底把这套方法形象地比喻为"灵魂助产术"。这是因为苏格拉底的母亲是一位助产婆，苏格拉底声称继承了母亲的"技术"。不同的是，他助产的对象是男人而不是女人，催生出来的是灵魂而不是肉体。苏格拉底说："我照料他们分娩时的灵魂，而不是他们的身体。我这种艺术最伟大的地方在于它能够以各种方式考察年轻人的心灵所产生的是幻想错觉还是真知灼见。"

小时候听过一个笑话。从前有个书生准备进京赶考，每天都在悬梁刺股，苦读圣贤书。有一天晚上，夫人看他又在抓耳挠腮，于是问他：你怎么总是在唉声叹气呀？书生说：因为写文章实在是太难了。夫人问：难道你们男人写文章比我们女人生孩子还要难吗？书生答：真的更难，因为你们肚里有货，我们肚里没货。苏格拉底自称使用的是灵魂的助产术，如果那个男人肚里没货，他能助产出什么呢？所以灵魂助产术如果想要成立，前提是每个人都是有灵魂的。进一步地，反诘法的目的是帮助每一个人回忆起他本来就已经拥有的东西，这又与苏格拉底著名的命题——"知识即回忆"联系在一起了。"知识即回忆"这个命题太复杂，我们留到柏拉图的专题再进行讨论。

德性到底可教不可教

那么，德性到底可教不可教呢？前面说了，智者派肯定认为"德性是可教的"，否则他们就失业了。作为智者派的论敌，苏格拉底肯定要主张"德性是不可教的"。

可是问题的复杂性在于，苏格拉底虽然认为"德性不可教"，但是他每天却与人们讨论伦理概念的普遍定义问题，试图催生他们的灵魂。如果德性是不可教的，那他的讨论岂不是也没有了意义？所以苏格拉底在心里面也是认为"德性是可教的"。但是他跟智者派最大的区别在于，智者派把德性当成一种现成的东西传授给学生，也就是说，智者派直接把答案告诉学生，而苏格拉底却认为，真正的德性只能借助于反诘法，通过唤起他人的回忆来加以"传授"。苏格拉底不直接告诉学生答案，而是通过引导和启发，让学生自己去寻找答案。

英国哲学家伯纳德·威廉斯说："我应该如何生活？"这个问题如果真的有答案，就必须要让每个人认识到这个答案是他本人赋予他自己的，唯其如此，这个答案才真正有意义，也真正有效用。这里的关键词是"自己"，没错，就是你自己在追问，自己在探索，自己在给自己提供答案。

我曾经写过一本书，名字叫作《你永远都无法叫醒一个装睡的人》，然而我真正想说的不是这句话，而是紧接着的那句话——"除非那个装睡的人自己决定醒来"。很多人忽略了后半句话，他们只是本能地觉得自己受到了冒犯，于是反驳说：你有什么资格自言清醒，又有什么资格说别人装睡？其实，我写下这句话，只是努力提醒让自己挣扎着不要睡过去。另外，我也相信，如果必要，完全可以找到 101 种方法来叫醒装睡的人，比方说用热水浇他，拿针扎他，或者让快递小哥给他打电话，但是真正有价值的醒来只能是——那个装睡的人自己决定醒来。我认为，这个观点与苏格拉底的哲学精神在根本上是一致的。

有人这样评论苏格拉底的方法，它是一门艺术（art），但不是教导哲学（philosophy）的艺术，而是教导如何进行哲学思考（philosophizing）的艺术。换句话说，这不是教导关于哲学知识的艺术，而是一门使学生成为哲学家的艺术。就此而言，哲学不是一个名词，而是一个动词。

寻找德性普遍定义的必要性

苏格拉底为什么要对伦理学的概念下普遍定义？这是因为，如果仅仅举例说明什么是正义、什么是美、什么是德性，就会出现此亦一是非、彼亦一是非的相对主义问题。每个人都有很多自己的私人小偏好，比如说，我喜欢吃榛子味的冰激凌，我觉得只要是笋怎么烧都好吃，我喜欢看曼联队的球赛，读国别史和人物传记。这些都是私人世界里的事务，你可以跟我辩论榛子味的冰激凌一点都不好吃，辩论小说比传记更好看，但是，谁对谁错都无所谓，因为这只是口味不同。可是一旦我们从私人领域进入公共领域，就不能仅仅诉诸私人的小偏好，认为谁对谁错都无所谓。比方说，你觉得外来务工人员子弟应该返乡上学，群居房容易导致火灾隐患，应该立即马上把他们赶出北京城，越快越好，那我就要跟你辩论辩论——你这么想为什么是错误的和不正义的。这个时候可千万不能说，这是我所认为的正义，那是你所认为的正义，所以无所谓对错与好坏。这时候我们就要试图去寻找正义的普遍定义到底是什么。

古希腊人不像现代人，他们没有什么私人领域，几乎所有的事情都是公共事务，一旦没有是非对错的标准，可不得天下大乱？所以，苏格拉底试图在伦理问题上寻找普遍定义，根本的目的是要重建雅典的道德秩序。

最后，我们要问一个问题：在《美诺篇》中，苏格拉底到底有没有找到德性的普遍定义呢？这么说吧，苏格拉底跟美诺你来我往讨论了半天，最后的结论是，德性是神赐给我们的，但是关于"德性到底是什么？"，对不起，我不知道。你是不是对于这个回答非常失望？但是我们不妨换个角度来想一想：苏格拉底最大的标签就是"自知其无知"，所以，在早期对话录中，苏格拉底常常是只破不立，对所探讨的主题并不给出一个明确的回答，相反，会展现出不知所措的茫然（aporia）。《美诺篇》虽然是中期对话录，但依然保留着不少早期对话录的痕迹。

苏格拉底提出了问题，但没有给出答案，或许他就是想要现身说法，告诉世人："智慧"这个词太大了，它只适合于神。因此，人类对于自身理性的限度要保持足够的自觉和警惕。

有位古希腊哲人曾经说过，在做完哲学演讲之后，如果下面的听众为他热烈鼓掌，他首先会怀疑自己是不是说错了什么。我非常认同这个观点，我认为好的哲学著作和好的哲学课堂就是这样，在结束的时候，听众的表情应该是满腹狐疑和神色不定的，这种若有所思、似有所得的感觉，才是哲学思考（philosophizing）的感觉。

016

脑子坏了还是良心坏了？
苏格拉底和亚里士多德论道德错误

无人有意作恶

这一讲我们来探讨苏格拉底的"无人有意作恶"。你一定听说过这样一句话："戒烟是天底下最容易的事情，我都戒过许多回了。"我们还可以把这句话里的戒烟换成减肥："减肥是天底下最容易的事情，我都减过许多回了。"在戒烟和减肥的问题上，人们之所以常立志而不是立常志，通常的解释是"意志薄弱"或者"不能自制"（akrasia），比如，我知道不应该抽烟，但就是无法抵御烟的诱惑。

"应该"蕴含着"能够"。打个比方，你"应该"珍惜生命、远离烟草，这个要求之所以是合理的，是因为你"能够"做到戒掉香烟，从此口气清新，神清气爽。反过来说，对于不"能够"做的事情，我们就不会说"应该"，比如说，我们一般不说"你应该每年挣到一亿元"。可是问题在于，即使面对那些能够做到的事情，很多时候我们还是会哀号：臣妾真的做不到啊。这个时候，常识告诉我们，那是因为你意志薄弱了，你被欲望俘虏了。

美狄亚是古希腊悲剧作家欧里庇得斯笔下的一个人物，当她得知丈夫背叛自己之后，愤懑不已，不惜杀死自己亲生的子女，以使负心人绝后。行凶之前，美狄亚怨念缠绕，难以自拔，于是有了下面的自白：

"尽管我知道我将犯的罪恶，但我已无法控制我的激情，激情就是造成罪恶的原因。"

"你所警告我的一切，我自己都知道。尽管我知道，自然却使我不得不如此。"

这两句台词再明白不过地告诉我们，美狄亚"知道"杀死亲生子女是罪恶的，她之所以明知故犯，完全是因为"意志薄弱"和"不能自制"——这个解释看起来非常的合情合理。可是，如果让苏格拉底来评价这部戏剧，他一定会质疑：美狄亚真的"知道"自己的行为是罪恶的吗？苏格拉底的意思是："如果人们知道如何避免恶行，而且知道不作恶比作恶更善，那么他们就不会去作恶。"这个观点可以总结为："无人有意（自愿）作恶。"

假如让美狄亚和苏格拉底来一场虚拟的对话，大概会是这样的——

美狄亚："我知道杀死子女是罪恶的，但我忍不住那样做。"

苏格拉底："并不是因为你忍不住，而是因为你并没有真正认识到那是罪恶的，你的错误在于缺乏知识，没有看见真正的善。"

所以说，在苏格拉底看来，美狄亚不是"明知故犯"，她的问题恰恰在于她处于"真正的、最严重的无知"。

德性即知识：没有人会故意伤害自己

初看起来，苏格拉底的观点与常识相差太远。一定有人会反问：难道美狄亚不是有意杀死自己的孩子？难道那么多的腐败分子不是在有意识地贪赃枉法？

苏格拉底的回答真的那么违反直觉吗？我们在日常生活中不也经常听到这样的说法：你的错误在于没有真正认识到你的错误！我们写检讨书，查找问题不足，深挖思想根源，在灵魂深处闹革命，所有这些做法的隐含之义就是，我们之所以错误，是因为在认识上出了偏差，说得难听一点，就是脑子坏掉了。

按照这个思路，一个人之所以在戒烟问题上屡败屡战、屡战屡败，不是因为他的意志薄弱，而是因为他虽然口口声声说知道吸烟的坏处，但其实还是没往心里去，没有真正严肃认真地对待吸烟的坏处，也就是说，他并不真的知道吸烟是一件坏事。我有一个朋友，有一次在办公室抽烟，正好手头有 PM2.5 的测试仪，当他点燃一根烟之后，眼睁睁看着数值从 20 飙升到了 500，这可把他给吓坏了，从此以后他再也没在办公室抽过烟。你看，他认识到了在办公室抽烟的危害性，所以就放弃了在办公室抽烟的习惯。当然，他显然还没有真正认识到抽烟的危害性，所以至今没有成功戒烟。

不妨展开说说这位朋友的推理逻辑：我在室外开放的空间里吸烟，PM2.5 的浓度就不会那么高；我每天控制吸烟的总量，对身体的伤害就不会那么大；退一万步讲，即使吸烟会伤害身体，甚至导致短寿，但是对比吸烟但快乐的一生和不吸烟但百爪挠心的一生，前者的快乐总量依然要大很多。所以，你看这个人是不是非常有理性？他可是真心诚意地认为吸烟是一个最好的选择。从这个角度说，如果你要批评他，就不能简单地说他意志薄弱，这个时候，苏格拉底的反驳思路反倒是成立的，也就是说，他之所以在戒烟这个问题上犯错，恰恰在于他没有真正认识到他的错误。

分析到这里，我们可以从两个角度对"无人有意作恶"做出解释。

首先，一个人作恶，最大的受害者会是谁？普通人一定会说，那肯定是别人啊。可是苏格拉底却认为，一个人作恶，最大的受害者是自己，因为他让自己变坏了。如果一个人作恶而且还逃避了惩罚，那就更糟糕了，因为他的兽性部分非但没有得到压制，反而更加嚣张。所以从这个角度出发，"无人有意作恶"的意思就是"没有人会故意伤害自己"，因为所有人都是"趋利避害""趋善避恶"的。烟民们在为自己做辩护的时候，不正是在强调这是对自己有益的事情而不是有害的事情吗？

其次，苏格拉底认为善恶是非是有客观标准的。智者派沉溺于感官把握的对象，把白的说成黑的，把黑的说成白的，就是在混淆是非善恶，他们追求的是意见而不是知识。哲学家要寻找善恶是非的知识，必须借助理性的力量。有德性的人就是有真正知识的人，没有德性的人则是缺乏真知的人。所以说，德性即知识。

苏格拉底的使命是督促雅典人"关照自己的灵魂"，因此，这里的"知识"就与"认识你自己"这句箴言联系在一起了。苏格拉底说："那些认识自己的人知道什么事对自己合适，能够分辨自己能做什么和不能做什么……由于有这种自知之明，他们还能够鉴别他人，通过和别人交往获得幸福，避免祸患。但是那些不认识自己，对自己的才能有错误估计的人……他们既不知道自己需要的是什么，不知道自己所要的是什么，也不知道他们与之交往的是怎样的人；由于他们对这一切没有正确的知识，他们就不但得不到幸福，反而要陷入祸患。"

这段话说得非常清楚，理性、知识、德性、幸福之间，存在着环环相扣、逐渐递进的逻辑。有理性的人必然拥有关于自我的知识，因此是有德性的人，有德性的人一定能够得到幸福。这毫无疑问是一种理性主义的道德哲学。有意思的是，20世纪的哲人维特根斯坦似乎也认同这一点。在一封私人信件中，他写道："我勤勉地工作，希望自己能更好（better）和更明智（smarter）。当然，这两者本就是一回事。"

维特根斯坦认为，"聪明人"和"好人"根本就是一回事。其实，我们也可以从反面的角度去理解维特根斯坦的这句话："蠢人"和"坏人"根本就是一回事。所以在现实世界里，我们才会目睹这么多"又蠢又坏"的恶人恶行。

亚里士多德：每天反复做的事情造就了我们

到目前为止，我已经尽可能同情地理解"无人有意作恶"到底是什么意思，但是不得不承认的是，这番道理虽然深刻，但与日常的道德直觉还是相差很远。以那些腐败分子为例，作为党和国家教育多年的干部，他们当然知道"莫伸手，伸手必被捉"这个道理，但是在面对江诗丹顿和爱马仕的时候，他们就是会意志薄弱，难以自制。这样的人可不是因为脑子坏掉了，而就是良心坏掉了。

亚里士多德批评苏格拉底，认为他把德性等同于知识，这样一来，就取消了灵魂中的非理性部分，因此也就取消了激情和欲望对人的影响。说得直白一些，少数时候理性是欲望的主人，多数时候理性是欲望的奴隶。人性并不是天然向善的，在那些又蠢又坏的人当中，多数不是因为太蠢了所以才会变坏，而恰恰是坏得肆无忌惮，才会显得格外愚蠢。

亚里士多德说："知道公正的人不会马上变得公正。"这句话特别有道理，这就好比能够背诵"八荣八耻"的人不会立刻成为有耻且格的人；要把"舌尖上的知识"变成"行动上的知识"，既需要时间，更需要实践。所以，亚里士多德才会说："每天反复做的事情造就了我们。"这句话的关键词是"做"，也就是行动和实践。亚里士多德为什么不说"每天反复说的事情造就了我们"呢？这是因为"拥有知识"不等于懂得"使用知识"。《天龙八部》里的王语嫣就是典型的纸上谈兵者，她博闻强记，知晓天下武术的所有精华，但是却手无缚鸡之力，就是因为在"拥有知识"和"使用知识"之间，缺少了一个必要的中间环节——实践。同样的，整天高谈阔论礼义廉耻的人，也不一定真的就在生活中遵守礼义廉耻。

回到前面举的烟民的例子，他给自己提供了很多合理化的理由，其实很可能都只是借口而已，很可能他在心里根本就不相信这些借口，他就是百分百的"不能自制"。人在这方面真的是"万物之灵"，我们总是非常容易地原谅自己的错误，而且非常善于给自己的错误寻找借口。

不久前，一帮朋友聚会，有一位老烟民再次宣布：我要戒烟了！现场没有一个人接话，大伙儿连翻白眼的力气都不想使。言行太不一致，以至于使人对其言论彻底丧失信心，这是不能自制者的普遍下场。

在私人生活中言行不一，那还只是私德有亏，人们顶多觉得这个屡戒屡吸的老烟民是一个笑话；在公共生活中的言行不一，那才是大问题，尤其是政治人物的言行不一，那可是流弊无穷。民国时期，人们常以"好话都被他说尽了，坏事亦被他做尽了"来笑骂汪精卫。然而恰如燕京大学教授张东荪所言，更加令人担忧的是，"言行不一致却不止汪氏一人。这个风气一开，极容易传染"，到那个时候，不只是政治人物口是心非、言行不一，初出茅庐的年轻人也会上行下效，竞相模仿，一旦成为社会的普遍现象，人们就会对宣传性的言论彻底丧失信心，视若无物。

在结束这一讲之前，我想做一个简单的小结。苏格拉底是个理性主义者，他强调知行合一，如果知行不一，那一定是知出了问题。而亚里士多德是个经验主义者和常识论者，他同样强调知行合一，如果知行不一，很可能是行出了问题。你会认同谁的观点呢？

017

雅典人为什么要对苏格拉底处以死刑？

秩序败坏了的雅典城邦

公元前 399 年，苏格拉底被雅典公民大会判处死刑。苏格拉底之死与耶稣基督之死，或许是西方文明史上最重要的两个死亡事件。前者宣告了哲学与政治的紧张，后者凸显出宗教与政治的矛盾。

雅典人为什么要对苏格拉底处以死刑？想要回答这个问题，首先要把视野拉回到公元前 431 年，那一年伯罗奔尼撒战争爆发，以雅典为首的提洛同盟与以斯巴达为首的伯罗奔尼撒联盟从此陷入长达 27 年的战争。这场战争被历史学家修昔底德忠实地记录下来，要想了解战争的破坏力，不妨读一下修昔底德下面的这段话：

邪恶这个时候已经被人们当成了美德，所有的词义都发生了变化：欺骗被赞为精明，鲁莽被当作勇敢，而忠诚、谦虚、大度却被认为是软弱的代名词。

如果你读过乔治·奥威尔的政治寓言小说《1984》，就会发现二者惊人的相似之处。在奥威尔笔下，虚拟的大洋国里有四个政府部门："真理部"负责撒谎，"和平部"负责战争，"仁爱部"负责刑讯，"富足部"制造短缺。大洋国和战争期间的古希腊的共同特征是，所有的词义都出现了黑白颠倒的现象。

千万不要小看这个现象，语言的败坏象征着人心的败坏，语言秩序的颠覆意味着道德秩序和政治秩序的颠覆。正是在这样的时代大背景下，苏格拉底开始了他的后半生，而他的使命，正是要通过探究伦理问题来重建道德秩序和人心秩序。

如果我们把目光进一步聚焦到雅典，就不得不注意到，在苏格拉底受审之前，雅典民主制出现的三次政治"地震"。第一次地震发生在公元前411年，一小撮阴谋分子与斯巴达里外勾结，推翻民主制，建立了"四百僭主专政"；第二次地震发生在公元前404年，雅典战败，在斯巴达的扶植下，雅典建立了"三十僭主专政"。这两次僭主专政虽然只分别持续了四个月和八个月，但却是雅典历史上非常恐怖和黑暗的时期。在"三十僭主专政"的八个月里，许多雅典公民遭到杀害，死亡人数甚至超过了战争最后十年战死的雅典士兵的总和。公元前401年，反民主派人士再一次蠢蠢欲动，尽管民主派最终获得了胜利，但是可想而知，经过这三次政治地震，雅典民主制早已元气大伤，失去了往日的雍容和自信。雅典人想要清算失败的原因，寻找祸根，于是开始抓特务、找敌人，最终，他们把目光聚焦在苏格拉底的身上。

苏格拉底的罪名：引进新神和败坏青年

苏格拉底具体都干了些什么？按照他在雅典法庭上的自述，自从听说了德尔菲神庙的神谕，他就每天忙个不停地在找各种人聊天，目的是检验他们是不是智慧，一旦发现某人并不智慧，就会毫不留情地指出来。

你可以设身处地地想象一下这样的场景：作为雅典城邦里有头有脸的人物，你家境殷实，平日里受人尊敬，当你在阳光明媚的公民广场上闲逛，跟老熟人们点头致意、问话寒暄的时候，突然斜刺里杀出一个衣衫褴褛的老人，二话不说就跟你开始探讨正义、德性、幸福这些玄而又玄的问题。你一开始还能侃侃而谈，可是三言两语过后，就开始理屈词穷、面红耳赤了，最可恨的是，边上还站着一群衣着光鲜的贵族青年，不停地起哄。这事儿搁谁头上谁不恼火呀？可想而知，苏格拉底在他的哲学生涯中，必定得罪了不少雅典的成功人士。

苏格拉底就这么四处奔波地找人对话，他说："由于这项工作很忙，所以我没有余暇去参加政治活动，也没有工夫去料理自己的私事。如今我一贫如洗，两袖清风，这就是我一心侍奉神道的结果。"

不料理个人私事，也不参加政治活动，整天带着年轻人不务正业，专门给成功人士挑刺，对民主制度说三道四，这样的苏格拉底的确很"招人烦"。事实上，向雅典公民大会起诉苏格拉底的共有三个人，一个是演说家，一个是诗人，还有一个是手艺人兼政治领袖，都是城邦内部的头面人物。从道德心理学的角度出发，苏格拉底通过对话和反讽来揭露对方的无知，由此激发起对话者的羞耻之心，从而让他们自知其无知，知耻而后勇。可是问题恰恰在于，知耻而后勇的人从来都是少数，多数人的反应是恼羞成怒，进而怀恨在心。所以，这场诉讼的最初动机更像是私人恩怨。当然，要想公报私仇，就必须诉诸冠冕堂皇的理由，苏格拉底就是被以"引进新神"和"败坏青年"为由起诉的。

那么，这两个罪名是否真的成立呢？我们先来看"引进新神"的罪名。雅典人都知道，苏格拉底有一个奇怪的习惯，他会不分场合，突然之间就进入"老僧入定"的状态。有一次在战场上，他就这么披星戴月站了整整一个晚上；还有一次参加宴会，走着走着，他就立定不动了，其他人就说：别理他，他总是这样，让他自己站上一会儿就好了。苏格拉底自称，每当这个时候，他就在跟神直接对话。初听上去，这好像也没有什么了不得的。可是仔细想一想，苏格拉底其实是在抛开外在的宗教系统，直接诉诸自我的内心世界，用"认识你自己"来代替"外在的神谕"，这当然算得上"不敬旧神"以及"引进新神"了。所以说，这个罪名不算是凭空捏造。

再来看"败坏青年"。这里必须要提到两个人的名字，一个是克里底亚斯，另一个是阿尔西比亚德，这可是苏格拉底最为臭名昭著的两个追随者。根据原告的指控，这两个人同苏格拉底交往之后使城邦蒙受巨大的祸害，克里底亚斯是僭主政权中"最贪婪、最强暴和最阴险的人"，阿尔西比亚德是民主政权中"最放纵、最傲慢和最专横的人"。

阿尔西比亚德是雅典著名的美男子，英勇善战，但却性情乖张，反复无常。作为雅典的将领，阿尔西比亚德曾经屡立战功，但在远征西西里失利之后，他叛变投敌，加入斯巴达的阵营。不久之后，他再次叛逃，这一次投向整个希腊的敌人——波斯。

问题在于，阿尔西比亚德和苏格拉底的关系非常密切。首先，他是苏格拉底的学生，在著名的对话录《会饮篇》中出过场。在一次战役中，苏格拉底曾经冒着生命危险救过阿尔西比亚德的命。因为爱慕苏格拉底的智慧，阿尔西比亚德还曾经追求过苏格拉底。读到这里，大家不要惊讶，同性恋在古希腊其实非常盛行。俄狄浦斯的母邦忒拜城甚至还专门建立过一支由同性恋者组成的"神圣军团"，俗话说"打虎亲兄弟，上阵父子兵"，更何况是"亲密爱人"？"神圣军团"在各项战事中所向披靡，据说因此被很多城邦仿效。

所以说，"败坏青年"这个指控也不是无端诽谤。当年菩提老祖对孙悟空说："你这去，定生不良。凭你怎么惹祸行凶，却不许说是我的徒弟。"可惜苏格拉底没有这样的先见之明。有些哲学史家力图撇清苏格拉底对这些人的影响，我觉得大可不必，凭什么教出柏拉图是苏格拉底的功劳，教出阿尔西比亚德就跟苏格拉底关系不大呢？

苏格拉底决定去死

事实上，哲学是一门危险的行当。从观念的意义上说，哲学家不属于任何共同体，哲学家的本性是求真，他必须质疑一切既有的观念，把它们放在理性的法庭上加以审判，这与宗教要求的虔敬、政治要求的服从可以说格格不入。个性乖张的人，会因为有了哲学的加持，愈发傲慢骄狂。所以我总是这么认为，哲学家的德性不仅在于质疑，更在于知道何时停止质疑。就此而言，保持智识上的节制，才是哲人的根本德性。

按照雅典法律的规定，任何人只要被起诉，就必须要出庭。在自我申辩的过程中，苏格拉底的表现极其精彩，有兴趣的读者可以去找《申辩篇》来读，我在这里只简单扼要地总结一下苏格拉底的辩护策略，简而言之一句话："所有的指控都与我无关。"

苏格拉底大概表达了以下几个意思：我不研究物理

学，所以我不是自然哲学家。我不收费教学生，所以我不是智者。我没有自封为最有智慧的人，所以不是我狂妄自大，这是神的意思。我没有毒害年轻人，我相信神灵。总之，你们对我的指控都是不实之词。

如果说以上都是防卫性的辩护，那么下面三个说法则是进攻性的和挑衅性的辩护。苏格拉底说："我不会因为想要避免惩罚而放弃哲学。"这话的意思是：我死不悔改。苏格拉底还说："我是神赐给雅典人的礼物。""我绝不哀求获得宽恕。"

可想而知，如果你是现场的陪审员，一定也会被苏格拉底的态度所激怒。很自然地，在第一次投票表决时，以281票对220票判定苏格拉底有罪。原告建议死刑，法庭允许苏格拉底自行选择刑罚，比如无期徒刑、罚款或者流放。没想到苏格拉底居然说：像我这样一个人怎么能被惩罚呢？我应该得到好处，我对城邦做出的贡献堪比奥林匹克运动会的金牌得主，应该让我去国宾馆免费吃住。最后他提议，如果一定要罚款的话，那就罚一个末纳吧，这是非常非常小的一笔钱，小到足以让陪审员们认为苏格拉底是在羞辱他们。于是，在第二次投票表决的时候，以361票对140票判处苏格拉底死刑。苏格拉底的回答是这样的："我之所以被定罪，是由于缺少一样东西，但是缺少的不是言词，而是厚颜无耻，甘愿向你们说那些你们最爱听的话。"

我在读《申辩篇》的时候，有很强的一种感觉：苏格拉底似乎从一开始就没打算从这场审判中脱身，而是有意无意地在推动这场本不应该发生的死刑判决。换句话说，苏格拉底罪不至死，雅典公民原本也不打算判他死刑，反而是苏格拉底本人决定去死。苏格拉底为什么勇于赴死？他为什么对死亡毫不畏惧，反而刻意求之？我们会在第19讲中再处理这个主题。

求真的勇气

现在我想对这一讲做一个小结。哲学与政治从来都处于紧张的关系之中，对于这一点，苏格拉底心知肚明。他曾经说过："我如果很久以前就从政，那就早已被处死，不能给你们或者给我自己做什么好事了。请不要因为我说实话而不高兴。因为一个人如果刚正不阿，力排众议，企图阻止本邦做出许多不公不法的事，就很难保全生命。一个人如果真想为正义而斗争，又不想活一个短暂的时期，那就只能当一个平头老百姓，绝不能做官。"中国有句古话叫作"君子不立危墙之下"，但是苏格拉底很少过问政治问题还不仅仅出于"明哲保身"的考虑，而是因为他一方面认识到政治的危险性，另一方面认定政治是末，道德是本，所以他更愿意从道德和伦理入手解决雅典的危机。更重要的是，苏格拉底并不缺乏政治勇气。公元前406年，雅典海军战胜了斯巴达舰队，但领导这次战役的10位将军却因为没有及时掩埋阵亡将士受到了审判，当时恰好轮到苏格拉底当五百人议事会的主席。多数人认为这些将军应该被处死。可是，苏格拉底却力排众议，毫不犹豫地投出了反对票。两年之后，"三十僭主"上台，苏格拉底的学生克里底亚斯命令苏格拉底和另外四个公民一起去逮捕民主派人士。苏格拉底虽然厌恶民主派，但对克里底亚斯诛杀异己的行径更加反感，所以他没有执行命令，而是悄悄地自行回家了。如果不是"三十僭主"很快垮台，苏格拉底极有可能因为此事而受到惩罚。我认为这两件事非常有象征意义，面对民主制和僭主制，苏格拉底都展现出了求真的勇气，他既没有屈服于汹涌的民意，也没有屈服于僭主的暴力。虽然他一生都在尽力回避政治，但并不代表他缺少政治勇气。

公元前 399 年，苏格拉底被雅典公民大会判处死刑，在判处死刑和执行死刑之间，还有大约一个月的时间，这期间苏格拉底又说了些什么，做了些什么，我们下一讲继续。

018

苏格拉底为什么拒绝越狱？
柏拉图《克里同篇》

公元前 399 年，苏格拉底被雅典公民大会判处死刑。在判处死刑和执行死刑之间有大概一个月的时间，在这期间，苏格拉底一直在狱中跟他的学生和朋友讨论哲学问题。雅典人就是这样，利用一切可能的时间在追求丰沛而高远的生活。

拒绝越狱的三个理由与政治义务

苏格拉底有一个好友名叫克里同，这是一个热心肠的有钱人，他买通了狱卒想帮助苏格拉底越狱。没承想苏格拉底不但拒绝了这个请求，而且给出了拒绝越狱的三个理由。哲学家就是这样，不仅要给出自己的立场，还要给出立场背后的道理。

我们今天就来探讨一下苏格拉底拒绝越狱的这三个

理由。

苏格拉底的第一条理由可以称为"感恩原则"。苏格拉底说：雅典城邦之于我就好比生我养我的父亲和母亲，某种意义上说，城邦甚至比父母还要更加"尊贵""可敬"和"神圣"。如果与父母发生争执，不能说服他们，就只能按照他们的命令行事，服从他们加于你的任何惩罚。既然面对父母的时候百依百顺，那么面对城邦的时候也应该如此。很显然，这个论证的前提是家国具有同构性，中国人对这个逻辑最为熟悉，例如成龙就唱过这样一首歌："都说国很大，其实一个家……家是最小国，国是千万家。"

苏格拉底给出的第二个理由是，即便城邦对他所做的事情是不正义的，但是城邦让他和他的同胞"分享了所有的好东西"，所以他不应该逃避城邦对他的惩罚。这个理由的言外之意是，其他公民都在奉公守法，你却在钻法律的空子，这对于其他公民显然是不公平的。所以这条理由可以称为"公平游戏原则"。

第三个理由是，任何雅典人在成年之后，认清了城邦的政治组织和法律，如果仍旧心怀不满，大可以带着财产到他愿意去的任何地方，但是如果任何人在这样的前提下，仍旧选择留下来，那就意味着已经默认了城邦法律的正当性。换句话说，你跟城邦其实已经签订了某种契约。这个时候就要遵守契约，不能因为履行契约会违背你的利益，而任意撕毁契约。这条理由可以称为"认可理论"。

一般认为，以上三个理由构成了政治哲学中的"政治义务"理论的前身。

什么是政治义务？简单说，就是为什么这是国家的法律或者命令，我们就应该不考虑其内容而服从它？这里的关键表述是"不考虑其内容而服从"。比方说，按照中国民间的说法，孝顺就是百依百顺，也就是不考虑父母命令的内容是对还是错，总之就是要服从。苏格拉底肯定不认为雅典公民大会对他的审判是正义的，但是他依然决定服从这个审判，而不考虑其内容的非正义性，这正是政治义务的精髓所在。

现在的问题是，苏格拉底给出的这三个理由是充分的吗？它们是否真的可以证明政治义务呢？

我们今天要重点探讨的是后两条理由的合理性，也就是"公平游戏原则"和"认可理论"。至于"感恩原则"，我想请读者自己仔细想想其中的逻辑。有两条思路可供参考。第一是家国是否同构？如果是，为什么？如果不是，为什么？第二条思路是，当我们的父亲提出了一个不合理的要求时，我们通常会质疑为什么。一般来说，父亲都会继续给出解释，但有时候也会非常粗暴地回答：因为我是你爸爸！因为我养了你这么多年！这个时候，他好像也在讲道理，但我们往往会认为他根本就没在讲道理，为什么这个明明是最根本的理由反而看起来不像是理由了呢？

"公平游戏"中的主动接受与被动接收

为了帮助大家理解公平游戏原则的精髓所在，我先举一个例子。期末考试的时候，90% 的人都在作弊，只有 10% 的人遵守考场规则，如果你是那 10% 的人，此时你的心理活动会是什么样的？你也许会一方面骄傲于自己的出淤泥而不染，另一方面在你的内心深处，没准会有一个声音在不停地告诉自己，要不我也翻翻书？要不我也作弊吧？

如果碰巧你读过休谟，也许还会背诵这句话给自己听："如果我独自一人把严厉的约束加于自己，而其他人却在那里为所欲为，那么我就会由于正直而成为呆子了。"由此可见，公平游戏原则的要点在于"限制的相互性"，也就是说，在一个社会合作体系中，只有当其他人服从规则的时候，我才会服从规则。这被视为是公平游戏原则的理论优点之一，因为它要求每一个合作者避免成为所谓的"搭便车的人"。除此之外，这条原则还有另外一个理论优点，它不要求你事先认可社会合作体系的"合法性"，只要你从这个体系中"主动接受"了好处，按照公平游戏原则，你就有义务去做你分内的事。

这里的关键词是"主动接受"。所有曾经在大学期间收过鲜花的女生，一定对"被动接收"与"主动接受"的区别非常清楚。对于那些扔下花就跑路的男生，那些强人所难把鲜花塞到你怀里的男生，你一定不会承认自己主动接受了他们的鲜花，由此你也不必承担相应的义务，比方说，从此成为他们的女朋友。

可是对于有些好处，似乎不是那么容易区分"被动接收"与"主动接受"。比方说，宿舍管理委员会为了丰富大家的业余生活，在楼道里架设了一个大喇叭，每到晚上9点就开始播放流行音乐和相声小品节目，并且要求每个同学负责一天的播放任务。张三一开始对此表示拒绝，说每天背英语单词还来不及呢，根本没有时间和兴趣收听广播。可是没想到，慢慢地，他居然喜欢上了听广播，甚至养成了习惯，每到晚上9点就打开宿舍的门，躺在床上听得不亦乐乎。一个月后，宿舍管理委员会找到张三说，明天轮到你给大伙儿播放节目了，否则的话你就是一个搭便车者。

试问，按照公平游戏原则，张三是不是有义务去播放节目呢？在这个例子中，虽然张三一开始不认同宿舍管理委员会的规定，但后来他似乎的确是"主动接受"了这个规定带来的好处，因为他不仅听得如痴如醉，还特意打开门来听。

也许张三会反驳说：可是问题在于，我之所以爱上听广播，完全是迫不得已，因为即使我关上门窗，戴上耳机，也无法阻止广播的声音钻进我的耳朵，这简直就是逃无可逃！

事实上，有些政治哲学家认为，由国家提供的很多"公共利益"，比方说国防安全、警察的保护以及法治秩序，就是这类既无法"主动接受"也无法"主动拒绝"的好处，因为它们如同广播和空气，无所不在。当我强行塞给你一束花的时候，你可以主动拒绝它也可以主动接受它，但如果是空气，你可以主动拒绝它吗？你不能，因为你就生活在空气里，你也无法主动接受它，因为你就生活在空气里。如果公共利益是这类无法"主动接受"也无法"主动拒绝"的特殊利益，那就意味着在证明政治义务的时候，公平游戏原则的解释力出现了问题。

分析到这里，我们可以做一个小结。面对宿舍管理委员会的要求，张三的反驳是这样的：虽然我看似主动接受了好处，但归根结底是因为我既无法主动接受也无法主动拒绝听广播，所以不能用公平游戏原则来要求我服从这样的规定。现在球踢到了宿舍管理委员会这边，如果是你，你会怎么回答张三呢？也许你会说：如果你不认同我们的权威，不打算服从我们的规定，那你完全可以搬出去啊，既然你住在这里，你就是默示认可了我们的权威。

是不是看起来很熟悉？没错，这就是苏格拉底提出的第三个理由——认可理论。

默示认可与强盗逻辑

作为生于斯长于斯的国民，我们与国家和政府之间从未签订过明示认可的契约，更多的是基于默示认可。按照默示认可的逻辑，哪怕你不通外语，出身贫寒，仅靠微薄的薪水度日，你依然拥有选择离开自己祖国的自由。所以，只要你仍旧待在这片国土上，你就在事实上已经认可了它的法律和政策，因此，你就必须做一个奉公守法的良民。针对以上逻辑，英国哲学家休谟曾经举过一个例子进行反驳：假设你在睡梦之中被人绑架到了一条船上，醒来时眼前除了汪洋大海就只剩下那个面目可憎的海盗头子。现在你有两个选择：离开这条船；或者留在这条船上。前者意味着跳进海里淹死，所以你只能选择留在船上，那么这是否意味着你其实已经在自由地表达你对船主权威的认可？

默示认可理论显然存在着极大的问题。记得多年前，网上曾经流传过一个视频，在厦门大学的辩论会上，一个男生把辩论现场改成了孟非主持的"非诚勿扰"。这个辩手说："请问反方一辩，你有男朋友吗？请回答有还是没有？"反方一辩措手不及，一时语塞。没想到两秒过后，男生立即说道："好吧，默认的答案就是没有！那么请反方一辩告诉我，做我的女朋友，好吗？"虽然网民们无比热爱这个浪漫时刻，但是我却烦透了这个男生的强盗逻辑。因为哪怕这个男生是以爱的名义，哪怕反方一辩没有立即表示反对，哪怕中文字典里有一个词语叫"默认"，都无法支持男生单方面得出那个让围观群众雀跃不已的答案来。

一个不认可现有政治体制的人，不但会出于各种原因放弃移民而选择留在国境之内，而且会接受来自体制的公共利益，比如国防安全、环境保护、法制和社会秩序等，但即便如此也仍旧无法证明他已经默认了这个体制，因为大多数的公共利益，就像空气一样无处不在，既无法主动接受也无法主动拒绝。

1 + 1 + 1 > 3

如此看来，苏格拉底提供的三条理由都存在问题。那苏格拉底为什么还要选择服从城邦不正义的审判呢？

我想指出的是，首先，我们在生活中给出的绝大多数理由几乎都不是一锤定音式的终极理由，很多理由也许不是那么充分，但已经足以让我们毅然决然地采取行动了。

其次，苏格拉底可不是单独给出其中的一条理由，而是同时给出了三条理由。后世的"政治义务"理论家与苏格拉底最大的区别正在于这里，他们往往试图应用单一的理论去解释公民与国家之间的关系，而苏格拉底则充分意识到了公民与国家之间关系的复杂。我在本书反复强调的一个观点是，我们必须学会用一种复杂的眼光去审视和分析世界。我特别欣赏维特根斯坦的一句话，他说："哲学病的一个主要原因——偏食：只用一类例子来滋养思想。"苏格拉底不偏食，他不是哲学病的患者。他给出的三条理由虽然各有缺陷，但是组合在一起却可能产生 1+1+1>3 的效力。

再次，虽然蝼蚁尚且偷生，但对于人来说，却必须要考虑比活着本身更重要的事情。有些人主张"活着，就是一切"，这是典型的犬儒主义生活态度，它很容易就会滑落成为"一切都是为了活着"。还有一种观点是"活着，就是一种成就"，这句话是我在读本科的时候听一位研究中国哲学史的老人说的，我认为这句话与"活着就是一切"不同，考虑到这位老人经历了风云诡谲的 20 世纪，这句话应当多少包含了某种温和的坚持，以及坚持之后的通达。但是相比之下，苏格拉底更加勇猛精进，他坚持认为，对于人而言，"真正困难的不是逃避死亡，而是避免做不义之事；不义之事比死亡更难逃避"。苏格拉底不仅是"知其不可为而为之"，更是"知其应当为而为之"。在他眼中，人之一生应该做道德上正当的事情，而且"活得好"与"活得正当"就是一回事。

最后，"舍生取义"虽然值得赞颂，但它仍旧是道德意义上的死亡观，对苏格拉底来说，死亡之所以不是一件恐怖的事情，就在于学习哲学就是在练习死亡。

019

苏格拉底为什么勇于赴死？

死亡是人生唯一确定的事

在哲学系的逻辑课上，每当谈到三段论的时候，最常出现的例句是这样的——

大前提：所有人都是会死的；

小前提：苏格拉底是人；

结论：所以，苏格拉底是会死的。

没错，所有人都是会死的。对于有朽的人类来说，死亡是人生唯一确定的一件事，可恰恰是这个唯一确定的事情，我们对它却一无所知。

孔子说："未知生，焉知死。"这是对死亡问题采取"悬隔判断"的态度。苏格拉底不同，他直面死亡，研究死亡，甚至认为哲学家的使命就是练习死亡。正因为如此，当生命的最后时刻到来的时候，他不仅镇定自若，毫不慌张，甚至还有些跃跃欲试，这真是让人心向往之的境界。

从多因论考察苏格拉底的勇于赴死

我们在第 17 讲中曾经探讨过苏格拉底勇于赴死的道德理由。苏格拉底说："我之所以被定罪，是由于缺少一样东西，但是缺少的不是言词，而是厚颜无耻，甘愿向你们说那些你们最爱听的话。"我们一定要纠正一个错误的印象，认为苏格拉底在法庭上没有为自己尽力辩护。如果你这么想的话，那是因为在你看来，一个好的辩护就是尽可能地让被告逃脱惩罚，但这有悖苏格拉底的初衷。他在雅典法庭上做自我辩护，是为了阐明自己认定的真理，而不是为了逃脱惩罚。换句话说，苏格拉底是为了坚持真理而主动接受了死刑的判决。

在第 18 讲中，我们探讨了苏格拉底勇于赴死的政治理由。曾经有人对苏格拉底说：真是不幸，你遭受了不义的审判而死去。苏格拉底回答说：难道你希望我是遭受了正义的审判而死去？这个对话的隐含之义是，这个审判的不义恰恰衬托出了他的正义。中国有句老话叫作"认罪伏法"，对苏格拉底来说，他伏法，但不认罪。之所以伏法，是因为身为公民，苏格拉底尊重城邦的法律和秩序；之所以不认罪，是因为身为哲人，苏格拉底坚持真理和使命。

除了上述的道德理由和政治理由，我还想说一些看起来不那么高大上的观点。我想提醒你们注意的是，苏格拉底被判处死刑的时候已经是七十高龄的老人，用他自己的话说就是"死期已不远"。首先，不妨问这样一个问题：如果苏格拉底不是 70 岁而是 40 岁，他会做出什么样的决定呢？他还会这样勇于赴死吗？须知，在此前的 70 年里，苏格拉底已经成就了他卓越的一生，在这个意义上，他死而无憾。反过来说，我们之所以对婴儿的早夭、青年的猝死感到格外难过，不正是因为他们还没来得及展开自己的一生，还没有来得及绽放就要凋落吗？

其次，还可以问一个更加现实的问题：作为古稀之年的老人，苏格拉底可以逃到哪里去呢？不久前我看了一部电影，名字叫作《三城记》：鼎革之变的前夕，女主角决定逃亡香港，临行前，她的母亲改变了同行的决定，理由是自己已经老了，不能也不想再去适应一个完全陌生的环境。既然如此，不如抱残守缺，就在此地终老一生。

也许有人会觉得，这么解释是不是太过复杂了？就不能直截了当地说苏格拉底是为了真理而死的吗？这样我们多么清楚明白，一目了然啊。对不起，我就是想要告诉你们，事情比我们想象的要复杂。我们要学会从"多因论"的角度出发去考察世界。

真正的哲学家一直在练习死亡

在探讨完形而下的理由之后，现在我们来重点探讨形而上的理由，作为哲人，这是苏格拉底勇于赴死的根本理由。

在《申辩篇》中，苏格拉底指出，普通人把死设想为最大的不幸，但是在他看来，死的降临是一种福气，而且他有充分的理由这样认为。苏格拉底说，在以前进行讨论时，神的声音经常会突然打断他。但是在整个申辩的过程中，神的声音一直都没有出现，这意味着神认为他做的是对的事情，而且会带来好的结果，否则神就一定会阻止他。

这个理由非常私人，它既无法证实，也无法证伪。所以，为了说服他人，苏格拉底还在《申辩篇》里提出了另外两个理由来说明死并不可怕。

第一个理由是人死之后，灵与肉俱灭，从此一了百了，对一切事情再无知觉。苏格拉底说如果死就像是这样，那简直可以称之为"福气"。因为没有哪个夜晚能比安睡无梦更美好、更幸福。初看起来，这个理由很吸引人。我不知道读者是否有过类似的体验——我在很小的时候，有过多次"一夜无梦"的经历，每次醒来都神清气爽，感觉无比美妙。可是我并不认同苏格拉底的这个论证。普通人之所以觉得"一夜无梦"是件美事，前提是能够醒来，然后再去"回味""一夜无梦"的美妙。如果灵与肉俱灭，就意味着灵魂再也醒不过来，失去了"回味"的机会，到底是"一夜无梦"还是"一夜噩梦"，又有什么分别呢？

事实上，苏格拉底并不认为人死之后，灵与肉会共同毁灭。古希腊人普遍相信灵与肉是两种不同的东西，彼此可以分离。荷马在《奥德赛》中曾经这样写道：人死之后，灵魂并不随身体的死亡而消失，而是"如梦幻一样飘忽飞离"。

苏格拉底给出的第二个理由正是如此。人死之后，灵魂与肉体分离，但是灵魂并不会从此凋零，而是从这个世界移居到了另一个世界。在那个世界里，灵魂将会遇到米诺斯这样的英雄人物，还有赫西俄德和荷马这样的著名诗人，灵魂可以与他们提问、交谈和争论。苏格拉底说，这难道不是一件再幸福不过的事情吗？我认为这个说法更有吸引力。这就好比是去参加一场向往已久的 party，一道出席的人里面包括很多你崇拜多年的偶像人物，而且这场 party 永不谢幕，你能不为此感到欢欣鼓舞、跃跃欲试吗？

可是说到底，以上两种理由都只是推测而已，虽然极富文学的想象力，但它们既不是关于死亡的知识，更缺少足够的哲学味儿，因此还是不够过瘾。所以我们还要继续介绍中期对话录《斐多篇》里的观点。学术界普遍认为，《斐多篇》中的很多观点极有可能是柏拉图借苏格拉底之口在阐释自己的观点。但是我不打算纠结于这个问题，而是直接探讨剧中人物苏格拉底是如何处理灵魂不朽这个主题的。

　　杨绛先生在88岁高龄的时候翻译了这本对话录，她在百岁访谈时曾经这样说道："我得洗净这一百年沾染的污秽，准备回家。"如果我猜得没错，这个说法应该受到了《斐多篇》的影响。因为对苏格拉底来说，肉体就是一个巨大的羁绊，总是在给灵魂找各种麻烦，一会儿饿了，一会儿渴了，一会儿想要这个，一会儿想要那个，总之，让我们充满了欲望、恐惧，以及种种幻想和愚妄的念头。苏格拉底说，因为整天忙于供养肉体，我们无暇关注哲学，每当稍有一些时间来研究哲学，肉体就总是打断我们的研究。因此，只有在死亡降临之际，也就是灵魂与肉体彻底分离之际，灵魂才有可能真正获得渴望已久的智慧和知识。

　　苏格拉底说，真正的哲学家一直在练习死亡。这句话的意思并不是说哲学家每天都在变着花样地玩自杀游戏，事实上，苏格拉底明确表示，自杀是被禁止的，因为神是人的监护者，人则是神的财产，在未经神允许的情况下，人是没有资格处置自己的生命的。哲学家练习死亡的意思是，哲学家一直在练习灵魂与肉体的分离。既然如此，当死亡真的到来之际，哲学家就不应该心慌意乱。因为只有死亡才能让灵魂一劳永逸地摆脱肉体的桎梏。苏格拉底说，如果你看到一个人临死的时候惶恐不安，他就一定不是爱智慧者，而是爱肉体者。

关于灵魂不朽的论证

好学深思的读者一定会问，到目前为止，苏格拉底好像一直在做陈述，但没有给出论证。其实，在《斐多篇》中，苏格拉底在"灵魂不朽"这个问题上至少提出了六个论证，分别处理"灵魂为什么在生前存在""灵魂为什么在死后继续存在"，以及"灵魂为什么不朽"这三个问题。我们在此无法深入展开，只能简单地探讨其中的一个论证。

苏格拉底的朋友们一直在担心，人死之后，灵魂消逝，不复存在。为了说服他们，苏格拉底提出了所谓的"基于感觉的论证"，他的具体思路是这样的：

1. 有两类存在，一类可以被看见，另一类则看不见；

2. 看不见的东西永远保持不变，看得见的东西则变化不定；

3. 人是由灵魂和肉体这两个部分组成的，肉体属于看得见的那一类，灵魂属于看不见的那一类。

苏格拉底的结论是，看不见的灵魂是保持不变的，而看得见的肉体则是变化不定的。也就是说，人死之后，肉身化为尘土，但灵魂却会继续存在。

我们应该如何来理解这个论证？

我在第 6 讲中介绍了毕达哥拉斯的观点，强调了思维相对于感官的优越性。苏格拉底的思路深受毕达哥拉斯的影响，苏格拉底认为，灵魂必须要摆脱肉体所具有的五种功能（看、听、闻、尝、触），才能进入"纯粹、永恒、不朽和不变"的世界。当灵魂与"不变者"为伍的时候，它也就不再四处飘零，彷徨无依，而变得始终如一了，这个时候灵魂就获得了智慧和永生。换句话说，这个时候，灵魂也就摆脱了"生之巨轮"的永恒轮回。

说到"生之巨轮"，也许你还记得第6讲结尾处的这段话：

> 我们在这个世界上都是异乡人，身体就是灵魂的坟墓，然而我们决不可以自杀以求逃避；因为我们是神的所有物，神是我们的牧人，没有他的命令我们就没权利逃避。在现世生活里有三种人，正像到奥林匹克运动会上来的也有三种人一样。那些来做买卖的人都属于最低的一等，比他们高一等的是那些来竞赛的人。然而，最高的一种乃是那些只是来观看的人们。因此，一切中最伟大的净化便是无所为而为的科学，唯有献身于这种事业的人，亦即真正的哲学家，才真能使自己摆脱"生之巨轮"。

所谓"只是来观看的人"就是沉思的人，就是超越感官世界和世俗生活的哲学家，他们的毕生使命是让灵魂摆脱肉身的束缚，这是"净化"一词的真实含义，沉思的人努力让灵魂进入"纯粹、永恒、不朽和不变"的世界，这样的人，就是摆脱了"生之巨轮"的真正的哲学家。

如何评价和理解苏格拉底的论证

现在的问题在于，我们应该如何评价这个论证？

这个论证最关键的前提预设是：看不见的东西永远保持不变，看得见的东西则变化不定。真的是这样吗？作为现代人，我们可以很轻易地举出反例。比方说，我每天上班开车都收听中国国际广播电台的节目，这当然是拜特定频率的电磁波所赐，电磁波是不可见的东西，但是它显然很容易受到干扰和破坏，所以说，"看不见的东西永远保持不变"，这个前提并不成立。

事实上，如果我们一一考察苏格拉底在《斐多篇》中关于"灵魂不朽"的论证，就会发现每一个论证都存在着大大小小的问题。关于这个问题，现代学者已经做过非常多的讨论。这意味着苏格拉底关于"灵魂不朽"的论证其实并不成功。

你也许会对此深感失望和困惑。我们应该如何理解这个现象？

首先，我们必须要认识到，"灵魂不朽"是一个超出人类理性限度的问题。康德后来说，灵魂不朽与意志自由、上帝存在一样，都是人类的纯粹理性无法论证的对象，但为了使道德生活得以可能，就必须要假设它们是成立的。为什么必须要预设它们？让我们来读读俄国作家陀思妥耶夫斯基的这段话就明白了：

> 我何必要好好生活，积德行善呢，既然我在世上要彻底死亡？既然不存在灵魂的不朽，那事情很简单，无非就是苟延残喘，别的可以一概不管，哪怕什么洪水猛兽。如果这样，那我为何不可以去杀人、去抢劫、去偷盗，或者不去杀人，而直接靠别人来养活，只管填饱自己的肚皮呢？要知道我一死就万事皆休了！

其次，我们万不可苛求古人。如果同情地理解苏格拉底身处的传统，就会意识到，从荷马史诗、奥菲斯教信仰，一直到毕达哥拉斯教派的教义，都在主张"身心分离"和"灵魂不朽"，它们共同构成了苏格拉底思想的历史传统和宗教背景。从这个角度说，苏格拉底不是在论证一个有待证明的哲学命题，而是在为已有的宗教信念提供哲学论证。

最后，我们切不可小视这种哲学论证的努力，哪怕它仍旧笼罩在宗教的阴影之中。人是有理性的动物，虽然人的理性有其限度，但我们不可以因为人类理性无法给人生问题提供根本的回答，就心灰意冷，认为理性一无是处，从此放弃理性，厌恶论证。苏格拉底说，恰恰相反，我们虽然认识到自己的理性仍有缺陷，但必须尽最大的努力使自己成为理智上健全的人。

在生命最后的时刻，苏格拉底论证灵魂不朽，首先不是为了说服别人，而是为了让自己"产生一种最坚定的信念"——一种勇于赴死的信念。苏格拉底坦承，这是一种"自私"的动机。但是与此同时，他仍旧鼓励对话者不要顾虑他的想法，而是要尽可能地探求真理，如果认为他的说法没道理，就要尽可能地批判他。所谓"朝闻道，夕死可矣"，说的就是这个道理吧。

苏格拉底的一生说过无数的话，其中最打动我的一句话来自《申辩篇》，这是他在雅典公民大会上说的最后一句话：

> 现在我该走了，我去赴死；你们去继续生活，谁也不知道我们之中谁更幸福，只有神知道。

是的，理由总有穷尽之时，生命迟早会走到最后关头，到那个时候，我们两手空空，唯有向善的信念可以凭靠。苏格拉底并不"确知"自己的选择是否正确，但他"确信"自己的选择是正确的。他尽其所能地为自己的信念提供论证，他对于自己的论证深信不疑，他尽其所能地关照自己的灵魂，他对自己的灵魂能够不朽深信不疑，所以他才能够勇于赴死。他是摆脱了"生之巨轮"的真正的哲学家。

答问 1

"无所为而为的科学"到底是什么意思？[1]

　　这次的问答源自学友"天之兰"，她对第 6 讲"闭着眼睛解释自然的哲学家"中的最后一段话表示不理解，这段话是这么说的：

　　　　我们在这个世界上都是异乡人，身体就是灵魂的坟墓，然而我们决不可以自杀以求逃避；因为我们是神的所有物，神是我们的牧人，没有他的命令我们就没权利逃避。在现世生活里有三种人，正像到奥林匹克运动会上来的也有三种人一样。那些来做买卖的人都属于最低的一等，比他们高一等的是那些来竞赛的人。然而，最高的一种乃是那些只是来观看的人们。

---

[1] 这门西方哲学课在"喜马拉雅 FM"播出时，我与听友们一一互动比较多，并针对他们提出的一些具有普遍性的问题做了回答。本书也将这些回答以附录的形式附于相关篇章之后。

因此，一切中最伟大的净化便是无所为而为的科学，唯有献身于这种事业的人，亦即真正的哲学家，才真能使自己摆脱"生之巨轮"。

尽管我已在第 19 讲"苏格拉底为什么勇于赴死？"中做了进一步的解释，但是我还是想花一点时间来深化一下这个问题。

这段译文转自罗素的《西方哲学史》，罗素的这段话又是转自希腊哲学史专家伯奈特的《早期希腊哲学》。"天之兰"表示尤其不理解"无所为而为的科学"这个说法。我分别查阅了这两本书的英文原文，发现一个很有趣的出入。在伯奈特的原文中，"科学"一词前面并没有任何形容词，他的原文是："The greatest purification of all is, therefore, science..."而罗素的《西方哲学史》在转引这句话的时候，science 前面出现了一个形容词 disinterested，也就是"与利益无关"，中文译者何兆武把它非常文雅地翻译成了"无所为而为"，结果给大家造成了一些理解上的困难。

说到这里，我们可以得出两个推论：

首先，我们基本可以判断，罗素在转引伯奈特的时候，自行加上了"disinterested"这个形容词。那么罗素这么做到底对不对呢？如果按照严格的学术标准来说，罗素这么做当然是不对的，因为既然标明了是转引自伯奈特，就应该一字不多、一字不少，老老实实地转引，不可以擅自改动文本；但是另一方面，罗素加上"disinterested"这个词，并没有改变伯奈特和毕达哥拉斯的意思，反而可以说，它是符合甚至强化了文本中的原义，因为，按照奥林匹克运动会上三种人的区分，显然献身科学的人跟旁观者一样，他们的动机是与利益无关的。

其次，按照翻译工作的"信""达""雅"这三个标准，中文译者把"与利益无关"翻译成"无所为而为"，我个人认为是很符合"雅"的标准，但既然有这么多朋友表示不理解，也许说明这个翻译不太符合"信"和"达"的标准。

当然，对于各位来说，文字的考据是次要的问题，最关键的还是如何理解这段话。那么我想说三个观点：

第一，这段话非常明确地指出了献身科学事业的人就是哲学家，这个说法再一次提醒我们，在古希腊，哲学和科学是不分的，哲学家就是科学家，科学家也是哲学家，这跟当代的情形非常不同。

第二，毕达哥拉斯所区分的奥林匹克运动会上的三类人——做生意的人、运动员和旁观者，跟亚里士多德在《尼各马可伦理学》中区分的三种幸福观正好构成一一对应的关系。做生意的人对应追求感官快乐的快感人生，运动员对应追求荣誉的政治人生，旁观者对应追求沉思的思辨人生。

第三，古希腊哲人为什么会对哲学、对无所为而为的科学这么着迷？这是因为他们认为，人天生求知识，换句话说，这是人性使然。在这门课程中，我反复在说的一个道理是，理解本身就是对人的最大馈赠，理解本身就能给人带来最高的快乐。我认为这也是西方哲学家一以贯之的立场，从毕达哥拉斯到亚里士多德，甚至到近代的笛卡尔、洛克，都是这样。洛克曾说："人的理解可以说是心灵中最崇高的一种官能，因此，我们在运用它时，比在运用别的官能时，所得的快乐要较为大些，较为久些。"洛克还说："理解之追寻真理，正如弋禽打猎一样，在这些动作中，只是'追求'这种动作，就能发生了大部分的快乐。"这些想法都是在强调纯粹的知识、单纯的理解本身所带来的那种幸福体验。

当然，对于古希腊哲人来说，哲学除了能够带来为知识而知识的快乐，还能给哲学家带来永生，因为他们深信，肉体是灵魂的坟墓，只有当灵魂彻底摆脱了肉身的羁绊，灵魂才有可能不朽。这也正是毕达哥拉斯所说的摆脱"生之巨轮"的含义所在。

020

苏格拉底之死与雅典民主制（上）

在开始本讲之前，先说一个小故事。我在北大读书的时候，经常往36楼跑，因为那是我们这一级的女生楼。这座楼前有一座雕塑，初看上去像是一只海狮在顶球，其实是字母D和S的组合，取意于五四运动的德先生（Democracy）和赛先生（Science）。因为D和S上面还有一个球，所以北大人常称这个雕塑的含义是"民主科学顶个球"，但又有人说，你要是仔细看，就会发现球在字母S上面，字母D上没球，所以这个雕塑的确切含义应该是"科学还顶个球，民主连个球都不顶"。

我一直觉得这不完全是一个笑话。从古至今，有太多人认为民主连个球都不顶。

古希腊有个词叫作"arche"，主要的意思是"开端"和"主宰"，这个词隐含了古希腊人一个根深蒂固的观念：开端主宰一切！作为人类文明的开端之一，在古希腊那里我们的确能够看到西方社会乃至整个人类社会的所有端倪，包括它的最好与最坏，可能与不可能。所以想要了解民主到底是好东西还是坏东西，我们不妨把视线拉回到古希腊的雅典，看看这个人类历史上的第一个民主制度到底是个什么东西。

雅典民主制的四个关键词

就让我们开门见山地说吧，民主从诞生之初就不是个好东西。为了帮助读者迅速地把握雅典民主制的基本特点，我在这里重点介绍四个关键词：陶片放逐法，抽签制，直接民主，以及民意煽动者。

陶片放逐法是雅典的一项政治制度，雅典公民可以通过在陶片上写下不喜欢的公众人物的名字，把得票最多的人士放逐，在外邦流放十年。这个制度的设计初衷是为了限制和约束因为名望和声誉过于隆重以至于威胁到城邦安全的卓越人士，从而保护民主制，防止僭主制。陶片放逐法并非完全没有道理，打个比方，当年袁世凯功高盖世，以至于野心勃发，下面的人察言观色，投其所好，不断地上劝进书，结果袁世凯脑子一发昏，就做出了当皇帝的决定。如果民国期间也有陶片放逐法的制度，那么袁世凯就有可能被流放海外，不至于做出举行登基大典、破坏共和、遗臭万年的举动。但是陶片放逐法的弊端也是一目了然的。雅典公民的教育层次参差不齐，有不少人干脆就是文盲。

有一回，雅典著名的政治家阿里斯提德在投票的时候，就被一个公民要求代笔，结果阿里斯提德一听：这不就是我自己的名字吗？于是他好奇地问道：你为什么要放逐阿里斯提德呢？得到的回答是：不为什么，我其实并不认识他，但是因为总是听人赞美他是"公正之士"，我实在听烦了，不如就把他放逐算了。由此可见，陶片放逐法的优点是能够约束官员权力，防止僭主出现；缺点则是民意难测，而且极易成为党争的工具。据说当时甚至出现过先写上政敌的名字，然后批量生产陶片，分发给民众的情形。

再来看抽签制。我们今天一想到民主制，最先映入脑海的就是"投票表决"这四个字。可是在雅典民主制时期，除了像将军和司库这类特别需要专门技能的官员是通过选举产生的，绝大部分的公职都是通过抽签的方式任命的。抽签有什么优点呢？从表面上看，它最大程度地实现了平等这个价值，无论是王公贵族还是平民百姓，无论是学富五车还是目不识丁，反正大家一视同仁，都有机会担任政府部门要职。可是，抽签的坏处同样也是一目了然的。所谓术业有专攻，如果靠抽签来决定谁担任哪个职位，肯定会出现"德不配位"的情况。试想一下，如果"你的语文是体育老师教的"，或者"你的数学是音乐老师教的"，你说会是什么结果？此外，抽签制看似强调平等，其实却是在伤害平等。就像亚里士多德说的那样，以不平等的方式对待平等之人是为不平等，以平等的方式对待不平等的人同样也是不平等。

我们今天最熟悉的民主形式是代议制民主，也称间接民主，相比之下，雅典实行的却是直接民主。二者最大的区别在于，在直接民主这里，人民既是统治者又是被统治者，没有任何中介和代表；在间接民主这里，统治者由被统治者选举产生，用美国建国之父麦迪逊的话说就是："公民从自己中间选出少数人作为自己的政治代表。"直接民主的好处是最充分地体现出"主权在民"的原则，让民意以最直接、最畅通无阻的方式加以表达，但是坏处也同样明显，因为民意具有很强的任意性，所以直接民主很容易堕落成为"暴民统治"，这一点在雅典民主制的晚期展露无遗。因为给后人留下太坏的印象，所以美国的建国之父们都对"民主"二字敬而远之，避之唯恐不及，在他们看来，"民主从来都是一场动荡和纷争，与人身安全和财产权利无法兼容，这种政体往往因为暴力导致的终结而非常短命"。

最后我们再来看"民意煽动者"。民主制的主要特征之一就是借助于话语而不是借助于暴力来取得权力。我们在第13讲中曾经提到，作为一种以演说为基础的体制，民主政治为智者派的修辞术提供了最丰美的土壤。智者派的主要代表人物，同时也是苏格拉底的主要论敌高尔吉亚就曾经说过，语言的能力足以支配灵魂，"借助言辞的技巧，一席话就可以说服一大群人，而不管所说的是否真实"。雅典议事会就像今天的网络世界，谁能用最漂亮的语言和最犀利的机锋吸引眼球，谁就能获得控制民意的力量。伟大贤明如伯里克利，偶尔也会使用一下操弄人心的修辞术。比方说，当他提议用提洛同盟的盟金修复雅典卫城时，大多数的雅典公民都表示反对，他们叫嚣着要把钱分摊给个人，以满足他们的个人私欲，伯里克利于是回应道：好极啦，这些建筑费不要列在你们的账上，归我付好了；但是当我们在上面刻字的时候，就只刻我的名字。雅典人听他这么一说，就又不干了，心想凭什么让你一个人流芳百世呢！于是就又齐声高喊道：叫他尽量花……工程完成前不要节省用钱。在民主政治中，最可能赢得民意的不是德才兼备之士而是巧舌如簧的民意煽动者，这些人最擅长拨弄听众的情绪，翻手为云覆手为雨。因为要在既定的时间里挫败论敌、说服听众，在演讲和辩论的过程中就必须采用"半真半假的陈述、虚伪的谎言或者恶意的人身攻击"。关于这个问题，鲁迅先生曾经举过一个例子，非常深刻也非常形象，他说："譬如勇士，也战斗，也休息，也饮食，自然也性交，如果只取他末一点，画起像来，挂在妓院里，尊为性交大师，那当然也不能说是毫无根据的，然而，岂不冤哉！"

雅典民主制：短暂的绝妙平衡

介绍完陶片放逐法、抽签制、直接民主及民意煽动者，我想请你思考这样一个问题：苏格拉底会认可民主政治的这些特征吗？

按照苏格拉底的一贯逻辑，我们生病的时候会去找医生看病，而不是根据自己的常识抓药，更不会通过抽签来决定医疗方案，那为什么当城邦的健康出现问题的时候，我们却会认为应当求助于普通人的意见呢？仔细想想，这的确是一个让人挺纳闷的事情。在《克里同篇》中，苏格拉底曾经这样告诉克里同："亲爱的克里同，我们为什么要如此关注'大多数人'的想法呢？真正有理智的人会相信事实确是如此的，他们的看法更值得考虑。"所以，如果让我们重提政治哲学中的那个核心问题——"应该由谁说了算"，民主派的回答是由平民（demos）说了算，而苏格拉底的回答则是：由专家或者最智慧的人说了算。

柏拉图后来在《理想国》中借苏格拉底之口批评民主制，认为民主制最大的优点是自由，但是"不顾一切过分追求自由的结果"却会败坏公民的德性，放纵他们的欲望，最终导致政治生活和家庭生活的无政府状态。苏格拉底说："当前风气是父亲尽量使自己像孩子，甚至怕自己的儿子，而儿子也跟父亲平起平坐，既不敬也不怕自己的双亲，似乎这样一来他才算是一个自由人。"

在这个年轻人反对老年人、老年人谄媚年轻人的世界里，"教师害怕学生，迎合学生，学生反而漠视教师和保育员。普遍的年轻人充老资格，分庭抗礼，侃侃而谈，而老一辈的则顺着年轻人，说说笑笑，态度谦和，像年轻人一样行事，担心被他们认为可恨可怕"。不夸张地说，这些现象可以说是古已有之，于今为烈。就以师生关系为例，我觉得它正在遭受商业逻辑和娱乐逻辑的双重扭曲。一方面，师生关系越来越像淘宝上的卖家和买家的关系，为了让买家点赞和不写差评，老师不得不挖空心思地讨好学生。另一方面，不少学生抱着听单口相声或者脱口秀的心态来上课，他们在课堂上寻找的不是知识而是乐子。

需要格外强调的一点是，对于古希腊人来说，君主制和贵族制是常态政治，是祖宗旧制，而民主制则是异端歧出，是洪水猛兽，是一个必须要竭力加以辩护的坏东西。说了雅典民主制这么多的坏话，现在该来给它稍微翻翻案了。关于翻案的问题，我们下一讲继续。

021

苏格拉底之死与雅典民主制（下）

在我看来，对雅典民主制的最佳辩护来自雅典执政官伯里克利。公元前430年，也就是伯罗奔尼撒战争开始之后的第二年，伯里克利在雅典阵亡将士的葬礼上做了一场震古烁今的演讲，在这场演讲中，他对雅典民主制进行了最富激情的辩护和赞颂。我实在是太喜爱这段话了，所以请允许我在这里引述一遍：

> 我们的政体名副其实为民主政体，因为统治权属于大多数人而非属于少数人。在私人争端中，我们的法律保证平等地对待所有人。然而个人的优秀德性，并不因此遭到抹杀。当一个公民的某项才能特别杰出，他将被优先考虑担任公职。这并非特权，而是美德的报酬。贫穷亦不构成阻碍，一个人不论其地位如何卑微，总能奉献其一己之力于国家。雅典的公民并不因

私人事业而忽视公共事业，因为连我们的商人对政治都有正确的认识与了解。只有我们雅典人视不关心公共事务的人为无用之人，虽然他们并非有害。在雅典，政策虽然由少数人制定，但是我们全体人民乃是最终的裁定者。我们认为讨论并不会阻碍行动与效率，而是欠缺知识才会，而知识只能藉行动前的讨论才能获得。当别人因无知而勇猛，因反省而踟蹰不前，我们却因决策前的深思熟虑而行动果敢。

应该怎么评价伯里克利的这段话呢？

首先，我们必须承认，这段话肯定是对雅典民主制的溢美之词，它更像是伯里克利心目中雅典民主制的理想状态而不是真实情况。

其次，我们也必须承认，这段话并不是完全没有根据，它向我们传达出雅典民主制最鼎盛时期的一些特征，在这个时期，雅典民主制实现了美国古典文学家依迪丝·汉密尔顿（Edith Hamilton）在《希腊精神》中所说的"绝妙的平衡"：人人平等的政治权利与卓越个体的脱颖而出，私人事业与公共事务，少数人制定政策与全体公民作为最终的裁定者，深思熟虑与行动果敢，这些看似对立的双方都达到了绝妙的平衡。说到"平衡"二字，我请读者再次回想一下德尔菲神庙上的那句箴言："凡事勿过度。"但是，正像汉密尔顿所说的那样，"这种绝妙的平衡只维持了很短的时间"，直接的原因是伯里克利在做完这个演讲之后一年就因为感染瘟疫而去世了，他的继任者们缺乏政治家的远见卓识，多为讨好民众的民意煽动者；间接的原因同时也是最根本的原因在于，每个人都是潜在的僭主，而民主制放大了这个问题，所以这种"绝妙的平衡"很快就失去了。

苏格拉底之死与雅典黄金时代的终结

如果说伯里克利的去世象征着雅典衰败的开端，那么公元前 399 年苏格拉底被判处死刑则意味着雅典黄金时代的彻底终结，美国历史学家威尔·杜兰特（Will Durant）说，从这一刻起，雅典人的躯体和灵魂都开始衰竭。苏格拉底死后不久，雅典人就后悔了，他们意识到自己犯下了不可饶恕的错误，这样做等于是用一把火烧毁了雅典人最好的智力训练场和脑力体操馆。于是他们处死了主控者美勒图，放逐了其他两个起诉人，并且在雅典城内竖起一座苏格拉底的铜像。

苏格拉底之死对于柏拉图的影响是巨大的，柏拉图从此对民主制彻底失望，这让他最终写出了《理想国》，在那里，哲学王统治着所有人。柏拉图还在雅典城东北角建立起了著名的学园（Academy），与苏格拉底流连忘返的公民广场不同，柏拉图的学园是封闭的，里面全都是年轻人，教师与学生之间的关系也不再是公民广场上公民之间的平等对话关系，而是自上而下的教育和灌输。

有学者［如英国古典学家康福德（F.M. Cornford）］认为，在柏拉图这里，苏格拉底的"自治（self-rule）理想"彻底被外部的权威取代。柏拉图的理由是，由于绝大多数人并不具备自觉和自治的能力，必须要让有智慧的人去统治无智慧的人。

毋庸讳言，苏格拉底之死是雅典民主制最大的历史污点，千百年来，人们一直以此来攻击民主制。可是，另一方面，我们不妨做这样一个思想实验：如果在雅典法庭上苏格拉底面对的不是501人的陪审团，而是三十僭主，他会遭受不同的惩罚吗？答案是不会。我的意思是，无论在哪种制度中，哲人与城邦的紧张关系将永远地持续下去，除非像柏拉图设想的那样，哲学家成了王，或者王拜奇迹所赐成了哲学家。

雅典民主制曾经可以胸怀坦荡地面对各种异端思想，他们驱逐过普罗塔戈拉，但从未处死过任何一个异见人士，苏格拉底是唯一的例外。作为土生土长的雅典本邦人，苏格拉底活到了古稀之年，他一生都在说自己想说的话，充分享受到了民主制的优点——自由——带来的乐趣与美好。正像当代著名的保守主义者施特劳斯所承认的那样，在民主制中，所有类型的人都能够自由地发展，尤其是最优秀的那一类人。其中当然也包括被雅典民主制判处死刑的苏格拉底，因为苏格拉底死时已经70岁，在此之前，苏格拉底已经拜自由所赐，成就了卓越的一生。

某种意义上，苏格拉底之死源自"一次所有国家都经历过的那种突然的恐慌"，由于伯罗奔尼撒战争的失败，由于雅典民主制的三次政治地震，在危机时刻人心惶惶，难免会慌不择路地开始寻找"替罪羊"，这样的做法当然愚蠢透顶，可是就像汉密尔顿所说的那样，如果我们"考虑到苏格拉底是雅典唯一因为持不同意见丧生的人。另外有三个人被驱逐出境。总共就这么几个，而哪怕是看一看最近五百年来在欧洲有多少人被残酷虐待、被杀害，我们就知道雅典的自由是什么样的了"。

民主制是所有坏中最不坏的政体

回到最初的那个问题：民主制到底是好东西还是坏东西？毋庸讳言的是，至少对于雅典城邦最著名的三位哲人苏格拉底、柏拉图和亚里士多德来说，民主制是个坏东西。按照亚里士多德的政体分类标准，我们可以根据"统治者的人数多少"以及"统治的目的到底是为了公共利益还是私人利益"来区分六类政体，它们分别是：

1. 一个人统治并且为了公共的利益，这是君主制；

2. 一个人统治并且为了私人的利益，这是僭主制；

3. 少数人统治并且为了公共的利益，这是贵族制；

4. 少数人统治并且为了私人的利益，这是寡头制；

5. 多数人统治并且为了公共的利益，这是共和制；

6. 多数人统治并且为了私人的利益，这是民主制。

在以上六种政体中，1、3、5是好政体，而2、4、6分别对应的是1、3、5的堕落形式，也就是坏政体。对亚里士多德来说，最好的政体是君主制；因为最好的反面就是最坏，所以僭主制是最坏的政体；按照这个逻辑，好中最不好的政体是共和制，那么它的反面——民主制就是坏中最不坏的政体。

现在的问题是：如果好政体的堕落是不可避免的，那么我们应该选择什么样的政体呢？毫无疑问就是坏中最不坏的那个政体——民主制。

由于苏格拉底之死，由于柏拉图以及众多哲人对雅典民主制的批评，民主在相当长的时间里一直背负着骂名，被世人视为一个坏东西。民主制之所以这么不招人待见，一个很重要的原因是，人类一直不死心，一直想要追求至善的政体，试图在地上建立天国。直到各种实验都以惨败告终之后，人们才开始意识到，民主虽然是个坏东西，但它却是坏中最不坏的那个东西。1947年11月11日，英国前首相丘吉尔在众议院中说：除了所有那些一再尝试过的其他政府形式之外，民主是最坏的政府形式。这句话说得非常拗口，其实，丘吉尔的意思就是，民主制是坏中最不坏的制度。

有个广告词说：没有最好，只有更好。如果用在政治领域，我想说的是：没有最坏，只有更坏。所以在选择政体形式的时候，我们应该秉持的是"两害相权取其轻"的原则，而不是"两善相权取其优"的原则。民主作为一种政治制度，它的优点之一就是坦诚面对"人性是不完善的"这样一个事实。也正因此，有人说："你无法通过杀死民主的辩护者来杀死民主，但是你可以通过坚持至善，坚持反对一切人性的和有瑕疵的东西来杀死民主。"

一个人应该如何度过他的一生？

我曾在第 14 讲的结尾处引用苏格拉底的名言："未经考察的人生是不值得过的人生。"然后我接着苏格拉底往下说："过度考察的人生是没法过的人生。"也许有读者会问：何谓过度考察的"度"？如何把握？在一个荒诞的时代，一个普通人如何考察才不过度？

必须承认，这是一个非常难以回答的问题。我暂时的答复是：如人饮水冷暖自知，没有数学意义上的度可供参考。这个回答当然依旧不能令人满意，因为在一个荒诞的年代，哪怕是正常的考察，恐怕都难以让生活继续下去。

到底应该怎么办？我的观点是，哲学不提供具体人生的具体建议，如果你想要找这些具体的建议，可以去看家用电器的使用说明书，可以去读机场书店里的成功学著作，或者去看媒体提供的各种心灵鸡汤。哲学可以帮助你澄清问题，厘清观念，但却无法帮助你提升勇气，让你果敢行动。所以我们还是要回到亚里士多德的那个观点——不是我们反复说的话成就了我们，而是我们反复做的事情成就了我们。事实就是这样，苏格拉底说了那么多话，最终还是他的做、他的实践，成就了他在哲学史上的不朽形象。

"一个人应该如何度过他的一生？"这是苏格拉底提给我们每一个人的问题，这个问题逼迫我们直面自己的内心，关照自己的灵魂，与此同时，也逼迫我们直面政治制度本身，关注我们的政治生活。因为，政治制度直接影响到我们能以何种方式展开自己的一生。陈嘉映老师有一本书叫作《何为良好生活》，我曾经开玩笑地跟他说，如果想要回答您这个问题，就必须先读我那本《正义的可能》，因为对绝大多数人来说，如果正义是不可能的，那么良好生活也就是不可能的。

那么正义到底是什么？正义究竟可能还是不可能？这正是接下来柏拉图篇所要处理的问题。

《雅典学园》，意大利画家拉斐尔（Raphael，1483—1520）于1509—1511年在梵蒂冈创作的壁画。

022

天真的失去是找不到回归天堂之路的关键所在：柏拉图政治哲学导论

天真的失去与僭越的冲动

前两天我接女儿放学，路上问她："布谷，今天过得怎么样？"她说："开心的一天。"我又问："布谷，爸爸问你今天都做了什么？"回答仍然是："开心的一天。"不管怎么问，回答都是"开心的一天"。这种毫无来由的、似乎可以绵延永续的、纯粹的快乐真是让人羡慕。布谷太小，还没有能力思考自己是因为什么才能够这样无忧无虑，更不会去思考这样的欢乐和幸福是否真的可以永无止境地持续下去。

在回答上述问题之前，我想给大家先讲两个故事。一个来自古希腊，一个来自耶路撒冷。众神之王宙斯有一个儿子叫作坦塔罗斯（Tantalus）。由于出身高贵，众神非常尊重他，经常邀请他参加奥林匹亚山上的各种宴饮。初看起来，坦塔罗斯的生活跟布谷一样，每一天都是开心的一天。直到有一天，他出于虚荣心，想要向人间的朋友炫耀与神的关系，把美酒和仙丹从天上带回人间，并在言谈间泄露了神的秘密，一切就都改变了。

坦塔罗斯被宙斯打入地狱（Tartarus），在那里遭受永恒的惩罚。具体来说，这个惩罚是这样的：坦塔罗斯被绑在水中央，河水从他的下巴处滚滚而过，河岸有一株枝繁叶茂的果树，累累的硕果压低了树枝。乍看起来，坦塔罗斯的处境也不算太坏，因为渴了可以俯身喝水，饿了可以伸手摘到果实。然而真实的情形是，每当他想要喝水，水位就迅速地降低，每当他试图去摘果实，就会刮来一阵大风，把树枝吹得高高的，让他徒唤奈何。

英文中有一个词是 tantalize，与坦塔罗斯（Tantalus）同属一个词根，意思是逗人、惹弄人、使人干着急。坦塔罗斯遭受的惩罚正是如此——"被诱惑但却不能被满足"。值得深思的是，坦塔罗斯之所以遭受如此反人性的惩罚，恰恰因为他犯下的是最符合人性的"罪过"：

第一，他试图让所有的凡人都分享和拥有神才拥有的知识。

第二，他试图让所有的凡人都分享和拥有神才拥有的天堂之乐。

坦塔罗斯的故事传达了这样的寓意：你可以沉浸在幸福之中，你甚至可以永远无忧无虑地幸福下去，但前提是必须保持住你的那份单纯天真。换言之，你只要享受快乐和幸福就好了，千万不要去追问快乐的原因，更不要愚蠢地试图改变它们，或者把它们控制在你的手里。如果你竟然斗胆去改变和控制它们，那么你就会永远无法拥有你在单纯天真状态下才可以享受的天堂之乐。

另外一个故事出自《圣经》。众所周知，人类的始祖亚当与夏娃曾经无忧无虑地在伊甸园里面生活，直到有一天他们偷食了智慧之树上的果实，从此被逐出伊甸园，上帝这样惩罚亚当和夏娃以及他们的子孙："你必须通过劳苦，才能得到食物……你必须汗流满面，才能得到你的面包。"

因为偷食智慧之果，所以失去伊甸园的幸福生活。这个故事的寓意在于：一旦单纯天真失去了，原来的幸福也就不可挽回地失去了，即使付出再多的劳苦和汗水，也不足以挽回伊甸园里无知愚昧所带来的宁静祥和、无牵无挂。

这两则故事一个来自古希腊，一个来自耶路撒冷。西方思想的两个主要源头在这个问题上是一致的，它们都想要传达这样一个观念："天真的失去，是找不到回归天堂之路的关键所在。"

光明与温暖，黑暗与严寒

要命的是，这种天真的失去看起来是必然会发生的。怎么办？

这首先是一个人生哲学的问题，就像我在第 2 讲中问过的那个问题：你到底是愿意做一头终日快乐的猪，还是一个愁眉苦脸的苏格拉底？

其次，这也是一个政治哲学的问题：你希望生活在一个没有自由，但是从摇篮到坟墓都有保障的社会，还是一个有自由，同时也要承担很多个体责任的社会？

必须承认，对大多数人来说，这是一个非常艰难的选择。人类思想史上有一则逸事，据说德国大文豪，同时也是著名的启蒙主义者歌德在生命弥留之际，曾经大声疾呼："光明，光明，多一些光明！"启蒙的英文是enlightenment，原义是照亮，引申义才是启迪和开蒙。五四运动时期，人们一度用"大光明时代"来翻译启蒙运动，取的就是它的原义。

2017 年我在台湾"中研院"访问期间，顺道去胡适先生的陵墓拜谒，那天适逢胡适先生诞辰 126 周年，胡适先生的墓志铭是这样写的：

> 这个为学术和文化的进步，为思想和言论的自由，为民族的尊荣，为人类的幸福而苦心焦思，敝精劳神以致身死的人，现在在这里安息了！
>
> 我们相信，形骸终要化灭，陵谷也会变易，但现在墓中这位哲人所给予世界的光明，将永远存在。

这里的关键词是学术、思想、自由和光明，启蒙运动就是用光明取代黑暗，用知识取代无知，用自由取代奴役。

然而在歌德去世 100 年后，西班牙作家乌纳穆诺（Miguel de Unamuno）听说了他的遗言，竟然反驳道："不，温暖，温暖，多一些温暖！因为我们是死于寒冷，而不是死于黑暗。让人致命的不是夜晚，而是严寒。"

这段跨越百年的对话值得我们深思。按照常理，光明带来温暖，黑暗产生寒冷。但是乌纳穆诺居然反驳歌德与常识，认为我们要的不是光明而是温暖，换言之，他把光明和温暖对立起来，认为光明不但不会带来温暖反而会带来严寒，而黑暗呢，不但不会带来严寒反而会带来温暖。这到底是什么意思呢？

如果我们用知识去取代光明，用无知去取代黑暗，用幸福去取代温暖，用不幸去取代寒冷，也许会更好地理解歌德与乌纳穆诺之间的分歧。简单说吧，歌德认为，知识带来幸福，无知带来不幸，而乌纳穆诺则认为无知带来幸福，知识带来不幸。

歌德与乌纳穆诺的这段跨时空对话与坦塔罗斯和智慧之树的故事存在着惊人的相似性。关于知识和幸福的关系，一直存在着两种不同的立场：一种观点认为只有知识才能带来幸福，另一种观点则怀疑知识总是会带来温暖，相信保持某种无知是一种福分。

回到古希腊政治，我们最为熟悉的两个古希腊城邦雅典和斯巴达，某种意义上就在实践这两条不同的思路。雅典民主制认为光明总是会带来温暖，斯巴达的贵族军事专制则相信保持某种无知是一种福分。从现实政治的效果来看，雅典民主制虽然创造了辉煌的文明，但是它在人心秩序上的混乱和政治秩序的不稳定，也是一目了然的；相比之下，斯巴达政体却是万众一心，保持了长达 400 年的政治稳定。两相比较，对于内乱频仍、渴望稳定的希腊人来说，斯巴达政体显然更有吸引力。

好了，现在我们可以问一个问题：如果让柏拉图在雅典和斯巴达之间二选一，你认为他会倾向于哪种制度？罗马时期的作家普鲁塔克认为，柏拉图把斯巴达的制度视为社会政治的理想状态。这个说法过于夸张，但是柏拉图心仪斯巴达的精英统治、秩序稳定和政治廉洁，从斯巴达那里汲取了很多的思想资源，这一点是毫无疑问的。

赶赴叙拉古的柏拉图

柏拉图（Plato）出生于公元前 427 年，恰逢第 88 届古代奥林匹克运动会召开之际，也是伯罗奔尼撒战争爆发的第四年。哲学史家 A. E. 泰勒（A. E. Taylor）说："60岁以前，柏拉图的生平几乎是一个空白。"不过从第欧根尼·拉尔修的《名哲言行录》中，我们还是可以拼贴出他的简单生平：出身名门望族，父亲的谱系可以上溯到雅典历史上最后一位君主，母亲的血缘可以上溯到六代以前著名的政治家梭伦，而梭伦则把自己的族谱一直修到了海神波塞冬，也就是说，柏拉图是海神波塞冬的后裔。这个说法会让现代人觉得不可思议，可是如果我们知道毕达哥拉斯在当时被认为是太阳神阿波罗的儿子，就会发现这在古希腊并不是太奇怪的事情。柏拉图家族在雅典的政治舞台上异常活跃，他的两个亲戚曾经是声名狼藉的"三十僭主"的成员，不过柏拉图与他们走动不多，这个出身望族的年轻人曾经是一个文学青年，直到遇见苏格拉底之后，才觉得今是而昨非，从此成为一个哲学青年。

据记载，有一天苏格拉底梦见一只小天鹅飞来停在他的膝盖上，发出嘹亮美妙的鸣声后一飞冲天，次日他就认识了柏拉图，于是苏格拉底就把柏拉图视为那只梦中的小天鹅。苏格拉底被处死的时候，柏拉图年仅28岁，他在老师身边待了8年，却用一辈子的时间在记述苏格拉底的对话。哲学史家们通过小心的考证，已经能够相对准确地区分出哪些是苏格拉底本人的话，哪些是柏拉图托苏格拉底之口说的话，但是柏拉图本人却在一封信里面这样谦恭地写道："过去和将来都不会有柏拉图写的著作，现在以他署名的作品都属于苏格拉底、被美化与恢复了本来面目的苏格拉底。"

苏格拉底和柏拉图是雅典本邦贡献给世人的仅有的两位哲学家，却让此前与此后的同行们都黯然失色。说来有趣，他们俩的整体形象也和传说中的哲人大不一样。柏拉图原名阿里斯托克勒，相貌英俊，高大威猛，因为肩膀宽阔，得了个绰号"柏拉图"，意思是"大块头"。苏格拉底容貌奇丑，这一点倒和多数哲人差不多，但他酒量极好，体力过人，一年四季身披同一件大氅，冰天雪地也赤足行走，而且天性开朗，喜欢与人交往。

柏拉图在青年时期对政治充满了热情，但是苏格拉底之死让他对现实政治心灰意冷，对民主制更是彻底丧失信心。苏格拉底的死，可以说是柏拉图失去天真的关键时刻，从此他离开雅典，自我放逐，四处游历，直到12年后才重返雅典。这期间柏拉图一直在思考政治问题，并且逐渐形成了他最为核心的政治判断：

> 事实上，我被逼得相信，社会或个人找到正义的唯一希望在真正的哲学，以及，除非真正的哲学家掌握政治权力，或政客拜奇迹所赐变成真正的哲学家，否则人类永无宁日。

> （柏拉图《第七封信》）

公元前387年，40岁的柏拉图第一次造访南意大利的叙拉古，心中抱持的正是这个信念，他希望用自己的哲学来教化当地的僭主老狄奥尼修斯，可惜事与愿违，哲学在政治面前一败涂地。据记载，柏拉图因为冒犯了老狄奥尼修斯，结果被卖作奴隶，幸亏被熟人出资赎身，当场宣布他为自由人，才得以返回雅典。公元前367年，老狄奥尼修斯去世，小狄奥尼修斯继位，60岁的柏拉图再次动身前往叙拉古，继续他的哲学王理想，结果再次以失败告终，这一次他的遭遇是被流放。公元前362年，年近70的柏拉图第三次到叙拉古去，结果被软禁了整整一年。从此之后，"叙拉古"这三个字就像一道魔咒，永恒地诅咒着每一个想与僭主共舞的哲人。

美国学者马克·里拉（Mark Lilla）说："如果哲学家试图当国王，那么其结果是，要么哲学被败坏，要么政治被败坏，还有一种可能是，两者都被败坏。"马克·里拉的这个判断当然没错，但是我们需要牢记于心的是，这是一种"事后之明"，是对无数代哲人奔赴叙拉古的历史教训的总结。而且正像黑格尔所说的那样，人类从历史中学到的唯一的教训，就是人类没有从历史中吸取任何教训。所以，时至今日，依旧有无数的哲人如过江之鲫，要么身在叙拉古，要么正在赶赴叙拉古的途中。

柏拉图在《理想国》中究竟说了些什么，他的理想城邦与斯巴达是否相似？正义是什么？我们为什么要成为正义之人？正义与幸福的关系是什么？灵魂正义与城邦正义的关系是什么？哲学王究竟是怎样炼成的？关于这些问题，我将在接下来的几讲中慢慢道来。

023

有话实说、欠债还钱为什么不一定正义？

柏拉图与《理想国》之于西方哲学

柏拉图在西方哲学史上的重要性是显而易见的：如果要评选西方哲学家 TOP 3，柏拉图和康德一定入选，其余人选多少都会有些争议；如果要评选西方哲学家 TOP 1，柏拉图的胜算应该也远大于康德。

历史上有无数的哲人曾经赞美过柏拉图也批评过柏拉图，其中最具代表性的说法，一个来自卡尔·波普尔，他说："柏拉图著作的影响，不论是好是坏，总是无法估计的。人们可以说西方的思想或者是柏拉图的，或者是反柏拉图的，可是在任何时候都不是非柏拉图的。"另一个来自怀特海，他说："两千多年的西方哲学传统都是对柏拉图的一系列注脚。"言下之意是，西方哲学两千多年只有柏拉图写出了一本书，因为其余人写的都是注脚。

当然，柏拉图不止写了一本书，学界普遍认为，包括书信在内，流传至今的柏拉图真作总共有 28 种，但是如果只挑选一本书来读，我相信《理想国》是当仁不让的第一选择。这个对话录是柏拉图的"哲学大全"，借用英国学者巴克（Ernest Barker）的说法，这本书从形而上学、道德哲学、教育学和政治学四个方面"制订了关于人的完整的哲学"。借用余纪元老师的说法，这本书是伦理学的经典、政治哲学的经典、形而上学的经典、美学的经典，它在每个领域都有重要贡献，可又不专属于某个领域，实际上，它是今天众多哲学分支的共同经典。

《理想国》的英文标题是 Republic，源自拉丁语，最初的意思是公共事务，后来专指共和制；希腊文标题是 Politeia，意思是"政制"或者"宪法"。无论是英文、拉丁文还是希腊文，都没有"理想国"的意思，如果要忠实于原文，最佳的译名是《政制篇》，但是把它译成《理想国》也不是完全没有道理，因为柏拉图论述的就是一个理想的城邦制度形态，而且《理想国》的译法流传已久，所以我们还是继续使用这个标题。

《理想国》的写作时间大约在公元前 375 年，描述的却是 47 年前的一场对话，当时柏拉图还只是一个小孩，所以这显然是一场虚拟的对话。这本书还有一个副标题，叫作"论正义，政治的对话"，这是后人提炼的中心思想，十分精准。"正义"的确是《理想国》探讨的核心主题，比如什么是正义，正义的人是否幸福，灵魂的正义与城邦的正义之间的关系，等等。当然，千言万语归结为一句话，那就是我们反复重申的苏格拉底问题：一个人应该如何生活？

下到洞穴之中的哲人

公元前 422 年的一天，苏格拉底与好友格劳孔一起离开雅典城，下到南边的比雷埃夫斯港，去参加女神的拜祭活动和庆典仪式，在返回雅典城的途中，被当地富翁克法洛斯的儿子玻勒马霍斯远远看见，于是差遣仆人从后面拽住苏格拉底的披风，邀请他到家里会面。苏格拉底起初不答应，玻勒马霍斯威胁说："那么好！要么留在这儿，要么就干上一仗。"最终苏格拉底心不甘情不愿地被拉进了这场漫长的对话中。

这个开场初看起来平淡无奇，其实暗藏玄机。

首先，注意其中的一个动词——"下到"，这个看似简单的词实则意味深长，按照美籍奥地利学者埃里克·沃格林（Eric Voegelin）的解读，从空间上说，从雅典到比雷埃夫斯港，一路走的都是下坡路，从时间上说，从马拉松战役到海军的战败，雅典一路也在走下坡路。此外，我们还可以从"洞穴比喻"的角度去理解"下到"这个词，苏格拉底从雅典向南下到比雷埃夫斯港，就好比是哲学家从洞穴之外的理念世界下降到洞穴之中。

其次，苏格拉底被玻勒马霍斯强行拉住聊哲学，与哲学家被迫返回洞穴可有一比。在日后讨论"洞穴比喻"的时候，我们会详细谈到这个问题。简而言之，当哲学家看到了真正的理念世界，享受到了哲学沉思带来的自足与美好，他就不愿意下降到洞穴来拯救普通人，因此有必要解释哲学家成为哲学王的动机问题。

最后，也是更重要的问题在于，无论是下到比雷埃夫斯港，还是下到洞穴，哲学家都需要重返雅典，需要上升到理念世界，在这个过程中，他能否成功地引领普通人与他一起上升，是哲学家工作成功与否的关键所在。就像《理想国》的开篇处，玻勒马霍斯强留客人："要么留在这儿，要么就干上一仗。"苏格拉底回答说：还有第三种办法，要是我们说服你们，让我们回去，不是更好吗？结果玻勒马霍斯的回答却是：你们就死了这条心吧！反正我们是说不服的。

每当我读到这段开场白的时候，我都觉得这是一个隐喻。普通人是否能够被苏格拉底说服？苏格拉底究竟死心没死心？苏格拉底下到洞穴都谈了些什么？他是否能够成功地带领普通人走出洞穴？如果不能带领他们走出洞穴，苏格拉底应该怎么办？请不要着急，这场对话才刚刚开始，接下来的几讲会反复回到这些问题。

福气、品格与智慧：与克法洛斯谈话

除了苏格拉底，参与这场对话的主要人物有五个，我

们先来介绍克法洛斯。这是一个富甲一方的老人，贵客临门，作为一家之主，他自然要出来招呼一声。克法洛斯首先对苏格拉底表示了欢迎，他说：

"我要告诉你，随着对肉体上的享受要求减退下来，我爱上了机智的清谈，而且越来越喜爱。我可是真的求你多上这儿来，拿这里当自己家一样，跟这些年轻人交游，结成好友。"

面对长者，苏格拉底表现得也很客气，他虚心求教道：

"说真的，克法洛斯，我喜欢跟你们上了年纪的人谈话。我把你们看作经过了漫长的人生旅途的老旅客。这条路，我们多半不久也是得踏上的，我应该请教你们：这条路是崎岖坎坷的呢，还是一条康庄坦途呢？克法洛斯，您的年纪已经跨进了诗人所谓的'老年之门'，究竟晚境是痛苦呢还是怎么样？"

然后克法洛斯就说了一段意味深长的话。他说很多老人聚在一起，总是在唉声叹气，大概的意思是，以前有贼心也有贼胆，吃喝玩乐无所不精，现在老了，不但贼心没了，贼胆没了，连贼也没了。可是克法洛斯对此却不以为然。他说有一回他与悲剧作家索福克勒斯同行，有人问索福克勒斯："你对于谈情说爱怎么样了，这么大年纪还向女人献殷勤吗？"索福克勒斯回答说："别提啦！洗手不干啦！谢天谢地，我就像从一个又疯又狠的奴隶主手里挣脱出来了似的。"克法洛斯表示认同索福克勒斯的观点。

然后他总结说，人之一生是否有福，关键要看他的品格，如果是大大方方、心平气和的人，年老对他们就称不上是太大的痛苦。要不然的话，年纪轻轻的照样少不了烦恼。

这段话值得我们稍作分析。读者应当还记得苏格拉底的那个观点：真正的哲学家就是要练习死亡，也就是说要练习灵魂与肉身的分离，因为肉身是灵魂的枷锁和坟墓，只有摆脱了肉身的纠缠，灵魂才能重获自由与真知。可是要想做到这一点谈何容易，即使是苏格拉底也不得不借助死亡才能完成灵与肉最终的分离。其实，相比年轻人，老年人有一个得天独厚的优势，那就是随着体力的衰竭，欲望也随之消减，由此灵魂反而获得了自由。索福克勒斯和克法洛斯显然都认识到了这一点。

可是，克法洛斯热爱上"机智的清谈"，归根结底还是出于年老体衰的缘故，他和真正热爱智慧的哲人不同。我们有理由相信，对克法洛斯来说，清谈更像是打发老年时光的一种方式，而不是出于对智慧的热爱，他最关心的是如何颐养天年以及如何求神敬神。这一点也毫不奇怪。

我的这门西方哲学课开启之后，我父亲是最积极踊跃的哲学传销员之一，不停地在他的朋友圈里转发信息，但是很快他就偃旗息鼓了。在微信里，他不无沮丧地告诉我说："离我们有点远，凡人关心的是温饱和物质，享受和刺激，精神层面的追求有些离题，从我众多群的回馈说明了这一问题，加之老年人谁会花这个心思？"我回复他说："没错啊，老年人求神和养生最重要。所以您就不用操心此事了。"老实说，我一边给我父亲发微信，一边就想起了这个老财主克法洛斯。

克法洛斯认为人的品格很重要，这一点当然没错。可是关键的问题在于，品格从何而来？苏格拉底想要深入这个话题，于是略带挑衅地跟克法洛斯说：普通人会认为，你老有老福并不是因为品格高尚，而是因为你家财万贯。他们会说"人有了钱当然有许多安慰"。

这话说得很不客气，但是有意思的是，克法洛斯并不生气，反而大方地承认了这一点。克法洛斯说，有钱的好处就是可以不用存心作假，不用出于不得已而骗人了。这样一来，也就可以很正义、很正直地生活，不用担心死后下地狱。

追问正义：权利还是利益

注意，这是《理想国》整本书中第一次提及"正义"（dike）这个概念。苏格拉底敏锐地意识到这一点，开始步步紧逼克法洛斯的逻辑，苏格拉底说：

"克法洛斯，您说得妙极了。不过讲到'正义'嘛，究竟正义是什么呢？难道仅仅有话实说，有债照还就算正义吗？这样做会不会有时是正义的，而有时却不是正义的呢？打个比方吧！譬如说，你有个朋友在头脑清楚的时候，曾经把武器交给你；假如后来他疯了，再跟你要回去；任何人都会说不能还给他。如果竟还给了他，那倒是不正义的。把整个真情实况告诉疯子也是不正义的。"

在这段话中，苏格拉底做了两个工作：一是对克法洛斯的日常言谈进行了哲学提炼，总结出正义的第一个定义，即"有话实说，有债照还"；二是用疯子的例子来反驳这个定义。

苏格拉底牛刀小试了一把反诘法，可惜克法洛斯并不应战，而是顺坡下驴，立刻承认苏格拉底说得对，然后就把话题交给了他的儿子玻勒马霍斯。柏拉图是这样描述克法洛斯的反应的：他一边说着"当然，当然！"，一边就"带着笑去祭祀了"。你看，对老年人来说，献祭上供才是头等大事，哲学讨论的对错输赢，意义实在有限。

但是我们还年轻，不用献祭上供，所以就让我们沿着苏格拉底的思路多想几步。

苏格拉底说，因为你的朋友变成了疯子，所以即使你先前借了他的武器，现在也不应该再还给他，这个说法的隐含之义是：

第一，私有产权并不是神圣不可侵犯的，我们可以根据某些更高的理由来侵犯私有产权。这些更高的理由都是哪一些？我们留待后文再讨论。

第二，之所以不能把武器还给疯子，是因为疯子不知道哪种行为最符合自己的利益，也不知道哪种行为会伤害别人的利益。我想进一步追问的是，我们可以把这里的"疯子"替换成"常人"吗？换言之，常人是不是知道哪种行为最符合自己的利益？常人会不会因为认知上的错误，而做出违背自身利益或者伤害别人利益的行为呢？

如果有读者反驳说，从"疯子"到"常人"，这样的过渡太快了，不合理。请你不妨读读施特劳斯主编的《政治哲学史》中的这句话："如果严格地做一判断，我们不得不说很少有人能明智地利用其财产。"与此形成鲜明对比的是，自由主义者却相信："没有人能够像当事人那样了解他自身的利益。"

现在问题来了，哪一个命题更加符合事实？如果我们接受前一个判断，那是不是意味着必须要接受家长制和威权制的安排？说得更像人话一些，就是让那些更懂得我们利益的人来帮助照顾我们的利益。我想请读者好好思考这些问题。

需要提醒注意的是，即使同意大多数人不够明智，依然要对以下区分保持足够的警醒："谁最了解我的利益"与"谁最有权来照顾我的利益"是非常不同的。很多时候，我们追问的是权利（right）而非最佳的利益，因为这是我要的幸福，这是属于我自己的生活！

对年龄等同智慧的挑战

最后，我想对克法洛斯的迅速退场再多说两句话。克法洛斯是一个德高望重的老人，作为父亲和一家之主，他的统治资格基于他的身份与年龄。在各种流行的俗语里面，我们会发现老人统治的基础除了年龄，还有智慧，比方说

"不听老人言，吃亏在眼前""家有一老，如有一宝"，这些俗语都意在传达这样一个道理：随着年龄的增长，智慧也在跟着增长，年龄与智慧应该是传统社会和家长制统治的基石所在。苏格拉底对克法洛斯的挑战，某种意义上就是在挑战年龄与智慧之间的等同关系，试图用真正的智慧取代年龄成为统治的基础，换言之，就是要用贤人统治来取代老人统治。柏拉图在《理想国》中安排克法洛斯作为第一个对话者出场，同时又匆匆打发他退场，这样的谋篇布局，也许是为了告诉我们，关于何为正义，关于一个人应该如何生活，人们不应该再指望老年人为我们提供现成的答案。老年人和众神的高见虽然仍旧值得一听，但我们必须对其内容进行考察，以确认其是否言之有物、言之成理。

克法洛斯退场，玻勒马霍斯子承父责，继续与苏格拉底探讨何为正义。他们之间到底都谈了些什么，我们下一讲继续。

024

正义就是强者的利益？

正义就是给每个人以恰如其分的回报

上一讲中，克法洛斯把讨论的接力棒交给了他的儿子玻勒马霍斯。这是一个家底殷实的绅士，年富力强，个性直率，言谈举止有些咄咄逼人，但还算不上霸道粗鲁。现在玻勒马霍斯需要担负起捍卫父亲观点的责任，也即正义就是"有话实说，有债照还"。

玻勒马霍斯搬出著名诗人西蒙尼得作为挡箭牌，强调说这可是西蒙尼得的想法。这个辩论方法有些像咱们读高中的时候，经常狐假虎威地祭出名人名言，以为这样一来就胜券在握了。

可惜玻勒马霍斯遇到的是苏格拉底，苏格拉底不吃这一套，他虚与委蛇地应付道："不错，像西蒙尼得这样大智大慧的人物，可不是随随便便能怀疑的。不过，他说的到底是什么意思，也许你懂得，我可闹不明白。"你看，苏格拉底又在使用他的反诘法了。我们长话短说，苏格拉底很快就又为整个讨论提炼出一个新的定义："正义就是给每个人以恰如其分的回报。"换句话说，正义就是给每个人"应得"的东西。

玻勒马霍斯认可这个定义，举例说，"正义就是帮助朋友、伤害敌人的一种技艺"。这个道理可以说是古今同理，中外皆然。我小的时候曾经被寄养在外婆家，每天早上一睁眼就能听到挂在房梁上的喇叭播放那首《我的祖国》，从舒缓大气的"一条大河波浪宽，风吹稻花香两岸"一直唱到铿锵有力的"朋友来了有好酒，若是那豺狼来了，迎接它的有猎枪"，毫无违和感。再比如说，雷锋同志也有一句名言："对待同志要像春天般温暖，对待工作要像夏天一样火热，对待个人主义要像秋风扫落叶一样，对待敌人要像严冬一样残酷无情。"你看啊，朋友应得的是美酒，豺狼应得的是子弹，同志应得的是春天般的温暖，敌人应得的是严冬般的无情。所谓"以牙还牙，以血还血"，这个道理再明白不过了。

可惜玻勒马霍斯遇到的是苏格拉底，苏格拉底不吃这一套，辩论还得继续下去。我们仍旧长话短说，苏格拉底最后把问题停留在了什么是真正的朋友、什么是真正的敌人上。这个道理也很浅显易懂，毛泽东不是说过吗？——"谁是我们的敌人？谁是我们的朋友？这个问题是革命的首要问题。"

　　玻勒马霍斯从善如流，继续修改正义的定义："正义就是去帮助真正的朋友，伤害真正的敌人。"这一回总该没有错了吧？可是苏格拉底仍然不接受。在苏格拉底看来，一个真正正义的人是不会伤害任何人的，无论他是朋友还是敌人。换言之，苏格拉底认同以德报怨的逻辑，而不是以怨报怨的逻辑。

　　说到这里，我们要做个简单的小结：

　　首先，苏格拉底特别强调真、假之辩，比如真正的朋友和真正的敌人，再比如后面很快就会谈到的真正的医生、真正的统治者，这与他强调知识与意见的区分是一致的。

　　其次，苏格拉底虽然区分真正的朋友和真正的敌人，但他并不认同革命者的敌友观。面对敌人，斗争哲学的信徒不仅要把他打倒搞臭，还要再踏上一万只脚，让他永世不得翻身。可是苏格拉底却认为正义者不应该伤害敌人，理由是伤害和惩罚只会让敌人的灵魂变得更坏而不是更好。这是非常独特的一种惩罚观，有的人认为惩罚就是为了报复，有的人主张惩罚是为了示众，所谓杀一儆百，但苏格拉底认为惩罚是为了改善那个坏人的灵魂。

　　再次，从书中的对话来看，苏格拉底是否驳倒了西蒙尼得的观点？关于这个问题，我认同余纪元老师的判断，苏格拉底只是在反驳玻勒马霍斯对西蒙尼得的解释，但没有否定西蒙尼得的观点，恰恰相反，《理想国》后面的论证，每一步都是在试图从不同层次深化对西蒙尼得的理解，也即"正义就是给每个人以恰如其分的回报"。关于这一点，后文会再次提及。

最后，还要请大家思考一个关键的问题：我们为什么要做正义之人，行正义之事？我们这么做的目的究竟是什么？如果做正义之人，行正义之事，不仅不能促进我们自己的利益，反而成就的是统治者或者他人的利益，那我们为什么还要这么做？

色拉叙马霍斯：正义就是强者的利益

现在，我要给大家介绍一个非常关键的人物。初学哲学的人往往会热衷于无休无止的争辩，他们读书思考的主要动机不是为了拓展自己的理解，而是为了炫耀自己的智识，证明自己的存在。

当苏格拉底与众人讨论何为正义的时候，围观群众里就站着这样一位争强好胜的好辩之徒，此人就是著名的智者派人物色拉叙马霍斯。严格说来，此人才是《理想国》中真正的反派主角，之前的克法洛斯和玻勒马霍斯都属于暖场人物。鉴于柏拉图的描写太过传神，请允许我复述一下色拉叙马霍斯"闪亮登场"的过程：

> 色拉叙马霍斯几次三番想插进来辩论，都让旁边的人给拦住了，因为他们急于要听出个究竟来。等我讲完上面那些话稍一停顿的时候，他再也忍不住了，他抖擞精神，一个箭步冲上来，好像一只野兽要

把我们一口吞掉似的,吓得我和玻勒马霍斯手足无措。他大声吼着:

"苏格拉底,你们见了什么鬼,你吹我捧,搅的什么玩意儿?如果你真是要晓得什么是正义,就不该光是提问题,再以驳倒人家的回答来逞能。你才精哩!你知道提问题总比回答容易。你应该自己来回答,你认为什么是正义。别胡扯什么正义是一种责任、一种权宜之计,或者利益好处,或者什么报酬利润之类的话。你得直截了当地说,你到底指的是什么。那些噜噜嗦嗦废话我一概不想听。"

应该说色拉叙马霍斯是有备而来的,他非常了解苏格拉底的反诘法,所以他毫不留情地对苏格拉底展开了揭批活动:

"赫拉克勒斯做证!你使的是有名的苏格拉底式的反语法。我早就领教过了,也跟这儿的人打过招呼了——人家问你问题,你总是不愿答复,而宁愿使用讥讽或其他藏拙的办法,回避正面回答人家的问题。"

可惜色拉叙马霍斯是一个自我感觉过于良好的人,这种人的最大软肋就是经不起吹捧和激将,苏格拉底以退为进,不停地给他戴高帽:

"我是多么乐于称赞一个我认为答复得好的人呀。你一回答我,你自己马上就会知道这一点的;因为我想,你一定会答复得好的。"

色拉叙马霍斯果然中计，完全忘了苏格拉底反诘法的套路，立刻就抛出了自己的观点："那么，听着！我说正义不是别的，就是强者的利益。——你干吗不拍手叫好？当然你是不愿意的啰！"

正义就是强者的利益！这个论断是不是非常耳熟？没错，在第10讲中，我们介绍赫西俄德的观点时曾经提到，人类之所以会从黄金时代堕落到黑铁时代，归根结底，就是因为人类相信"力量就是正义"。

但是严格说来，"正义就是强者的利益"与"力量就是正义"并不一样。后者要更加不加掩饰和赤裸裸，前者则相对忸怩一些，它的逻辑是这样的：因为谁强谁统治，而每一种统治者都会制定对自己有利的法律，所以当你选择做正义之人、行正义之事的时候，归根结底就是在实现强者的利益。

在我看来，色拉叙马霍斯与苏格拉底之争，不仅仅是政治现实主义者与政治道德主义者之争，更是一个自鸣得意的政治现实主义者与政治道德主义者之争。之所以要特别强调"自鸣得意"这四个字，是因为色拉叙马霍斯不仅将所有的道德行为和政治行为还原为权力和利益，而且自认为洞察了政治生活的本质，因此获得了扬扬自得的智识优越感，认为众人皆醉我独醒。坦白说，过去这些年，类似的自鸣得意的政治现实主义在此地也日渐成为主流，与之相伴的是犬儒主义、失败主义以及精致的利己主义的盛行。这不仅对政治生活构成了巨大的戕害，对伦理生活也构成了巨大的戕害。

从正义到幸福：苏格拉底与色拉叙马霍斯的互驳

回到《理想国》的语境，苏格拉底究竟是怎么反驳色拉叙马霍斯的呢？

首先，苏格拉底指出，统治者并不会永远伟大光荣正确，他也有可能犯错误，比如立法的时候一时犯糊涂，制定了对自己不利的法律，此时，遵守法律、行使正义就不是在为强者的利益服务，而可能是在为弱者的利益服务。

苏格拉底的这个反驳是不是让人觉得有些弱？其实，我一直认为苏格拉底这是在给色拉叙马霍斯下套，目的是引诱色拉叙马霍斯说出苏格拉底真正想讨论的问题。果然，色拉叙马霍斯立刻反驳说，统治者犯错是因为缺乏足够的知识，真正的统治者是不会犯错的，就像真正的医生、真正的会计师不会犯错一样。色拉叙马霍斯说：

"统治者真是统治者的时候，是没有错误的，他总是定出对自己最有利的种种办法，叫老百姓照办。所以像我一上来就说过的，现在再说还是这句话——正义乃是强者的利益。"

各位读者如果足够敏感，应该会意识到此时话题已经进入苏格拉底最喜欢的领域：何为真正的医生，何为真正的统治者？

苏格拉底就像是动物世界里的狮子，之前都在试探与等待，一旦时机成熟，就咬住猎物的脖子死不松口。他立刻追问道：照你所说的最严格的定义，医生是挣钱的人，还是治病的人？请记好，我问的是真正的医生。

色拉叙马霍斯老老实实地回答：真正的医生是治病的人。

苏格拉底接着指出，既然真正的医生是治病的人，那么他寻求的就不是自己的利益而是病人的利益，就像医生拥有医术，骑手拥有骑术，统治者也有统治术，所有这些技艺（技术）的天然目的都在于为对象提供利益。所以说，真正的统治者寻求的就不是自己的利益而是被统治者的利益。换言之，正义不是强者的利益，而是被统治者也即弱者的利益。

这个反转来得太快，需要大家仔细想一想其中的逻辑。简单说，苏格拉底在这里使用的是类比论证的方法。拿医生类比统治者，很自然就会得出苏格拉底的结论。

在这里，我必须要为色拉叙马霍斯说一句好话，虽然我极其不喜欢这个人，但不得不承认他还是具备一定的辩论美德，在刚才的对话中，假如他耍流氓，说真正的医生就是挣钱的人，那苏格拉底就无法将对话进行下去了。色拉叙马霍斯不仅有辩论的美德，而且还有一定的急智：你苏格拉底不是将医生类比统治者吗？我色拉叙马霍斯就用牧人来类比统治者。色拉叙马霍斯指出，牧人把牛羊喂得又肥又壮，这可不是为了牛羊的利益，而是为了他们自己的利益。所以真正的统治者不像真正的医生，而是像真正的牧人，他们把人们当成牛羊来养，目的是随时可以宰杀他们。

他如此嘲笑苏格拉底：

"头脑简单的苏格拉底啊，难道你不该好好想想吗？正义的人跟不正义的人相比，总是处处吃亏。先拿做生意来说吧。正义者和不正义者合伙经营，到分红的时候，从来没见过正义的人多分到一点，他总是少分到一点。再看办公事吧。交税的时候，两个人收入相等，总是正义的人交得多，不正义的人交得少。等到有钱可拿，总是正义的人分文不得，不正义的人来个一扫而空。"

色拉叙马霍斯的结论是："最不正义的人就是最快乐的人。"也就是说："正义是为强者的利益服务的，而不正义对一个人自己有好处、有利益。"

注意！此时，色拉叙马霍斯提出了一个比"正义是强者的利益"更具诱惑力的命题："不正义的人比正义的人过得更好"。这对于所有想要成为正义之人的人来说，是一个性命攸关的大问题。如果年轻人通通接受这个逻辑，就再也不会试图做正义之人、行正义之事了。所以苏格拉底必须要对这个命题进行有力的反击。

在色拉叙马霍斯说完上述高论之后，柏拉图这样写道："色拉叙马霍斯好像澡堂里的伙计，把大桶的高谈阔论劈头盖脸浇下来，弄得我们满耳朵都是。他说完之后，打算扬长而去。但是在座的都不答应，要他留下来为他的主张辩护。我自己也恳求他。"

苏格拉底能否留得住色拉叙马霍斯，留住之后又能否成功地反驳色拉叙马霍斯，我们下一讲继续。

025

不正义的人比正义的人更幸福？

苏格拉底对"正义是强者的利益"的反驳

上一讲我们提到，继"正义是强者的利益"之后，色拉叙马霍斯又提出了一个更具诱惑力的命题："不正义的人比正义的人过得更好"。

在抛出这个命题之后，他就像一位资深的网络辩手，自行宣布胜利，准备立刻闪人，不给对手留下任何反驳机会。苏格拉底当然不会让他就这么拍屁股走人，他拉住色拉叙马霍斯说：

"高明的色拉叙马霍斯啊！承你的情发表了高见。究竟对不对，既没有充分证明，也未经充分反驳，可你就要走了。你以为你说的是件小事吗？它牵涉到每个人一生的道路问题——究竟做哪种人最为有利？"

我要提醒读者，加上这一次，苏格拉底一共强调过三遍色拉叙马霍斯提出的挑战不是"小事"，而是"大事"。对于柏拉图如此伟大的文体家来说，类似的话说了三遍，足以证明它的严重性。

可是，在正式反驳"不正义的人比正义的人过得更好"之前，苏格拉底首先需要解决一个遗留问题。你或许还记得，在上一讲中，色拉叙马霍斯用牧人的比喻来反驳苏格拉底，认为牧人把牛羊喂得又肥又壮，不是为了牛羊的利益，而是为了他们自己的利益。

苏格拉底针锋相对地指出："牧羊的技术当然在于尽善尽美地使羊群得到利益，因为技艺本身的完美，就在于名副其实地提供本身最完美的利益。"由此苏格拉底认为，真正的统治者"总是要为受他照管的人着想"。

是不是有点看迷糊了？其实，苏格拉底在这里是把每门技艺自身的功能与附带产生的营利功能区分开来了。一个好的牧人就是把牛羊养得肥壮的人，至于他是否因此获得更多的利益，那就另当别论了；就像一个好的医生要尽量医治病人，至于他是否因此获得更多的报酬，那又是另外一回事。用现在的话说，苏格拉底就是强调各行各业的人要恪尽职守，尊重各自的职业操守和职业道德。一旦人们本末倒置，把挣钱多少作为唯一的衡量标准，那么真正的牧人就不是把牛羊养得最肥壮的牧人，而是最会挣钱的牧人。我们这个时代，之所以有些医生不像医生，有些教师不像教师，有些官员不像官员，根本问题就在于混淆甚至颠倒了本职工作与挣钱之术的关系。

按照苏格拉底的思路往下想，"真正的统治者"全心全意地为人民服务，既不为名又不为利，那究竟有谁会乐意干这种差事呢？

苏格拉底的回答很有意思，他说，那些最优秀的人不会为了名和利去做统治者，他们并不"乐意"去当统治者，而是"不得不"去当统治者，理由是如果他们不去管人，就会被比他们坏的人管，这对他们是"最大的惩罚"。

这句话非常值得玩味。首先，苏格拉底似乎并不认为真的存在大公无私的人，做正义之人、行正义之事的动机，归根结底还是要对自己有利。关于这一点，我们会在这一讲的结尾处再做分析。其次，这里的利益不是积极意义上的而是消极意义上的，也就是说，在政治问题上，苏格拉底更强调避害而不是趋利。最后，说到权力，你一定听说过这句话：权力是男人的春药。可是按照柏拉图在《理想国》中的观点，真正的统治者其实根本不想获得权力，换言之，"凡渴求权力的人都不应该拥有权力"（伊迪丝·汉密尔顿语）。正因为柏拉图认识到权力具有的巨大腐蚀性，所以才希望执掌权力的人并不是热衷权力的人，唯其如此，才有可能避免出现滥用权力的情况。

说到这里，我们做一个简单的小结。针对色拉叙马霍斯提出的第一个命题"正义就是强者的利益"，苏格拉底提出了两个反驳意见：第一个反驳从"统治者可能犯错"入手，指出正义有可能是弱者的利益而非强者的利益；第二个反驳针对"何为真正的统治者"展开，通过一系列的类比论证，苏格拉底指出真正的统治者应该为被统治者的利益服务。

对"不正义的人比正义的人更智慧、更道德"的反驳

你也许已经急不可耐地想要知道苏格拉底如何回应色拉叙马霍斯的第二个命题：不正义的人比正义的人过得更好。可是，色拉叙马霍斯并不是这么好对付的。他根本不给苏格拉底喘息的机会，马上又抛出了第三个命题，他说：不正义的人比正义的人更加智慧也更加道德，相反，正义的人则既幼稚又天真。你看，这就是智者派的惯常招数：把白的说成黑的，把黑的说成白的。

我们把色拉叙马霍斯的第二个命题再放一放，先来看苏格拉底如何反击第三个命题。

这个反击共分两个部分，第一部分是在辨析正义者与不正义者的区别，第二部分是在探讨知识与正义的类比关系。这段对话比较抽象，需要大家仔细研读。

苏（苏格拉底）：你认为一个正义者会不会想胜过别个正义者？

色（色拉叙马霍斯）：当然不会。否则他就不是现在的这个天真的好好先生了。

苏：他会不会想胜过别的正义行为？

色：不会。

苏：他会不会想胜过不正义的人，会不会自认为这是正义的事？

色：会的，而且还会想方设法做，不过他不会成功的。

苏：成不成功不是我要问的。我要问的是，一个正义的人不想胜过别的正义者，但是他想胜过不正义者，是不是？

色：是的。

苏：那么不正义者又怎么样呢？他想不想胜过正义的人和正义的事呢？

色：当然想。须知他是无论什么都想胜过的。

苏：他要不要求胜过别的不正义的人和事，使自己得益最多？

色：要求的。

苏：那么我们就可以这样说了：正义者不要求胜过同类，而要求胜过异类。至于不正义者对同类异类都要求胜过。

这段对话的中心思想可以归结为如下这张表格：

	正义者	不正义者
正义者	不想胜过（NO）	想胜过（YES）
不正义者	想胜过（YES）	想胜过（YES）

　　为了帮助大家理解，我再举一个例子。我有一个朋友，他的儿子只有六岁，特别喜欢打游戏，每次家里来客人就要人家陪他打游戏，而且他有一个执念，不管来的是小朋友，还是像我这样的大朋友，他都必须要胜过他们，否则就会不依不饶。如果苏格拉底遇见这个孩子，一定会说他是一个"不正义的人"。当然，这个帽子扣在孩子身上有些大了，所以还是说说成年人吧。几年前我写过一篇文章，第一句是这么写的："人不比较，天诛地灭。有比较就会有落差，有落差就会有妒忌。"我猜想这是人之常情，从小到大，几乎每个人都曾在某个阶段深深地妒忌过另一个人。因为妒忌，就会暗暗生出好胜之心，有时候这种"胜过"他人的念头太过强烈，以至于辗转反侧彻夜难眠。这里的"胜过"就是我们反复提到的"僭越""逾越"的意思。所以我们又重新回到了此前反复提及的那个命题——每个人都是潜在的僭主！之所以每个人都是潜在的僭主，按照苏格拉底的思路，问题就出在没能拥有正确的知识，尤其是没能拥有正确的自我认知，这样一来，我们又重新回到了此前反复提及的德尔菲神庙的那句箴言：认识你自己。

　　辨析完正义者与不正义者的区别之后，苏格拉底接着说，有知识的人就像是正义的人，只想胜过与他不同类的人，也就是无知的人。而有知识的人既智慧又善良，那么按照这个逻辑，正义的人就是既智慧又善良的人，不正义的人就是又愚蠢又恶劣的人。苏格拉底绕来绕去，最后得出了与色拉叙马霍斯第三个命题完全相反的结论。

苏格拉底的这个反驳是否成功呢？你应该已经意识到，这个反驳中最关键的概念是"胜过"，这个词的含义过于含混，如果按照前面的解释，把"胜过"等同于"僭越"，那就是地地道道的贬义词，因此也就能很自然地得出不正义者想要胜过所有人的结论。但是，如果把"胜过"理解成"竞争"，而且是良性的竞争，那么苏格拉底的推理就会出现问题，因为同类之间也存在竞争的关系，也就是说正义者也是想要胜过同类的，而且良性意义上的你追我赶，恰恰是推动进步的动力所在。比方说，小时候我就特别妒忌同桌的同桌的同桌，这个女孩儿既聪明又可爱，更加致命的是，她站立的时候像白桦树，奔跑的时候像小鹿，为了不自惭形秽，我唯有加倍努力地发展德智体劳，这种因为妒忌而产生的好胜心不仅没有破坏性，而且具有向上的动力。

对"不正义的人比正义的人更幸福"的反驳

现在我们终于可以回过头来讨论色拉叙马霍斯的第二个命题了。苏格拉底又一次重提色拉叙马霍斯挑战的危害性，他是这样说的：我绝对不能同意色拉叙马霍斯那个"正义是强者的利益"的说法。关于这个问题，我们以后再谈。不过他所说的"不正义的人比正义的人过得更好"，在我看来，这倒是一个比较严重的问题。

　　进行到这里，辩论的主题已经悄然发生了变化。最初的主题是"什么是正义"，而现在呢，则变成了"正义与过得好"也即"正义与幸福"的关系。

　　针对"不正义的人比正义的人过得更好"这个命题，苏格拉底同样提出了两个反驳论证。第一个论证从反面立论，强调即便是不正义的人在内部也是需要正义的。苏格拉底的意思是说，任何团体，无论是一个城邦、一支军队，甚至是一伙盗贼，如果想要共同对外做不正义的事情，也需要在内部以正义的方式和谐相处，因为"不正义使得他们分裂、仇恨、争斗，而正义使他们友好、和谐"。

　　我年轻的时候看过不少香港黑帮片，比如著名的"古惑仔"系列，印象最深的就是帮派内部的规则森严以及帮派兄弟的义薄云天。许多年前，西北某市市委书记、市长等70多名官员被卷进腐败大案而落马后，新上任的市委书记在履新讲话时总结说："之所以出这么大问题，是因为这个圈子内部不团结。"巧合的是，前段时间还听说某地有个偷窃团伙，由于内部分赃不均，其中一个成员一气之下到警察局投案，最后被一窝端了。由此可见，即使是不正义的人一起做坏事，其内部也是需要正义的。

　　苏格拉底接着指出，不正义不仅会使任何"团体"分崩离析，甚至也会让"个人"左支右绌、自相矛盾，让他既与自己为敌，也与正义者为敌。

　　重要的事情说三遍，苏格拉底紧接着第三次提到色拉叙马霍斯的危害性：

"我们现在再来讨论另一个问题，就是当初提出来的那个'正义者是否比不正义者生活过得更好更快乐'的问题。根据我们讲过的话，答案是显而易见的。不过我们应该慎重考虑，这并不是一件小事，而是一个人应该如何生活的大事。"

然后苏格拉底就转入《理想国》第一卷中最重要的一个反驳论证，也即著名的"功能论证"（functional argument）。它的基本逻辑如下：

1. 任何东西都有一种特定的功能（ergon），某个工作或者只有它能做，或者它做得比其他更好（换言之，非它不能做，非它做不好）；

2. 灵魂的功能是生活（living，psuche）；

3. 正义是灵魂的德性（virtue）；

4. 正义的人生活得好（living well）；

5. 正义的人是幸福的（eudaimonia）。

相信你们对于这个论证中的两个关键词——功能和德性（卓越）应该已经非常熟悉了，因为我们之前曾经做过详细解释。但是不得不承认的是，整个论证仍旧显得相当突兀。美国学者 N. 帕帕斯（N. Pappas）形容这个论证是在"变戏法"：因为它毫无征兆地引入了"灵魂"的概念，未经论证地把灵魂的"功能"等同于"生活"，又非常跳跃性地断言"正义"是灵魂的"德性"，继而声称正义的人是"幸福"的。总而言之，这个论证显得太过仓促和简单，需要做太多的解释工作。不过我必须强调说明的是，这个论证非常重要，因为它和《理想国》的中心问题——一个人应该如何生活——紧密相关，这个论证中的核心概念——灵魂、德性、正义与幸福，都是《理想国》剩余篇章重点讨论的主题。余纪元老师指出："功能论证把一个人的功能、德性和幸福联系在一起，并由此体现了从一个正义行为到一个正义者的关注焦点的变迁。用当代伦理学的话说，柏拉图更是个行为者中心（agent-centered）而非行为中心（act-centered）的伦理学家。"以行为为中心的伦理学问的是"what should I do？"——我应该做什么？而以行为者为中心的伦理学问的是"what should I be？"——我应该成为什么样的人？这显然是两种非常不同的伦理学进路。

苏格拉底是否成功说服了色拉叙马霍斯？

从上一讲到这一讲，你认为苏格拉底是否成功地说服了色拉叙马霍斯？

如果细读文本，你会发现，在《理想国》第一卷的后半部分讨论中，色拉叙马霍斯突然变得意兴阑珊起来，他的台词量急剧减少，完全成了相声里的捧哏，嘴里经常蹦出这样的字眼："是的""不能""当然可以""为的是让你高兴""姑且这么说吧，我不愿意跟你为难""高谈阔论，听你的便，我不来反对你，使大家扫兴"。反过来看苏格拉底，则成了滔滔不绝的独白者和演说家。在整个辩论的后半程里，色拉叙马霍斯已经对苏格拉底很不耐烦，他既不打算说服苏格拉底，也没有被苏格拉底说服。整部《理想国》共分十卷，在第一卷的结尾处，色拉叙马霍斯最后一次发声，他说："苏格拉底呀！你就把这个当作朋迪斯节的盛宴吧！"然后他就让出了舞台，在余下的九卷里成了影子般的存在、彻底沉默的围观者。

应该怎么来理解柏拉图的这个安排呢？首先要了解的是，到目前为止，我们介绍的只是《理想国》第一卷的内容，这部分内容应该是柏拉图早年所写，与后九卷内容存在写作时间上的差距。苏格拉底对色拉叙马霍斯的反驳，象征着在正义问题上知识对权力的取代。但这个胜利只是发生在《理想国》这个虚拟的对话中，而且还是拜柏拉图这个"不公正"的叙述者所赐。事实上，在《理想国》第一卷中，苏格拉底没有真正说服色拉叙马霍斯，苏格拉底的几个论证都存在着明显的缺陷。在现实世界里，色拉叙马霍斯更是赢家，因为不正义的人往往比正义的人过得更好。色拉叙马霍斯并没有退场，他一直停留在《理想国》中，作为一个影子般的存在。柏拉图显然希望让他一直聆听苏格拉底的教诲，但是最终苏格拉底真的能够说服他吗？这个问题其实需要我们来替色拉叙马霍斯回答，也即苏格拉底真的能够说服我们吗？

关于这个问题，我想到《理想国》的最终篇再做回答。

026

为什么要做一个道德的人？

雅典人的荣誉观和参与政治的目的

《理想国》的安排有点像擂台赛，辩手们轮番上阵与苏格拉底较量，然后一一败下阵来。到目前为止，苏格拉底的"口下败将"已经有克法洛斯、玻勒马霍斯以及色拉叙马霍斯，现在场边还剩下两个"选手"没有亮相，这两个人身世不凡，值得隆重介绍。

他们俩一个叫作格劳孔，一个叫作阿得曼托斯，都是柏拉图同父异母的亲兄弟，也是雅典城邦最优秀的年轻人。联想到苏格拉底后来正是以"败坏青年"为名被送上雅典法庭的，这两个雅典青年的在场就显得格外引人注目。

格劳孔和阿得曼托斯风华正茂、雄心勃勃，不仅对智性生活有着天然的热情，还热衷于政治生活，强烈地渴望得到"荣誉"。说到这里，我想岔开去多说两句古希腊的

"荣誉"观。柏拉图的学生亚里士多德曾经这样概括希腊人对于幸福生活的三种态度："快感的人生"追求的是"快乐"；"政治的人生"追求的是"荣誉"；"思辨的人生"追求的是"沉思"。希腊城邦里的自由民大多是政治的动物，因此他们热切地渴望获得"荣誉"，对于这一点，他们从不忸怩作态，欲拒还迎。陈嘉映老师对此有个很好的观察，他说，我们万不可将雅典人的"荣誉"混同于现代大众传媒时代的"虚名"。因为在一个公民人数不超过三万的城邦里面，对于"卓越"的称颂几乎都与公民的直接生活经验息息相关，人们亲眼目睹你在战场上勇敢杀敌，亲耳听见你在公民大会上慷慨陈词，他们熟知你的日常操守，了解你的道德品行，所以，在古希腊的城邦里，"盛名之下，其实难副"的情况几乎不会出现，所有的"荣誉"都是沉甸甸、实打实的。人们在政治生活中追求"卓越"，并且希望得到"同侪和后人的称颂"，而不仅仅是获得内心的平静与祥和。所以，对于希腊人来说，参与政治生活不仅是为公众服务，同时也是要实现对荣誉的追求，说得更加明白一些，政治生活应该最大限度地有利于他人，同时也有利于自己。

现在摆在格劳孔和阿得曼托斯这两个年轻人面前，有两个截然不同的选择：苏格拉底说最优秀的人并不"乐意"参与政治，而是"不得不"参与政治，他们参与政治不是为了逐利而是为了避害，避免让坏的人统治自己；而色拉叙马霍斯则说，在政治生活中完全不必考虑正义，恰恰相反，不正义的人比正义的人过得更好。

正义问题再出发

在《理想国》第一卷中，格劳孔和阿得曼托斯一直在围观，始终没插话，直到第二卷开篇处，格劳孔才开始表态，他对苏格拉底说："我觉得色拉叙马霍斯是被你弄得晕头转向了，就像一条蛇被迷住了似的，他对你屈服得太快了。"

格劳孔决定继续挑战苏格拉底。需要特别强调的是，格劳孔并不相信色拉叙马霍斯的观点，他是一个品性高贵的年轻人，只是出于论辩的目的，他想把色拉叙马霍斯的逻辑推到极致，从而逼迫苏格拉底对正义问题做出真正有力而全面的回答。

事实上，在《理想国》第一卷的结尾处，苏格拉底本人也并不满意此前的讨论，他说：

我们离开了原来讨论的目标，对于什么是正义，还没有得出结论，我们就又去考虑它是邪恶与愚昧呢，还是智慧与道德的问题了；接着"不正义比正义更有利"的问题又突然发生。我情不自禁又探索了一番。现在到头来，对讨论的结果我还一无所获。因为我既然不知道什么是正义，也就无法知道正义是不是一种德性，也就无法知道正义者是痛苦还是快乐。

所以，在某种意义上，《理想国》第二卷是正义问题的"再出发"。有学者认为，第一卷中的苏格拉底的风格很符合现实中的苏格拉底，因为他最后是以自知其无知的形象出现的，而从第二卷开始，柏拉图本人就以苏格拉底之名出场了，他想要为正义是什么提供一个确定无疑的答案。

在这个过程中，格劳孔与阿得曼托斯承担起挑战者的重任。我们今天重点介绍格劳孔提出的两个观点：第一是追问正义究竟属于哪一种善；第二是著名的古格斯戒指的思想实验。

正义属于哪一种善

在这本书中，我们经常会提到"善"这个概念，翻译成口语就是"好"。可以试着比较这两个句子：

因为这件事情是好的，所以我想要实现它。

因为这件事情是对的，所以我应该去实现它。

"想要"实现的意思是你有欲望和冲动，好的东西天然具有某种吸引力，比方说，窈窕淑女，君子好逑。"应该"实现的意思是，你"必须"去实现或者"不得不"去实现，因为这是对的事情，比方说，每天早上我都会对布谷说："你想不想起床去上学？不想？你不想也得去，因为你必须去上学。"

苏格拉底、柏拉图以及亚里士多德这些古典哲人在思考伦理学问题的时候，把重点放在"好"或者"善"上面，所以他们的伦理学是"吸引式伦理学"（attractive ethics），而近现代的哲人比如康德则把重点放在"对"上面，所以又被称为"命令式伦理学"（categorical ethics）。我们在前两讲中提到过，对古典哲人来说，伦理学的核心问题是"what should I be?"——我应该成为什么样的人？前两天我读到一位网友对一档知识付费节目的评论，他说："如果哲学、伦理、历史，都变成了知识点，却不能让你成为更好和更有德性的人，那就挺没意思的，真的，挺没意思的。"不得不说，这个评论深得苏格拉底和柏拉图吸引式伦理学的精髓。

回到"因为这件事情是好的，所以我想要实现它"这个例句，我们还可以继续问，这件事情到底好在哪里？我们想要实现它，到底是因为它本身就是好的，还是因为它能够带来好的结果？当我们这么想的时候，就与格劳孔的思路非常接近了。

格劳孔说存在三种类型的善：第一类善，我们追求它时完全不考虑其后果和收益，而就是因为它本身是善的。格劳孔举的例子是"欢乐和无害的娱乐"。我觉得有些爱也是这一类的善，比如有一句话是这样说的："我爱你，与你何干？"这样的爱就是不求回报的爱，是对所爱的那个人或者爱本身的爱。

第二类善，人们之所以想要它，既是为了它本身，又是为了它的结果。格劳孔举例说，像明白事理、身体健康等都属于这类善。

第三类善，人们之所以想要它，不是因为它本身是好的，而只是为了它的结果。比方说赚钱之术，人们起早贪黑地辛苦工作，并不是因为工作本身是好的，而只是因为有利可图。

格劳孔为什么要区分这三类善？归根结底，他是想问正义到底属于第几类善？苏格拉底认为，正义"本应该"是第一类善，也就是为了正义本身而追求正义，不考虑其收益或者结果。格劳孔反驳说，一般人可不是这么想的，在他们眼中，正义是一件苦差事，人们拼着命去实现正义，图的是它的名和利。

苏格拉底说，我知道普通人就是这样想的，而且色拉叙马霍斯正是因为看透了这一切，所以才一不做二不休，干脆开始贬低正义，赞颂不正义。格劳孔决心将色拉叙马霍斯的逻辑进行到底，于是他举了一个流传千古的"古格斯戒指"的例子。他用这个例子试图说明，人们之所以做正义之事，只是因为人们没有能力去作恶，一旦有机会作恶，同时还不会受到任何惩罚，反而会带来各种收益，那么人们就永远都不会选择做正义之人、行正义之事。

古格斯戒指与费尔德曼甜饼

古格斯戒指的故事是这样的：有一个牧羊人名叫古格

斯，放牧途中遭遇暴风雨，紧接着又发生了地震，眼前的大地赫然出现了一道裂缝，他抵御不住好奇心，决定下去一探究竟，结果发现里面有很多的金银财宝，他从一具尸首的手指上取下一枚戒指，然后离开了这个洞穴。事实证明，这是一枚可以隐身的魔戒，只要他把戒指上的宝石朝手心方向一转，别人就看不见他了，再把宝石向外面一转，别人就又看见他了。有了这枚戒指，他就获得了不受惩罚的能力，最终他竟然勾引王后，谋杀国王，窃取王位，做尽了恶事。

格劳孔讲完这个故事，问道，假设现在有两枚古格斯戒指，一枚戴在正义者的手上，一枚戴在不正义者的手上，你认为他们会有不同的表现吗？我们不妨问得再尖锐一些，如果你现在手上戴着这样一枚戒指，你会选择做什么事情呢？

我在人大的课堂上曾经多次问过学生这个问题，在100多人的大教室里，每一回都有一两个学生举手，认为自己会坚持做正义之事。我对这些学生深表钦佩，因为他们对自己的人性实在是太有信心了。

格劳孔对于人性就没有信心，他认为，任何人只要戴上这枚魔戒，就不可能再继续做正义的事。理由是，不管一个人平日里如何循规蹈矩，奉公守法，一旦拥有不受外在惩罚和约束的能力，就一定会做他"想做"的事情，而不是做他"应该做"的事情。

好学深思的读者也许已经发现了，此时"想做"的事情往往不是好事情，而是坏事情。或者仍旧套用格劳孔的分类学，此时"想做"的事情，不是因其自身为善的事情，而是有利可图的事情。

我为什么要做一个道德的人？尤其是在我的行为可以免除一切外在约束和惩罚的前提下，我为什么还要做一个道德的人？这真是一个大问题。

我在多年前写过一篇小文章，题目叫作《古格斯的戒指与费尔德曼的甜饼》。我在这篇文章中指出，格劳孔的问题虽然尖锐，但由于设置的情境和条件太过极端，反而让我们失去了进一步讨论的空间。我的意思是说，古格斯戒指的诱惑实在太大，除非人们求助于上帝或者良心，否则很难解决这个道德难题，而且它也不能帮助我们更好地理解现实生活中的各种道德困境。

相比之下，费尔德曼的小甜饼试验更贴近日常生活的琐碎和繁复，因此也就更有助于我们了解在复杂条件下普通人的道德动机和理由。费尔德曼是一个卖甜饼的人，他卖甜饼的方式很特别：每天把甜饼送到每一个公司的前台，边上放一个钱罐子，人们拿完甜饼后自己往里面投钱，他会在午饭之前取回现金和剩下的甜饼。这种自助式的付款方式完全依赖于客户的自律性，也就是说，每一个取甜饼的人都免不了会扪心自问："如果白拿甜饼，又不会被他人发现，我为什么还应该往罐子里投钱？"

相比"古格斯戒指"，"费尔德曼小甜饼"同样在问"我为什么要做一个道德的人"，但却是一个低配版本的、更具人间烟火气的追问。

费尔德曼发现，风和日丽的时候人们投钱的意愿明显会提高，反之，在狂风暴雨的日子里回收的钱相对就会少一些。这说明天气好的时候，人们就更愿意做一个有道德的人，天气不好的时候，比如说今天雾霾指数480，人们就会怒气冲冲，想要找机会来"报复社会"，于是拿了甜饼就不付钱。费尔德曼还发现，当员工们喜欢自己的工作和老板时，公司的整体诚信度通常会比较高。

费尔德曼卖了二十多年的小甜饼，也做了二十多年的统计，结果表明，有87%的人在无人监管的前提下投了钱。所谓"不以善小而不为，不以恶小而为之"，虽然这仍不足以解决"古格斯戒指"的难题，但是"费尔德曼的小甜饼"至少让我们对这个世界抱有最低限度的乐观。

我为什么要做一个道德的人？

为什么要做一个道德的人？尽管对此没有一劳永逸的回答，但是费尔德曼还是为我们提示了一条可能的解决之道。他发现，小型公司支付甜饼钱的概率要比大型公司高出3%~5%，这并不是因为小型公司的员工更诚实，而是因为在小型公司中，人与人之间的熟悉程度和情感纽带更加紧密，犯罪或者犯错所承受的羞耻感和社会压力更大。

现代社会之所以出现世风日下、人心不古的道德危机，一个很重要的原因是道德生活的外部环境改变了。在人潮汹涌的大型陌生人社会中，我们除了要设立严刑峻法，更为重要的是要建立各种纵横交错的熟人社区，让原子化的个体重新恢复与周遭环境和人的深厚联系。这或许是在"上帝已死"的时代挽救道德败坏的一个可行途径，尽管在面对"古格斯戒指"这样的极端诱惑时，它依旧无法回答"我为什么要做一个道德的人"。

另一方面，我始终认为，现代人并不缺少基本的正义感，缺少的是在生活中落实和实践正义感的勇气和外部环境。回到格劳孔最初所做的那个区分，我们也许应该把正义归入第二类的善，也就是说，正义本身就是好的，同时又会带来好的后果。这是一个折中的方案，也是一个两全其美的方案，因为它既照顾到了正义的道德维度，又兼顾到了普通人的利己倾向。

苏格拉底和格劳孔会在这个问题上达成一致意见吗？苏格拉底会继续坚持自己的观点吗？还是说他最终倒向了格劳孔的观点？关于这个问题，我们也需要到《理想国》的完结篇才能做出回答。

027

理想的城邦正义：各归其位，各司其职

由大见小：城邦正义与灵魂正义

从这一讲开始，柏拉图即将隆重出场。因为从第二卷开始，《理想国》的内容都是写于柏拉图的盛年时期，此时剧中的苏格拉底其实是柏拉图的化身。柏拉图不再满足于苏格拉底的"自知其无知"，他要对"正义是什么"给出一个普遍定义，他也不再满足于只是在探讨伦理学，而是把问题拓展到政治学、教育学、知识论以及形而上学。不过，为了叙述的方便，我们仍旧用苏格拉底来称呼剧中的主角，只有在评论全书的写作动机和宗旨时才会"点名"柏拉图。

经过前面的讨论，读者大概会觉得，苏格拉底并没有成功地回应那些挑战。的确如此！苏格拉底也明确意识到了这个问题，在听完格劳孔和阿得曼托斯的观点之后，他

非常坦率地承认，之所以在"正义是什么""正义的人是否比不正义的人过得更好"这些问题上纠缠不清，那是因为"我们并不聪明"。

怎么办？苏格拉底建议我们先不探讨灵魂的正义，而是把视线转向城邦的正义。苏格拉底打了一个比方，如果我们的视力不好，偏偏有人让我们读远处写的小字，那我们一定是看不清楚的，但如果这时在近处用大字写着同样的内容，那我们就可以舍远求近，由大见小了。同理，先来探讨城邦里的正义是什么，然后在个别人身上考察灵魂中的正义是什么，这就是"由大见小"。

苏格拉底为什么知道城邦的正义和灵魂的正义是同构的？对此，苏格拉底没有直接提供他的论证。但是根据他的理念论，我们可以猜想他会这样回应：就像美的东西之所以为美，是因为它们分有了美的理念，那么正义的东西之所以为正义，也是因为它们分有了正义的理念，所以城邦的正义和灵魂的正义是具有可类比性的。

正是因为有了这个类比，《理想国》的论题就从伦理学进入了政治学。在构想城邦的正义时，苏格拉底有一个基本的原则，那就是"劳动分工原则"，意思是说，每个人都有不同的禀赋，不同的禀赋就应该从事不同的职业，既然如此，那最理想的状态就是，每个人都只干自己最擅长的职业。比方说，乔丹就应该去打 NBA，而不应该改行去打棒球；岳云鹏就应该去当相声演员，而不应该跨界到《我是歌手》现场去唱歌。当然了，乔丹改行顶多就是让这个世界多了一个三流的棒球运动员，并不会引起太多负面的社会政治后果。可是，如果一个三流的画家弃笔从戎，进而跨界去从政，就像希特勒那样，那危害可就太大了。所以苏格拉底说："正义就是只做自己的事而不兼做别人的事。"说得再具体一点，苏格拉底认为，一个城邦主要由三种人组成——护卫者、武士以及生意人，如果这三种人"在城邦里各做各的事而不相互干扰时，便有了正义，从而也就使城邦成为正义的城邦了"。我们可以用八字箴言来概括苏格拉底的"正义观"：各归其位，各司其职。

整体主义视角下的城邦秩序和社会分工

这个结论来得太快，似乎有些猝不及防。让我们在这里稍微多停留一下，对它做几个解释。

首先，我们要对城邦里的三种人做一个分析。"生意人"是一个泛称，除了字面意义上的生意人，还包括农民、手工业者，等等，他们属于城邦的生产阶层。所谓"天下熙熙，皆为利来；天下攘攘，皆为利往"，生意人从事生产和经济活动的根本动机就是逐利，他们的人生目的就是"身体健康、太太平平度过一生，然后无疾而终，并把这种同样的生活再传给他们的下一代"。这样的城邦，按照格劳孔的说法，就是"猪的城邦"，猪的人生目标就是"活着"，而不考虑"活得好"的问题。要命的是，即使是"活着"这么卑微的目标也注定无法拥有，因为资源是有限的，不同的城邦之间为了抢夺资源必然会发生战争，而"猪"是没有能力保卫自己的，所以就必须要引入"猎狗"来保护城邦，也就是"护卫者"和"武士"阶层。

由于打仗是一种专门的技艺，而且守土之责重于泰山，护卫者和武士自然就成了城邦里的统治者。对于生活在和平年代的现代人来说，有些难以理解战争对于古希腊人的重要性，可是如果我们想一想雅典人经历了长达27年的伯罗奔尼撒战争，就会明白为什么柏拉图要把护卫者和武士尊奉为城邦的统治者了。我们在第22讲中曾经提到，柏拉图对斯巴达的秩序心仪不已，所以他才会模仿斯巴达来建立贵族军事制度，但是这里存在一个问题：虽说猎狗的一般特征是对待自己人如春天般温暖，对待敌人如严冬般无情，但难免有时候会出现反咬自己人的问题，所以如何驯化统治者，就成了一个非常严肃的课题。关于护卫者和武士的区别，以及护卫者也即哲学王是如何养成的，我们下一讲会详细论述。

现在我们要来思考这个问题：当苏格拉底说就其"本性"（nature，自然）而言每个人最擅长做的事情只有一种的时候，他的隐含之义是什么？我要提醒你们回忆一下"功能论证"这个概念，没错，苏格拉底的意思是说，对于任何一个人而言，总有那么一件事情，是"非你不能做，非你做不好"的。

对于现代人来说，生活就像一场实验，这场实验要求你不断地调整方向，改换赛道，校准目标，去发现和实现那个"非你不能做，非你做不好"的"自然天赋"。在这个过程中，你必须要不断地去试错，不断地去犯错，在经历了种种努力、奋斗、失败、绝望与痛苦之后，才有可能认识你自己，发现你自己，并最终成为你自己。毫无疑问，这是一种非常个人主义的生活观。但是，对古希腊人来说，生活却并非一场实验，当苏格拉底说"每个人最擅长做的事情只有一种"的时候，他并不是在鼓励人们不断地去试错，而恰恰是说，"政治组织有权力（power）把不同的社会职责强加给每个公民"（N. 帕帕斯语）。在这样的社会里，重要的不是每一个人都有权利（right）去发现和实现自己未知的天赋，而是每个人都有责任（duty）去坚守和履行早已安排好的社会职责。

我们必须要同情地理解柏拉图，在他的时代，现代的个人主义视角还没有诞生，也没有个人权利（individual rights）的观念，柏拉图主要是从整体主义的视角出发去思考社会分工合作以及城邦的秩序问题的。在他心目中，城邦的运转就像一台设计精良的仪器，每一个零部件都应该处于它应该在的那个位置。用我们熟悉的话说，就是"立足本职工作，发挥螺丝钉精神"，用古希腊人的话说，就是在护卫者、武士和生意人之间，存在着一道"永恒固定的界限"。

金银铜铁的神话与刚性的正义观

你一定会问，这个"永恒固定的界限"到底是怎么画出来的，谁有资格和权力来画这个"永恒固定的界限"？凭什么你是舵手，我是螺丝钉？从现代人的角度出发，我们很容易会对苏格拉底产生不满。因为他不是从个体的选择出发，而是通过讲述一个荒诞不经的"金银铜铁"的神话故事来让每个人"各归其位，各司其职"的。

这个神话故事的大意是这样的：所有人虽然都是兄弟，但是上天在铸造他们的时候，在有些人的身上加入了黄金，这些人是最高级的，他们是统治者也即护卫者。然后在武士阶层的身上注入白银，在生意人身上注入铁和铜。苏格拉底说，虽然天赋是可以遗传的，但有时候难免会出现金父生银子、银父生金子的情况，所以统治者的职责就是要做好甄别工作，仔细检查子孙后代的灵魂深处究竟混合了哪一种金属。如果护卫者自己的孩子心灵里混入了一些废铜烂铁，也必须要大义灭亲，把他们放到恰如其分的位置上去，也就是生意人的行列里；反过来说，如果生意人的子孙后代里发现了金子和银子般的人才，就要重视他，把他擢升到护卫者和武士的行列中。

苏格拉底说完这段话后，就问格劳孔："须知，神谕曾经说过'铜铁当道，国破家亡'，你看你有没有办法使他们相信这个荒唐的故事？"

你觉得这个故事够荒唐吗？从现代人的角度出发，这个故事简直荒唐透顶，因为它看起来就像是在主张"老子英雄儿好汉，老子反动儿混蛋"的血统论和等级论。但是如果我们仔细分析文本，就会发现苏格拉底强调的不是"血统"而是"能力"，同时他也承诺等级之间是可以相互转化和流动的。当然，这些辩护并不足以让我们摆脱疑虑，当权者凭什么不把权力转交给自己的后代，而是选择"不拘一格降人才"？电影《芳华》中，红二代郝淑雯面对质疑大叫"红色江山都是我爸爸打下来的"，反映的就是这样的心理事实。说到底，苏格拉底只是为社会流动性打了一张白条，并没有详细说明社会流动性是如何可能的。如果缺乏一个公开公平公正的人才选拔制度，仅仅依靠当权者的善良天性，是不足为凭的，它一定会导致社会固化并形成等级制度。在我看来，柏拉图在《理想国》里提供的只是一种刚性的正义观，这是一种"权力本位"的人治思维模式，就像"刚性维稳"必须要转换成为"法治维稳"，刚性的正义观也必须要辅以法律和制度的保障，才有可能摆脱它的任意性和危害性。

高贵的谎言

有趣的是，当苏格拉底惴惴不安地讲完这个金银铜铁的故事之后，心直口快的格劳孔毫不犹豫地说："不，这些人是永远不会相信这个故事的。不过我看他们的下一代会相信的，后代的后代子子孙孙迟早总会相信的。"

苏格拉底松了一口气，接着说道："我想我是理解你的意思的。就是说，这样影响还是好的，可以使他们倾向于爱护他们的城邦和他们相互爱护。我想就这样口头相传让它流传下去吧！"

谎言重复了一千遍就成了真理，更何况这还是一个利国利民的谎言，所以它不是普通的谎言，而是"高贵的谎言"。

苏格拉底说，如果有可能的话，最好统治者自己也相信这个高贵的谎言，如果不能使统治者相信的话，至少要让城邦里的其他人相信。这话说得真是太有深意了。如果统治者也相信这个谎言，当然就会越发全心全意地维护统治秩序，如果统治者不相信但是被统治者相信，这个秩序依旧可以维持下去，可是问题在于，如果统治者与被统治者都不相信呢？网上曾流传索尔仁尼琴的一句话，我怀疑是伪作，但道理很深刻："我们知道他们在说谎，他们知道自己在说谎，他们知道我们知道他们在说谎，我们知道他们知道我们知道他们在说谎，但是他们依然在说谎。"为什么会出现如此悖谬的情况？其实我在一篇文章中有过解释：

> 一个不再被人们认可或相信的意识形态仍旧可以继续发挥政治和社会价值分配的功能，哪怕它看上去漏洞百出，苟延残喘，但只要每个人都可以通过它获得自己想要的东西，那么它就仍然功能健全，运转

良好，这才是意识形态的本来面目。在某种意义上，这样的意识形态更可怕，因为它不再是少数人处心积虑地说谎，而是所有人心照不宣地共同维护那个公开的谎言。

谎言一旦变成赤裸裸，信任的支柱便被抽离，此时支撑谎言继续运转的动力要么是利益要么是暴力。赤裸裸的谎言不再承担造梦的功能，但它依旧可以让每一个人继续生存在一个虚假的空间里，在这个空间里，大伙儿集体在装睡。

从现代人的观点看，高贵的谎言也仍旧是谎言，它的不合理性是显而易见的。此外，从现代人的观点看，权力导致腐败，极端的权力导致极端的腐败，那么，我们为什么还要把权力交给护卫者？结合了凶猛与温顺品格的护卫者是如何可能的？关于这个问题，我们下一讲继续。

028

从"猪的城邦"到"纯洁的城邦"

护卫者教育与言论审查

结合了凶猛与温顺品格的护卫者是如何可能的？仔细想想，要把狮子般的凶猛和绵羊般的温顺合二为一，几乎就是一个 mission impossible（不可能的任务）。

为了完成这个不可能的任务，苏格拉底主张首先通过教育来培育护卫者。具体说来，就是用音乐"文明其精神"，用体育"野蛮其体魄"。注意，这里的"音乐"不是我们今天所理解的狭义意义上的音乐，而是指"所有受到缪斯女神灵感照耀而创作出来的东西"，包括诗歌、小说、音乐和戏剧，等等。

其中，苏格拉底最关注的是诗歌创作的"审查问题"，他的矛头直指荷马和赫西俄德这些著名的诗人。我们知道，在古希腊的神话和诗歌中，奥林匹亚山上的众神不仅力量非凡，而且肉身不死，但是除此之外，他们与常人一般无异，同样有着七情六欲，同样热衷于宴饮作乐，甚至坑蒙拐骗，欺上瞒下，好勇斗狠，无恶不作。最典型的例子就是宙斯，他之所以取得宇宙之王的地位，就是通过推翻其父克洛诺斯的统治实现的。当然，克洛诺斯的事迹也不光彩，根据赫西俄德《神谱》的描述，他甚至还阉割了自己的父亲。

苏格拉底认为，如果想要弘扬真善美，就必须把这些假恶丑的故事从诗歌和戏剧中删除，他说：

> 决不该让年轻人听到诸神之间明争暗斗的事情（因为这不是真的）。如果我们希望将来的保卫者，把彼此勾心斗角、耍弄阴谋诡计当作奇耻大辱的话。我们更不应该把诸神或巨人之间的争斗，把诸神与英雄们对亲友的种种怨仇作为故事和刺绣的题材。如果我们能使年轻人相信城邦的公民之间从来没有任何争执——如果有的话，便是犯罪——老爷爷、老奶奶应该对孩子们从小就这样说，等他们长大一点还这样说，我们还必须强迫诗人按照这个意思去写作。

这段话的明面意思是要对言论进行审查，这一点一望便知。除此之外，这段话还透露出一个非常重要的统治秘诀："政治稳定的理想方子是上位者团结，下位者分裂。"这话什么意思？我给大家举两个例子就一目了然了。

多年前，我曾与本科同班同学结伴到康西草原旅行，同行有一个七岁的小男孩，异常乖巧，大人聊天的时候，他就安安静静地坐在一旁给爸爸妈妈编花环，当我们起身散步的时候，他就安安静静地一起散步。然后，这孩子突然仰头跟爸爸说：爸爸，我可以在草原上跑步吗？在得到允许之后，这孩子就撒开腿跑了起来。我在一旁看了大为惊讶，这个"被统治者"为什么会如此的温顺和乖巧？他爸爸告诉我，秘诀在于父母之间要保持一致意见，绝不可以在孩子面前发生争吵，唯其如此才有可能形成稳定的秩序。

再举一个失败的例子。多年前我带侄女回老家过暑假，临行前我哥哥告诉我千万不能给孩子多喝可乐，如果一定要喝，也必须是在饭后。结果呢，回到老家后，侄女一直喊着要喝可乐，我遵照老哥的嘱咐说：不可以，必须在饭后才能喝。这时候我妈妈插话了：喝可乐又没什么了不起的，别听你叔叔的，在奶奶家里可乐随便喝。你看，上位者如此分裂，统治秩序怎么可能稳定呢？

以上两个例子来自日常生活经验，至于现实政治的例子，请你们自由联想。

回到言论审查这个问题，苏格拉底说："为了使我们的护卫者敬神明，孝父母，重视彼此朋友间的友谊，有些故事应当从小就讲给他们听，有些故事就不应该讲给他们听。"我想再次提醒各位读者注意的是，苏格拉底一直在探讨护卫者和武士的教育问题，他几乎从未提及第三种人也就是生意人的子女教育问题。

为了培养合格的护卫者，必须对他们进行严格的德性教育。比方说，如果要培养他们勇猛杀敌的血性，就绝不可以让他们从小接触阴曹地府的恐怖故事，让他们软弱消沉、害怕死亡；如果要让他们养成自我克制的品性，就不能让他们阅读纵情声色的文字……为了做到这些，就必须要删除荷马史诗和一切诗歌、戏剧、音乐中与此相关的表达。

唯一正确的生活

应该如何评价苏格拉底的言论审查观点呢？

坦白说，我们在教育孩子的时候，也会格外关注他们的心理健康和性格养成。比如，我一直试图劝说布谷暂时放弃看《小马宝莉》，因为她还太小，看到有些场景的时候，就会一边喊"我害怕"一边捂眼睛；给她讲麦兜的圣诞故事，我也会刻意修改圣诞老人并不存在的情节，因为我希望她能尽可能长久地保留对圣诞老人的美好想象。西方社会普遍存在的电影分级制度，也是为了保护青少年的心理健康。

那么，以上理由是不是足以为苏格拉底的言论审查做辩护呢？我觉得不可以。首先，西方的电影分级制度不是出于政治宣传和政治教育的目的。其次，它主要针对的是未成年人而不是成年人。相比之下，苏格拉底打算进行一场全社会的道德净化运动，这个运动的根本目的，指向的不只是未成年人，也包括成年人。换句话说，苏格拉底希望整个城邦的公民都以唯一正确的方式生活。

也许有读者会立刻反驳说：不对啊，前面才刚刚讲到这种审查制度是针对护卫者的孩子的。没错，在《理想国》的第二、三卷中，苏格拉底的确只是针对护卫者的孩子，但是到了第十卷，他就把言论审查的对象拓展到了所有成年人，因为他认为成人与孩子一样缺乏明辨是非的能力。

请你设想一下，在一个城邦内部有没有可能出现两个版本的荷马史诗，生意人阶层的孩子从小读足本，护卫者的孩子从小读洁本？这似乎没有什么现实的可操作性。所以，道德净化运动一定会出现扩大化的倾向，最终波及所有人。

有人也许会继续反驳说：只要能让人们过上正确的生活、幸福的生活，审查言论又有何妨？这的确就是柏拉图的核心想法所在，他确信哲学家已经走出洞穴，把握到了真理，因此可以合理地安排城邦整体的善，确保人们过上正确的生活，所以对他来说，这绝不是什么专制或者暴政，而恰恰是善治。

可是站在现代人的角度，我们难免会心存疑虑：谁能保证这就是唯一正确的生活呢？退一步说，即使这的确是唯一正确的生活，那也应该是我自己选择的正确生活，而不是自上而下通过政治权力强加的正确生活。在这里，我想对正确生活和良善生活做一个区分：正确生活，顾名思义只有一种，也就是说它是单数形式的，而良善生活则可以是复数的、多元的。对于现代人来说，如果要想过上良善生活，就必须满足两个前提条件：

1. 要根据自己关于生活价值的内在信念来选择自己的生活方式；

2. 要有质疑和拷问那些信念的自由。

（威尔·金里卡语）

这两个条件在柏拉图的《理想国》中都不具备。恰恰相反，柏拉图的教育目的就是要培养服从真理和权威的心态。

打造纯洁的城邦

除了音乐和体育，为了培育合格的护卫者，苏格拉底还模仿斯巴达的优生制度，主张"最好的男人必须与最好的女人尽多结合在一起，反之，最坏的与最坏的要尽少结合在一起。最好者的下一代必须培养成长，最坏者的下一代则不予养育"。为了保持品种的纯洁，优秀者的孩子会被带到托儿所去，由保姆统一抚养；至于那些有先天缺陷的孩子，他们将被秘密地加以处理。虽然有些学者辩护说，秘密处理不等于秘密处死，但是这样的"优生学"制度令人非常不适。

现在我们来探讨护卫者的生活方式。还记得苏格拉底的那个观点吗？身体是灵魂的牢笼，现实世界的诱惑太多，通过音乐、体育的培育以及优生学的拣选成长起来的护卫者，还不足以抵御它们，所以苏格拉底为他们进一步制定了异乎寻常的生活方式：除了绝对的必需品以外，任何人不得有任何私产。任何人都没有私人住宅，大家同吃同住，薪水每年定量分给，既不多也不少，够用足矣。

苏格拉底尤其担心金银财宝会玷污护卫者的灵魂，所以规定他们绝对不能与之发生任何关系，不可使用金杯银杯喝酒，也不可佩戴任何金银首饰，总之，不可接触它们，甚至不可和它们同居一室。

苏格拉底说：

> 他们就这样来拯救他们自己，拯救他们的国家。他们要是在任何时候获得一些土地、房屋或金钱，他们就要去搞农业、做买卖，就不再能搞政治做护国者了。他们就从人民的盟友蜕变为人民的敌人和暴君了；他们恨人民，人民恨他们；他们就会算计人民，人民就要谋图打倒他们；他们终身在恐惧之中，他们就会惧怕人民超过惧怕国外的敌人。结果就会是，他们和国家一起走上灭亡之路，同归于尽。

以上种种看似极端的措施，目的只有一个，防止护卫者队伍被腐蚀，确保护卫者队伍的纯洁性。事实上，在苏格拉底的带领下，我们已经不知不觉地从"猪的城邦"发展到了"纯洁的城邦"。这是《理想国》构想好城邦的第二个阶段，距离真正的"美的城邦"还有一步之遥，因为此时的护卫者只是完成了必备的品格养成和军事训练，还没有成为哲学王。在目前这个阶段，护卫者与武士阶层还没真正分离。

我们常说"出淤泥而不染"，可是苏格拉底不同，为了保持护卫者的纯粹性，他恰恰是要隔绝一切外来的污染，让护卫者在近似真空的状态下成长。这让我们不由得产生疑惑，这种从温室里产生出来的花朵，当他有一天真的面对诱惑时，究竟会有什么反应？到底是心如止水、不为所动，还是出于补偿心理变本加厉？

讨论到这里，我们可以做一个小结：

首先，柏拉图虽然不是自由民主制的同路人，但也不是纳粹主义者，因为他只是把优生学运用到了护卫者的遴选上，而没有拓展到整个城邦。就其取消私有财产的观点而言，他也并非一个共产主义者，因为他只是在护卫者内部取消了私有财产，而不是将其扩大到整个城邦。如果一定要给柏拉图贴个标签，也许可以称他为权威主义和家长制的信奉者。

其次，思想的龙种常常结出现实的跳蚤，任何理论一旦被运用到现实世界，都存在变形的可能，对《理想国》中一些危险的思想因素保持足够的警惕是必要的。

最后，柏拉图之所以对自己的理想城邦如此充满信心，是因为他相信通过哲学教育，最终护卫者成了哲学王，哲学王见到了真理本身，并且按照真理来为城邦的全体公民谋幸福，这是一个至善至美的城邦。关于哲学王是如何产生的，"美的城邦"究竟在什么意义上实现了正义，我们下一讲继续。

029

哲学王是怎样炼成的？

哲学王的遴选与培养

从"猪的城邦"到"纯洁的城邦"，还只是让护卫者完成了必要的品格培养和军事训练，并没有在护卫者与武士之间做出真正的区分，因为还缺少"哲学"这个最重要的环节，而这也是柏拉图的"理想国"与斯巴达贵族军事专制最关键的区别所在。

要想成为真正的护卫者也就是哲学王，除了优生学以及音乐和体育的教育，还需要经过更加严苛的遴选程序。首先，哲学家应该具备以下的天赋："记性良好，敏于理解，豁达大度，温文尔雅，爱好和亲近真理，正义、勇敢和节制。"拥有这些天赋还不够，他们还要在30岁之前学习算术、平面几何、立体几何、天文学和谐音学等一系列的课程；从30岁到35岁，他们开始接触辩证法，学成之后再安排他们指挥战争和执行公务，在实际生活中接受考验，看他们是否能在各种诱惑面前坚定不移；如此过去 15 年，直到 50 岁以后，那些成功闯关的人将面临"最后的考验"——他们将被要求去看"善本身"，把善的理念作为原型，来管理城邦、公民以及他们自己，只有到了这个时候，他们才成为真正的哲学家，并有资格成为真正的哲学王。

这是一个大浪淘沙的过程，最终脱颖而出的只是极少数人，大多数人没有成为真正的哲学家，而是变坏了。柏拉图认为，哲学的本性是尤其易于败坏的，而败坏了的这些人会给城邦带来巨大的灾祸，因为，"天赋最好的灵魂受到坏的教育之后就会变得比谁都坏"。这句话值得我们深思。我猜想柏拉图在写这句话的时候，心中所想的很可能就是苏格拉底的那两个著名弟子：阿尔西比亚德和克里底亚斯。后人在谈起《理想国》的时候，印象最深的就是柏拉图对"哲学王"的推崇和肯定，却忘了他对"哲学的本性容易败坏"的警示。在这个意义上，后世那许许多多在《理想国》的鼓励下试图成为"天子师"或者"哲学王"的哲人，按照柏拉图的标准，很可能不是哲学家，而只是一些天赋极高却不幸败坏了的灵魂。

在培养哲学王的过程中，柏拉图尤其强调算术和几何学的重要性。据说在雅典学园的门口竖着一块牌子，上书"不懂几何者不得入内"。这突出地反映出毕达哥拉斯学派对柏拉图理念论的深刻影响。因为算术与几何学的研究对象乃是"永恒事物"，这些学科可以把灵魂引导到真理那里，迫使灵魂去看真理和实在本身。柏拉图与康德一样，都是哲学史上的集大成者，他们充分吸收了前人的思想，然后再辅以自己天才的发挥，才发展出震烁千古的不朽理论。比方说，柏拉图不仅继承了毕达哥拉斯对数学的尊重，还深受其灵魂不朽的信仰的影响。巴门尼德强调"一切变化都必然是虚妄的""实在是永恒的、没有时间性的"观点也深刻地影响了柏拉图。即使是巴门尼德的对手赫拉克利特也在否定性的意义上影响了柏拉图，赫拉克利特强调感觉世界"一切皆流，无物常驻"，这个观点和巴门尼德的学说结合起来，就形成了柏拉图关于"知识并不是由感官得到的，而只是由理智获得的"结论。

柏拉图说："哲学家是能把握永恒不变事物的人，而那些做不到这一点，被千差万别事物的多样性搞得迷失了方向的人就不是哲学家。"这个说法引来不少的批评，很多学者认为柏拉图纸上谈兵，过高地估计了理论智慧，低估了实践智慧。爱尔兰作家萧伯纳曾经讥讽"有教养的英国人"：除了掌握"对"与"错"的差别，对这个世界一无所知。后来，一个有教养的英国哲学家听说了这句话，自嘲说，这个批评用在道德哲学家身上其实更合适。

是啊，为什么看到了"善本身"就足以安邦定国？哲学与政治的结合到底是如何可能的？关于这个问题，柏拉图好像从来没有给出令人满意的解释。

德性归位的城邦正义

不管怎么说，柏拉图深信只有哲学家成了真正的护卫者，才有可能建立起"美的城邦"。在《理想国》这本书中，柏拉图多次复述了他在《第七封信》里提出的那个著名观点：

> 除非哲学家成为我们这些城邦的国王，或者我们目前称之为国王和统治者的那些人物，能严肃认真地追求智慧，使政治权力与聪明才智合而为一……否则的话……对城邦甚至我想对全人类都将祸害无穷，永无宁日。

> 当哲学家成为护卫者，武士和生意人各归其位、各司其职，大家各干各的事情，彼此互不干扰，这个城邦就是智慧的、勇敢的、节制的和正义的。说得更加明确一些，护卫者的主要德性是智慧，武士的主要德性是勇敢，生意人的主要德性是节制，当城邦里的三类人都拥有了他们"应得"的位置和德性的时候，城邦也就实现了正义。

我们需要对以上观点做一些解释。

首先，智慧、勇敢、节制和正义被称为古希腊的"四主德"，后来中世纪的神学家托马斯·阿奎那又补充了基督教的三种美德——信、望、爱，也即信仰、希望与博爱。

古希腊的四主德处理的是人与人的关系，而基督教三美德处理的是神与人的关系。

其次，我们在第24讲中曾经介绍过古希腊诗人西蒙尼得的那句名言：正义就是给每个人应得的东西。苏格拉底只是在批评玻勒马霍斯的解释，但没有真正否定西蒙尼得的观点，而是从不同角度去深化和解释这个观点。护卫者、武士和生意人各归其位，各司其职，每个阶层的人各自拥有自己的德性，这恰恰就是对西蒙尼得正义观的深入解释。

最后，相比智慧、勇敢和节制，正义的地位非常特殊，它不属于任何特定的阶级，不如说它是更高的德性，是对前三种阶层和德性"各归其位，各司其职"所形成的和谐秩序的描述。

说到这里，我要介绍一个很重要的观念。还记得米利都学派的哲人阿那克西曼德吗？他认为自然界中有三种元素，分别是火、土和水，这三种元素占据各自的位置，拥有一定的比例，但是每种元素都永远在企图扩大自己的领土，与此同时，万事万物的背后又有一种必然性或者自然律在永远地校正着这种平衡，阿那克西曼德用"正义女神"（Dike）指称这种"力的平衡"。罗素指出，这种"正义"的观念——不能逾越永恒固定的界限的观念——是一种最深刻的希腊信仰。阿那克西曼德对于正义的理解跟柏拉图非常接近，虽然阿那克西曼德思考的是宇宙论问题，柏拉图思考的是政治学问题，但在根本精神上是彼此相通、一脉相承的。

我们此前反复在说"每个人都是潜在的僭主"这个观点，其实自然界里的元素也存在着扩大自己的领土、僭越别人领地的冲动，所以"节制"就显得格外重要。《理想国》虽然把节制归为生意人的主要德性，但并不意味着护卫者和武士不需要节制。苏格拉底说："对于一般人来讲，最重要的自我克制是服从统治者；对于统治者来讲，最重要的自我克制是控制饮食等肉体上快乐的欲望。"

说到这里，我们必须回过头再来考察"灵魂的正义"问题。最近有句话特别流行，叫作"不忘初心，牢记使命"，那么苏格拉底考察城邦正义的初心是什么？没错，就是为了"由大见小"，探讨灵魂的正义。

灵魂三分：理性、激情和欲望

城邦中有三个阶层——护卫者、武士、生意人，灵魂中也有三个元素——理性、激情和欲望，它们正好形成对应的关系。所以答案很明显，唯当理性、激情与欲望这三个元素"各归其位，各司其职"的时候，灵魂才是健康的、和谐的和正义的。说得更加明确一些，只有当激情和欲望都服从理性的领导的时候，我们才会感到内心平和。相反，当激情或者欲望反过来主导了理性，我们就会感到内心的冲突和撕裂，甚至会给我们带来极大的危害。

有一个成语叫作"天人交战"，每到深夜饥肠辘辘的时候，就是我们"天人交战"的时刻：吃还是不吃眼前这块蛋糕，这是一个问题。理性告诉我："你需要减肥，你已经三高了！"可是欲望呢，却在大声地呼喊："管他呢，及时行乐吧！"当然，这时候没准还有第三个声音在愤怒地说："你这个贪吃鬼，吃死算了！"这个声音不是别人，就是激情。

我们无法深入地探讨柏拉图灵魂三分的学说。大致说来，欲望更接近于动物性的冲动。激情是灵魂中使我们感到愤怒的那个部分，初看起来它与欲望更加接近，但其实常常与理性一起反对欲望。为了说明这个道理，柏拉图举了一个非常漂亮的例子：有一个人经过刑场的时候，发现那里躺着几具尸体，他想要看尸体，但内心又害怕又嫌恶，于是他就把头蒙了起来，可终究按捺不住欲望的力量，他睁大眼睛冲到尸体跟前，愤怒地骂自己的眼睛：瞧吧，你这个坏家伙，把这美景瞧个够吧！柏拉图通过这个故事告诉我们，愤怒有时恰恰是与欲望作对的东西，它让我们产生正义感，对于做错的事情心生愧疚和歉意。至于理性，它的功能与护卫者一样，护卫者照看整体城邦的利益，理性则关注整个灵魂的利益，理性和护卫者一样，最主要的德性就是智慧。

柏拉图打了一个比方：人的灵魂就像是三种形象的结合体，欲望好比是一个多头怪兽，激情有如狮子，而理性就像是人。为了让灵魂内部保持和谐，人就必须要主宰一切，尽力地让狮子成为自己的盟友，一起驯服那个多头怪兽。如果放纵狮子和多头怪兽，那就会导致它们相互残杀直到同归于尽。那些主张"不正义的人比正义的人过得好"的人，就是在做这样的事情。

说到这里，我们可以发现，柏拉图一直在强调哲学王"应该"统治城邦，理性"应该"管理灵魂，一旦实现了哲学王的统治，城邦就是正义的城邦，一旦实现了理性的管理，灵魂就是正义的灵魂。可是真正的问题在于，这个过程是如何实现的？生意人和武士为什么要服从哲学王，理性到底是通过什么方式驯服激情与欲望的？那个一直在旁观、再也没插话的色拉叙马霍斯为什么要接受苏格拉底的观点？

其实，秘诀仍然是教育！在《理想国》第七卷一开篇，柏拉图就通过著名的"洞穴比喻"给我们讲述了受过教育的人与没有受过教育的人之间的本质区别。

030

洞穴比喻与"灵魂的转向"

洞穴比喻与走出洞穴的哲人

让我们想象这样一个场景：在一个夏日的午后，你一个人蜷缩在舒适的沙发上，吹着空调，眼前是一台 55 英寸的液晶电视。你手拿遥控器，不停地在换台，看到合适的节目就停留下来，你看国际新闻，看国内新闻，看古装剧，看现代剧，看真人秀，边看边嗑瓜子，觉得现世安稳、岁月静好。这个时候，窗外突然冒出一个家伙，一直在敲窗户，冲你大声说着什么。你打开窗户，听见他说：

"不要再看电视了，你以为你可以自由地换台，其实你看到的都是被过滤的信息，你根本不了解这个世界正在发生什么，你就是一个洞穴里的囚徒！"

请问，听到这些话的时候，你的第一反应是什么？

"嗯，这个人是个疯子吧？"

出于好奇，也出于愤怒，你质问他："你是谁啊，凭什么跟我说这个？"

他回答说："我是哲学家，因为我走出过洞穴，见过真实的世界，所以我知道你现在看到的都是假象。"

此时，你又会怎么想？"嗯，这个人果然是一个疯子！"

这个桥段不是我的发明，我只是改编了柏拉图《理想国》第七卷中那个著名的"洞穴比喻"。

洞穴比喻的设定场景是这样的：在一个洞穴里面，有一群生于斯长于斯的囚徒，他们的头和脚都被牢牢地绑着，不能走动也不能转头，只能直愣愣地盯着眼前的洞壁。在他们的身后有一些火光，在火光和囚徒之间，有人一直在举着木偶表演，火光将木偶的影子投射到洞壁上，构成一些影像，这就是囚徒们从小到大所看到的一切，他们对此习以为常，而且认为这就是世界本身。

苏格拉底说，如果有一个囚徒被解除了桎梏，转头环视，四处走动，不仅发现了身后的火光以及木偶，还被人硬拉着一路带出了洞穴，试问这个人会有什么反应？苏格拉底说，这个人肯定会觉得非常痛苦，一路上他脚步踉跄，磕磕绊绊，内心充满恼怒，因为被人强迫着往上走是一件非常痛苦的事情。当他第一次看到火光的时候，眼睛会难受；当他走出洞穴来到阳光下，眼前更是金星乱蹦、金蛇乱舞，根本看不清任何东西。但是，他的眼睛渐渐开始适应阳光，认识到洞外的世界有多真实和美好。

这个走出洞穴见到太阳的人，不是别人，正是那个看到"善的理念"的哲人。苏格拉底用"太阳"来比喻"善的理念"，就像太阳普照万物，让我们的眼睛得以看见现象界的万物，"善的理念"帮助我们的理智认识真实的事物。

现在的问题是：

第一，既然已经走出洞穴，哲人还愿意再次重返洞穴吗？

第二，重返洞穴后他会遭遇到什么情况？

第三，洞穴里的囚徒愿意听信他的话吗？他能够说服囚徒，成功带领他们走出洞穴吗？

第一个问题涉及哲学家为什么要当王的动机问题；第二个问题涉及哲学与政治的紧张关系；第三个问题是《理想国》成功与否的关键所在。

必要的牺牲

我们对第一个问题其实早有涉及。简单说：哲学家不想当王，但却不得不当王。他不想当王，是因为他已经身在洞穴之外，看到了阳光普照之下的真实世界，享受到了纯思带来的至善至美的生活，试问他怎么舍得放弃这种幸福呢？但是哲学家不得不当王，因为城邦对他有养育之恩，基于感恩原则，他必须要报效城邦。哲学家不得不当王，还因为哲学家不仅全面地了解城邦的善，而且对权力毫不恋栈，这样的人来做统治者才有可能做到毫不利己、专门利人，才有可能防止内乱，实现城邦的稳定、和谐和正义，就像好莱坞电影里常说的"能力越大，责任越大"，所以哲学家有义务当王。更何况，如果哲学家不当王，他就会被比他坏的人统治，这对哲学家来说是最大的惩罚。

说到这里，我希望大家还记得在第26讲中介绍过的善的三种类型。苏格拉底明确说过正义"本应该"是第一类善，人们追求它，不是为了利益或者后果，而就是为了正义本身。格劳孔反驳说，在一般人眼中正义属于第三类善，人们拼命去实现正义，不是因为它本身就是好的，而是为了随之而来的名和利。可是现在看来，哲学家重返洞穴，到城邦之中做正义之事，竟然不是因为正义本身是一件好事，而是因为它是"不得不做的事"。这个说法不仅与苏格拉底的初衷相悖，还直接倒向了一般人的立场。

那么，我们应该如何回应这个明显的悖论呢？我认为，必须要把"灵魂的正义"与"城邦的正义"放在一块考虑，才有可能比较好地回答这个悖论。

对于每一个人来说，最重要的任务就是"我应该如何生活"，这个任务可以在两个维度上展开：一个是灵魂的维度，一个是城邦的维度。"灵魂的正义"应该属于哪一类型的善呢？没错，它属于第二类善，也就是"既因为其本身又因为其后果"而追求的善。无论是哲学家还是普通人，此生最大的幸福就是获得"灵魂的正义"，但是因为人是城邦的动物，我们不可能离群索居、独善其身，所以我们必须生活在具体的城邦之中，扮演不同的社会角色，也正因如此，如果没有"城邦的正义"，也就不可能拥有"灵魂的正义"。要想实现城邦的正义，就必须让哲学家成为统治者，尽管这件事对哲学家的沉思生活是有伤害的，但因为它是实现城邦正义的充要条件，所以哲学家必须做出必要的牺牲。

在此我们必须要留意两点：首先，柏拉图最关注的是城邦的整体利益，他认为"当一个城邦最像一个人的时候，它是管理得最好的城邦"，在这个过程中，也许会对个别人比如哲学王的利益有所伤害，但是站在整体的角度，却是实现了更大的利益，而且"城邦的正义"本身也是好的。其次，哲学王可以是一个人也可以是多个人，按照柏拉图的设想，如果是多个哲学王一起统治城邦，完全可以实行轮班制，这样一来，当别人统治的时候，你就可以继续过你的沉思生活。所以，在实现城邦的正义过程中，对于哲学家"灵魂的正义"就不会造成过多的伤害。

说到这里，我们终于可以回答第26讲中留下的问题了。对于苏格拉底来说，正义属于第二类善，也就是说，正义本身就是好的，同时又会带来好的后果。这的确是一个两全其美的方案，因为它既照顾到了正义的道德维度，又兼顾了普通人的利己倾向。

重返洞穴的哲人与灵魂的转向

现在我们来探讨第二个问题：哲学家重返洞穴后会遭遇到什么情况？很不幸的是，重返洞穴之后，哲学家的处境并不美妙，甚至还危机重重。我们都有过看电影迟到的经验，刚走进电影院的时候，两眼完全看不清状况，只能摸索着小心前进。重返洞穴的哲学家同样如此，这时他的视力还很模糊，还没来得及习惯黑暗。苏格拉底说，如果此时有人让他与囚徒比较一下谁更能看清楚洞穴里的影像，哲学家肯定会被人笑话说：他到上面走了一趟，回来之后眼睛反而坏掉了。这些囚徒非但不会羡慕他、追随他，反而会越发对洞外的世界不以为然。如果此时哲学家竟然想要释放囚徒，并且声称要带领他们走出洞穴，这些囚徒甚至可能会杀掉哲学家。我们在第17讲中介绍过哲学与政治的紧张关系，事实上，在《理想国》第七卷中，柏拉图借苏格拉底之口道出了苏格拉底之死的政治原因。

现实中的苏格拉底没能说服囚徒，而是被囚徒杀死，那么《理想国》中的苏格拉底能否说服囚徒，带领囚徒走出洞穴呢？如果不能，哲学家又能做些什么呢？要想回答这个问题，让我们先来看苏格拉底的这段话，他说：

> 教育实际上并不像某些人在自己的职业中所宣称的那样。他们宣称，他们能够把灵魂里原来没有的东西灌输到灵魂中去，好像他们能把视力放进瞎子的

眼睛里去似的……但是我们现在的论证说明，知识是每个人灵魂里都有的一种能力，而每个人用以学习的器官就像眼睛。整个身体不改变方向，眼睛是无法离开黑暗而转向光明的……于是这方面或许有一种灵魂转向的技巧，即一种使灵魂尽可能容易、尽可能有效地转向的技巧。

这段话的关键词就是"灵魂的转向"。苏格拉底相信每个人的眼睛都有观看的能力，就像每个人的灵魂都有学习的能力，所以，教育的根本目的就是教会学生灵魂转向的技巧，让学生掌握正确的观看方向，把眼睛从黑暗转向光明。然而，这只是纯字面的解读。苏格拉底在这里虽然口口声声强调每个人的眼睛都有观看的能力，但他显然并不认为每个人的眼睛都有"同等的"观看能力。因为人的天赋各异，有的人是金子做的，有的人是银子做的，有的人是铜、铁做的，按照这个逻辑，很显然，并不是每个人都能实现灵魂的转向，也并不是每个人都能够成功地跟随哲人走出洞穴。

既然多数囚徒将永远地滞留在洞穴里，哲学家又能做些什么呢？在第七卷的结尾处，柏拉图提出了一个非常激进的想法：把所有十岁以上的孩子都送到乡下，进行统一的教育，按照哲学王制定的习俗和法律来培养他们，以此改变他们的父母对他们的影响。

格劳孔对这样的政策表示赞同，他说："如果这种国家要得到实现的话，你已经很好地说明了它的实现方法了。"

我们应该如何评价以上观点呢？

如果洞穴之外仍是洞穴

我认为，当柏拉图说教育并不是"把灵魂里原来没有的东西灌输到灵魂中去"的时候，他是矛盾的。一方面，根据"知识即回忆"的说法，教育的确不是在学习未知的东西，而是发现灵魂中已知的东西。可是另一方面，当柏拉图的最终解决方案，比如按照哲学王制定的习俗和法律对所有十岁以上的孩子进行统一教育的时候，毫无疑问就是在灌输和植入一些新的观念。

说到植入观念，好莱坞电影《盗梦空间》里有一段非常精彩的台词，它是这么说的："什么是最有韧劲的寄生物？细菌？病毒？肠虫？是观念（an idea），非常有韧劲、极具传染性。一旦观念占据了头脑，那就几乎不可能再将它根除，一个完整成形、被彻底理解的观念会牢牢地附着在这儿。"

影片中的女主角梅尔之所以在回到"真实"世界之后，仍旧无法分清现实与梦境，最后选择自杀，就是因为男主角给她的大脑中偷偷植入了一个观念："这是梦境，不是现实。"正是因为这个蚀骨入髓的观念，让梅尔成为一个彻底的怀疑主义者。

回到柏拉图的洞穴比喻，柏拉图深信走出洞穴之后，见到的就是真实的世界，但是我们完全可以质疑：哲学家真的见过太阳吗？即使见过，他真的能够辨认出那就是太阳吗？

在柏拉图的《美诺篇》中，有一段著名的对话。

美诺说："苏格拉底啊，你到哪条路上去寻找对其本性你一无所知的事物？在未知的领域中，你拿什么作为研究对象？即使你很幸运，碰巧遇上了你所探求的东西，你又怎样知道这就是你所不知道的东西呢？"

苏格拉底回答："美诺，我明白你的意思。你知道吗？你引入了一个极其麻烦的问题，即一个人不能研究他所知道的东西，也不能研究他所不知道的东西。他不能研究他所知道的东西，因为他知道它，无须再研究它；他也不能研究他不知道的东西，因为他不知道他要研究的是什么。"

这就是著名的美诺悖论，它揭示了一个根本上的知识论难题。打个比方，你在一个大雾弥漫的天气里去登山，随身没有携带任何测量仪器，那么当你登上了最高峰的时候，你也不知道自己站在最高峰上。

如果洞穴之外还是洞穴，梦境之上仍是梦境，如果走出这个洞穴只不过是走进了另一个洞穴，那么走出洞穴与留在洞穴又有什么区别呢？关于这个问题，我们下一讲继续说。

031

一部伟大的"失败之书":《理想国》

灵魂转向的自由

在上一讲的结尾处,我们停留在这个问题上:如果洞穴之外仍然是洞穴,梦境之上仍旧是梦境,如果走出这个洞穴只不过是走进了另一个洞穴,那么走出洞穴与留在洞穴又有什么区别呢?

有人也许会说,就是没有什么分别啊!此洞穴与彼洞穴,都是洞穴,就好像这种意识形态和那种意识形态,都是意识形态,五十步笑百步,其实都一样。

可是我认为,比起永远困守在同一个洞穴,能够在不同的洞穴之间来回穿梭和比较,仍然是一种更值得过的生活,因为这种生活更加符合苏格拉底的那个著名观点:未经考察的人生是不值得过的人生。如果说苏格拉底主张"不要教学生思考什么,要教给他们如何思考",那么柏拉图则更倾向于"教会学生思考什么，而不是教给他们如何思考"。

"灵魂的转向"的英文是"the conversion of the soul"，这里的 conversion 既有"转向"的含义，也有"改宗"的意思。"改宗的自由"到底有多重要？打个不那么高雅的比方，谁在年轻的时候没有爱过一两个人渣呢，你不能因为少不更事的一次失身，就要和那个人渣厮守终生。因此，为了发现真爱，为了发现生活中真正有价值的事物，我们就必须要拥有形成、检查和修正美好人生观的自由。在这个过程中，我认为"修正的自由"是最基本的自由，只有拥有了"修正的自由"也即"改宗的自由"，我们才有可能去发现和寻找最好的生活。人的一生甚至会进行不止一次的"灵魂的转向"。我有一个好朋友，他受家庭影响从小信仰基督教，但是从初中开始，他反省《圣经》中的很多说法，认为无法用理性加以解释，于是放弃信仰成了无神论者；可是几年后，他慢慢意识到无神论不能满足他对超验世界的精神追求，于是又成了一位虔诚的佛教徒。我不知道未来他是否还会继续"灵魂的转向"，但我知道他在试图发现和寻找最好的生活，而这一切都与他拥有"改宗的自由"密切相关。当我们这么解释自由的时候，自由就不等于放任自流，不意味着"怎么都行"（anything goes）的价值相对主义。恰恰相反，自由是实现"更高的生存"的前提条件。

记得我在本科的时候，读过狄金森的一首短诗，很

短，只有三句话，但给我留下了至为深刻的印象。这首诗
是这样写的：

> 假如我没有见过太阳，
>
> 或许我还可以忍受黑暗，
>
> 可如今，太阳把我的寂寞照耀得更加荒凉

见过太阳并不意味着就能拥抱温暖，见过太阳也许还
会再次堕入黑暗，但是从缝隙间透过来的那抹阳光，将永
远不会从记忆中抹除。这是一次致命的"观念植入"，它
对洞穴里的囚徒构成了致命的诱惑，让他们无法再满足于
洞穴里的黑暗和温暖，而是要挣扎着走出洞穴，哪怕走出
洞穴不过是落入另一个洞穴的开始，但是这种对于阳光的
记忆和向往，是囚徒们走出洞穴、通向"更高的生存"的
根本动机。

回到柏拉图《理想国》的语境，作为家长制和权威主
义的信奉者，柏拉图为我们建构起了一座"美丽城"，这
是一个具有高度同质性的"共同体"，就好像是放大了的
家庭。我们在孩提时代，对父母拥有无限的信任，不仅相
信他们毫无保留地爱我们，而且相信他们无所不知、无所
不能，不管出了什么问题，他们一定都能解决。在"美丽
城"中，哲学王就是这样的一个大家长，其他所有人都像
是孩子，哪怕是成年人，也如同孩童一般处于严格的被保
护状态，这个大家庭之所以充满了爱与正义，全都要归功

于哲学王的仁慈和知识。

我在第 22 讲中曾经说过，关于知识和幸福的关系，一直存在着两种不同的立场：一种观点认为只有知识才能带来幸福，另一种观点则怀疑知识总是会带来温暖，相信保持某种无知是一种福分。柏拉图的《理想国》要比上述区分更复杂一些，确切地说，哲学王的知识给整个城邦带来温暖，而被统治者保持某种无知则是一种福分。

可是问题在于，未经考察的人生是不值得过的人生，无从选择的幸福生活也不是真正的幸福生活，而只是"被幸福"。读过巴金《家》《春》《秋》的朋友都明白，在一个大家庭里，所谓的爱与正义很有可能蜕变成支配与屈从。除非永远地生活在洞穴之中，否则只要见过太阳，就不再能够忍受黑暗，哪怕它很温暖。

人类正义的完整叙事

有学生曾经问我，在经历了 20 世纪上半叶的极权主义统治，阅读过《1984》《美丽新世界》这样的书籍之后，我们为什么还要阅读《理想国》？必须承认，这是一个很好的问题。

首先我想说的是，你之所以会提这个问题，是因为你生活在 21 世纪，你和柏拉图之间隔着 2400 年，所以你有后见之明，你看到了思想的龙种是怎么变成现实的跳蚤的。如果再早生 300 年，你没准会是柏拉图忠实的信徒，因为那个时候，民主制仍旧是一个坏东西，君主制和贵族制才是好东西。

其次，就像一千个人眼中会有一千个哈姆雷特，《理想国》的解读方法同样有很多种。事实上，任何伟大的作品都是如此，它必然是一个立体的、多维度的存在，不同的人会从中读出完全不同的内容。有人认为《理想国》是极权主义的先声，有人认为《理想国》不过是在提倡开明君主专制，还有人认为这是一本效益主义的著作，因为柏拉图主张建立城邦的目标不是为了某一个阶级的幸福，而是为了全体公民的最大幸福；当然，也有人认为这本书中蕴含着共产主义的元素，甚至有人认为这是一本女权主义的著作，因为柏拉图并不排斥女性来当哲学王。而在我看来，如果不考虑现实的政治后果和流弊，仅从《理想国》的内在理路出发，它其实是在主张权威主义和家长制。当然这也不是一个定论，你完全可以有你自己的理解和判断，只要你能持之有据，言之成理。但是，无论怎么给《理想国》定性，不管你是支持它还是反对它，你都会发现它的核心主题并没有过时——一个人应该如何生活？正义是什么？正义的人是不是比不正义的人过得更好？2400年过去了，时代在进步，但是这些基本问题似乎仍旧没有得到真正的回答。都说当今是民主的时代，可是特朗普的横空出世提醒我们，即使是在民主的时代，权威主义和家长制对于现代人依然具有强大的吸引力。

在过去几讲中，我对《理想国》的现实政治效果有过不少负面的评论，但在最抽象的意义上，我认同《理想国》中的"正义观"：从城邦的角度出发，如果每个人都各归其位，各司其职，真正在做"非他不能做，非他做不好"的工作，那就真的实现了城邦的正义。如果此时有人依然心怀不平、怨恨不已，那么他就应该细细揣摩《理想国》里的这段话："正义者不要求胜过同类，而要求胜过异类。至于不正义者对同类异类都要求胜过。"这个观点告诉我们，当每个人真正实现了自己的潜能，明白了自己的"所得"即"应得"，他就能够坦然地接受自己所处的位置，因此才有可能坦然地接受生活，不去逾越那永恒固定的界线。此时，个体的理性就能主宰激情和欲望，由此获得"灵魂的正义"。所以，《理想国》给我们刻画的是一个人类正义的完整叙事，在这里，城邦的正义与灵魂的正义、制度的德性与个体的德性得以胜利会师，构成了关于人类正义的完整叙事。

这幅画卷的唯一问题就是，它太完美了！

文艺复兴时期的巨匠拉斐尔曾经画过一幅名作《雅典学园》，柏拉图位居雅典学园的正中央，身边站着亚里士多德，柏拉图手指向天，暗示最完美的东西不在人间，而在天国。现实中的柏拉图三赴叙拉古，三次都铩羽而归，他虽然没有能够在人间建立天国，却在书中建立起了由哲学王统治的"理想国"，这是柏拉图给后来人"植入"的一个观念。那的确是一个理想国，一座美丽城，但是很遗憾，此曲只应天上有，柏拉图绘制了蓝图，却没有告诉我们通往这座"美丽城"的可行路径。

伟大的"失败之书"与不存在的理想城邦

历史学家托尼·朱特（Tony Judt）在《思虑 20 世纪》中区分了"大真理"（big truths）与"小真相"（small truths）。"大真理"指的是对伟大事业与最终目标的信念，要想实现这些事业和目标，就不断地需要谎言和牺牲；"小真相"指的是能被人们发现的各种事实。历史的巨轮滚滚向前，难免会碾碎路边的花草，"大真理"的信奉者会说，这是实现"大真理"的必要代价，人世间没有一帆风顺的事业，世界历史总是在跌宕起伏的曲折过程中前进的。"小真相"的探究者则会说，不可以抓大放小，不可以为了追求"大真理"而无视"小真相"，因为历史走过的一段小弯路，对于身处历史之中的具体的人很可能就是灭顶之灾，所以"问题的关键就是道明实情，而非找出何为更高的真理。你要尽自己所能告诉世人所知道的一切"（托尼·朱特语）。

如果用一句话来评价《理想国》，我认为这是一本伟大的"失败之书"。它的伟大之处在于开创性地探索了伦理学、政治学、教育学、知识论和形而上学等各门学科的母题，也在于向世人展示出人类理性晨光熹微之际的自信与雄心，试图通过理性的设计来一劳永逸地解答人类的基本问题，最终实现正义与幸福。但它归根结底是一本失败之书，因为这是一个不可能的任务。事实上，柏拉图对于这一点心知肚明，在《理想国》第九卷的结尾处，他借格劳孔的话说："那个理想的城邦……在地球上是找不到的。"然后他借苏格拉底之口附和道："或许天上建有它的一个原型，让凡是希望看见它的人能看到自己在那里定居下来。至于它是现在存在还是将来才能存在，都没关系。"由是观之，柏拉图明确地知道"理想国"的非现实性。这一点从著名的《第七封信》中也可以看出端倪：既然在现实政治中"真正的哲学家掌握政治权力"几无可能，而政客只有"拜奇迹所赐"才会变成真正的哲学家，那么人类就只能陷入永无宁日的冲突之中。

　　《理想国》是一次"想象中"的政治冒险。既然是冒险，就一定充满了危险。在第六卷中，柏拉图借苏格拉底之口说过一句极少有人会注意到的话，他说："一切远大目标沿途都是有风险的。"柏拉图充分意识到了风险，但那些在柏拉图的激励下踏上征途的后来人却浑然不觉，他们只看到了"无限风光在险峰"，却忘了一路上都是足以让人粉身碎骨的悬崖和陷阱。

上升的路与下降的路是同一条路

　　还记得色拉叙马霍斯这个人物吗？他从第二卷开始就一直保持沉默，但却没有退场，柏拉图显然不是忘了这个人，而是希望让他一直留在对话里，聆听苏格拉底的教诲。

在结束柏拉图篇之前，我们必须要问这样一个问题：苏格拉底能够说服色拉叙马霍斯吗？这个雄辩滔滔的智者会放弃"正义就是强者的利益"以及"不正义的人比正义的人过得更好"的判断吗？

在第十卷的结尾处，苏格拉底重提正义与幸福的关系，他这样问道：一个正义的人能在人间得到什么呢？苏格拉底自问自答说：

> 狡猾而不正义的人很像那种在前一半跑道上跑得很快，但是在后一半就不行了的赛跑运动员。是吗？他们起跑很快，但到最后精疲力竭，跑完时遭到嘲笑嘘骂，得不到奖品。真正的运动员能跑到终点，拿到奖品夺得花冠。正义者的结局不也总是这样吗：他的每个行动、他和别人的交往，以及他的一生，到最后他总是能从人们那里得到光荣取得奖品的？

苏格拉底的意思是，在现实的世界中，好人是不可能受伤害的，在死后的世界里，好人的灵魂同样会有好报。在全书的结尾处，通过讲述一个异常漫长的神话故事，苏格拉底告诉世人，正义者与不正义者在死后会得到完全不同的对待，死后的奖惩要胜过现世的奖惩无数倍。讲完这个故事，苏格拉底说：

> 格劳孔啊，这个故事就这样被保存了下来，没

有亡佚。如果我们相信它，它就能救助我们，我们就能安全地渡过勒塞之河，而不在这个世上玷污了我们的灵魂。不管怎么说，愿大家相信我如下的忠言：灵魂是不死的，它能忍受一切恶和善。让我们永远坚持走向上的路，追求正义和智慧。

这就是苏格拉底最终给出的忠告，如果你是色拉叙马霍斯，你会因为苏格拉底的这些话而改弦更张、改邪归正，从此做正义之人、行正义之事吗？《理想国》没有告诉我们色拉叙马霍斯最终的选择。无论如何，如果色拉叙马霍斯决定跟随苏格拉底走向上的路，那他一定实现了"灵魂的转向"。我特别喜欢赫拉克利特的一句话："上升的路与下降的路是同一条路。"就此而言，一个人究竟会如何生活，他到底是选择上升，还是选择下降，端赖于他是否实现了灵魂的转向。

《亚里士多德凝视荷马半身像》，布面油画，荷兰画家伦勃朗（Rembrandt，1606—1669）绘于1653年，纽约大都会艺术博物馆藏。

032

吾爱吾师，吾更爱真理：
亚里士多德对柏拉图的批评

柏拉图、亚里士多德与亚历山大

从这一讲开始，我们将进入亚里士多德篇，但这并不意味着我们就此告别柏拉图，恰恰相反，柏拉图的幽灵会始终盘桓在亚里士多德的专题中。亚里士多德与柏拉图的师徒关系不同于柏拉图与苏格拉底，如果说后二者是"相爱"，那么前二者更接近于"相杀"。在探讨亚里士多德对柏拉图的批评之前，让我们先来介绍一下亚里士多德的生平。

亚里士多德（Aristotle，前384—前322）出生于希腊北部的马其顿王国。他的父亲是马其顿王国的御医，因为家学渊源，他从小就养成了注重经验研究的倾向。

关于亚里士多德的青年时代有两种截然相反的说法。一种是浪子回头的经典版本：年轻时他放荡不羁，把家产挥霍一空，走投无路当了兵，退役后做过一段时间的医生，直到30岁才痛改前非，跑到雅典投入柏拉图的门下。另一种则是少年天才的经典版本：亚里士多德17岁的时候就来到雅典，进入学园成为柏拉图的学生，因为他天资聪慧，又博览群书，所以被称为"学园之灵"。

虽然前一个版本的故事非常励志，但是通常认为后一个版本才是事实本身。从公元前367年开始，亚里士多德在柏拉图身边一待就是20年。公元前347年，80岁高龄的柏拉图参加一个学生的婚礼，宴会一直持续到次日早晨才结束，柏拉图独自一人在花园的角落里安静地睡着了，当人们试图叫醒他的时候，发现他已经溘然长逝。

柏拉图去世后，亚里士多德就离开了雅典学园，回到马其顿。有人认为这是因为柏拉图把学园传给了自己的侄子，亚里士多德心怀不满才离开雅典的。但是更为可信的解释是，因为亚里士多德是一个外邦人，尤其是一个马其顿人，当时马其顿和希腊已经处于敌对状态，作为一个来自敌国的公民，他几乎不可能继承柏拉图的遗产。如果在卢沟桥事变前夕，由一个日本学者来担任北京大学的校长，是不是很不合常情呢？

对于普通人来说，亚里士多德最著名的一段话莫过于"吾爱吾师，吾更爱真理"。从最纯粹的意义上来讲，这句话显示出真正的哲人在追求真理时应该秉承的求真态度；从心理学的角度来说，则反映出任何天才都是脑后有反骨的，他不愿意也不可能永远躲在另一个巨人的背影后面。

上一讲我们提到拉斐尔那幅名作《雅典学园》，这幅画上大概汇集了上下八九百年西方著名的哲学家，其中占据 C 位的就是柏拉图和亚里士多德。仔细观察他们的手势，会发现柏拉图手指向天，而亚里士多德则是掌心朝地，这两个动作暗示他们在哲学观念上的巨大差异：柏拉图否定现象世界，认为最真实的东西在天上的理念世界里；亚里士多德则肯定现象世界，认为最真实的东西就在经验世界里。

公元前 343 年，亚里士多德成为马其顿王国的王子亚历山大的老师。公元前 337 年，马其顿王国征服了包括雅典在内的希腊城邦，次年亚历山大大帝正式登基。公元前 335 年，亚里士多德重返雅典，创办了著名的吕克昂学园，据说他白天给专业学生上课，晚上则给普罗大众开讲座，因为他习惯在散步的时候和学生讨论问题，所以后人称这个学派为"逍遥学派"。

据记载，亚历山大在东征期间，曾差遣上千名奴隶为亚里士多德收集植物标本，为他的经验研究服务。在给亚里士多德的一封信中，亚历山大这么写道："就我而言，我更愿意在对善的认识上，而不是在权力和领土上取得胜利。"但是多数史学家认为亚历山大只是嘴上说得好听，而亚里士多德也一直把亚历山大看作"一个放荡而执拗的孩子，是永远都不能理解哲学的"。

但是不管怎样，这对师徒的成就可以说是震古烁今。

亚历山大在政治领域统一了世界，建立了新秩序，而他的老师亚里士多德则在观念领域统一了世界，建立了新秩序。

公元前 323 年，亚历山大暴毙，希腊人开始新一轮的反马其顿高潮。亚里士多德是亚历山大的老师，所以成了风暴的中心。亚里士多德选择离开雅典，理由是"不能让雅典人对哲学犯下第二次的罪过"。第二年，也就是公元前 322 年，亚里士多德去世。

从真实的感觉出发，研究变化的世界

亚里士多德的哲学在中世纪经过托马斯·阿奎那的解释，成为基督教的官方哲学，他也被称为"the philosopher"——不要小看这个"the"，那意味着他是独一无二的、唯一的那一个哲学家。

如果说前苏格拉底时期的哲学家们都是前无古人的哲学拓荒者，他们创造了"哲学的原型"，那么到了亚里士多德这里，在他之前已经排了太多的哲学家，所以他的工作就是站在这些巨人的肩膀上继续发问，或者用一个更加血腥的说法——为了在哲学的战场上杀出一条血路，他就必须要把挡在身前的哲人一一干掉，其中包括他的老师柏拉图。

亚里士多德就是这么写作的，在正式阐述自己的观点之前，他会先罗列出前人在相关主题的所有论述，然后一一加以批评和抨击，培根说他"像个土耳其君主一样，认为不处死自己所有的同胞弟兄就无法稳坐王位"。

如果说"理论"这个词的古希腊原义是"动人的、热情的沉思",那么到了亚里士多德这里,这种动人和热情逐渐消失,变成冷静与克制的沉思。他的作品也更像是我们今天所熟悉的理论著作,风格上更趋于严谨和枯燥,简洁而专业。

亚里士多德是一个百科全书式的人物,他的研究领域涵盖了逻辑学、形而上学、自然科学、伦理学及美学五大门类,著有《工具篇》《形而上学》《物理学》《论灵魂》《论天》《气象学》《动物史》《大伦理学》《尼各马可伦理学》《政治学》《修辞学》和《诗学》。不夸张地说,今天大学校园里的所有人都是亚里士多德的传人。

柏拉图深受毕达哥拉斯学派的影响,把数学作为哲学思考的原型。相比之下,亚里士多德的思考原型则是生物学,甚至于他的伦理学也是以生物学作为原型进行研究的。

数学和生物学的最大差别在哪里?数学的研究对象是纯形式的数字、线条与公式,它的特点是抽象的、完美的,而且是不变的。生物学的研究对象则是现象世界中的各种动物和植物。我小时候养过家蚕,每天记录它的变化——它如何蜕皮、如何吐丝、如何结茧,然后化蛹,最后破蛹而出,羽化成蛾。所以生物学的最大特征就是,它关注变化。

如果说柏拉图的理念世界像巴门尼德的"存在",是抽象的、完美的、静止的、不变的,那么亚里士多德要研究的就是具体的、复杂的经验世界，他要研究变化本身。

那么，什么是变化本身？回首我们不算漫长的一生，会发现自己经历了很多的变化。有的变化是好的，有的变化是坏的，坏的变化让我们后悔，每当我们后悔的时候就会反思：事情是怎么到了这一步呢？人生何以至此？当你这么追问的时候，就意味着你对变化不解，你对变化有困惑：我的人生是怎么一步一步变成这样的呢？豁达的人会说：一切都是最好的安排，或者，一切都是命运的安排。但是总有人想要寻根究底，找出原因。其实我们对宇宙、对自然、对世界中的万事万物都可以发出同样的疑问：世界，何以至此？宇宙，何以至此？这变化背后的原因到底是什么？

讲到这里，也许有人会反驳说，柏拉图也研究经验世界何以至此的原因啊，理念世界不就是经验世界的理由和根据吗？这难道不就是我们所说的原因吗？没错，柏拉图的确认为理念是个别事物存在的根据、模仿的原型和追求的目的，但是在柏拉图的理念界与现象界之间始终隔着一道鸿沟，他并没有在二者之间真正建立起关联。亚里士多德不一样，当柏拉图弃经验现象于不顾、专注于理念世界的时候，亚里士多德却开始拯救现象，他总是试图回到现象世界，从真实的感觉出发，对事物的变化和运动提出种种卓越的解释。

033

米开朗基罗为什么可以看到大卫像？
亚里士多德的"四因说"

运动、状态、形式、变化

据说曾经有人问过米开朗基罗，到底是如何雕刻出著名的《大卫》的，米开朗基罗回答说："很简单，我去采石场，看见一块巨大的大理石，我在它身上看到了大卫。我要做的只是凿去多余的石头，去掉那些不该有的大理石，这样大卫就诞生了。"流俗的幸福学课程认为，这个故事在告诉我们，人生应该做减法而不是做加法。但是在我看来，这个故事是切入亚里士多德的"物理学"特别是"四因说"的绝佳案例。

亚里士多德的"物理学"是以"自然"为研究对象的学科。那么何为自然呢？亚里士多德说："自然是自身具有运动来源的事物的形态或者形式。"这句话里的关键词是"运动"，那么何为运动呢？亚里士多德说："一个事物的运动就是实体在'不变载体'的基础上从一个状态向另一个状态的变化。"

亚里士多德的著作就是如此的抽象和晦涩。让我们试着用米开朗基罗的例子来解释这句话。

所谓"不变的载体",用亚里士多德的术语说就是"质料",指的是"作为潜能的东西而存在的东西",换句话说,就是在运动和变化过程中持续存在的那个东西,在米开朗基罗的例子里就是那块大理石。从采石场到博物馆,大理石仍旧是大理石,它持续地存在着,并没有变成青铜或者黑铁,可是从采石场到博物馆,大理石却从一个状态变成了另一个状态。亚里士多德把前者称为"缺乏",把后者叫作"形式"。"形式"这个概念很好理解,它指的是"只在一种完成状态中存在的东西",我们今天在佛罗伦萨学院美术馆里看到的那座大卫像,就是那块大理石的"完成状态",也就是"形式"。"缺乏"这个概念稍微难以理解一些。当米开朗基罗说他在这块大理石中"看到了大卫",他的意思是看到了"作为潜能同时又能在完成状态中存在的东西",这就是所谓的"缺乏"。所以我们可以说,米开朗基罗看到了"缺乏"。

米开朗基罗说,他的工作就是凿去多余的石头,去掉那些不该有的大理石,大卫就诞生了。如果用亚里士多德的话转译一下,米开朗基罗就是在实现这块大理石的潜能,并赋予大理石的质料以形式。说到这里,你应该意识到出现了两组概念,潜能与现实,以及质料和形式。这两组概念密切相关，可以说存在着一一对应的关系，潜能对应着质料，现实对应着形式。

这两组概念不仅可以用来解释无机物的生成与变化，还能解释生命体的生成与变化。当我们把一粒橡树的种子埋进土里，给它培土、浇水、施肥，慢慢地它就发芽、抽枝、长叶，直到最后长成一株橡树，这个过程就是橡树种子的潜能现实化的过程。

世人都说孩子是天使，可是如果你见过刚出生的婴儿，就不会有这样的感觉。因为羊水浸泡的原因，初生的婴儿都是红扑扑、皱巴巴的，看起来丑丑的。说得日常一点，他们就是一个肉团，说得学术一点，他们就是一块"质料"。但是没过几天，初生的婴儿就会呈现出各自的"缺乏"，有的爱哭，有的爱笑，有的爱沉思，五官也慢慢清晰起来，你能在他的脸上看出爸爸的眼睛、妈妈的鼻子、姥爷的下巴。再大一些，到了布谷这个年纪，就会展现出绘画的兴趣、音乐的才能或者体育的天赋……这就是质料获得形式的过程。

说到这里，我想推荐一本著名的维特根斯坦传记——*The Duty of Genius*，中译本译作《天才之为责任》。维特根斯坦毫无疑问是一个天才，他的一生，就是自觉地担当起实现其天才的责任的一生，为此他全力以赴地去过一种彻底而全面的精神生活。罗素曾说，维特根斯坦是他所见到过的"传统观念里的天才的最完美范例，激情、深刻、强烈和强势"。但我想说的是，其实我们可以从更加平实的角度去把"genius"解读成天赋而不是天才。无论高低，每个人都有属于自己的天赋，发现自己的天赋并且努力实现它，这是每个人终其一生的责任。在这个意义上，我们可以给每个普通人写一本书，书名叫作《天赋之为责任》。

四因说：知其然与知其所以然

让我们回到本讲的主题。你一定还记得"哲学始于惊奇"这句格言，其实它是从亚里士多德的《形而上学》中提炼出来的，原话是这么说的："人类最初走向哲学……是因为惊奇。开始他们惊奇于身边的奇怪事物，然后日积月累，对更重大的事情感到困惑。"

有惊奇就会有困惑，有困惑就要求理解，所以《形而上学》的开篇第一句话就说："人天生求知识。"

江苏电视台曾有一个著名的知识竞赛节目叫作《一站到底》，在我少年的时候，这类知识竞赛就非常流行。我哥哥初中的时候参加过很多次知识竞赛，每天回到家里就背诵各种犄角旮旯里的知识，比如武夷山属于16种地貌中的丹霞地貌，新疆十三间房一带属于风蚀地貌，刺杀奥匈帝国斐迪南皇储夫妇的人名叫加弗利洛·普林西普。如果亚里士多德在看《一站到底》，他一定会说，这些选手虽然掌握了很多知识，但他们并不是真正的知，因为他们只是"知其然"但"不知其所以然"，他们虽然知道武夷山属于丹霞地貌，但却不知道丹霞地貌的成因到底是什么，他们虽然知道普林西普刺杀了斐迪南大公，但是并不清楚刺杀的原因以及第一次世界大战为什么会爆发。

亚里士多德说："人们在掌握一样东西的'为什么'之前，是不会认为自己认识了它的。"换言之，就是要"知其然"，并且"知其所以然"，这样的知才是真知，只有真知才能平复我们的困惑和惊奇。

在前人研究的基础上，亚里士多德总结出所谓的"四因说"，分别是质料因、形式因、动力因和目的因。其中，质料因回答"事物为什么在运动中继续存在"，形式因回答"事物为什么会以某一种特定的方式运动"，动力因回答"事物为什么会开始或停止运动"，目的因回答"事物为什么要运动"。亚里士多德相信，在面对新奇事物的时候，只有令人满意地给出这四种原因，我们才不会继续感到惊奇和困惑。

也许有人会问：为什么只有这四种类型的原因，难道就没有第五种类型的原因吗？对此，亚里士多德自信地说，他很充分地考虑过这个问题了，的确没有第五种类型的原因，如果有的话，举证责任在于提问者而不是他自己。

目的内在于自然之中

相比于质料因和形式因，动力因最接近于现代人日常理解的"原因"概念。海水为什么变热了？因为太阳晒了整整一天。球为什么踢到了观众席？因为守门员开大脚踢歪了。这些都很好理解，真正难以理解的是目的因，而这也是亚里士多德最引以为豪的独创性发现之一。亚里士多德指出，泰勒斯的水、阿那克西美尼的气属于质料因，毕达哥拉斯的数、柏拉图的理念属于形式因，恩培多克勒的爱憎、阿那克萨戈拉的心灵属于动力因，但除了他本人，从来没有人谈到过目的因。那么究竟什么是目的因呢？

人是目的性的存在者，人造物自然也是有目的的，这个逻辑很好理解。比如，你为什么要读新东方？因为你想要出国。你为什么要制作这张贺卡？因为你想把它作为生日礼物送给男朋友。不好理解的是，亚里士多德认为自然物也是有目的的。比方说，为什么久旱的天气下起了大雨？因为想要让谷物更好地生长。作为现代人，尤其是经过了现代自然科学洗礼的现代人很难理解这种思路。

现代人普遍认为自然物没有意识，既然如此，自然物的变化怎么可能会指向某个特定的目的呢？除非宇宙之外有一个造物主或者设计者，是他刻意安排世间的万事万物按照某个目的在生成和变化。当我们这么去理解自然和宇宙的目的因的时候，就与基督教有了密切的关联。可是我们在这里一定要非常小心，万万不可以认为亚里士多德已经拥有了基督教的造物主观念，虽然二者之间存在着非常强的亲和关系。

亚里士多德拥有一种现代人难以理解的目的论思路。一方面，他认为"自然不做无目的之事""它总是力求达到最好的""它使每一事物尽可能完美";另一方面，他并不认为自然是一个有意识的行动者。关于这个问题，德国学者策勒尔（Eduard Zeller）做过一个非常精确的诊断，他说："亚里士多德主义的目的论的最重要特征在于，它既不是人类中心主义的，也不把世界归因为世界之外存在的创造者……相反它总是把目的看作内在于自然之中的。"

这段话包含了三层意思。首先，所谓"非人类中心主义"，意思是自然的生成变化并不围绕人类而展开，我们人类千万不要傲慢自大地自认为是自然的中心，恰恰相反，人类只是自然向着至善目标变化的一个中间环节。其次，并不存在一个像基督教上帝那样的造物主。最后，亚里士多德认为，一切事物都混合了潜能和现实性，而且一切事物都想使潜能变为现实，注意这里的"想"字，它意味着事物具有实现自己本性的自然倾向，这也就是"把目的看作内在于自然之中"的意思。

在结束这一讲之前，我想给大家做一个小结。亚里士多德的"物理学"研究自然的运动与变化，在他看来，"自然界的一切变化都是质料与形式结合的变化，是无形到有形的转化，是可能性向现实性的转化"。为此他提出了四因说来解释这些变化，他认为，除非正确地列举所有四种原因，否则我们对于自然的解释就是不充分的。其中，最具独创性的发明就是目的因，它帮助亚里士多德逐级而上，从纯潜能（纯质料）、非有机物（石头、泥土）、植物、动物、人类，一直解释到纯现实，最终建立起了一个有机统一的、目的论的宇宙观。

034

让我们一起来"指控"姚明：
亚里士多德的范畴论

事物的实体与属性

本讲讨论亚里士多德的《范畴篇》。这是他的早期著作，很可能写于执掌吕克昂学园的头几年，因此在这本书中既能看到柏拉图的明确影响，又能看到反对柏拉图的鲜明意图。关于这一点，到本讲的结尾处再来讨论。这一讲与上一讲一样，都会比较晦涩，我尽可能做到浅显易懂。让我们直奔主题。

什么是范畴？根据一些学者的考证，在古希腊文中，范畴（katēgoria）的动词形态（katēgorein）是"指控"的意思，甚至还有"公开指控"的意思。想象一下雅典的法庭，苏格拉底站在正中央，陪审员们围成一圈，挨个儿指控苏格拉底，这个人说苏格拉底夸夸其谈、收费授徒所以是个智者，那个人说苏格拉底教出了阿尔西比亚德这样的坏学生，还有人指控苏格拉底不敬神……所谓公开指控，其实就是从不同角度去揭示一个人的性格特征、言行举止。后来，语义发生了变迁，指控的意味淡了，描述的味道浓了，于是范畴的最一般含义就成了对事物进行"多元描述"。

在人大课堂上，鉴于大家对苏格拉底的生平不太熟悉，每当讲授到《范畴篇》时，我都会请同学们一起来"指控"姚明而不是苏格拉底，然后依次将每个同学的描述写在黑板上，比方说：

1. 姚明是上海人。

2. 姚明身高 2.26 米。

3. 姚明的口才很好。

4. 姚明的妻子是叶莉。

5. 姚明在休斯敦火箭队打过球。

6. 姚明在 2011 年退役。

7. 姚明打了 9 年的 NBA。

8. 姚明现在是中国篮协主席。

9. 姚明在演讲。

10. 姚明曾被选为 NBA 的状元。

当我们对姚明进行如此这般的多元描述之后，我们也就更加立体和全面地了解了姚明这个人。

可是这跟范畴有什么关系呢？别着急，我们现在就要请亚里士多德出场了，如果亚里士多德恰好在听我们的课，他就会告诉我们说：以上十个例句其实是对十大范畴的应用，这十大范畴分别是实体（substance）、分量、性质、关系、场所、时间、位置／姿态、状态、动作和被动。

我们可以把这十大范畴再转译成日常语言。所谓实体就是"是什么"，依次类推，其余九大范畴分别是什么大小，什么性质，什么关系，在哪里，在何时，处于什么状态，有什么，在做什么，以及如何受影响。亚里士多德认为，当我们分别从这十个方面去追问事物的时候，我们就能认识和理解事物。

在十大范畴中，最特殊的范畴就是实体，也即"是什么"，其余九大范畴其实都是用来"述说"实体的。请再琢磨一下这些例句：姚明是上海人；姚明身高 2.26 米；姚明的口才很好；姚明的妻子是叶莉……所有的句子都是主谓结构，也就是"S is P"的结构，其中 S 是"主词"（subject）或者说实体，P 是"谓词"（predicate）或者说属性，谓词是用来述说主词的，属性是用来描述实体的。

现在请仔细思考这个问题：除了实体之外的那九大范畴可以离开实体而独立存在吗？也就是说，"身高 2.26 米"这个属性能脱离姚明这个实体而独立存在吗？"口才很好"这个属性能脱离姚明这个实体而独立存在吗？"在演讲"这个属性可以脱离姚明这个实体而独立存在吗？很显然这是不可能的。这意味着实体是载体和基质，其余的九大范畴作为属性，都要依存于实体而存在。

按照亚里士多德的观点，在逻辑学的意义上，谓词是用来述说主词的；在本体论的意义上，属性是存在于实体之中的，换言之，属性是无法离开主体而独立存在的。姚明口才很好，从逻辑学的角度来说，谓词就是口才很好，这是用来述说主词姚明的；从本体论的角度来说，属性就是口才很好，它是存在于姚明这个实体之中的，无法脱离主体而独立存在。

本质属性与偶然属性

在第 3 讲中，我曾经请你给各种事物的真实度打分，我给出的打分标准是这样的：最真实的东西就是那种其余事物都要依赖于它而它本身不依赖于其余任何事物的东西。

根据这个标准，不难发现，相比于属性，实体是更真实的东西。按照亚里士多德的观点，实体共有两种；一种是个体事物，比如姚明、苏格拉底；另一种是种和属，比如人、动物这些抽象概念。

接下来的问题是，到底哪一种实体才是最真实的存在？请大家思考以下两个例句：

1. 姚明是人。

2. 人是姚明。

第一句话"姚明是人"，虽然看起来怪怪的——因为我们日常语言不这么说，但在道理上是成立的。反过来说，

"人是姚明"，这句话不仅怪，而且在道理上也不成立。这说明个体事物不能作为谓词来述说抽象事物，而抽象事物反而是可以作为谓词来述说个体事物的。

再来看下面这两个例句：

1. 姚明的口才很好。
2. 口才很好的人是姚明。

很显然，第一句话成立，第二句话不成立，因为口才很好的人有很多，这个表述并不能表明姚明的独一无二性，用亚里士多德的话说，这个说法并不能表示特定的"这一个"。

同样的例子我们可以一直举下去，你会发现一个特点：个体只能作为主词被谓词述说，却不能作为谓词去述说别的主词。也许你会立刻反驳：不对啊，我们完全可以说那个娶了叶莉为妻的人是姚明，那个在火箭队打了 9 年球的人是姚明。

我想说，从哲学的角度说，娶叶莉为妻只是姚明的偶然属性而非本质属性，同理，在火箭队打了 9 年球也是姚明的偶然属性而非本质属性。我们完全可以想象姚明没有娶叶莉为妻，但他仍旧是姚明；姚明没有去火箭队打球，一直待在上海，但他仍旧是姚明。按照亚里士多德的观点，所谓实体就是既能保持自身基质的同一，又能在自身变化中容纳相反的属性，它在数目上是单一的，因为天底下就只有一个姚明，但是在属性上则是可以变化的。姚明可以有时皮肤白，有时皮肤黑；小的时候身高 1.8 米，长大了身高 2.26 米，老了以后变成 2.22 米；他可以是火箭队的成员，也可以不是火箭队的成员；他口才很好，但没准哪天患上了失语症，什么话都说不出来。总之，他在变化中持续存在，保持数量上的一和相同。

亚里士多德认为，在一个主谓结构的判断句中，个体只可能作为主词被其他谓词述说，而不可能作为谓词去述说其他主词，所以个体就是最真实的实体，它是各种东西最基本、最终极的载体，也就是"第一实体"。

在确定了个体事物是"第一实体"之后，亚里士多德认为像"人"这样的"种""属"概念是"第二实体"，它们的真实性要高于其他属性，但却低于个体。亚里士多德的理由是，我们可以把人作为主词来使用，比如，人是有理性的动物；与此同时，我们也可以把人作为谓词来使用，比如，苏格拉底是人。

让我们来给本讲做一个总结。在《范畴篇》中，亚里士多德认为，个体事物，比如姚明，是"第一实体"，种和属，比如"人"，是"第二实体"。第二实体虽然概括了第一实体的共同性质，比如人这个概念概括了古往今来所有人的共同性质，但是第二实体却是位于第一实体之中，无法脱离第一实体而独立存在的。这个观点显然是对柏拉图理念论的一个反动，著名的古希腊专家陈康先生甚至认为，亚里士多德在《范畴篇》中提出了"一种个体主义学说"。但是另一方面，亚里士多德又赋予种和属"第二实体"的地位，并不认为它们是虚无缥缈的东西。有学者认为，这在某种程度上复活了柏拉图主义，证明亚里士多德并没能摆脱柏拉图主义的阴影。的确如此，综观亚里士多德的思想，他的实体理论经过了一个发展变化的过程，在《范畴篇》里，他把个体事物作为第一实体，显示出反对柏拉图的理论雄心，但是到了《物理学》和《形而上学》中，他的柏拉图主义色彩不但没有变淡，反而变得越来越浓厚了。

最后，我想留给各位两个问题。第一个问题是，你能想象一个剥离了所有偶然属性的实体吗？与此相关的第二个问题是，个体事物比如说姚明的本质属性是什么？

035

姚明的本质属性是什么？
亚里士多德《形而上学》

第一哲学：对于"存在本身"的研究

本讲我们来探讨亚里士多德的《形而上学》。这一讲同样不轻松，但是过了这一讲，就会有"轻舟已过万重山"的感觉，因为我们将会进入亚里士多德的伦理学和政治学，那里会有很多扑面而来的人间烟火气。但是形而上学的问题却更像是一个思维的黑洞，长期浸润在如此高度抽象的问题中，会让人的大脑出现死机甚至自焚的倾向。我尽我所能把它讲得浅显易懂一些。

《形而上学》的英文标题为 *Metaphysics*，直译是"物理学之后"。其实这个书名不是亚里士多德取的，而是后来的编者在编完《物理学》之后，发现还有一些探讨更普遍也更抽象的原理的文字无处安放，于是一偷懒就把它们统统搁在了《物理学》的后面，因为无以名之，于是又一偷懒，索性称之为"物理学之后"。日本学者井上哲次郎讲究翻译的信、达、雅，根据《易经·系辞》中的"形而上者谓之道"，把 metaphysics 译为"形而上学"，立刻就变得高大上起来。

严格说来，把《形而上学》放在《物理学》的后面是有深意的，这个安排告诉我们，在研究完《物理学》之后，应该紧接着探讨《形而上学》的主题。《物理学》都探讨了哪些主题？我希望大家都记得"四因说"，特别是里面提到的质料与形式、潜能与现实的观点。我也希望大家都还记得上一讲探讨的《范畴篇》，其中我们重点讨论了实体问题。那么《形而上学》研究的又是什么主题呢？说得简单点，就是对实体做进一步的考察。说得复杂一点，就是对"作为存在的存在"（beings as being）的研究。亚里士多德认为，其他任何具体的分支科学都是对"作为复数的存在者"也就是 beings 的研究，而形而上学则是对作为单数的 being，也就是"存在本身"的研究。这里的"存在"也可以用系词"是"来代替理解。说到这里，我们可以先来复习一下第 9 讲中关于巴门尼德的内容。

在所有的判断句"S is P"中，比方说，天是蓝的，花是红的，水是纯净的，女孩是可爱的，或者女孩是老虎，你会发现，不管主词 S 和谓词 P 怎么变化，有一个词是不变的，那就是"is"——"是"。一切东西首先要"是"，然后才"是什么"。这个"是"是使"什么成为什么"的根据和前提。在各种各样的判断句中，唯一不变的就是这个"是"。对各种类型的"是什么"进行研究的学科是具体科学，比如动物学、植物学，等等。不去研究"是什么"而专门研究"是"本身的学科则是形而上学，亚里士多德又称之为第一哲学，因为它是所有其他学问的基础。从《范畴篇》中可以知道，这个"作为存在的存在"就是实体，所以《形而上学》是对实体的原因做进一步考察，它的特殊之处在于，它将《物理学》中关于质料和形式的讨论引入对实体问题的思考当中。

严格意义上的实体：形式还是质料？

我们先来回答上一讲结尾处的两个问题，这可以帮助我们进入《形而上学》的思路。

第一个问题是，你能想象一个剥离了所有偶然属性的实体吗？

仍旧以姚明为例，如果我们把口才很好、身高 2.26 米、在 NBA 打了 9 年球、叶莉的丈夫等这些属性统统剥离掉之后，姚明还剩下什么呢？也许有人会说，按照亚里士多德的《范畴篇》，还剩下作为载体的实体啊。可是这个光秃秃、赤裸裸的载体到底是个什么东西呢？你是不是脑子里空空如也，完全想不出它是什么样子？如果此时引入亚里士多德的形式／质料说，我们就可以得出结论，这个赤裸裸的载体也即这个实体就是纯质料本身。当然，我要强调的是，这只是一个逻辑分析的结果，因为你甚至无法想象纯质料是什么样的。初生的婴儿虽然是肉团一样的质料，但他也还是有五官和四肢的，换句话说，他也有形式，不是真正意义上的纯质料；同理，采石场的大理石也不是纯质料，它也有一定的形式。所谓的纯质料，就是要剥离掉包括长、宽、高在内的所有属性，可是这样一来，就什么都不剩了。

就像牛津大学教授 W. D. 罗斯（W. D. Ross）所指出的，赤裸裸的质料既无法独立存在，也没有个体性，它不是"这一个"，而这些特征都是《范畴篇》中的实体定义。所以，如果将所有的属性都剥离掉，分析到最后，你会发现，这个实体只可能是一个没有任何形式的、作为纯质料的载体。但恰恰因为赤裸裸的纯质料不具备任何的规定性，所以它不符合实体的标准。这样一来，关于实体的思考就一头扎进了死胡同。

分析到这里，我们是否应该彻底地放弃"质料是实体"的观点呢？初看起来是这样的，但情况远比这更为复杂。我想要提醒你们注意一个问题，《范畴篇》中提到实体的特性时，除了强调它是独立存在的"这一个"也即个体性之外，还强调了作为实体的另一种特性，那就是它能够"在变化中持续存在"。

还是以姚明为例，他有时皮肤白，有时皮肤黑，少年时曾身高 1.8 米，长大了身高 2.26 米，老了以后变成 2.22 米，他可以是火箭队的成员，也可以不是火箭队的成员，无论怎么变化，姚明作为实体却仍旧持续存在着，也就是说，实体有一个特性，它是那个"在变化中持续存在"的东西。

说到"在变化中持续存在"这个特性，不正是在指四因说中的质料因吗？因为质料因回答的正是"事物为什么在运动中继续存在"这个问题。所以，按照这个思路，如果仅仅根据"在变化中持续存在"这个标准，那么我们就必须要硬着头皮承认"质料即实体"这个结论。

也就是说，如果按照"在变化中持续存在"这个标准，那么质料就是实体；如果按照"独立存在的'这一个'"也即个体性的标准，质料不是实体。亚里士多德现在面临一个两难的选择，要么继续主张质料就是实体，要么放弃质料就是实体的结论，转而主张形式是实体或者形式和质料的复合物是实体。长话短说，在《形而上学》中，亚里士多德最终明确认为只有形式才是严格意义上的实体。这意味着他放弃了《范畴篇》的结论，而且进一步意味着亚里士多德向柏拉图主义做了更大的让步，因为"形式"更接近于柏拉图所说的"理念"。

个体事物的本质属性

现在我们来探讨上一讲的第二个问题：个体事物比如说姚明的本质属性是什么？本质属性的英文为 essence，它和实体 substance，都是对古希腊文 ousia 的翻译。译法不同，问题的指向也有所不同。substance 这个译法引导我们朝"载体"的方向去思考问题，而 essence 则引导我们寻找与偶然属性相对立的本质属性。本质属性事关定义问题，比如，"人的本质属性是什么"这个问题其实就是在问"人的定义是什么"。我们可以回答说"人是有理性的动物"，或者说"人是会言说的动物"。可是当我们问姚明的定义是什么，姚明的本质属性是什么，似乎就有些让人茫然不知所措。

在《范畴篇》中，我们列举了关于姚明的九大范畴，初看起来都属于姚明的偶然属性。但请仔细想一想：如果姚明没去 NBA 打球，姚明还是姚明吗？如果姚明哪天患了失语症，再也不能口吐莲花了，姚明还是姚明吗？在一个意义上，姚明当然还是姚明，不会说话的姚明并没有变成另外一个人，但在另一个意义上，此姚明已经不是彼姚明了。难道不是这样吗？我们在日常生活中经常会说这样的话：如果高考那年失败了，我就会是完全不同的一个人。可是另一方面，我们也说：我本来可以过完全不一样的人生。当你这么说的时候，你假定了即使你的人生轨迹完全不同，但你仍旧是你，这个说法暗示出你有一个"本质属性"，可是它究竟是什么呢？

举一个很极端却很现实的例子——英国的理论物理学家霍金。在过去的几十年里，作为肉身的霍金已接近死亡，他不再能走路，不再能说话，身形走样，外貌大变，可以说霍金失去了太多的偶然属性。但是另一方面，作为精神的霍金还活着，何止是活着，简直是活蹦乱跳，他甚至还开通了新浪微博的账号。事实上，只要霍金还能思考，就没有人会认为那个瘫坐在轮椅上，只能用眼神指挥电脑与人交流的肉身不是霍金，为什么？按照亚里士多德的观点，虽然霍金的肉身瘫痪了，但是霍金并没有浪费他的天赋，而是很好地实现了他的潜能，成为当代最著名的理论物理学家，黑洞理论、大爆炸学说的创立者。所以个体事物的本质就是个体事物"在其自然生成的变化运动中所实现出来的自然本性"。

在这个意义上，我们可以说，霍金的本质属性是理论物理学家，这是他的潜能的实现状态，也是他最终的"形式"。这个解释比较符合我们的日常思维，比如姚明，我相信很多人都会这样认为：姚明可以被剥离掉很多属性，但是唯一不能剥夺的就是篮球运动员这个属性，因为没有了这个属性，姚明就真的不再是姚明了，因为正是这一点定义了姚明的一生。反观我们自己，每个人要问的问题不也是我该如何定义我的一生吗？

让我们来为本讲做个总结。因为亚里士多德在《形而上学》中引入质料和形式来理解实体，导致他不得不部分地放弃《范畴篇》中关于个体事物是第一实体的结论，转而主张形式是实体。因为引入潜能与现实，所以亚里士多德认为，个体事物的本质属性就是在现实的生成变化过程中实现出来的潜能。

必须强调的是，这一讲所介绍的内容只是一个高度简化的版本。亚里士多德在《形而上学》中的分析要复杂得多，他曾经感慨说："无论过去、现在还是永远，那永远被追寻而永远令人困惑的都是'什么是存在'，也就是'什么是实体'。"综合亚里士多德的思考，关于实体是什么，他先后提出过五种设想：（1）个别物体（或个体）；（2）质料；（3）形式；（4）种和属；（5）本质。这五种设想存在着一望便知的内在矛盾，给后来的研究者留下了许多难题，直到今天仍旧众说纷纭，没有定论。有趣的是，柏拉图在《智者篇》中借他人之口说过类似的一段话：当你们说"是"的时候，你们明白它指的是什么，我们以前也认为自己知道，但现在却感到非常的困惑。

柏拉图和亚里士多德是伟大的提问者，他们站在时代的思想最高峰，借助于当时所能借助的所有手段，将问题的边界拓展到了极限处，给后人留下了很多的问题和困惑。他们不是问题的解决者，而是问题的制造者，这在哲学上不是耻辱，反而是美德和荣耀。

036

幸福像花儿一样：
亚里士多德《尼各马可伦理学》（上）

我们应该拼命工作还是躺着晒太阳？

本讲我们将要探讨亚里士多德的《尼各马可伦理学》（*Nicomachean Ethics*）。开始之前，照例先给大家讲一个小故事。

一个渔民正在海边晒太阳，一位绅士走过来对他说："这么好的天气为什么不去捕鱼呢？"

渔夫问："先生，捕鱼为了什么呢？"

"捕鱼你就能挣很多钱啊！"

渔夫接着问："挣钱又为了什么呢？"

"挣了钱你就可以买一艘更大的船。"

"那么，买了大船又做什么呢？"

"这样你就可以捕更多的鱼，挣更多的钱。"

"那又能怎么样呢？"

"这样你就可以像我一样，在海边晒太阳。"

渔夫说："先生，我现在正在这样做呢！"

通常认为，在这场对话中，渔夫完胜绅士，因为他的人生境界看起来更高。但是如果亚里士多德恰好在现场，他一定会先问渔夫：说到底，你究竟有没有经历过中间的这些过程呢？

如果你什么都没有做，光在海边晒太阳，或者你只是三天打鱼两天晒网，那就不是一个值得称道的好生活，因为对于任何一个人来说，要想活得好，就必须积极地去从事和完善某种活动或实践，这不是一时一刻的兴之所至，而是一生一世持之以恒的事业。用亚里士多德的话说就是："一只燕子或一个好天气造不成春天，一天的或短时间的善也不能使一个人享得福祉。"

然后，亚里士多德还会同时问渔夫和绅士：你们真的认为在海边晒太阳是一件幸福的事情吗？如果回答是肯定的，亚里士多德会接着告诉他们：这只是你们的主观欲望和偏好，你们认为的幸福不等于幸福本身，如果要想探讨何为幸福，就得进行严肃的哲学分析和思考。

幸福伦理学——《尼各马可伦理学》

《尼各马可伦理学》正是这样一本以幸福为核心主题

的伦理学著作，后人因此称它为"幸福伦理学"。当然，除了幸福，亚里士多德还探讨了善、德性、自制、公正、友爱等主题，为我们构建了一个丰富异常的伦理学世界。

在正式开始探讨这本书的主题之前，让我们先来听一听亚里士多德的警告："不能期待一切理论都同样确定。"

比如，要求数学家只提出一个大概的说法，这是不符合数学的本性的，同样，要求伦理学家或者修辞学家做出与数学一样严格的证明，这也是不合理的。

所以亚里士多德说，一个有教养的人应当在不同的学科里寻求不同的精确性。这个警告特别重要，数学研究逻辑严密，有唯一的正确解，而伦理学的研究则往往众说纷纭，莫衷一是。古往今来，一直有人试图用数学或者科学作为模型去解决伦理问题，求得伦理问题的唯一正确解，但是问题在于，即使我们用科学的方式说明了伦理，也仍旧无助于我们理解生活和自我。

在《尼各马可伦理学》开篇第一句话，亚里士多德就说："每种技艺与研究，同样地，人的每种实践与选择，都以某种善为目的。所以有人就说，所有事物都以善为目的。"

关于善或者好，此前我们已经做过多次分析。为了帮助理解，让我们再来看这样两个例句：

1. 因为这个事物是好的，所以我想要得到它。

2. 因为我想要得到它，所以这个事物是好的。

ARISTOTELIS DE
MORIBVS AD NICOMACHVM
LIBRI DECEM.

Græcis Latina eregionè respondent, interprete D I O N Y=
SIO LAMBINO: cum eiusdem Annotationibus, &
THEOD. ZVINGGERI Scholijs.

LIBER PRIMVS.

CAPVT PRIMVM.

Tria ueluti prolegomena declarat: Subiectum scilicet philosophiæ Ethicæ:
Modum siue rationem eius tractandæ & explicandæ: &
Qualem auditorem esse oporteat.

ΠΑΣΑ¹ τέχνη κỳ πᾶ C
σα μέβοδΦ, ὁμοίως A
ỳ πρᾶξίς τι κỳ πϼαί P.
ϱεσις, ἀγαθϖ τινὸς ἐ- I.
φίεϟ δοκεῖ. διὸ κα
λῶς ἐπιφωναῤ τὰ
γαθόυ, ἔ πάντα ἐφἶ. ¹ διαφορὰ δέ τις
φαίνε] ῷ τέλϖ.⁴ τὰ μῥ γὰρ εἰσιν ἐνέρ-
γίαι, τὰ ⁵ πὰρ᾽ αὐτὰς ἔργα τινά.⁶ ῶν δ᾽
εἰσι τέλη τινὰ πὰρ τὰς πρᾶξεις, ἐν τόποις
βελτίω πέφυκε τῶν ἐνϱγειῶν τὰ ἔργα.
πολλῶν ⁷ δὲ πράξεων οὐσῶν, κỳ τεχνῶν,
κỳ ἐπισκημῶν, πολλὰ γίνετ τὰ τέλη.
ἰατρικῆς μῥ γὰρ, ὑγίεια · ναυπηγι-
κῆς δὲ, πλοῖου · ρατηγικῆς δὲ, νίκη· οἰκο-
νομικῆς δὲ, πλϖτ Φ. ὅσαι δ᾽ εἰσὶ τῶν τοι-
ϖτων ὑπὸ μίαν τινὰ ἀρετήν (καθάπερ
ὑπὸ τὴν ἱππικὴν χαλινοποιητικὴ, κỳ ὅ-
σαι ἄλλαι τῶν ἱππικῶν ὀργάνων εἰσὶν· ϖ̓-
τη δὲ κỳ πᾶσα πολεμικὴ πρᾶξις ὑπὸ
τὴν ρατηγικὴν) τὸν αὐτὸν δὴ τρόπον ἄλ-
λαι ὑφ᾽ ἑτέρας. ἐν ἁπάσαις τὰ τῶν ἀρ-
χιτεκτονικῶν τέλη, πάντων τῶν ἀρετῶν
τέρα

OMNIS¹ ars, omnisꝗ́
docendi uia, atꝗ́ insti-
tutio, iteꝗ́ actio, & con-
silium, bonũ aliquod
appetere uideᵗ. ³Iccirco
pulchrè ueteres id esse
bonum pronunciarũt,
quod omnia appetũt. Sed ⁴uidetur fines
inter se discrepare. Alij ⁴ enim sunt mune-
ris functiões: alij, ⁵ præter eas, opera qua-
dam. Quarũ ⁶ aũt rerũ, præter actiones, a-
liqui sunt fines, in his opera sunt actionib.
meliora natura. Cùm uerò ⁷ multæ sint a-
ctiões, artes & sciētiꝗ: tũ multi quoꝗ fines
extiterũt. Nã medicinæ finis est, bona uale
tudo: artis ædificandarũ nauiũ, nauis: artis
imperatoriæ, uictoria: rationis eius, quæ
in re familiari tuẽda uersaᵗ, diuitiæ. Qua-
cunꝗ ⁸ aũt artes huius generis uni alicui
facultati subiectæ sunt, (ut equestri ea, quæ
in frenis cõficiẽdis occupata est, cæteræꝗ
oẽs ad instrumẽta equestria cõparatæ: at-
que hæc ipsa equestris, omnisꝗ actio milita
ris, arti imperatoriæ: iteꝗ aliæ alijs:) in iis
omnibus fines earũ, quæ principẽ locũ ob
tinent, earũ quæ eis subiectæ sunt, finibus

a   sunt

仔细体会这两个句子，你会发现，例句 2 是有问题的，因为它把善／好的标准奠立在人的主观欲望或者偏好上。

比方说，对糖尿病患者来说，蛋糕就不是好东西，虽然他很想吃蛋糕。由此可见，被欲求的对象不等于其自身就是有价值的。亚里士多德希望确立一个客观的善好标准，以此作为目标来引导人们实现它。

按亚里士多德的观点，善有等级，最低级的善是"因它物之故而选择的"。比如你想要上新东方学英语，你就得有钱，在这里，金钱就是因它物之故而选择的善，它本身并没有价值。中间的善是"因它们自身之故而选择它们，同时也为幸福之故而选择它们"，比如荣誉、快乐和各种德性。如此逐级而上，追问到最后，我们会遭遇所谓的最高善（the highest good），亚里士多德说，关于最高善，人们会在名词上达成一致意见，称之为 eudaimonia，通译为"幸福"（happiness）。最高善的最大特点就是自足，也就是"始终因自身而从不因它物而值得欲求的东西"。

幸福是人生在世的终极答案，如果有人继续问："你为什么想要幸福？"我们会认为这个问题不知所云，因为追问到此已经结束。除非你是在问："什么是幸福？幸福包括哪些内容？"亚里士多德承认，人们对此会有相当不同的意见。

普通人把幸福等同于快乐和财富这些明显可见的东西，他们认为享乐的生活就是幸福的生活；有些人把政治的生活等同于幸福的生活，他们追求荣誉，把荣誉等同于幸福；而哲学家则认为沉思的生活才是最幸福的。

幸福像花儿一样

那么我们应该如何理解这三种幸福观呢？亚里士多德认为，当我们搞清楚人的功能是什么，我们也就明白幸福是什么了。

人的功能是什么？这个问题与人的本质属性直接相关，你一定还记得"人是有理性的动物"这个答案。享乐的生活与"动物"更近，与"理性"较远，所以就不是真正的幸福生活。而沉思的生活因为最大程度地实现了理性的功能，所以是人类所能获得的"至福"。

亚里士多德具体给出了六个理由来论证他的观点：

1. 沉思是我们本性的最好部分的实现活动；

2. 最为持久；

3. 最能带来最纯净的快乐；

4. 最为自足；

5. 自身即是目的；

6. 含有最多的闲暇。

耐人寻味的是，亚里士多德一方面对"沉思的生活"推崇备至，另一方面又在反复暗示这是人类无法过上的生活。因为在他看来，这是一种比人的生活更好的生活。此时人甚至不是以人之为人的东西在生活，而是以人身上的神性在生活。

我猜想亚里士多德的意思是说，人类虽然有理性，但毕竟还是动物，很难过上纯理性的生活，只有真正的哲学家才有可能接近这种神的生活。既然如此，我们普通人不如退而求其次，选择过政治的生活，这才是多数人最有可能过上的幸福生活。所以，亚里士多德还有另外一个说法叫作"人是政治的动物"，关于这个问题，我们到《政治学》部分再详细讨论。

现在我想来重点谈一谈最高善"eudaimonia"的译法。如何翻译 eudaimonia，一直以来众说纷纭，一般而言有幸福（happiness）、快乐（pleasure）、繁荣（flourishing）、福祉（well-being），以及成功（success）这些译名。

其中最为流行的是 happiness，但是晚近三十年来，这个译名遭到了许多学者的质疑。比如古希腊研究学者约翰·库珀（John Cooper）认为，英文里的 happiness 通常指称主观的心理状态，也就是幸福感，这与亚里士多德的伦理学立场是矛盾的。库珀认为，更好的翻译应该是 human flourishing（人类繁荣）。我自己也更加认同"繁荣"这个译名，因为它不仅可以和"功能论证"（ergon argument）直接挂钩，而且同潜能与实现的理论紧密相关。

邓超和孙俪曾经主演过一部大热电视剧《幸福像花儿一样》，我认为这个剧名最完美地表达了亚里士多德关于 eudaimonia 的理解：唯当人的潜能得到最为充分的实现，人才拥有属于他的德性与 eudaimonia——你可以称它为幸福，但实质就是从潜能到实现的绽放过程，也就是"繁荣"。

进而我们会发现，人是有理性的动物，这个判断只是针对普遍的人而言，每一个个体还有属于他自己的天赋与潜能，所以按照潜能与实现的理论继续往下想，我们就会得出这样的结论：唯当每个人都发现了属于他自己的天赋，完成了从潜能到实现的绽放过程，他的人生才可以说是幸福的。至于需要满足哪些条件，才可能让幸福像花儿一样绽放，我们下一讲继续探讨。

你到底是谁？

我曾在朋友圈里看到潘石屹贴的两张图，一张是清华大学校友高晓松的观点，他说："清华大学培养的学生，应该拥有国之重器、胸怀天下的远大理想，而不仅仅是去谋求一个职业，否则我们清华和蓝翔技校还有什么区别呢？"

另一张图是蓝翔校长荣兰祥的反驳："咱们蓝翔技校就是实打实地学本领，咱们不玩虚的，你学挖掘机就把地挖好，你学厨师就把菜做好，你学裁缝就把衣服做好。咱们蓝翔如果不踏踏实实学本事，那跟清华北大还有什么区别呢？"

高晓松和荣兰祥的这段隔空互怼，充满机锋，令人捧腹，但是相比之下，我觉得还是潘石屹的点评最有智慧，他说："都对，都很重要。如果天赋是棵大树，让它参天伟岸；如果天赋是朵花，让它绽放；如果天赋是草，让它把世界染绿。"

最后，我想把好莱坞电影《本杰明·巴顿奇事》结尾处的一段台词送给大家：

有些人在河边出生；

有些人被闪电击中过；

有些人对音乐有着非凡的天赋；

有些人是艺术家；

有些人游泳；

有些人精通纽扣；

有些人知道莎士比亚；

而有些人是母亲；

也有些人能够跳舞。

你是谁？你来到这个世界有什么原因？你来到这个世界有什么目的？你有没有努力地发现自己的天赋，并且积极地实现它，成为你之所是？还是说你一早就已经见山是山，见水是水，躺在海边晒太阳了？这个问题要交给每一个人自己去回答。

037

我们反复做的事成就了自己：
亚里士多德《尼各马可伦理学》（中）

幸福就是让灵魂过上有德性的生活

上一讲我们谈到最高善"eudaimonia"的最佳翻译是"繁荣"，但是这个翻译看起来稍微有些别扭，试想一下，如果你在大街上被央视记者拉住问"你繁荣吗"，会作何感想？所以为了表达的方便，让我们还是暂时使用"幸福"这个译名，尽管在大街上被记者拉住问"你幸福吗"，同样会感到非常的别扭。

现在的问题在于，如果想让"幸福像花儿一样绽放"，需要满足哪些前提条件呢？

亚里士多德并非不食人间烟火的哲学家，他虽然主张"沉思的生活"是最幸福的生活，可是他也承认只有哲学家才能过上沉思的生活。对普通人来说，幸福生活必须既有"外在善"又有"内在善"，内在善指的是心灵的宁静、身体的健康，外在善指的是外部环境的确定和安全。亚里士多德说：

> 幸福也显然需要外在的善。因为，没有那些外在的手段就不可能或很难做高尚（高贵）的事。许多高尚（高贵）的活动都需要有朋友、财富或权力这些手段。还有些东西，如高贵出身、可爱的子女和健美，缺少了它们福祉就会暗淡无光。一个身材丑陋或出身卑贱、没有子女的孤独的人，不是我们所说的幸福的人。……所以如所说过的，幸福还需要外在的运气为其补充，这就是人们把它等同于好运的原因。

这段话告诉我们，普通人要想获得幸福，除了有"外在善"的保障，还特别需要有好运气。事实上，古希腊文"eudaimonia"由"eu"（美好）和"daimōn"（精灵）组合而成，意思是"好精灵的呵护"，也就是汉语里的"吉星高照，万事亨通"。然而，月有阴晴圆缺，人有旦夕祸福，人之一生不可能总是吉星高照，怎么办？《俄狄浦斯王》告诉我们，要泰然接受命运的安排。亚里士多德不这么认为，在《尼各马可伦理学》中，他这样问道："幸福是通过学习、某种习惯或训练获得的，还是神或运气的恩赐？"回答是："如果所有事物中最大、最高贵的事物竟听命于运气，那就同事物的秩序相反了。"亚里士多德的意思是，幸福应该由我们自己决定而不是听从于命运。

可是如何才能让幸福听命于我们自己呢？亚里士多德的回答是：要努力让我们的灵魂过上有德性的生活。在获得幸福的过程中，德性扮演了举足轻重的角色。正因如此，亚里士多德的伦理学也被称为德性伦理学。

理论智慧与实践智慧

那么，什么是有德性的生活？怎样才能过上有德性的生活？

关于第一个问题，亚里士多德区分了理智德性（virtue of thought）和伦理德性（virtue of character/ethical virtue）。理智德性涉及人的认知和思维活动，主要通过教育来实现；伦理德性事关人在具体的生活境遇中的各种适宜的反应和行为，主要通过习惯来养成。

亚里士多德是一个分类狂人，特别喜欢对各种概念进行精微的区分，他把理智德性又区分为理论智慧和实践智慧，理论智慧认知一般性的原理，实践智慧涉及理性对具体东西的把握，有时候人们把它又翻译成"明智"。

那么，什么是实践智慧或者明智呢？

多年前，著名经济学家茅于轼先生说过一句话："为富人说话，为穷人办事！"这句话曾经引起轩然大波，有人指责茅于轼无视穷人的困苦，甘做资本家的代言人。可是我却认为这句话恰恰体现出茅于轼的实践智慧。茅于轼的潜台词是：穷人是弱势群体，为穷人说话能够得到社会上大多数人的赞同，哪怕说错话了，也不用担心，因为立场没错，顶多是技术性错误。但反过来，为富人说话则不同，因为意识形态的原因，富人被认为是剥削者，加上我们有仇富的传统，所以为富人说话肯定是不受欢迎的。至于做事，为富人做事是有酬劳的，所以大多数人虽然不愿意为富人说话，却愿意为富人做事。而为穷人做事很难有酬劳，所以为穷人做事的人比较少。结果是很多人"为富人做事，为穷人说话"，很少人"为富人说话，为穷人做事"。茅于轼认为这样的社会是不正常的，容易出问题，所以他要反其道而行之——"为富人说话，为穷人办事"。

茅于轼还说过另外一句话："廉租房应该是没有厕所的，只有公共厕所，这样的房子有钱人才不喜欢。"很多教条主义者和立场先行的人，听到这样的说法第一反应就是"我反对！"。可是如果结合具体的社会现实，就会发现，茅于轼的这个论断充满了实践智慧。为什么主张廉租房没有厕所？不是因为茅于轼歧视穷人，认为穷人就只配用公共厕所，而是因为很多廉租房实际上都被各种关系户霸占了，所以只能采取这种手段，才能确保真正有需要的穷人住上廉租房。

理论智慧和实践智慧的最大区别就在于，理论智慧是对一般性原理的认知，它可以通过教育获得，而且在这方面，年轻人可能还会胜过老年人，比方说小孩子学习奥数、围棋就特别容易上手。但是实践智慧则不同，它是理性对具体事物的把握，成年人往往会比小孩子更有实践智慧，因为它要求你拥有足够多的经验知识和足够明智的判断。

德性必须是一种习惯

实践智慧虽然属于理智德性，却与伦理德性存在密切的关系。亚里士多德认为，成功的伦理教育会造就一种结合了实践智慧与伦理德性的品质（character），这是一种理性与习惯相互成就的状态。

伦理德性的英文是 ethical virtue，这里的"ethical"源自古希腊文"ēthikos"，意思是习惯或者习俗。这意味着人的伦理德性不是自然生成的，而是通过习惯养成的。自然物是不可能改变其本性的，比方说，石头是自然物，它的本性是下落，哪怕我们向上抛一万次，它也还是要下落。但是人不同于石头，人是可以通过教育特别是习惯的养成来改变自然本性的。

孔子说："吾未见好德如好色者也。"这句话的隐含之义是，好色是人的自然本性，好德则不是，它是后天教化和习惯的产物。康德曾说："人性这根曲木决然造不出任何笔直的东西。"相比康德，亚里士多德会稍微乐观一些，他相信通过习惯和教化的力量是可以努力把人性这根曲木稍稍掰直一点的。

我就经常跟布谷这根曲木做斗争。因为在她身上充分体现出趋乐避苦的人类本性。每天早晨赖床，腻腻歪歪起床后，又拖拖拉拉地洗漱、吃早饭，等收拾妥当，已经过去了一个半小时，其结果就是养成了迟到的坏习惯。所以我的任务就是要让她养成早睡早起的好习惯。在这个过程中，讲道理是无济于事的，哪怕你跟她说了一百遍："时间就是生命，无端地空耗别人的时间，其实无异于谋财害命。"这也还是没有用。所以重要的是实践，通过实践让她养成早睡早起的好习惯。

亚里士多德在《政治学》中曾经提出过这样一个问题：到底是理性的教导在先，还是习惯的教导在先？他的回答是，习惯的教导是起点，理性的教导是终点。如果亚里士多德是对的，那就意味着获得德性的关键不在于说理和论证，而在于实践，在于习惯的养成。

亚里士多德说："我们通过做公正的事成为公正的人，通过节制成为节制的人，通过做事勇敢成为勇敢的人。"光靠耍嘴皮子是无法获得德性的，偶一为之的善行也无法让我们获得德性，它必须是一种习惯。所以，"一个人的习惯活动怎样，他的品质就是怎样的"。在城邦里，立法者通过塑造公民的习惯使他们变好；在家庭中，父母通过塑造孩子的习惯使他们变好。所以亚里士多德指出："从小养成这样的习惯还是那样的习惯绝不是小事。正相反，它非常重要，或宁可说，它最重要。"

伦理学是一种良善生活的艺术

说到这里，也许会有人质疑说：这不就是家长制的教育方式吗？在一个意义上，我同意它是家长制，但是我认为亚里士多德的思考要比家长制这个简单的标签更为深入。事实上，他是在强调"情感教育"的优先性和重要性。对亚里士多德来说，伦理学不是简单地遵守某些枯燥乏味的道德规则，伦理学是一种良善生活的艺术，其中就包括了内在于良好行为之中的良好感受。

亚里士多德认为，人的喜怒哀乐都是自然情感的流露，本身无所谓对错好坏，但是针对什么对象感到快乐、以什么方式发怒，则是有对错好坏之分的。比如，如果有的文化传统放纵孩子恃强凌弱、虐待动物，不以为耻、反以为荣，就是一种非常坏的情感表达和教育方式。2016年我在哈佛大学访问，波士顿的街区儿童游乐场给我留下了很深的印象，不仅数目众多，免费向公众开放，而且个性鲜明，设计别具匠心，最重要的是，孩子们虽然在里面玩得很热闹，但却乱中有序，彼此谦让，表现出很好的manners。有一回布谷在爬一个晃晃悠悠的悬梯，当时她才三岁多，动作比较迟缓蠢笨，这时候跑过来两个六七岁的大孩子，头也没抬准备往上爬，但他们很快意识到上面有个小宝宝，于是立刻收脚，安静地站在下面等候，直到布谷艰难地爬完了梯子，他们才开始爬。虽然只是一个微不足道的小细节，却反映出良好的情感教育的基本内容，比如规则意识、关爱弱小，而不是自我中心、仗势欺人并以此为乐。所以亚里士多德说："重要的是从小培养起对该快乐的事物的快乐感情和对该痛苦的事物的痛苦感情，正确的教育就是这样。"

良好的习惯不仅为德性的养成打下坚实的基础，同时也为理性思考提供了非常重要的起点。在现实生活中，你有没有仅仅通过理性论证说服过一个人？是不是情况恰恰相反，我们经常发现，哪怕费尽口舌，哪怕已经让对方哑口无言，还是无法通过理性论证说服或者改变一个人。针对这种现象，亚里士多德早就做过思考并且给出了答案，他说：

> 论证与教育似乎不是对所有人都同样有效。学习者必须先通过习惯培养灵魂，使之有高尚（高贵）的爱与恨，正如土地需要先耕耘再播种。因为那些凭感情生活的人听不进说服他改变的话。

这个观点突出强调了习惯养成和情感教育的重要性，这在当代哲学中也得到了积极的响应：伦理学家麦金太尔（Alasdair MacIntyre）认为，讲故事才是道德教育的主要手段，相比之下，论证不仅无效而且无趣。哲学家理查德·罗蒂（Richard Rorty）也认为，如果要培养人与人之间的团结感，就不能通过理性的反省和研究，而必须借助"想象力"和"同情心"来提升我们对陌生人所承受的痛苦和侮辱的敏感度，把他们想象为和我们处境类似、休戚与共的人。

038

射箭与中道：
亚里士多德《尼各马可伦理学》（下）

在过度与不及之间取其中道

大家一定听说过托尔斯泰的这句名言："幸福的家庭都是相同的，不幸的家庭各有各的不幸。"我一直怀疑托尔斯泰受到了亚里士多德的启发，因为后者说过非常类似的一句话："错误可以是多种多样的，正确的道路却只有一条。"

要想真正理解这句话的含义，就得先了解亚里士多德的中道思想，而这也是理解"伦理德性"的关键所在。什么是中道？简单说，就是处于"两种恶即过度与不及的中间"。比如，鲁莽是过度，懦弱是不及，而勇敢则是居于中间者；纵乐是过度，痛苦是不及，而节制是居于中间者；浪费是过度，吝啬是不及，大方是居于中间者。一个有伦理德性的人应该在过度与不及之间取其中道，也就应该拥有勇敢、节制、大方的品质。这当然不是一件容易的事情，以射箭为例，亚里士多德指出，射中是很难的，你必须反复地练习才有可能命中靶心。反过来说，射偏是很容易的，而且射偏的方式有很多，有的箭射到一半就落地了，有的箭射到了天上，有的箭甚至射到别人的靶子上。所以说："错误可以是多种多样的，正确的道路却只有一条。"

中道有个体、情境之分

这些道理初看起来一目了然，非常容易理解，其实却有不少值得挖掘的内容。

首先，亚里士多德说，我们要寻找的不是事物自身的中间，而是相对于我们而言的中间。什么意思？打个比方，我和布谷面前放了一个 1 磅的蛋糕，就蛋糕本身而言，0.5 磅就是它的居间者，也即"事物自身的中间"。但是事物自身的中间，不等于相对于我们而言的中间。对布谷来说，吃下这 0.5 磅的蛋糕，就会撑坏她的小肚子，这就是过度，但是对我来说，0.5 磅的蛋糕还不够塞我的牙缝，这就是不及。所以说，中道是相对每个人而言的，没有放之四海而皆准的、对每个人都相同的中道。

其次，即使是同一个人，在不同的时间、不同的地点、不同的场合，也存在不一样的中道。比方说，在吃饱饭的前提下，0.5 磅的蛋糕对我来说就是过度，而非不及。

多年前，我在深圳的罗湖口岸过海关，一眼瞥见一个小偷正在掏一个女孩的背包，立刻大声喝止了那个小偷。还有一次，我在中关村看到两个司机打架，一个人挥舞着扳手，一个人操着木棍，正在"浴血奋战"，我的第一反应不是上前喝止，而是赶紧掏出手机报了警。事后回想起来，虽然策略不同，但都还算明智和中道。当然，如果换成是黄飞鸿，在后一个例子中也应该挺身而出，这是相对于黄飞鸿的中道。如果是一个成年男性在暴力殴打幼童或者女性，那么即使我不是黄飞鸿，我也应该立刻挺身而出，这是相对于那个情境的中道。

按照亚里士多德的观点，伦理德性一方面与感情相关，它要求我们"在适当的时间、适当的场合，对于适当的人、出于适当的原因、以适当的方式感受这些感情"，另一方面又与实践相关，它要求我们"对适当的人、以适当的程度、在适当的时间、出于适当的理由、以适当的方式做这些事"。所以亚里士多德说："做好人不是轻松的事。因为，要在所有的事情中都找到中点是困难的。"

需要特别指出的是，亚里士多德并不认为所有的感情和实践都存在过度、不及和中道的区别。幸灾乐祸、无耻、嫉妒这些情感，以及通奸、偷窃、谋杀这些行为，它们之所以是恶的，不是因为过度或者不及，而只是因为它们本身就是恶的，否则就会出现很荒谬的结论，比方说适当的无耻、适当的嫉妒、适当的偷窃或者适当的谋杀。说到这里，我相信好学深思的读者一定会继续反驳：谋杀希特勒难道不是一种适当的谋杀吗？这难道不是针对适当的人所做的适当的行为吗？我要特别提醒你们注意的是，亚里士多德在探讨以上观点的时候，说过这样一句话："有一些行为和感情，其名称就意味着恶……"这里的关键词是"名称"，因此，对亚里士多德来说，当我们在谈论谋杀希特勒的时候，就不能使用"谋杀"这个词了，为了做到名实相符，我猜想亚里士多德此时会选择"刺杀"而不是"谋杀"来描述这个事件。

　　关于中道的说法，我相信还会有人反驳说：既然中道是相对于每个人而言的，而且在不同的情境下每个人有不同的选择，那岂不是意味着某种道德相对主义吗？初看起来的确是这样，但我认为亚里士多德不是道德相对主义者。理由在于，首先，正如我们在上一讲介绍的那样，亚里士多德非常看重好习惯的养成，这是培育德性的基础所在，拥有德性的人将会具备选择好行为的品质，这确保了有德之人不会沦为道德相对主义者。其次，当亚里士多德说中道是"相对于我们而言的"，这里的"我们"可以做好几种解释，它既可以理解成个体，也可以理解成作为复数意义上的"我们"。余纪元老师认为，在亚里士多德的文本里特指的是年轻的雅典贵族，这些人为德性做出了示范和榜样，吸引和感召其他人成为有德之人。正是因为有了榜样的示范作用，德性伦理学不会滑落成为道德相对主义。

警惕那些令人沉溺、愉悦的事物

有没有发现，亚里士多德的中道跟孔子的中庸非常类似？事实上，余纪元干脆就把中道译成了中庸，他还写了一本非常精彩的比较哲学论著《德性之镜：孔子与亚里士多德的伦理学》。余纪元发现，东西两大哲人不约而同地把射箭作为原型来理解德性。比如孔子说："射有似乎君子，失诸正鹄，反求诸其身。"意思是说，君子立身处世就像射箭一样，射不中靶子，就要回过头来检讨自己，并继续改进自己。围绕着射箭这个比喻，余纪元做了非常详细的分析。他认为，射箭模型告诉我们，所有的恶并不是同等的坏，如果说命中靶心得 10 环，那么 9 环就是不足，尽管如此，命中 9 环还是要比命中 1 环或者彻底脱靶来得好。事实上，亚里士多德就是这么认为的，他说，在稍稍偏离正确的人和偏离正确太多的人之间，我们显然会更加谴责后者，而不是前者。

正如命中靶心是件困难的事情，养成中道的伦理德性也是一件非常困难的事情。关于中道的获得，亚里士多德特别强调了三点。首先，他承认要想准确地选取中道是件困难的事，所以有时候我们不得不退而求其次，在两恶之中择其轻。有的人读到这里，立刻就放下心来——既然亚里士多德都这么说了，那我们就可以洗洗睡了，无须再去关心什么良好生活、至善生活。亚里士多德当然不是在给自我放纵的生活开通行证，他的意思是说，我们首先要尽力做一个拥有 A+ 品质的人，但如果实在做不到，那么 A-或者 B+ 也是可以接受的。

其次，亚里士多德还指出，不同的人会沉溺于不同的事情，为了获取中道，我们就要研究自身容易沉溺其中的那些事情，搞清楚这些事情的性质，然后把自己拉向相反的方向，因为只有远离错误，才能接近中道和适度。说到沉溺，我深有体会，我在北大读书的时候，经常在篮球场上遇到一些已经退休多年的球友，浑身上下带着各种护具，每天下午 3 点早早来到球场，挥汗如雨地打到暮色降临，才依依不舍地离开。这些人对于篮球的痴迷既让我感动，又让我隐隐有些难过，因为对任何单一事物的过度沉溺都足以证明我们自身的脆弱以及生活的乏味，无论这个事物本身多么地正确。

最后，亚里士多德特别提到要对快乐保持足够的警惕，他认为，快乐是我们获得中道的最大障碍。他说："在所有事情上，最要警惕那些令人愉悦的事物或快乐。因为对于快乐，我们不是公正的判断者。"

我想特别提请注意的是，亚里士多德不是一个禁欲主义者，恰恰相反，亚里士多德充分地认识到德性必然地与快乐和痛苦相关。他的理由是，作为常人，快乐从小就伴随着我们的生活，我们很难拒绝对快乐的向往，我们或多或少以快乐和痛苦作为标准来衡量我们的行为，甚至，那些高尚的和有力的事物也显得令人愉悦，所以快乐和痛苦在德性中占据重要的地位。恰恰因为人们常常会沉溺于快乐或者痛苦之中，所以有德性的人要对此保持充分的警惕。进一步地，人们更容易沉溺于快乐之中而不是沉溺于痛苦之中，所以亚里士多德才会说，战胜快乐要比战胜怒气更难。在"娱乐至死"的 21 世纪，重温亚里士多德的这些教诲尤其显得意义深远。媒介文化研究者尼尔·波兹曼（Neil Postman）说："有两种方法可以让文化精神枯萎，一种是奥威尔式的——文化成为一个监狱，另一种是赫胥黎式的——文化成为一场滑稽戏。"奥威尔警告我们专制带来思想毁灭，赫胥黎则警告我们，"在一个科技发达的时代里，造成精神毁灭的敌人更可能是一个满面笑容的人，而不是那种一眼看上去就让人心生怀疑和仇恨的人"。事实上也是如此，"奥威尔预言的世界比赫胥黎预言的世界更容易辨认，也更有理由去反对"。在这个意义上，战胜赫胥黎要比战胜奥威尔更难，就像战胜快乐比战胜怒气更难。波兹曼说："谁会拿起武器去反对娱乐？当严肃的话语变成了玩笑，我们该向谁抱怨，该用什么样的语气抱怨？对于一个因为大笑过度而体力衰竭的文化，我们能有什么救命良方？"

立足于日常生活的世界，避免过度考察人生

回到本讲的主题。读亚里士多德的伦理学，极易产生两种批判性意见：一是认为亚里士多德卑之无甚高论，无非是些常识，比如罗素就认为"亚里士多德的伦理学没有

什么特别的哲学性，只不过是观察人事的结果罢了"；二是认为亚里士多德总是在说一些正确的废话，很多说法看似很有道理，其实却没有什么可操作性。

关于第一种批评，我的回复是，伦理学本来就是研究人的日常行为的，它的起点和终点都应该是我们的日常生活世界，否则的话，光有精细的概念分析、宏大的哲学理论，却与人的道德情感和实践毫无关系，岂不是成了没有人味儿的伦理学？在我看来，亚里士多德的伦理学既有扑面而来的人间烟火气，又有鞭辟入里的哲学分析，不多不少，刚刚好处于过度与不及之间，完美地体现出中庸之道。

关于第二种批评，我的回复是，伦理学不是成功学，不是中学生日常行为规范，不是家用电器使用说明书，具体的人事环境如此之复杂，怎么可能要求伦理学提供具体的人生指导意见呢？说到这里，我想起看过的一个视频，有位人生导师语重心长地告诫年轻人，初次约会不能选择吃饭、看电影或者逛街，因为既耗费时间、体力，又没有任何互动性，实现不了感情升级的目标。怎么办呢？他建议去吃回转寿司，理由是不用点餐，可以省去多余的程序，而且在取盘子的时候有充分的肢体微互动，可以实现感情的升级。然后他又建议吃完饭后去买水果，但一定要买柚子和西瓜，因为这样一来，就能够顺理成章地提出到家里切水果……对不起，你在亚里士多德的伦理学中绝不会读到这样的招数和套路。

在告别亚里士多德的伦理学之前，我想给大家做两个总结。

首先，伦理学是一门反思性的学问，它反思实践，但不等于实践本身，它考察人生，但不等于人生本身。所以，亚里士多德虽然洋洋洒洒写了这么多字，但是在知和行之间，他更偏重行而不是知。某种意义上，我们可以说，亚里士多德的伦理学一直在试图避免对人生做过度的考察。按照他的观点，一个有德性的人要满足三个条件：

1. 他必须知道那种行为；

2. 他必须是经过选择而那样做，并且是因为那行为自身的缘故而选择它的；

3. 他必须是出于一种确定了的、稳定的品质而那样选择的。

亚里士多德认为，要想成为一个有德性的人，第一个条件最不重要。为什么这么说？我认为他是在告诉我们，人在从事德性行为的时候，不应该时刻处于自我反省的状态，而应该处在"习惯成自然"的无反思状态，因为有了良好而稳定的品质，有德之人的一言一行、一举一动都是正确的选择，都是符合中道的。

其次，我想重提幸福这个主题。曾经有人问我：如何理解"幸福"这个词？我的回答是，如果一个人正在做他喜欢做的事，并且发现自己有能力做这件事，并且他还有幸做成了这件事，那他就是幸福的。不要小看幸福的这三个要素，要想满足它们其实非常困难。还有人曾经问我：你觉得自己是幸福的吗？我的回答是，这个问题眼下无从谈起。因为按照亚里士多德的说法，幸福是对于一生的总结，它是一个盖棺定论的东西，不到人生最后一刻，不能妄言幸福。作为一个目的论者和结果论者，亚里士多德肯定不会认同当下流行的那些观点，比方说"不在乎天长地久，只在乎曾经拥有""刹那即永恒"。在亚里士多德看来，幸福是一个很重的词汇，不可轻易言之，如果仅仅因为吃了口哈根达斯就感慨自己好幸福，那你就是欲望的奴隶，如果因为暂时的功成名就而志得意满，认为自己的人生很完美，那你就是鼠目寸光，不了解德性的价值和命运的无常。

最后，请让我用亚里士多德的话来结束这一讲：

> 我们是否可以说，一个不是只在短时间中，而是在一生中都合乎完满的德性地活动着，并且充分地享有外在善的人，就是幸福的人？或者是否要加上，他还一定要这样地生活下去，直至这样地死去？因为我们主张幸福是一个目的或某种完善的东西，而一个人的将来却是不可预见的。如若这样，我们就可以在活着的人们中间，把那些享有并将继续享有我们所说的那些善事物的人称为至福的人，尽管所说的是属人的至福。

039

我们如何能够一起过上幸福美好的人生？
亚里士多德《政治学》（上）

政治学是伦理学的延续和补充

本讲我们将要探讨亚里士多德的《政治学》。

在正式进入主题之前，我想请你设想一下，在面对什么人的时候，你会产生这样的冲动："让我们一起过上幸福美好的人生吧！"无论你的名单上有谁，我想一定不会出现隔壁班的张三或者大街上的路人甲。

作为现代人，我们一般认为，伦理生活问的是"我如何能够获得幸福美好的人生"，政治生活问的是"我们应该如何和平地生活在一起"。

这两个追问存在两个根本的差异：第一，伦理生活指向的是"幸福生活"，这是人生在世的终极目标；政治生活追问的则是"和平地生活在一起"，这是人生在世的基础命题。第二，伦理生活首先是第一人称单数（我）的发问，而政治生活总是第一人称复数（我们）的发问。

但是亚里士多德的问题意识完全不同，他认为政治学追问的恰恰是："我们如何能够一起过上幸福美好的人生"。在《尼各马可伦理学》中，亚里士多德说："政治学的目的是最高善，它致力于使公民成为有德性的人，能做出高尚行为的人。"在一本伦理学的著作中谈论政治学，而且把政治学视为研究"最高善"（幸福）的"最权威的科学"，这充分反映出，在亚里士多德看来，政治学与伦理学不是相互分离的两个学科，恰恰相反，政治学是伦理学的延续和补充说明。

"我们"是谁？

要想完美地回答"我们如何能够一起过上幸福美好的人生"，首先要回答"我们是谁"。

"我们"是一个非常具有弹性的说法。因为同坐一个航班，并且滞留机场，在短短 24 小时之内，可以让这架飞机的乘客迅速地团结成为同仇敌忾的"我们"，当然，这与同窗四载的"我们"或者相濡以沫一辈子的"我们"，有着程度上的甚至类别上的不同。

无论如何，我们之所以成其为我们，一定是因为存在着某种"同质性"，这个同质性可薄可厚，内容可深可浅。哪怕是大街上的路人甲，也会因为同在一片蓝天下，而成为某种意义上的我们，只不过此时思考的主要问题是："我们如何能够和平地生活在一起"。它的答案可能是宪法、法律、规则或者道德习俗。

一旦开始思考"我们如何能够一起过上幸福美好的人生",对于同质性的要求就会高出很多。比如亚里士多德就认为,城邦应该足够小,小到可以"一眼尽收"所有的人,在和平时期,传令官的声音可以抵达每个人的耳朵,在战争时期,将军的声音要让每个人都听得到。因为尺度足够小,价值观高度类似,生活方式几乎一致,才有可能以"友爱"为纽带把公民团结在一起,并且把"最高善"作为城邦治理的目标。

由此看来,古希腊城邦的尺度直接影响了古希腊人的政治想象。古典哲人亚里士多德认为"政治学的目的是最高善",当代哲人罗尔斯(John Rawls)却说:"在任何情况下,我们作为公民应该拒绝把最高善的标准当作一种政治原则。"之所以会有如此截然相反的政治理解,原因之一在于尺度不同,以及对于"我们是谁"的理解的不同。

与柏拉图分道扬镳

要想理解亚里士多德的政治学,就必须参照柏拉图这个坐标系,两相对比,才能看出亚里士多德的良苦用心和独到之处。你或许还记得,亚里士多德的思想原型是生物学,生物学的特点在于特别重视自然本性和自然之理,从这个视角出发,亚里士多德对柏拉图的"美丽城"会有很多的批评。比如说，柏拉图主张护卫者要共产共妻，在亚里士多德看来这是违反自然的做法；柏拉图主张男女在政治生活中地位平等，在亚里士多德看来这也是违反自然的做法。这两个判断会让我们对亚里士多德产生非常矛盾的观感。当亚里士多德主张家庭的自然属性，强调私有财产的重要性时，我们会觉得他具备健全的常识。可是当亚里士多德说，因为女性的情感常常大于理性，所以在政治生活中女性应该接受男性的统治时，我们又会意识到他的自然主义理论还是有很强的时代局限。

其实，亚里士多德并不是事事与柏拉图作对，他和柏拉图至少共享了两个根本信念：第一，个人是不自足的，城邦在本性上要先于家庭和个人；第二，政治学的目的是最高善，它致力于使公民成为有德性的人，能做出高尚行为的人。

但是在达成这两个基本共识之后，亚里士多德就与柏拉图分道扬镳了。柏拉图为了追求城邦的整齐划一性，试图把所有的"私人事务"一笔勾销，亚里士多德反对这种无差别的一致性，他说：城邦的本性就是多样化，若以整齐划一为标准，家庭比城邦更一致，个人又要比家庭更一致，那是不是意味着要把城邦变成家庭，把家庭变成一个人呢？答案显然是否定的，亚里士多德说："即使我们能够达到这种一致性也不应当这样去做，因为这正是使城邦毁灭的原因。"

从这段论述可以看出，亚里士多德虽然认为政治学的目的是最高善，但他并不主张为了实现最高善取消城邦的多样性，用哲学的术语说，他试图保持一和多的统一。

另外，这段表述还带出了亚里士多德对家长制的批评。在柏拉图那里，家和国具有同构性，它们就像是同心圆，家是最小国，国是最大家，仁慈而智慧的哲学王就像大家长一样统治着整个城邦。亚里士多德则不同，他明确指出，城邦是一种特殊的共同体，它与家庭不具有同构性。事实上，在《政治学》开篇处，亚里士多德就对柏拉图展开了最猛烈的攻击，他说："有人认为政治家、君王、家长以及主人的意思是同一的，这种说法荒谬绝伦。"为什么荒谬绝伦？因为他们的统治理由和形式是完全不同的。

以主人统治奴隶为例，亚里士多德认为这是奠立在自然基础之上的，具体说来，他认为奴隶完全没有理性，所以天然地要接受自由人的统治。亚里士多德的自然奴隶论当然是错误的，这一点毋庸讳言。但是如果一定要为他做个辩护的话，我会认为，尽管哲人理应超越时代之上，但哲人到底还是人，总会有一只脚深陷在时代的泥淖里，这是时代留在他身上的胎记，难以抹去。另外，就像政治学者麦克里兰（J.S. McClelland）在《西方政治思想史》中所指出的那样，亚里士多德对待奴隶的态度有点像美国内战期间贵族家庭中的蓄奴观念，他把奴隶视同家族内部的一员，而不是把奴隶当成商品随意转卖。对比同时代人，他的奴隶观还算是比较仁慈和人道的。

回到亚里士多德自身的逻辑，他认为"自然不做无目的之事"，因此自然物就有高下优劣的等级排序，比方说，植物为动物存在，动物为人存在，奴隶为自由人存在。但是到了自由人这个层次，又该怎么办呢？柏拉图主张由哲学王来统治自由人，而亚里士多德主张让自由且平等的公民自己来统治自己。为什么会出现这样的差异？这是因为他们的问题意识非常不同。

麦克里兰指出，柏拉图的一个经典思路是这样的：当遇到困难的时候，只有最蠢的人才不会去找最好的办法。比方说，当人生病的时候，应该去找谁呢？答案很显然是医生，也就是专家。由此类推到城邦，当我们问："最好由谁来统治？"答案必然是"专家"，也即哲学王。可是亚里士多德的问题意识却不同，他是这样思考问题的："能为自己营造良好生活的人，会是什么样的人？这些人会需要什么样的智慧？"与柏拉图相比，这个提问方式的最大不同在于强调了自治或者说自我管理的重要性，这样一来就与家长制或者权威主义的思路撇清了干系。于是很自然的答案就是：这些人是自由且平等的人，这些人需要的不是最高形式的智慧，而是"实践智慧"。

最高形式的智慧思考的是最普遍、最高等的事物，亚里士多德指出："人们说阿那克萨戈拉和泰勒斯以及像他们那样的人有智慧，而不是他们有实践智慧。因为人们看到，这样的人对他们自己的利益全不知晓，而他们知晓的都是一些罕见的、重大的、困难的、超乎常人想象但又没有实际用处的事情，因为他们并不追求对人有益的事务。"

实践智慧则不然，它与人的事务相关，考虑的是具体的事情。比如雅典执政官伯里克利，因为能分辨出哪些自身就是善、哪些对于人类是善的事物，所以是实践智慧的典型代表。"我们把有这种能力的人看作是管理家室和城邦的专家。"

总结一下，在理解亚里士多德的政治学时，我们要时常告诉自己不要忘了柏拉图这个靶子：因为柏拉图向往最好的城邦，所以亚里士多德强调次优的城邦；因为柏拉图主张护卫者应该共产共妻，所以亚里士多德强调保护私有财产以及自然家庭的重要性；因为柏拉图支持家长制和权威主义，所以亚里士多德指出自由而平等的公民自我管理的重要性；因为哲学王的统治本质上是人治，所以亚里士多德特别强调去人格化的法治的重要性。亚里士多德的立场处处都与导师相左，他的自辩之词是："吾爱吾师，吾更爱真理。"

040

脱离城邦者，非神即兽：
亚里士多德《政治学》（中）

人是城邦的动物

本讲我们要继续探讨亚里士多德的《政治学》。

首先，我们要问，谁适合学习政治学？对此亚里士多德说得很明确：年轻人不适合学习政治学，因为他们缺少人生经验，而生活经验恰恰是进行政治学论证的主题和前提。他又说，性格稚嫩的人也不适合学习政治学，因为他们在生活中和研究中太过任性。由此可见，学习政治学必须要懂得生活的复杂性和人类的局限性，不能过于教条主义或者理想主义，妄图在人间建立天国。

想必你还记得"人是有理性的动物"这个命题，"理性"一词源出于古希腊文逻各斯（logos），也有语言、言说的含义，所以这个命题的另一个含义就是"人是唯一具有语言的动物"。亚里士多德的一个核心想法是，自然从来不做徒劳无益之事，既然自然让人类拥有语言这个能力，必然有其功能和目的。语言的功能是什么？与小狗汪汪叫、小猫喵喵叫不一样，人类语言除了表达情感，还可以判断利弊、好坏与善恶。前两天邻居来我家串门，大人们围坐在一起相谈甚欢，布谷一个人躲在角落里画画，过了半小时她不干了，大声喊道："你们聊得很开心，我一个人待着没人跟我玩，我很不开心，这不公平！"你看，语言就是这样，不仅可以表达苦乐，还可以表达善与恶、愤恨与不平这样的情感。也正因如此，亚里士多德给人下了另外一个定义——"人是政治的动物"，这里的"政治的"（political）源自古希腊文"城邦"（polis），所以，这个命题的另一个含义是"人是城邦的动物"。

从"人是唯一具有语言的动物"到"人是城邦的动物"，亚里士多德想要传达的意思很明确——只有在城邦的共同生活中，人才能够实现人之为人的本质属性，也就是理性和言说的功能。此外，按照亚里士多德的观点，整体必然优先于部分，所以城邦在本性上也优先于家庭和个人。打个比方，如果整棵大树被连根拔起了，那么树上的花果也就随之飘零，反过来说，任何花朵离开了树木，也会很快枯萎。照此类推，任何人一旦脱离城邦生活他就不再是自足的。亚里士多德有一个非常著名的论断——脱离城邦者，非神即兽。按照这个标准，《鲁滨孙漂流记》里的鲁滨孙，《史记》里的伯夷、叔齐，就都不能算是完整意义上的人了。

其实，即使在古希腊的城邦里，也有很多人不能算是完整意义上的人。以雅典城邦的鼎盛时期为例，总人口大约25万到30万人，其中奴隶占8万到9万，外邦人有2万多，再加上女人和小孩，所有这些人都不能算是完整意义上的人，因为他们都不是"公民"。能称得上"公民"的人大概只有那3万左右的成年男性，这些人"是有权参加议事和审判职能的人"。亚里士多德如此看重公民权，很可能是因为他是侨居雅典城邦的外邦人，他没有政治权利，所以才会感同身受，格外看重政治权利。

古代人的自由与现代人的自由

亚里士多德区分专制统治与依法统治。他认为，家庭的治理方式和君主制一样，都是专制统治，理由是所有家庭都是由家长一个人说了算。依法统治则不同，它是"由自由民和地位同等的人组成政府"。这句话里出现了现代人非常熟悉的"自由"和"平等"，但我要提醒你们注意的是，千万不能用现代人的眼光去理解这个表述，亚里士多德并非主张"人人生而自由平等"，而是主张平等者之间的平等。比如，自由民和奴隶之间就没有什么平等可言，男人和女人之间显然也是不平等的。如果要在自由民和奴隶之间讲平等，那就是以平等的方式去对待不平等，这其实是不平等。同理，如果以不平等的方式去对待平等之人，那也是不平等。那么，自由民和自由民之间到底在什么意义上是平等的？答案很简单，就是政治权利的平等。

说到这里，我想给你们推荐法国政治思想家贡斯当（Benjamin Constant）的名著《古代人的自由与现代人的自由》。贡斯当认为，古代人的自由主要指参与公共事务辩论与决策的自由。政治是雅典公民的生活中心，他们热衷于在雅典公民大会上辩论各种城邦大事，他们几乎没有任何的私人生活空间，也没有个体自由和权利的观念。相比之下，现代人越来越从公共生活退回到私人生活，格外强调不受政治权力干预的私人空间，以及个人权利的不可侵犯性。在私人生活中，只要不违法，人们可以做任何自己想做的事情，比如说追美剧，打游戏，读莎士比亚或者《金瓶梅》。

要注意的是，贡斯当并没有割裂两种自由，相反他一再强调"古代人的自由"——政治参与的自由，保护了"现代人的自由"——退回到个人生活的自由。我们今天越来越清楚地意识到，如果失去了"古代人的自由"这个屏障，"现代人的自由"也有可能随之丧失。难道不是这样吗？如果你连参与公共事务辩论与决策的自由都没有，怎么可能真正拥有读什么书、看什么电影的自由呢？反过来说，一味地强调古代人的自由，会造成过度政治化的倾向，最终必然会剥夺人们的个人自由，而一旦剥夺了个人自由，剥夺他们的政治自由也就是轻而易举的事了。这个逻辑稍微有些绕，但其实也不难理解，如果你连穿牛仔裤、留长头发的个人自由都没有，你怎么可能真的拥有政治参与的自由呢？所以贡斯当说，最好的办法就是要"学会将两种自由结合在一起"。

政体分类学与贫富指标

回到亚里士多德，在他的政治学思想中，城邦、公民与政体是鼎足而立的三个核心概念，其中又以政体最为重要。即使城邦的名称没有改变，居住的人还是那群人，可是一旦政体发生变化，此城邦也就不是彼城邦了。比如说，雅典还是雅典，苏格拉底还是苏格拉底，但是民主制时期的雅典与三十僭主时期的雅典可以说是天壤之别；罗马还是罗马，共和制的罗马（罗马共和国）与帝制的罗马（罗马帝国）也不能同日而语。正是在这个意义上，亚里士多德说，城邦的同一性归根结底是政体的同一性。

这就把我们带到了他的政体分类学，在第21讲中，我们介绍过政体分类标准，根据"统治者的人数多少"——"一个人说了算""少数人说了算"还是"多数人说了算"，以及"统治的目的到底是为了公共利益还是私人利益"这两个标准区分了六类政体，分别是：君主制及其变体僭主制，贵族制及其变体寡头制，共和制及其变体民主制。

其实，除了上述两个标准，贫穷与富有也是很重要的指标。以寡头制和民主制为例，亚里士多德在另一处补充说，区分它们的标准不是少数人说了算还是多数人说了算，而是富有还是贫穷：凡是富人当政的地方，无论富人是多数人还是少数人，一律是寡头制；凡是穷人当政的地方，无论穷人是多数还是少数，一律是民主制。

有人会反驳说，现实世界里一定是富人少、穷人多，怎么可能出现富人多、穷人少的时候呢？我认为亚里士多德在这里只是做一个逻辑上的分析，他的意思是说，即便在一个富人多、穷人少的城邦里，只要是富人说了算，那它也还是寡头政体。通过这个分析，亚里士多德意在强调，在区分政体类型时，贫穷和富有的差别比统治者人数的多少更加根本。事实上，在古希腊，穷人与富人的阶级斗争非常激烈，柏拉图就曾经说过："无论什么样的城邦，都分成相互敌对的两个部分，一为穷人的，一为富人的。"对于古希腊哲人来说，如何化解贫富之间的冲突是一个根本性的政治命题。关于这个问题，我们下一讲接着谈。

拯救现象：亚里士多德的方法论

在结束这一讲之前，我想特别强调的是，亚里士多德的方法论可以用"拯救现象"这四个字加以概括。拯救现象的基本步骤是这样的：首先，在经验世界里大量收集各种现象；然后讨论和分析这些现象之间的冲突和它们带来的困难；通过解决难题，最终确立真正站得住脚的观点和内容。《政治学》一书就是"拯救现象"的典范之作，为了完成这个研究，亚里士多德对古希腊 158 个城邦的政治制度做了充分的考察。

但是，正像罗素批评的那样，亚里士多德在这本书中对亚历山大大帝只字未提，对于即将到来的历史巨变熟视无睹，完全没有预见到帝国正在兴起，城邦即将成为遗迹，这个失误有些令人难以置信。

亚里士多德为什么会对房间里的大象不置一词？有个阴谋论的解释认为，在马其顿和希腊交恶的时候，亚里士多德作为马其顿人，极有可能被雅典人视为间谍，为了撇清干系，他才会为城邦的生活大唱赞歌。我并不认同这个解释，在我看来，亚里士多德之所以赞美城邦，只是因为根据他的理论，他的的确确认为，只有在城邦里，人才能过上好生活，人才能实现"人之为人"的本质属性。

041

以人民的名义还是以法律的名义？
亚里士多德《政治学》（下）

法律应具有至高无上的权威

在开始本讲之前，请让我们重提"应该由谁统治"这个问题。柏拉图的答案一目了然——专家或者最智慧的人；亚里士多德的回答则是——法律。亚里士多德之所以主张由法律来统治，理由在于，法律具有一种非人格的品质，它具有"不受欲望影响的理性"，而一个人不论多么圣贤，也不可能获得这种品质。

亚里士多德说："人在达致完美状态的时候，是最优秀的动物，然而一旦撤开了法律和正义，他就是最恶劣的动物。"这个论断让我想起20世纪神学家莱茵霍尔德·尼布尔（Reinhold Niebuhr）的名言："人具有正义的能力，使民主成为可能；人具有不正义的倾向，使民主成为必要。"在我看来，柏拉图与亚里士多德的分歧在于，关于普通人所具有的正义能力，亚里士多德要比柏拉图乐观；关于最智慧的人所具有的不正义倾向，亚里士多德要比柏拉图悲观。

亚里士多德所理解的"法治"具有三项要素：

1. 它是为了公众的利益或普遍的利益而非某一阶级或者个人的利益的统治；

2. 它是合乎法律的统治而非基于专断的意志和命令；

3. 宪制统治意味着对自愿公民的统治，以区别于仅仅凭靠武力支撑的专制统治。

正是出于以上考虑，亚里士多德认为："在法律失去其权威的地方，政体也就不复存在了。"按照这个观点，不管是民主制、寡头制还是僭主制，它们的极端形式都完全抛开了法律，因此也都不配被称为"政体"，甚至可以说它们就是反政治的。以民主制为例，亚里士多德说："一旦法律失去其权威，平民领袖就应运而生了。平民大众合成了一个单一的人格，变成了高高在上的君王；民众并不是作为个人执政掌权，而是作为众人的整体。……这种性质的民主制好比是从君主政体中演变出来的僭主制或暴君制一样。两者的格调是相同的……平民领袖把一切事情都交付平民百姓表决，这是造成群众的决议取代法律权威的原因。"

坦白说，每次读到这些文字的时候，我都深深折服于亚里士多德的远见卓识。

1789 年的法国大革命就是因为以人民的名义代替法律来行使权力，从而蜕变成了暴民统治。在雅各宾派的恐怖统治时期，至少有 16,594 人因反革命罪而丧命断头台。

亚里士多德指出，法律应该具有"至高无上的权威"，否则，无论是哪种政体，不管是谁在统治，本质上都是专制统治。

说到这里，我们需要做一个概念上的区分。"法治"（rule of law）不同于"法制"（rule by law），法治的核心观点是把法律作为至高无上的权威，任何人或者阶级都无法凌驾于法律之上，而法制则不过是统治者实现自身意志和利益的手段与工具。亚里士多德虽然没有明确区分这两个概念，但是从他的表述看，毫无疑问他支持的是法治而非法制。

另外，还需要特别指出的是，亚里士多德虽然批评民主制的极端形式，但是对于民主制本身的评价却要高过柏拉图。在三种好政体的变体中，相比起僭主制和寡头制，亚里士多德认为民主制是最可容忍的。不仅如此，他还认为，集体的智慧要胜过一个人的智慧，卓越之士之所以出类拔萃，正是因为他们集众人之长于一身，但是卓越之士的这个品质，完全可以由众多各有所长的普通人会聚在一起而得到。所以他认为，群众只要不是过于卑贱，当他们全部会聚在一起的时候，整体的判断就会优于或者至少不逊色于专家的判断。此外，如果把大多数人都排斥在公职之外，就会给城邦制造出很多心怀怨恨的敌人，唯一的解决办法就是让他们参与议事和审判事务。以上这些说法其实都是在为民主制的部分合理性做辩护。我们接下来会谈到，正是因为部分地认可民主制的合理性，当亚里士多德在思考"混合政体"的时候，他也把民主制的要素考虑进去了。

适合大多数城邦的"次优政体"

在《政治学》第四卷中，亚里士多德不点名地批评柏拉图说："如今，有一类人一心一意地追求最优良的政体，而那是需要具备众多的天然条件的。"言下之意，柏拉图的动机虽然很好，但缺乏健全的现实感，没有考虑到各种条件的限制，所以理想国和美丽城归根结底是水中月、镜中花。亚里士多德认为，一名好的立法者或真正的政治家必须结合实际条件，在给定变量的前提下去思考最可能实现的优良政体到底是什么。他把这种政体称为"适合大多数城邦的最优政体"。你一定意识到了，这个说法有些名实不符，亚里士多德所说的"最优政体"其实是"次优政体"，因为它不是无条件的好，而是有条件的好。

那么，这个"次优政体"到底是什么样的呢？简单说，它在"量"上实行民主制原则，由此确保公众意见得到倾听，在"质"上实行贵族制原则，由此确保城邦必须依法治理。这里的量指的是"纯粹由人数所产生的影响"，质指的是"显赫的财富、出身、地位和教育所产生的政治影响"。亚里士多德相信，在混合政体中，民众的嫉妒（envy）和贵族的贪婪（greed）得到了最佳的平衡。混合政体贯彻的正是亚里士多德在伦理学中反复强调的中道原则。

他说："在一切城邦中都有三个部分或阶层，一部分是极富阶层，一部分是极穷阶层，还有介于两者之间的中间阶层。"混合政体就是由中间阶层占主导地位的政体。中间阶层的优点有很多，比方说，中间阶层的人"最容易听从理性，而处于极端境况的人，如那些在相貌、力气、出身、财富以及诸如此类的其他方面超人一等的人，或者是与上述人相反的那些过于贫穷、孱弱和卑贱的人，他们都很难听从理性的安排。头一种人更容易变得无比凶暴，往往酿成大罪，而后一种人则易变成流氓无赖，常常干出些偷鸡摸狗的勾当"。

再比如说，中间阶层的人既不会避免统治也不会渴望统治。相比之下，富人傲慢自大，完全不肯接受别人的统治，只想专横地统治别人，穷人不知统治为何物，只能接受别人的奴役，如果由这两类人构成城邦，那一定会彼此势不两立，天下大乱。

总而言之，亚里士多德认为，最优良的政治共同体应该由中间阶层执掌政权，这种政体非常稳定，不会走极端，能够避免内乱。这背后的哲学理由就是，政体越接近中道就越好，反之，越远离中道就越坏。

混合政体与中道原则

读《政治学》让我们深刻地体会到亚里士多德对于中道原则和实践智慧的娴熟运用。试举一例，亚里士多德提到，有些寡头政体也有公民大会，但是当寡头政体召开公民大会的时候，它的制度激励方式依然是寡头化的。比方说，穷人不参加公民大会没有任何的惩罚，爱来不来，可是富人不参加的时候就会被罚款；富人如果不担任法庭的陪审员就会被罚款，而穷人不出席陪审法庭就不会受罚。这些具体的制度设计，其实是在鼓励富人掌握更多的政治权力。与此相对，在一些民主政体中，穷人出席公民大会和陪审法庭就可以领取津贴，而富人即使缺席也不会受罚，这些制度设计则是在鼓励穷人拥有更多的政治权力。

为了避免出现上述两种极端情况，亚里士多德主张，一个中道的政体应该对出席的穷人发放津贴，对不出席的富人课以罚款，这样一来，所有的富人和穷人就会共同参加政治活动了。这个思路与茅于轼的"为穷人办事，为富人说话"有着异曲同工之妙，都充满了实践智慧。

亚里士多德的"混合政体"理论对西方政治产生了深远的影响，罗马共和国时期的著名学者波里比阿继承和发展了他的这个观念，认为罗马共和国的制度优越性就在于它是一个混合政体：如果人们把眼光仅仅盯在罗马执政官的权力上，该政体看起来像是君主制；当人们把注意力放在元老院上，它似乎又像贵族制；如果关注人民的权力，它好像是明显不过的民主政治。总之，罗马共和国其实是混合了君主制、贵族制和民主制的政体。说到这里，我不由得在想，混合政体会不会也有它的变态形式呢？比方说混合了暴君制、寡头制和暴民制的政体？如果真的存在，那它一定是最坏的政体类型了。当然，按照亚里士多德的标准，这种政体甚至都不配称之为政体。

政治学领域独一无二的那个人

在正式告别亚里士多德之前，让我们对他的政治学理论做一个简单的小结。

亚里士多德认为，人在本性上是政治（城邦）的动物，一个离群索居的人既不自足，也不可能真正实现"完满的善"，只有在城邦中积极地参与公共事务，才有可能实现人之为人的功能与本性。亚里士多德深入研究了古希腊 158 个城邦的制度，按照"统治人数"和"统治的目的到底是公益还是私利"这两个标准把它们区分为六类政体，在这个过程中，他很好地贯彻了中道原则与实践智慧，从而得出只有坚持法治原则的混合政体才是"适合大多数城邦的最优政体"。

亚里士多德的政治学对后世产生了巨大影响，他的政体分类学至今仍是政治理论的分析原型，他对混合政体的构想为罗马政治思想提供了重要的思想资源，因为强调城邦政治特别是公民身份和政治参与，他还被视为共和主义传统的奠基人。当然，亚里士多德也从否定性的意义上激发了近代政治哲人的探索，无论是马基雅维利还是霍布斯，都是以亚里士多德为靶子才确立了自己的理论。当一个人在一个领域中成为绕不过去的存在，无论支持者还是反对者都必须要对他有所交代的时候，他就成了这个领域独一无二的那个人。亚里士多德就是政治学领域中独一无二的那个人。

042

并不是每一种快乐都值得选择：
伊壁鸠鲁学派

从希腊时代到希腊化时代

有一句话叫"光荣属于希腊"，我特别喜欢。在古希腊的最鼎盛时期，尤其是在雅典的最鼎盛时期，的确充满了自由的气息、理性的光辉和无上的光荣。在短短一百多年的时间里，无数的天才成群结队地会聚到这里，造就了人类文明史上难以企及也难以复制的光辉时刻。

伯里克利曾经骄傲地宣称，雅典是人们为了任何目的都乐于前往的城市。然而，所有的光荣终将逝去，公元前337年，马其顿王国征服希腊诸城邦，从此，希腊无可挽回地走上了衰败之路。

按照美国政治学家乔治·萨拜因（George Sabine）的观点，希腊衰败的原因主要有两个：第一，城邦太小又太好争斗，非但不能团结起来一致对外，反而因为经年累月的内部战争耗尽了希腊世界的元气；第二，在政治上，希腊人对于蛮族人的优势也不明显，以公民身份和公民资格为例，亚里士多德的观点其实有很强的排他性，只强调少数成年男性公民之间的平等，但是他的学生亚历山大大帝却主张所有人，甚至奴隶、外邦人和野蛮人，都是平等的公民。

亚里士多德和柏拉图一样，都是"城邦里的哲学家"，他们的政治想象力以城邦作为边界，虽然也试图批判和改善城邦，但从未想过要超越和否定城邦。相反，他们认定"城邦在根本上是健全的"，而且"城邦是实现更高级文明形式的在道德上唯一健全的基础"（萨拜因语）。在帝国时代不可阻挡地到来之际，仍然将目光聚焦于城邦的自我改善，这就好比在手机时代继续研发 BP 机的技术，其后果可想而知。

亚历山大的名字标志着一个时代的结束，另一个时代的开始——结束的是希腊时代，开始的是"希腊化"（Hellenistic）时代。作为希腊世界的征服者，亚历山大大帝同时也是希腊文明的崇拜者。据说在远征东亚的时候，他经常在酒醉后自称是古希腊的英雄阿喀琉斯，这个时候，随行人员就要为他吟诵荷马史诗。每当征服一个地方，亚历山大就在当地大兴土木，仿建希腊的城市，修建图书馆，传播希腊文明，有人因此评价亚历山大是"最伟大的推动历史发展的力量之一，他把文明世界的发展从一个轨道推向了另一个轨道"。

从希腊时代到希腊化时代，这是一个至关重要的变化，希腊的人文精神终于以无形但更有力的方式"化成天下"了。罗马诗人贺拉斯说："被征服的希腊征服了其野蛮的征服者。"这或许是文明传播的必由之路。虽然不再是这个世界的主宰，但雅典却真正实现了伯里克利的那个理想——成为"人们为了任何目的都乐于前往的城市"。

从城邦到帝国：生活完整性的分离

文化认同和身份认同实在是一件微妙难解的事情。希腊历史上曾经被四个帝国长期统治：马其顿、罗马、拜占庭，以及奥斯曼。对于前三者，现代希腊人都已经欣然接纳为"我"的历史，但对奥斯曼帝国却始终耿耿于怀。2008 年我在希腊参观的时候，随行的希腊姑娘在自我介绍时骄傲地宣称"我与亚历山大大帝同一个姓"，可是当我们跟她聊起伊斯坦布尔时，她却会坚持说那是君士坦丁堡，仿佛奥斯曼吞并拜占庭的历史从未发生过。我曾经不怀好意地问过希腊人，奥斯曼帝国占领了希腊近 400 年，他们在文化上给你们留下了什么？得到的回答是：只有多尔玛与木萨卡。前者是白菜饭卷，后者是碎肉茄子蛋。

从城邦到帝国，不仅是政治结构的转变，更是抽象的哲学理论和具体入微的生活方式的转变。在谈及城邦的衰微时，麦克里兰指出："有一样东西是无可否认地失去了，那就是城邦生活提供的完整性的感觉。你应该如何生活的所有问题，在城邦里都有答案。在城邦里，你知道你是谁。在城邦内部，以及对其他城邦的成员，你都有个身份。"

这段话里的关键词是"完整性"。记得 20 世纪 90 年代末刚刚有网络的时候，北大校内网常常会跳出一行字，大意是"上网的时候千万要注意，别把饭粒掉在键盘上"，现在回想起来，我认为它非常准确地刻画出现代人高度碎片化的生活方式：我们同时在做很多事情，每一件事情的意义指向都毫无关联，生活就像是水银泻地，四下散去，无法拾掇成一个整体。不仅个人生活如此，群体生活也如此。当我们行走在中关村大街的时候，每一个人都是毫无关联的原子化个体，没有人关心你是谁、你从哪里来、你到哪里去，这与古希腊的城邦生活是完全不同的生活体验。城邦生活因其完整性而格外意义充沛。在城邦里，你认识每一个擦肩而过的路人，你与他们存在着千丝万缕的联系，你的一言一行、一举一动都被紧紧包裹在一个由血缘、宗法、习俗和道德构成的整体中，虽然这意味着你几乎没有私人生活的自由，但它让你的生活变得简单而扎实，充满了确定感和意义感。

亚里士多德说"人是城邦的动物"，脱离城邦者，非神即兽。可如今，大树已经枯萎，从城邦中分离出来的个人从此"不得不学会过单独的生活"（萨拜因语）。

罗素在《西方哲学史》中说：

当政权转到马其顿人手里的时候，希腊的哲学家们就自然而然地脱离了政治，而更加专心致意于个人德行的问题或者解脱问题了。他们不再问：人怎样才能够创造一个好国家？而是问：在一个罪恶的世界里，人怎样才能够有德；或者，在一个受苦受难的世界里，人怎样才能够幸福？

这个问题意识对于中国人来说再熟悉不过，"穷则独善其身，达则兼济天下""人生在世不称意，明朝散发弄扁舟"，在入世和出世之间无缝切换，这是深入中国人骨髓的精神风格。

伊壁鸠鲁的快乐观

公元前 323 年，亚历山大大帝在东征途中暴毙，雅典爆发了反马其顿的政治运动。为了不让雅典人第二次对哲学犯罪，亚里士多德主动选择离开雅典，回到故乡，次年病逝。

从公元前 322 年亚里士多德去世到公元 529 年最后一个希腊学园被关闭，这个时期的古希腊哲学被称为"晚期希腊哲学"，其中最具代表性的哲学流派是伊壁鸠鲁学派、怀疑主义学派和斯多亚学派。它们的思考进路和哲学基础非常不同，但无一例外都是退隐和出世的思想底色。

这一讲我们将重点介绍伊壁鸠鲁学派。伊壁鸠鲁（Epicurus）生于公元前 341 年，卒于公元前 270 年，由于用快乐解释至高善"eudaimonia"，常常被后人贴上"享乐主义者"的标签，但这是彻头彻尾的误解，因为伊壁鸠鲁并非纵情声色之徒，他追求快乐，但不追求享乐。

伊壁鸠鲁认为，每个人的感觉才是最真实的，个人感觉是我们判断是非的唯一根据，在所有感觉之中又以快乐最重要。伊壁鸠鲁说："快乐是幸福生活的起点和目标，一切善的根源来自口腹之乐，就是智慧和文化也与此相关。"他一方面承认"每一种快乐都具有自然吸引力"，一方面又认为，"并不是每一种快乐都值得选择"，为此他区分了三种类型的快乐：

1. 自然和必需的快乐；
2. 自然但不必需的快乐；
3. 既不自然也不必需的快乐。

什么是自然和必需的快乐？伊壁鸠鲁说："面包和水，当放进饥渴的嘴唇，就能产生最大的快乐。"这些快乐是自然的，因为它们符合人的天性，这些快乐是必需的，因为它们是生存的必要条件。

哪些快乐是自然但不必需的呢？打个比方，饥肠辘辘的时候，你很自然地想要吃饭，但是如果你并不满足于吃食堂的炸酱面，而是非要吃传说中的满汉全席，那就是在追求自然但不必需的快乐。曾看到一则报道，一家五口人在京郊盖了一幢2000平方米的房子，设计极为艺术且环保，可是这个居住空间显然超出了必需的范畴，这么多的卧室怎么打扫得过来呢？万一孩子在家里走丢了怎么办呢？

除此之外，伊壁鸠鲁认为，还有一些快乐是既不自然也不必需的，比如名望和权势。名望和权势更像是贬义词，相对中性的表达是荣誉和权力，对亚里士多德来说，它们都属于政治生活中的善。亚里士多德认为荣誉是不自足的善，因为荣誉依赖于授予者而不是被授予者，当人们热爱你的时候他们就给你鲜花和掌声，当人们厌弃你的时候他们就对你抹黑、给你差评。尽管如此，亚里士多德始终认为，政治生活是普通公民最有可能过上的幸福生活，也就是说荣誉是值得追求的善。相比之下，当伊壁鸠鲁把荣誉和权力贬低为名望和权势，视之为既不自然又不必需的快乐时，就意味着他彻底放弃政治生活，退守到私人生活中，把个人的感受和私人的幸福视为头等大事。伊壁鸠鲁学派的口号是："我们应当从日常责任和政治事务的牢房中逃离出去。""除非迫不得已，圣哲绝不会参与公共事务。"这与亚里士多德的入世精神显然是背道而驰的。所以罗素才会这样感慨：

> 亚里士多德是欢乐地正视世界的最后一个希腊哲学家；从他而后，所有的哲学家都是以这样或那样的形式而具有着一种逃避的哲学。世界是不好的，让我们学会遗世而独立吧。身外之物是靠不住的；它们都是幸运的赐予，而不是我们自己努力的报酬。唯有主观的财富——即德行，或者是通过听天由命而得到

的满足——才是可靠的，因此，唯有这些才是有智慧的人所要重视的。

用哲学治疗灵魂的疾病

伊壁鸠鲁主义者认为，哲学的唯一功能是治疗，就像医术治疗身体的疾病，哲学治疗灵魂的疾病。灵魂的疾病来自虚假错误的观念，所以为了治疗灵魂的疾病，就必须用观念来治疗观念。

三种快乐类型的区分就是观念治疗的一个典型案例。这个区分让我们意识到宴饮、豪宅、名望、权势——所有这些看似有价值的东西，不过是文明的产物、人造的欲望，执着于这些错误的观念，会让我们的人生坐上过山车，时而快乐时而惊恐，永远处于煎熬之中，唯有去除虚假的观念，回到事实本身，追求那些自然而必需的快乐，我们才能真正获得内心的平静。伊壁鸠鲁说："最高的幸福是不可增减的，人们在动态快乐中得到的享受或强或弱，只有在静态快乐中才能处于平稳不变的幸福状态。"

这个说法的有趣之处在于，伊壁鸠鲁看似主张追求快乐，其实在强调规避痛苦。在所有的痛苦之中，死亡应该是最本体论的痛苦。在这个问题上，伊壁鸠鲁的治疗方案是这样的：人死之后，身体就会分解成为原子，而原子是不会有感觉的，所以"死对我们毫无影响"。

作为晚期希腊哲学的代表，伊壁鸠鲁学派的一个突出特征，就是不再把城邦看作实现个人幸福的基础单位，他们对政治生活灰心失望，敬而远之，甚至对宗教也不抱任何希望，认为神根本就不关心人世，因此要想获得现世的幸福，就只能诉诸个体的努力。作为感觉主义者，他们不像后来的斯多亚学派那样重视理性，而是把注意力聚焦在"对肉体和精神的快乐的直接渴望上"（斯通普夫语）。但是，伊壁鸠鲁主义者不是享乐主义者，当他们说快乐是终极目标时，特指的是"身体的无痛苦和灵魂的不受干扰"。同时，伊壁鸠鲁主义者也不是禁欲主义者，他们从不否定自然而必需的快乐，伊壁鸠鲁本人就曾经说过："送我一罐奶酪，好让我想要的时候饱餐一顿盛宴。"这让他们与犬儒学派和斯多亚学派划清了界限。

043

智慧的人应该像猪一样不动心：
晚期希腊哲学之怀疑主义

悬隔判断的怀疑主义者

这一讲，我们要介绍的是晚期希腊哲学的怀疑主义。怀疑主义的创始人叫作皮浪（Pyrrho），他的生卒年代大约在公元前 360 年到公元前 270 年。第欧根尼·拉尔修在《名哲言行录》中记载了很多他的趣闻。比方说，因为主张不可知论和悬隔判断，而且严格执行这些主张，导致皮浪在生活中从来不知道规避风险，即使面对悬崖或者马车，他也直愣愣地往前冲。由于皮浪的生活危机四伏，他的朋友经常尾随其后，随时准备出手相救。这个说法看起来太不靠谱，很像是高级黑，更令人信服的观点认为，由于秉承悬隔判断的基本原则，皮浪在做每件事情的时候都不莽撞行事。小心驶得万年船，皮浪活到了 90 岁。

"悬隔判断"是怀疑主义最著名的观点，意思是说，任何命题都有一个与之对立的反命题，因为二者具有同等的价值和效力，无法判断谁更值得相信，所以，最好的态度就是放弃做出判断。

这个思路并不新鲜，当年智者派的代表人物普罗塔戈拉就曾经说过："关于神，我既不知道他们存在，也不知道他们不存在，也不知道他们在形式上是怎样；因为阻碍认识的东西有很多，认识是不确定的，人的生命是短促的。"

智者派与怀疑派的区别在于：第一，智者派只是表达出怀疑主义的倾向，而怀疑派则自觉地发展出一套严密的怀疑主义方法，提出了一以贯之的怀疑主义原则。第二，从效果上说，因为对神的存在表示怀疑，普罗塔戈拉遭到雅典人的驱逐，他的著作也被当众焚毁，而怀疑派不仅怀疑神而且怀疑一切，但他们非但没有遭到打压，反而成为晚期希腊哲学的重要代表，这不得不说是时势异也的后果。第三，怀疑派有着非常明确的伦理学目标，就是通过"悬隔判断"来实现"心灵的宁静"，从而在乱世之中求得个人的幸福，而智者派就没有这样的理论自觉性。

我们在生活中经常会遇到一些很各色的人，标新立异，为了怀疑而怀疑，古希腊的怀疑主义者不是这样的人，至少他们自称自己不是这样的人。怀疑主义者说，起初他们很认真、很努力地思考理论问题，并且试图解决理论问题，但是很不幸的是，他们发现无法做到这一点。面对这个结果，存在两种选择——要么承认自己智商不够、能力有限，要么断定问题本身是无解的。前者让我们不可避免地陷入自我怀疑和沮丧的情绪，后者则会让我们豁然开朗，产生一种意料之外的宁静。

为了说明这一点，怀疑主义者举过一个非常著名的例子：有一个叫阿派勒的画家，想画出马的唾沫，但他失败了，气急败坏之下，他一把将手中的海绵扔在了画面上，结果海绵留下的痕迹恰恰产生出马的唾沫的效果。同理，怀疑派曾经非常真诚地希望，通过在各种分歧之间做出是非判断，由此获得心灵的宁静，因为实在做不到，所以怀疑派不得不悬隔判断，没想到竟然因此获得了心灵的宁静。

坦白说，我认为上述说法只是怀疑派的托词，用来为自己的真诚性做辩护。因为就像第一次扔海绵是无意，第二次扔海绵必然是刻意一样，第一次通过悬隔判断获得心灵宁静，也许是无心插柳柳成荫，但是打那以后，就不再是歪打正着的意外之喜，而是精心设计、刻意追求的结果了。

阿格里帕"五式"：怀疑主义方法之一

罗马时期的怀疑主义者发展出一套精细和严谨的理论，他们系统地研究各种怀疑主义方法，总结出所谓的"十式""八式""五式"和"二式"，听起来像是武术套路，其实这里的"式"指的是通向"悬隔判断"的程序（procedures）或者方式（modes）。接下来我给大家介绍一下阿格里帕（Agrippa，约生活于公元 1 世纪末）提出的"五式"。

　　第一式称为"意见分歧"。阿格里帕认为，由于人们对事物会产生无穷无尽的冲突见解，让人难以决断取舍，所以不如悬隔判断，获得心灵的宁静。这个做法并不稀奇，我个人的一次亲身经历就与此相似：大概是在2001年，我跟一个网友在BBS上大战了三天三夜，谁也无法说服对方，最后脑力战变成了体力战，体力战变成了极限战，身心交瘁的我一怒之下决定戒网，世界果然从此就清净了。

　　第二式叫作"无限倒退"。意思是，意见分歧的人为了证明各自的观点，会提出进一步的理由，可问题在于，理由的理由的理由的理由还需要理由，由此导致无限倒退，因为始终不能找到最牢靠的证明，所以阿格里帕建议，不如悬隔判断，由此获得心灵的宁静。

　　第三式与第一式很类似，可称为"主观的相对性"。大意是，因为任何对象都是相对于判断者及其感官的关联而言的。比方说水到底是冷的还是热的，这是因人而异的，由于无法判断水的真实性质，既然如此，不如悬隔判断。

　　第四式是"凭空假设"。意思是，为了避免出现无限倒退，有人会一不做二不休，任意提出一个假设，自行宣布它是第一原理或者公理，但问题在于，关于何为第一原理，人们同样存在意见分歧，所以最好的态度仍旧是悬隔判断。

　　第五式称作"循环论证"。也就是说，论证的结果已经隐含在前提之中。举个例子：你应该相信我们的法院，因为它们的判案原则是以法律为依据，以事实为准绳，绝对不存在误判错判，所以法院的判案一定是准确的。这个判断就是典型的循环论证。在大专辩论赛中，如果一方辩手指出对方辩手是在做循环论证，那就意味着对方辩手犯了严重的逻辑错误。但是，当怀疑主义者说某个论证存在循环论证的时候，他们的目的不是为了指出某人犯了逻辑错误，而是在强调，循环论证其实什么也没有证明，既然如此，不如悬隔判断。

介绍完阿格里帕的"五式"之后，我想做几个引申说明。

首先，所谓的"五式"其实都与逻辑学和修辞学的错误有关，这些错误导致人们产生纯哲学的困扰，怀疑派主要针对的正是这一类困惑和烦恼，换言之，怀疑派是在治疗"哲学病"。这意味着，怀疑派并不认为自己能够帮助普通人解决日常生活的烦恼。比如，在下着大雨的深夜，你很悲惨地错过了末班车，此时，怀疑派不会告诉你说，因为在错过末班车和赶上末班车之间，无法判定哪个结局更好，所以你应该悬隔判断，从而实现心灵的宁静。怀疑派也许会这么劝慰你：你可以为错过末班车而感到懊恼，但不可以把这件事情上升到"本性上的坏事"，比方说"我就是这样一个倒霉透顶的人"。怀疑派认为，自己的哲学可以帮助普通人避免产生"本性坏"的想法，就此而言，他们对于日常的烦恼也不是毫无助益的。

其次，怀疑派认为，所有的哲学理论，包括柏拉图、亚里士多德、伊壁鸠鲁学派、斯多亚学派在内，全都是"独断论"，也就是"没有充分的根据（或自以为有而实际没有）就盲目相信自己发现了真理"。怀疑派以反对独断论的名义反对一切哲学理论。但是你有没有发现，怀疑派的"五式"恰恰表明，他们之所以能够做到"悬隔判断"，并不是诉诸所谓的"直觉"或者"顿悟"，而是诉诸非常复杂的哲学思辨和逻辑分析。借用宋代禅宗大师青原行思的三重境界说，古希腊的怀疑派是先经历了"见山不是山，见水不是水"，然后才到达"见山还是山，见水还是水"的境界。

最后，因为反对理性主义，所以在很长一段时间里，古希腊的怀疑派都遭到了近现代哲学家的轻视。但是有意思的是，进入 20 世纪下半叶以后，不少西方哲学史家开始对怀疑派重新产生兴趣，这和他们反对实在论、强调语言分析和逻辑分析的取向有很大的关系。在我看来，阿格里帕的"五式"就可以与当代政治哲学家罗尔斯提出的"判断的负担"（burdens of judgment）做一对比。

罗尔斯"判断的负担"：人类理性的限度

罗尔斯曾经提出这样一个问题："为什么我们真诚地、认真地想相互讲道理，然而我们却又无法达成一致？"他的回答是，因为存在着以下五个"判断的负担"。

第一，"关于一件事情的证据——包括经验的和科学的——乃是相互冲突的和复杂的，因而难以评估和评价"。这个说法不难理解，打个不算太恰当的比方：从小我就一直很困惑，到底是"虎父无犬子"，还是"虎父犬子"呢？好像正说反说都有道理，关于这件事情的经验证据从来都是相互冲突的。我妈妈天天在看《养生堂》节目，在养生问题上，各种专家的意见更是彼此矛盾，让人无所适从。

第二，"即使我们对所考虑的相关事情达成高度的一致，我们也会对它们的权重（weight）产生分歧，从而导致不同的结论"。以养孩子为例，都是为了孩子健康成长，但是爷爷奶奶一般会把吃饱穿暖当成头等大事，而爸爸妈妈则认为吃饱不是最关键的，关键的是饮食搭配要合理，吃到适度就 OK。权重不同，就会产生分歧。有一种冷叫"你妈觉得你冷"，我认为还可以补充一句：有一种饿叫"你奶奶觉得你饿"。

第三，"某种程度上，我们所有的概念（不仅仅是道德的和政治的概念）都是模糊不清和模棱两可的"。关于这一点，最著名的例子就是法国大革命期间，吉伦特党人的女神罗兰夫人在被推上断头台之前说的那句话："自由，自由，多少罪恶假汝之名以行！"事实上，像自由、平等这些概念都是本质上充满争议的概念。

第四，"我们评估证据和权衡道德价值和政治价值的方式，是由我们的（彼此非常不同的）总体经验所塑造的"。比如在同性恋的问题上，福音派的基督徒和自由主义者就会产生巨大的分歧，因为他们的总体经验非常不同。

第五，"通常，对一个问题的各个方面，人们思考的侧重点是非常不同的，而且很难做出一种全面的评价"。

这个观点也不难理解，比如美国前总统特朗普的言行举止，在有些人看来是直率、坦诚，有男性气概，在另一些人眼中则是粗鄙、无礼甚至下流的体现。

对比罗尔斯的"判断的负担"和怀疑派的"五式"，虽然内容上存在差异，但精神气质却非常相似——他们都深刻地意识到人类理性的限度，以及由此导致的人类生存的基本困境。

怀疑派告诉世人，要想在伦理生活中求得幸福，就必须悬隔判断；罗尔斯则告诉我们，要想在政治生活中世世代代和平地生活在一起，就必须在政治领域中悬隔道德真理，避免在政治生活中去寻找和实践道德真理。

要注意的是，罗尔斯悬隔道德真理，但不否定道德真理。对他来说，政治哲学之所以要悬隔道德真理，并不是因为它们不重要或者不相干，而恰恰是因为它们太重要，彼此之间经常发生冲突，但在政治上又找不到和平的解决之道，所以不得不悬隔判断，保持思想的节制。所以你看，就连悬隔判断的"不得不然性"，罗尔斯的说法也与怀疑派非常类似。

据记载，皮浪有一次跟朋友出海远行，途中遭遇暴风雨，其他人都非常惊恐，唯有皮浪镇定自若，他指着船上一头正在吃食的小猪说：智慧的人就应该这样毫不慌乱。当然，通过前面的分析我们已经明白，小猪是无知者无畏，而怀疑派学者则是通过缜密的哲学思辨，才可以实现悬隔判断，最终达到"不动心"的境界。

044

从愤世嫉俗到玩世不恭：
晚期希腊哲学之犬儒主义

愤世嫉俗的第欧根尼

我曾经有幸去过两次希腊，在雅典城内闲逛的时候，最引人瞩目的风景之一，就是三三两两倒卧在路边的狗，不管是清晨还是午后，它们总是四肢舒坦、旁若无人地晒着太阳。每当看到这幕场景，我就会想起亚历山大大帝与犬儒主义的代表人物第欧根尼（Diogenēs，约前412—前323）的那段经典对话：

> 求贤若渴的亚历山大找到第欧根尼，说："我就是亚历山大，请问你有什么要求，我一定为你办到。"
>
> 正在木桶里晒太阳的第欧根尼回答说："请你走开一点，不要遮住我的阳光。"

第一次读这段对话的时候，感觉非常的痛快，因为很符合"仰天长笑出门去，我辈岂是蓬蒿人"的少年轻狂心态。在现代人眼里，犬儒主义者就是这样一副愤世嫉俗的形象。但如果我们用这种刻板印象去理解古代犬儒主义及其现代传人，就会出现极大的偏差。

犬儒学派的创始人名叫安提斯泰尼（Antisthenes，约前445—约前360）。他是苏格拉底的学生，第欧根尼的老师。据说安提斯泰尼经常在雅典郊外的"白犬"(Cynosarges)运动场与人探讨哲学，因此得名"犬儒"。关于"犬儒"一词的由来，还有一个更加戏剧化的说法，安提斯泰尼学习老师的好榜样，不修边幅，平时只穿戴一件对折的斗篷，而且还携带一根棍子和一个口袋，因为他和追随者们在生活方式上与文明教化格格不入，行事往往不顾礼义廉耻，被时人冠以"狗样"（古希腊语为"kynikos"，英译为"dog-like"）的称呼。

在今天探讨犬儒主义有着特殊的意义。犬儒主义虽然是古希腊哲学中的旁支和异类，但是经过2500年的演变，犬儒主义的现代形态——狗智主义已经成为时代的主要病症，某种意义上可以说"我们现在都是狗智主义者"：思想上看穿意识形态的虚假性，行动上却毫不犹豫地迎合它，因为只有迎合才有爆米花和绿豆汤。

从犬儒到狗智，这种变化是如何完成的？犬儒主义对于现代人仍有启示意义吗？我们能否摆脱狗智主义，想象另一种生活的可能性？这一讲就来重点探讨这些问题。

大写的古代犬儒与小写的现代狗智

在进入上述问题之前，先让我们来考察一下"cynicism"的译名问题，因为对于哲学研究来说，字词之争往往也是实质之争。英国学者安斯加尔·艾伦（Ansgar Allen）在《犬儒主义》中用大小写区分"古代犬儒主义"（Cynicism）和"现代犬儒主义"（cynicism）。中译者倪剑青指出，艾伦并不是第一个用这样的方式来分辨古今犬儒的人。早在 1979 年，德国学者尼许斯—普勒布斯廷（Heinrich Niehues-Pröbsting）就通过 Kynismus 和 Zynismus 对"古代犬儒主义"和"现代犬儒主义"做出了区分，后来彼得·斯劳特戴克（Peter Sloterdijk）在 1983 年出版的《犬儒理性批判》中沿用了这一处理方式。

初看起来，德语的区分比英语更加一目了然，毕竟 K 和 Z 的区分要比大小写的 C 更明确，但是英文也有它的优势——大小写很好地体现出古代犬儒之"大"和现代犬儒之"小"。按照艾伦的观点，现代犬儒之"小"，体现在他们"蔑视人类的真诚（sincerity）和正直（integrity）"，缺乏社会或者政治的信念，是不折不扣的机会主义者和利己主义者，不但"否认我们有可能拥有一个更好的世界"，而且认定"任何改变世界的企图一开始就注定会失败"。与之相反，古代犬儒主义虽然举止乖张，离经叛道，目的却是通过揭批文明的矫饰和道德的伪善，回归自然本性，过"真正的生活"。在这个意义上，古代犬儒主义应该是也必须是"大写的"。

相比之下，中译的处境最尴尬，要么继续采用"古代犬儒主义"和"现代犬儒主义"，但这会让人误以为二者只存在"时代上的差异"而没有"气质上的鸿沟"；要么另觅出路，比如用"犬儒主义"翻译"古代犬儒主义"，用"狗智主义"翻译"现代犬儒主义"。倪剑青反对后一种译法，认为"狗智"（狗儒）过于"戏谑化"。我认为这个理由不成立，道理很简单，不是"狗智"太戏谑，而是"犬儒"太文雅了。

弗洛伊德认为，狗有两个特征被文明化的人所不齿：其一是狗没有对排泄物的恐惧，它随地大小便，甚至还会吃别的狗拉出的屎；其二是狗没有对性行为的羞涩，随时会在街头交配。正因为古代犬儒在公共场合拉屎和自慰，当时的希腊人才会用"像狗一样"称呼他们，把像狗一样不知礼义廉耻的人翻译成"儒"，显然有拔高和溢美之嫌。

据考证，中译"犬儒"最早见于清末士人孙宝瑄的《忘山庐日记》，如果说"犬儒"这个译名尚有几分道理（否则也不会流传至今），那是因为安提斯泰尼毕竟师出苏格拉底，位列希腊哲学诸流派，是不折不扣的知识分子。虽然黑格尔认为他们"没有什么哲学的教养"，但是只要不把哲学理解成系统化的思辨体系，而是人们据此度过一生的信念和价值，一种面向"真正的生活"的探究和实践，那么古代犬儒派毫无疑问拥有属于他们的哲学，尽管是"一种哲学话语被减至最低程度的哲学"（皮埃尔·阿多语)。

在我看来，采用"犬儒主义"和"狗智主义"的译法，可以凸显出二者在精神气质上的根本差异。而且"狗智"这个译名朗朗上口、铿锵有力，用（现代白话文的）"狗"取代（古代文言文的）"犬"，既标识出了古今之别，更传达出"现代犬儒主义"精致利己的一面：狗智狗智，像狗一样出于求生本能的街头智慧也。

从犬儒到狗智到底发生了什么？

现在回到这个问题：从犬儒到狗智到底发生了什么？想要回答这个问题，首先要从犬儒主义自身入手。思想的龙种之所以常常收获跳蚤的儿子，极有可能因为龙种本就孕育着跳蚤的基因。如果"大写的"犬儒主义本身就包含着"小写的"狗智主义，那么从犬儒到狗智的变化，虽然不能全怪犬儒，但也不能不怪犬儒。

以犬儒派最具典范意义的第欧根尼为例。据《名哲言行录》记载，第欧根尼自称是"发了疯的苏格拉底"。这个说法的高妙之处在于，发了疯的苏格拉底也仍旧是苏格拉底。世人常把眼光放在第欧根尼的不雅举动上，却忘了无论是外在形象还是精神气质，第欧根尼和他的老师安提斯泰尼都比柏拉图更接近苏格拉底。比如说，苏格拉底和第欧根尼一样的不修边幅，一样的不立文字，一样的更加看重公共广场而非学园内部的言传身教，尤其不要忘了，苏格拉底被判处死刑的两个罪名是"引进新神"和"败坏青年"，这意味着对于雅典的正统来说，苏格拉底和第欧根尼一样都是异类，他们都在挑战主流思想，追求"另一种生活方式"。

但第欧根尼终究是"发了疯"的苏格拉底，他与苏格拉底最大的区别在于，苏格拉底通过对话和反讽来揭露对方的无知，从而促使他们产生对智慧的渴望，而第欧根尼则用谩骂取代对话，"热衷于通过侮辱的方式来践行无畏直言"，从身体到语言全方位地冒犯听众，伤害他们的自尊。借用艾伦的说法，苏格拉底"试图在朋友和熟人之间制造一种存在的困惑"，犬儒派则直接"制造了暴动"。

艾伦认为，为了实现无畏直言，犬儒派必须变得无牵无挂；为了变得无牵无挂，必须摆脱身上的责任。在所有的责任与束缚中，"最重要的是良心。良心是一种自我管制的工具"。千万不要被上述说法误导，以为犬儒派打算像狗一样把良心吃掉，过一种没心没肺的生活。这是对犬儒派和良心的双重误解。真正的良心依旧是自我管制的工具，但真正的良心不应该是由外在权威强加于自身的束缚，甚至也不应该是人与人之间"默契的知识"，恰恰相反，真正的良心源自"与自己的对话"。

汉娜·阿伦特（Hanna Arendt, 1906—1975）说："在极权主义的政治组织中，良心本身不再发挥作用，而且全然与恐惧和惩罚无关。在无法与自己进行对话的情况下，没人能够让自己的良心安然无损，因为他缺少一切形式的思考所必需的独处。"艾伦同样认为，只有私人空间才是"良心的居所"，因为"只有在私人空间中，人们才能确认自己的罪"。当一个人的私人空间被压缩到最小化，良心也就无处安置，反过来说，当一个人把关起门来做的事情拿到公开场合来做，把关起门来说的话拿到公开场合来说，他就真的是在依照良心而生活，只有这样的生活配得上"真正的生活"。犬儒派正是这样想和这样做的，在他们看来，真正的生活是"没什么好隐藏的生活"，也是依照良心而过的"至高无上的生活"（sovereign life）。

第欧根尼批评文明的矫饰和价值的伪善，主张放弃包括财产、婚姻、家庭、公民身份、学识和声誉在内的一切身外之物。第欧根尼有一个非常独特的观点，他认为，普罗米修斯盗火，其实不是在造福人类，而是在祸害人类，因为他把奇技淫巧带到人间，让生活变得复杂而累赘，所以普罗米修斯受到惩罚完全是罪有应得。

第欧根尼也许是愤世嫉俗的，但绝不是玩世不恭的。他主张人人平等，因为在他看来，所有的等级差别，比如富人和穷人、希腊人和野蛮人、公民和外邦人、自由民和奴隶、贵族和平民，都没有意义，人生在世，唯一重要的就是追求德性，过纯粹的、真正的生活。

现在的问题在于，犬儒派真的可以做到这一点吗？在古希腊的语境中，犬儒派从来都不是一个褒义词，这不仅因为他们举止乖张、令人侧目，同时也因为希腊人从一开始就怀疑他们的离经叛道无非是在哗众取宠，无畏直言不过是工于心计，所谓的直道而行只是"大忠似伪、以博直名"。

事实上，苏格拉底本人对于犬儒派就有过类似的质疑。据《名哲言行录》记录，安提斯泰尼有一天故意把斗篷的破烂部分翻转过来，同为斗篷爱好者的苏格拉底却对他说，我通过这个举动看见了你对虚荣的热爱。是啊，身着斗篷已经足够不修边幅，如果再把里头的破烂部分翻出来，那不就是在招摇过市，唯恐他人看不出安提斯泰尼对贫穷的热爱吗？

第欧根尼在这方面的表现同样让人生疑。让我们回想一下本讲一开始讲述的第欧根尼与亚历山大大帝的对话，通常认为这则逸事体现出第欧根尼只向真理低头、不向权贵折腰的风骨，"是对哲学具有更高权威且凌驾于世俗权力之上的宣示"。然而，正如艾伦所提醒的，这可能是一种误读。因为这则逸事其实也颂扬了亚历山大，它向世人传达的另一个信息是，即便面对第欧根尼的粗鲁无礼，作为帝王的亚历山大依旧保持了宽厚与仁慈。误读这则逸事还面临另一种风险——"它轻描淡写了犬儒派的狡黠之处"，很有可能第欧根尼经过了精心的计算，他深知亚历山大爱惜羽毛，在安全的限度内冒犯他，不但不会招来杀身之祸，反而可能成就一段名传千古的佳话。

如果说以上解读过于阴谋论，不妨再来读一下《名哲言行录》中的另一段对话。

亚历山大站在他旁边问道："你不害怕我吗？"

第欧根尼反问道："你是什么？好东西还是坏东西？"

亚历山大回答说："好东西。"于是第欧根尼就说道："那谁会害怕好东西呢？"

这段对话像极了早有预谋的演出，一唱一和之间仿佛在给历史主动奉献一则佳话。

第欧根尼曾经大白天举着灯笼在雅典城里四处游走，自称"在寻找真正诚实的人"。按照伯纳德·威廉斯的观点，"诚实"的意思是"你所说的就是你所相信的"。第欧根尼真的认为亚历山大是个"好东西"吗？在权力面前，他真的能够做到毫无畏惧地说出自己内心所相信的观点吗？第欧根尼生于伯罗奔尼撒战争，长在古希腊城邦衰落期，晚年见证了亚历山大对希腊的征服，生活在一个动荡不安的政治世界里，面对随时可能被放逐、被逮捕或者被变卖为奴的无常命运，第欧根尼真的能够过一种毫无隐藏的"真正的生活"吗？

艾伦提醒我们，主张"一个好的犬儒派将总是在权力面前坚持真理"，这是一种错误的简单化。事实上，无论是面对公众还是面对权力，第欧根尼都不缺乏灵活性，他既擅长用暴力的方式侵犯对方，也能够通过个人魅力取悦对方，艾伦把这种灵活性称之为"好战的柔韧性"。问题的关键在于，这样的分寸实在难以拿捏，在操作上难免会变形走样，即便是安提斯泰尼和第欧根尼这样的犬儒派大师都会被人质疑，更何况后世的邯郸学步者。罗马时期有个叫作德勒斯的犬儒主义者，有一次他对一个富人说："你慷慨大度地施舍给我，而我痛痛快快地取之于你，既不卑躬屈膝，也不唠叨不满。"这句话初听起来非常有风骨，细琢磨就会发现既当又立，充满了我们熟知的狗智主义的狡黠。

从愤世嫉俗到玩世不恭只有一步之遥。有学者曾经非常精辟地指出：早期的犬儒派与晚期的犬儒派最大的区别在于，前者是依据一种道德原则去蔑视世俗的观念，而后者呢，虽然仍在蔑视世俗的观念，但同时也失去了依据的道德原则。这样一来，就导致了一个始料不及的后果，因为失去了道德原则，也就无所谓高尚或者下贱，进一步的，"既然没有什么东西是了不得的，那么也就没有什么东西是要不得的。基于这种无可无不可的立场，一个人可以很方便地一方面对世俗观念做出满不在乎的姿态，另一方面又毫无顾忌地去获取他想要获取的任何世俗的东西。于是，对世俗的全盘否定就变成了对世俗的照单全收，而且还往往是对世俗中最坏的部分的不知羞耻的照单全收（别充假正经）。于是，愤世嫉俗就变成了玩世不恭"。

如果说"愤世嫉俗总是理想主义的，而且是十分激烈的理想主义"，那么"玩世不恭则是彻底的非理想主义，彻底的无理想主义"。这位学者认为，"偏偏是那些看上去最激烈的理想主义反倒很容易转变为彻底的无理想主义，其间原因何在？因为，许多愤世嫉俗的理想主义者在看待世界时缺乏程度意识或曰分寸感，对他人缺乏设身处地的同情的理解，不承认各种价值之间的紧张与冲突，这样，他们很容易把世界看成一片漆黑，由此便使自己陷入悲观失望，再进而怀疑和否认美好价值的存在，最终则是放弃理想放弃追求"。

苏联时期，有一个异议人士说："人群中有一种难以相信的犬儒主义。诚实的人使得那些沉默的人由于没有大胆说话而有负罪感。他们无法了解别人怎么会有勇气去干他们本人所不能干的事。因而他们感到不得不攻击别人以安慰自己的良心。"

这段话让我想起儿时听过的一则寓言：在南方抓河蟹不用鱼篓盖子，因为一旦有别的河蟹想要从鱼篓子里爬出去，下面的河蟹就会把它给拽下来。这样的河蟹精神最利于和谐社会，因为它不去追问加害者的责任，而是在受害者之间互相倾轧和残害，最终以一种变相的方式成就了和谐与秩序。

说到这里，我们可以简单总结一下古代犬儒与现代狗智的区别：古代犬儒派不是虚无主义者，他们重估一切价值但不消解一切价值，在颠覆旧有价值秩序的同时重新确认真与假、善与恶、对与错的区分。相比之下，现代狗智者消解一切价值但不建构价值，因为认定没有什么是了不得的，所以也就没有什么是要不得的。

虽然犬儒与狗智存在着"气质上的鸿沟"，但是在犬儒身上总能看到狗智的身影。正如民粹是民主与生俱来携带的癌细胞，或许狗智也是犬儒与生俱来携带的癌细胞，在健康的情况下癌细胞可以与机体共存，但是当它发作的时候，往往就是不可逆的过程。

卢梭与狄德罗

从希腊化时期到启蒙运动时期，犬儒主义进入到反复被收编的过程。概括而言，收编的方式主要有两种：一为"在地化"，不同时代的哲人以不同的方式改造犬儒主义，由此呈现"有地方特色"的犬儒主义，每一种形态都是"它所处的社会的产物，并且成为那个社会的一面镜子"。二为"软骨化"，主要手段是通过贬低和排斥街头犬儒主义的反叛性，将犬儒式的批评"修正为可被掌权者所使用的反讽"（比如琉善），把犬儒式的安贫乐道改造成"基督徒的禁欲主义"，使之成为维持现状的力量而非颠覆秩序的利器。这个变化的过程漫长而缓慢，类似于温水煮青蛙，找不到一个标志性的节点，但是当狗智的完成态陡然出现时，人们才惊觉已经到了癌症的晚期阶段。

按照艾伦的观点，启蒙运动是对犬儒派进行收编的高潮期。卢梭与狄德罗笔下的"拉摩的侄儿"双峰对峙，构成了彼此深刻相关又截然不同的两种犬儒形象，卢梭在精神气质上更接近于古代犬儒，终其一生都在追问"第欧根尼式"的问题——"毫无隐藏的真正生活是可能的吗？"拉摩的侄儿则是现代狗智的"完成态"，用生活实践直截了当地告诉世人"真正的生活"既无必要也绝不可能。

在对比卢梭和拉摩的侄儿之前，我想引用关于"诚实"的另一种解释。美国文学评论家莱昂内尔·特里林（Lionel Trilling）在《诚与真》中指出："诚实就是'对你自己忠实'，就是让社会中的'我'与内在的'自我'相一致。因此，唯有出现了社会需要我们扮演的'角色'之后，个体诚实与否才会成为一个值得追问的问题。"特里林的问题意识正是卢梭在《论人类不平等的起源和基础》中的问题。卢梭区分了"实际是"和"看来是"，他担心，在一个由虚荣心和私有制塑造的文明社会里，"自己实际上是一种样子，但为了本身的利益，不得不显出另一种样子。于是，'实际是'和'看来是'变成迥然不同的两回事"。

正因为卢梭对科学、艺术和文明社会发动攻击，同时代人才会将他视为犬儒派，伏尔泰曾在一封私人信件中恶毒地写道："如果第欧根尼的狗和埃罗特拉塔的母狗繁殖，那小狗就是让一雅克。"卢梭是否百分之百地满足犬儒派的特征，不是我们关心的问题。我想说的是，在卢梭的作品中暴露了一种深刻的焦虑，这种焦虑集中在现代性能否成功地填补"实际是"和"看来是"之间的鸿沟，如果答案是否定的，那么启蒙运动的理想就极有锻造出狗智主义的态度。

值得玩味的是，狄德罗不仅分享了卢梭的问题意识，而且在狄德罗创作的《拉摩的侄儿》中，以最戏剧化的方式实现了卢梭的焦虑。拉摩的侄儿继承了叔叔拉摩的名字，但没有遗传叔叔的音乐天赋，他虽然精通乐理，但不足以成为伟大的音乐家，为了谋生，他不得不混迹于咖啡馆、酒馆和宫廷之间。拉摩的侄儿深谙生存之道，懂得到什么山唱什么歌，见什么人说什么话，下面的台词道出了他的心声：

> 你要记得，关于像道德这样一个变化多端的题目，没有任何绝对地、本质地、一般地真或假的东西；除非你一定要按照自己的利益而决定是怎样：好或坏，聪明或傻，可敬或可笑，正直或邪恶。如果德行偶然可以致富，那么或者我就是有德行的……我叫作德行的东西你叫作邪恶，而我叫作邪恶的东西你却叫作德行。

拉摩的侄儿与卢梭不同，他压根儿就不打算填补"实际是"和"看来是"之间的鸿沟，甚至可以说在他身上根本就没有"实际是"，并且，他的"看来是"可以随时转换、任意扭曲。这样的人格毫无"稳定性"可言，伯纳德·威廉斯评论说，"正如《拉摩的侄儿》提醒我们的，稳定性是有代价的，有时表现为伪善、受挫和苦难，不过，对于人类互动、对于一个便于管理的生活来说，某种程度的稳定性是如此重要"。威廉斯认为，这种变化无常的精神结构，"需要通过社会、通过与其他人的相互作用而得以稳定下来"，这个过程并不容易，它注定"交织着恐惧和幻想"，人们只有付出格外之多的努力，才可以构造出"相对稳定的信念和态度"。多数人会在这个反复拉扯的过程中败下阵来，这并不奇怪，因为很少有人可以像马丁·路德那样满怀信念地说出："这是我的立场，我不得不如此。"

艾伦指出，在拉摩的侄儿身上可以发现狗智主义的两步走战略："第一步，揭露这个虚假且伪善的社会。对于狗智主义者而言，仅仅有第一步是不完整的。要从第一步出发，转向关键性的第二步。第二步，个人要与这个虚假且伪善的社会共谋。这第二步是一种策略性的下注——狗智主义者赌了一把：比起坚持道德的纯粹，共谋将获得更多的收益。"

如果说卢梭代表了犬儒主义者的余音，那么在拉摩的侄儿身上，则让人看到了狗智主义者的先声。"犬儒派自由而勇敢的言谈，在拉摩的侄儿那里变成了单纯的厚颜无耻。……犬儒派呼吁人们顺应自然本性而生活，意在揭露文明开化生活的矫饰。在拉摩的这位侄儿那里……'自然本性'现在被重新定义为'为生存而战'，呼吁'顺应自然本性'则意味着人不为己天诛地灭，意味着顺从栖息之社会的败坏规范。"

如何摆脱我们的狗智时刻？

关于现代狗智主义的基本特征，已经有太多学者做出了精彩的总结。我认为操奇在《启蒙的天敌：犬儒理性论略》中的说法最为言简意赅，他把狗智主义归纳为三个特征："无原则的怀疑""有意识的虚假"和"不反抗的愤世"。

狗智主义者怀疑一切，看穿一切，看到任何积极向上的正面例子，都会习惯性地把它们视为更低劣事物的伪装。这种自动化的反应模式让他们自以为在思考，实际上却是放弃了思考。

马克思认为意识形态归根结底是"虚假意识"，它让每一个人产生出关于自我和外部世界的虚假观念，由此导致"他们虽然对此一无所知，却在勤勉为之"的局面。但是狗智主义者不一样，按照斯劳特戴克的说法，"他们对自己的所作所为一清二楚，但他们依然坦然为之"。狗智主义是"启蒙了的虚假意识"：他们是被"启蒙了的"，因为"他们对意识形态的虚假性一清二楚，也完全知道在意识形态普遍性的下面掩藏着特殊的利益"（齐泽克语）；他们仍旧处于"虚假意识"之中，因为看破一切却不说破一切，而是主动迎合，套利求生。

狗智主义者愤世但不反抗，他们热衷于反讽和玩梗，开彼此心照不宣的玩笑，在玩笑中获得片刻的良心安宁，感受智力和道德的双重优越，自我宽慰至少在形式上完成了反抗的姿态，以便第二天继续心安理得地参加盛大的假面游行。诚如艾伦所说，"我们都有自己的狗智时刻"，这是这个时代的生存之道，也是这个时代根深蒂固的癌症。

时至今日，我们已经无法复兴古代犬儒主义。犬儒派在古希腊之所以有生存空间，一个很重要的原因在于当时的社会管控不够发达，还没有深入到社会的毛细血管，如果第欧根尼穿越到现代，轻则会被城市市容和环境卫生管理部门处罚，重则会被民政部门和精神卫生中心强制收容。犬儒派对于今天的启发意义在于，矢志不移地去冲撞"意义的罗网"，寻找"另一种生活"的可能性，但我们没有必要复兴犬儒，更没有必要响应艾伦的号召，在狗智内部挖掘所谓的"造反潜能"。

我在艾伦的书里找到这样一个说法——"心怀希望的现实主义"，沿着它往下想，没准会提供一条新思路。没错，社会是残酷的，生活是严峻的，人心是难测的，自我是不稳定的，为此我们不得不用严冷的现实主义目光去审视这个世界，但另一方面，我们依然可以怀抱希望。怀抱希望的方式有三种：第一，拒绝宏大叙事，重返私人领域，寻找每个人的意义锚点；第二，不做道德上的孤岛，在重返私人世界找到意义锚点之后，要重返公共生活，与他人建立真正的道德联结；第三，尝试各种微小的生活实验，不自欺、不合谋，而是另起炉灶，建立平行城邦，寻找新的生活方式和生活美学。

做到以上三点，或许我们就暂时地超越了自己的狗智时刻，成为一个"心怀希望的现实主义者"以及"第二次出发的理想主义者"。

045

用严冷的目光看到一个喜悦全无的世界：斯多亚学派

像归还本不属于自己的东西一样去死

在晚期希腊哲学的家族谱里，犬儒主义与斯多亚主义有着密切的亲缘关系，罗素有句话说得好："犬儒派学说中最好的东西传到了斯多亚主义里面来，而斯多亚主义则是一种更为完备和更加圆通的哲学。"

斯多亚学派是希腊化、罗马时期最重要的哲学流派，特别是在罗马时期，上至帝王将相，下至贩夫走卒，无一不是斯多亚哲学的信奉者。以最著名的三个斯多亚主义者为例，塞涅卡是罗马帝国的重臣，爱比克泰德是被解放了的奴隶，马可·奥勒留则是罗马皇帝，他们的出身地位极其悬殊，但精神气质和生活方式却相当一致。

斯多亚学派的创始人是古希腊人芝诺，这个芝诺不是"芝诺悖论"里的芝诺。这个芝诺（Zeno of Citium）出生于公元前 334 年，是腓尼基人。有一回出海远行，途中遭遇海难，芝诺于是登岸来到了雅典。当他坐在书店歇息的时候，读到色诺芬的《苏格拉底回忆录》，欣喜异常，于是向书商询问，哪里才能找到苏格拉底那样的人，恰好此时犬儒学派的代表人物之一克拉特斯路过此地，于是书商告诉他说："跟着那个人去吧。"从此以后，芝诺就做了犬儒学派克拉特斯的学生。

你一定会问，如果想学苏格拉底，芝诺为什么不去追随柏拉图的学园派，或者亚里士多德的逍遥学派，按道理说，这两个流派才是名门正宗啊。问题的关键恰恰在于：到底是谁真正继承了苏格拉底的哲学精神？犬儒派影响虽小，但一直认为自己才是苏格拉底道统的真正继承者，他们与麦加拉学派、居勒尼学派一道构成了所谓的"小苏格拉底学派"，与学园派和逍遥学派分庭抗礼。

正如上一讲所说，其实仔细想想，无论是外在形象还是精神气质，犬儒派和苏格拉底都非常近似。比方说，苏格拉底也是以不修边幅著称于世的；再比如说，苏格拉底同样高度重视个人的德性，认为有德之人不可能受到伤害，这句话稍加引申，就可以得出犬儒学派的核心观点：只要确保了德性，就确保了好生活，除此之外的世俗生活都是不必要的负累。芝诺对苏格拉底的学习和模仿，甚至体现在他的讲学场所上，苏格拉底在人声鼎沸的市场中与雅典公民探讨哲学，芝诺则在人头攒动的柱廊之间谈玄论道。事实上，斯多亚学派（Stoicism）一词正是源自古希腊文

"柱廊"（stoa），如果直译过来就是"柱廊学派"。

跟亚里士多德一样，芝诺也是一个脑后有反骨的天才人物，亚里士多德最终脱离学园创立了逍遥学派，芝诺则离开犬儒学派创立了斯多亚学派。《名哲言行录》中记载过芝诺的老师克拉特斯抓叛徒的逸闻，非常的有意思。据说有一回，芝诺到别的哲学家那里学习哲学，克拉特斯赶过去，一把揪住他的斗篷，直接把他拽了出来，芝诺告诉他的老师："抓哲学家的方式是抓住耳朵：说服我，然后把我拖走；如果你使用强力，我的身体会和你在一起，但我的心还在斯提尔波那里。"

遵从自然而生活

有学者认为，芝诺之所以出走犬儒学派，是因为看不惯犬儒学派过分夸张的生活方式，而且犬儒学派浅显的道德说教也无法满足他的求知欲望，所以芝诺开始广泛吸收毕达哥拉斯、赫拉克利特以及柏拉图的哲学思想，在犬儒学派的基础上，最终打造出斯多亚学派。

如果用一句口号来概括芝诺的哲学思想，就是"遵从自然而生活"，自然（nature）也有本性的意思，所以这个口号也有"遵从本性而生活"的含义。说到人的本性，我们反复说过这个定义——"人是有理性的动物"。有趣的是，犬儒主义者在这句话中抓住的重点是"动物"，而芝诺开创的斯多亚学派看重的则是"理性"。如果人的本性是动物，那就要首先关心我们的身体，黑格尔在《哲学史讲演录》中这样总结犬儒主义的特点："人应当按照自然而生活，接近单纯的自然物。"反之，如果像斯多亚学派那样认为人的本性是拥有理性，就会顺理成章地得出如下结论：要想过上至善的生活，就必须借助理性去认识个人的本性和宇宙的自然，了解哪些事情是我们力所能及的，哪些事情是在我们力量范围之外的。对于力所能及的事情就要全力以赴，比方说做一个正直、高尚、有道德的人；对于力所不能及的事情——比如生老病死，个人际遇的失意、痛苦，社会的不公、政治的险恶——就要泰然任之，用一种不失体面的顺应去接受它们。爱比克泰德说："不要要求事情像你所希望的那样发生，而要希望它们像实际发生的那样发生，这样就会好好过下去。"

听到这里，一定会有人不以为然，要么认为斯多亚学派其实是鸵鸟哲学，纯属自欺欺人，要么认为"遵从自然而生活"是句正确的废话，根本无法落到实处，还有人会认为，斯多亚哲学充其量不过是熬得浓郁一些的心灵鸡汤，没什么真正的营养。在我看来，这些质疑并非没有道理，事实上，作为一种实践哲学，斯多亚学派的力量主要体现在斯多亚哲人对于基本教义的实践之上。"人应该如何生活？"这个苏格拉底问题对于斯多亚哲人来说，不是说出来的，而是做出来的。

芝诺最初对哲学发生兴趣，不是出于对自然的惊奇，而是出于对苏格拉底的道德气象和人格高度的惊奇。这是一个决定性的时刻，自此以后，苏格拉底成为芝诺和整个斯多亚学派的圣人，他们以苏格拉底为榜样，终其一生，像苏格拉底那样思考，像苏格拉底那样生活，必要的时候，像苏格拉底那样赴死。

关于死亡，爱比克泰德举过一个例子：有一个名叫拉特拉努斯的人，罗马暴君尼禄命人砍掉他的脑袋，临刑时，他主动伸出脖子，可是刀的力量不够，他并没有死去，于是他的脖子缩了一下，但马上又伸了出来，准备再受一刀。

在爱比克泰德看来，这就是斯多亚哲人在面对死亡时应该采取的态度，如果必须要死，那就引颈就戮，绝不因此恐惧或者呻吟。如果有人威胁你：我会砍掉你的头！那么你的最佳回答就是：我什么时候告诉过你，偏偏我的脖子就不能砍掉呢？爱比克泰德认为，哲学家们应该每天记录和反复演练这样的话。他说："如果是必须现在死，那么，我现在马上就去死。如果要我待一会儿死，好吧，我要吃饭去了，因为到了吃饭的时候了。吃完饭后，该死的时候我自然会去死的。怎么个死法呢？就像把本不属于自己的东西归还给人家一样去死。"

千万不要认为斯多亚哲人只是逞口舌之快，当死神真的来敲门时，他们就是这样做的。或许你还记得，我们在第2讲中介绍过塞涅卡之死，在接到尼禄赐死的命令之后，他先是割腕自尽，没有成功，于是决定服毒自尽，依旧没有效果，最后在旁人的搀扶下，塞涅卡走入蒸汽浴室里，慢慢窒息而亡。在这个一波三折、持久而又缓慢的赴死过程中，塞涅卡和他的哲学偶像苏格拉底一样，守住了哲人的镇定和尊严。

做好自己的本分与生命角色

也许有人会说，虽然斯多亚哲人勇于直面死亡，但归根结底仍旧是一种自欺欺人的鸵鸟哲学。表面上看是这样的，但我认为，斯多亚哲人的思考要比"自欺欺人"这四个字更加复杂、深刻一些。

首先，斯多亚学派认为德性就是与"自然"相一致的意志。这句话的意思是说，人和宇宙是一体的，都受制于永恒不变的自然法则。唯当人的理性认识到了自然法，并且自愿遵从自然法而生活，人才是自由的和有德性的，而德性会带来心灵的宁静。反之，那些无法认识自然或者不愿遵从自然的人，就会活得非常痛苦、挣扎，他们就像是被拴在车后面的一条狗，被车子拖着往前走。

其次，从遵从自然而生活，进一步发展出了斯多亚学派独特的"义务"观，我们可以用中文里的"本分"来理解这个概念。对斯多亚哲人来说，人生好比一出大戏，神给每个人都事先安排好了角色，我们的智慧就在于认清自己的角色，无论你扮演的是穷人还是富人，平民百姓还是王公贵族，"你都一定要演好，因为扮演好给你的角色是你的本分"。这样的人同样被拴在车子后面，但他们是被车子领着走而不是拖着走，因为他们不是"不得不然"地忍受命运的安排，而是向前一步，主动地接纳了必然如此的人生。

说到本分，爱比克泰德讲过一个故事。有一个叫作普利斯库斯的罗马元老院议员，因为与罗马皇帝政见不合，皇帝特意托人告诉他不要进入元老院，普利斯库斯回答说："你有权不让我参加元老院，但是，只要我当一天元老院议员，我就一定要参加。"

皇帝听了很生气，告诉他："那么，你去吧。但是，不要说话。"

普利斯库斯回答说："只要不问到我，我就不说话。"

皇帝说："可是，我当然会问你问题的呀。"

普利斯库斯说："既然如此，我就要说我认为自己应该说的话。"

皇帝怒道："你要说的话，我就杀了你。"

然后，普利斯库斯就说了一段足以流传千古的话："我什么时候说过我不会死吗？你做你分内的事，我做我分内的事。你要做的是杀我，我要做的就是去死，但是绝不是浑身发抖地死去。你要做的是流放我，我要做的是漂流他乡，但绝不是满怀忧伤地漂流他乡。"

这段对话是不是非常动人心魄、荡气回肠？可是我们千万不要高估普利斯库斯的反抗性，从他的角度出发，他只是在尽他的义务和本分，仅此而已。爱比克泰德对此看得非常清楚，在讲完这个故事之后，他说：别以为普利斯库斯能产生多大的影响，他不过是一个人而已。言下之意，他的所作所为并不是反对邪恶、匡扶正义，对于政治的走向、帝国的命运，特别是宇宙的自然也没有影响。当然，另一方面，也万万不可因此认为普利斯库斯的言行毫无价值，毕竟普利斯库斯为他人树立了有德之人的好榜样，而且，这也是最重要的——德性会给他本人带来心灵的宁静。

也许有人会问：可是我怎么知道自己的本性是什么呢？这难道不正是人生在世最大的问题吗？我不知道自己适合做什么、不适合做什么，能做什么、不能做什么，如果哲学家不能告诉我这些问题的答案，那我为什么要来上你的哲学课？

关于这些问题，爱比克泰德的回答最为爽快，他说："这是你考虑的问题，不是我考虑的问题。因为只有你了解你自己，了解你在自己的眼里到底有什么价值，了解出卖你自己需要多少价钱——因为不同的人出卖自己的价钱是不一样的。"

爱比克泰德举例说，在狮子袭击牛群之前，公牛并不知道自己的力量有多大，只有在狮子袭击牛群之时，公牛才会勇敢地站出来保护整个牛群，所以，"公牛不是一下子就变成公牛的，人也不是一下子就变得很高贵的。我们必须经受冬日的训练，不断锤炼自己……"在这个意义上，哪怕一个人没有什么天赋，也不应该就此放弃努力，他说："我爱比克泰德并不比苏格拉底强，可是如果我可以做到不是太坏，这对我来说就已经足够了。"

以严冷的目光看到一个喜悦全无的世界

如果说伊壁鸠鲁学派跟着感觉走，试图在快乐中寻找幸福，那么斯多亚学派就是跟着理性走，试图通过智慧去寻找幸福。何谓智慧？借用爱比克泰德的话说，智慧就在于搞清楚"什么是我的，什么不是我的，（神）允许我干什么，不允许我干什么"。一旦认识到了自己的本分和角色，斯多亚哲人就要承担起此世的义务，行于所当行，止于所不得不止。这样的哲学观虽然谈不上勇猛精进、锐意进取，但也绝不是鸵鸟哲学，与所谓"佛系"人生观更是存在着天壤之别。

对斯多亚哲人来说，哲学家的任务不只是练习死亡，还要练习应对生活中的各种不测。塞涅卡说："我们能够达到的智慧，就是要学习如何避免用我们对挫折的反应来加剧这个世界的顽固性，这种反应包括盛怒、自怜、焦虑、怨恨、自以为是和偏执狂。"

以愤怒为例，塞涅卡说："促使我们发怒的原因是我们对世界和对他人持有过分乐观的观念，这种乐观达到危险的程度。"想想看，你为什么经常对你的男朋友或者女朋友感到愤怒？就是因为你太乐观了。热恋期的有求必应、无限纵容迟早有一天会消失。乐观地相信这样的好时光会永远延续下去是非常危险的，这会加剧你们对这个世界的失望甚至绝望。

塞涅卡说："我们并不是每当想要的东西得不到就怒

不可遏，只有我们认为有权得到时才这样。"这句话真是一语中的。在一个权利意识深入人心的社会，人们不太会对政府的所作所为感恩戴德，无论政府做了什么"好事"，被权利"洗脑"的人民都会泰然受之，视之为理所当然，不仅很少心怀感激，而且还常常挑肥拣瘦、说三道四，这样的"刁民"着实难以伺候。这就是为什么家长主义者和专制主义者不喜欢权利观念的原因所在。

同理，塞涅卡认为："对不公正抱怨的本身就暗含着一种信念：坚持认为这个世界基本上是公正的。"换言之，一旦你放弃了希望，也就不会失望了。

塞涅卡说："我们从不在恶事真正出现之前就已预料……多少葬礼从我们门前经过，但我们从不认真思考死亡。多少夭折发生过，但我们仍为自己的婴儿做长远打算：他们如何穿上托加，如何在军队服役，然后继承父亲的财产。"

普通人总是生活在虚假的希望之中，我们忙忙碌碌地为正常生活做着各种准备，却对即将到来的和必将到来的挫折毫无准备，所以当意外比明天更早到来时，才会格外地手忙脚乱、束手无策。怎么办？塞涅卡告诉我们："如果你想消除一切担心，那么请设想你所害怕的一切都会发生。"只有将所有的坏事都在脑海里预演过千百遍，才有可能在厄运真正降临之时，泰然任之。

如果你认为这些话是心灵鸡汤，我也不会否认。但是比起不让雾霾进到心里的心灵鸡汤，斯多亚哲人至少没有美化现实。在那个苦难深重的世界里，他们没有为正义而战，但也没有给高墙添砖，他们提供的不是正能量，恰恰相反，"斯多亚主义是一种严冷的世界观，以严冷的目光，看到一个喜悦全无的世界"。（麦克里兰语）

在结束这一讲之前，我想引用美国哲学学者斯通普夫（Samuel Enoch Stumpf）的观点来为斯多亚哲学做个总结："斯多亚学派把他们的整个道德哲学建立在这样一种确信上：如果我们懂得了严格的律法而且理解我们不可避免要担任我们的角色，我们就不会拼命去反对这种必然性，而是会欣然跟随着历史的步伐前进。幸福与其说是选择的产物，不如说是存在的一种性质，幸福产生于对不得不如此的事情的接受。所以自由不是改变我们命运的力量，它只不过是没有情绪上的纷扰而已。"

最后，我想送给各位读者塞涅卡的两句话，就此告别晚期希腊哲学：

死亡和不幸难以驾驭，无人能逃，因此必须不失尊严地去面对。

何必为部分生活而哭泣？君不见全部人生都催人泪下。

答问 2

希腊之外的轴心文明有哲学吗？

今天要回答的问题是学友"雨虎 2010_THU"提出来的，他的问题是：

1. 应该说，轴心时代影响下的文明都发展出了哲学，它们的背景是否相同？

2. 后来大家却各走歧路，个人觉得离不开对个体精神的尊重，这一点才是希腊独特性的一个根基。是吗？谢谢！

这两个问题都非常重要，可以说是直指根本，要想全面地回答它们，恐怕得写一本书。我不认为自己已经形成了非常成熟的想法，只能在这里谈谈自己一般性的思考，也非常愿意接受大家的批评意见。

先来谈第一个问题。过去这些年，关于"中国哲学"

的说法是否成立，学术界一直争论不休。有的人主张中国没有哲学，只有哲学在中国；有的人认为当然有中国哲学，只是具体的表现形态跟西方哲学不同。20世纪以后的分析哲学家有一个观点，认为所有的哲学问题都是定义之争，中国有没有哲学，在某种意义上也是定义之争，也就是说看你怎么定义"哲学"。

我个人比较倾向于认为，轴心时代的四大文明都发展出了各自的思想传统，但如果要用"哲学"去命名，那就要格外小心谨慎，毕竟"philosophy"（哲学）这个概念是希腊人首创的，中国人只是借用了日本学者西周（1829—1897）的译法。中国古文里没有"哲学"一词，但在《尚书·皋陶谟》中可以发现"知人则哲"和"哲人"的表述。由此可见，在中国思想中，"哲思"的主要对象是人。黑格尔曾经批评中国古代没有哲学，只有伦理。伦理当然就是以人，特别是以人伦关系作为研究主题的学问。黑格尔的这个批判很不中听，而且好像也没有什么道理。

首先，西方哲学也很重视人的问题，罗马哲学家西塞罗评价苏格拉底的贡献时就说，他把哲学从天上拉回到城邦，"迫使哲学思考人生和道德，善与恶"。可见伦理问题本来也是西方哲学思考的核心主题之一。古希腊德尔菲神庙上那句著名的箴言"认识你自己"，同样也是在强调对于人自身的研究和考察。康德的三大批判《纯粹理性批判》《实践理性批判》和《判断力批判》让人望而生畏，但是"三大批判"最根本的关怀其实仍旧是"人是什么"这个问题。所以西方哲学同样也很重视人的问题。

其次，中国的传统思想也并不是不关心自然。比如阴阳五行理论，同样也试图对宇宙万物提供一套完整的、系统的解释。

所以，这么分析下来，好像"雨虎 2010_THU"的观点是成立的，轴心时代的各大文明最初都对人或自然的终极问题进行追问，因此似乎可以说它们各自发展出了属于自己的哲学。

那么到底可不可以这么说呢？我倾向于不可以。

打个比较通俗的比喻，我们常说"民以食为天"，中国人和意大利人都关心吃，但是中国人发明了饺子，意大利人发明了比萨，虽然饺子和比萨都是面食，可是饺子就是饺子，比萨就是比萨，制作方法不同，呈现出来的东西就是不一样的。

同样的道理，古希腊以降的西方哲学传统不仅关心人和自然的终极问题，而且他们有非常独特的一套探究方法，比如说注重逻辑思辨和概念分析，到了近代以后又引入实验科学的传统，这些特点都是包括中国在内的其他轴心文明所缺乏的。事实上，不可否认的是，一直到今天，中国人还是比较缺乏逻辑思辨的习惯和概念分析的能力。

我个人认为没必要死死咬定中国也有哲学的传统，这么想本身就已经有了低人一等的自卑心态。为什么别人有的我也必须有呢？除非你认定别人的东西比自家的东西好。你看我们就很少会说中国传统也有比萨，为什么不争这个独创权？是因为我们认为自己的饺子也不错啊，你们有比萨，我们有饺子，各美其美，不是挺好的吗？如果觉得比萨好吃，那就把它引进来，同理，如果觉得西方哲学的思辨传统不错，那就把它引进来。为什么一定要强调中国传统也有哲学呢？进一步说，就好像中国的面也能做出比萨，中国的汉语有一天也能做出哲学，不仅原汁原味，可能还更上层楼。所以我觉得，要点不在于争论中国古代是否有哲学，要点在于现在和未来能不能让哲学说中国话。

最后，我想简单回答一下第二个问题。说到个体精神，我觉得同样要特别小心谨慎，因为在古希腊，并没有非常自觉的"个人"概念，他们在思考人和自然的时候，主要单位还是城邦和集体，而不是个人。个体自由和个人权利的兴起，要到14世纪文艺复兴和16世纪宗教改革以后才逐渐生长起来。当然，我们必须承认个体自由和个人权利观念对于近代西方哲学的发展起到了举足轻重的作用，但我不认为这是轴心文明时期各大文明分道扬镳的主要原因。

046

设计论证与打赌说：上帝存在的证明（上）

中世纪哲学：神学的婢女

公元 529 年，东罗马帝国的皇帝查士丁尼为了维护基督教信仰的正统性，下令禁止在雅典讲授异教哲学，并且关闭了所有的希腊哲学学校。从这一刻开始，古希腊哲学彻底终结，西方哲学进入了长达一千年的中世纪时期。

黑格尔在《哲学史讲演录》中说，这一千年需要我们穿上童话里的"七里靴"尽快地通过。每当读到这个说法，我就会想起中学的时候，放晚自习回家，必须经过一段没有路灯的街道，路边有一间卫校的解剖室，每次我都会大声唱着歌，一路小跑地穿过这段夜路。对黑格尔以及很多哲学史家来说，中世纪就是这样一个完全黑暗的时期，应该尽快地把它打发了事。

我对中世纪的看法要比黑格尔正面一些。在我看来，哲学在中世纪虽然成了神学的婢女，但并没有完全停滞不前，而是在一些特定的领域取得了重要的发展，为近代哲学奠定了基础。此外，我们要牢记于心的是，西方文明的源头除了雅典还有耶路撒冷，除了理性还有信仰，因此，要想全面地了解西方文明，二者缺一不可。更何况信仰对于理性的影响并不全然是负面的，一方面，它有助于我们意识到理性的限度，为人类打开超验的精神维度；另一方面，宗教信仰还为现代性带来了很多意想不到的结果和资源，例如现代人习以为常的个体权利和平等观念，就是在基督教神学的背景下得到孕育和发展的。

尽管如此，我还是打算只用六讲的篇幅来介绍这一千年的哲学。一个很重要的原因是，这个时期的哲学，线索复杂，人物繁多，很多主题与神学纠缠太深，比如三位一体和道成肉身，这些问题很难被没有宗教信仰的现代人理解。还有些问题则毫无意义，甚至非常荒谬，比如臭名昭著的"针尖上究竟能站几个天使"，以及"地狱里真的有蛆虫吗"，等等。所以我思来想去，决定不以哲学人物或者哲学流派为线索，而是围绕上帝存在的证明、唯名论与实在论之争以及自由意志和决定论这三个哲学主题，为各位读者勾勒出中世纪哲学的基本概貌。

这一讲与下一讲我们将重点介绍上帝存在的证明。

上帝真的存在吗？

我在人大课堂上做过多次宗教信仰的小调查，根据我的经验，一百人的课堂里，通常只有三到五人举手表态，有的信仰佛教，有的信仰基督教。在问及为什么不信仰上帝的时候，最典型的回答就是：因为上帝看不见，也摸不着，我无法感受到他的存在，凭什么要相信他呢？还有些学生会说：如果上帝真的存在，为什么会有奥斯维辛集中营和汶川大地震？这至少说明上帝不是全善的，否则他就不应该允许伤害无辜的生命。也有一些学生会说：上帝不是全能的，因为上帝无法创造出一块他自己也抬不起来的石头。仔细想想，难道不是这样吗？如果上帝是全能的，他一定能创造出任何东西，包括那块他自己搬不起的石头，但如果他居然搬不起这块石头，那他就不是全能的。

从理性的角度看，以上观点似乎都有道理。可是从信仰者的角度看，这些观点充分反映出人类理性的傲慢，是典型的"妄议上帝"。你想想看，有限而难免一死的尘世男女竟然敢用自己的逻辑去规定上帝，由于上帝通不过人类的逻辑，所以上帝就不是全能的，由于上帝无法被人类感知，或者被理性证明，所以上帝就是不存在的。这难道不是一种无知和傲慢的体现吗？

对信仰者来说，上帝的本性只有通过启示才可以获知，换句话说，它不是人类理性能把握的对象。上帝的存在同样如此，他要么来自启示，要么是不证自明的。只有对非信仰者来说，上帝的存在才需要证明。《圣经》中说：
"愚顽人心里说：'没有上帝'。"《圣经》里又说："智慧建
造房屋……打发使女出去，召唤愚顽人到这里来。"借用
这个比喻，我们可以说，上帝存在的证明就是那个婢女，
她的功能就是走出门去，召唤非信徒进入信仰的大厦。

　　接下来，我将分别介绍上帝存在的四种证明。看看哪
种证明能够成功地召唤愚顽人进入信仰的大厦。

设计论证：世界是由设计者创造的

　　有一个名叫威廉·佩利（William Paley，1743—1805）
的英国哲学家，他提出过一个著名的"设计论证"。请想
象一下，有一天你去马尔代夫旅游，在蓝天白云、椰林
树影、水清沙白的海滩上，突然发现了一个钟表，请问此
时你的第一反应是什么？你一定会认为这是某人遗失在这
里的，你一定不会认为这是经过海浪的冲刷或者千万年的
演化自然形成的，对不对？如果你接受这个想法，那么威
廉·佩利就会告诉你，我们可以进一步推论得出，世界也
是由设计者创造出来的。

　　总结一下他的论证步骤：

　　大前提：钟表是由设计者所造的；

　　小前提：钟表（的精巧）与世界（的精巧）相似；

　　结论：所以，世界是由设计者所造的。

威廉·佩利的设计论证属于类比论证，类比论证的效力依赖于类比物之间的相似性，相似度越高，论证的说服力就越强。当我们问，消防员和消防局之间的关系如同警察和谁之间的关系时，相信所有人都会毫不犹豫地回答：警察局。可是当我们问，家长和孩子之间的关系如同国王和谁的关系时，也许就会有完全不同的回答。为什么会这样？因为现代人已经不再接受家和国的可类比性。

回到设计论证，初看起来它是有说服力的，比方说，如果人类在火星上发现了一个钟表，那么我们大致可以推断出，一定存在着钟表设计者。

但是，思虑缜密的读者肯定发现了问题所在。

首先，在火星上发现钟表，只能让我们推断得出存在外星的钟表设计者，他极有可能是外星智能生物，但不必然是基督教传统中那个人格化的上帝。

其次，在威廉·佩利的设计论证中，进行类比的不是海滩上的钟表与火星上的钟表，而是钟表与世界。大卫·休谟认为，钟表与世界的相似度，并没有佩利认为的那么高。钟表是用金属制成的，不会呼吸更不会生长，而世界呢，有高山大海，也有飞禽走兽，还有我们人类自身。在这个意义上，钟表和世界之间其实并没有什么相似性，所以这个类比证明的效力并不高。

除此之外，我们还可以从另外两个角度去反驳设计论证。设计论证其实包含着一个隐含前提：凡是精巧的事物都是由设计者创造出来的。但这个隐含前提并不必然为真。

另外一个反驳角度仍然是休谟提出来的，他认为，设计论证属于归纳论证，归纳论证的效力依赖于统计的样本数量。比如说，你不能因为在圆明园里见到一只黑天鹅，就断言世界上所有的天鹅都是黑颜色的。我们之所以断定海滩上的钟表是由设计者创造出来的，是因为我们在日常生活中见过太多如此这般的样本。但是世界却不同，它的样本只有一个，统计样本的缺乏让设计论证成了一个没有根据的归纳论证。

打赌说：信与不信的利益分析

早在威廉·佩利提出"设计论证"之前，法国思想家帕斯卡尔（Blaise Pascal，1623—1662）就提出过上帝存在的"打赌说"。帕斯卡尔认为，存在着以下可能：要么上帝存在，要么上帝不存在，以及要么信上帝，要么不信上帝。由此可以得到四种组合形式：

	上帝存在	上帝不存在
信上帝	永生和至福	没有损失
不信上帝	堕入地狱	没有损失

第一种组合形式是，上帝存在，并且你信上帝。试想这会有什么样的结果？我奶奶是虔诚的基督徒，她去世后不久，我听姑妈说，在弥留之际她说过两句话，第一句是"我看见了"，第二句是"我迈过去了"。我不晓得这是不

是她的临终幻觉，我愿意相信这是她的真实遭遇，这意味着她获得了永生和至福。

当然，也存在着另外的组合形式，那就是你信上帝，但是上帝不存在，请问这会对你的人生构成任何伤害吗？恐怕不会，你一辈子积善行德，从来不敢花天酒地放纵自我，也许有点小小的遗憾，但也仅此而已。

第三种可能是，你不信上帝，上帝也不存在——没准有人会说那我可赚翻了，因为这样一来，我就可以为所欲为，不用担心死后受到惩罚。

可是千万不要忘了，还有一种可能性是，你不信上帝，上帝竟然存在，那么代价可能就会非常惨痛，因为你就要下地狱了。

作为一个理性人，我们要考虑行为的投入产出比，一方面争取风险最小化，另一方面争取效益最大化。按照帕斯卡尔给出的排列组合，你会发现，思来想去，无论上帝是否真的存在，还是信上帝比较符合我们的个人利益。

介绍完帕斯卡尔的打赌说，我想问的是，有没有哪位读者在了解了打赌说之后，醍醐灌顶，觉今是而昨非，从此开始信仰上帝了？有意思的是，虽然钱理群老师批评今天的大学生多为精致的利己主义者，可是根据我在课堂的经验，在面对帕斯卡尔的打赌说时，没有一个大学生是精致的利己主义者，相反，他们展示出了无神论者的视死如归，没有一个人因为打赌说而改信上帝。

神学。这一点充分地体现在他提出的上帝存在的宇宙论证明中。阿奎那总共提出了五个上帝存在的证明，我们这里只介绍第一个证明，帮助大家管中窥豹，了解他的基本思路。

或许你还记得，当亚里士多德解释运动的时候，不仅指的是地理位置的变化，比方说把大理石从采石场搬到了博物馆，同时也指从潜能到现实、从质料到形式的变化。也就是说，从大理石变成大卫像的过程也是事物运动的一种体现方式，亚里士多德正是由此来解释宇宙和自然的形成的。

阿奎那在论证上帝存在的时候，同样是从运动入手的。他认为，任何事物的运动，都是起因于另一个物体。比如，除非我用手拨动弹珠，否则弹珠不会滚动，所以我就是这个弹珠的推动者。除非米开朗基罗雕刻大理石，否则不会产生大卫像，所以米开朗基罗就是大卫像的推动者。总之，凡是运动的事物都是由此前的那个推动者所激发的。

这个思路不难理解，可是问题在于，关于上一个推动者的追问可以不断地进行下去——A 是 B 推动的，B 是 C 推动的，C 是 D 推动的……这就好比小时候我们问妈妈：我是从哪里来的？妈妈说：你从我肚子里来的啊。然后我们接着问：那么你又是从哪里来的呢？这样的追问可以不断地继续下去，现在布谷已经会说：我爷爷的爷爷的爷爷的爷爷是猴子。可是，猴子又是从哪里来的呢？问到最后，我们总得停留在某个地方，否则就成了恶的无限倒退。

阿奎那认为，这个追问的终点处，是万事万物开始运动的起点处，也就是那个"第一推动者"，它本身不被其他事物推动但却推动万事万物。这个"第一推动者"就是上帝本身。

阿奎那的其他四个论证，内容虽然不同，基本思路和逻辑却相当一致，都是借助哲学的方法推论出"第一推动者""第一原因""一切事物的必然性原因""最完善的原因"以及"最高的智慧"这些终极概念，然后把这些终极概念直接等同于上帝本身。

应该如何评价或者反驳阿奎那的证明呢？首先，我们要认识到，阿奎那的论证前提——任何运动的事物都是由其他事物所推动的，这个说法早就被牛顿物理学否定了。其次，即使我们接受"第一推动者"这个结论，也不必然推出它就是基督教传统中的那个上帝。

罗素曾经说过一句话："你所说的上帝，就是我所说的永恒。"我非常喜欢这个说法。重要的不是信仰哪个特定的宗教，重要的是要有宗教感，要对人类理性的有限性保持警觉，对超验之物保持敬畏之心。

最完美的东西必然存在

接下来，我们就要邀请 11 世纪的基督教神学家圣安瑟尔谟（St. Anselm，约 1033—1109）隆重出场了。有人把他的"上帝的本体论证明"称作"有史以来最负盛名、最为讳莫如深、最为专断无理的哲学论证"。

这个论证的大前提是："我们只能把上帝设想成一个'无限的'和'最完美的'东西。"这句话很好理解，地球人都知道上帝是全知全能全善的，所以他是无限的和完美的。

小前提是："一个具有除存在以外的所有完美性的东西，都不能算是最完美的。"这句话稍微有些拗口，意思是说，如果有一个东西号称是最完美的，但它竟然又不存在，那它就不是最完美的东西。

所以结论就是："最完美的东西必然存在。"

看完这个论证，是不是觉得有些眩晕？上帝的观念原本只存在于你的脑海中，可是安瑟尔谟却告诉你说，这个观念不仅在你的脑海里，同时也存在于现实中。安瑟尔谟就像是一个魔术师，两手空空，眼睛一眨，就变出了一只活蹦乱跳的兔子。

上帝的本体论证明在历史上的遭遇非常耐人寻味。绝大多数神学家都不待见它，可是哲学家们对它却一直特别钟情：它先是被阿奎那否定，然后被笛卡尔接受，接着被康德抛弃，又被黑格尔捡回来重新加以阐释。罗素在自传里曾经饱含深情地回忆，在他年轻的时候，有一回边骑自行车边思考这个证明，因为深深地折服于它的强大威力，以至于差点从自行车上摔了下来。

康德与安瑟尔谟：
上帝存在是分析命题还是综合命题

我们究竟应该如何评价和理解上帝的本体论证明？

其实早在安瑟尔谟在世的时候，就有一个隐修士提出了反驳意见。此人名叫高尼罗，他说：如果有人告诉我，海上有一座完美的岛屿，金银财宝应有尽有，那么你姑妄说之，我姑妄听之，就当是一乐。可是如果那个人竟然得寸进尺，告诉我说，因为那座完美的岛屿已经存在于我的心中，所以它不仅在心中是完美的，而且在现实中也是完美的，所以它必然存在。高尼罗说，那就太荒谬了。

高尼罗的反驳初听起来很有道理，仔细想想却不成立。我们完全可以凭空想象一座最完美的岛屿、一把最完美的椅子、一只最完美的天鹅，它们只存在于我们的脑海之中，而不存在于现实的世界里，这不会让我们觉得有问题。为什么会这样？这里的关键区别在于，最完美的岛屿不等于最完美的东西，最完美的椅子也不等于最完美的东西。最完美的岛屿也还是有限的，而最完美的东西则是无限的，它拥有包括"存在"在内的任何属性。所以，从逻辑上说，高尼罗的反驳完全没有击中安瑟尔谟的要害。

也许有读者会反驳说："存在"怎么会是属性呢？全知全能全善才是上帝的属性啊！有意思的是，康德也是从这个角度反驳安瑟尔谟的。"存在"（being/is）的另一个译法为"是"，康德认为它只是判断的系词，是用来联结主词和谓词的，所以上帝存在（God is）这个表述，并没有给上帝的概念添加任何新鲜的知识。康德说："就真正存在的对象而言，它不可能从分析我的概念中得到，反而是以综合的方式添加于我的概念之上。"

康德的这句话里，有两个关键的概念，一个是分析，一个是综合。分析命题的特点是，谓词在概念上包含在主词之中。比如，"三角形有三个角"，你只要去分析三角形这个主词，就能得出"三个角"这个谓词；"所有的单身汉都是未结婚的男子"，你不需要通过经验观察，只要通过分析"单身汉"这个概念就可以得出"未结婚的男子"这个结论。而综合命题的特点则是，谓词不包含在主词之中，比如"康德是个老光棍"，"休谟也是一个老光棍"，你不可能通过分析"康德"或者"休谟"这几个字得出"老光棍"这个结论。再举一个例子，"龙猫是一种具有魔法的动物"，你也不可能通过分析"龙猫"二字得出"它们具有魔法"的结论，而是要通过观看宫崎骏的那部电影才能得出结论。

你一定已经意识到了，按照以上的区分，安瑟尔谟的本体论证明属于分析命题，所以归根结底，康德与安瑟尔谟的分歧在于：康德认为，"上帝存在"是综合命题而不是分析命题，不能仅仅通过分析上帝的概念推论得出上帝存在的结论；而安瑟尔谟认为，"上帝存在"属于分析命题，完全可以通过分析上帝的概念推论得出上帝存在的结论。

接下来的问题是，康德的反驳是否成立呢？我认为，如果安瑟尔谟听到这个反驳，一定认为康德大错特错，因为康德竟然把上帝等同于经验现实中的存在物，这是典型的范畴错误。但是很有趣，德国诗人海涅却对康德的批判大为赞赏，认为它在思辨理性的领地上，一举摧毁了自然神学。

从哲学的角度看，围绕上帝本体论证明产生的争议，归根结底是思维与实在是否同一的争议。但是，从神学的角度看，则是理性与信仰之争。我们在前面说到，安瑟尔谟把上帝设想成一个"无限的"和"最完美的"东西。这个设想有问题吗？我觉得没什么问题，虽然我不信仰上帝，但我认为如果真的有上帝，他就该是这样子的。可是，在虔诚的信徒看来，这个设想本身就大有问题，因为上帝是不可想象的，愚顽的人类怎么可以去设想那个不可想象的上帝呢？即使安瑟尔谟把上帝设想成无限的和最完美的，也是不允许的，因为设想不可想象的上帝本身就是极端错误的。事实上，这也是高尼罗反驳安瑟尔谟的另一个理由，在他看来，上帝的本性是神秘的，愚蠢的人类根本就不配也不能拥有关于上帝本性的观念，即使拥有这样的观念，观念与实际存在也不是一回事。所以，高尼罗从根本上否定对上帝进行理性论证的可能性。

在结束这一讲之前，我想做一个小调查：如果有谁被上帝存在的证明说服了，决定就此皈依上帝的，欢迎你告诉我。坦白说，我现在就可以非常武断地预言，一个都没有。因为，从理性的证明到绝对的信仰，就像是黑暗中的一跃，我虽然不知道这一跃的力量来自何方，但我明确地知道它肯定不是来自理性。

关于理性与信仰的关系，我们下一讲继续。

048

除非我相信了，我绝不会理解！
理性与信仰之争

安瑟尔谟：信仰先于理性

这一讲我们重点来讨论理性与信仰的关系。

在开始之前，我想问你们一个问题。在日常生活中，你到底是先理解了再相信，还是先相信了再理解？如果你一下子没能明白我的问题，没关系，我给你们举一个例子。大约 60 年前，有个位高权重的人说过这样一句话："理解的要执行，暂时不理解的也要执行，在执行中加深理解。"我相信你们一定听说过，因为直到今天，在一些军事题材的影片里，还会经常出现这句话。

"理解的要执行"，这句话很好理解。问题在于，不理解为什么还要执行呢？一种可能是军令如山，在强力或者暴力的胁迫下必须要执行。还有一种可能是，因为你衷心拥护和相信上级领导，借用某位网红的话说就是，"每当国家面临重要时刻，信息不足或者信息过多的时候，都选择相信，这是理性，也是信仰"。当然，更重要的是最后这句话——"在执行中加深理解"，也就是说，通过执行那个最初不能理解的指示，不断地反复体会上级领导的英明，由此不断地坚定对上级领导的忠诚信仰。

老实说，每当读到这些文字的时候，我都会产生莫名的穿越感，因为它不仅直接点出了理性与信仰这个中世纪哲学的核心主题，而且在表述上也跟安瑟尔谟 800 多年前的一段话非常类似，安瑟尔谟说：

> 主啊，我并不求达到你的崇高顶点，因为我的理解力根本不能与你的崇高相比拟，我完全没有这样做的能力。但我渴望能够理解，因为我绝不是理解了才信仰，而是信仰了才理解；因为我相信："除非我相信了，我绝不会理解。"

在这段话中，安瑟尔谟道出了中世纪神学家普遍接受的一个观念——人类与上帝之间存在着难以逾越的鸿沟，在这个意义上，信仰永远先于并且高于理性。但是，安瑟尔谟并不因此就彻底否定理性，恰恰相反，他肯定了人类追求理解的这种渴望。就信仰与理性的关系，安瑟尔谟还说过另外一段话："不把信仰放在第一位是傲慢，有了信仰之后不再诉诸理性是疏忽。两种错误都要加以避免。"不要小看这个说法的意义，把它与神学家德尔图良做个对比，就能看出安瑟尔谟是多么的温和与平衡。

德尔图良：唯其荒谬，所以相信

德尔图良（Tertullian）生活在公元 2—3 世纪，他最初是一个哲学家，在皈依基督教之后，就成为一个坚定的护教士。德尔图良认为："上帝之子死了，这是完全可信的，因为这是荒谬。他被埋葬了又复活了，这一事实是确定的，因为它是不可能的。"这段话被后人总结为八个字——"唯其荒谬，所以相信"。德尔图良的意思是说，上帝之子死而复活，这件事情在常人眼里是如此的不可思议，如此的不可理喻，以至于我们只能放弃理解，选择相信，唯其如此，人才有可能得救。

我想请你回想一下"苏格拉底为什么勇于赴死？"那一讲的内容，在生命的最后时刻，苏格拉底使出浑身解数，论证灵魂不朽，但是他内心非常明白，这些论证首先不是要说服在场的其他人，而是要说服自己，要让自己"产生一种最坚定的信念"——一种勇于赴死的信念。苏格拉底知道，所有的论证都不是一锤定音的，无法绝对保证灵魂真的不朽。所以，在《申辩篇》中，他才会以这句话作为结语："现在我该走了，我去赴死；你们去继续生活，谁也不知道我们之中谁更幸福，只有神知道。"

苏格拉底当然不同于德尔图良，苏格拉底是一个理性主义者，如果有可能，他就一定会竭尽所能地进行理性论证，但是在灵魂不朽这样的根本问题上，苏格拉底深知理性的限度，所以在穷尽一切理由之后，他纵身一跃，选择相信。在选择相信的那一刹那，理性主义者苏格拉底与神秘主义者德尔图良达成了一致。

回到德尔图良的"唯其荒谬，所以相信"，按照这个观点，理性与信仰就不是互补的关系，而是互斥的关系。在信仰的地盘里，没有人类理性的立足之地。所以德尔图良才会这样反问道："雅典与耶路撒冷何干？学院与教会何干？异教徒与基督徒何干？"相比之下，安瑟尔谟主张"信仰寻求理性"，就是在试图协调二者，而不是割裂二者。

一切理解都必然包含某种前见

现在，让我们重提这句话："理解的要执行，暂时不理解的也要执行，在执行中加深理解。"剥离它的政治语境，它与安瑟尔谟的"除非我相信了，我绝不会理解"在道理上非常的类似。

事实上，从解释学的角度出发，我认为这两句话并非完全没有道理。在日常生活中，我们通常是先理解再相信。比如我跟布谷说，吃饱饭后不能剧烈运动，否则会得阑尾炎的。布谷说：什么叫阑尾炎？我听不懂。我解释说：就是肚子会疼。然后她就理解了，也就相信了。当然，有时候，怎么跟她讲道理也说不通，这个时候我就会对她循循善诱：爸爸是不是最爱你了？爸爸是不是从来没有骗过你？那你是不是应该听爸爸的话？这时候我就在试图让她先相信再理解，先执行再理解，在执行中不断地加深理解。

"除非我相信了，我绝不会理解"，这句话不仅适用于处理"三位一体"这样的神学主题，也适用于处理历史、文化、爱这些触及人类灵魂深处的领域。每一个中国人都会背诵李白的《静夜思》，每当我们吟诵起"床前明月光，疑是地上霜。举头望明月，低头思故乡"，心里就会产生非常复杂的惆怅之情，霜、明月、故乡，这些最简单的汉字为我们营造出最深沉也最优美的文化意境。我读过《静夜思》的各种英译本，有些译文非常优美，但是我仍旧不认为外国人会像中国人一样对这首诗产生心心相印的感觉。之所以会有如此大的文化隔阂，一个很重要的原因在于，我们从小浸润在中国文化的传统之中，用当代解释学大师伽达默尔的话说就是："一切理解都必然包含某种前见"。所谓前见就是先行把握的东西，是在有所怀疑之前，毫不怀疑地接受下来的东西。在进行分析、批判、怀疑和反驳之前，我们先拥有的是这种百姓日用而不知的前见、默会和亲知。借用安瑟尔谟的说法，对于中国文化，我们是先相信了，然后才理解的。此时的理解不是外在的理解，而是内在的理解，水乳交融、心心相印，既有对题中之义的把握，更有对言外之意的领会，甚至还能体察那不可言说的神秘。

自由，就是对何谓正确不那么确定的精神

相信读到这里，一定会有人质疑，我这样是不是在支持某种蒙昧主义和权威主义呢？

对于这样的质疑，我想做三点回应。

首先，当我们初次遇见那些违反常识和理性的信念时，首先采取的态度不应该是拒绝或者批判，而是要尝试去理解它。维特根斯坦说："一种表述只有在一种生活之流中才有意义。"换句话说，当一种表述脱离了这个生活之流（或者生活形式）后，外人会很轻易地将它看成"非理性"或者"无意义"。在和异质文化相遇时，我们首先要按捺住的就是这种冲动。

其次，我想特别强调的是，我不是在主张"此亦一是非、彼亦一是非"的相对主义立场。我的意思是说，首先要尝试理解，但是在穷尽一切理解的努力之后，如果发现该文化仍然有悖人伦底线，就要坚决地予以抵制和反对。据说当年英国人殖民印度的时候，想阻止印度人烧死寡妇的风俗。印度人说：不行，烧死寡妇是我们的习俗。英国人回答说：很好，你可以按照你们的习俗烧死寡妇，但是，我们一定会按照我们的法律把你绞死。从此，烧死寡妇的习俗就被杜绝了。

最后，我想说的是，人之一生，迟早会把自己交付给一个比自己更高的存在者，它可能是上帝，可能是组织，可能是金钱、诗歌，或者远方，以及各式各样千奇百怪的

主义。问题在于，你在交付之前，是不是经过百转千回的痛苦思索和挣扎？在交付之后，在那个更高的存在者的阴影下面，你能否还保有哪怕一丁点儿的怀疑和反思？太过轻易地委身于人，总让人怀疑之前的挣扎缺乏真诚。交付之后便意志坚定地把它当作福音传递给他人，则是一种让人难以忍受的蒙昧，哪怕它以信仰的面目呈现。

我承认，如果安瑟尔谟听了这段话，一定会把我视为一个典型的愚顽人，这种愚顽性突出地体现在，分不清何为错误的相信、何为正确的相信，由于怀疑现实政治中的各种伪神，进而怀疑基督教信仰中的真神。对于这个批评，我的回应是，我对传统文化抱有温情和敬意，对每一个真正的信徒抱有同情和尊重，但是至少在这个阶段，我仍旧认同美国联邦法官汉德（Learned Hand）的那句名言："自由，就是对何谓正确不那么确定的精神。"

任何信仰，无论多么的正确、多么的坚定，都不能成为强制他人接受的理由。这是我的立场。

049

将美的共相一割了之的奥卡姆剃刀：
唯名论与实在论之争

唯名论与实在论

这一讲我们要探讨的问题是唯名论与实在论之争。这个主题比较抽象，请大家做好心理准备，当然我会尽可能把它讲得深入浅出一些。

照例先举一个例子。在《走向共和》这部电视剧中，袁世凯说过一句台词："人民？我从来没有见过什么人民。我只见过人，一个个活生生的人。"

我相信这肯定是编剧的杜撰，退一万步说，即使历史中的袁世凯真的说过这句话，他也一定是在口是心非。但不管怎么说，当我第一次听到这句台词的时候，还是忍不住心中一动——这不就是唯名论者的观点吗？

唯名论是什么意思？简单说，唯名论指的是，只有特殊的人或者物，才是真实的存在，比如袁世凯、孙中山、这匹白色的马、那扇黑色的门。与此相对,一切普遍概念,像人、马这样的物种,以及白色的、圆的这样的属性,都不过是名称而已,它们并不真的存在。所谓实在论,就是反其道而行之,主张普遍与抽象的概念才是真实存在的东西。

按照上述区分,袁世凯自称从未见过"人民",只见过"一个个活生生的人",这不正是典型的唯名论观点吗?

共相与殊相

说到这里,要请你回忆一下柏拉图的理念论,柏拉图的理念也叫作共相(the universal),指的就是种和属这样的普遍概念,与之相对的就是殊相(the particular)。在上述例子里,人民就是共相,袁世凯及一个个活生生的具体的人就是殊相。关于共相与殊相的关系,柏拉图有句名言是这么说的:"美的东西(the beautiful)之所以为美(beautiful)只是由于美(the beauty)。"

在这句话里面,"美的东西"指的就是具体的事物,比如,苏东坡的诗词、夜空里的星星、久石让的音乐、宫崎骏的动画、法国影星苏菲·玛索和伊莎贝尔·阿佳妮的容颜,这些都是很美的东西,它们之所以是美的,乃是因为分有了美这个共相。这话初听起来很有道理,仔细想想却很难理解,这些看起来没有什么关联的美的东西,到底在什么意义上分有或者模仿了美的共相呢?分有与模仿到底是什么意思?美的共相究竟是独立存在的,还是存在于不同的事物之中？总之，柏拉图的共相理论看似给出了很好的解释，但似乎根本就没有给出解释，反而凭空增加了一个美的共相，让我们徒增烦恼。

唯名论与实在论之争

这个问题一直困扰着亚里士多德及后来的哲人，到了公元 3 世纪，有一个名叫波菲利的哲学家，用非常明确的方式提出了唯名论和实在论的问题，他的原话是这么说的：

> 共相是否独立存在，或者仅仅存在于理智之中？如果它们是独立存在，它们究竟是有形的，还是无形的？如果它们是无形的，它们究竟与感性事物相分离，还是存在于感性事物之中，并与之一致？

为了帮助理解，我对这段话再做些解释。比方说，苏菲·玛索是个体，也就是殊相，而美作为一个抽象的属性，毫无疑问就是共相，波菲利的问题在于，作为共相的美到底是独立存在于世界之中，还是仅仅存在于我们的脑海里？这是第一个问题。第二个问题是，苏菲·玛索的美当然是看得见也摸得着的，可是作为共相的美如果独立存在的话，请问它是看得见摸得着的，还是看不见摸不着的？第三个问题是，如果作为共相的美是无形的，那它是与苏菲·玛索、阿佳妮、夜空中的星星、久石让的音乐相分离的，还是存在于这些具体的事物之中的？

波菲利提完这些问题后，非常得意地说："这些问题是最高级的问题，需要下功夫研究。"当时有学者感慨说，花费在这一问题上的时间比恺撒征服世界的时间还要长，花费在这一问题上的金钱比"克雷兹棺材"里的钱还要多。这话一点儿都不夸张，事实上，这句话说得还不够夸张，因为恺撒征服世界也就耗费了二十多年的时间，自从波菲利在 3 世纪提出这个问题之后，直到一千年之后还有无数的神学家和哲学家在争论不休。

按照中世纪的标准，柏拉图毫无疑问属于实在论者，而且是一个极端的实在论者，因为他不仅主张共相独立存在，还认为共相是与殊相互相分离的。相比之下，有一些哲学家认为共相虽然是真实的存在，但是存在于具体事物之中。这些人被称为温和的实在论者。

既然有极端的实在论者和温和的实在论者之分，也就存在着极端的唯名论者和温和的唯名论者之分。温和的唯名论者认为共相是普遍的概念，作为概念，它们存在于人们的心灵里面，是心灵对个别事物的个别性质进行概括而得到的。比如我们看到白鸽飞翔在白云之下，于是从白鸽和白云这两个事物中抽象出了白色的普遍属性，白色作为概念存在于我们的心灵之中，但不是独立存在于外部世界，这是温和的唯名论者的观点。极端的唯名论者则认为白色、美，以及人这类共相，只是一个名称，它们并不指称任何东西，不过就是我们口中发出的声音而已，是空气中的震动。

事关正统异端之争的神学政治问题

不知你是否会感到困惑，唯名论与实在论之争虽然听起来非常的深奥、非常的哲学，但有必要争得你死我活吗？竟然横亘了中世纪哲学一千年的历史，这是不是有点太小题大做了？我要说的是，这个问题不仅仅是一个充满学究气的哲学问题，而且是事关正统异端之争的神学政治问题。

首先，这个问题关涉到三位一体的解释。在中世纪的神学主题中，三位一体是最神秘也最引人入胜的问题，圣父、圣子、圣灵这三个位格在什么意义上属于同一个实体，古往今来，无数的神学家试图给出解释，但都不令人满意。如果按照极端的唯名论的观点，就会得出这样的结论：圣父、圣子、圣灵不过是三个神的名称，他们并不拥有上帝这个共同的实体，这样一来，三位一体就变成了三神论，这就不是一神论了，而是一个离经叛道的结论。所以唯名论者在中世纪早期被视为异端分子，与此相反，实在论虽然无法为三位一体提供合理的解释，但至少能够避免"三神论"的结果。

其次，唯名论与实在论之争还涉及原罪说是否成立的问题。所谓原罪，指的就是人类的始祖亚当和夏娃，因为违背了与上帝的盟约，在伊甸园里偷吃了禁果，从此就懂得分辨善恶，这个行为不但让亚当和夏娃被逐出了伊甸园，而且他们的子孙也背负上了与生俱来的罪孽。可是问题在于：如果原罪说是成立的，就需要假设温和的实在论立场，也就是说，存在着某种普遍的人性，它存在于每一个具体的个人之中，由于亚当和夏娃犯下了罪行，导致普遍的人性受到了污染，所以他们的子子孙孙才会背负原罪。相反，按照唯名论的观点，人这个共相只是一种名称或者声音，它既不独立存在，也不存在于每一个具体的个体之中，那就意味着亚当、夏娃犯下的罪行只是他们自己的，与子孙后代毫无关系。这样一来，原罪将不再成立，这当然又是一个颠覆正统教义的观点。

明白了以上的道理，就会很自然地理解，为什么在中世纪的早期和中期，实在论是经院哲学的主流观点，因为比起唯名论，实在论显然更正统，更适合用来解释基督教的神学思想。

我们在前两讲介绍过的安瑟尔谟和阿奎那都属于实在论者。阿奎那认为共相既存在于上帝的心灵之中，也存在于所有具体的事物之中，同时还作为普遍概念存在于人的心灵之中。这是一种调和理性与信仰、哲学与神学的中庸之道。在这样的世界观里，上帝是理性的，世界万物渗透着上帝的理性之光，人类可以借助自己的理性，通过认识共相来间接地认识上帝的逻辑。

但是在极端的唯名论者看来，上帝是无法被人类理性所认识的，所谓的共相不过就是一个名称，是从人口里发出的声音，瞬间就会消散在空气里。他们极端强调上帝的全能和意志自由，认为上帝的意志高于上帝的理性，只要他愿意，他可以让太阳从西边出来，让人返老还童、死后重生，他在订立道德法则的时候也不是基于理性的标准，而是出于他的意志。因此，面对这样一个有权又任性的上帝，极端的唯名论者主张，只能通过启示和神秘体验才能感受上帝，一切自然法则和道德法则都不是理性与哲学研究的课题，而是信仰和接受的对象。

奥卡姆剃刀：如无必要，勿增实体

在阿奎那的所有反对者中，最具代表性的人物是奥卡姆的威廉（William of Occam，约1285—约1349），他在哲学史上留下了一个以他命名的原则，叫作"奥卡姆剃刀"，意思是"切勿浪费较多东西去做用较少的东西同样可以做好的事情"，这句话后来被人总结为八字箴言："如无必要，勿增实体"。

什么是较多的东西，什么是较少的东西？让我们再次回到柏拉图的共相理论，我在前面介绍过柏拉图的那句话："美的东西之所以为美只是由于美。"对于奥卡姆来说，最后那个"美"也即作为共相的美就是多余物，奥卡姆剃刀的刀锋所指之处，就是实在论者普遍肯定的共相。作为一个极端的唯名论者，奥卡姆的威廉主张个别的事物是真实的存在，除此之外，没有必要再设立普遍的共相，美的东西就是美的，不需要再废话多说什么美的东西之所以为美是由于美，最后这个美，完全可以用奥卡姆的剃刀一割了之。

14世纪下半叶以后，奥卡姆的威廉的唯名论思想成为经院哲学的主流。奥卡姆的剃刀一举剃净了千百年来争论不休的经院哲学论题，他的初衷是让神学摆脱哲学的纠缠，但在客观效果上让哲学与科学从神学中分离出来，获得了独立发展的空间，为此后的文艺复兴和宗教改革，以及近现代哲学的兴起扫除了障碍。

唯名论的现代意义

哲学史家吉莱斯皮（Michael Allen Gillespie）在《现代性的神学起源》中，对唯名论的现代意义有过非常深刻而精彩的论述，他是这么说的：

> 唯名论试图把理性主义的面纱从神面前揭下，以便建立一种真正的基督教，但在这样做的过程中，它揭示了一个反复无常的神，其能力令人恐惧，不可认识，不可预知，不受自然和理性的约束；对善恶漠不关心。这种对神的看法把自然秩序变成了个体事物的混乱无序，把逻辑秩序变成了一连串名称。人失去了自然秩序中的尊贵地位，被抛入了一个无限的宇宙漫无目的地漂泊，没有自然法则来引导他，没有得救的确定道路。

你也许会纳闷，这段描述怎么就说明了唯名论的现代意义呢？需要明白的是，阿奎那借助亚里士多德体系所建构起来的宇宙观，是一个井井有条、温情脉脉、合乎理性的宇宙秩序，在这样一个等级系统中，上帝处于等级顶端，人类则处于一人之下万物之上的位置，这是一个让人类感到无比安慰的宇宙观，它就像是一块粉红色的薄纱遮住我们的双眼，让我们不去看现实的狰狞与无常。而唯名论的作用就在于撕去这块薄纱，拆散这个等级秩序，将人类一脚踢下尊贵的座席，从此，人失去了他在宇宙目的论中的崇高地位，那个曾经充满理性、温情和秩序的世界也不再令人着迷。

可以这么说，唯名论为世人所展示的这种世界图景与现代科学一般无异。当代科学史家亚历山大·柯瓦雷（Alexandre Koyré）说，现代科学"把一个我们生活、相爱并且消亡在其中的质的可感世界，替换成了一个量的、几何实体化了的世界，在这个世界里，任何一样事物都有自己的位置，唯独人失去了位置"。

追本溯源，正是唯名论者第一次让人类在宇宙中失去了位置，让我们的人生失去了意义，同时也让这个世界变得不再让人着迷。人应该如何安顿自己，寻找属于凡人的幸福？面对这个有权又任性的上帝，人类如何确知自己能否得救？这正是文艺复兴和宗教改革所要解决的核心问题。

050

凡人歌和愚人颂：
文艺复兴与人文主义的兴起

最近几年，中国知识界有不少人在反复申说一个观念：中国需要来一次文艺复兴。这当然是一个比喻性的说法，到底是什么意思，可以说一千个人就有一千种解读。但是如果追本溯源，回到历史上的文艺复兴运动，那么我们可以毫不犹豫地断言，这是一场"托古改制"的运动，名义上要复兴古希腊、古罗马的古典文化，实质上却是一场人文主义运动。

文艺复兴运动发生在14—16世纪，最初起源于意大利，进而蔓延到西欧各国。关于这场运动，罗素有一个非常深刻的观察，他指出，文艺复兴时期的意大利人大多不尊重科学，他们尊重的是占星术，而且他们仍旧像中世纪哲学家一样崇敬权威，区别只在于他们用古代人的威信替代教会的权威——可是，我们千万不要小瞧这一点，这已经是一个莫大的进步了！因为我们知道古代人彼此见解分歧，古希腊思想的各个学派，柏拉图学派、亚里士多德学派、伊壁鸠鲁学派、斯多亚学派、怀疑主义学派都在文艺复兴时期寻找它的信徒，这在客观效果上打破了基督教定于一尊的局面，更重要的是，对于当时的人来说，想要决定信奉哪一家的观点，就必须做出个人的选择和判断——所谓"人的发现""自我的觉醒"就是在这个缝隙里慢慢生长起来的。

文艺复兴时期是人类历史上又一个天才成群而来的时代，本讲我们会重点探讨两个人物：一个是"人文主义之父"、桂冠诗人彼得拉克（Petrarch，1304—1374），另一个是被誉为"时代的大脑、心脏和良心"的著名学者伊拉斯谟（Erasmus，1466—1536）。

彼得拉克：第一个实践 "文艺复兴"和"人文主义"真谛的人

1336 年，彼得拉克 32 岁，这一年他登上了阿维尼翁附近的文图克斯山峰。这是一次精神上的朝圣之旅，它不是为了见证上帝的伟大，而是出于对自然风光和"异乎寻常的高度"的单纯好奇，这样的动机在中世纪的神学氛围里实在有些离经叛道。

彼得拉克随身携带圣奥古斯丁的《忏悔录》，但是在登上顶峰之时，他随手翻到的却是这样一句话："人们赞赏山岳的崇高，大海的波涛，海岸的逶迤，星辰的运行，却把自身置于脑后。"这个教诲让沉迷于自然美景中的彼得拉克醍醐灌顶，事后，他在一封书信里写道："这座山看起来高耸入云，其实可怜之至。你瞧瞧那山峰，要是同人类的深不可测的深沉思索相比，它不会高出一寸。"

彼得拉克攀登文图克斯山峰的经历，被后人一再提及，不断被赋予各种意义。他对于人类精神的颂扬，会让我们不由自主地联想起帕斯卡尔的那句名言："人是会思想的芦苇"。但这样的比附是危险的，因为彼得拉克虽然被誉为"第一个近代人""人文主义之父"，但是他并不像后人想象的那样决绝果敢。在信仰与理性、宗教与哲学、彼岸与此岸之间，彼得拉克每每处于最深刻的冲突之中。他一方面强调自己"心灵的最深处是与基督在一起的"，说"我肯定不是西塞罗主义者或柏拉图主义者，而是基督徒"，另一方面又直言不讳地宣称："我是凡人，我只要求凡人的幸福"。

在追逐凡人幸福的过程中，最著名的事迹莫过于他荡气回肠的爱情故事。彼得拉克在 23 岁爱上有夫之妇劳拉，从此一发不可收拾，在此后的 21 年里写下 366 首情意缱绻的十四行诗，却始终发乎情止乎礼，没有越雷池半步，直至 1348 年，38 岁的劳拉离开人世，彼得拉克把写给劳拉的诗歌收入《歌集》一书中，成为传世之作，而他也因此获得了"桂冠诗人"的称号。彼得拉克曾经这样赞美自己的文字："尔后，纵使铁石心肠者，见吾诗后，任其冷酷无情，亦心在叹息中燃烧而化为灰烬！"

在佛罗伦萨三杰中，彼得拉克的世俗名声不如但丁和薄伽丘响亮，但在他对人文主义的贡献上，却要比另外两人更重要。但丁的《神曲》虽然开风气之先，可但丁本人却是一名虔诚的中世纪诗人，他的知识谱系也基本不出中世纪的一般套路，而薄伽丘呢，"余生也晚"，更像是彼得拉克的追随者。相比之下，彼得拉克才是第一个真正实践"文艺复兴"和"人文主义"真谛的人：他信而好古，热爱旅行，打小在欧洲各国漫游，搜罗古希腊、古罗马的经典古籍，从柏拉图的对话集、西塞罗的讲演到维吉尔的诗歌无不涉猎；他用佛罗伦萨人的方言托斯卡纳语创作诗歌，从而规范意大利语，取代了拉丁文；他革新十四行诗，为后世的莎士比亚树立标杆和尺度；他以自然取代超自然，在山林溪畔寻找快乐和意义；他重视人文，自始至终都通过创作书信、诗歌来践履早期人文主义的本质属性：用文学来表现人的价值及人性的真实社会性。

根据文化史家雅各布·布克哈特（Jacob Burckhardt）的观点，人文主义意味着"人的发现和世界的再发现"，这个观点当然没错，但是它过于现代。事实上，对于早期人文主义者来说，他们念兹在兹的只是对于古典学术的再发现，他们反对经院哲学的僵化教条，但并不反对基督教本身，他们相信哲学家的意见只有相对的价值，要思考和谈论真理仍旧必须热爱和崇拜基督。所以，彼得拉克虽然把古典作家和中世纪传统对立起来，但并没有和刚刚过去的一切决裂，他是处在但丁和薄伽丘之间的过渡性人物：

较但丁更近代，比起薄伽丘却仍旧有一只脚滞留在中世纪。

在下面这首题为《此刻万籁俱寂》的诗中，我们可以体会到这个既为人文主义之父亦为人文主义之子的暧昧与无奈：

> 我受苦受难，也无法到达彼岸；
> 每天我死亡一千次，也诞生一千次，
> 我离幸福的路程还很漫长。

伊拉斯谟：时代的大脑、心脏和良心

荷兰学者伊拉斯谟被视为文艺复兴高潮期最著名的学者。也许有人会问，为什么要将彼得拉克和伊拉斯谟放在一起？读过下面这段话就明白了：

> 尽管伊拉斯谟登场的时候，早期的人文主义已经亮相一百多年，但对他那个时代而言，他的思想还是崭新的。古典文化和基督教精神的融合，是人文主义之父彼得拉克梦寐以求的理想……可古典文化和基督教精神的融合要等到伊拉斯谟来完成。

1509 年夏天，伊拉斯谟从意大利前往英格兰。在意大利逗留期间，他亲眼目睹了天主教会的贪婪和腐败，教皇与主教们骄奢淫逸、一掷千金，王公贵族们趾高气扬、不可一世，而苦难的民众与虔诚的信徒则在大地上颠沛流离、沉默不语。

眼前的景象让伊拉斯谟深感痛苦，当他抵达英格兰后，仅仅用了七天的时间就写出了流传千古的名著《愚人颂》。这本书写得活泼俏皮，充满了幽默反讽的意味。它在名义上是献给好友——英格兰的著名哲学家、乌托邦主义者托马斯·莫尔（St. Thomas More）的，其实是献给那个时代的所有愚人的，因为"莫尔"（More）与希腊词"愚人"（moria）十分相似。伊拉斯谟之所以采取"轻轻松松、说说笑笑"的写法，是因为在一个言论审查和宗教裁判非常严苛的时代，只能以嬉笑怒骂的愚人形象去发声，用闹剧的形式来揭示悲剧的实质。

当代作家诺曼·马内阿（Norman Manea）在《论小丑》这本书中阐述过非常类似的创作观。他告诉我们，在一个极权主义的社会里，充满了歧义、欺骗、假面和谎言，可是我们一定不要忘了，极权主义既有悲剧的元素，同样也有喜剧的元素。身为作家和艺术家，就应该以"花脸小丑"的方式去解构权力这个"白脸小丑"。马内阿说："艺术家不必严肃认真地反对官僚，这只会抬高他们的身价，因为你反对他们，说明你把他们太当回事，无意中反而加强了他们的权势，承认了他们的权威。艺术家把荒谬的东西夸大到可笑的地步。"

我相信马内阿一定受到了伊拉斯谟的启发，因为在《愚人颂》里，伊拉斯谟就是这样做的，他把荒谬的东西夸大到可笑的地步。比如，在一开篇的时候，这本书的讲述者"愚夫人"就穿着学士服，戴着小丑帽粉墨登场了，她滔滔不绝地给自己唱赞歌，说：

> 对愚人而言，还有什么比到处自吹自擂，宣扬自己的功绩，"唱自己的颂歌"更符合自己的身份呢？谁能比我本人更加惟妙惟肖地描绘出自己呢？

愚夫人告诉世人，哺育她长大的两个奶妈一个名叫"陶醉"，一个名叫"无知"，而服侍她左右的侍女就更多了，竖起眉毛的那个叫"自负"，拍手欢笑的叫"谄媚"，似醒非醒的叫"遗忘"，双手交叉的叫"懒散"，头戴玫瑰花冠的叫"愉快"，眼睛一直转来转去、无法平静下来的叫"狂热"……这些侍女全都忠心耿耿侍候着她，帮助她一起统治这个世界。如果没有她们，这个地球将无法转动下去，任何团体、任何社会都无法存在下去——平民百姓不会效忠君王，仆人就会反对主人，学生反对师长，朋友抛弃朋友，妻子甩掉丈夫……总之，"大家要不是互相骗来骗去，有时逢迎拍马，有时装死躺下，彼此之间就无法互相容忍。总而言之，若非有根深蒂固的愚蠢与之同行，人类将会感到生活实在难以容忍"。（茨威格语）

我特别喜欢"躺下装死"这个说法，在某些时代的某些时段，装睡已经不够用了，必须装死才可以蒙混过关。可是我们千万不要以为《愚人颂》是一本装死的著作，就像奥地利作家茨威格（Stefan Zweig）说的那样，恰恰相反，这本貌似闹剧的《愚人颂》其实是当时最为危险的读物，因为它的弦外之音如此清晰，能迅速让每一只心有戚戚的耳朵，接收到正确的信息。不仅如此，在《愚人颂》的最后，伊拉斯谟让愚夫人突然卸掉了小丑的伪装，直言不讳地提出改革宗教的要求。所以说，这本书就像是一颗炸弹，"炸开了通往德国宗教改革的道路"。

伊拉斯谟不仅写出了《愚人颂》，还皓首穷经地出版了《圣经》的拉丁文新译本，以及希腊文的校订本。这么做是为了打破教会的知识垄断，让更多的平民百姓能够直接阅读《圣经》，通过教育来启发民智，改善人性。后来，宗教改革的领袖马丁·路德（Martin Luther，1483—1546）就是根据伊拉斯谟的拉丁文译本，将《圣经》翻译成了德语，对宗教改革起到了推波助澜的作用。

当时有句谚语说："伊拉斯谟下蛋，路德孵鸡。"可问题是，伊拉斯谟并不是路德的"同路人"。在宗教改革这个问题上，他们有着共同的目标，但在手段上却各执己见。路德是个革命者，他眼中喷火，意志坚定，面对天主教会和罗马帝国的反对，毫不畏惧地宣称："这是我的立场，我不得不如此。"伊拉斯谟性格温和，与人为善，他主张改革，反对革命，呼吁和解，反对斗争，当天主教与新教纷纷要求他表态站队的时候，他宁愿选择走最艰难也最孤独的中间道路。

伊拉斯谟是一个虔诚的天主教徒，更是一个人文主义者，他最看重的是理性，最痛恨的是狂热，因为狂热会伤害理性，斗争会扼杀和解。茨威格说，对于任何形式的狂热——无论是宗教的、民族的还是哲学的，伊拉斯谟都认为是有碍于相互了解的头号大敌，必须要坚决地加以抵制。"他厌恶任何表现形式的盲从；他憎恶固执、有偏见的人，不管他们是披着教士的法衣还是教授的礼服；他憎恨那些不能理解的人，痛恨任何阶级和种族的狂热分子——这些人要求别人对他们的主张点头称是，对不合自己心意的看法则视为异端邪说。"

当然，在伊拉斯谟与马丁·路德之间，不仅存在着性格上的冲突和理念上的矛盾，更有自由意志与决定论这样的哲学分歧，关于这些问题，我们留待下一讲继续。

最后，我想用茨威格的两段话来结束这一讲的内容：

> 人文主义的理想是建立在眼光广阔、头脑清晰的基础上的理想。它注定永远是一种理智的和贵族的梦。这样的梦普通的人做不出来，只能由少数人把它作为神圣的遗产继承下来，留给后来人，再代代传下去。未来全人类将和睦相处，协调一致地为共同的命运而努力奋斗，这种信念即使在欧洲历史上最黑暗的时期也从未被忘却。

> 因此，伊拉斯谟留下的遗产中包含了一种承诺，这承诺充满着为了未来而奋斗的创造力。

答问 3

为什么伊拉斯谟两面不讨好？

有听友提问：

> 伊拉斯谟想要融合古典文化和基督教精神，可
> 为什么他的立场听起来恰恰是两头不讨好呢？我
> 们该如何理解这个现象？

这是一个非常好的问题，为了帮助理解，我想给大家
推荐一本书——《一个古老的梦——伊拉斯谟传》，作者
是奥地利著名作家茨威格。这是我非常钟爱的一本小书，
它很薄，只有 141 页。十多年前我在一家不知名的小书店
里偶然买到这本书，一拿起来就放不下来，一下午通读完
毕。此后的日子里，我并没有把它束之高阁，而是每隔一
两年就拿出来重新翻看一次。后来我发现万圣书园正在打
折处理这本书，于是一口气买了十本，赠送给我的朋友们。

你也许会好奇，这本书到底都说了些什么？我为什么会如此喜爱这本小书？

请允许我重新介绍一下伊拉斯谟这个人。他是生活在15世纪末16世纪初的荷兰人。我们知道，在启蒙运动之前，有两场非常著名的思想运动，一个是文艺复兴，一个是宗教改革，而伊拉斯谟恰好就生活在这两个思想运动的过渡阶段。他被认为是文艺复兴晚期最伟大的人文主义者，同时又是宗教改革运动早期最重要的参与者之一。在当时的欧洲，伊拉斯谟的地位就像是18世纪的伏尔泰和19世纪的歌德，是一个万众瞩目的思想领袖，无论王公贵族还是文人雅士，都不远千里来到他的住所，以认识他为荣。

毫无疑问，伊拉斯谟曾经是他那个时代的弄潮儿，但是，当茨威格在1934年决定为伊拉斯谟作传的时候，恰恰不是为了称颂他的长袖善舞、风光无限，而是为了刻画他的不合时宜及左右为难，恰恰不是因为他是文艺复兴的宠儿，而是因为他是宗教改革的弃儿。

作为一个人文主义者，伊拉斯谟最看重的是理性，最痛恨的是狂热。茨威格说，对于任何形式的狂热——无论是宗教的、民族的还是哲学的，伊拉斯谟都认为是有碍于相互了解的头号大敌，必须要坚决地加以抵制。所以虽然他批评罗马天主教的落后保守，但也不认同马丁·路德所领导的极具破坏性的宗教改革运动。茨威格笔端饱含深情，用最真挚的情感和最华美的语言，把伊拉斯谟的尴尬与落寞刻画得入木三分。坦白说，我一直认为，这本书不仅在写狂飙突进的宗教改革，也是在写 20 世纪 30 年代风云突变的欧洲，同时也是在写我们身处的这个左右为难的时代。

茨威格不厌其烦地告诉我们：历史从来都不赏识温和派，不赏识有人情味的人。历史看中的是狂热派，是极端无度的人，是思想和行动领域中的冒险家。在一个非此即彼、高度分裂的世界里，任何自由人、有独立思想的人、不肯介入的人，都无法得到宽容，因为整个世界在进行激烈的斗争，人们习惯于非敌即友的思维方式："谁不支持我们便是反对我们"。所以当伊拉斯谟决心保持自己的独立性，试图促使水火相容，调和一种狂热派与另一种狂热派的对立时，他不仅无法得到双方的理解，反而会被双方唾弃。

我在读这本书的时候，经常会反躬自问：当时代的大幕开启的时候，当身边的人争先恐后地上台表演、引吭高歌的时候，我是不是可以像伊拉斯谟那样，"置身于任何党派之外，时时保持清醒头脑，事事坚持独立思考"？

这本书的中文序言由陈乐民老师撰写，我很认同他的这个说法——伊拉斯谟和茨威格虽然相差了四个世纪，但却好像呼吸着同一时代的空气。1934 年是希特勒上台的第二年，身为犹太人的茨威格感受到了山雨欲来风满楼的威胁，决定流亡海外。八年后，他和妻子在巴西双双自杀，用生命印证了本书里的断言："对抗的紧张状态在历史上偶尔也会发展到大有一触即发之势，这时简直是出现一场席卷大地的风暴，人道主义顿时成为用手一撕就破的薄纱。"

人文主义者想用理性取代狂热，用宽容取代顽固，用和平取代战争，这也许是一场注定无法实现的大梦。

我向你们推荐这本书，是因为我认为一本真正的好书不仅能点亮这个世界，而且能照耀进我们的内心，让我们不断反复地追问自己：我究竟应该成为什么样的人？

051

个人行走在信心的荒凉地带：
马丁·路德的宗教改革

选择去死的提线木偶

在开始这一讲之前，我想邀请你做一个小测验，在"约束""限制""障碍""选择"这四个词中，最吸引你的是哪一个词？

我在人大课堂上提出这个问题的时候，有90%以上的学生选择了"选择"这个词，这个结果一点都不出乎意料。按照《圣经》的说法，人类历史就是开始于一项选择行为——亚当和夏娃原本在伊甸园里很傻很天真地生活着，直到有一天他们受到蛇的诱惑，选择偷吃了智慧之树上的果实，从此一切就都改变了。

这个事件意味着人类是有自由意志的，正因为如此，人类才需要对自己的行为负责任。因为有自由意志，才会有随之而来的道德责任和人生的意义，如果一切都是被决定好了的，我们的人生就失去了意义。

我在课堂上给学生播放过一个木偶戏，我把它称为"提线木偶自杀事件"。这是一个法国节目，很短，大约只有六分钟。一个木偶从睡梦中醒来，就像初生的婴儿对世界充满了好奇，他蹦蹦跳跳，四处溜达，东看西看，满眼都是新奇，满心都是喜悦。可是激动过后，他发现自己的手上连着线，脚上连着线，身体的各个部位都连着线。这让他感到困惑，于是他沿着线的方向抬头看，看到了那个正在操纵他的演员，木偶不敢相信自己的眼睛，不断地测试自己的手脚是否真的是自己的。他开始变得沮丧、焦虑甚至狂躁，因为他发现自己的一举一动其实都是被决定的，所有的好奇和雀跃都离他远去，整个世界仿佛突然失去了色彩。最终他做了一个决定，选择剪断那些线。当他剪去头上的那根线、完成自杀的时候，整个课堂都陷入短暂的沉默中，我能体会出学生们内心所受到的强烈冲击。

不过，就这个短片来说，最有意思的是，这个提线木偶竟然能够决定去死。如果他能够决定去死，那就意味着他还是自由的，除非，这个去死的决定本身也是被决定的。

自由意志与决定论

我们在什么意义上是自由的，又在什么意义上是被决定的？这是一个根本的哲学问题。西方电影中有大量反映自由意志与决定论的作品，比如《罗拉快跑》《少数派报告》，等等。

如果要给自由意志下一个简明扼要的定义，就是"我们的选择最终取决于我们自己"。另外一个定义稍微复杂一些："一个人既可能在下一时刻实施某一特定行动，而他不实施这个行动也是可能的（不仅是逻辑可能性），他才具有自由意志。"我们经常在生活中这样感慨：要是当年我选择 A 而不是 B，那该多好啊！当你这么感慨的时候，其实已经预设了你在那一刻是有自由意志的，因此你也必须为你的选择负责。

决定论的意思是："世界的未来是在一个不可避免的模式中被确定下来的。"从神学的角度出发，可以区分为预定论（preordination）和预知论（foreknowledge）。预定论指的是"上帝的判决足以决定任何事"，预知论指的是"上帝知道一切，包括未来将发生的一切"。

以亚当和夏娃偷吃禁果为例，如果上帝不仅预知甚至预定了这件事情的发生，那么亚当和夏娃就不应该为此负责。因此，最合理的假设就是，人是有自由意志的，一切并不都是被决定的，人类仍旧有选择的可能。

赎罪券与马丁·路德的宣战

在做完上述这些铺垫工作之后，我想再问一个问题：你认为人生在世最重要的事情是什么？过年时亲朋好友们忙着互相道贺，有说身体健康的，有说恭喜发财的，也有说阖家幸福、事业有成的，总之，不外乎是一些世俗生活的世俗目标。可是，对于一个虔诚的基督徒来说，这些事情虽然也重要，但远不是最重要的，他们朝思暮想、魂牵梦萦的根本问题是死后能否得救的问题。按照中世纪的一般观念，人死之后除了上天堂和下地狱，还有第三种可能，那就是暂时待在炼狱里，等候下一步的发落。这应该是最让信徒忐忑不安的事情了。如果你无法理解这种心情，请回想一下高考结束后等待发榜的那些日子，再把那种惶恐不安的心情乘以 100 倍。

怎么办？好消息来了，现在教会可以通过售卖赎罪券，让这些待在炼狱里的人提前得救。赎罪券的历史可以追溯到"十字军东征"的时候，当时的教皇宣布，所有参军的人都可以减免罪罚，并向他们发放赎罪券。到了 16 世纪初，教皇利奥十世为了筹建圣彼得大教堂，更是开始大肆售卖赎罪券。初看起来，这是一个喜大普奔的双赢策略，教会有了钱，人民得了救，但是对于德国神父马丁·路德来说，却是一件亵渎《圣经》的事情，是一件违背基本教义的事情，是可忍，孰不可忍。

1517 年 10 月 31 日，马丁·路德贴出大字报《九十五条论纲》，正式向天主教会宣战。马丁·路德追问道："教皇应该、能够、可以批准赎罪券吗？他可以批准活着的，甚至死去的人部分地或是全部地免于上帝可能施加的暂时惩罚吗？这不仅是神学的、也是政治中的一个大问题。"

要注意的是，路德不仅在批评教会的腐化堕落，更重要的是，他认为教会和教皇僭越了上帝的权能，是对基督教基本教义的背叛，赎罪券就是最明显的证据，因为它意味着教皇可以取代上帝，对世人做出是否得救的判决。

伊拉斯谟与马丁·路德：自由意志与决定论

伊拉斯谟虽然对天主教会心怀不满，但他主张和风细雨的内部改革，而不是狂飙突进的革命，所以在很长一段时间里，他对马丁·路德的宗教改革始终保持沉默。茨威格这样描述伊拉斯谟的选择：

> 他既不拥护天主教，也不支持宗教改革，因为他觉得自己对双方都承担义务：对新教有义务，是因为自己长期以来就一直要求细心研读《圣经》，并竭尽全力让大多数人都能读到福音书；对天主教有义务，是因为他觉得只剩下天主教这个能实现精神统一的形式，还挺立在这个濒临崩溃的世界之中。他往右，看到的是夸张；往左，看到的是狂热。……他单枪匹马，企图促使水火相容，企图调和一种狂热派和另一种狂热派之间的对立，结果却是白费心机，因为这种妥协是无法实现的。

不过最终伊拉斯谟还是卷入了这场争论中。1524年，伊拉斯谟发表《论自由意志》，温和地反驳了马丁·路德的决定论，他说：上帝决定大部分的事物，但也给凡人留下几分自由，打个比方，"上帝的确保存了这艘船，但是水手驾驶着它进入港湾"。

马丁·路德非常热烈地回应了这个挑战，他首先赞美伊拉斯谟的问题意识：

> 与所有其他人形成对比的是，唯有你一人攻击的是真实的目标，也就是说，问题的实质。……教皇权职，涤罪炼狱，特赦豁免……迄今为止几乎所有想让人动肝火的话题都是关于这些东西；你，唯有你一人，看到了一切开合的枢纽，针对着问题的关键。

这个问题的关键，就是自由意志与决定论的关系。但是路德非常坚定地重申了自己的决定论立场。首先，他认为上帝自身的意志是"不变的，永恒的和无误的"；其次，他认为，"如果你重视并追随人类的理性判断，你就被迫承认这个世界或者不存在上帝，或者上帝是不公正的"。所以结论就是，人类没有自由意志，人类的命运是被上帝预知并且预定的。

说到这里，你一定会问：假如人类没有自由意志，那为什么还要对自己的行为负责呢？既然上帝早就预定好了谁可以得救、谁无法得救，是不是我们就可以为所欲为了呢？因为反正结果都一样。这是典型的无神论者的想法，对于信徒来说不是这样的，因为得救与否乃是人生在世最首要的问题。马丁·路德彻底否定人的自由意志，强调上帝意志的不可琢磨，这个做法反而在信徒的心里造成了一个巨大的悬念：到底谁才是上帝的选民？谁能够获得永生的至福？这个悬念如影随形，蚀骨入髓，让每一个虔诚的信徒都行走在信心的荒凉地带。

在这样的心理状态下，信徒虽然明知自己的言行无法改变上帝的意志，但仍旧会忍不住在各种蛛丝马迹中去揣摩上帝的意志，寻找得救的迹象。如果你很难理解这种心情，让我给你举一个例子。我在读大学的时候，有个很要好的朋友，每天晚上 10 点钟晚自习结束之后就来找我，拉着我到北大小南门外的小酒馆去喝酒，一喝喝到凌晨 3 点，这样周而复始了大概一年的时间。他找我干什么事呢？他只干一件事，就是不断地倾诉他暗恋的那个化学系女生跟他在这一年当中仅有的 10 次交流。他翻来覆去地琢磨，不厌其烦地分析，试图寻找有哪些蛛丝马迹——比如说那个女生的一抬手、一投足——证明她是爱他的。在这个朋友的身上，我特别强烈地体会到，信徒们在世俗生活中寻找自己得救的间接证据的迫切心情。陷入单相思的年轻人与渴望得到拯救的新教徒，他们的绝望感非常类似，我们甚至可以说，新教徒内心对于答案的渴求要强过我那位同学千百倍。

然后，就出现了一个最意味深长的转折。新教徒们被告知，如果想要寻找得救的间接证据——注意！这只是间接的证据——你就要致力于严肃的道德生活，献身于你的职业，并且为此付出无休止的努力。工作虽然不能改变命运，但是，你在努力工作本身，你在地上建立功业，就是你会得救的一个象征。这样一来，新教伦理就与资本主义精神有了奇妙的组合，后来，德国社会学家马克斯·韦伯正是从这个角度写出了著名的《新教伦理与资本主义精神》。

新教主张因信称义，认为个体可以与上帝直接建立联系，无须通过教会这个中间环节，一举取消了天主教存在的必要性，不仅如此，家庭、村落、城镇这些旧的共同体也开始式微，由此导致了现代个人主义的兴起。当然，这种个人主义跟文艺复兴的个人主义在气质上非常不同。文艺复兴高扬人的价值，肯定人的理性，相信通过教育可以使人性得到完善，这是一种积极向上的、欢快的个人主义，追求的是凡人的幸福。而宗教改革虽然也肯定了个人，但它在根子上否定人类的理性，强调信仰的纯粹性，在气质上是阴郁的，甚至是绝望的，借用韦伯的说法，新教徒的这种"孤寂感"成为"毫无幻想且带悲观色彩的那种个人主义的一个根源"。

心灵懂得理性所无法了解的理由

最后我想来探讨一下伊拉斯谟的结局。在宗教改革大幕开启之前，伊拉斯谟是当时最著名的学者，在他的名字前面有无数的溢美之词，比如"思想之王""世界之光""世界的明灯""时代的启蒙者"，等等。但是宗教改革大幕开启之后，特别是在他与马丁·路德交锋过后，伊拉斯谟就成为被时代抛弃的失败者。

传记作家约翰·赫伊津哈（Johan Huizinga）认为，伊拉斯谟在宗教改革期间模棱两可的暧昧态度背后，潜藏着他深厚而热诚的信念："论战双方的意见都不能完全表达真理，仇恨的、独眼龙似的目光浸透着人的头脑。"

令人深思的是，在总结伊拉斯谟的失败教训时，茨威格说了非常类似的一句话："人文主义者根本性的错误，在于他们想站在理想主义的高度教训人民，而不是深入群众，千方百计去理解他们、向他们学习。"

可是，我总觉得，茨威格的这句话是用他的大脑写出来的，而不是用他的心灵写出来的，他的理性告诉他人文主义者也许必然失败，但是他的心灵告诉他，为了人文主义者那个古老的梦，失败又有何妨？失败又有何惧？

我想用伊拉斯谟的一句话来结束这一讲："心灵懂得理性所无法了解的理由。"